国家社科基金
GUOJIA SHEKE JIJIN HOUQI ZIZHU XIANGMU
后期资助项目

中日关系史

(894—1170)

The history of Sino-Japanese Relations

郝祥满　著

长江出版传媒
湖北人民出版社

图书在版编目(CIP)数据

中日关系史(894－1170)/郝祥满著.
武汉:湖北人民出版社,2015.12
ISBN 978－7－216－08799－5
Ⅰ.中…　Ⅱ.郝…　Ⅲ.中日关系—国际关系史—894～1170　Ⅳ.D829.313
中国版本图书馆CIP数据核字(2015)第305248号

责任部门:重点图书分社
责任编辑:熊昕绘
责任校对:范承勇
责任印制:王铁兵

出版发行: 湖北人民出版社	**地址:**武汉市雄楚大道268号
印刷:中印南方印刷有限公司	**邮编:**430070
开本:787毫米×1092毫米 1/32	**印张:**26.75
字数:466千字	**插页:**3
版次:2016年3月第1版	**印次:**2016年3月第1次印刷
书号:ISBN 978－7－216－08799－5	**定价:**68.00元

本社网址:http://www.hbpp.com.cn
本社旗舰店:http://hbrmcbs.tmall.com
读者服务部电话:027－87679656
投诉举报电话:027－87679757
(图书如出现印装质量问题,由本社负责调换)

目录

凡　例

1. 为了便于阅读，特别是非专业读者的阅读、理解，本书引用的日文著作、页下注释中所涉及的日文著作，其书名等均翻译成现代汉语，并采用通用的简体字。专业读者必要时可以在“附录二”中查找、比对相应的日文原文。

2. 本书行文及页下注释中所涉及的引用著作的册卷数，同一书名的、单本的，卷数用中文数字一、二、三……其在丛书和类书中的册卷序数，则用阿拉伯数字。

3. 本书中的日本人名、地名等专有名词，尽量使用常用的简体翻译。日文简体字在汉字输入法中能键入的，同音同义的，凡中国读者能理解的，也予以保留，如“冨山房”的“冨”。本书中的许多概念是本书行文和特定语境需要的，如中国“大陆”一词是和日本“列岛”相对的概念。

4. 引文中的日本异体汉字、字符等，如日文简体“仏”字，改为简化字“佛”；字符“々”，如“云々”之“々”，均改为汉字“云云”，其他类推。字符“ム”，意为“某”，因汉语中也有，未改。

5. 日文中常用的俗字、同音字改为中文习惯采用的简体字，如“恠”改为“怪”；“比叡山”之“叡”改为中文简体的“睿”。引用原文中部分不影响理解的字（如泱——决，弊——敝），也尽量保持原貌，不改为通用的简体字。凡本书作者无法判定的俗字和繁体字，照样抄写。

6. 本书有关人名的汉字选用，在不同文献出现差异的情况下，本书行文中遵循主流习惯选用，引文中则是尊重原文不改。例如中国禅宗的祖师达摩，本书行文中采用通用的“达摩”，引文中出现“达磨”，是因为原文如此，其他人名以此类推。

7. 在不同的日文文献中，“太宰府”“大宰府”均有出现，本书中统一用较为流行的“大宰府”，若日文原文为汉文，则引用时保持原貌。其他专有名词类推，如“砂金”与“沙金”。

8. 引文中补充解释的用“（　）”标出，适当的时候标注“——作者注”字样；中日古籍原文中存在的注释、割注也改为在“（　）”内注释，必要时注明

“——原注”字样。原文可能是错别字的,则在“[ ]”中标注“?”存疑(即[* ?]的形式),或直接在“[ ]”内写出作者认为正确的字。

绪　言

关于本书的选题

中日关系史一直是世界历史研究的热门话题，本书以894—1170年的中日关系断代史作为研究题目，得自本人已经出版的两部著作的启发，一部是关于一个来宋求法日僧的专著《奝然与宋初的中日佛法交流》，另一部是本人出版的中日关系史通史著作《朝贡体系的建构与解构——另眼相看中日关系史》，主要是通史第七章“西游日僧与东拂宋风”的撰写，促使本人想大做文章，觉得这一时段的中日关系史大有文章可做。

觉得大有文章可做，是因为本人在撰写以上两部著作的过程中发现，国内对五代北宋时期中日关系的研究，因史料缺乏等原因或泛泛而不够深入、或精细而不够系统全面，一些精细的研究甚至显示出碎片化的倾向。《奝然与宋初的中日佛法交流》一书是以单个历史人物，即日本来宋求法僧人奝然为切入点进行的个案研究，虽话题局限于佛教，时间集中在宋初的几十年，但为防止片面化、碎片化，研究内容尽量囊括与奝然有关的所有历史人物，并追溯了有关事件的历史根源和影响，但仍然觉得意犹未尽，它还是难以把握一个相对独立的时代的历史特征。而专著《朝贡体系的建构与解构——另眼相看中日关系史》第七章“西游日僧与东拂宋风”虽然涉及面更广一些，时间更长一些，但因作为通史的一章，难以深入，失之浅薄。加之唐末、五代到南宋初的中日关系史，是两千年中日关系史中非常重要的一个阶段，也是一个相对特殊的时期，需要一部有一定篇幅的专著来论述它。

894—1170年，相当于日本史家通称的“王朝时代”，亦即“摄关”时代和“院政”时期。由于中国史书相关记载的史料缺乏，特别是有关中日关系历史的资料缺乏，故这是一个充满未知的神秘的历史阶段，有必要进行系统的研究，不能因资料搜集整理之难而回避，故本人近十年来，特别是在完成博士学位论文之后即着手这一课题的探索，研究对象从论证单个来宋日僧奝然转变为来宋日僧群体，研究内容也由点而面，即从佛教文化扩展到政治、经济、贸易、文学、艺术等多方面，研究的时间段则由以个案人物所处的时代为中心转变为一个相对独立的较长的时段。

本书把这个相对独立的时间段界定为894—1170年，即唐末到南宋初期。日本学者石田一良在他的《日本美术史》中，把894年至平家灭亡的1185年(寿永四年)称为“藤原时代”[①]，可视为本书断代的一个有力支持。

本书以894年和1170年“断代”的理由

本研究以894—1170年断代，主要是因为中日文化交流史和中日关系史的发展，不完全以日本或中国的政权、朝代更替而变化，而往往是随某一方的重大决策或彼此观念的改变而变化。本研究的断代，既不依据中国历史朝代的更替，也不依据日本政权的更迭，而是依据中日关系史、文化交流史自身发展的规律和特征。故本研究以北宋王朝所处的时代为中心，把与这一时期中日关系发展特征相似的年代也纳入其中，拓展到一个比北宋王朝更长的时段。

之所以要以894年为本书叙事的起点，是因为从中日关系史发展的角度看来，这是一个转折之年。这一年，进入“摄关时代”的日本朝廷突然任命了遣唐使，又在两三月之内突然中止了该遣唐使的派遣，并从此闭关锁国，使中日关系进入一个新的非官方的阶段[②](具体内容参见本书第一章)。

从日本文化史的角度来看，894年也可以算作日本由“唐风文化”向“国风文化”转折的标志之年，平安贵族开始从中国的文化体系中创造出自己特有的感觉与思想[③]。从日本政治社会史的历程来看，大约在这一年前后，日本也正处于“公地公民制”(即班田制)瓦解，“律令制度”走向崩溃之时，此后皇室的外戚藤原氏专权、“摄关体制”逐渐强化，接着，“院政”架空了摄关政治，而最终又被武家体制所架空，这是一个从“王朝时代”向“封建时代”蜕变的复杂的过渡时期。日本史学界主流把自1183年(或1170年)以后到织田

---

① 参见〔日〕石田一良:《日本美术史》，杭州:浙江美术学院出版社1989年版，第72页。

② 参见〔日〕森克己:《续日宋贸易研究》(《森克己著作选集》第二卷)，东京:国书刊行会1975年版，第219～235页第十三章“转换期十世纪的对外交涉”。

③ 参见〔日〕远山茂树、佐藤进一编:《日本史研究入门》，北京:三联书店1959年版，第80页。

信长进入京都的 1568 年(或至 1603 年)称为“中世纪”,或“封建社会前期”①。

从中国历史的角度来看,907 年唐朝的灭亡和 960 年宋朝的建立,对于中日关系和中日文化交流发展的影响并不明显。北宋朝廷的建立影响日本文化进程,主要是在 983 年日本东大寺僧人奝然的来宋巡礼并携《大藏经》等文物归国之后,此后日本僧人断断续续来中国巡礼求法,1083 年戒觉来宋以后,到 1170 年以前,不再见有日僧来华的记载,此后则出现了日僧到宋朝求法巡礼的新高潮。故本书重点是 983 年至 1094 年这一百来年的历史,而不依据相关事件断代。

1092 年,日本客商偷渡契丹,朝议高调处理搭乘宋朝商人船只偷渡辽国的明范。嘉保元年(1094)三月六日,“诸卿定申前帅伊房卿遣明范法师于契丹交易货物之罪科”②,就是说,宫廷会议判定前大宰权帅藤原伊房有罪。伊房获罪事件具有代表意义,虽然此事件后至 1170 年之间的中日交流缺乏文字记载,但这约一百年的中日关系是前一百年的延续。

作为本书研究所及的下限 1170 年,不仅是中日关系发展的标志之年,也可以算是一个日本政治、文化等出现转折的标志之年。如果说 894 年中止了遣唐使的派遣标志着日本平安朝廷的闭关,这一年则标志着日本的再次“开国”。因为这一年,日本太政大臣平清盛不仅在自己的福原别庄内招待宋朝商人,并特意邀请后白河法皇(1127—1192)一起召见了宋朝商人。而且在后白河法皇参拜日本的圣地之一严岛时,平清盛特意使用宋朝的商船作为法皇的御船。日本朝野公称,此举乃日本朝廷自“延喜(901—923)以来未曾有事”,即皇家主动出面接见外国商人,以此促进两国贸易和文化的交流,不再是被动应付。平清盛的这一做法被一些自我意识强烈的贵族斥为“天魔之所为”③,但平清盛不为所动,他甚至决心更进一步,恢复与南宋王朝之间的国书往来,这标志着中日关系历史新时代的到来(具体内容参见本书第十六章)。此后日本历史进入武家时代,无论是先后控制镰仓幕府的领袖将军源氏和执权北条氏,还是室町幕府的将军足利氏,都积极推动中日关系和中日文化交流的进展,中日文化政治关系也都因此进入一个新的阶段。

之所以界定 894—1170 年这一时段,是因为这一时段的中日关系,既不同于之前隋唐时期政治主导的朝贡体系下的文化经济交流,也不同于之后日

---

① 参见〔日〕远山茂树、佐藤进一编:《日本史研究入门》,北京:三联书店 1959 年版,第 82 页。

② 〔日〕黑板胜美编辑:《百炼抄》,载《新订增补国史大系》第十一卷,东京:吉川弘文馆昭和九年再版,第 41、42 页。

③ 〔日〕九条兼实:《玉叶》(九条家本),载《图书寮丛刊》,东京:日本宫内厅书陵部平成七年(1995)版,第 197 页。

本官方(幕府的领导者)积极支持下的文化贸易关系,这一时段是以民间交流为主、以民促官的一种交流模式。

虽然本书研究所及,时间跨度从 894 年到 1170 年,是一个较长的时段,但依然以北宋王朝统治时期(从 960 年到 1126 年)为核心。对这一时段中日关系的面貌、特征、性质等的研究,尤其是五代到北宋初的中日关系研究,由于资料相对丰富,日本方面远比中国更早关注,因历史观和研究视野的局限性,他们也做了许多有利于日本民族主义的分析和颇为主观的解释,作为中国学者有必要对此加以检证。

本书要回答并检证的问题

日本朝廷在 894 年、1170 年前后在内政外交各方面都发生一系列的政治变故,起因何在?这是本书要解决的核心问题,同时也是为了回答本书断代的理由。简言之,其根本原因在于日本国家政治、经济、文化发展进入转型、转轨之际,内政和外交自然必须做相应的调整。

进一步需要回答的是,894 年、1170 年前后,日本政治和国策的改变有着什么样的外部环境?对于日本来说,影响其内政外交的外部环境主要是中国政治、经济、文化的发展和变化。唐宋帝国建构朝贡体系的挫折和抱负,对中日关系、中日文化经济等相互交流的影响又如何?这是本书首先要解决的问题。

日本朝廷 894 年停止遣华使节之后,北宋日本两个朝廷间的交流虽然并不畅通,但民间的交流似乎并未受到影响,尤其是经济和文化的往来,其根源何在?中日关系自唐末以来存在着政府往来和民间交流两条线,彼此关系如何?这些都是本书紧接着要回答的问题。

894—1170 年的中日关系特点是,政治冷淡、经济文化火热,政治关系虽然一定程度上阻碍了文化、经济的交流,彼此的文化认同、华夷观念也成为阻碍交流的一道坎,但经济和文化的交流并未因此中断,日本贵族对“唐物”的崇拜、对中国文化的仰慕,好像一股强大的潜流,最终冲决日本朝廷的自闭政策。在两千多年的中日关系史中,1603—1871 年的特点与此相近,日本方面可谓是“严出宽进”。

日本政府(朝廷和幕府)固执于锁国方针,原则上禁止日本国民出海外,唯有海外商船(主要是中国商船)可以到日本朝廷指定的口岸进行贸易,但上陆时间、货物的销售等必须受到日本方面的许可和监督,虽然是被动的贸易形态，却是相对“和平的贸易”①。对这一时期中日贸易问题的解答，森克己②、田岛公③、山内晋次(庄园内走私贸易)④等日本学者的研究作出了很大的贡献。

这一时期，日僧西行来宋求法的目的是什么？他们难以跨越的心坎又是什么？反映了中日关系的什么问题？日本学者西岗虎之助、木宫泰彦、森克己、辻善之助、道端良秀、木宫之彦、塚本善隆等的相关研究，对此作出了他们的解答⑤，他们的结论，本书中不敢苟同，直接以叙事的方式加以修正。近年早稻田大学日本宗教文化研究所的吉原浩人教授以及手岛崇裕、上川通夫⑥、水口干记、榎本涉等对奝然及相关问题进行了深入的研究，本书将在相关部分加以介绍。

894 年前后的日本，处于开始文化转型的特殊时期，即由唐风文化转型为国风文化。此后由于“国风文化”的影响，形成了新的自尊的社会语境，在这一语境之下，越来越多的日本人，尤其是政治家们，在与中国交往的过程中，极力追求中日对等的地位，保持日本民族的自尊，拒绝中国“华夷秩序”的歧视。9、10 世纪日本公卿的心态似乎和 20、21 世纪之交的某些日本政治家的心态有许多共通之处，难道对这一阶段历史文化的学习影响了现代日本政治家、学者们的政治观点？为什么如此注重日本人和日本国在中国人心目中的形象呢？当时的日本对于与中国交往到底有着怎样的复杂心理呢？这些都将在本书中一一解答。

北宋建国，非常重视外交，作为北宋时期中日关系起点的标志性事件，是 983 年日本东大寺僧人奝然的来宋，并被宋太宗皇帝召见。奝然为什么要在此时来宋朝？对于奝然入宋之举，当时的日本舆论是公开反对的。为什么要反对？影响奝然实现来宋求法巡礼心愿的最大阻力是日本朝廷闭关锁国的外交政策，以及日本社会的群体心态。奝然从计划入宋到申请成功花了十多年的时间，到几十年后成寻等人则不得不偷渡来中国。

---

① 参见〔日〕森克己：《日宋贸易研究》(《森克己著作选集》第一卷)，东京：国书刊行会 1975 年版，第 3、4 页。

② 《森克己著作选集》共五卷，研究内容以唐末至宋元的中日贸易、文化交流为中心。

③ 著作有《大宰府鸿胪馆的终结——八至十一世纪对外交易体系的解明》等。

④ 〔日〕山内晋次：《奈良平安时期的日本和亚洲》，东京：吉川弘文馆 2003 年版。

⑤ 具体成果的介绍，参见郝祥满著《奝然与宋初的中日佛法交流》，北京：商务印书馆 2012 年版，绪论部分，这里节省篇幅，不做赘述。

⑥ 〔日〕上川通夫：《日本中世佛教与东亚世界》，东京：塙书房 2012 年版。

从960年到1126年之间，目前已知的来宋日僧[1]，包括有名有姓以及无名无姓的也不过二十余人，但他们对于中日文化交流的贡献却是巨大的，一个有力的证据就是，纵观中国正史“二十四史”中的《日本传》，《宋史》的《日本传》是最经典的文本之一，其原因便是因为日僧来宋后，对日本相对详细的宣扬或介绍，使中国人加深了对日本的了解。当然我们不能因此忘记了在来华日僧背后的那些往返在中日之间的宋朝商人，没有他们，中日之间的任何交流都是不可能的。

奝然、寂照、成寻、觉戒等日僧来华，是为了巡礼而来，还是为求法而来？在宋朝君臣看来，他们是来朝贡的，而日本学者对奝然等来宋朝的目的做了种种不同的解释，这些解释合理吗？这正是本书将要说明的。现代日本学者如此解释的心态与当时的日本人对待奝然入宋行为所抱的心态有什么关系呢？

为节省篇幅，中国内地和港台地区以及日本学者与本书相关的课题研究的前期成果，在本人的博士学位论文中已经涉及部分，故这里不加赘述。需要查证的读者具体可以参看《奝然与宋初的中日佛法交流》一书的绪论部分，该书为本人博士学位论文前半部分，即“考证篇”，现已经出版[2]。另，亦可参考本书附录部分的引用和参考文献。

本书结构

为分析和解释以上问题，本书的叙事结构安排如下，除绪言、余论、附录一年表、附录二征引文献外，作为主体的正文分五个部分。

第一部分(亦可称第一编)介绍从唐末(894年)到北宋前期(1076年前后)中日关系的背景。这一部分从政治、文化、经济三个视角，分三章依次介绍从唐末到北宋前期中日两国在“华夷秩序”下若即若离的国家关系，复兴的宋文化与日本“国风文化”之间的冲击和回应，以及北宋经济贸易繁荣对中日文化交流的影响。面对中国朝廷极力创建朝贡体系的努力，日本平安朝廷极力维护政治上的独立性和文化上的自尊。

---

① 关于来宋日僧的研究，日本学者西岗虎之助、佐伯有清、石井正敏、楫本淳一、村井章介、山内晋次等皆有相关著作、论文发表。特别是西岗虎之助，有《有关奝然入宋的研究》(载日本《历史地理》第四十五卷第二号)、《关于入宋僧寂照的研究》(中文译名，载日本《史学杂志》第34编第9号、第10号)、《以源信为中心的宋日文化交流》(中文译名，载于《史学杂志》第35编第12号、第36编第2号、第3号)等多篇。

② 具体参见拙著《奝然与宋初的中日佛法交流》，北京：商务印书馆2012年版，第5～21页。

曾经积极与大唐建立关系、密切往来的日本何以突然在894年中断朝贡使节的派遣？日本何以要脱离朝贡体系，中断曾经密切的唐日朝贡册封关系？日本与宋朝交往时为何感到困难起来了呢？这是本书开篇第一章首先必须分析、解决的。

第二部分(第二编)是来宋日僧的群体研究。因为北宋时期的中日人员往来，以日本来宋求法巡礼僧侣和宋朝赴日贸易商人为主，而且，此间日本来宋人员几乎全部是僧侣，这些僧侣皆因来宋而青史留名，为今天研究中日关系史提供了极大的方便。因有资料可查，故本编从研究来宋日僧的群体着手，具体按照其特征分三个群体(取经成功归日、因故滞留中国、有来宋准备而未成行)逐一介绍。按照日本奈良平安以来的传统，来宋日僧在宋求法巡礼期间都记录有日记，所以本编研究还包括对他们的日记的文献研究。最后介绍中国山岳佛教、灵山崇拜对日本的影响，故这一部分将分四章介绍。

第三部分(第三编)介绍北宋佛教诸宗对日本的影响。北宋佛教对于此一时期日本思想文化的影响最为突出，故将分三章按宗派逐一介绍，重点介绍天台宗、净土宗、禅宗这三大宗派。净土宗、禅宗是北宋兴盛之宗派，虽然在北宋时期影响到日本，而在日本兴盛则是在1172年以后，随着平安王朝体制的崩溃，武家社会的形成而成为日本佛教主流宗派。

第四部分(第四编)主要介绍东流日本的北宋书籍典章、技术工艺、文学艺术。具体分三章，包括北宋文化典籍、雕版印刷技术、雕塑艺术、绘画艺术、建筑艺术、北宋文学、茶道文化等。

第五部分(第五编)主要介绍960—1170年的中日政治、文化、信息、贸易交流，重点是1127年至1170年的中日贸易对日本社会转型的影响，亦分三章概论性地介绍。具体包括：文化交流通过“以民促官”的方式联系了宋日两朝廷的关系，文化交流促进了中日之间的信息交流，以器物为载体的文化交流对中日之间相互情感的加深、认同等的影响。宋日贸易的发展对日本商品经济发展、社会变革、地方势力崛起等都产生了极大的影响。最终导致平安时代的结束，镰仓时代的开创。

绪言和附录二(征引文献、参考文献)相互补充，是对前期研究成果的介绍。

其中附录一“年表”，逐年记录其间中日关系之大事，和纪事本末体的正文正好相互补充，方便读者阅读正文时查对，把握时代的变迁。

第一章　唐末宋初“华夷秩序”的建构与日本的反应

第一节　日本为脱离“朝贡体系”而停止“遣唐使”

894年前的中日朝贡册封关系

公元894年，日本平安朝廷突然终止了近三百年来一直延续的朝贡使节（从遣隋使到遣唐使）的派遣。日本朝廷何以要在此时突然终止例行的遣唐使的派遣国策？回答这个问题，有必要了解日本加入和退出由大陆中国构建的“朝贡体系”的历史①，这里先要说明日本大和朝廷当初何以要派遣使节来中华朝贡。

纵观两千年的中日关系史，日本政府遣使来华、建立政治关系总是见机行事，每当大陆建立强大的帝国并让日本感觉到威胁时，日本就会主动遣使来华朝贡，接受册封。

日本最早向中国朝贡是在汉朝，因为《汉书》有记载：“乐浪海中有倭人，分为百余国，以岁来献见云。”②虽然没有说明“献见”的具体年份，但这种朝贡是经常性的，即“以岁来”，这显然是汉武帝刘彻（前156—前87）北击匈奴，南定诸越，东征朝鲜半岛，设置乐浪等四郡之后的事③。中国正史明确记载的日本来华朝贡事件是在后汉建武中元二年（57），“倭奴国奉贡朝贺”，汉光武帝刘秀“赐以印绶”④，印文为“汉倭奴国王”的该金印1784年已经在日本

---

① 具体参见郝祥满著《朝贡体系的建构与解构——另眼相看中日关系史》，武汉：湖北人民出版社2007年版。

② （东汉）班固：《汉书》卷二十八下《地理志》，北京：中华书局标点本1962年版，第1658页。

③ 具体参见郝祥满著《朝贡体系的建构与解构——另眼相看中日关系史》，武汉：湖北人民出版社2007年版，第27～29页。

④ （南朝宋）范晔：《后汉书·倭传》，北京：中华书局标点本1965年版，第2821页。

九州北部福冈志贺岛出土。

倭国对东汉帝国的朝贡因黄巾军起义而中断，直到曹魏建国之时，倭女王卑弥呼才再次遣使来朝贡，并接受魏明帝的册封。这一阶段的朝贡因西晋“八王之乱”再次停止。

从 266 年到 413 年，因为未见日本来朝贡，中国史书中未见日本的记载，这段时间因此被称为“欠史时代”。到 5 世纪初，强大的北魏和南朝宋在中国北方和南方建立之后，倭五王又先后来朝贡，日本国再次出现在中国历史之中，直到 6 世纪初①。

6 世纪中国陷入混乱之时，日本朝贡使节再次从中国历史中消失，直到 6 世纪末隋朝统一并用兵朝鲜半岛之后，日本圣德太子领导的大和朝廷不得不遣使来华(根据王勇教授的研究，短短 37 年间日本向隋朝派遣了 7 次使节)②，都是出于日本政治、经济和文化上的无奈。在隋灭唐兴之际，日本就曾一度中断曾经频繁派遣的遣隋使节。

大唐帝国安定之后，当年到隋的日本留学生先后归国，大和朝廷因此得知新成立的唐朝体制完备、军事强大、文化先进，这一信息使日本飞鸟王朝的君臣们不得不考虑在政治上与唐朝往来，通过册封与朝贡形式保持外交关系。可见日本是被迫加入以唐朝为中心的朝贡体系的，自然会在其认为合适的时候脱离这一体系。尤其是圣德太子以来，日本国内越来越强烈的民族自尊意识使他们无法在思想上接受“华夷秩序”的认同，在礼仪上无法继续接受中日之间“朝贡—册封”的国交形式。

日本朝廷频繁派遣使节来唐朝是在 663 年“白江之战”前后。在被征讨的战争危机消除之后，失败后的日本朝廷痛定思痛，恢复了一度陷入冷淡的遣使工作，日本第 8 次派遣使节来唐朝是在 701 年，距 669 年第 7 次遣唐使派遣已经相隔 32 年，这是中断时间最长的一次。此后，日本按照唐朝的要求，必须大约 15 到 20 年左右遣使来唐朝一次。

755 年唐朝爆发“安史之乱”，消息很快传到了日本，也许是感到历时 8 年的战乱可能使唐朝国力衰弱，日本国家外患的压力相对减轻了，于是日本便有人在外交和军事上开始了新的动作。早在 713 年，唐朝在东北地区设立了羁縻州渤海，封大祚荣为左骁卫大将军渤海郡王，这个有独立倾向的渤海郡国从 727 年起曾多次遣使日本，日本一开始的应对比较冷淡，此时也与渤

① 具体参见郝祥满著《朝贡体系的建构与解构——另眼相看中日关系史》，武汉：湖北人民出版社 2007 年版，第 39～41 页。

② 王勇主编《东亚视域与遣隋唐使》，北京：光明日报出版社 2010 年版，第 1～9 页“隋文帝与遣隋使”。

海使节往来频繁起来,758年日本派使节到渤海。759年,日本权臣惠美押胜甚至计划趁唐朝内乱之机与渤海国南北夹攻新罗,分割新罗。唐代宗大历十二年(777)正月,渤海遣使朝贡,竟然贡"献日本国舞女一十一人"①,显然是向唐朝显示渤海与日本的联合力量,引起唐朝对他们的重视。到日本承和元年(834)正月,仁明天皇在即位不久任命了第19次遣唐使,从到达中国这一点来看,这是第13次,也是最后一次遣唐使,大概也是最不幸的一次,几度风浪几度春秋,838年方到达中国,839年回国。

862年日本"王子"真如亲王(799?—865?)随唐朝商人张支信的商船来唐朝,并到达长安。按照大约20年日本必须朝贡唐朝一次的惯例,此时日本朝廷也应该遣使朝贡了,唐朝显然把他们视为贡使。由于真如亲王毕竟曾经是太子,随从而来的日本僧众可能向唐朝官员暗示了这一点,这是日本朝廷一次暧昧的派遣。

如果这次可以算作朝贡使节,按照常例到880年前后日本必须准备新的遣唐使派遣工作,但是876年前后唐朝爆发了最大规模的农民起义,乱局很快蔓延全国,到880年前后东都洛阳和西都长安都成了战场,唐朝廷处于风雨飘摇之中。显然在此情况下,日本朝廷是不会派遣使节来朝贡的,使节的派遣问题就这样被搁置下来了。自中日交通以来,日本朝廷和中国的政治关系和文化经济联系都是若即若离的,这种暧昧的政治关系的出现是因为日本朝廷不断根据自身的利益和安全判断而改变策略的结果。

唐温州刺史朱褒的信使促使日本于894年派遣遣唐使

在唐朝方面,自从862年日本"王子"真如亲王来唐以后,三十年左右,大唐朝廷与州府均未见日本使节来华"朝贡",唐朝廷或管理相关事务的地方官(明州、温州等地)显然有人注意到了这一点,尤其是唐朝温州刺史。大约在892—894年,时任温州刺史的朱褒特派人送信到日本,要求日本朝廷遣使朝贡。对此日本《扶桑略记》中也有这样的记载:"宽平六年五月,唐使入朝。"这里所谓的"唐使"很可能就是商人,并且是朱褒委托或直接派遣的,其根据从以下的日本太政官牒文《奉敕为太政官报在唐中瓘牒》中可略知一二:

> 太政官牒在唐僧中瓘报上表状
>
> 牒,奉敕省中瓘表悉之。久阻兵乱,今稍安和;一书数行,先忧后喜。

① (后晋)沈昫等:《旧唐书·北狄传·渤海靺鞨》,北京:中华书局标点本1975年版,第1768页。

船源茶等准状领受。诚之为深，溟海如浅。来状云：温州刺史朱褒，特发人信，远投东国，波浪眇焉。虽感宿怀，稽之旧典，奈容纳何？不敢固疑中瓘消息，事理所至，欲罢不能。如闻商人说大唐事之次，多云：“贼寇以来，十有余年，朱褒独全所部，天子特爱忠勤”，事之仿佛也。虽得由绪于风闻，苟为人君者，孰不倾耳以悦之。仪制有限，言申志屈；迎送之中，披陈旨趣。又顷年频灾，资具难备，而朝议已定，欲发使者，辨整之间，或延年月。大官有问，得意叙之者。准敕牒送，宜知此意。沙金一百五十小两，以赐中瓘，旅庵衣钵，适支分铢。故牒。

宽平六年七月廿二日左大史云云①

从日本朝廷宽平六年(894)七月廿二日的这一牒文中可见，关于唐朝的现状，日本朝廷得到了不同的信息，这让日本朝廷一时难以决断是否应该派遣遣唐使。因为日本朝廷在得到朱褒的信之前也得到了在唐朝的日本僧人中瓘的“上太政官表”，这实际上是一份关于唐朝情报的报告。中瓘完全是一个情报人员，例如据《三代实录》载，阳成天皇元庆五年(881)，在唐中瓘状奏言：“高岳亲王欲渡流沙，至罗越国薨。”可见他一直留在唐朝，不时向日本朝廷报告有关唐朝的“消息”。

插图 1-1　菅原道真像②

根据唐朝温州刺史朱褒“特发人信”，和唐朝商人“朱褒独全所部，天子特爱忠勤”之说，日本朝廷感到去唐朝奉贡朝贺的使节“欲罢不能”。朱褒遣人送达日本的“书信”，现不见史书具体记载，内容无从得知，根据前后事件推

① 〔日〕川口久雄校注：《菅家文章　菅家后集》，编入《日本古典文学大系》72，东京：岩波书店1966年版，第586页。

② 日本菅原道真画像、雕像众多，其中梅花背景形象最为流行。

测，是要求日本朝贺与进贡之类(具体分析见后文)，于是朝议的结果决定“欲发使者”，不过在筹备期间，使节未出发之前允许“大官有问，得意叙之者”①，即大臣可以继续提出不同的意见，以备商讨。

可见，此时日本朝廷不敢轻信在唐日僧中瓘上一年(894)三月委托唐朝商人王讷等送回日本的有关“大唐凋敝”的报告，也不敢接受其“不朝之问，终停入唐之人”的建议②。为了对中瓘送回情报之举以示褒奖，表示“不敢固疑中瓘消息”，特意随牒赠送中瓘一百五十小两沙金，鼓励中瓘继续打探唐朝的情况。据载，宽平九年(897)，日本朝廷还在“赐在唐朝中瓘沙金百两”③。这些赏赐显然是他的活动经费，或者是奖金。

朱褒的信使带来的书信导致日本朝廷很快作出了决定，在三个月之内就立即作出了派遣第20次遣唐使的决定。对此《扶桑略记》有记载，宽平六年“八月，参议、左大辨菅原道真为遣唐大使，纪长谷雄为副使”。这说明日本朝廷对朱褒的信非常重视，把他的来信视同来自唐朝的国书了，的确朱氏兄弟割据的温州等地，在唐朝后期是中日往来的重要港口，作为地方长官也担负有一定的外交职责。黄巢起义后，温州朱氏兄弟以武力割据一方，“兄弟交互据郡为刺史凡二十年”。朱氏的核心人物朱褒，自882年起到902年曾两度任温州刺史。关于朱氏在温州的权势，《弘治温州府志》卷八《宦职》有这样的记载：

> 朱埏，温州刺史。其二弟褒、敖相继来为刺史。杜荀鹤寄以诗云：“永嘉为郡昔推名，连属君家弟与兄。教化尽归龚勃海，文章高出谢宣城。”④

《奉敕为太政官报在唐中瓘牒》表明，朱褒893年正好在担任温州刺史。朱褒是一个很有野心的政客和军阀，在窃据温州刺史一职后，交通朝廷权贵，任性自为，甚至有些不自量力。《吴越备史》卷一亦载，“褒善属诗文，亦好礼士，但动不量力”，如此看来，他以唐朝廷的名义要求日本朝廷朝贡也是情理之中的事。《弘治温州府志》卷十四《仙释》中也记载了他类似代朝廷请命的

① 〔日〕川口久雄校注：《菅家文草　菅家后集》，编入《日本古典文学大系》72，东京：岩波书店1966年版，第586页。

② 〔日〕川口久雄校注：《菅家文草　菅家后集》，编入《日本古典文学大系》72，东京：岩波书店1966年版，第568页。

③ 转引汪向荣等编著《中日关系史资料汇编》，北京：中华书局1984年版，第176页。

④ (明)王瓒、蔡芳编纂：《弘治温州府志》(胡珠生校注)，载《温州文献丛书》，上海：上海社会科学出版社2006年版，第167页。

行为。例如永嘉人叶后己，懿宗咸通间为道士，“文德二年(889)，朱守褒招往紫极宫，署宫观都监”，“乾宁元年，郡将奏其行业，昭宗赐以紫衣，书‘玉清观’字以宠之”。再如永嘉净光禅院祖师玄觉，“朱守褒表其事于朝，僖宗赐谥无相大师，塔名净光”。可见长期割据温州的朱氏对朝廷也有很大的建议权和影响力，显然他也会关注对外交通问题，这正是他“动不量力”的证明。对于唐日贸易的重视也是朱褒派遣信使的重要原因，因口岸贸易抽解所得是州府财政的主要来源之一。

以“大唐凋弊”的消息而终止第20次“遣唐使”的派遣

日本朝廷议定遣使是在宽平六年(894)八月，这次是任命菅原道真为大使出使唐朝，此为第20次任命。但是使节还未出发，就被终止了。据《扶桑略记》对此记载，宽平“七年，遂罢遣使”。日本朝廷停止遣使的直接原因是因为同年九月十四日大使菅原道真给平安朝廷的一纸奏状——《请令诸公卿议定遣唐使进止状》：

> 右臣某，谨案在唐僧中瓘，去年三月附客商王讷等所到之录记，“大唐凋弊”载之具矣，更告“不朝之问，终停入唐之人”。中瓘虽区区之旅僧，为圣朝尽其诚。代马越鸟，岂非习性？臣等伏捡旧记，度度使等，或有渡海不堪命者，或有遭贼遂亡身者，唯未见至唐有难阻、饥寒之悲。如中瓘所申报，未然之事，推而可知。臣等伏愿，以中瓘录记之状，遍下公卿博士，详被定其可否。国之大事，不独为身。且陈欵诚，伏请处分。谨言。
>
> 宽平六年九月十四日　大使参议勘解由次官从四位下兼守左大辨行式部权大辅春宫亮菅原朝臣某①

因这一纸奏状，日本朝廷便召集公卿大臣等商讨此事，由于菅原道真在朝野的声望颇高，他的主张被大家接受了，朝廷于是下令停止派遣第20次遣唐使。《请令诸公卿议定遣唐使进止状》所提出日本应该停止遣唐使的理由有两点：

第一，“大唐凋弊”。日本朝野人士因此越来越多地感觉唐朝不再强盛，在政治、军事上都已经不能对日本构成威胁，日本不必委曲求全地通过朝贡

① 〔日〕川口久雄校注:《菅家文草　菅家后集》，编入《日本古典文学大系》72，东京：岩波书店1966年版，第568页。引文标点为引者所加，段落为引者所分，为便于理解。

的方式与唐朝维持友好关系。陷入藩镇割据状态的唐朝在其末期又经过黄巢起义的打击,政治、经济、军事力量衰落,政治上日益自信的日本公卿们自然认为不必遣使来唐朝贡献了。所以此后无论是五代时期偏安一隅的吴越国,还是统一中原的宋朝廷,日本朝廷都因不担心它的威胁而不遣使朝问。

第二,"至唐有难阻饥寒之悲"。唐朝经济、文化衰落,遣唐使将很难得到大量的赏赐和优待,唐朝后期日本派遣遣唐使的次数减少,一个重要的原因就是经济问题,日本人没有"学费"了,因为派遣使节和留学生来唐是一项花费巨大的工程。平安中后期,班田制逐渐崩溃,导致朝廷财政经费紧张。因此如果使节在唐朝境内不能得到唐朝的资助,显然是担负不起的,唐朝的局势诚"如中瓘所申报",唐朝肯定没有财力资助日本使节,日本使节"至唐有难阻饥寒之悲",虽然是"未然之事",的确"推而可知"①。

由日本朝廷根据菅原道真的申请终止遣唐使的派遣可见,日本是一个功利主义的民族,推行的是"事大外交",朝廷是根据其国内社会、国际环境等诸多因素而决定使节的派遣。

贵族文化也是第20次"遣唐使"派遣终止的原因

随着律令制走向解体,庄园制的成长和摄关体制的建立,日本进入贵族社会,社会精神随之一变,逐渐失去往日的进取心和开拓意识。所以菅原道真在申请终止的奏折中提出了种种苦难的理由:"或有渡海不堪命者,或有遭贼遂亡身者"。

日本遣唐使"渡海不堪命者"主要是因为,白村江战役以后,日本与半岛统一的新罗国交恶,遣唐使渡海到唐朝一般不得不取"南路",即"自筑紫西岸南下,经过南岛,横断中国东海而达扬子江口;亦有由筑紫之值嘉岛(五岛列岛及平户岛的旧名)附近,横断中国东海的"②,风险太大。早期遣唐使来唐是走北路,即沿朝鲜半岛西岸、辽东半岛、山东半岛南岸航行较为安全。"有遭贼遂亡身者"与中唐以来黄海、东海海域兴起的海盗有关。

早期遣唐使被任命为使节时,不仅不感觉为难,而且感觉求之不得,因为此时作为遣唐使出使上国依然很风光、荣耀,朝廷为此重赏,"每当任命遣唐使之时,先有拜朝、赐节刀之礼,复享赐飨饯之荣。飨饯之际,又蒙赐御制之和歌,或赐御衣、黄金等宝物",但由于"遣唐使等平安无事地归国的情况很少"③,不测的风浪和猖獗的海盗使"人多不愿为遣唐使,每每托词以逃避这

---

① 〔日〕川口久雄校注:《菅家文草　菅家后集》,东京:岩波书店1966年版,第568页。
② 〔日〕木宫泰彦:《日华文化交流史》,东京:富山房1987年版,第90页。
③ 〔日〕木宫泰彦:《日华文化交流史》,东京:富山房1987年版,第108~109页。

样的任命"。如光仁朝之遣唐大使佐伯今毛人害怕风险一拖再拖，最后称病不上船，朝廷不得已让副使小野石根代替大使前往。又如仁明天皇朝的遣唐副使小野篁也称病不愿上船。菅原道真显然也不愿意冒风波之险，为了逃避这次使命，他强调入唐日僧中瓘托唐朝商人王讷等送回的有关唐朝现状"大唐凋弊"。虽然菅原道真在奏状中声明说他要求停止遣使的理由"不独为身"，实际上听者心知肚明他的雅意。此外，尚有二点：

第一，唐末以来中国越来越发达的民间贸易使日本获得了充足的"唐物"，平安朝廷不需要通过"朝贡贸易"的方式来获得了。进入 9 世纪，中国商人和新罗商人在中国东海、黄海领域异常活跃，满足了日本方面对于唐物的需求。894 年以后，中日商业贸易还是照常进行。例如《扶桑略记》的以下记载便是证明，延喜九年(909)二月十七日，"令请印遣在唐僧中瓘牒状，外记即受，入函书封，加沙金百两，入木壶，以绢裹之"。"闰八月九日，令仰，唐人货物，年来遣使令检进，此度停遣使，令太宰府检进之。又给藏人所牒，令仰可进上物色目太宰府。十一月廿七日，太宰少典御船高相，领唐人货物及孔雀到来(以上出御记文)"。延喜二十年五月"八日，唐客可入京，辰三克，申四克，掌客使季方朝纲等参入。御衣各一袭给两使"。[①] 中唐以前不可或缺的"朝贡贸易"或者说为贸易的朝贡，进入唐末五代和宋朝，可以由中国商人的民间贸易来完成，日本贵族可以借此获得"唐物"，而不需要低三下四地通过朝贡的方式来获得。

第二，是因日本思想文化上的成熟而逐渐形成以自我为中心的民族意识和自我意识，随着其"大和"民族的自尊心乃至自大心理的膨胀，进而形成了日本式的"华夷观"。特别是"摄关政治"形成以后，这种心理使平安公卿贵族们不愿意再忍辱负重派朝贡使来中国，朝廷因此也严格禁止国人渡海来大陆，更不许冒充朝贡使节，仅仅敕准僧侣们来华，是因为认为他们可以避免外交礼仪上的尴尬，维护日本的国家尊严。隋唐以来日本遣使来华并全方位地引进了隋唐的制度文化，已经成为一个律令体制完善、文化发达的国家，不需要继续引进唐朝文化了。894 年前后是日本文化由"唐风文化"开始向"国风文化"转变的时期，即把从唐朝学到的许多东西日本化的时期。894 年因此成为中日关系史的转折之年。

---

① 〔日〕黑板胜美编辑：《扶桑略记》，编入《新订增补国史大系》第 12 卷，东京：吉川弘文馆 2003 年新装版，第 186、179、193 页。

第二节　五代吴越政权的一厢情愿与日本朝野的应付

日本从894年开始走向“闭关锁国”和社会转型

贵族文化的发展导致了日本公卿上层的自闭，日本自宽平六年(894)中止遣唐使之后，日本在外交上逐步进入“闭关锁国”的时代。

平安朝廷此后不仅禁止日本人私自出海、贸易，乃至禁止日本僧人渡海出国，还限制吴越国、宋等外国商人进入本国，到延喜十一年(911)，朝廷确立了“年纪制度”，开始限制中国商船到日本的年限，每三年一次。对于中国方面热心主动的交流愿望也表现出非常冷淡，这说明日本要求脱离中国的朝贡体系，与中国平等的意图越来越彰显。

随着894年遣唐使的停止，日本在内政上也开始转型，从律令政治转型为王朝政治。正如日本学者所谓：

> 从实施最后的班田到颁布最早的庄园整理令，从编纂最后的国史和格式到诞生最早的敕撰和歌集，这个时代发生了许多象征着从律令政治转变为王朝政治、从唐风文化转变为国风文化的事情。①

的确，这一系列的转变事件都发生在894年之后。宽平九年(897)，年仅31岁的宇多天皇让位于13岁的醍醐天皇，899年让藤原时平和菅原道真分别出任左大臣、右大臣，辅佐醍醐天皇处理所有政务，意欲改革政治。

902年开始大规模改革，意欲恢复被破坏的班田制，结果此后一系列的庄园整理令却承认了特权庄园存在的合法性，最初的庄园整理令成为此后庄园整理的基准②，土地的私有化和庄园制的确立成为不可逆转的大势。

意识形态方面，尽管901年下令完成《日本三代实录》，从结果来看，该史书却成了最后一部敕编国史。905年，朝廷开始编纂延喜格式，《延喜格》与《延喜式》分别于907年、927年完成，规模庞大，但这也是最后一次格式编纂，此后再也没有编纂过格式。

---

① 〔日〕冈野善彦，刘军、饶雪梅译：《日本社会的历史》，北京：社会科学文献出版社2011年，第122页。原文标点有问题，引用时补充了。

② 参见〔日〕冈野善彦，刘军、饶雪梅译：《日本社会的历史》，北京：社会科学文献出版社2011年，第119～120页。

在文学领域，905 年，醍醐天皇下令纪贯之等编纂《古今和歌集》，从此开创了和歌和歌集编纂的新时代（有关文化部分，具体参见本书第二章）。

日本王朝时代，每遇内政外交大事，包括与中国大陆和朝鲜半岛的外交以及突发事件，通过太政官公卿会议确定对策，再下达相关文书，该会议通称“阵定”。具体形式是，在左右近卫府的阵中设定公卿们的座次，公卿出席议论政务。公卿接受上卿的通告，根据外记、弁官制作的先例、勘文等，从末席开始呈述意见，经合议后，由上卿裁决，并命参议作成文（即定申），上奏天皇，请求裁可。

平安王朝的外交和内政，就这样不知不觉地转轨了。而日本所处的国际环境又悄悄发生了什么样的变化呢？

平安王朝冷眼旁观吴越王册封岛夷之举

日本停止派遣“遣唐使”13 年以后的 907 年，大唐帝国果然灭亡了，日本大臣的判断显然是正确的。曾经背叛黄巢起义军接受唐朝廷招抚的朱全忠再次不忠，背叛新主唐皇帝，弑其末代皇帝昭宗、哀帝而建立梁朝（史称“后梁”）。此后，后梁与后唐、后晋、后汉、后周前后更替，战乱不休，势力都局限在北方中原一带，在史书中并称“五代”。

除此五朝之外，大陆还有前蜀、后蜀、楚、荆南、吴、南唐、吴越等十个割据的小国，主要在中国南部割据，历史上统称之为“五代十国”。在大唐被分割后不久，渤海国、新罗国也相继灭亡，日本不免感觉一国独大，独善其身起来。

大唐灭后大约 50 年间，大陆各割据政权一心逐鹿中原，内战不断，无暇兼顾海外邦交，似乎只有割据江浙一带的吴越国才有这方面的自信和需要，在大陆内与北方的强权周旋，在海外与列国交通。同光中（923—926），钱镠“为天下兵马都元帅、尚父、守尚书令，封吴越国王，赐玉册、金印”。当初，后唐庄宗至洛阳时，“镠厚陈贡奉，求为国王”，后来干脆“自称吴越国王，命所居曰宫殿，府署曰朝廷，其参佐称臣，僭大朝百僚之号，但不改年号而已。伪行制册，加封爵于新罗、渤海，海中夷落亦皆遣使行封册焉”。[①] 此处的“海中夷落”显然包括日本等国，可见钱镠的抱负不仅仅是称霸一方了，他还想统一中国并恢复华夷秩序。由此可见当时中国的一些政权还是以岛夷相待日本。《新五代史》卷六十七也载钱镠，“遣使册新罗、渤海王，海中诸国，皆封拜其君长”[②]。日本史书中不见钱镠册封日本王的记载，纵然有此事，在国风文化熏

---

① （宋）薛居正等：《旧五代史・世袭传・钱镠》，北京：中华书局标点本 1976 年版，第 1768 页。

② （宋）欧阳修撰《新五代史》，北京：中华书局标点本 1974 年版，第 840 页。

陶之下的日本史家为国家讳，肯定要回避这种在他们看来“不光彩”的事件。

尽管日本史书不见钱镠与日本国书往来的记载，但钱镠的儿子钱元瓘、孙子钱弘俶托商人蒋衮、蒋承勋等致书日本之事，日本史书《日本纪略》《本朝世纪》《本朝文粹》等都有记载。尽管原书信不见，相信钱元瓘、钱弘俶等纵然不及父祖的张狂，其书信要谦虚很多，估计也难以平等对待日本。大概由于这一原因，日本朝廷由左大臣藤原忠平等出面回书吴越王，婉言拒绝建交，既不得罪对方，又保持一定的联系。众多“吴越王写给日本的书信一封也没有留传下来”①，原因怕也在这里，倘若是抬举日本国的，根据以往的习惯，日本史家是要大书特书的。吴越王送给日本“土宜”不过是羁縻之物，到宋朝统一之后，宋太宗在接见奝然并和大臣谈论日本时，也是称其为“岛夷”，中国君王们的这种态度自然使日本君臣对与大陆建立政治关系态度冷淡。

935年，吴越王钱元瓘曾经派遣商人蒋承勋出使日本，并辛辛苦苦地带着若干只绵羊。已经“闭关锁国”的日本平安朝廷不仅没有遣使回访，而且，在朱雀天皇承平六年(936)，只是由左大臣藤原忠平出面，给吴越王写了一封回信，该信内容不详，从其回信的规格来看，是要求与吴越国平等。如果吴越王的信有册封之意，显然遭到日本的婉拒。

947年，吴越王又派商人蒋衮带着信件和礼品访问日本，这次日本不仅没有回访，而且仍然只是以左大臣藤原实赖的名义写了回信。据载，五代时期蒋承勋等或因私或趁公便多次来日本联络。953年，商人蒋承勋又以吴越王弘俶使者的身份，带着信件和丝绸、粗绢等贵重礼物前来日本。日本朝廷由右大臣藤原朝臣师辅出面，让蒋承勋给吴越王带去了这样的一封回信：

> 为右丞相(师辅)赠太唐吴越公书状：
>
> 蒋承勋来，投传花札，苍波万里，素意一封，重以嘉惠，欢惕集怀。抑人臣之道，交不出境，锦绮珍货，奈国宪何，然而志绪或织丛竹之色，德磬或引沈檀之熏，受之则虽忘玉条，辞之恐谓嫌兰契，强以容纳，盖只感君子亲仁之义也。今抽微情，聊寄答信……②

这封信的真意是不想与割据的吴越国平起平坐，不想将日本与吴越国的关系上升到国交的级别，故托词“抑人臣之道，交不出境”，但又禁不住吴越国“锦绮珍货”的诱惑，于是以大臣出面假装勉强接受。日本学者木宫泰彦说吴

---

① 木宫泰彦著，胡锡年译：《日中文化交流史》，北京：商务印书馆1980年版，第229页。

② 〔日〕黑板胜美编辑：《本朝文粹》，编入日本《新订增补国史大系》第29卷(下)，东京：吉川弘文馆平成十一年(1999)新装版，第170页。蒋承勋原作蒋丞勋，已根据《纪略》等改正。

越王的书状“并非赠我（日本）朝廷或政府的，乃赠政治上之领班大臣的”，也不过是猜测而已。他的猜测理由如下：

> 盖吴越国仅保一隅之地，不过僭称王号，故不得不谦让而执此态度。我国（日本）答书，也就不用朝廷与政府名义。尽管事实上有国际之交涉，形式上仍执私交之体裁。盖当时我国（日本）政府对于海外的态度颇为消极，不想主动寻求交际，只是作出因他人来请求，不得已而应之的态度。①

大陆发生的这一改朝换代之变正值日本醍醐天皇延喜七年（907），藤原氏摄关家正在日本政坛兴起并逐渐强大起来，成为日本真正的实权派和执政者，当然也影响着日本的外交政策。

从10世纪开始兴起的“国风文化”开始让日本人认定“天皇制”是日本政治体制的骄傲，以致此后日僧来华时在中国皇帝面前鼓吹其“万世一系”的稳定。10世纪末以来的日本皇室，尽管不断被冷落，被藤原氏排斥于政治、外交的历史舞台之外，在对外方面朝廷有时显示出强硬态度，有时则表现出非常的主动，希望借外交上的强硬气势或权力表达取得公家贵族对他的尊重。亚洲外交传统是礼尚往来，即使是中华帝国也会回访四夷诸国，五代以来，日本朝廷对于与大陆政权的政治交流表现冷淡，主要是不愿意接受来自中国的册封。

政冷经热的日本朝廷与魅力十足的“唐物”

与政冷相对的是经热，是相对于唐末、五代繁荣的中日民间贸易而言的，两国尽管此时没有建立政府间互访的官方关系，民间贸易往来却比7、8世纪更加兴盛了。

吴越国虽然不能使日本国王遣使来华朝贡，并且吴越国主动的册封被日本国王拒绝，但吴越国与日本的贸易并没有因此受到影响，甚至是抑制不住的“热”，因为日本公卿对“唐物”狂热追求的热情难以冷却下来。

吴越国积极开拓中日贸易和往来主要是追求利润，新旧《五代史》的记载显示，吴越国在政治上将日本纳入自己的属国，以抬高身价。日本政府自进入五代时期以来，在对外政治、文化交流上采取了相对消极保守的态度，对于中日民间经济交流严格管制，除了垄断贸易实行专卖制度外，主要在于日本

---

① 〔日〕木宫泰彦：《日华文化交流史》，东京：冨山房1987年版，第246页。

人的自尊和自大。因此,对于吴越国派使节带来的书信和特产,日本朝廷“并没有回复,只由大臣回了信,拒绝了建立邦交的事。这一方面是因为朝廷自负,认为吴越只是蹋居一隅的小国,不值得与其建立邦交;另一方面也与当时采取的消极外交方针,不愿和他国建立正式邦交有关”①。

保守和自大是分不开的,平安朝廷开始大权旁落,摄关家在政治上的抱负却越来越大,面对政治、军事力量越来越衰落的大陆,面对五代的混乱和偏安一隅的吴越、宋朝廷,不用担心来自它的威胁,所以从 9 世纪末起,日本朝廷在处理中日关系的问题上傲慢起来。

五代时期,日本政府对中日贸易的冷淡还表现在对中国商人的接待上。在唐代,日本朝廷为了便于接待外国的使节和“归化人”,或为遣唐使的往来提供宿泊之所,修建了鸿胪馆,到唐代后期,情况发生了变化,日本遣唐使废止了,而唐朝到日本的商人却增多了,来日商人一般也安置在这里,鸿胪馆逐渐变成了接待中国民间商人们住宿的“招待所”。对中国商人态度的变化是这样的,“直到唐朝末年,都是‘安置供给’,到五代以后,尽管依然安置、却不再‘供给’了。也就是说,从公费的招待住宿机关明确地变成私费的住宿处”②。

尽管日本朝廷在政治上冷淡,中日商业贸易还是照常进行。“仅从日本的史书中所见,前后算来,商船往来就有 14 次③,而在实际上恐怕次数还要更多。这些往来的船只,全是中国船,日本船一只也没有。而中国船中,几乎又都是吴越的船只”④。木宫泰彦所做的“五代日华往来船舶一览表”也显示,整个五代时期中日之间往来的船舶中日本船一无所见⑤。从中国开到日本的商船,似乎大都从吴越地区出发,横渡东中国海,经过日本九州岛北部的肥前松浦郡,进入博多津湾。这些商人中主要又以宁波人居多。航海过程中,基本上是利用季节风,春夏去日,秋冬归国。客商们携带的商品依然主要是“香药和锦绮”等织物,一般由日本政府包买,日本方面用来交易的则是沙金。为了获准通商并得到保护,宋商出发之前对于日本朝廷大员和地方豪强,尤其是当时的日本“海关”——大宰府(负责对外贸易)都准备有贿赂之物,到达后先献礼,再谈贸易之事,作为献礼的一般都是孔雀、羊等。

在新的时代,如果中国方面平等相待日本,日本人无疑是愿意与大陆建立正式关系的,因为唐朝的物质文明和精神文明已经深深地影响了他们,他

① 〔日〕坂本太郎:《日本史概说》,北京:商务印书馆 1980 年版,第 140 页。
② 〔日〕藤家礼之助:《日中交流二千年》(改订版),东京:东海大学出版会 1988 年版,第 128 页。
③ 木宫泰彦在《日华文化交流史》一书中认为可能有 15 次。
④ 〔日〕中村新太郎:《日中两千年——人物往来与文化交流》,长春:吉林人民出版社 1980 年版,第 161 页。
⑤ 〔日〕木宫泰彦:《日华文化交流史》,东京:冨山房 1987 年版,第 241 页。

们已经一时无法摆脱对于大陆文化的崇拜。

平安朝廷遣使来华宣扬日本文化

在民族自尊的风气笼罩之下，在借鉴唐朝体制的基础上，日本公卿贵族们在新都平安京这一所谓的“平安乐土”之上努力营造着新的日本文化，后人称之为“国风文化”，它的兴起和发展使日本社会风气、上流时尚为之一变，由重“汉才”（からざえ）而倡“和魂”（やまとだましひ）了①，尤其是处于社会上层的贵族，特别强调所谓的“和魂”。

晚唐以后，大陆中国王朝政治的混乱、国力的衰落，虽然使日本平安朝臣们解除了 663 年“白村战役”以来的恐惧之心，停止向大陆派遣朝贡使节，但是，日本当时逐渐盛行的文殊信仰，致使一些高僧不断努力争取，要求平安朝廷允许他们到大陆求法巡礼，其中包括宽建法师等。平安朝廷出于希望对大陆做进一步政情调查的需要；出于向中华宣扬日本文化软实力，改变中国人的日本观的需要；加之日本人在与中国交往中培养的自尊自信逐渐养成自大自满的风气，特别是贵族大臣们对日本作为律令国家制度文化完备的自信等等原因，促使平安朝廷终于在 926 年答应了宽建、宽辅渡海来华的请求，并且特地配给宽建从僧三人，童子四人，近事二人，足见日本朝廷非常关注和重视这一次入华僧众的派遣。据《扶桑略记》第廿四，延长四年（后唐明宗天成元年，926）五月条所载：

> 廿一日，召兴福寺宽建法师。于修明门外奏请，就唐商人船入唐求法，及巡礼五台山。许之。又给黄金小百两，以宛（同“充”——引者注）旅资。法师又请此间文士文笔，菅大臣（道真）、纪中纳言（长谷雄）、橘赠中纳言（广相）、都良香等诗九卷，菅氏纪氏各三卷、橘氏二卷、都氏一卷。但件四家集，仰追可给，道风行草书各一卷，付宽建，令流布唐家。可相从入唐僧并杂人等，从僧三口、童子四人、近事二人。敕遣元方于左大臣（忠平）宿所。宽建法师入唐之由，宜遣书大贰扶𩣺朝臣许。可仰其旨。六月七日，依有院仰，敕奉黄金五十两，此为给入唐求法沙门宽建也者（以上出《御记》）。②

---

① 〔日〕井上光贞等：《讲座·比较文化（第 1 卷）——日本列岛的文化史》，东京：研究社昭和五十一年（1976）版，第 64 页。相关具体内容可参见该书第三章“从汉才到和魂”。

② 〔日〕黑板胜美编辑：《扶桑略记》，编入《新订增补国史大系》第 12 卷，东京：吉川弘文馆 2003 年新装版，第 197 页。

宽建一行来华正值后唐明宗天成二年,也许是冲着大唐而来的。但日本平安朝廷的这次文化使团的派遣是失败的,原因之一是遭遇五代的战乱,朝代更替频繁,南北十国的割据,交通不便,最后日本使团人员四散飘零,基本上无人能够返回日本。

使团之中,只有超会最终遇到了后来的日本使团。宋太宗雍熙元年(984)春,奝然带领新的平安使团来华,蒙太宗皇帝圣旨巡礼汴梁京中大小寺院时,在左街天寿寺,927年随宽建来华,寓居中国近50年已经85岁的日僧超会巧遇奝然。

据载,那一天,奝然在宋朝张行首或某内臣的陪同下在汴梁左街天寿寺内巡礼参拜,忽然有人来告知,有"日本国照远大师赐紫超会"来访,奝然听说是心仪已久的前辈,宽辅的从僧超会,马上要求相见,可惜超会自来中国已经过去50年了,时年85岁的超会早把母语日本语言给忘记了,现在两位日本高僧只能用汉语笔谈了。奝然从超会那里打听到宽辅使团一行在中国访问的最终结局,并将此详细记录在自己的日记《在唐记》里:

> 从左街天寿寺、日本国照远大师赐紫超会,来房问讯。和尚是日本延喜[长]年中与宽建大德等共入唐,即宽建、宽辅、澄觉、长安、超会等总十一人也。
>
> 宽建上人于建州浴室闷了。澄觉等长兴(930—934)年中入京,诣五台山,及遍礼诸方圣迹,到凤翔、长安、洛阳城等,其后澄觉学习汉语,讲《唯识论》、《上生经》等,赐紫资化大师赐紫号①,有归朝之心,远去两浙。宽辅在京弘瑜伽大教,赐弘顺大师号,当京元无弘真言教,宽辅来后弘密教,授法灌顶弟子三十余人。逝去之后数年。
>
> 超会虽有谈话志,本朝言语皆以忘却,年八十五云云。②

奝然到汴梁的时候,宽辅才死去不过数年,此时奝然凭吊宽辅。后人成寻一行来宋的时候又复凭吊奝然及宽辅等前人,"宽辅是朱雀院御时与宽建超会等十一人来唐国人也。瑜伽大教大教(衍文?)兴大唐,从宽辅受灌顶人卅余人云"③。这是成寻来宋期间在自己的日记里抄写的《奝然法桥日记》的

---

① 引文"赐紫资化大师赐紫号"当为"赐紫,赐资化大师号"之误。

② 转引〔日〕西岗虎之助著《有关奝然入宋的研究》,载《历史地理》第四十五卷第三号,第558~559页。引文标点根据本人的理解略有修改,长兴(930—934年)为后唐明宗年号。

③ 〔日〕平林文雄:《〈参天台五台山记〉校本及其研究》(上),东京:风间书房昭和五十三年(1978)版,第213页。

内容。

宽建上人居然于福建闽江上游的建州在浴室闷死，大概由于年事已高，他可能是和澄觉一样准备回日本而至此。澄觉入京城汴梁之后，得以巡礼五台山及诸方圣迹，又到凤翔、长安、洛阳城等地，并且学习了汉语，可以给宋人讲《唯识论》《上生经》等，可见成就很高，最后获赐紫衣并“资化大师”号。他功成名就之后便有了回日本的打算，已经到了两浙，但不知为何没有能够回到日本？从奝然对先辈求法僧的追忆看，先人对他的影响是非常深远的。

926 年宽建、宽辅法师等奏请“入唐求法”之时，要求把当时在日本颇负盛名的文人诗集带往中国，说明他们对日本文化充满自信。日本朝廷不仅敕准他们的要求，指令他把菅原道真、纪长谷雄、橘广相、都良香“四家之诗集”共九卷，及小野道风的行草书各一卷，带到中国去流散传播，而且醍醐天皇赏赐百两黄金，已经退位的宇多天皇也赐黄金五十两。这五人是平安初期日本文人中之佼佼者，日本人至今引以为骄傲。日本朝廷让日僧带着让他们倍感自豪的书法和文学作品来中国，希望借此改变中国人的日本观，消除中国人的华夷之别。

基于这样的自尊或自信，日本朝廷早就将唐朝的使节、商客称为“番客”了，遣唐使废止后，更是以蕃的身份相待。而且到宋朝时，日本公卿贵族们将中国商人精心准备的贿赂之物、献礼之具（如孔雀、羊等）视为“进贡”之品，自然不愿继续降格遣使加入朝贡体系了。

宽建携带日本最优秀的“文笔”来华、宣扬日本文化的做法，成为入宋以后到宋朝求法巡礼的奝然、寂照、成寻等模仿的榜样（详细参见第二章）。奝然、寂照、成寻等到达宋朝以后，或寻访宽辅等人，或缅怀他们的遗物和遗像便是明证。

总之，894 年日本停止最后一次遣唐使的派遣，标志着中日关系进入一个“政冷经热”新的时期，整个 10 世纪乃至 11 世纪都是这一状态。

第三节　北宋统一及其对外政策与日本的回应

宋朝重建“华夷秩序”与对日本的期望

后周恭帝即位的次年（960）正月，辽、北汉联军南犯的谣言和“点检作天子”的流言闹得汴梁满城风雨，统领后周禁军的殿前都点检赵匡胤受命引兵出城抵御，才到离京师二十里的陈桥驿，就被黄袍加身，北宋王朝仓促建立。

这一次政变结束了中国北方中原地区“五代”政权频繁更迭的局面，紧接着逐步消除南方广大区域内“十国”割据的分裂形势。

北宋一建国，便力图以武力恢复汉唐以来的“华夷秩序”，于是乎南征北战。到太平兴国四年(日本园融天皇天元二年，979)秋七月，“癸未，帝督诸军及契丹大战于高梁河，败绩。甲申，班师”[①]。这一打击对于宋太宗来说是很沉重的，因为他在太平兴国四年春“正月丁亥，命太子中允张洎、著作佐郎句中正使高丽，告以北伐”[②]，何等的踌躇满志，实际上他就是想恢复汉唐的辉煌，此次外交之行动既是稳定高丽，也是敦促他来朝贡宋朝。宋朝在战败之后更是遣使四出，广招海外国家前来朝贺。例如“雍熙(984—987)中，遣内侍八人赍敕书金帛，分四路招致海南诸蕃”[③]，邀其朝贡，此所谓柔远人以饰太平。

宋朝的局部统一促进了中国境内交通联系的加强和经济文化的进一步发展，它虽然说不上是“积贫积弱”，却也难以恢复汉唐帝国的辉煌。因为此时的东亚各民族正进入一个多极化的时代。契丹在东亚北部草原上建立了一个新的游牧大国，而且占据战略要地——幽云十六州；在东亚西北内地，西夏王国也在成长之中，它的扩张也在预期之中；在东亚近海的岛国日本正在努力打造“国风文化”，强烈的“本朝”意识和民族自信随文化的繁荣而膨胀。

东亚正形成一个多极争雄的世界。处于地缘政治中心的汉民族国家宋王朝，随着汉民族区域内的统一，民族自尊心和自豪感树立起来了。赵氏兄弟的抱负一点也不让于他们的心计，既然自觉继承了中华正统王朝，宋朝的理想当然是天下(世界)秩序的恢复，这自然是一个以大宋为中心的同心圆式结构，新册封体系的建立提上了王朝政治的日程。宋朝开国皇帝努力恢复册封朝贡体制的愿望，可从宋太祖于乾德元年(日本村上天皇应和三年，963)六月“丙申，诏历代帝王三年一飨，立汉光武、唐太宗庙”等事件中得到印证[④]。

宋朝的招抚和声势也确实让五代以来的一些割据政权和周边小国(如吴越钱氏)屈服了，或投降而被合并，或朝贡而纳入体系。但是，宋朝的这一策略和努力很快就受到北方契丹等多极化势力的挑战；尽管周边有许多国家和民族来朝贡了，日本尚没有派遣朝贡使节，朝廷也考虑通过在东亚海洋上活跃的商人向沉默的日本发出通知。

---

① (元)脱脱等:《宋史》,北京:中华书局标点本 1977 年版,第 63 页。

② (元)脱脱等:《宋史》,北京:中华书局标点本 1977 年版,第 60 页。

③ (元)脱脱等:《宋史》,北京:中华书局标点本 1977 年版,第 4559 页。

④ (元)脱脱等:《宋史》,北京:中华书局标点本 1977 年版,第 14 页。

日本朝廷的危机意识和大宋阴谋论

就在宋朝努力恢复华夷秩序的同时，日本平安朝廷基于894年以来（即唐末、五代战乱以来）逐步养成的社会、体制优越感，也在营造自己的“小中华”天下。于是乎“本朝”日本与异国宋朝的差别意识在日本人心目中也越来越强烈了，来自宋朝的商人普遍地被称为“番客”等，岛人视所有外来者为“番人”“番夷”。

实际上日本一直在暗中关注着东亚中心地区的政治发展，一旦大陆形成一个强大的统一国家，如何应对便成为岛人讨论的话题。面对宋朝的政治抱负，日本此时是继续闭关还是积极参与？显然宋朝的武功没有强大到令日本人惊恐的程度，就是说没有感到拒绝参与宋的朝贡体系会带来的可能的威胁。但大陆多级争强的局面令日本担忧，特别是契丹人、女真人等的崛起。

来自大陆的刀伊族就曾经不断跨过朝鲜海峡骚扰日本对马等岛屿及九州海岸，平安朝廷不断下令大宰府“警固”防备。“刀伊”来源于朝鲜语的音译，可能是中国东北黑龙江流域的女真族，日本朝廷原来以为是高丽国人，因为唐末以来新罗海盗一直在黄海横行。宽仁三年（1019），刀伊驾驶50余艘船只入侵对马、壹岐、筑前等地，大宰权帅藤原隆家率领部下击退了刀伊的入侵。此前不久，奄美人于长德三年（997）也从南面袭击九州各国，甚至烧毁日本“海夫”们的住宅，抢夺财物，掳走男女。

在刀伊入侵前后还有一件让日本朝野紧张、猜疑的外交事件。长德三年（997），有“高丽国牒三通”送达日本，日本公卿朝议认为其内容“有令耻日本国之文”，决定给官符大宰府，指明“高丽国背礼仪事”，命大宰府遣返朝鲜使节。而且日本公卿们还猜测其中有宋朝的阴谋，因“但见件牒，不似高丽国牒，是若大宋国谋略欤”。朝廷讨论的结果认为该牒文是宋朝的谋略，并下令让居住在镇西及越前国的宋人尽快归国①。

918年王建灭新罗建立高丽以来，日本朝廷一直拒绝回复高丽建交的国书，有时让大宰府回复，对于高丽与吴越国之间的交往也是冷眼旁观。

可以说这些突发事件、国书事件促使日本朝廷进一步采取“孤立主义”的外交方针，“洁身自好”的思想主导了日本平安君臣，与大陆政权在政治上采取不接触政策，以番、夷、异类视之，在经济上严格控制来日本贸易的宋人和高丽人，在文化上采取对外竞争的态势。对于东亚大陆各民族之间的政治变

① 〔日〕藤原实资：《小右记》（二），编入《大日本古记录》，东京大学史料编纂所编纂，东京：岩波书店，昭和三十六年（1961）版，第35页。另可参考〔日〕对外关系史综合年表编集委员会编《对外关系史综合年表》，东京：吉川弘文馆1999年版，第116～117页。

革和军事冲突，日本依然采取超然的策略，禁止国民往来宋朝、契丹等国贸易，正如日本学者木宫之彦所说的：

> 当时我国(日本——译者注)对外方针是停留于被动而且消极的贸易上，对中国商船来航设置严格限制，甚至禁止邦人渡航海外，只是对有志巡礼中国圣地天台山、五台山的僧侣网开一面，作为例外，准许他们渡海入宋。①

宋朝的建立，东亚局势发生了新的变化，这与日本的“小中华体系”是否有冲突？日本是否要继续闭关孤立？日本朝廷对于是否与宋建立政治联系一直处在迷惘之中。宋朝无疑要恢复汉唐以来的华夷秩序，以册封体制来定国际关系，这又是此时的日本难以接受的。但是，宋朝的经济文化却又是如此的发达，日本朝野依然热衷于购买中国商品，平安时代需要大量输入唐物，就是这些装饰了日本的“荣华物语”——富丽堂皇的荣耀。唐物是贵族们显示财富和地位的重要物品，是表明品格趣味和文化修养的招牌。

日本在“华夷秩序”中的暧昧定位

10世纪的日本朝野对于是否延续唐代旧例派遣“遣宋使”等一直存在分歧，其情形一如当代，也可以划分为左翼和右翼两派，反对派遣使节入华并接受中华朝廷文书(或称“国书”)的且称之为右翼。左翼主要是以摄关家为中心的藤原氏部分贵族，右翼则为嫉妒藤原氏特权的其他大姓贵族如橘氏、源氏等，右翼的反对也是借攻击藤原氏的外交以限制摄关家的政治权力和经济利益。

日本右翼的政治攻击话语形成了民族主义意识的高调语境。失落的朝廷及部分贵族(右翼色彩)反对贵族外交的武器之一就是逐渐形成的日本“华夷思想”，约束特权贵族在外交上的自由，他们甚至称中国也为蛮夷。实际上“华夷思想”、爱国心、民族自尊心已经成为日本国内政治斗争的武器。

由于舆论的宣扬，大和民族的自尊体现在朝廷、贵族不同的阶层，内容包括政治上的自尊、宗教的自尊和文化的自尊。而在对外交往过程中荣誉感与自卑感交织在一起，从日本贵族公卿们的日记中可以看出，他们一直很注意争取或要求宋朝人的尊重。在政治上由于“朝贡体系”的框架无法突破，大宋

① 〔日〕木宫之彦:《入宋僧奝然研究——以其随身物品与携来物品为主》，东京：鹿岛出版会昭和五十八年(1983)版，第20页。

固执的“朝贡册封”的国交礼仪无法回避，日本朝野就寻找替代的方式，于是便产生了中日之间的暧昧的政治关系。

可以说，中日之间所谓政府和民间交流的区分自古暧昧，这一暧昧的原因是由于日本人的暧昧心理和暧昧做法，而这种暧昧的表达方式和张扬的潜意识又来源于文化上的自卑、性格上的自尊。两国之交，在政府之间不便往来的情况下便利用民间渠道，政治上不便往来就开拓文化渠道。来宋日僧对于中日文化交流的作用、贡献和影响是很大的，首先是担负着两国政府之间的间接联系，其次是推动民间宗教团体之间的交流，尤其是促进了中日天台宗的交流，为日本引进了新兴的禅宗。朝贡制度以及其指导思想华夷观念是影响中外关系发展的重要政治和文化因素，它容易伤害作为一个主体的国家的荣誉感和自尊心，对宋日两国来说，它阻碍了外交和文化交流的进一步发展，从日本这一侧面来看，它影响了日本对于中国新兴宗教和佛法(禅宗与净土宗)的引进。

虽然中日在宋代没有唐代那样的外交关系，但贸易发展远远超过了唐代。日本贵族与大陆的“私交”从某种意义上说也是一种“公交”，至少中国方面是这么接受下来的。平安贵族在有宋一代基本上是默认中国民间商人与日本的贸易，这是因为“唐物崇拜”的作用，对一国物质、器物的崇拜和迷恋与对该国文化艺术的崇拜是必然联系的。明治维新以后，日本人迷恋欧美的物质文明，同时极力吸收欧美的文化艺术。奝然 986 年自宋朝带回佛像和佛经后，日本朝廷以隆重的仪式来迎接，这就说明他们对于舶来物是如何的崇拜。

直到今天，在日本历史学界，对于“遣唐使”是否为进贡而来中国？许多学者是持否认态度的，而对日本没有派遣“遣宋使”更是感到非常的骄傲，因此认为，在五代宋以来，日本完全脱离了中国的朝贡体系，与中国平等了。

第二章　北宋文化复兴冲击日本“国风”文化

第一节　北宋文化战略对周边国家民族的影响

“远人不服，修文德以来之”

“远人不服，修文德以来之”。这是中华帝国几千年来处理中外关系的传统策略，是中国儒家思想的千古政治遗训，尤其是在专制皇帝“武功”征服之举失败或受挫之后，自然会有人向他提起“文治”的策略，或者他可能自己觉悟到了。

何为“文德”，自然是封建礼教等制度文化。礼仪文化是中国皇帝区别华夷、标明正统的重要标志，它的内容包括历法的颁订、礼仪的制定、典籍的编辑和颁赏等等。以此向周边民族和国家强调自己依然是文化的中心、文明的代表，此可谓文化立国。宋朝是以继承中华正统而昭示外国的，尽管受到北方少数民族（契丹、女真等）的攻击，甚至在军事上并不占上风，但宋朝是从传统华夷思想出发来处理和发展对外关系的，在外交礼仪上极力维持正统和大国的尊严和地位，确定尊卑等级和国际秩序。

统一南方吴越等国之后，志得意满的宋太宗不免也自视甚高，抱负远大起来，“取太原，伐契丹，继有交州、西夏之役”①，但是事与愿违，“武功”不建，进取无望，于是君臣便退而反思之，改弦更张，施以“文治”。希望通过北宋朝的文化软实力建设再次确立帝国在东亚社会文化中心的地位，于是太平兴国六年（日本园融天皇天元四年，981）冬十月丙戌，“杂取历代医方，同加研校”②。到七年（日本园融天皇天元五年，982）冬十月“癸卯，《乾元历》成”③。

---

① （元）脱脱等：《宋史》，北京：中华书局标点本1977年版，第101页。

② （宋）李焘撰：《续资治通鉴长编》第2册，北京：中华书局标点本1979年版，第503页。

③ （元）脱脱等：《宋史》，北京：中华书局标点本1977年版，第69页。

显示出一番盛世修典崇文的景象。

的确，宋朝的统一不仅促进了中国经济贸易的发展，也为发展文化事业，进而促进国内不同地区文化的交流和繁荣提供了条件。979 年宋武力剿灭北汉，和平接收吴越，使佛教徒可以更加自由地北上五台、南下天台，巡礼全国圣迹，这对于天台山、五台山信仰越来越强烈的日本僧界也是捷音。何况为了推行自己的政治，扩大国家在国际上的影响，宋朝廷积极利用文化政策，推动中外佛教文化交流，复兴中国佛教以便使之成为传播佛教的世界中心。

在宋朝的文化复兴事业中，首先必须关注的是它的宗教复兴政策和宗教事业。宋朝廷希望通过复兴佛教、开展佛教交流促进华夷朝贡体制的建立，以粉饰内政的成就和社会的太平。乾德三年（日本村上天皇康保二年，965），游历五天竺 18 年的沧州僧人道圆归国，并偕于阗使者共赴京师陛见，此举大大激发了宋太祖开展文化外交的宗教热情。966 年他立即模仿唐朝太宗皇帝遣玄奘西天取经的做法，选僧人行勤等 157 人赴天竺求法，每人赐钱三万。这次大规模的官费资助的留学活动，是宋太祖对外“修文德以来之”的羁縻做法，且收到立竿见影的效果。开宝年间（968—975）就有印度高僧法天等来宋，到宋太宗太平兴国年间（976—983）更有印度高僧天息灾（又名法贤）、施护等相继携带大批梵文经籍和佛舍利来华，从而也吸引了日僧来宋求法。

宋朝局部统一后施行的文化政策对于东亚社会的影响是难以忽视的。宋太祖、宋太宗在政治统一的同时努力建设文化帝国，宋太宗在政治和军事（北伐契丹）上的努力遭到挫折之后更是将注意力转移到文化上来，因为战争失败必然会影响朝贡体系的确立和维持。

宋朝在军事力量不足的情况下尤其重视发展对外关系，希望建立广泛的中外关系——非对称的朝贡关系，取得外交上的主动权，从而树立大国权威。朝贡和册封对于中国皇帝来说，往往注重的是其政治功能和象征意义，尽管从实际利益上来说它是一种政治负担，以“怀柔”和“羁縻”的旧法抚远或怀远，建立和恢复中华册封体系，推行“王道”政治。怀柔的方式主要是通过各种途径赏赐四夷酋长中华文物，确立名分，朝廷的赏赐一般都附有文书，可以视为国书，其格式一般都是宗主国对于属国、上级对于下级的形式，可以视为“敕书”或者劝诱朝贡的文牒，虽然其内容有时很温和。

北宋复兴佛教文化对东亚的影响

自唐末到宋初，日本朝廷可以对政治军事上偏弱的大陆政权采取若即若离的态度，在文化经济上又是如何应对的呢？

宋朝的文化复兴突出在佛教上。印度传来的佛教在中国的发展几经反复,僧侣们在中国的命运大起大落,寺院塔殿也是兴盛之后荒废,荒废之后再复兴,如同中国"分久必合、合久必分"的循环历史。自唐末以来,发达的中国佛教经历了一武一宗的两度毁佛,不过信仰对统治的促进作用还是被新的统治者认识到了,大宋统一之后,中国佛教发展因此遇到了新的机遇。979 年,宋灭北汉,唐朝以来的五台山佛教圣地现在处于宋朝的控制之下。980 年,宋太宗便立即敕内侍往代州五台山建造金铜文殊菩萨像。宋太宗曾经拿着新译经,对大臣赵普等说:"佛氏之教,有裨政理,普利群生。"①可见他要以兴佛教作为思想控制和统治之术。宋太宗曾做《崇释论》,说佛教与孔孟"迹异而道同",好在宋朝"积弱"并不"积贫",有足够的经济力量支持宗教事业,"太平兴国元年,诏普度天下童子,凡十七万人"②。于是,五台山、天台山、峨眉山山山大兴土木,清凉寺、国清寺寺寺僧尼云集。

> 二年,使改龙兴寺为太平兴国寺,立开先殿以奉太祖御容。西天沙门吉祥来,进贝叶梵经。
>
> 三年三月,赐天下无名寺额,曰太平兴国、曰乾明。开宝寺沙门继从等,自西天还献梵经、佛舍利塔、菩提树叶、孔雀尾拂,并赐紫方袍。四月,诏谥庐山远法师曰圆悟、塔曰凝寂,永法师曰觉寂、塔曰实智。中天竺沙门钵纳摩来,献佛舍利塔、犛牛尾拂。西天王子曼殊室利求归本国,诏从之。③

宋朝廷财政上的大方不仅是广修佛寺、雕刻翻译大批经典,而且大量度僧并招徕外国僧人,一时印度僧来中国者络绎不绝,其中著名的有 980 年来宋的天息灾(?—1000)、法天(?—1001)、施护(?—1017)三人,他们都兼通华语。

既然许多印度高僧闻讯而来中国,在一苇可航的日本,高僧自然也会知道相关信息,何况日本朝野历来都非常重视搜集中国的政治、经济和文化情报。

自大和至奈良,日本不断引进中国佛教,至平安时代,日本已经是一个佛教国家,佛教成为日本国家意识形态的核心价值观。

---

① (宋)志磐:《佛祖统纪》,载大正新修《大正藏》第 49 卷,台北:佛陀教育基金会 1990 年版,第 399 页。

② (宋)志磐:《佛祖统纪》,载大正新修《大正藏》第 49 卷,台北:佛陀教育基金会 1990 年版,第 396 页。

③ (宋)志磐:《佛祖统纪》,载大正新修《大正藏》第 49 卷,台北:佛陀教育基金会 1990 年版,第 397 页中。

在宋朝一系列宗教事业中，最引人瞩目的应该是佛教译经场的建设，和《大藏经》的雕版印刷。宋太宗仿照盛唐太宗皇帝李世民，大开译场，诏令在太平兴国寺大殿西侧设立译场，延请来宋的天竺三僧天息灾、法天、施护等主持译经。太平兴国七年（日本园融天皇天元五年，982）六月，宋朝译经场建成，雍熙元年（984）九月第一批经典译出，宋太宗十分欣赏，下诏刊版摹印，以广流布。雍熙三年（986）十月，宋太宗还仿效唐太宗作《圣教序》的形式，亲制《新译三藏圣教序》以冠诸经之首，并刻石于御书院。

《大藏经》（或称《一切经》）的雕刻早在宋太祖开宝四年（971）就开始了，由于四川的造纸技术比较先进，宋太祖敕高品、张从信往四川益州雕《大藏经》板，自开宝四年开雕，到太宗太平兴国八年（日本园融天皇永观元年，983）历时十二年竣工，并奉敕印刷。该年六月，“成都先奉太祖敕造《大藏经》板成进上”①，全书共5048卷，卷子装潢共480函，计雕版13万块。以后又陆续增加东土撰述，及《贞元录》各经，最后达到653帙，6620卷，世称《开宝藏》，成为此后官私刻藏的重要标准，日本、高丽、契丹、西夏等国刻藏，也皆以此为底本，各国为了获得宋朝赏赐《大藏经》，多方来宋请求。

当时，中日民间贸易往来频繁，而且书籍逐渐成为商品之一。加之宋朝廷鼓励并奖励民间献书，更促进了宋人（包括商人）对于典籍的搜寻，也促进了中日之间书籍信息的交流和书籍的交换。为了交换书籍存留的信息，宋朝商人可能不久就将宋朝钦定雕版《大藏经》的消息告诉了日本僧人。东大寺的修学僧奝然“有心渡海”，并于972年立下誓愿，恰恰就在《大藏经》开雕不久，显然不是偶然巧合，因为日本僧侣等文化人士自唐朝以来一直都很关注中国的图书信息，多方（通过唐宋商人购买等）求购中国典籍。日本自894年开始，可以在政治上避免和中国建立联系，但在文化上却割不断其吸收营养的脐带，契丹、西夏和高丽等国未尝不是如此。日本素有来中国取经的传统，而983年奝然来宋之行又恰逢《大藏经》板竣工之时，显然与宋朝雕版佛经的消息及时传入日本有很大的联系。

宋朝统一使社会政治经济趋向稳定，为文化发展提供了各种条件，中国佛教因此呈现出新的发展趋势。宋朝廷重文轻武，思想者因此越来越多起来，而生活稳定也让普通民众有了更多的精神需要，于是，各种宗教、迷信努力占据这一市场，佛教自然不甘落后，它必须拥有大众，高僧们的教学自然也因此世俗化起来。教学语言的世俗化、通俗化，自然使宋朝佛教成为大众的

---

① （宋）志磐：《佛祖统纪》，载大正新修《大正藏》第49卷，台北：佛陀教育基金会1990年版，第398页下。

宗教,从繁琐理论走向生活实践,从僧院走向世俗社会。五代以后,中国佛教诸宗派大多走向衰落,而天台宗却得以一时中兴,净土宗和禅宗也因其简易便行而流传愈广,根本原因是因为它们的平民化受到下层民众欢迎,致使影响相对扩大,而到了南宋以后,平民化的禅宗几乎成为中国佛教的代名词。

总之,历史进入有宋一代以后,日本人对于交通北宋问题,在政治上、心理上的障碍越来越大,而来自中国宋朝的吸引力也越来越大,那就是北宋繁荣的经济和文化。复兴的宋风文化,犹如一股强劲的西风吹拂着东邻日本,它诱使日本人突破封锁来到中国。下面我们来看看日本思想文化上的阻力,以及宋朝文化当时对日本朝野的强大吸引力如何克服了这一阻力。

第二节　平安时代日本人的"本朝意识"影响了中日关系

日本"本朝意识"下的文化竞争意识

就在北宋建国,汉族"大中华"意识复兴的同时,10 世纪的日本也形成了强烈的"本朝意识",这种意识可谓之"小中华"意识,是与"大中华"观念对抗的竞争意识。

日本人的"小中华"意识"亦即"本朝意识",是一种与中华大帝国竞争的意识、比较的意识、强烈的自我意识、攀比的意识,所谓"本朝"是和唐朝、宋朝等"异邦"相对而言的,它是国风文化培养起来的民族自尊,乃至自大意识。当时在学术上的表现便是出现了一大批以本朝命名的典籍,如《本朝丽藻》(1009 年左右,2 卷,高阶积善编)、《本朝文粹》(相对于《唐文粹》,14 卷,1037—1045 年间由藤原明衡编撰)、《本朝续文粹》(13 卷,1142—1155 年间由藤原季纲编撰)、《本朝文集》《本朝世纪》《续本朝往生传》《本朝新修往生传》《本朝神仙传》《本朝无题诗》(1163—1164 年,编者不详)、《本朝书籍目录》等。

以上典籍几乎都是汉文作品,此时让日本人最感到自豪的也是汉文(散文和诗)。早在平安中期,日本公卿就开始自信起来,平安朝廷还特意编订了许多文集和诗集,有名的是 9 世纪前期的"敕撰三集"《凌云集》(814)、《文华秀丽集》(817)和《经国集》(827)。到平安后期,公卿们越来越多地认为,日本人的汉文著作与汉人所作不分上下,于是有些新诗作被送往中国宣扬。由于对日本"和风书法"的自信,那些被精选送往宋朝的书信、著作往往都要请当时的书法大家来誊写。

日本本朝意识的强化与王朝社会的形成、894年遣唐使的中断密切相关。随着唐风文化的“国风”化，强调日本特色的国风文化的形成，更加激发了日本民族的自尊心和文化的自我认同。于是贵族汉诗的水平下降，和歌越来越受推崇。这里集中介绍一下日本的文化竞争意识，中日之间的“神交”①。

在语言文字上，10世纪的日本虽然仍属于汉字文化圈，但它在汉字的基础上派生出了体系化的“假名文字”，并逐步得到官方认可。一般认为：“敕撰《古今和歌集》的问世，标志假名作为一种正式的文字已获得官方认可。”②由于中国汉字文化的巨大魅力，假名在此后日本文学上的地位虽然在上升，但依然低于汉字，直到1170年以后，武士掌控政治文化，武家文化兴起，因武士阶层不谙汉字，日常使用假名书写，假名的地位才明显提高。

日本《古事谈》一书中记载一则发生在这期间的趣事，大学者大江维时早年任藏人时(921年)，负责养护宫中花园，曾用假名记录花草之名，竟遭时人嘲笑。不久，天皇敕令进呈花草目录，大江维时遂将汉字缮写的目录奏上。时人见到这份目录，不识其中一个草字，纷纷前来询问。这时，大江维时反讥道：“如此之故，先日用假名字，何被嘲哉?”③

平安中后期著名歌人纪贯之(872—945年)用假名撰《土佐日记》，用的是女子口吻：“男人所写的日记，女人亦欲一试”。此外，《古今和歌集》有真名(汉文)、假名两序，也反映出汉字与假名——中国(唐风)文化与国风文化势力的消长。平安中、后期，假名文学日趋丰富，物语、日记、随笔、说话等独特题材相继问世，代表作品有《竹取物语》《源氏物语》《土佐日记》《更级日记》《枕草子》《今昔物语》等。纵观平安时代，在宗教、政治领域，汉字仍然具权威地位，但在文学、社交的实用领域，假名已经后来居上。

在典章制度上，文吏们摆脱了奈良、平安初期不顾日本国情生搬硬套唐朝律令的做法，开始立足于日本国情修改律令，并刻意日本化，各种格式的编撰是其标志，平安公卿延喜五年(905)在《上延喜格式表》中的以下言论便是这种心态的说明：

增损往策之科条，裨补前修之残欠。臣等，谨奉纶命，忽履薄冰。于是搜古典于周室，择旧义于汉家，取舍弘仁、贞观之弛张，因修永徽、开

---

① 注：894年至1170年，中日之间虽然直接交流不多，但中国一直存在于日本人的心中，日本公卿意识中念念不忘和中国竞争，此可谓“神交”。

② 王勇、王宝平主编《日本文化的历史踪迹》，杭州：杭州大学出版社1991年版，第243页。

③ 王勇：《日本文化》，北京：高等教育学出版社2001年版，第290页。

元之沿革，勒成二部，名曰“延喜格式”。①

也正因为对国风文化、“国语”的自信，平安后期日本朝廷编纂的歌集也越来越多起来。“敕撰三集”的编撰有鼓励汉学的意图在内，而编撰和歌集则是鼓励本民族的文字——假名，鼓励本民族的传统文学——和歌。以905年前后的敕撰《古今和歌集》为代表，《后撰和歌集》(年代未详)、《拾遗和歌集》(1005—1007)、《后拾遗和歌集》(1086)等一系列的和歌集先后涌现。至于菅原道真893年编撰的《新撰万叶集》(亦称《菅家万叶集》)，1013年藤原公任编撰的《和汉朗咏集》则是汉诗和和歌的折中，反映了文化转型过程中的日本文士的矛盾心态。可以说，和歌与神道结合，促成了日本民族精神的觉醒，从文学审美、价值观、神学等角度塑造了民族精神，亦即“国风”。“和歌”和“物语”等文学上的创造使日本人进一步意识到自身是作为一个独特的整体而存在于世界，说明一些平安诗人、文人尝试走自己的路，不想亦步亦趋地追随唐人，拾取唐人的牙慧，这也说明文学和政治之间存在的千丝万缕的联系。“新猿乐”“白拍子”日式“踏歌”等的产生和流行也说明了这一点。

平安日本和中国的文化竞争是全方位的，比如在医学方面，侍医出身的深根辅仁于延喜十八年(918)奉敕编成《本草和名》10卷。永观二年(984)，大陆“归化人”的后裔，平安朝廷的针博士兼医博士丹波康赖(911—995)，仿照中国的《千金要方》《外台秘要》等医药学典籍编撰了《医心方》一书，全书共30卷，成为这一时代日本医学的骄傲。

在价值观上，平安中后期的日本因吸纳儒家思想而形成了其独特的政治伦理，在国际交往中追求民族荣誉的爱国心和自尊心，逐渐有了政治大国的追求，这使日本人在与中华帝国交往中很容易产生自重的感情。

平安中后期的这种文化竞争意识，积极的一面是整理和消化了日本前期输入的中国文化，消极的一面是，故步自封，陷入文化自闭的境地。

小“中华”意识成为日本文化输入的障碍

尽管中国的朝贡体制和华夷思想主要不是从军事上征服周边国家，而是从文化上感化周边民族，当周边某个民族的文化发展到一定水平的时候，它更容易激发这个国家的民族意识和抵抗心理。因此，若没有绝对的力量差距，若想在两国之间建立政府关系，使人民相互往来自如，必须抛开各种大民

① 〔日〕黑板胜美编辑:《交替式・弘仁式・延喜式(前篇)》，编入《新订增补国史大系》普及版，东京:吉川弘文馆平成四年(1992)版，第3页。

族主义思想。否则，彼此都要求对方入境人员表达某种的臣服，或强制要求，或暧昧地暗示，日本僧人来宋朝、中国商人去日本，在当时的情况下都受到这种感情的困扰。在无法跨越政治障碍的情况下，日僧与日本朝廷为了引进宋朝的佛法文化都在外交技术上寻找突破。同样，宋商在日本也不得不与日本朝廷公卿贵族之间结成很暧昧的关系，他们为了获利尽量满足日本人的自尊心理，甚至不惜被国人看作“汉奸”。

从日本朝廷对于宋朝商人采取的矛盾态度也可以看出其营造“小中华”的复杂心理，接受宋朝商人，“在日本天皇和朝廷看来，中国海商的来航正好象征了自己的德化不仅施及国内而且远及国外”①。也就是说，日本有了“文德”已修的自信。日本朝廷抵制宋商，大概还有政府财政紧张的原因，即不能以大国的风度来安置外国商人，像中国招待朝贡使节一样。

日本公卿“文德”已修的这种自尊心，可以从以下其大臣的二首诗中反映出来。

（一）《仲秋释典：赋万国咸宁》　勘解相公
明王孝治好君临，天下和平感德音；
草遍从风南面化，葵遥向日左言心。
山抛烽燧秋云暗，海罢波涛晓月深；
请问来宾殊俗意，茫茫天外远相寻。
——近日大宋温州、洪州等人频以归化，故有此兴。
（二）《仲秋释典：听讲古文孝经，同赋天下和平》　源为宪
万国咸宁仰圣君，便知王德及飞沈；
苞茅镇入朝天贡，葵藿斜抽向日心。
栈远都无云锁色，航忙岂有浪警音；
中华弥遇堂堂化，想像遐方各献琛。②

以上二诗来自收录自982年到1008年的日本汉诗集《本朝丽藻》，诗里的“明王”“圣君”指日本天皇，“中华”不是指中国而是指日本，“来宾”是指高丽、新罗等半岛国家，以及琉球、虾夷等周边民族，可见其中也包括宋朝商人，并强调他们是来日本“归化”的。作为日本贵族和皇室自尊的突出表现就是所谓“延喜、天历圣世观”的流行，日本朝廷回避中日国交的政治本身就说明

① 〔日〕山内晋次：《奈良平安时期的日本与亚洲》，东京：吉川弘文馆2003年版，第184页。
② 〔日〕与谢野宽等编纂：《日本古典全集》（第一回），东京：日本古典全集刊行会大正十五(1926)年版，第226页。

日僧入宋的政治意义和政治考虑。在极力维护自尊的用心的约束下,来宋日僧是日本吸收中国文化的唯一渠道。

尽管进入10世纪以来中日关系出现"政冷",平安中期以来的日本国风文化日益成长,但其台基却是唐文化或唐风文化,盛唐书香犹绕扶桑,钟磬回声响于东夷,因此,平安时代的日本人(尤其是没落贵族和特权僧侣)心态非常奇怪,一面极力自我欣赏,一面又极端崇拜和憧憬大陆文化。其表现是一方面限制日本人离岛来华以免有损国体尊严和丢失日本的体面,另一方面又不失时机地派遣僧侣(如宽建等)入"唐"宣扬日本文化与文物。所以,日僧来华之后多有炫耀的表现,此足见平安时代是一个追求虚荣的时代。

平安时代还是一个贵族阶级流行聚会清谈的时代,这类的清谈形成了贵族社会自大的风气,形成浮夸的语境。平安贵族自认日本的政治清平,优于中国唐末、五代的动乱,奉延喜(901—923)、天历(946—957)两朝为德化、治世的典范,醍醐天皇(897—930年在位)和村上天皇(946—967年在位)也因此被奉为明君。贵族们在酒会中歌舞升平,怡然陶醉,这种陶醉致使他们失去了冒险的勇气,失去了追求的动力。国际政治加上国内文化的这些变化影响了日本的外交政策,于是拒绝向大陆派遣使节,而这种"光荣孤立"导致的闭塞更加促进了日本皇族、贵族的自尊和自大,宫廷与贵族自尊的膨胀促使了日本小"华夷思想"的形成。

日本对渤海国的炫耀和对宋"国风文化"的宣扬

对中华思想的吸收使平安日本有了建立小"中华"的冲动,突出表现在对渤海国的关系上。因为日本与渤海国的关系,形成了日本海航路,越前国的敦贺津因此成为与大宰府的博多并列的重要港口。

927年,渤海国被契丹灭亡。930年丹东国遣使到日本,因为不是渤海国,日本拒绝与其建立国交,日本列岛与大陆的政治关系因此完全断绝,日本海航路也因此衰落,直到11世纪后期才逐步复兴。日本尽管自894年停止了遣唐使的派遣,中断了和中国的政府往来,但在一些明眼人看来,三百年来遣隋、遣唐的事大政治和引进外国先进文化、输入佛法的政策是不能长期中断的。虽然暂时没有了来自大陆的政治和军事压力,但国家文化的进步和国民知识的增长是整个民族永远的需要,平安朝廷的外交要服从于这一大局,日本人依然在关注着大陆局势的变化。

当大陆政治文化在激烈变化、日新月异的时候,岛国日本自然不能一直闭关而夜郎自大,日本毕竟有许多愿意睁开眼睛看世界的人,他们随时准备乘风破浪,走向世界。此时的日本,若想走向世界就要走向中国大陆,但进入

10世纪以后的日本人，要迈出这一步并不轻松。因为东亚大陆宋帝国依然一如既往地设置了一个政治上的障碍，那就是要日本接受华夷之别、等级之差，它最深刻的作用是在文化上、心理上。而日本民族的政治自尊和文化自信随着国风文化的兴起而更加强烈了，日本不能直接从政治上跨越这一障碍，那么就只能从文化上寻找突破口，先改变中国人的日本观，从而改变中国的文化等级观念（即华夷之辨）。

日本朝廷的自尊使“当时的日本政府对外采取极消极的态度，几乎处于锁国状态”①，严禁国人外出，一经发现处以重罚。据日本史书《百炼抄》永承二年（1047）十二月二十日条记载，有一个名叫清原守武的人，因为私自入宋，货物被没收归官，人被流放到佐渡孤岛，连同党五人都被处以徒刑。

平安末期的日本，在“本朝意识”之下对宋开展文化外交的目的有二。其一，继续吸收和引进大陆先进文化思想（以佛教为中心，佛教典籍被称为“内典”，其他则视为“外典”）和新兴技术产品。其二，宣传日本的国风文化，提高日本在东亚国际社会中的文化地位，从而提高日本的政治地位，和中华帝国平等交往，改变宋朝对日本的政治态度。在开展对宋“文化外交”的过程中，既有日本朝廷组织的官方活动，也有民间人士（几乎全部是僧侣）自发的私下交流。奝然、寂照、成寻等来宋日僧在宋的言行尽管有一些夸张，却显示了日本人的那种爱国热情、民族自信。尽管当时日本对宋的文化外交活动空间很有限，中国要维持和重建华夷秩序，宋人基本上继承了先人对于倭人、日本风俗等的文化轻视，日本开展的文化外交还是取得了一定的成绩。作为日本平安贵族的代表来宋的日僧，在宋朝的文化活动还是为他们的国家赢得了几声赞叹：有太宗皇帝对日本所谓“万世一系”政体的赞扬；有朝野士大夫和文士对日本书法等艺术的赞赏；有宫廷内臣对成寻修求雨秘法显灵的钦佩。

虽然日本消极对待宋日之间的交流，以及其所联系的国家之间的政治交流，但是，如果这些交流能让日本朝廷得到自尊和荣誉，他们也是非常积极推动和参与的。最有代表性的事例就是：对于日本汉学水平、艺术水平等的宣扬，10世纪的日本主要在汉诗方面比较自信，因为日本人对此已经模仿很久了。

926年宽建法师等来华时，日本朝廷精选菅大臣（道真）、纪中纳言（长谷雄）、橘赠中纳言（广相）、都良香等的诗文9卷来中国“流布”（参见前文）。自平安时代以来，日本人认为，菅原道真的汉诗文达到日本的最高水平，“菅原道真作为日本的文人与诗人的典范，无论从创作技巧方面还是学识教养方面

---

① 木宫泰彦著，胡锡年译：《日中文化交流史》，北京：商务印书馆1980年版，第224页。

来看,都足以与中国一流的文人相媲美"[1]。10世纪以来,日本人一直没有忘记寻找机会向中国人炫耀日本诗歌书法等的成就,例如来宋日僧寂照、戒觉等,喜欢与宋朝僧俗官员等诗歌酬答,显示自己的书法与文采,也是对于日本诗歌创作的张扬,宋朝皇帝有了日本人爱做诗的印象,中国史书中记载了这样的一件事:"建州海贾周世昌遭风飘至日本",经过七年之后,于咸平五年(1002)与日本人滕木吉一起返回宋朝,因为印象中的日本是一个"君子之国",所以宋真宗"皆召见之"。周世昌"以其国人唱和诗来上",但在当时的宋人眼里日本人的文章"词甚雕刻肤浅无所取"[2]。滕木吉现场的卖力也未讨好。

对于日本书法艺术的宣扬相对成功。在唐朝文人墨客的影响下,日本公卿贵族爱好风雅,其表现之一就是爱好模仿中国书法艺术,当自觉取得一定成就之后,更要在中国人面前显示,此类事件举不胜举。前文所示宽建等来华之时,日本朝廷让他们携带代表当时最高水平的小野道风的书法作品来炫耀之事可谓榜样,此后不断有效法者。

988年奝然派弟子来宋贡献时,一应文书很可能都是特意请当时的日本大书法家藤佐理等缮写的,这在奝然上献宋朝贡品清单中清楚地注明了:"又一合,纳参议正四位上藤佐理手书二卷、及进奉物数一卷、表状一卷"[3]。这个藤佐理,也就是藤原佐理(944—998),日本《公卿补任》一书中有关于他的如下介绍:

> 藤佐理者,左近少将敦敏第一之子。天历五年正月七日叙从五位下,廿八日升殿时岁十八;贞元二年八月二日叙正四位下,为书殿门额赏;三年十月十七日任参议(此间叙位缺)。正历二年正月廿七日任太宰大贰……《东斋随笔》曰:佐理手书感鬼神。太宰秩满归路,历伊豫三岛,风浪恶不能发船,梦三岛神告曰:乞书社额。觉乃书之,应时海上稳。榜曰:日本总镇守大山积大明神。[4]

藤原佐理与小野道风、藤原行成并称日本书法"三迹",奝然特意贡献他的手书二卷给宋朝皇帝,显然是模仿当初宽建的故事,而且此举肯定得到了平安朝臣的认可。

---

① 〔日〕冈村繁:《日本汉文学论考》,俞慰慈等译,上海:上海古籍出版社2009年版,第24页。
② (元)脱脱等:《宋史》,北京:中华书局标点本1977年版,第14136页。
③ (元)脱脱等:《宋史》,北京:中华书局标点本1977年版,第14136页。
④ 〔日〕松下见林:《异称日本传》,编入《改定史籍集览》第20册(新加书通纪类第3),东京:近藤活版所明治三十四年(1901)版,第74页。

另一个明显的证据就是，为作身份证明，日本长和四年(1015)，来宋日僧寂照遣弟子念救回国请戒牒时，太政大臣藤原道长特选书法高手，在白色的和纸上缮写牒文，再捺上朱砂之印，如此郑重的原因，据《日本纪略》记载，是因“可诲大宋之故”，也就是向宋人展示日本人的学问水准。

不仅朝廷重臣如此，一般学者更是处心积虑，例如大云寺的日僧宪耀供奉借成寻来宋朝之机，奉献物品至五台山顺便炫耀自己的书法，以期在中国扬名，的确也达到了目的。当宋朝高僧梵才三藏等人到传法院拜访成寻的时候，

> (成寻)依梵才三藏命，令见梵字不动，《梵字文殊真言》一卷、《尊胜真言》一卷，皆以感观，梵汉两字共以称美。宪耀供奉震旦振名了。梵字不动并独胡[钴?]，始自僧录大师，一一捧顶观念。①

日本平安朝廷也是非常期望通过宗教交流提高日本的学术文化水平，扩大日本在中国的影响，希望为日本赢得中国人的尊重，每当听说中国人首肯日本文化成就的时候，日本朝野各方面对于中日交通便表现出异常的积极，有时甚至走火入魔。

前面提及日本僧人西游携带了不少精心缮写的书籍等到中国，那些日本人的书法水平得到了宋朝人的认可。书法也许在一些人的眼里不过是雕虫小技，不过是一般的艺术，如果在学术上得到中国的肯定，那是最令日本人激动的了。每当有相关事件发生，不少日本人对此大事渲染，以讹传讹。一个明显的例子就是，日本人听说源信的书籍送到宋朝，在中国流传并产生所谓的积极影响后，甚至出现这样的传言：“乃至大唐皇帝降宣旨，安置影像及《往生要集》，授大师号(谥圆通大师，闻度度唐人传语)，恭敬礼拜本朝，称其住所及讳号，瞻仰侍奉矣”②。日本举国闻“风”震动，大受鼓舞。朝廷速命丹青高手巨势广贵描画源信的肖像，托付宋商周文德送往中国。在此事的激励之下，当995年宋源清将五部著作送达延历寺，并谦虚地请求批评的时候，日本朝廷急于炫耀国学，召集北岭硕学回复所谓的“破文”。

从这些记载看，日本朝廷在特殊情况下表现就非常积极，它推动中日交流有一个前提，那就是看是否能够为日本争得面子。在那种文化陶冶之下，日僧来宋朝之后非常注意维护日本的面子。实际上，日本是比中国更要面子

① 〔日〕平林文雄：《〈参天台五台山记〉校本及其研究》(上)，东京：风间书房昭和五十三年(1978)版，第123～124页。

② 〔日〕源信：《惠心僧都全集》，东京：同朋舍昭和四十六年(1971)版，第658页。

的民族,这也是日本民族的传统,自唐以来"其人入朝者,多自矜大",而且对于中国方面的各种提问往往"不以实对"①,其实宋朝人也有如此感觉,来宋日僧总是不自觉地说假话夸大日本。

日本国民的这种自尊而自大的浮夸风到平安时代已经相当普遍,所以连不能说大话的僧人也难以例外,奝然到宋朝后说自己"是日本国无才无行一羊僧"②,在日本不算什么能人。再如寂照,在宋人面前鼓吹说延历寺有"寺僧三千",如果包括杂役和寺田的农夫,偌大的寺院集团三千人是有的,平安时代很多日本平民为了逃避国司等地方官及贵族豪强的苛捐杂税,抛弃百姓(良民、公民)身份而削发为僧,当时已被称为滥僧。寂照肯定以这些滥僧充数了,主要的意图是表明日本的佛教事业是如何的壮大。成寻在宋朝的求雨表演和成功后的大言比奝然、寂照更高明。木宫之彦因此便说奝然为"国体宣扬"而入宋③,为传播日本文化而见宋朝皇帝。

第三节　高调的平安语境对宋日佛法交流的影响

求法的需求与文化自尊的冲突

中日关系中的文化交流,佛教一直居于显要的地位,本节重点讨论北宋与平安日本的佛教交流。894 年以后的日本贵族,文化上倡导"国风",树立了自信,但在精神上却大谈"末世"(末代),陷入了迷茫或失落。

平安中后期的日本,是一个思想复杂乃至混乱的时代。在"末法思想"的影响下,许多日本人从宗教信仰的角度,视日本为"秽土",寻求往生西方"净土",这是一些日僧偷渡来宋而不归的主要原因,一些平安公卿(如兼明亲王,914—987)和文士(如庆滋保胤,?—1002)产生隐逸思想,也与此末法思想的流行有关。迷信的平安僧侣们最大的烦恼就是,所谓佛灭两千年以后"末法时代"的即将到来,当时一般认为是在 1052 年,于是僧俗一片悲观之叹。

而从文化的角度,道俗朝野又是一片赞美日本文化、政治、风俗之声,形成了高调的语境。而阻碍宋朝与日本人员往来的主要原因就在日本内部,就

① (后晋)刘煦:《旧唐书》,北京:中华书局标点本 1975 年版,第 5340 页。

② 〔日〕黑板胜美编辑:《本朝文粹》,编入《新订增补国史大系》第 29 卷(下),东京:吉川弘文馆平成十一年(1999)新装版,第 334 页。

③ 〔日〕木宫之彦:《入宋僧奝然研究——以随身物品和携来物品为主》,东京:鹿岛出版会昭和五十八年(1983)版,第 44 页。

在于日本平安社会的语境，这是与奈良时代和平安初期完全不同的语境。那时出国入唐，接受大唐文化熏陶曾经是非常时髦的事。如今不同了，进入10世纪的日本，国分寺相继破灭，准官寺的私寺“定额寺”“御愿寺”相继建立，而且大多是由有力贵族施入庄园建成的，如延历寺妙香院。各寺之间、各宗各派之间，竞争非常激烈，入宋求法与一家一寺的兴隆密切相关。

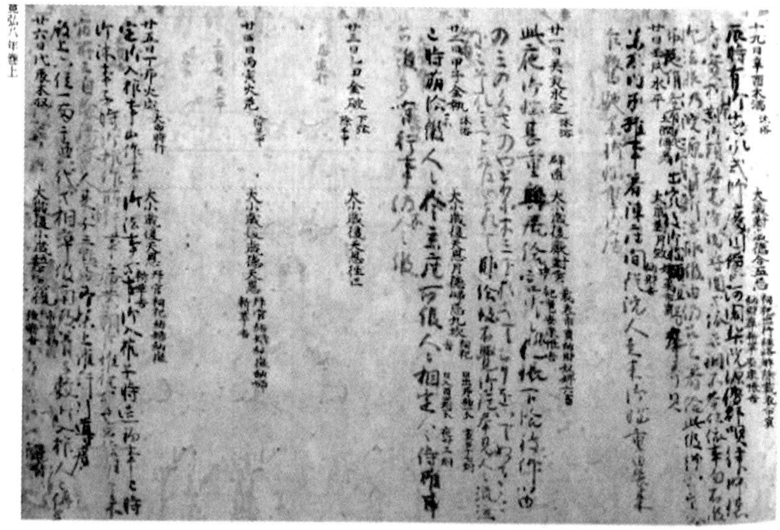

插图 2-1　藤原道长的《御堂关白记》①

在自尊风气之下，日本无论朝廷贵族还是公家臣僚，尽管表面上都极力维持着日本国家外交上的尊严，私下却通过来宋日僧和去日华商与中国朝野建立各种联系，例如通过寂照等向宋朝寺院“寄进”财物。公卿贵族对中国历史文化的研习也未停止，而且成为日常之事，例如摄政大臣藤原道长的《御堂关白记》宽弘六年十一月二十五日至十二月三日的日记显示，他这段时间每天都在读中国历史和儒学等典籍：

> 廿五日……读书，右少弁广业朝臣，御注《孝经》天子章……夕御汤。同朝臣(衍)读书，大博士惟宗、为忠，《礼记》文王世子篇。
>
> 廿六日，丁丑，水除。御汤如昨日，读书，东宫学[士脱]菅原宣义，《后汉书》章帝纪。夕广业，《史记》五帝本纪黄帝篇。
>
> 廿七日，戊寅，土满。读书，朝为忠，《尚书》尧典篇。夕宣义，《汉书》文帝纪……②

---

①　载〔日〕东京国立博物馆编集《日本国宝展》，东京：读卖新闻社1990年版，第145页。

②　〔日〕藤原道长：《御堂关白记》(中)，编入《大日本古记录》，东京大学史料编纂所、财团法人阳明文库编纂，东京：岩波书店昭和二十七年(1952)版，第30～31页。

以上读书记录可见,可能还是以读书会的形式集体读汉文经典,10～11世纪的日本贵族依然仰慕汉文化,尊重汉文经典。日本是一个崇拜权威的社会,尤其是崇拜精神的权威,于是乎总爱神化权威。自中唐以来中国密教东传日本,很快在日本流行起来,传播密教的空海和最澄等大师也被不断神化,入唐求法之举在平安时代后期已经成为神圣的事业,求法已经是一般僧人高不可攀的事业,这是当时一般日本僧人的认识。求法在空海和最澄的继承者看来,是大师们的专利,空海和最澄等"入唐八家"不是后代任何新人可以随意超越和模仿的。

日本又是一个有着强烈竞争意识的民族,努力在模仿的基础上超越老师。

进入10世纪末,由于"国风文化"影响之下逐渐形成的民族自尊和维护自尊的自觉,出国入宋、留学巡礼已经被日本朝野反复审视,所以当奝然扬言将入宋取经,暗示回国后树立新教的抱负时,就有人指出:"凡入唐求法之人,自宗者弘法大师,天台者传教大师,皆是权化之人、希代之器也。此外之伦,才名超众、修学命世。"①

这既是对奝然个人能力的否定,也是以日本国家名誉为借口阻止他入宋。日僧来华后,依然有着强烈的国家荣誉意识,言行非常检点。例如成寻1073年在宋都汴梁祈雨修法成功后的以下表现足以证明日本来华僧人在宋人面前特别留意行为检点,不显贪婪之态。

> 小行事司家来,护摩坛等、茶碗器等依员返上之,诸大师等见感,云:"大卿以金银器置坛上,皆取领,耳铛手环金收领,况碗器乎?阇梨离尘清净也"云云。司家运纳已了。自行四时了。②

平安中后期日本的佛教分裂,教派间相互竞争、相互对立,主要有天台宗、密宗、法相宗、三论宗等八宗。奝然属于三论宗,对他决心西游之举如此批评和攻击的,主要是来自与奝然对立的教团。爱国,维护国家的脸面已经成为当时的一项攻击武器,在此武器攻击之下,奝然不敢坦言来宋朝求法,但说西游巡礼,甚至不得不发誓、许诺说:"若适有天命,得到唐朝,有人问我曰:'是汝何人?舍本土朝巨唐,有何心有何愿乎?'答曰:'我是日本国无才无行一羊僧也。为求法不来,为修行即来也。'"这一表白恰恰揭示了当时日本社

① 〔日〕黑板胜美编辑:《本朝文粹》,东京:吉川弘文馆平成十一年(1999)新装版,第334页。

② 〔日〕平林文雄:《〈参天台五台山记〉校本及其研究》(上),东京:风间书房昭和五十三年(1978)版,第234页。"员"疑为"原"之误,即"依原返上"。

会的自尊意识，使奝然不敢冒天下之大不韪。支持奝然的庆滋保胤便借此为他开脱说：“其词如是者，于本朝有何耻乎？”①

日本进入10世纪以后，是国风文化大发展的时期，其在文学上的成就尤其突出。国风文化的鼓吹表现在精神上是复古化，是敬神思想抬头，原始的神道信仰复兴，尽管神道此时仍然不得不处在佛教的庇护之下，不得不“神佛习合”。

而另一方面，宋朝商人在中日间频繁的贸易往来让日本人继续感受到宋朝物质和精神文明的魅力，感受到本国物质和精神文明的匮乏，感受到强烈的自卑。这种境况可见于日本平安时期的式部大辅兼学士大江维时在《日观集》序中的如下感叹：

> 夫贵远贱近，是俗人之常情；闭聪掩明，非贤德之雅操。望青山而对白浪，何异风流？闻丝竹以赏烟霞，既同声色。我朝遥寻汉家之谣咏，不事日域之文章；草蒿滋生，尘埃空积，是可重心咨叹者也。②

可见当时社会对于唐朝风雅趣味、生活方式的追求已经让一些自尊的日本贵族非常担心，日本贵族那时都爱用汉语写日记，用假名的不过是女流之辈，假名文字还被汉学家们嘲笑为“女流文字”。贵族尽管自尊心很强，但总忍不住什么都拿来和中国比拟。例如关白从一位内大臣藤原师直长得像唐朝人（此时应该说是宋人），“体貌闲丽，容仪魁梧”，于是大江匡房卿偷偷跟人说：“望公威容殆不类本朝人，恨不令见殊俗之人。”③好不容易才有一个魁梧、漂亮的日本人，可惜不能去和中国人比一比，令平安贵族为之叹息。大概想凭这就可以改变中国人的小日本观吧，可见他们还有人种矮小的自卑。

尽管中日文化交流有许多阻力，尽管已经有许多贵族以向大陆帝国求学问法为耻，利益的驱使和信仰的指引使另一些权贵不自觉地要求与大陆宋朝建立某种联系（如藤原道长）。而对于虔诚的佛教徒来说，求法取经回归日本依然是僧人的最大功德；中华依然是佛教学术的中心，没有得到中心同行的认可总是美中不足。且不论源信送给宋僧知礼的二十七问是否出于真心，他毕竟在模仿他的先人和老师。日本学者说10世纪以后的日僧来宋不过是追

---

① 〔日〕黑板胜美编辑：《本朝文粹》，编入《新订增补国史大系》第29卷（下），东京：吉川弘文馆平成十一年（1999）新装版，第334页。

② 转引〔日〕森克己：《日宋文化交流的诸问题》，东京：刀江书院昭和二十五年（1950）版，第48页。

③ 转引〔日〕森克己：《日宋文化交流的诸问题》，东京：刀江书院昭和二十五年（1950）版，第50页。

寻前人的足迹而神游，这恰恰说明大唐中国还是首选之地，对唐朝文化的崇拜风气在日本僧人之间还在流行。只是由于日本朝廷的政治封闭，才使来宋日僧减少，封闭了日本佛教徒的视听，不能真正感受到和理解到宋朝佛教的发展。

佛法论争的影响与入宋求法的要求

日本是一个传统上政教合一的国家，进入平安时代中后期的日本，社会问题、政治斗争和教派竞争等纠缠在一起，佛法论争从宗派发展到寺派或学派，甚至个别僧侣之间，致使日本发展成为一个非常强调派系出身的国家。

产生于“祭”的日本政治与宗教的联系历来非常紧密，尤其是在平安后期，朝野对平安佛教——密教的提倡，使佛教发展成为政治斗争的重要道具。随着教派的进一步分立，国家佛教的贵族化，出身公卿的日本僧人们，即使“出家”却也摆脱不出红尘烦恼，从而出现了教团的世俗化、门阀化。平安日本僧人们于是陷入了对皇室、贵族护持僧这一角色的角逐，这是通过和权贵结交，实现僧侣个人抱负乃至寺院利益的最好方式。

僧人成就功名的方法之一就是如玄奘等一般取经传道，或如本国最澄和空海一样开山创派，自立门户，成为一代宗师。开山创派不仅需要经济支持还需要权威思想的支持，这一切都可以在大陆得到，最澄和空海就是榜样。然而，10 世纪以来的日本僧人博取这一功名并不容易，因为朝廷“久停乃贡之使而不遣”，再也得不到国家的资助，所以不得不另寻道路“入唐”，即“问待商贾之客而得渡”①，寻求宋朝商人的协助。即使得到了宋商的协助，因为自 894 年最后一次遣唐使被叫停以来日本进入闭关“锁国”状态，日本高僧来华者不绝如缕，得到朝廷的默许(如宽建)是非常难得的，更多的是不顾朝廷的阻止(如寂照、成寻)，排除万难来到中国，访名山、拜大师。

平安时代各社会集团之间的斗争因此也很复杂，不仅在朝廷、贵族之间，就是在教团之间也很激烈，奝然等来宋的难以成行也是因为来自同行异派的阻力，困于教派之间的斗争。某宗某寺的僧人若渡宋成功、求法归来无疑会提高该僧的身价和该寺的地位，引起其他僧侣或僧团的嫉妒，因而那些临渊羡鱼者会因吃不到葡萄而反对、打击和讥讽。

10 世纪以来日本各大寺院都有派出人才出国(到中国)修学的要求，而且努力挑选并派出最优秀的人才。因为人才的优劣关系着寺院和本宗的发

---

① 〔日〕黑板胜美编辑:《本朝文粹》，编入日本《新订增补国史大系》第 29 卷，东京:吉川弘文馆平成十一年(1999)新装版，第 334 页。“乃”当作“方”。

展，人才的成长在于教学和培养，到发达国家去深造自然是理想的方式。南都的奝然和北岭的寂照无疑都是当时最优秀的人才，各自所在的寺院对他们都寄予厚望。寂照也算得上是奝然的弟子辈，根据寂照传记等的记载：他曾“从醍醐寺仁海僧正禀密乘，名于讲学”①，而仁海和奝然同为宽静的弟子，他是奝然名副其实的师侄。《续日本往生传》等书中评价这两个入宋日僧时，为了增加说服力还借所谓的外国人（中国人）之口来品评：

> 异国之人，悉垂感泪。皆曰：日本国不知二人，令奝然渡海，似表无人；令寂照入宋，似不惜人。云云。②

日本国令寂照渡海入宋，并非暗示不让他回日本，恰恰相反，日本大臣藤原道长等非常珍惜寂照这个人才，在寂照不归的时候，反复来信催促他。此处所引之言实际上是暗示奝然非求法之才，而寂照才是堪任求法之人，此言决非出自中国人之口，从《宋史·日本传》等中国方面的记载看，关于奝然的介绍远比寂照详细，奝然在中国的影响远远大于寂照，此言显然只代表延历寺的观点。这和延历寺派僧人在奝然来宋朝之前骂他“如佛子者，不及古人之喻，犹不可天之阶矣，定知表我朝无人也”同出一辙③，只不过借外国人之口罢了。这些嘲讽者相信大多是延历寺一派的，因为在贬损奝然的同时，他们极力抬高寂照。

日本南北教派、寺派的这种论争和相互攻击、相互嘲讽往往越演越烈，因此争论双方以致无所不用其极，甚至导致相互诋毁、诅咒和仇恨，根据《帝王编年记》卷十七记载：

> （天元）三年（980）庚辰九月三日，慈惠大僧正供养根本中堂，咒愿宽朝僧正（东寺长者）、导师定昭大僧都（显密兼学，东寺长者，兴福寺别当）。④

---

① 〔日〕佛教刊行会编纂《日本往生极乐记　外十二部》，编入《大日本佛教全书》第107册，东京：名著普及会昭和六十二年覆刻版，第13～14页。另可参考《诸嗣宗脉记》上《真言传法灌顶宗脉》所载，元杲密教下传奝然、仁海等，仁海传有寂照、延殷二弟子。

② 〔日〕江匡房撰：《续本朝往生传》，载《群书类丛》第4辑，东京：经济杂志社明治二十六年（1893）翻刻版，第398页。

③ 〔日〕黑板胜美编辑：《本朝文粹》，编入日本《新订增补国史大系》第29卷下，东京：吉川弘文馆平成十一年（1999）新装版，第334页。

④ 〔日〕黑板胜美编辑：《帝王编年记》，编入《新订增补国史大系》第12卷，东京：吉川弘文馆2003年新装版，第257页。

大僧正慈惠大师竟然使用台密妖法来诅咒南都兴福寺别当、东寺长者(相当于东大寺的别当)死去,这一不仁不惠行为招致天皇的批评。大量的史料证明,这样的相互竞争和攻击在日本南北教派之间延续了几百年。

许多日本僧人一直想来中国,却一时难以成行,一时难以下决心,如奝然竟然烦恼了十年,准备了十年。其实当时想西游中国的日本人很多,只不过许多人信心不足,因人言可畏,不敢宣扬自己并宣称有能力到宋朝求法,在日本国内传法巡礼的空也上人、源信僧都、定秀上人等,大概都属于此类。即使是自信的奝然也不得不谦虚谨慎。

奝然来宋与日本不同宗教集团之间的斗争有着密切的关系。实际上,奝然来宋之举本身就是宗教斗争的行动,是南都佛教(奝然所属)与新都教团之间的斗争,是东大寺和比睿山延历寺之间的较量。面对社会新的改革要求,各宗派争作主导者,另一方面各宗派在宗教宣传中需要新的理论证据,到宋朝求法已经提上日程。

平安时期各宗之间的教理论争促进了宗教理论的发展。佛教诸宗派的兴盛与优劣又和各政治集团的竞争与成败联系在一起,以致形成了特殊的师檀关系,如天台座主尊意与关白藤原忠平之间,尊意的弟子良源与忠平的儿子藤原师辅之间。他们彼此相互利用,师辅甚至让自己的一个儿子做良源的弟子,这就是后来继承良源任天台宗座主的寻禅,这一结合使比睿山经济实力大增。宗教和政治的这一关系促使佛教信仰具有浓厚的政治目的、利益要求。平安后期的日本佛教是在不断走向衰落,主要体现在僧侣阶级道德上的堕落,导致僧人堕落的原因是由于各种利益的争夺。平安中后期的日本宗教由"镇护国家宗教"向"个人宗教"发展,贵族们的祈祷和结缘也并不都是为国家,似乎更多的是为自己的幸福和家族的兴旺发达。

社会现状需要改革,于是有奝然一类的佛教徒自居大彻大悟,以拯救世界为己任,既要自我拯救,"随愿往生十方净土,疾证无上正等菩提",又要"建立一处伽蓝,兴隆释迦之遗法"①,拯救众生。但是,到12世纪末,平安佛教的没落随着平安时代的终结而结束,发愿"兴禅护国"的新教禅宗等随着镰仓新政权的建立而兴起。

平安佛教的没落激发了日本社会宗教改革的需要,教风和世风因此变化。到平安末期,佛教各种仪式、法会越来越兴盛,从维摩会、御斋会、最胜会到一般的供养、讲会、祈祷等众多的仪式,需要庞大的费用,高昂的唐物(唐

---

① 〔日〕京都国立博物馆编《释迦信仰与清凉寺》(京都国立博物馆1982年展),京都:京都新闻社昭和五十七年(1982)印刷,封面照片。

绫、唐绢、香药、南廷等）被大量输入，作为供养和布施。另外朝廷的践祚、即位、大尝等公家的仪式也需要输入唐锦、唐绫、香料等大量的奢侈品。即使是在1018年吟唱“斯世我所有，一如我所思；皎皎十五夜，满圆无缺时”①的掌权大臣藤原道长，也非常推崇唐物。还有，贵族追求高雅的生活，相互之间的赠答品、礼品，都爱用舶来的唐物，这一切需求都促进了中日贸易的发展②。

第四节　中日贸易维系了两国间的文化交流和信息传递

宋朝海外交通与文化信息的传播

894年遣唐使的终止和日本平安贵族基于“国风文化”的自闭，虽然影响了中日关系的发展，但唐宋以来中外民间频繁的经济往来，促进了中日乃至东亚各国各民族之间的信息交流，尤其是促进了各国之间宗教文化交流的发展。

海外贸易的发展促进了海外各国对于中国的了解，从许多记载中可知，中国商人在他们所滞留的国家和地区被当地的执政者聘请为外交顾问。尽管正史缺乏记载，在宋朝与海外的交通和贸易中，中日之间的贸易交通应该比唐代更频繁，因为日本在地理位置上相对比较靠近，吴越商人与日本的贸易从未间断。

在立国之初，中外尚未建立联系的情况下，北宋朝廷总是考虑方便的时候利用商人担当外交文书的传递角色，尤其是对于那些朝廷希望其来朝贡却未来朝贡的国家。例如，从来宋日僧成寻的日记《参天台五台山记》中我们发现，1073年成寻的五位弟子搭乘中国海商的船回国时，宋神宗托他们带去了“大宋皇帝志送日本御笔文书”③，以及宋朝赏赐的佛经等大量典籍。

有宋一代的中日交流主要落实在贸易上，并且主要是由宋朝商人们来推动的，其中明州、泉州、杭州、广州等地的商人担负着最重要的使命，尤其是在北宋时期，完全由宋朝商人来流通中日两国的货物，传递信息。日本一时尚无从事海外贸易的商人出现，虽有人来宋也是搭乘宋朝商船，《宋史·日本

---

① 参见《小石记》宽仁二年十月十六日。译文参考王金林著《简明日本古代史》，天津：天津人民出版社1984年版，第173页。

② 参见〔日〕森克己：《新订日宋贸易研究》，东京：国书刊行会昭和五十年（1975）版，第215页。

③ 〔日〕平林文雄：《〈参天台五台山记〉校本及其研究》（上），东京：风间书房昭和五十三年（1978）版，第289页。

传》载：

> 天圣四年(1026)十二月，明州言日本国太宰府遣人贡方物，而不持本国表，诏却之。其后亦未通朝贡，南贾时有传其物货至中国者。①

此次进贡很可能是中国商人或在日华侨冒充的，日本人来宋朝贸易主要是在进入南宋以后，一时两国贸易往来才逐渐频繁起来。

自五代以来，杭州、明州、泉州以及台州的宁海与临海、松江口的青龙镇等地的商业发展非常活跃。进入宋代，它们发展成为重要的港口和贸易城市，这与它们在此时所担负的货物集散、销售中心等贸易作用是分不开的。它们形成面对日本、高丽的贸易中心港口，为了加强管理，朝廷先后在杭州和明州设立了市舶司。

海外各国也因贸易往来，商人的交通而获取中国的政治、经济和文化情报。特别是中日之间，因通用汉字，可以通过笔谈、“笔言问答”②的方式沟通、交流，甚至讨论佛法。

平安中期以后的日本人对于中国佛教的新形势、新发展，随着宋朝商人不断到日本贸易，通过与他们的笔言问答一定有所了解和认识，奝然在《大藏经》出版之时来宋朝很难说是偶然和巧合。不同于前代的是，在宋代，中日民间的经济文化交流超过朝廷政治上的交通往来，许多记载保留在野史、地方志和私人笔记之中，日本方面的相关资料比较多。

宋商为日僧来宋提供的信息与帮助

活跃在宋日两国之间的宋朝商人为日本人，尤其是为外出相对自由的日本僧人提供了大陆的信息和交通的便利，奝然之所以立志到宋朝求法巡礼的直接原因就在此。

自隋唐以来，日本朝野一直都很注意并重视收集来自中国大陆的“消息”，也就是今天所谓的“情报”。894年以后日本尽管终止了遣唐使的派遣，但对中国政治、经济和文化等情报的收集工作并未停止，实际上中日经济文化的联系也并没有中断。960年赵匡胤建立宋朝(改元建隆元年，时值日村上天皇天德四年)前后，大陆发生的两件事都在日本一时引起普遍关注，尤其是在僧界备受关注就是证明。

---

① (元)脱脱等:《宋史·日本传》,北京:中华书局标点本1977年版,第14136页。

② 〔日〕平林文雄:《〈参天台五台山记〉校本及其研究》(上),东京:风间书房昭和五十三年(1978)版,第81页。

其一是前面提及的吴越国的国王通过中国天台宗的德绍向日本的天台宗座主延昌请求缮写中国遗失的佛教经典，并同时向朝鲜求天台教遗失经卷一事，这件事一时轰动了日本朝野，更引起日本人对中国的兴趣。

其二是吴越王钱弘俶下令刻印《一切如来心秘全身舍利宝箧印施陀罗尼经》，共刻84000余卷，不仅于956年舍入西关砖塔①，而且“吴越忠懿王用五金铸千万塔，以五百遣使颁日本”一事②。有记载说此塔由日本天台宗延历寺僧日延于天历年(947—957)末传入日本。961年春，塔内经书被一位叫道喜的日僧发现，这对于日本佛教界无疑是一件影响很大的事情。对于东大寺以及奝然等日僧冲击最大的恐怕是，日延的来华送书之后，回国时带回大批内外经典，作为佛法的内典被天皇赐入延历寺，这应该是奝然所知道的，奝然后来申请入宋也许是由于东大寺冲着这件事而派他来的。

在日延来华的同时，又有名叫转智的日僧几度往返中日之间，据说他还去了天竺。转智的来华大约在960年，这一年“吴越忠懿王用五金铸千万塔，以五百遣使颁日本，使者还，智附舶归”③。转智在中日之间往返之时奝然才20来岁，也许奝然听说过他，奝然到宋朝时也寻访了转智，才知道他死于通往天竺途中，于是将转智的事迹记载在日记里④。奝然在《为母修善愿文》中也说“愿次诣中天竺，欲礼释迦之遗迹”，这虽是他来宋的借口，也表明他有追踪日本去天竺高僧真如和转智等人的意思。

由于当时宋朝与日本民间商业贸易往来频繁，971年宋太祖命高品、张从信在四川益州监雕《大藏经》的消息想必不久便传入素有取经传统的日本僧人耳中。东大寺僧人奝然和义藏在圆融天皇天禄三年(宋太祖开宝二年，972)闰二月三日立下“誓状”，要“点定爱宕山，同心合力建立一处之伽蓝，兴隆释迦之遗法”。除了修学僧和传灯法师的身份激励了东大寺的两位青年才俊，使他们踌躇满志、信心百倍，决定在爱岩山建造新的寺院外，同学二人此时面佛誓愿另一个重要原因可能与得到宋朝开雕《大藏经》的消息有关，983年奝然在入宋求法之前于《为母修善愿文》中说他“天禄以降，有心渡海”⑤。

---

① 注：1924年8月，杭州西湖雷峰塔倒毁，从砖孔中发现此经。这是已知第一部印数最多的经卷。

② (宋)潜说友等：《咸淳临安志》，载中国地志研究会印行《宋元地方志丛书》第7册，台北：中华民国67年(1978)版，第4594页下。

③ (宋)潜说友等：《咸淳临安志》(卷七十七)，载中国地志研究会印行《宋元地方志丛书》第7册，第4594页下栏。该书认为转智和尚西竺僧，可能是指住杭州天竺寺的日本僧。奝然的日记可以证明他是日本人，另见中华书局《宋元方志丛刊》第四册，第4049页。

④ 参见西冈虎之助著《关于奝然入宋的研究》，载《历史地理》第45卷第3号，第562~563页。

⑤ 〔日〕黑板胜美编辑：《本朝文粹》，编入日本《新订增补国史大系》第29卷下，东京：吉川弘文馆平成十一年(1999)新装版，第334页。

天禄年间即970年至973年,《大藏经》正可取来做镇寺之宝,有经必有藏,有藏就有寺,奝然入宋雕刻释迦牟尼佛像作为新寺的本尊的想法也在此时形成。而将寺址选定爱岩山显然是针对比睿山延历寺的,刚好之前不久义藏的受戒师法藏在宫廷法理辩论中败在比睿山良源的手下,义藏的奋发无疑也是希望为业师雪耻。

978年,吴越王钱氏把十三州一军八十六县之地献给宋朝,取消吴越国号,宋朝完全统一南方,使南北交通更加便利起来。而吴越地区和日本的贸易往来从未间断,大约在每年六月到七月初,总会有宋朝商人的商船在大宰府靠岸,然后在次年八月前后返回宋朝。这一年有宋商来日本贸易,为支付宋商,日本朝廷向陆奥征收黄金。我们可以肯定,此间奝然一直在"寻问公府",即问讯于九州的大宰府,或请愿于京都的左右相府,一方面和入日宋商建立联系,打探宋朝佛教发展的有关消息;另一方面和有关公卿大臣交涉,请求派遣自己入宋。

982年,北宋商人周文德、郑仁德等再到日本贸易,按计划他们将于983年返回宋朝,已经45岁的奝然此时再次申请入宋求法,终于获得日本朝廷的批准。这说明身处京城的奝然和大宰府的宋商集团一直保持着联系。日本朝廷此时之所以批准了奝然的请求,一是考虑到国家有必要进一步了解北宋的信息,尤其是政治动态;其二是国家有输入文化的需要。既然日本有壮志滔海的勇士,人才难得,自然批准奝然的请求,并授予他"传灯大法师"位。在僧位上再升一级,这对奝然来说是一个很大的成功。

之后,日僧成寻师徒往来宋日之间,得到了宋商曾聚、林皋、孙忠等的帮助。戒觉师徒1081年来宋,则得到了宋商刘琨父子等的帮助。详细参见后文。

宋日贸易推动两国宗教文化交流

宋商在日本的活动主要体现于对日本政界、僧界的影响。中国北宋时期(960—1127)相当于日本平安(794—1192)中后期,此时的中日交通不同于前后时期,总体看来,朝廷政治上的交通稀少而民间经济上的往来频繁,经济上的贸易往来促进了宗教文化交流的发展。相对看来,宋日贸易的发展对于当时的贸易大国宋朝来说并不理想,日本平安朝廷的外交政策在此前后由其前期的积极外交转变到后期的消极外交,朝贡贸易无法复兴。10世纪大陆的政治文化等一系列的新变革、新知识、新气象、新信息,只能通过民间贸易的渠道传导到日本僧俗各阶层。

10世纪的日本,朝廷(皇族)在政治斗争中已经处于下风,在此情况下朝廷根本没有外交主动权,被排挤于政治和外交决策之外,外交大权旁落于藤原等贵族之手。朝廷反对贵族专权故反对贵族的外交，反对贵族的一切举措。此时日本渡来系地方豪族的势力也在衰落（如奝然所出自的秦氏），渡来系的后代在推动对外交流上是非常积极的，唐代的日本留学生大多有移民血统。

平安朝廷累累禁止私交，也就说明了当时公卿贵族主导的私交很严重，日本律令制逐渐崩坏，朝廷已经没有政治、经济和军事的约束力，只能借助“鬼道”之类的迷信和宗教，以及帝胄贵种的舆论道义的力量来影响政治，限制贵族和外戚们的跋扈。日本朝廷主张在中国朝廷面前保持自尊和荣誉，就是要增加贵族在发展与大陆中国外交上的难度，强调人臣之交不出境，就是强调外交为天皇神圣的专权，这就决定此时的日本外交是消极的和被动的。

随着唐物的流通，中国民间佛教信仰通过海商的传递影响了日本。唐朝末年以来，中国海商已经成为佛教的忠实信徒，他们信仰佛教是因为佛能够给他们冒险的勇气，故而他们赴日的船中多携有佛经。宋人杨潜撰《云间志》卷下收录有陈林的一篇《隆平寺经藏记》，其中有如下记载：

> 青龙镇，瞰松江，上据沪渎之口，岛夷闽粤交广之途。所自出风樯浪舶，朝夕上下，富商巨贾豪宗右姓之所会，其事佛尤甚。方其行者，蹈风涛万里之虞，怵生死一时之命；居者岁时祈禳，吉凶荐卫，非佛无以自恃也。故其重楹复殿，观雉相望，鼓钟梵呗，声不绝顷。①

由于信仰的原因，商人自然与僧人交往密切起来，对于商人来说，僧可以是佛的代言人，有时甚至是活佛。而对于僧人来说，商人是最好的大施主，是传教的重要对象。

宋朝商人作为下层民众，信奉的主要是净土教。从日本《续本朝往生传》的记载可知，海商朱仁聪对于《华严经》有较深刻的研究，在渡海过程中携带佛像或佛经也是顺理成章的事。988年初，日僧源信、宽印来访的时候，朱仁聪曾拿出船上所携的画像对他们说：“是婆删婆演底守夜神也。为资渡海之恐，我等所归也。”实际上是考问两位日本高僧，源信僧都寻思片刻，想起了“《华严经》善财童子赞叹之偈，自笔书其侧曰：‘见汝清净身，相好超世间。’”因为《华严经》是朝廷规定僧人必须背诵之经，源信知道宽印也一定知道此偈，因此“次招宽印曰：‘可书续此末。’宽印书曰：‘如文殊师利，亦如宝山王。’

① （宋）杨潜：《云间志》，收入《宛委别藏》丛书，台湾：台湾商务印书馆1988年影印发行，第239～240页。

书毕搁笔,同声诵之,仁聪感之,出倚子令僧都居之。"对于此事,日本人曾感叹:"宽印若忘此文者,是非本朝之耻乎?"①此可见宋朝海商的净土信仰以及与中日净土信仰僧人的积极交往,他们的关系也自然因此非常密切,这是宋朝海商何以与宋僧齐隐、日僧源信等交往的重要原因。

宋代海上航行的保护神还有很多,如"台州临海县上亭保,有小刹曰真如院。东庑置轮藏,其神一躯,素著灵验。海商去来,祈祷供施无虚日"②。中国海商的这种佛教信仰密切了他们和日本僧人之间的关系,这为他们在日本拓展贸易提供了许多支持。这种关系对于宋朝商人与日本僧人都是有利的,例如寂照等来宋日僧,在中国依然能和日本关白藤原道长等公卿贵族之间保持着频繁的书信往来,这些书信都是通过宋朝去日商人转送的。由于日本贵族有着比较强烈的自尊心,宋商与其结交有一定的局限性,而因为信仰的原因,僧侣们更易于接受宋朝商人进入日本。僧侣在与宋朝商人交往的过程中,没有贵族那么强烈的自尊心,易于沟通。因此,佛教和佛教徒被中国商人们利用。

宋日贸易的发展对两国文化交流影响最大的是,使书籍成为中日之间流通的一大商品,而书籍之中佛经通过商人在中日中间的传递尤为突出。五代以来,中国天台宗和净土宗都在寻求发展,需要收集典籍,更有必要借助商人们的便利条件。宋商与宋僧(实际上是自五代以来)的交往促进了商人们对于佛经的了解,所以当吴越王搜寻佛经的时候,商人立即告知日本有保存。实际上当时到海外求购典籍的,既有由吴越王主持的公求,也有由寺院主持的私求。杭州僧人齐隐几番去日本可能就是为了求购书籍,此即私求。另一方面日本平安公卿私家藏书的风气也使宋商大量收购图书,供给日本市场,从而促进日本文化、学术的繁荣。此外宋商对中日佛教界思想交流的传递作用也很突出。以上均将在后文具体论述,此略。

---

① 〔日〕江匡房撰:《续本朝往生传》,收入《群书类丛》第4辑,东京:经济杂志社明治二十六年(1893)翻刻版,第393页。

② (宋)洪迈:《夷坚志·庚》卷五《真如院藏神》,本文转引自徐吉军等著《中国风俗通史》(宋代卷),上海:上海文艺出版社2001年版,第238页。

第三章　中日贸易政策的碰撞与经济生活的磨合

第一节　中日贸易传递的繁荣及其原因

中日贸易的繁荣在于日本的“唐物”崇拜

中日贸易自唐末以来一直是连续的，并未因 894 年以后日本“锁国”、中断中日朝贡册封关系、为除唐化而宣扬“国风文化”的文化自满等因素而受到太大的影响。

宋朝局部统一之后，不仅促进了中国国内的经济贸易，也使对外贸易和文化交流得到发展，特别是民间贸易的活跃。宋朝虽然在政治上局部统一，但它的军事实力和军事指挥远不及汉唐，不过灵活的贸易政策使宋朝尚不失为一个经济大国。宋朝国内贸易和海外贸易的发展不仅弥补了它政治、军事方面的部分不足，而且促进了外交和文化事业的发展。

北宋时期中日贸易的发展和繁荣根本上取决于中国物质文明的魅力，奈良、平安初期输入日本的唐物，因其高超的技术和精湛的工艺，以及文化价值，让日本人为之疯狂，许多宝物在正仓院中珍藏至今。即使唐末以来中国陷入政治混乱，两国之间的物流遭遇到政治的阻碍，五代、宋时期代表中国文化的商品，对于日本等周边国家仍然保持着很大的魅力，商品和消费的冲击乃是一种文化冲击。当时宋朝商人带着新的“唐物”来到日本的时候，日本贵族依然为之疯狂，五代北宋以来舶载到日本的中国商品仍然被日本人称为“唐物”①。

“唐物”自唐代中日国交建立以来一直是日本贵族奢侈的物质文化生活的追求，“唐物”在平安时代可以说是权力的一种标志，谁拥有它就标志着他

---

①　指中国商品，这是 10 世纪以后日本人的习惯说法。

的地位，它是贵族财富的象征，贵族的居室之内都有唐物作摆设。

五代、北宋以后，由中国商人输出日本的中国产品或转卖的其他国货物，依据藤原明衡(991—1066)所撰的《新猿乐记》和日本平安公卿日记《小右记》等的记载，主要是：

来自中国南方等地的香料：沉香、熏陆香、龙脑、丁香(或写作“丁子”、“丁字”)、青木、甘松、麝香、衣比香等

药材：红雪、紫雪、雄黄、紫金膏、金益丹、银益丹、巴豆、雄黄、犀牛角

饮食品：砂糖、茶

颜料和染料：苏方、铜黄、绿青、燕紫、空青、丹朱砂、胡粉

贵重木材：白檀、紫檀(用于佛像雕刻)、赤木、吴竹、甘竹

陶瓷器：青瓷、白瓷、天目、茶碗、陶砂

丝绸织品：唐锦、唐绫、绢、缪

文化用品：绘画(佛画)、书籍、文具(唐纸、唐砚、唐墨)

其他：铜钱、家具、屏风、唐鞍、吹玉、白鑞以及豹虎皮等①

在以上中日贸易品之中，铜钱既是流通钱币，又是大宗贸易商品，尽管物物交换此时依然是中日贸易的主要形式。铜钱何以成为输入日本的大宗商品？因为日本从10世纪以后不再铸造钱币，当时的日本国民拒绝使用本国铸造的货币(即模仿唐朝体制铸造的“皇朝十二钱”)，到11世纪商品经济在日本兴起之后，宋朝钱币(铜钱)于是作为替代品被大量带入日本，12世纪末期在日本广泛流通，即使遭遇朝廷的反复禁止，宋铜钱的流通依然很活跃②。

被追捧的唐物有时也引起一些日本人的恐惧，宋钱的大量流入终于在1179年(治承三年)导致日本物价的异常高涨，以京城为中心，有人风传当时流行的疫病是“钱病”，对大量输入宋钱的平清盛等平氏一族的反抗逐渐由暗中发展到公开，这后面也许存在政治阴谋。许多铜钱从各地化缘筹集起来，融化之后铸造成镰仓新大佛。

尽管从感情上，一些日本人感到一时难以接受宋钱，但随着宋日贸易的繁荣，进入镰仓时代(1192—1334)以后，宋钱甚至还被日本人当作国内主要

① 以上商品名称亦可参见〔日〕森克己：《新订日宋贸易研究》，东京：国书刊行会昭和五十年(1975)版，第191～192页。及森克己著《续续日宋贸易研究》，第126页。

② 具体参见〔日〕森克己著《续续日宋贸易研究》一书第十章“宋铜钱流出宋国之外”、第十三章“宋铜钱流入我国的端绪”等，东京：国书刊行会昭和五十年(1975)版，第137～149、177～201页。

货币广泛流通起来,“进入13世纪后半期,对钱币和财富的渴望受到煽动,人们甚至把钱当作神佛崇敬”①。也可以说“中国钱”在宋朝时就成了世界上最早的“国际货币”了,但这致使宋朝发生“钱荒”,宋朝廷不得不多次下令禁止商船私装铜钱出海。

平安后期的日本贵族,虽然在精神生活和民族文化上感到一些自信和自尊,但在物质生活上却依然崇拜大陆的生活方式和物质条件,虽然没有与中国开展“朝贡贸易”,但由于历来仰慕大陆繁荣的经济和文化,对大陆的精美物品仍然渴求,他们忘记了虚荣和私通外国的惩罚,实际上当时要面子的王公贵族们尤其喜好中国式的风雅高消费,热衷于使用宋屏风、陶瓷器皿、香料等,忘记了这是舶来品。于是,中日之间的“走私”贸易也随之兴盛起来。

虽然没有和谐的政治背景,唐末至南宋初的中日民间贸易依然繁荣而和平,和平而繁荣的贸易不仅促进了中国人对日本文化的了解,活跃宋人经济文化生活,也策动日本人从被动接受的贸易转变为能动开拓的贸易②。这一时期,中国方面从日本购买的商品可简单分为“细色”和“粗色”两大类,具体包括沙金、水银、绵、绢、布、纸、刀、扇子、硫黄等,其中,从日本输入的硫黄成为中国的紧缺物资。至于扇子、屏风、数珠(或称念珠)、螺钿等工艺品和日本刀,也因日本工艺技术的提高而逐渐被宋人视为珍品。

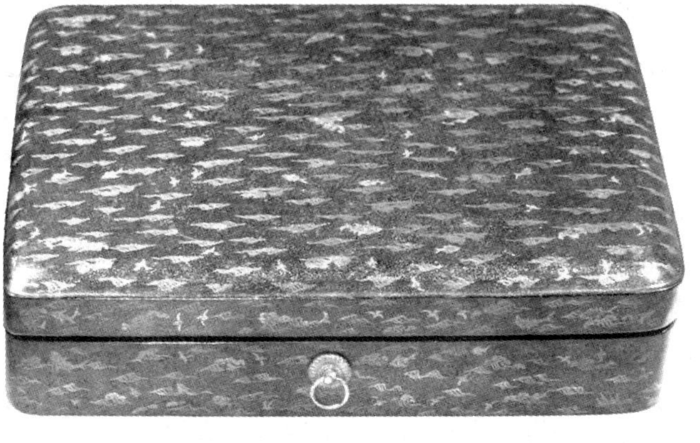

插图3-1　海赋莳绘袈裟箱(京都·教王护国寺藏品)③

① 〔日〕冈野善彦著,刘军、饶雪梅译:《日本社会的历史》,北京:社会科学文献出版社2012年修订版,第207页。

② 参见〔日〕森克己:《日宋贸易研究》(《森克己著作选集》第一卷),东京:国书刊行会1975年版,第5页。

③ 引自〔日〕东京国立博物馆编集《日本国宝展》,东京:读卖新闻社1990年版,第232页。

宋日贸易繁荣离不开宋朝开放性的海外贸易政策

中日贸易在894年日本停止派遣朝贡使节以后能继续繁荣,其根本原因在于,进入宋朝以后,中国的中央政府奉行开放性的海外贸易政策。为了提升国家的综合国力,宋朝廷在沿海重要港口城市特设"提举市舶司","掌蕃货海舶征榷贸易之事,以来远人,通远物"①,期待以此富国,并张扬国威。于是,广州(971年)、杭州(985年)、明州(992年)、泉州(1087年)、密州板桥镇(1088年)、秀州华亭县和青龙镇(1132年)、温州(1132年)等,先后设司,成为这一时期重要的贸易口岸和港口城市。

为招揽外商,据《宋史·食货志》记载,宋朝廷早在开宝四年(971)便"置市舶司于广州,后又于杭、明州置司。凡大食、古逻、阇婆、占城、勃泥、麻逸、三佛齐诸蕃并通货易"②。至"雍熙(984—987)中,遣内侍八人赍敕书金帛,分四路招致海南诸蕃"③。

官方渠道之外,宋朝廷更多的是利用民间力量来广招外商。绍兴六年(1136),"知泉州连南夫奏请,诸市舶纲首能招致舶舟、抽解货物、累价及五万贯十万贯者,补官有差",诸多商人因此升官。"然海商入蕃,以兴贩为招诱,侥幸者甚众"④,不过也导致一些商人冒充朝廷使节,干出有损大宋国家尊严的事。

尽管宋朝的海外贸易政策是开放性的,但在进出口监管、签证查证、防止"走私"贸易方面却非常严格,特别是对辽夏边境榷场贸易(包括登州、莱州海域的口岸贸易)的管理,这是由于受到北方契丹等的军事威胁。为了对契丹进行经济封锁,即使是远在南方的沿海地区也不疏忽。又由于海外贸易的繁荣弥补了宋朝政治、军事方面的部分不足,所以朝廷非常重视对商船进出口的管理和市舶制度的完善。

市舶司的监管职责主要是:一、登记处理进出口岸的中外海舶,发给进出口岸的公据、公凭及引目等文书;二、根据货物征收税品;三、收买舶货,特别是为皇家收买奢侈品。无论中外商船,到达宋朝东南各港口后,必须立即向住舶口岸的市舶机构报告,由市舶司派员上船检查。

宋朝市舶司征收税品,一般征收船载货物的十分之一作为入口税,叫作

---

① (元)脱脱等:《宋史》卷一百六十七《职官志》七,北京:中华书局标点本1977年版,第3971页。

② (元)脱脱等:《宋史》卷一百八十六,北京:中华书局标点本1977年版,第4558页。

③ (元)脱脱等:《宋史》卷一百八十六,北京:中华书局标点本1977年版,第4559页。

④ (元)脱脱等:《宋史》卷一百八十五《食货志》下七,北京:中华书局标点本(第13册),第4537～4538页。

“抽解”，并规定某些货物为禁榷物，全部由市舶机构收购，其他货物则按照需要部分收买，总称为“博买”。抽解和博买来的货物，一律送交中央政府。

这里要特别关注的是，宋朝的监管措施及其配套管理方法，颇有人性化，严厉之中不乏温情，在奖励告密制度之外，还有犒赏制度、灾难救济措施等，可谓是恩威并施。其目的也是防止偷税漏税，维护专制政府的专卖权，还包括防止违禁物品走私敌对国家。

到南宋时期，政府在通商口岸创办外商招待场所，如杭州有怀远驿，明州、温州有来远驿等，专门对外国商人和商船采取一系列保护措施。宋朝对于海外贸易非常重视，管理严格与积极支持鼓励两手的交替使用，不仅鼓励“招致”外商来华贸易，礼遇优待外商，保护外商合法权益，同时对本国商人的海外贸易也给予适当的奖励。鼓励措施之一便是，按照中国人喜宴乐的风俗，在中外商人出发离港或归来入港之际设宴犒赏，并为此备有专款①。根据《宋会要》记载：

> 六月二十一日广南东路经略安抚提举市舶司言：广州自祖宗以来，兴[与?]置市舶，收课入倍于他路。每年发舶月分，支破官钱，管设津遣，其蕃汉纲首、作头、梢工等人，各令与坐，无不得其欢心。非特营办课利，盖欲招徕外夷，以致柔远之意。旧来或遇发舶众多，及进贡之国并至，量增添钱，数亦不满二百余贯，费用不多，所悦者众。今准建炎二年七月敕，备坐前提举两浙市舶吴说劄子，每年宴犒诸州所费不下三千余贯，委是枉费，缘吴说即不曾取会本路设蕃，所费数目例蒙指挥寝罢，窃虑无以招邀远人，有违祖宗故事，欲乞依旧犒设。从之。②

此犒赏之举可谓一举两得，一可监督商人，二可激励商人，在那个专制的时代，被政府官员宴请可谓商人荣耀之事。所以，朝廷即使在财政紧张、紧缩开支的情况下，也不轻易废除这项惯例，我们看到南宋朝廷建炎二年(1128)的相关诏令：

> 七月八日诏两浙路市舶司已降指挥减省冗费，每遇海商往船，依旧例支送酒食，罢每年燕(宴)犒，其上供细色物货，并遵旧制。团纲起发，

---

① (清)徐松辑：《宋会要辑稿》职官四四之二，北京：中华书局1957年照相影印版，第3364页。

② (清)徐松辑，陈智超整理：《宋会要辑稿补编》，北京：全国图书馆文献缩微复制中心1987年版，第644～645页。

罢步担雇人,广南福建路市舶司准此。[①]

随着北宋与北方辽、金政治和军事关系的恶化,宋朝对于海外贸易的政策也随之变化,监视更加严密,严禁走私。

太宗时,置榷署于京师,诏诸蕃香药宝货至广州、交阯、两浙、泉州,非出官库者,无得私相贸易。其后乃诏:“自今惟珠贝、玳瑁、犀象、镔铁、鼊皮、珊瑚、玛瑙、乳香禁榷外,他药官市之余,听市于民。”[②]

雍熙(984—987)中,朝廷下令,“商人出海外蕃国贩易者,令并诣两浙司市舶司请给官券,违者没入其宝货”[③]。不过,随着民间贸易的范围越来越宽,处罚也在减轻。

太平兴国(976—983)初,私与蕃国人贸易者,计直满百钱以上论罪,十五贯以上黥面流海岛,过此送阙下。淳化五年(994)申其禁,至四贯以上徒一年,稍加至二十贯以上,黥面配本州为役兵。[④]

以上诏令可见,宋朝对于海外贸易和中外商人的管理是非常重视的。综合以上奖励和处罚的方法,可见朝廷对于商人海外贸易的管理手段,其着重点还在把握住离岸和上岸这两头,出海商人必须返回到所出发的港口。

宋代“勾招进奉”的举措如同当代的海外“招商”,如雍熙四年(987)朝廷让每路负责招商的内侍,“每纲赍空名诏书三道,于所至处赐之”[⑤]。此“空名诏书”即空白通商许可证。由于两宋政府大力奖励海外贸易,加上当时造船业的进步,指南针的使用,使海上交通极为便利。当时,亚非各国与中国通商的有五十多个国家和地区,其中重要的有高丽、日本、交趾、占城、真腊(柬埔寨)、蒲甘(缅甸)、勃泥(加里曼丹北部)、三佛齐(苏门答腊东南部)及大食等。相对而言,宋朝对日本的招商很长时间难见效果,直到1170年以后才有日本商人来宋朝[⑥]。

---

① (清)徐松辑,陈智超整理:《宋会要辑稿补编》,北京:全国图书馆文献缩微复制中心1987年版,第643页下。
② (元)脱脱等:《宋史》,北京:中华书局标点本1977年版,第4559页。
③ (元)脱脱等:《宋史》,北京:中华书局标点本1977年版,第4559页。
④ (元)脱脱等:《宋史》,北京:中华书局标点本1977年版,第4559页。
⑤ (清)徐松辑:《宋会要辑稿》职官四四之二,北京:中华书局1957年照相影印版,第3364页。
⑥ 依据《宋史·日本传》及《宋会要》等的相关记载推定,具体参见本书第十六章相关内容。

中日贸易航线的成熟乃因宋代造船航海技术的发达

自唐至宋，中国的造船业和商业一直领先于世界。宋代，中国商人私人拥有的海船，即使是排水量不大的，一般也是能搭乘六七十人的小型帆船，由于长年海上远航积累了丰富的经验，舟师们有了丰富的天文知识和地理知识，加之罗盘针的运用，宋代的航海技术大大提高，海难事故少于唐代。对此，宋人朱彧在其所著《萍洲可谈》卷二有详细记载：

> 甲令：海舶大者数百人，小者百余人，以巨商为纲首、副纲首、杂事，市舶司给朱记，许用笞治其徒，有死亡者籍其财。商人言船大人众则敢往，海外多盗贼，且掠非诣其国者，如诣占城，或失路误入真腊，则尽没其舶货，缚北人卖之，云："尔本不来此间。"外国虽无商税，而诛求，谓之献送，不论货物多寡，一例责之，故不利小舶也。舶船深阔各数十丈，商人分占贮货，人得数尺许，下以贮物，夜卧其上。货多陶器，大小相套，无少隙地。海中不畏风涛，唯惧靠阁，谓之"凑浅"，则不复可脱。船忽发漏，既不可入治，令鬼奴持刀絮自外补之，鬼奴善游，入水不瞑。舟师识地理，夜则观星，昼则观日，阴晦观指南针，或以十丈绳钩，取海底泥嗅之，便知所至。①

实际上，从唐末以来，日本僧人乃至遣唐使节都认为搭乘中国的船只比乘坐本国的船只安全。

宋代舟师航海对天文知识的运用，突出表现在运用季风以提高航行速度方面。可见宋代的帆船技术发达。当时中日之间的海上航行到底是什么样的速度呢？983 年搭乘宋朝吴越地区的商人陈仁爽、徐仁满等归国的商船第一个渡海来宋的奝然师徒，对那次中日之间的往返旅行有一个深刻的印象，宋朝的海船让他们感到"安若陆行，骇之神速"②。

倘若得顺风之便，帆船横渡东中国海在中日之间往返，所需的航程日数非常短，单程所用时间一般不过一星期(7 天)内外。正因为"好风凭借力"，所以宋商们总是闻风而动、见风使舵；无风的时候总是或施法、或烧香，祈祷顺风。下面我们看具体的事例：

1072 年成寻来宋时的具体航程是：

---

① (宋)朱彧：《萍洲可谈》，北京：中华书局 2007 年版，第 133 页。

② 〔日〕京都国立博物馆编《释迦信仰与清凉寺》(京都国立博物馆 1982 年展)，京都：京都新闻社昭和五十七年(1982)印刷，第 91 页。

于"延久四年三月十五日(乙未),寅时,于肥前国松浦郡壁屿乘唐人船。……辰时,依西风吹不出,船在壁屿西南浦……""十六日(丙申)寅时,依有东风出船上帆,无几有西风,船还著本泊了。……申时文殊供,船头杪剳等以鸡酒祭诸神,烧纸钱幡读祭文。……每日念圣观音一万遍,风天真言一万遍,祈乞海安"。"十七日……依无顺风犹在壁屿"。"十九日(巳亥),天晴,寅时东北顺风大吹……卯时上帆乱声击鼓出船"。"廿五日……未时始见苏州石帆山……丑时至苏州大七山宿"①。这次行程在一周(7天)之内。

再看戒觉来宋的航海情况,根据他的日记《渡宋记》,他于1082年搭载宋商的船来中国,也是因九月十三日"适朔风吹送,仍飏帆而着肥前国上部之泊矣。十四日,同风不止,及于哺时,刷帆而指前途。……廿一日,明州之前海,日暮而留船也。廿二日,着明州定海县之岸"②。行程不过一周开外,十日之内。

宋朝商人的活动范围非常广泛,大大地超过了唐。这里且不论往印度洋开辟的航线,当时宋朝商船往来中日之间的路线主要是:

往程:"从两浙地方出发,横断中国东海,到达肥前的值嘉岛(位于今日本九州岛——作者),然后再转航到筑前的博多"③。到北宋后期更有不少船只从博多深入日本海,驶进了越前的敦贺(京都附近)。根据《延喜式》五十《杂式》所载,敦贺在当时为了接待外宾设有松原宾馆。商船从中国启程的时间多在夏季到初秋,可以利用这一时期靠中国海东边常刮的西南季风(夏季风)而航行。可供参考的有奝然搭载宋商船只,其回国的大体日期,自986年季夏出发,七月一日到达日本九州岛。根据日本各种文献记载统计,宋商船只在日本着岸以阴历七月最多,其次为九月、八月、六月④。

归程:一般是从日本九州岛大宰府出发,在大宰府官员的监督下起航的,我们在成寻、戒觉等偷渡者的日记中可以找到他们为入宋而躲藏时痛苦的例证。从日本返航时间多在仲秋,或初冬时节,或晚春,主要是可以充分利用东北季风(冬季风)而航行,可供查考事例有奝然从日本出发的具体时间,从其造像愿文中"以癸未岁八月一日离本国,其月十八日到台州"的记载,可知时值初秋、仲秋之际。寂照来宋出发离日本是在"长保四季(岁次壬寅)八月十

① 〔日〕平林文雄:《〈参天台五台山记〉校本及其研究》(上),东京:风间书房昭和五十三年(1978)版,第3~6页。

② 〔日〕小野胜年:《戒觉的〈渡宋记〉》,载龙谷学会编《龙谷大学论集》第400、401合刊号,第527~628页。

③ 木宫泰彦著,胡锡年译:《日中文化交流史》,北京:商务印书馆1980年版,第245页。

④ 〔日〕森克己:《续日宋贸易研究》,东京:国书刊行会1975年版,第298页。

五日(戊寅)"以后①。戒觉搭载宋商的船来中国，出发日期也是在深秋。根据日本各种文献记载统计，宋商从日本大宰府离岸扬帆出发，三四月及八月最多②。

与此相对，日本的造船业则出现了另一种情况。由于停止了遣唐使，国家不必为此大兴土木造船，日本的造船技术反而倒退了。日本商船的建造、商人的入宋是在南宋以后，在与宋朝商人进行转手贸易的过程中兴起的，在利益的驱动下，日商越走越远，逐渐打破了日本朝廷的限制。中国商人自唐代末期开通中日之间的海上运输航线，至宋已经完全由宋人控制。从木宫泰彦所做的"五代日华往来船舶一览表"看，整个五代时期，在中日之间往来的船舶"全部是中国商船，而日本船一无所见"③。此时朝鲜半岛的商队也相对弱小。

第二节　中日口岸贸易及两国对进出口岸的监管

宋朝管理海外贸易的公凭制度

894年以后，中日两国都具有强烈的国家意识和危机感，朝廷财政都依赖专卖贸易，严查"夹带禁物和奸细之人"④，相互之间贸易的需要、繁荣的维持，都要求两国朝廷对于往来其间的商人采取严格而有效的监管，口岸贸易日益成为突出的特征。

中国方面进入宋朝以后，朝廷对于出入口岸贸易的本国商人的管理，主要也是把握住离岸和上岸这两头，至于其中间环节，即对于本国商人在外国的贸易、交通行为，宋朝廷主要借助外交文书制度加以监督，主要是通过签发、回收和查验出海公凭的手段⑤。至于来华外国商人，亦即"番客"，也不再像唐朝那样可以自由往来于各商埠，宋时番客居住、活动范围逐渐被限制在

① 〔日〕西冈虎之助：《关于入宋僧寂照的研究》，载《史学杂志》(大正十二年十月发行)第三十四编第十号，第717页。原文"戊寅"，引用时改正。

② 〔日〕森克己：《新订日宋贸易研究》，东京：国书刊行会1975年版，第298页。

③ 〔日〕木宫泰彦：《日华文化交流史》，东京：冨山房1987年版，第241页。

④ (清)徐松辑，陈智超整理：《宋会要辑稿补编》，全国图书馆文献缩微复制中心版，第641页下～642页上。

⑤ (宋)苏轼：《乞禁商旅过外国状》，载《唐宋八大家散文总集》卷八《苏轼集》(三)，石家庄：河北人民出版社1995年版，第6020页。

“住舶州”(登陆口岸),外出他州或东京兴贩也须向市舶司领取公凭[1]。在广州市舶司的申请下,宋徽宗于崇宁三年(1104)五月下诏,规定番客申请领取公凭的制度,其诏云:

应蕃国及土生蕃客愿,往他州或东京贩易物货者,仰经提举市舶司陈状;本司勘验诣实,给与公凭,前路照会经过官司,常切觉察,不得夹带禁物及奸细之人。其余应有关防约束事件,令本路市舶司相度申尚书省。[2]

宋太宗在“端拱二年(989)五月诏:自今商旅出海外蕃国贩易者,须于两浙市舶司陈牒,请官给券以行,违者没入其宝货”[3]。此处的“券”即通常所谓的“公凭”,或称“公据”“公验”[4],乃至“引”“引目”[5]。商人出海前必须申请,获得批准后在商船离岸时发券,返回上岸时收券。《咸淳临安志》记载了市舶司、市舶务在商人返回时验券的境况:

市舶务,在保安门。海商之自外舶至京者,受其券而考验之。又有新务,在梅家桥之北,以受舶纲。[6]

要了解中国(尤其是宋朝)的公凭制度,首先必须知道宋朝当时发放的公凭,其格式和有关内容如何。崇宁四年(1105)即日本长治二年,宋商李充到日本贸易,向日本朝廷提交了一份公凭,该《公凭》被收录在日本文献《朝野群载》中,得以保存至今,成为研究宋商的重要资料,从中可以得知详细:

提举两浙路市舶司

---

① 参见宋徽宗崇宁三年五月诏书。(清)徐松辑,陈智超整理:《宋会要辑稿补编》,北京:全国图书馆文献缩微复制中心 1987 年版,第 641 页下~642 页上。

② (清)徐松辑:《宋会要辑稿》第八十六册《职官》四四,北京:中华书局 1957 年照相影印版,第 3367 页下~3368 页上。

③ (清)徐松辑:《宋会要辑稿》第八十六册《职官》四四,北京:中华书局 1957 年照相影印版,第 3364 页。

④ 外国人在宋朝国内移动,则必须有朝廷或地方官发放的“公移”,如杭州给成寻的公移。

⑤ 《宋史》卷一八六《食货志》下“市舶”条有“给引发船,无引者如盗贩法”,“发船请引于广州舶司”等记载。《宋会要辑稿》第八十六册职官四四,也有“于市舶司请公凭引目”“如不出引目,许人告依偷税法”。等记载。

⑥ (宋)潜说友等:《咸淳临安志》卷九,载中华书局编辑部编《宋元方志丛刊》第 4 册,北京:中华书局 1990 年影印版,第 3439 页上。

据泉州客人李充状，今将自己船一只，请集水手，欲往日本国，博买回赁(货)，经赴明州市舶务抽解，乞出给公验前去者。

二[一]　人船货物

自己船一只

纲首李充，梢工林养，杂事庄权

部领兵弟：

第一甲　梁富　蔡依　唐佑　陈富　林和　邵胜　阮祐　炀[杨]元　陈从　汪珠　顾再　王进　郭宜　阮昌　林旺　黄生　强寄　关从　吴满　陈佑　潘祚　毛京　阮聪

第二甲　尤直　吴添　陈贵　李成　翁生　陈珠　陈德　陈新　蔡原　陈志　顾章　张太　吴太　何来　朱有　陈先　林弟　李添　杨小　彭事　陈钦　张五　小陈珠　陈海　小林弟

第三甲　唐才　林太　阳光　陈养　陈荣　林足　林进　张泰　萨有　张式　林泰　小陈贵　王有　林念　生荣　王德　唐兴　王春

货物

象眼肆拾疋、生绢拾疋、白绫贰拾疋、甆垸贰佰床、甆垛壹佰床。

一　防船家事：锣一面、鼓一面、旗伍口

一　石刻本州物力户郑裕、郑敦仁、陈佑叁人委保

一　本州令　给杖一条、印一颗①

一　今捻[检]坐　敕条下项：

诸商贾于海道典[兴]贩，经州投状，州为验实，条[牒]送愿发州，置簿抄上。仍给公据，方听行。回日，公据纳任舶州市舶司。

即不请公据而擅行，或乘船自海道入界河，及往登、莱州界者，徒二年。(不请公据而未行者，减贡等。)往大辽国者，徒叁年，仍奏裁。并许人告捕，给船物半价充赏。(内不请公据未行者，减擅行之半。其已行者，给赏外，船物仍没官。)其余在船人，虽非船物主，各杖捌拾已上，保人并减犯人叁等。

勘会旧市舶法，商客前虽许至三佛齐等处，至于高丽、日本、大食诸蕃，皆有法禁，不许。缘诸蕃国，远隔大海，岂能窥伺中国？虽有法禁，亦不能断绝，不免冒法私去，今欲去此界。交趾外其余诸蕃国，未尝为中国客者，并许前去。虽[“然”缺?]，不许典贩兵甲器仗，及将带女口、奸细并

① 即朱彧著《萍洲可谈》所谓的“市舶司给朱记，许用笞治其徒”。

逃亡军人,处违①,应一行所有之物,并没官,仍捡出引内外,明声说。

勘会诸蕃,船州客商,愿往诸国者,官为捡校,所去之物,及一行人口之数,所旨之国,给与引牒,付次捺印。其随船防盗之具、兵器之数,并量历抄上,候回日照点,不得少欠,如有损坏散失,亦须具照验,一船人保明文状,方得免罪。

勘会商贩人,前去诸国,并不得妄称作奉使名目,及作表章,妄有称呼。并共以商贩为名,如合行移文字,只依陈诉州县体例,具状陈述。如蕃客商、首领随船来诸国者,听从便。诸商贾贩诸蕃同[回](贩海南州贩及海南州贩人贩到同。)应抽买,辄隐避者,(谓曲避作匿,托故曰石,前期传送,私自赁[货]易之类。)纲首·杂事·部领·梢公(令亲戚管押同)各徒贰年,配本城。即雇募人管押,而所雇募徒人、倩人避免,及所倩人,准比邻州编管。若引领停藏,负载交易,并贩客减壹等,余人又减贰等,藩国人不坐。即在船人私自犯,准纲法坐之,纲首·部领·梢公·同保人不觉者,杖壹佰以上,船物(不分纲首、余人及藩国人,壹人有犯,同住人虽不知情,及余人知情并准此。)给赏外,并没官。(不知情者,以已[己]物参分没官。)诸海商船货,避抽买船物应没官,而已货易转买者,计直于犯人者,名不近理,不足同保人备偿[赔偿]。即应以船物给赏,而同于令转买者,转买如法。

诸商贾由海道贩诸蕃者,海南州县曲于非元发舶州舶者,抽买讫,报元发州,验宝销籍。诸海商冒越至所禁国者,徒三年,配千里。即冒至所禁州者,徒二年,配五百里。若不请公验物籍者,准行者,徒一年,邻州编管。即买易物货而辄不注籍者,杖一百,同保人减一等。

钱帛案手分　供在判　注在判

押案宣在判　厉在判　勾抽所供在判　孔目所捡在判　权都勾十在判　都孔目所在判

右出给公凭,付纲首李充收执,禀前须[项]敕牒指挥,前去日本国,经他国赴本州市舶务抽解,不得隐匿透越,如违,即当依法根治施行。

崇宁四年六月　日给。

朝奉郎通判明州军州管勾学事兼市舶谢在判

宣德郎权发遣明州军州管勾学事提举市舶彭在判

宣德郎权发遣提举市易等事兼提举市舶徐

① 日本《朝野群载》一书据字本、宫本,将此二字判读为"如建",难通,当作"如违"。

承议郎权提举市舶郎①

以上“公凭”约分两大部分，前半部分注明本次签发的商船所载人、物等的明细；后半部分照会对象国宋朝的相关法律，请求对方参照配合监督管理。以上日本文献中保存的公凭的详细内容，《宋会要辑稿》中的以下相关记载可证明其真实性：

元祐五年(1090)十一月二十九日刑部言：“商贾许由海道往来，蕃商兴贩，并具入舶物货名数，所诣去处，申所在州，仍召本土物力户三人委保，州为验实，牒送愿发舶州，置簿，给公据听行。回日，许于合发舶州住舶，公据纳市舶司。即不请公据，而擅乘船自海道入界河及往高丽、新罗、登莱州界者，徙二年，五百里编管。往北界者加二等，配一千里。并许人告捕，给舶物半价充赏。其余在船人，虽非船物主，并杖八十。即不请公据而未行者徙一年，邻州编管，赏减擅行之半，保人并减犯人三等。”从之。②

从以上两个引文的内容可知，宋朝廷颁发以上公凭的目的有四：

其一是防止出海商人冒充国家使节身份，因此一般会在公凭中特别注明船主身份(参见上文内容)。在10世纪，国际交往上的身份欺骗是常有的事(如来宋日僧成寻等)，中国商人出国也有类似的情况发生，例如《小右记》宽仁四年九月十四日条的以下记载：

左大臣(藤原显光)参入，示被[彼]是云：可定申大宋国商客来着事者……定申大宰言上解文并大宋国商(客ナ)解文等事(纲首文)。定申云：年纪不几参来，须从回却，而申戚(感ナ)当今之德化参来之由，宜被安置也。件定依内(々ナ)气色皆所[囊ナ]定申也。但公冯(凭?)年年验书，不进正文进案文，府司之愚顽也。又商(客ナ)解文初注大宋国，年号上注唐天祷[禧力]四年，前后相违，又不啚[图]进人形、衣[装力]。件等

① 〔日〕黑板胜美编辑：《朝野群载》，编入日本《新订增补国史大系》第29卷(上)，东京：吉川弘文馆平成十一年(1999)新装版，第452～455页。标点符号由作者重新校正，文字判读可能有许多错误，无法见到抄本原件，不利于理解，部分有把握的，根据自己的理解直接订正，不注释。本引文中文字之间空一格是依从原文，若空格两字均表示：原文在此处另起一行。

② (清)徐松辑：《宋会要辑稿》第八十六册《职官》四四，北京：中华书局1957年照相影印版，第3367页下。

事等可被载荇，只以定申调(词ナ)付藏人左少弁章信被奏。①

此记载显示，日本朝廷严格审查宋商的文书，严防假冒。宋商在违反日本年纪制度的时候，有时会冒充朝贡使节，有时则称为感化而来日本，这样做也是看准了日本一部分人自大的虚荣心。为了防止商人冒充使节朝贡蛮夷之国而损害国家尊严，北宋政府是严格管理的，故在公凭中特别注明“勘会商贩人，前去诸国，并不得妄称作奉使名目，及作表章，妄有称呼”(参见前引公凭正文)。

其二是垄断海外贸易，防止偷税漏税的“走私”行为。官府对于中外商人进口货物，除了抽分(或称“抽解”)之外，还有“博买”或“和买”，政府“博买”或“和买”的价格很低，甚至不想出钱，中外商人自然想办法逃避盘剥。

其三是防止商人搭载逃犯、逃兵以及拐卖妇女、人口。为此，保甲制度也延伸到船上，全体船员被分成若干甲。有时渡海商人还需要请本地有势力的人(即“物力户”)担保才能获得公凭(参见前引公凭)，1105年到日本贸易的商人李充，有郑裕、郑敦仁、陈佑为他担保。如果朝廷和地方官怀疑有商人搭载嫌疑犯到某国，会通过商人向有关国家发送牒文，请求对方协同查寻、遣返。例如明州曾通过商人向日本送达的以下牒文，要求遣返宋商刘琨父子：

大宋国明州牒日本国

当州勘会，先差商客孙忠等，乘载日本国通事僧仲回，及朝廷回赐副物色前去，至今经隔岁月，未见回还，访闻得在被[彼?]，载有本朝商人刘琨父子，□□□②说事端勘[欺?]，或本国致迁延久不为发遣，须至公文。

牒具如前事。须牒

日本国，候牒到请状，捉逐人国[囚?]，商客舟船传送赴州，以凭依法断，遣状其孙忠等亦请疾发遣回归本州，不请留滞，谨牒。

元丰肆年陆月初贰日牒

权观察推官权节□推莱畜

奉议郎签书节度判官厅公事花返

朝奉郎通判军州事胡山

---

① 〔日〕藤原实资:《小右记》(五)，编入《大日本古记录》，东京大学史料编纂所编纂，东京:岩波书店昭和三十六年(1961)版，第233～234页。文中(　)内的假名“ナ”、“カ”相当于“?”号，表示校注者怀疑有误，并在(　)内订正。

② 此处缺失多字。

朝议大夫知军州事王正
付牒商人王端也
又存问日记人徒交名府解孙忠、刘琨，又吴济参来存问日记府解①。

以上可见，宋朝法律对海商出海返回有一定的期限。

其四是防止进出口违禁物品，如兵器、粮食等运往敌国，明确商船去向。宋朝严格管理海外贸易的进行，既为切断契丹（辽国）的贸易路线，也为支持宋朝北方的军事战争和经济封锁，为朝贡贸易的外交手段提供物质保障。宋仁宗庆历（1041—1048）、嘉祐（1056—1063）年间，为了防止商人绕道高丽、日本前往辽国走私贸易，宋朝廷先后颁布了《庆历编敕》和《嘉祐编敕》等有关市舶的法律，明文规定商人不得往高丽、新罗及登、莱州界。据有关资料记载，宋哲宗时，因宋廷封锁与辽国的贸易，一些商人不惜转道高丽前去辽国贸易。苏轼在其《乞禁商旅过外国状》的奏折中向朝廷反映过这种情况：

至今年七月十七日，杭州市舶司准密州关报。据临海军状申，准高丽国礼宾院牒，据泉州纲首徐成状称，有商客王应升等，冒请往高丽国公凭，却发舡入大辽国买卖，寻捉到王应升等二十人及舡中行货，并是大辽国南挺银丝钱物，并有过海祈平安将入大辽国愿子二道。本司看详，显见闽、浙商贾因往高丽，遂通契丹，岁就迹熟，必为莫大之患。为欲具事由闻奏，乞禁止。②

金取代辽之后，宋、金间的走私贸易更为发达，损害了朝廷榷场贸易和口岸贸易的专利。据《建炎以来系年要录》“绍兴三十年九月条”所载，绍兴年间，“茶于蒋州私渡，货与北客者既多，而榷场通货之茶少亦；牛于郑庄私渡，每岁春秋三纲，至七八万头”。“因茶、牛及钱宝三者，国家利源所在”③，宋朝廷严禁走私茶、牛和铜钱等进入金国。

从《高丽史》的记载看，北宋商人、水手几乎每年都有人去高丽，最多时一年达数百人。高丽人来宋，有时一次就有数百④。据陈高华统计，从高丽显

① 〔日〕笹川种郎编《帅记》，编入日本《史料大成》（第5），东京：内外书籍昭和十一年版，第134页。

② （宋）苏轼：《乞禁商旅过外国状》，载《唐宋八大家散文总集》卷八《苏轼集》（三），石家庄：河北人民出版社1995年版，第6020页。

③ （宋）李心传撰：《建炎以来系年要录》一百八十六卷，北京：中华书局1956年版，第3117页。

④ 根据苏轼《乞禁商旅过外国状》，“今月初十日，据转运司牒，准明州申报，高丽人使李资义等二百六十九人，相次到州”。足以互证宋海外贸易的繁荣。

宗六年(1015)到高丽宣宗七年(1090),仅泉州商人赴高丽的记载就有十九起①。为此,口岸进出船只的管理非常重要,宋朝文献中有大量海关官员监督商人进出口岸的记载,《东西洋考》卷七《饷税考》云:“宋时发舶,海上郡国有司临水送之。”②

虽然沿海口岸众多,宋朝的公凭是由朝廷统一颁发的,朝廷不知道各市舶司出海商人的具体情况,通常的办法是给空白公凭,由各路衙门自己填写。例如:

> (宣和)七年(1125)三月十八日诏:给降空名度牒广南、福建路各五百道,两浙路三百道,付逐路市舶司充折博本钱,仍每月具博买并抽解到数目,申尚书省。③

可见,商人们为了获得这些公凭是要出钱购买的。北宋朝廷鼓励“招致”外商来华贸易的目的当然主要在于开源敛财,支撑财政。

从以上公凭及宋朝的有关法律规定可知,宋朝廷对本国商人向北方赴高丽一线的贸易管制严格,这种严禁自然促使更多的商人进入日本市场,因为未见明令禁止宋商去日本。据苏轼《乞禁商旅过外国状》,“至元丰八年九月十七日敕,惟禁往大辽及登、莱州,其余皆不禁,又许诸蕃愿附船入贡,或商贩者听。《元祐编敕》亦只禁往新罗。所以奸民猾商,争请公凭,往来如织,公然乘载外国人使,附搭入贡,骚扰所在”④。

平安朝廷对赴日宋商进出口岸的监管机制

宋朝廷和地方官员若想严密、有效地管理口岸贸易,必须得到对方国家的配合,即对象国在检查宋商的公凭之后,出具相关证明到达本国的文件,交宋商带回宋朝各港口市舶司查证、备案。

查看以上日本保存的公凭,从其第二个“勘会”的内容可知,宋朝官府无疑是要求对象国(该崇宁四年的公凭中则明指日本)配合宋朝的海外贸易管

---

① 陈高华:《陈高华文集》,上海:上海辞书出版社2005年版,第353页。

② (明)张燮:《东西洋考》,谢方点校,北京:中华书局2000年版,收入《中外交通史籍丛刊》第5卷,第131页。

③ (清)徐松辑,陈智超整理:《宋会要辑稿补编》,北京:全国图书馆文献缩微复制中心1987年版,第643页上。

④ (宋)苏轼:《乞禁商旅过外国状》,载《唐宋八大家散文总集》卷八《苏轼集》(三),石家庄:河北人民出版社1995年版,第6021页。

理制度，即“所旨之国，给与引牒，付次捺印”①，如果对象国是与宋朝有朝贡册封关系的话，这种协同管理则更为有效。何以肯定宋朝希望日本协助中国的贸易管理？因为崇宁四年(1105)的公凭中，在开头部分已经注明李充“欲往日本国”②。

此时日本方面，因其“国风文化”培养起来的自大意识，以及对东亚大陆战乱的警惕等原因，奉行“闭关锁国”的原则，将前来日本贸易的中国商人限制在大宰府管下的博多等口岸，严格监督中国商人进出口岸城市，严禁中国商人深入日本腹地。

但日本社会、文化的发展离不开宋日贸易，少不了中日文化交流，日僧到宋朝求法巡礼离不开在宋日之间航行的宋朝商船。日本政府对于这一沟通途径的管理是非常严格而谨慎的，有关规定的条文散见于《延喜式》中神祇、中宫职、式部省、治部省、主税寮、兵部省、大藏省、大炊寮、扫部寮、左马寮等诸条，以及《类聚三代格》《令义解》等律令格式之中。具体内容主要包括以下四个方面：

首先是维护朝廷专卖权和监管宋商的相关机构的设置。这一机构即九州岛大宰府(或作太宰府)，它的设置很大程度上是模仿唐朝的市舶司制度，目的也是防止走私。这就是日本学界所谓的“大宰府贸易”③。

日本在九州设置大宰府虽然类似唐朝在广州设市舶司，但大宰府的权限高于市舶司。“以地近异域、俗接远戎故”④，日本朝廷对大宰府的首脑权帅、大贰等长官的选任非常重视，对他们擅权、违规的处分也很严格，以此强调皇家外交批准权的唯一性和权威性。

在整个日本平安时代的地方官中，大宰府的地位无疑也是高于其他地方的。从政治角度来看，大宰府是日本的一个军事防御机关，有监视并防御中国大陆和朝鲜半岛的武装力量威胁日本的重任，同时它还是专门的外交机构，大宰府的首脑权帅兼任外交部长的部分职责。日僧出港来宋若得到权帅的批准，其出国便可以认为是日本政府派遣的。

---

① 〔日〕黑板胜美编辑：《朝野群载》，编入日本《新订增补国史大系》第29卷(上)，东京：吉川弘文馆平成十一年(1999)新装版，第454页。

② 〔日〕黑板胜美编辑：《朝野群载》，编入日本《新订增补国史大系》第29卷(上)，东京：吉川弘文馆平成十一年(1999)新装版，第452页。

③ 参见〔日〕森克己的《新订日宋贸易研究》(国书刊行会1975年版)等著作。

④ 〔日〕黑板胜美编辑：《朝野群载》，编入日本《新订增补国史大系》第29卷(上)，东京：吉川弘文馆平成十一年(1999)新装版，第204页。

大宰府辖下有警固所,通称“异国警固所”①,负责沿海警卫,这是双向的监视,既监视日本人的外出,也监视外国人的进入。一旦发现宋商船靠岸,大宰府警固所的相关官员要登船检查,询问宋商并做记录,此记录文字为“存问记”。存问记和警固所的解文一起送达朝廷,其格式和内容参见下文的例文(本书第74~76页),这是本书前文“公凭”中提及的宋商李充一行的存问记和解文。

从经济角度来看,大宰府无疑相当于现代政府机构中的国际贸易部,大宰府的首席官员权帅实际上是一个肥缺。大宰府的设置就是为了保护天皇朝廷的专卖权,中央则设置有专为皇家采购的藏人所。据《三代实录》仁和元年十月二十日辛未条载,“先是,大唐商贾人着大宰府。是日,下知府司:禁王臣家使及管内吏民私以贵值竞买他物”②,也就是禁止王公贵族抢购唐物、禁止哄抬物价。违令私自与宋商贸易者重惩,为此《养老关市令》八官司条有如下规定:

> 凡官司未交易之前,不得私共诸蕃交易。为人纠获者,二分其物,一分赏纠人,一分没官。若官司于其所部捉获者,皆没官。③

为了保护朝廷的专卖权,朝廷在收到大宰府上达的“解文”,得知宋商抵达口岸的消息后,立即派遣使节(或称“唐物使”④)到大宰府。对此村上天皇(946—967年在位)时期颁布的《新仪式》(第五)“大唐商客事”条有相关记载:

> 大宰府言上商客着岸之由,为令检颁[领?]货(物)并行和布[市?]事。差藏人一人、出纳一人下遣(或不遣使,付府官;或被遣藏人所杂色等),使等检颁[领?]唐物参上。厥后更遣出纳一人,令辨赐直,令太政官奏。⑤

---

① 〔日〕黑板胜美编辑:《朝野群载》,编入日本《新订增补国史大系》第29卷(上),东京:吉川弘文馆平成十一年(1999)新装版,第450页。

② 〔日〕黑板胜美编辑:《三代实录》,编入日本《新订增补国史大系》,东京:吉川弘文馆昭和十九年(1944)版,第597页。

③ 转引〔日〕田岛公著《大宰府鸿胪馆的终结——八至十一世纪对外交易体系的解明》,载《日本史研究》第389号,第13页。

④ 据圆融天皇至后一条、后朱雀天皇时期编纂的《侍中群要》载:“唐物使,右辨以下,近代藏人已下所小舍人。御牒・官符。”

⑤ 〔日〕村上天皇编纂:《新仪式》(第五),本书转引〔日〕田岛公著《大宰府鸿胪馆的终结——八至十一世纪对外交易体系的解明》,载《日本史研究》第389号,第22页。

其次，是宋商安置场所的设置，以及安置期限的确定。这一安置机构通称“鸿胪馆”，在大宰府和平安京均有设置，但平安京的鸿胪馆仅接待使节。大约11世纪中期以后，大宰府的鸿胪馆被烧毁，宋商被安置在博多的“宿房”①、番客所等处。在唐朝末年，即日本平安初期，日本政府在大宰府储存有大量的稻米作为外交招待的补贴。到北宋时期，一开始也是按照旧例行事，宋朝商人一来就把他们安置在九州岛的鸿胪馆，供给粮食。但是，由于当时赴日的宋朝商人众多，此举加重了日本朝廷财政上的困难，无法继续供给宋朝商人，以显示大国风度。每当宋商来日本时，不得不通过宫廷会议反复讨论是否对宋人“予以安置”，这样的事在平安朝廷公卿们的日记中屡见记载，例如藤原实资的《小右记》在宽弘二年(1005)八月二十一日就有，左大臣、右大臣、左兵卫督等公卿为安置宋商问题而“阵定”的记载：

定可安置宋人之否由。左大臣、右大臣、左兵卫督(怀平)申云：宋人定年纪可来由给官符[府]了，而不待彼期早来，若可被追却者。早任彼官苻[符]可被追却欤？宋人若有申彼[待?]便风可罢归之由，随又可有载[裁]许者。有追却名，自迴一两年(季?)，不异安置。若然者，偏可被安置欤？件事左符[府]定申旨也，右大臣初定申旨相异。书定文之间，追问左苻[府]定可奇也。下官以下只年纪被定下了，而隔一年归朝，不可然，早可追却之由定申了。(中略)令见左府(道长)气色，似可被安置。诸卿只申道理，唐物内里烧亡间，悉以失了，殊撰可然之物，被交易有何事乎？右大臣(显光)以下两三卿相密语也。戌终诸卿退出。②

这次提前来日本贸易的宋商即曾令文(藤原行成的《权记》中写作“久”)，公卿大臣们对他贪图利益，不按期来日本贸易“是否应按官符逐回”的讨论，意见一时难以统一，并出现了左、右大臣之间的争论，并有人中途退出会议。

类似以上那样的讨论日本朝廷反复进行过多次。最后，平安朝廷终于放弃所谓的“存抚外交”，限制日本与大陆的外交往来(主要是朝鲜半岛的渤海国)，减少内外贸易交通(限制来自中国的商人)。由于财政等原因，日本终于由平安时代初期排场的炫耀外交转入节约的遮掩外交，无论是派遣使节，还是接待外国使节，都是一项花费巨大的事业。

另一方面，朝廷的补贴没有了，大宰府的经济负担就加重了，大宰府的权

① 平安公卿日记中有许多关于“宿房”的记载。

② 〔日〕藤原实资：《小右记》(略本、二)，编入《大日本古记录》，东京大学史料编纂所编纂，东京：岩波书店昭和三十六年(1961)版，第129页。

帅、大贰等有时不仅拒绝接纳宋商,且不为宋商提供安全保护,致使宋商居住的宿房被烧,有时甚至直接侵犯宋商,勒索宋朝商人的财物。

第三是“年纪制度”[①]的制定。该制度确立于延喜(901—922)年间,严格规定宋商到日本贸易间隔的年限,一般至少间隔两年,即每三年进入日本进行一次贸易。宋商提前入境则取消贸易资格,驱逐回国,此类事件有时甚至提交朝廷会商,公卿们经过御前会议(亦即“阵定”)讨论决定是驱逐还是安置。搜检日本的文献史料,有关记载很多。

例如宽弘二年(1005)八月廿一日,阵定议论宋商曾令文违反规则来航日本之罪。从前文的引文记载可见,年纪制度的执行也有变通的时候,或因中国商人的哀求(例如等候季风之类),或因日本公卿各有不同的需求,具体分析参见后文。1005 年的这次阵定,由于左大臣藤原道长的独断,以宫廷唐物因火灾损失,需要补充的理由,宽容了宋商的这次违规,允许提前贸易,并且安置了提前来到日本的宋商。《小右记》对此举亦有特别记载:“二十四日,庚子,左头中将赖定来谈云:宋人应予以安置。”[②]

“年纪制度”能够长时间施行,说明日本大宰府和朝廷建立有赴日宋朝商人的档案,根据《小右记》的记载,日本朝廷一般都会命令画师描绘宋商形体、衣裳等的图像信息备案[③]。中日双方已经形成一套熟知的通行惯例,而且通行多年。

最后一项重要制度便是,对宋商身份的确认和行动的限制。宋商所携带的宋朝廷或市舶司颁发的公凭中已经注明了商人的身份,往往却被日本平安朝廷看作是进贡者(亦即“视同”朝贡使者),这种认知是基于平安贵族心理上的自尊,而不是制度上的认定,故日本公卿一般口称宋商为“蕃人”“蕃客”[④],文献上一般称呼为“异客”“宋客商”“大宋客商”[⑤],不称使节。《令聚解》治部省玄蕃寮的职掌注释中有明载:“除朝聘外,在京唐国人等皆入夷狄之例。”[⑥]

宋商在日本的活动范围受到严格的控制,特别是平安中期以前禁止宋商深入内地。日本平安朝廷禁止宋人深入日本内地的原因之一是,日本人过分

---

① 也有写作“年记”,待考证。

② 〔日〕藤原实资:《小右记》(二),载东京大学史料编纂所编纂《大日本古记录》,东京:岩波书店昭和三十六年(1961)版,第 129 页。

③ 参见〔日〕对外关系史综合年表编集委员会编《对外关系史综合年表》,东京:吉川弘文馆 1999 年版,第 123 页。

④ 〔日〕森克己:《新订日宋贸易研究》,东京:国书刊行会昭和五十年(1975)版,第 24 页。

⑤ 〔日〕森克己:《新订日宋贸易研究》,东京:国书刊行会昭和五十年(1975)版,第 27 页。

⑥ 〔日〕森克己:《新订日宋贸易研究》,东京:国书刊行会昭和五十年(1975)版,第 24 页。

的危机意识、猜忌心理，担心宋商探得日本国内的虚实，回报宋朝，以致危害日本国家安全。日本人如此多心多疑之举，《小右记》长德三年(997)六月十三日条的以下记载可佐证：

> 上达部云云：大宋国人近在越前，又在镇西，早可归遣欤？就中在越州之唐人，见闻当州衰亡欤，寄来近都国，非无谋略，可恐之事也。①

原来是担心住在越前国的唐人有觊觎日本的阴谋，担心日本的衰落让中国轻视，以致图谋不轨，因为当年高丽国有三通牒状送达日本，国书内容"有令耻日本国之文，须给官符大宰，其官符文注高丽为日本所称之由，又可氵[注?]事者，高丽国背礼仪事也(中略)。但见件牒，不似高丽国牒，是若大宋国谋略欤。"以上记载也见于《小右记》(二)长德三年六月十三日条。因为日本朝廷曾讨论牒文的格式和内容，有意见认为这是宋朝的谋略，并下令让居住在镇西及越前国的宋人尽快归国②，并令镇西九国加强戒备。

宋日两国对宋商进出口岸的协同管理

在10世纪，中日之间由于不存在朝贡贸易，更无正式的国交，国际交往上的身份欺骗是常有的事(如下文将要提到的成寻)，中国商人出国也有类似的情况发生，为了防止发生此类事件而损害国家尊严，政府是严格管理的。

宋朝由于受到北方契丹的军事威胁，对于边境的管理非常严格，特别是宋初，商人即使是在内地旅行，也必须由政府发给公凭(公据，又称公验)，这是一种身份证明书。宋朝对于各州签发公凭的权限有明确规定，根据宋神宗元丰三年和元丰八年(1085)八月中书札子节文的有关规定，明州为去日本、高丽的发船港，广州为去南海诸国的发船港。"诸非广州市舶司，辄发过南蕃纲舶船，非明州市舶司，而发过日本、高丽者，以违制论"③。

东南沿海地区，政府对进出广州(971年设)、杭州(989年前设)、明州(999年设)、泉州(1987年设)、密州(1088年设)、秀州华亭县(1113年设)等口岸的商人颁发这种公凭也是情理之中的事，在无法禁绝中外通商的情况下，批准、签发公凭是一种疏导方式。宋朝廷为了对契丹进行经济封锁，同时

---

① 〔日〕藤原实资：《小右记》(二)，载《大日本古记录》，东京大学史料编纂所编纂，东京：岩波书店昭和三十六年(1961)版，第36页。

② 〔日〕对外关系史综合年表编集委员会编《对外关系史综合年表》，东京：吉川弘文馆1999年版，第116～117页。

③ 参见(宋)苏轼：《乞禁商旅过外国状》，载《唐宋八大家散文总集》卷八《苏轼集》(三)，石家庄：河北人民出版社1995年版，第6022页。

禁止商舶去高丽,泄露宋朝内部情报,故对于本国商人海外贸易、进出港口和运载货物等的管理非常严格,商人出港前必须声明目的地所在国,由政府批准,当地市舶司发给“公凭”,回国后返回对方国家出具的证明已经到达的凭据。

崇宁四年(1105),宋商李充之所以再次去日本,是因为李充1102年曾到日本贸易,1104年归国,并上交了日本朝廷出具的证明文件。上次归国若未带有相关证明,1105年这次宋朝官员是不会再次发给他公凭的。《宋会要》载,神宗熙宁七年正月一日诏云:“诸泉福缘海州,有南蕃海南物货船到,并取公据验认。”①

同宋朝一样,平安朝廷极力维护专卖之利益,掌控专卖权,因为庄园经济的发展已经威胁到国家财政,故日本朝廷对进出口岸的宋商的管理非常严格,在大宰府下设有专门的“警固所”,负责沿海巡逻,既承担警备海盗骚扰,防止宋商偷渡登陆等职责,也监视并防止日本庄园主走私贸易,防止日本人偷渡出国。有宋商船靠岸,警固所官员必登船检查,然后向大宰府报告,大宰府立即派使者携带通事(翻译人员)询查宋商,并做详细笔录,然后府使整理文书上报,再由大宰府上报朝廷,文书除了前文列举的“公凭”外,还有下文列举的“申请文书”和“存问记”。朝廷接到文书之后召集有关大臣开会讨论处理原则,再特派专卖使节通知大宰府。

日本长治二年(1105)八月二十日,宋商李充一行所乘商船进入筑前博多津志贺岛外海,随即在警固所的监视下入港停泊,等候大宰府派遣官员前来登记、调查,再向朝廷报告。《朝野群载》“大宋国商客事”条中也同样保存了李充这次来日的有关文件。此次向大宰府、朝廷提交的“申请文书”内容如下:

> 警固所解　申请申文事
>
> 言上新来唐船一只子细状
>
> 右,件唐船,今日酉时,筑前国那珂郡博多津志驾岛前海到来者,任先例,子细言上如件,以解。
>
> 长治二年八月廿日　　　镒取田口吉任
>
> 本司兼监代百济惟助②

---

① (清)徐松辑,陈智超整理:《宋会要辑稿补编》,北京:全国图书馆文献缩微复制中心1987年版,第640页上。

② 〔日〕黑板胜美编辑:《朝野群载》,收入日本《新订增补国史大系》第29卷(上),东京:吉川弘文馆平成十一年(1999)新装版,第450~451页。

随"解文"一同上交的还有"存问记"，即大宰府官员询问宋商的谈话笔录，此次的"存问记"内容如下：

同存问记

长治二年八月廿二日　存"问大宋国客"记

问客云，警固所去廿日解状称，今日酉时，大宋国船一艘，到来筑前国那珂郡博多津志驾岛前海，仍言上如件者，依例为令存问，所遣府使也。纲首姓名，参来由绪，慥以注申。

客申云，先来大宋国泉州人李充也。充去康和四年为庄严之人徒参来贵朝，庄严去年蒙回却官符，充相共归乡先了。彼时李充随身货物等少少，当朝人人虽借，请负名等。遁隐不辨[辦]①返，仍诉申此由于公家，为征取，构别船，语人徒，所参来也。止申。

复问云，李充先度参来之日，有不辨[辦]返借物之辈者，须言上此由也。而彼时不言上，今为取返借物，构参来由之条，难取信。来享之礼，前迹已明。早随身货物、本乡之公凭、人徒交名、乘船胜载，依例注申。

客申云，本乡公凭、人徒交名，进上之，乘船胜载百余石也。当朝人借物之条，全非虚妄，负名注文进之，被召问真伪，可显露商客野心。不得返亡欠物者为大愁，仍为奏达公家，所参来也。如勘问，先度归乡之日可言上也。然而纲首庄严蒙官使之谴责，俄飞帆之间。不能言上，依愁绪不尽。今度为官奏所参来也，早言上可被随裁下也。止申。

复问云，于所进负名注文者，所备府览也，但今度随身货物，可注申色目。

李充申云，色目载在所进之本乡公凭，别不可注申。随身货物者最少也，交易粮粁欲皈乡，粗恶之物，何备进官。但先被言上可被随裁下也者。

宋人　李充在判

府使　府宰直为末

通事巨势友高

文殿宗形成弘

厅头大中臣朝臣佐良

贯首高桥致定

① 辨恐为"辦"之误。李允此来，因上次来日本，有许多人借取却不"办理""办置""置办"返回的货物，故再来日本讨要。故"辨"字难以理解。

府老纪朝臣知实①

根据"公凭"和以上相关贸易文书可见,日本朝廷要求大宰府呈交有关宋商的详细资料,包括宋商登陆地点的解状(大宰府解状、肥前国解状)、存问日记、宋国奉国军(明州)市舶司公凭案、乘员交名、新入宋人形体衣裳色绘图、货物解文、和市物解文,等等②,几乎囊括了现代贸易海关通关所必需的所有文件。在没有照相机的古代,日本官府要求画师描绘中国商人的图像,以存档备考,这种做法一直延续到江户时代,用于赴日本的清朝商人。以下《贵领问答》的记载是日本朝廷给宋商陈和卿画像的最好证据。

东大寺大佛其功已成,铸师唐人今朝可归本国云云,诚是权化之所为,神明之结构也。彼唐人虽欲召览,异朝殊俗辄不可入禁里,兼又回却,可谓遗恨,可令计申给者,依天气执达如件。

唐人事,宽平法皇御宇,召览画工,后日令悔给,被诫新主,本朝人犹如此,况于异朝人者? 远方殊俗人来入朝者,所在官司各造图,画其容状衣服,具序名号处所并风俗,随讫奏闻,公式令文如此者,画其容貌,可备睿览欤,以此旨可令奏闻之状如件。③

朝廷得到以上公凭、询问记录、图像等文书之后,会召开会议讨论处理方法,有时还要召开专门的宫廷会议(当时称"阵定")。藤原道长的《御堂关白记》宽弘六年九月八日条的日记载,"又紏定可言上由定申,宋人仁旺等来着事,定申可返遣由"④,足见对宋商的接纳与否,也成为日本宫廷会议的内容。

《朝野群载》保存有延久二年(1070)十二月、应德二年十月廿九日的两件阵定书。具体讨论情形和内容,下面可以参考1118年的一次日本宫廷会议,这次讨论的内容是,在宋商所携公凭丢失的情况下,日本朝廷是否可以出具返牒? 与会的一位大臣在他的日记《中右记》中有以下记载可资证明:

---

① 〔日〕黑板胜美编辑:《朝野群载》,收入日本《新订增补国史大系》第29卷(上),东京:吉川弘文馆平成十一年(1999)新装版,第451~452页。原文断句有误,本人根据自己的理解重新标点。

② 〔日〕对外关系史综合年表编集委员会编《对外关系史综合年表》,东京:吉川弘文馆1999年版,第123页。

③ 转引自〔日〕森克己:《新订日宋贸易研究》,东京:国书刊行会昭和五十年(1975)版,第101页。

④ 〔日〕藤原道长:《御堂关白记》(中),载《大日本古记录》,东京大学史料编纂所、财团法人阳明文库编纂,东京:岩波书店昭和二十七年(1952)版,第18页。

> 承久六年(元永元年,1118),二月晦日,大宋国客商陈次明申给本朝返牒,可归唐事。人人一同被申云:本自无牒,日本国书付客商申请遣返牒事,忽不可有也。先年下知,件日被回却处,今年又来著,何又可申请哉,如初可被回却者。[1]

以上可见日本朝廷不随便出具返牒给宋商,宋朝日本在这一问题上的处理是相当默契的。两国贸易往来就在这冷淡的政治下、严格的管理中火热地进行着,一些宋朝商人如朱仁聪、周文德、陈咏、孙忠等都曾多次往返中日之间,有的多达五六次以上。据《百炼抄》记载,1058 年闰十二月,大隅国人将漂流到此的宋人守道利杀害,依律定其罪名。此足见日本朝廷对宋朝商人还是提供了一定的保护。否则宋朝商人不敢到日本贸易,这是日本朝廷不希望看到的事情。

宋商应对日本大宰府和朝廷监管的策略

由于日本朝廷在对华外交上的消极态度,严格限制日本人出国,被动地接受中日民间贸易,加上严格的"年纪制度",必然导致宋日贸易的低迷。还有朝廷的专卖制致使大宰府长官以下各级官员、各地的国司等恣意横暴,侵占宋商的货物,而不向朝廷报告登陆等情况。例如《扶桑略记》载,宽德元年(1044),宋商守隆的船只在但马国靠岸,但马守章任派人"存问"之后,不向中央政府报告,私吞宋商的货物[2]。这些都是积极推动海外贸易的宋朝廷和民间商人最感到困扰的事情。

在中日两国政府间的渠道不畅通,日本地方官员大宰府、国司等经常强买、侵占的情况下,无助的宋朝商人们首先想到的便是,努力开辟私交渠道,在日本寻求有力的保护人。他们或与日本朝廷公卿交结,或与九州地方的武士庄园主、寺社秘密联系,特别是和一些拥有"治外法权"的庄园、寺社领[3]建立关系。一旦有事,针对不同的问题,宋商们或以"解文"的形式向日本中央政府控告国司的侵权行为,或与大宰府、国司官员联合欺骗朝廷,请求放松"年纪"限制。

中日"走私"贸易也因此发展起来,它挑战天皇朝廷的专制外交和专卖制

---

① 〔日〕细川润次郎辑:《古事类苑・外交部》,东京:吉川弘文馆昭和五十三年(1978)版,第 890 页。

② 转引〔日〕森克己:《新订日宋贸易研究》,东京:国书刊行会昭和五十年(1975)版,第 157 页。

③ 此即日本历史所谓的"不输不入权庄园",即拥有不向朝廷输送捐税,有关机关无权进入检查的特权。

度，形成日本多头的外交，在朝廷公卿和地方庄园主的庇护下中日走私贸易甚至走向半公开化、半正式化。

宋商的贸易在日本朝廷严禁之中却得到了日本中央部分公卿和地方豪强势力的支持和保护，因为宋朝商人掌握有秘密武器，那就是日本贵族和庄园主们的"唐物崇拜"。在朝廷专卖制度之下，他们的消费需求很难满足，只能捡起皇家的剩余，然而自建立了自己的走私渠道之后就不同了。根据公卿日记的记载可知，宋朝商人周良史和藤原道长、赖通、惟宪，宋商曾令文和藤原道长，宋商周文裔和藤原实资等大臣都建立了私人联系。按照日本有关律令的规定，这些宋商是不能进入日本京城的，但从一些记载来看，他们自五代时期以来就和日本朝廷公卿贵族有着频繁的书信往来。例如日本一条天皇长元元年(宋仁宗天圣六年，1028)，宋商周文裔经过高田牧司妙忠之手向日本太政官及右大臣藤原实资进奉了如下书信：

> 大宋国台州商客周文裔诚惶诚恐顿首谨言：
>
> 言上案内事。
>
> 右文裔，以去万寿三年七月，辞圣朝，归本国，复以今秋九月参来，是即仰德化之无涯，翼忠节之有终也。抑从弱冠及今衰迈，伏闻殿下德声政誉，其来久矣，然而贵贱有殊、达名无路，虽存奉仕之愿，未显犬马之效，盖恐声威之贵，徒送多回之春秋也。已往之咎追悔何益？但于此度欲遂旧望，仍特为写寸诚，恭闻高听。伏垂恩造[遇?]，明鉴过众[愚衷?]，以所进之表章，乞达关白相府(赖通公季)，次[以?]奏天听。然后早申下敕使，检颁[领?]货物，是国家念久参之勤，异俗感老来之幸也。不宣。文裔诚惶诚恐顿首谨言。
>
> 万寿五年十二月十五日商客周文裔佳且[拜具?]。
>
> 进上右相府　殿下。①

万寿五年即1028年(宋仁宗天圣六年)，同年七月二十五日改元为长元，右相府即右大臣府第。书信同时还附有周文裔贡献财物的解文，内容如下：

> 进上：
>
> 翠纹花锦一疋、小纹绿殊锦一疋、大纹白绫三疋、麝香二脐、丁香五

① 〔日〕藤原实资：《小右记》(三)。编入《增补史料大成》，东京：临川书店昭和五十年(1975)再版，第198～199页。

十两、沉香百两、熏陆香二十两、何梨勒十两、石金青三十两、光明朱砂五两、色色钱纸二百幅、丝鞋三足。

右件土宜，诚虽陋鲜，为备微礼，所进上如件。

万寿五年十二月十五日宋人周文裔俦且[拜具?]。

进上右相府殿下。①

以上可见，宋朝商人和日本公卿的关系建立在贿赂之上，是一种权钱交易。宋朝商人利用这些关系和交易既可以打破律令的禁区，又可以寻求安全保护。宋朝商人们收买和贿赂日本朝野势力集团，它的作用在于建立畅通的走私贸易渠道，突破贸易管制，比如前文提及的"年纪制度"。据《朝野群载》卷五《阵定定文》等的记载，因宋朝商客王端、柳忩、丁载等提前来到日本，违反年纪制度，应德二年(1085)十月廿九日，春宫大夫藤原朝臣实季、民部卿源朝臣经信、右卫门督源朝臣师忠、左京大夫藤原朝臣公房，以及源朝臣俊实、通俊朝臣等"阵定"(会商)之后，申文如下：

异客来朝，本定年纪之后，虽不依其年限，或被安置，或被放皈[归]。而近代府司，乍瞻回却官符，殊优异客，任情量其意趣，似令出不被行者欤？如风闻者，如此客商，上古待二八月之顺风，所往反也，至于近代，不拘时节，往反不利。②

阵定显示，当时日本朝臣对于宋商的违规虽然颇不满，处分起来也很为难，给予同情又怕纵容宋商破坏年纪制度；严格执行驱赶回国，又怕伤害了宋商贸易的热情。许多情况下，往往以"修补船筏、相待顺风"等理由，给宋商的违规以通融。这些通融的背后有什么交易，难以预料，因此，便有大臣批评说，宋朝商人不守年纪限制，乃日本有关机构放纵所致，即"商侣失礼仪，府司不加督察之故也"③。这里的"府司"当指大宰府的官员。

查看平安时代中后期的"公卿日记"等文献，其中有大量关于宋商未到期便提前来日本的记载，朝廷反复为此类事件开会讨论(及"阵定")。宋商何以有恃无恐，不遵守日本朝廷的规定？这在于他们与某些大臣有默契，"暗度陈

---

① 〔日〕藤原实资：《小右记》(三)。编入《增补史料大成》，东京：临川书店昭和五十年(1975)再版，第199～200页。

② 〔日〕黑板胜美编辑：《朝野群载》，收入日本《新订增补国史大系》第29卷(上)，东京：吉川弘文馆平成十一年(1999)新装版，第131页。

③ 〔日〕黑板胜美编辑：《朝野群载》，东京：吉川弘文馆平成十一年(1999)新装版，第131～132页。

仓”了,宋商贿赂朝臣的方式很多,有趣的是赠送各种珍奇的现象很多,例如903年唐人景球等来日本,献羊一头,白鹅五只。919年五代商人鲍置向日本贵族贡献孔雀。

其次,是变换商人的身份,以宋朝使节的身份诱惑日本朝廷和大宰府接纳。宋朝商人不仅机敏而且敢于冒险,他们甚至冒充日本使节向宋朝廷朝贡,以骗取赏赐和贸易特权。比如出身于河南省汝南郡的周良史,日本万寿三年(1026)竟然敢冒称“日本国大宰府进贡使”,通过明州市舶司向宋仁宗朝贡。据载:

> (仁宗天圣)四年十月,明州言市舶司牒。日本国大宰府进奉使周良史状:奉本府都督之命,将土产物色进奉。本州看详,即无本处章表,未敢发遣上京,欲令明州只作本州意度,谕周良史:缘无本国表章,难以申奏朝廷,所进奉物色如肯留下,即约度价例回答,如不肯留下,即却给付晓示令回。从之。①

宋朝廷因周良史没有日本朝廷的表章而没有接受,明州、朝廷皆不许其进京。周良史敢于冒充,也因其特殊的出身和经历,他曾经向关白藤原赖通要求爵位。长元七年(宋仁宗景祐元年,1034),周良史到日本贸易,成功利用其混血儿的出身,甚至打破了日本的禁例,上京并觐见了东宫太子敦良亲王(后朱雀天皇)②。

第三,便是利用混血儿的身份来突破年纪制度。前例中的周良史就是。故宋商(例如博多商人谢国明)向大宰府等地的寺社寄进财物,成为“寄人”“神人”的实例不少。

随着走私贸易的发展,宋朝商人和日本地方拥有“不输不入”特权的庄园主的关系越来越密切,律令体制从弛缓走向崩溃,庄园的成熟,官吏纲纪的紊乱,最后致使日本的“贸易管理懈怠,宋商来航限制有名无实化”③,宋商登陆的口岸悄悄增加。

宋商与地方豪族关系的建立也是因为日本律令政府没有唐物的购买力,却利用各种方式勒索,使商人们难以赢利。宋朝商人的贸易活动激化了日本

---

① (清)徐松辑:《宋会要辑稿》第八十六册《职官》四四,北京:中华书局1957年照相影印版,第3365页下。

② 见于《长元七年正月十日东宫御手迹》,转引〔日〕森克己:《续日宋贸易研究》,东京:国书刊行会1975年版,第258页。

③ 〔日〕儿玉幸多:《镰仓时代》,编入《图说日本文化史大系》第6卷,东京:小学馆1966年版,第23页。

各利益集团之间的矛盾，影响了日本的政治。1133 年，宋朝商船来日本贸易，备前守平忠盛竟然以院宣的名义，没收了全部货物①，这是向朝廷垄断贸易的公开挑战，也促使宋朝商人不得不贿赂平氏一门。

宋朝商人向所达国家权贵贡献一事，宋人朱彧在其所著《萍洲可谈》卷二中亦论及，“外国虽无商税，而诛求，谓之献送，不论货物多寡，一例责之，故不利小舶也”②。可见这种“献送”是普遍现象，无论是到日本还是到东南亚，而且献送的数量不小。日本学者认为，这些献纳品具有关税化的性质③，也有其道理。

第三节　宋商旅日侨民集团的形成

宋商走私贸易活动范围的扩大

日本武士、庄园主们如此交通中国商人，下层老百姓则更无顾忌了。随着航海经验的积累，对日本沿海交通路线的熟悉，宋商的活动范围也越来越扩大。热衷海上贸易的南宋商船载着大量陶瓷器及其他货物和钱币，不仅频繁前往九州沿岸港口，甚至向南到达冲绳诸岛，北至北陆的若狭一带。一时，筑前高田牧、筥崎八幡宫领、宗像神社领、大山寺领、安乐寺领、越前敦贺津、肥前神崎庄等处④，都有宋朝商船上岸，以致平安朝廷公卿们担忧，“抑近代异客来著诸国，交开成市，填城溢廓云云”⑤。

有关研究发现，到 12 世纪后半期，琉球群岛（现冲绳）也传入了中国内地的青瓷和白瓷，以“城”为据点被称为按司的首长通过与九州南部的交流，逐渐活跃起来⑥。“从山阴和北陆到东北的日本海沿岸诸国，自古以来便通过海上交通紧密地连接在一起。特别是若狭和越前可谓北陆的窗口，经常有南

① 〔日〕历史学研究会编《日本史年表》，东京：岩波书店 1966 年版，第 78 页。

② （宋）朱彧：《萍洲可谈》，北京：中华书局 2007 年版，第 133 页。

③ 参见〔日〕森克己：《新订日宋贸易研究》，东京：国书刊行会昭和五十年（1975）版，第 432～457 页“第四章　献纳品的关税化”。

④ 〔日〕山内晋次：《奈良平安时期的日本与亚洲》，东京：吉川弘文馆 2003 年版，第 130～140 页。

⑤ 〔日〕黑板胜美编辑：《朝野群载》卷五《阵定定文》，收入日本《新订增补国史大系》第 29 卷（上），东京：吉川弘文馆平成十一年（1999）新装版，第 131 页。

⑥ 参见〔日〕冈野善彦著，刘军、饶雪梅译：《日本社会的历史》，北京：社会科学文献出版社 2011 年，第 162 页。

宋船只到来"①。日本的港口限制被打破了。

尽管宋商登陆口岸和贸易所及的范围越来越广,但宋商活动的重点还是在九州,因为这是日本朝廷允许的活动范围。除了九州北部隋唐以来传统的口岸外,九州南部的坊津和九州西北部的有明海等地也出现了大量宋船。另一个原因是九州地区相对贫瘠,故沿海的领主(特别是拥有特权的庄园主)对"唐物"特别渴望,因而积极与宋商开展"走私"贸易,他们利用其在地方上的影响力,控制着被称为"海夫"的渔民,例如肥前松浦地区被称为"松浦党"的领主。沿海的领主中也有人与宋人结成了姻戚关系。

宇佐八幡和筥崎八幡也与日宋贸易密切相关,宋人之中也有人成了筥崎八幡神人,即神职人员。

宋代,如前文所述,中国的造船业和商业很发达,许多中国商人从事海上贸易,并长期定居海外,至于临近的日本自然相对居之甚易。1050 年被允许"归化"于日本的张守隆,是最初见于记载定居日本的宋商,到 12 世纪后半期就很常见了,各地庄园内贸易港内都可以见到居留的宋商②。日本人一开始对于来日宋人的接待方面还说得过去,颇能吸引宋商前来。尤其是南宋明州(今宁波)一地的海商,他们就结伙成帮,与日本九州岛的权贵、大庄园主结成"寄人"关系,进行贸易。这种"寄进"也就是交保护费寻求保护,许多庄园主拥有"不输不入"的特权,此种特权类似治外法权,此类庄园可以不向朝廷缴纳捐税,朝廷官员无权进入庄园,也便于宋商隐藏。

宋商滞留日本的原因和规模

北宋乃至南宋时期,常有中国商人滞留日本不归,或者说不得不侨居日本,《百炼抄》一书中,1050 年"九月,听说宋人张守隆归化"的记载足以说明,宋商加入日本国籍的事颇为平常③。博多形成了宋人聚居的"唐房(坊)",亦即后世所谓的"大唐街(唐人街)"。此外,"肥前的今津、萨摩的坊津、有明海沿岸的肥前国神崎庄以及日本海的越前国敦贺等地的津泊也有宋人渡海而来、聚居当地"④。宋商甚至还可以在日本获得土地,《宗像神社文书》一"建

① 〔日〕冈野善彦:《日本社会的历史》,北京:社会科学文献出版社 2012 年修订版,第 163～164 页。

② 参见《百炼抄》,本文参考〔日〕森克己:《续日宋贸易研究》,东京:国书刊行会 1975 年版,第 260 页。

③ 转引〔日〕森克己著《新订日宋贸易研究》,东京:国书刊行会昭和五十年(1975)版,第 546 页。

④ 〔日〕冈野善彦著,刘军、饶雪梅译:《日本社会的历史》,北京:社会科学文献出版社 2012 年修订版,第 198 页。

长五年(1253)五月三日六波罗书下”中所记载的,宋商纲首谢国明的遗族(后家尼和儿子)与宗像神社大宫司宗像六郎氏业、三原左卫门尉种延三方围绕小吕岛所有权的争端是最好的证明①。

宋商侨居日本的原因主要有二:一因天灾,一因人祸。先说“天灾”的情况,五代、北宋时期中日商船往来的路线和唐末没有什么变化,大体是“自两浙出发,横断中国东海到达肥前值嘉岛(位于今日本九州岛),然后由此转航至筑前的博多”②。到了后期也有不少宋船从博多向东深入日本海,到达越前的敦贺。宋商去日本的时间大多是在夏季,从夏季到秋初这一段时间内可以利用西南季风(夏季风);返航时多为秋末或初冬时节,因为这时又可以充分利用东北季风(冬季风)。由于商船的动力依靠风力,往来不易,他们在等待信风之时,一旦因修理船只等原因错过信风,便不得不滞留,等来年的机会,此乃天灾。

至于“人祸”,主要有以下几种情况,比如货物被日本地方官无故征用(详细参见后文),乃至无钱回国交差;又当时日本朝廷和贵族因财政困难经常低价强买,或者购买之后要无赖拖欠不付钱,宋商于是不得不为讨债而滞留,为了追债他们一般要在日本停留半年乃至几年的时间,甚至永远追不到债款,饿死在日本,这样的情况,平安文献中有很多记载。

因此类天灾或人祸,宋商不得不在日本短期定居,于是就产生了许多风流浪漫的故事。

当时许多宋朝商人独在异乡为异客,虽然和故乡音信相通,宋朝商人从博多向故乡宁波寄信并不困难③,但长时间独自滞留异国他乡,总有耐不住寂寞的时候,于是找了日本妇女为临时的妻子,实际上就是现代版的“包二奶”,他们在中国一般都有家室。这些被“包”的日本妇女出身多为妓女,“老大嫁作商人妇”。这样一来在日本沿海许多港口形成了“二奶街”,在博多地区居留的宋人1151年前后就有1600余家。据《石清水文书》五“宫事、缘事抄筥崎造营事”所载,“仁平元年(1151)九月,大宰府目代宗赖、大监种平、季实等,率领五百余骑的军兵掠夺筥崎博多之时,运走宋人王升的后家④以下千六百余家的资财”⑤。这一事实也显示出,宋商及其他宋裔商人的富有、宋日贸易的繁荣。

---

① 参见〔日〕森克己:《新订日宋贸易研究》,东京:国书刊行会1975年版,第252～253页。

② 参考〔日〕木宫泰彦:《日华文化交流史》,东京:冨山房1987年版,第265页。

③ 当时的书信资料有流传下来。

④ 后家,即妻子。

⑤ 〔日〕森克己:《新订日宋贸易研究》,东京:国书刊行会1975年版,第238页。

不仅是在日本,北宋后期,高丽也有不少宋商居留,仅“王城有华人数百,多闽人因贾舶至者。密试其所能,诱以禄仕,或强留之终身。朝廷使至,有陈牒来诉者,则取以归”①。

宋代的中日混血儿

宋代是隋唐以来中日混血儿诞生的第二个高峰期,博多地区居留的那1600余个宋人家庭,显然都是混血儿家庭,或家庭中有混血儿。在宋元之际,曾有许多中国僧人流落日本,这些人大多是道行高深的僧人,一般是不会和日本妇女结婚的,中日混血儿的出生自然是商人们的功劳。

此一时期宋商与日本女性之间的混血儿虽然众多,留下姓名的却很少,出身于河南省汝南郡的周良史乃是幸运者之一。宋日混血儿周良史的父亲为宋人,母亲是日本人。1026年随父回宋的周良史来日本时,曾经利用其混血身份,贿赂关白藤原赖通,要求获得日本的爵位,1028年再次来日本。据有关资料,日本长元七年(宋仁宗景祐元年,1034)他来日本时甚至可能打破日本的禁例上京觐见了东宫太子。因为在现存日本的“大宋国汝南郡客商良史,字宪清,平宾客一见如旧识。良史体白颇似宪清,平宾客所称”这一手迹文书记载前端有“东宫御手迹,长元七年正月十日”的注记②。东宫敦良亲王,即后成为天皇的第69代后朱雀天皇。

宋代的中日混血儿以在日本出生为主,多以中国商人为父、日本女性为母,他们长大以后,大多继承父业,或来到中国或留在日本,继续从事中日之间的海上贸易。成寻来宋搭乘的商船船员林皋便是混血儿,根据成寻的记载“林皋,但马唐人林养子也”③。这种身份对于他们的商人生活与事业有所帮助,例如周良史,1026年6月到日本的时候,自称日本人之子,以臣下的身份向日本关白(宰相、总理)藤原赖通贡献了沙金30两,要求获得日本的位阶,犹如今天要求加入日本国籍。同年10月他返回中国时,曾自称“太宰府进贡使”向宋明州市舶司贡献日本货物,他父亲是开封以南的汝南人,母亲则是日本人。

唐以后的中国正史中不断有日本“女多男少”的记载,野史中还有日本女人找中国男人“度种”的记载。何谓“度种”? 宋人周辉的笔记小说《清波杂志》卷四中有这样的记载:

---

① (元)脱脱等:《宋史》卷四八七《高丽传》,北京:中华书局标点本1977年版,第14053页。

② 〔日〕森克己:《新订日宋贸易研究》,东京:国书刊行会1975年版,第269页。

③ 〔日〕平林文雄:《〈参天台五台山记〉校本及其研究》(上),东京:风间书房昭和五十三年(1978)版,第5页。

辉顷在泰州，偶倭国一舟漂泊在境上，一行凡三、二十人，至郡馆谷之。或询其风俗，所答不可解。旁有译者乃明州人，言其国人遇疾无医药，第裸病人就水浜，杓水通身浇淋，面面四方呼神请祷即愈。妇女悉被发，遇中州人至，择端丽者以荐寝，名“度种”。

这里的中州人就是指中国人，主要是宋明州、泉州等地的商人。所谓的“度种”因为当时日本尚流行走访婚的结果，那时的日本，任何男人在晚上进入某个村庄，村庄里的女人都会开门延纳，何况是外国人，这也许让她们感觉更新鲜更好奇，更何况这些外国商人都很富有，不仅不会空手而来，而且比日本人更温情脉脉，所以宋朝宁波等地商人来到日本，走访当地的女人，和日本妇女结婚生子是司空见惯之事。那时的日本人是否特意选择美丽的女人来给中国人“荐寝”无法考证，好在“大和民族也不计较血统问题”，当时的乡村和庶民家庭仍然保留了不少母系氏族社会的传统，“孩子等于是村落共同财产，谁当父亲都无所谓”①。如此说来，“度种”即借种生育，对于当时的日本人来说的确是非常可能的，因为那时中国经济文化远远比日本发达，中国人自然是优等人种了，度中国人之种自然可以改善日本之劣种，在被轻视的日本庶民看来也可以提高他们的身份。

宋商在日本极力与贵族、豪族建立各种联系乃至联姻，例如贵族藤原实资的领地筑前国高田牧的牧司、宗像氏世代与宋商王氏、张氏结成姻亲。根据《订正宗像大宫司系谱》《宗像神社文书》(一、文永五年②七月三日宗像氏业请文)的记载，“王氏成为第二十五、二十八、三十、三十二、三十五代大宫司氏实之妻。又张氏成为氏实之子氏忠之妻”③。王氏、张氏可能是侨居日本的豪商，王氏、张氏之女可能是王、张姓宋商和日本女性的混血儿，出生后随父姓，不大可能是从宋朝漂洋过海带到日本的。

宋商与日本地方豪族的这种联姻也是生活环境的逼迫，当时日本针对宋商的海盗活动越来越多，而且如果没有大贵族、大寺社庄园主当靠山，他们会常常受到海港地方豪族和地方官的欺凌。比如1151年，大宰府目代、检非违所别当安清、大监大藏种平等率领府兵袭击了筥崎、博多等地宋人王升等1600多家，掠夺了他们的资产财物④。

---

① 〔日〕茂吕美耶：《江户日本》，南宁：广西师范大学出版社2006年版，第95页。

② 注：文永五年即1268年。

③ 〔日〕森克己：《续日宋贸易研究》，东京：国书刊行会1975年版，第254页。

④ 〔日〕棚桥光男：《大系日本历史：王朝社会》，东京：小学馆1992年版，第205页。

在10～12世纪的日本，越海祈愿，即到日本佛教的故乡中国的寺院施舍钱财，寻求佛的保佑，已经不是什么稀罕之事。日本国内大臣平重盛(1138—1179)死前让宋商携重金到大陆拜佛祈愿，那些生长在日本博多等港口的中国商二代、商三代就不用说了。比如宋乾道三年(1167)向宁波寺庙奉纳"钱十贯"修建道路，来为祖宗祈福的三位施主，就是居住在日本博多的中国籍商人。为了纪念此事，他们刻碑留念，三块碑文内容如下：

一、日本国太宰府博多津居住，弟子丁渊，舍身十贯文，砌路一丈，功德奉献三界诸天、十方智圣、本(宅)上代、本命星官、见生(眷属)、四惣法界众生，同生佛果者。乾道三年四月日。

二、日本国太宰府居住，弟子张宁，舍身砌路一丈，功德奉献三界诸天、宅神香火、上代先亡、本命元辰、一切神祇等。乾道三年四月。

三、建州普城县寄日本国，孝男张公意，舍钱十贯，明州礼拜路一丈，功德荐亡孝张六郎、妣黄氏三娘，超升佛界者。①

以上的碑文中有许多错误，如"浦城县"错写成"普城县"，有学者认为，大概是"生长在日本的二世、三世的撰写铭文之人本身的汉文水平有限，才会导致连自己的故乡也写成了同音别字"②。这是居住在日本的中国人，将"钱十贯"以及所要刻的铭文托付给了来日的宋商，再由宋商回国找人买来石碑刻制铭文。今天在宁波等中国港湾城市，据说所发现的文物之中，有许多来自日本的器物。

第四节　宋日贸易对日本社会经济的影响

宋日贸易纠纷及其社会根源

前文已经提及，宋商在日本贸易经常遭遇以下困境：

实行统制贸易(专卖制)的日本朝廷因财政困难无力支付而拖欠宋商货款，使宋商进退两难。藤原实资天元五年三月廿五日的日记中就有这样的记载：

---

① 转引自静永健、陈翀著《汉籍东渐及日藏古文献论考稿》，北京：中华书局2011年版，第105页。

② 静永健、陈翀：《汉籍东渐及日藏古文献论考稿》，北京：中华书局2011年版，第106页。

被仰云：可下宣旨者，件解文，从太相府前日所被奏之解文，唐人来经年尚，或饥馑死去，或请还本国者，尤可哀怜，今欲赐答金，奥州不献，为之如何。件等事，大相府可被申定者，入夜退私。①

这类事情往往拖三五年都不能解决，藤原实资天元五年三月廿六日的日记中再次记载此事，足见这样的问题经常出现。

诣室町，参殿，传申昨日纶旨……唐人来着之后，已及三年，早给答金可从归却，[件]金非他所土产，唯从奥州贡献。又又遣送使可令催进上者。②

或者是宋商们的货物被日本沿海各地庄园主抢劫、强买，或者货物由于中央统制监察制度的弛缓而被大宰府等地方官没收，于是引起各种经济纠纷，乃至上报到朝廷，召开大臣会议商议解决办法。

特别是以大宰府为代表的地方官没收宋商货物之类的横暴行为，往往不仅让宋商陷入绝境，也让朝廷蒙受损失。宽德元年(1044)，但马守章任，私自接待在但马国登陆的宋商守隆，不向中央政府奏报，强行接收了宋商守隆的货物③。因此，宋商不得不向日本平安朝廷上诉。

长久元年(1040)及承历年间(1077—1080)，大宰权帅经平就以大宰府的名义将宋商货物没收，为此宋商不得不向中央政府上诉。据大宰权帅源经信的《帅记》"承历四年九月廿日条"记载，此类诉讼处理没有结果④。事件不了了之，助长了大宰府抗衡中央政权的挑战行为，危及律令制度和中央、皇室的权威。

大宰府的不法行为，比如以朝廷的名义强买宋商的货物，侵害了朝廷的专卖权，积累了大量财富。1151 年，甚至爆发了博多宋朝商人 1600 余家被劫掠的事件。

地方和中央对贸易的争夺，是因为班田制被破坏、庄园制兴起后，朝廷的财政越来越依赖专卖制。地方政府和庄园则力图扩大经济实力，扩张兼并，有些庄园则和中央权臣勾结，进行走私贸易。

---

① 〔日〕藤原实资：《小右记》(一)，载东京大学史料编纂所编纂《大日本古记录》，东京：岩波书店昭和三十六年(1961)版，第 26 页。

② 〔日〕藤原实资：《小右记》(一)，载东京大学史料编纂所编纂《大日本古记录》，东京：岩波书店昭和三十六年(1961)版，第 26 页。

③ 参见〔日〕《扶桑略记》宽德元年八月七日条，《百炼抄》宽德二年八月十日条。

④ 〔日〕源经信：《帅记》，载《增补史料大成》，东京：临川书店昭和五十年(1975)版，第 77 页。

九州的寺庙和神社成为联系宋商和朝廷公卿的媒介,例如1015年,“四月,藤原实资遣使高田牧,往宋朝医师惠清处购买小孩的虫药”。1023年“七月,高田牧司宗像社别当妙忠向同牧领主藤原实资进献唐物”。1029年,高田牧司和宋商周文裔致书右大臣实资,并赠送唐物[①]。之所以如此,可能是寄进关系使然,高田牧和藤原实资的关系就是如此。

地方和中央的此类纠纷和对抗,不仅使贸易统制迟缓,最终导致平安朝廷垮台。宋日贸易导致宋钱的大量流入日本,终于在1179年(治承二年)导致日本物价飞涨,以京城为中心,人们风传当时流行的疫病是“钱病”,对大量输入宋钱的清盛、平氏的反抗逐渐由暗中发展到明里[②]。后白河上皇与关白基房把握时机,联手从平清盛手中夺回摄关家的管理权,再次开始打倒平氏的行动,哪知“螳螂捕蝉黄雀在后”,政权和财权最终落入源氏之手。

宋日“走私”贸易对日本社会经济的影响

在10世纪以来的近三百年间,中国军事上因北方游牧民族的内犯,尚不能给日本以威胁的感觉。相比之下,宋代的中国在对外方面是比较积极的,虽然在契丹和女真的压抑下,政权偏安一隅,但经济发展和工艺技术水平比其军事和政治的对外影响更有魅力。虽然没有建立汉唐那样的大中华“册封体系”,却以自己为中心发展了汉唐所没有的大中华(大东亚区域)贸易网络,甚至建立了一个“准世界经济体系”。到南宋时,日本不知不觉地被纳入中国主导的贸易、金融体系之中。

在北宋时期,日本是在努力争取保持国家面子的情况下与中国建立一种准政府外交关系,但是由于宋朝文化发展的魅力和强大经济的诱惑,在是否与中国交往和维持面子限制往来的问题上,日本朝廷地方之间、公家武家之间出现了分歧,甚至争斗起来。朝廷和公家在努力克制,地方和民众却难以抵挡诱惑,日本后冷泉天皇永承二年(1047)十二月,筑前人清原守武因私自去宋朝,结果货物没官,本人流放到佐渡岛,其同伙五人都处徒刑。日嘉宝元年(1094),前太宰府权帅藤原伊房遣僧明范曾远至契丹,交易货物,此事被发觉后,朝廷“诸卿累议其罪”,结果伊房降位一级,且停其权中纳言的职位。由于当时的日本朝廷、平安贵族们对于发展对外关系极为消极,日本“几乎处于

---

① 参见〔日〕藤原实资:《小右记》(二),载东京大学史料编纂所编纂《大日本古记录》,东京:岩波书店昭和三十六年(1961)版。

② 参见〔日〕冈野善彦著,刘军、饶雪梅译:《日本社会的历史》(修订版),北京:社会科学文献出版社2012年版,第171页。

锁国的状态”①。

不过，一些日本学者也认为，藤原伊房遣僧明范曾远至契丹交易货物的行为，也标志着日本商人“海外雄飞”的开始。

由于中国商人对于利润的追求和对日本社会需求的敏感，中日民间贸易十分兴盛，往来很频繁，此所谓“官冷民热”。也由于日本朝廷对于民间贸易采取严打严控的态度，秘密的走私贸易发展起来了。日本方面参与走私贸易的首先是一些新兴的庄园主，中央鞭长莫及的九州岛地方豪强，他们没有许多外交礼仪和面子上的顾忌，也没有维护小“中华”的荣誉感，追求的是物质实惠；朝廷的控制是为了专买、专卖并专利，地方上的庄园主也希望分利，从各个方面破坏朝廷的专卖体制。这使日本对外贸易中心开始转移和扩散，交易地点由原来的博多转移到“近都之敦贺”，在日本沿海形成了一系列的贸易城市。在敦贺设置迎接外客的松原客馆即是一佐证。

随着地方庄园主参与分红，中饱私囊，收买人心，逐渐形成一股走私贸易势力，乃至形成武装海盗集团，这对日本政治产生了不可估量的影响，那就是武家的兴起，平氏一门在西日本的崛起没有经济基础——贸易利润是不可能的，走私贸易推动了日本商业贸易的再次兴起。

> 知道了和宋商人走私贸易可以获得莫大利润的庄园主和博多商人们，在宋商兴盛的贸易活动的刺激下，不再满足于像以前那样等待宋船的到来进行被动的贸易。从此他们自己建造贸易船，派往海外，进行积极的贸易，获得更大利润的欲望越来越强。②

商业大潮之下，宋日之间的走私贸易刺激了日本手工业、商业的发展，也刺激了日本造船业的复兴。为了与宋朝商人交换工艺品、奢侈品，日本手工艺者不断提高工艺技术（参见本书第十五、十六章），使日本商业经济加入了以中国为主导的亚洲贸易网络。

日本的造船技术在894年停止遣唐使以后，发展停滞，比遣唐使时代更倒退了，宋商的大船无疑使日本人万分感叹，被引诱的日本商人一开始只是进行一些近海贸易和与朝鲜半岛的中继贸易，渐渐地他们的造船技术和航海技术提高了，慢慢地也有了自信心，后来也敢向南宋发船了。

不过，造船技术、航海技术和自信心的提高，也导致了日本人野心的滋长

---

① 〔日〕木宫泰彦：《日华文化交流史》，东京：冨山房1987年版，第241页。

② 〔日〕森克己、沼田次郎编：《体系日本史丛书5：对外关系史》，东京：山川出版社1998年版，第62页。

和膨胀,海盗也多起来了,这与后来倭寇有着很大的关系。日本海盗之所以以对马岛等岛屿为发源地,与该地区的贸易传统、商业文化、经济条件有着密切的关系。日本海盗的萌芽和兴起也对日本西部庄园和武家发展产生了很大的影响。从主流文化来看,非常频繁的民间"走私"贸易使此时的两国人民保持着睦邻友好的关系。

宋日走私贸易方便了日僧偷渡来宋

由于小"中华"意识的自大和国风文化的自满,日本朝廷、大宰府对于宋朝商人和日本僧人出入日本港口、国门的管理非常严格,无论宋商还是日僧,偷渡出入国境、海关,或者协助偷渡都是要受到严峻的处罚的。

从本书随后几章描述的内容可知,日本朝廷的禁令未能震慑住宋商和日僧。宋商偷渡日本僧人到宋朝是非常冒险的行为,尽管危险,宋商敢于迎难而上,其原因大约在两点:

其一,敢于偷渡的日本僧侣大多是贵族出身,或者与朝廷权贵有着密切的关系,或者偷渡本身与权贵有着秘密的联系,即使被发现,也可以打通关节。同时日僧们有着到宋朝求法巡礼的愿望,在日本没有遣宋使和没有建造航海船只的情况下,尤其是他们在没有得到朝廷和大宰府的批准的情况下,必须求得宋朝商人的帮助。而宋商帮助偷渡日僧,为他们提供宋朝的文化情报等,就是期待获得他们的回报,因为一些僧人在日本有着特殊的社会关系,可以帮助宋朝商人和日本贵族上层建立各种联系,和维持特殊关系,当宋商在日本贸易过程中遇到这样那样的麻烦时,需要取得寺院势力支持才可以保证贸易的顺畅,乃至求寺院势力做靠山,保证在日本期间的人身安全。宋商在日本每遇到问题或纠纷一般都是依赖熟悉的僧人居间调停。宋商和日僧拉关系的方式也是献纳结缘,如宋商朱仁聪向石清水八幡宫进献贡品这一事实。以下1128年日僧仁宝法桥回复宋商曾周意的一封信便是最好的例证:

大宋国商刼使头曾周意返状

书札一函,披而阅之。想汉土台岳之遗尘,仰日域睿峰之灵崛。虽为旅客于一涯,定有良缘于二世。同声相应,不亦悦乎。小僧谬以愚朦,忝守师迹。荆溪寂寥之地,世事都捐;松户幽邃之楼,方物安纳。三衣素所在,什物不外求。所赠土宜,须以回却。然而志已重,礼从宜。难忤雅怀,怹以收领,抑着岸之后,久劳羁心。秋风怅望,驰思而已。沙金厶两,聊充报酬,盍表其好也。教命之旨,大概如斯。以状。

大治三年八月　日　　　　权律师(仁宝)法桥上人位

曾使头旅亭①

其二，是为了获取额外的利益。例如日僧成寻于日延久四年（宋熙宁五年，1072）三月搭乘宋朝商人的船只偷渡来宋的时候，宋商便向他索取了大量的船资，对此成寻在自己十五日的日记中曾有这样的记载：

船头等皆悦给物，密密相构也。志与物，米五十斛、绢百疋、褂二重、沙金四小两、上纸百帖、铁百廷、水银百八十两等也。②

这可是高价船票，中国商人无疑是希望这些搭乘者交船费的，因为宋商在几年之中难得日本朝廷的一次允许和接纳，而且沧海中往还生死未卜，即使平安到达日本随时可能遭遇日本大宰府或朝廷的刁难，比如不支付货款等，在这一情况下，日僧的这一补偿无疑减轻了宋商的不少负担。

当然也有不收日僧费用的时候。例如戒觉在1082年偷渡来宋的时候，宋商就没有收受任何费用，据戒觉日记所载：

永保二年岁次壬戌，九月五日，于筑前国博多津，师弟三人乘于唐船。是大商客刘琨蒙回却宣旨之便也，依恐府制，隐如盛橐卧舟底，敢不出，嗟有大小便利之障，仍不用饮食，身恕恕如经三个年，无附骥尾。就中商人由来以利为先，然予全无备物之储，只有祈念之苦，今邂逅遂本意，岂非文殊感应乎。③

这是以代为祈祷的方式代替支付路费。礼尚往来，宋朝商人对于搭乘自己商船的旅客可谓服务周到，从戒觉的日记可知，他们还主动为日本客人传递书信等物品，主动告诉客人自己返回日本的具体日期。《渡宋记》元丰六年（1083）三月七日条载：

七日。可归日本之由，同船唐人告来，仍付消息。双泪自落，忽课

---

① 〔日〕黑板胜美编辑：《本朝续文粹》（卷第七），东京：吉川弘文馆2003年版，第112页。

② 〔日〕平林文雄：《〈参天台五台山记〉校本及其研究》（上），东京：风间书房昭和五十三年（1978）版，第3页。

③ 〔日〕《诸寺缘起集》，编入《图书寮丛刊》（伏见家、九条家旧藏）宫内厅书陵部昭和四十五年（1970）版，第207页。另见〔日〕小野胜年：《戒觉的〈渡宋记〉》，载龙谷学会编《龙谷大学论集》第400～401合并号，第527页。

和歌，聊以述异。①

此处的“消息”，即指“书信”。日本对于宋朝商人采取的是既抵制又接受的非常复杂的态度，其接受，在日本天皇和朝廷看来，中国海商的来航正好象征了自己的德化不仅施及国内而且远及国外。其抵制，大概是由于政府财政的紧张，不能展现出大国的风度以安置商人，像对待朝贡使节一样。

宋商的行为，刺激和培养了日本人的海外冒险精神，奈良时代为了输入先进文明的那种冒险精神。新时期的日本人或为输入精神文明，或为了追逐利益而冒险，到1170年以后，日本掀起了海外冒险的新高潮，本书将逐一讲述这一过程。

① 〔日〕小野胜年:《戒觉的〈渡宋记〉》，载龙谷学会编《龙谷大学论集》第400～401合并号，第529页。

第四章　借“修行”之名来宋“求法”的日僧

第一节　奝然来宋求法巡礼前的日本语境

成为平安修学僧的奝然誓愿

自公元 894 年停止遣使以来，926 年日本朝廷一度派遣僧宽建等民间人士访华，却如泥牛入海，直至大宋建立以后，访华之议论再次兴起。特别是吴越国遣使到日本求书，和宋朝建立并统一大陆大部的消息传入之后，日本朝野再次兴起是否应该派使节访华的讨论。

参与讨论的主要是日本僧侣阶层，他们和往来中日之间的中国商人有密切的交往。借什么名目出访中国？出访的费用从哪里支出？谁最适合访华？都成为当时日本朝野讨论的热门话题。本书以下四章将从社会语境的角度，选择几个日僧群体的不同表现加以探讨，从而研究这一时期中日关系的特征。

这些被讨论的日僧群体可分为，来华访问并成功取经归去的、来华后滞留不归的、有来华准备而未成行的三类。首先看来中国取经成功归去的这一群体，天历七年（953）来吴越国的天台宗僧人日延，以及奝然师徒属这一群体。日延与归国的越商蒋承勋来华，赠送中国天台教籍的经过参见本书第十一章，此略。

日本平安中后期，南都六宗加上北岭二宗，各教派之间的竞争愈演愈烈，自然也参与了是否应该到中国取经求法的争论。南北教派之间的争论，虽然一定程度上阻碍了中日之间的佛教交流，但从另一方面激发了一些日本僧人到中国求法的冲动和需要。属于南都六宗的东大寺三论宗的修学僧奝然法师（938—1016），就是因此教派争论而激发到宋朝求法巡礼的志愿，进而不顾一切反对向平安朝廷提出出国申请的第一人。

插图 4-1　奝然像①

奝然俗姓秦氏，日本朱雀天皇承平八年(后晋天福三年，938)正月廿四日出生于日本京都以西爱岩山麓，秦氏本是大陆渡来人，族居爱岩山麓。奝然出家与其身世有关，作为大陆渡来人的秦氏，文化素养很高，与佛教渊源很深，一族多有出家为僧者，有关记载说奝然“其先世为菁华”乃指此事②。

奝然幼名“とこ丸”，“丸”是当时日本婴儿流行的昵称。他母亲在生下他的时候，曾在一片小纸上写下了“承平八年正月二十四日のひつしの□のときにむまる□とこ丸”这几行文字③，并和才剪下的脐带一起珍藏起来，这个记载他出生日期、生肖等的纸片，即日本古代流行的“脐带书”，类似中国的生辰八字，或者说“出生证明”。这种将出生日期、初生命名和脐带(显然带有胎血)连接一起的做法显然是一种神道的巫术，或者是佛教密宗的祈祷法术。因为佛教密宗在当时的日本影响很大，这东西对奝然来说就是有生以来的第一个护身符，后来他随身携带到宋朝。

10 世纪的日本，出家为僧是出人头地的终南捷径。秦氏世代与宗教有缘，缁衣“菁华”辈出，此时已经开始在日本衰落的秦氏更希望家族中出现新人来振兴家声，所以奝然自少出家，法号奝然。有关记录也说奝然“自少入东大寺”④，所谓的“少”应该在 12 至 15 岁之间，村上天皇天历四年(后汉乾祐三年，950)他正 12 岁。不过到 959 年，22 岁的时候才受戒成为正式的僧侣，这在当时的日本并不算早。大约在 972 年 35 岁的时候，奝然才获得传灯法师位，并取得修学僧的资格，这在当时的日本僧界也算是比较晚的了。不过这却激励他立下了到宋朝求法巡礼、开山立宗的誓愿。

奝然何以会成为被日本朝廷批准来宋朝求法巡礼的第一人？在 10 世纪的日本，一般人很难受戒出家，成为一个正式的僧人，因为朝廷对每个寺院每年受戒多少有严格的名额限制。959 年，22 岁的奝然受戒成为正式的僧侣，据其

---

① 〔日〕《周刊·京都漫步》，2003 年第 8 期，东京：讲谈社平成 15 年版，第 17 页。

② 〔日〕得仁：《续弘法大师年谱》，东京：真言宗全书刊行会昭和八年(1933)版，第 79 页。

③ 具体参见〔日〕京都国立博物馆编：《释迦信仰与清凉填充》(京都国立博物馆 1982 年展)，京都：京都新闻社昭和五十七年(1982)印刷，第 92 页。

④ 〔日〕得仁：《续弘法大师年谱》，东京：真言宗全书刊行会昭和八年(1933)版，第 79 页。

《结缘手印状》所载,奝然“天德三年五月十八日受戒,师主宽静”①。这在当时并不算早。就在同年受戒的源信才 17 岁,而奝然的同学义藏早在去年十月廿二日就受戒成为正式僧侣,时年 8 岁。10 世纪的日本佛教界,密宗流行,各宗僧人一般兼修密教,自称自幼学三论的奝然也不例外。《元亨释书》记载:“释奝然,居东大寺,学三论,又受密乘于元杲。”②《续弘法大师年谱》卷四载奝然入东大寺后,“专勤梵学,习三论于东南院观理③,禀密法于石山寺元杲”④。

相对于受戒,成为“学侣”即修学僧,以此获得初位的法位,则又更难一层,由于朝廷有严格的限制,一般一个寺院每年最多不过获得一两个名额,各大寺院各大宗派为争夺这一名额每年都要进行艰苦的斗争。大约在 972 年,奝然 35 岁时才好不容易获得传灯法师位,并取得修学僧的资格,在东大寺同时获得这一身份和职称的还有他的师弟义藏,才 23 岁。这正如奝然自己在誓愿中所感叹的:“纵虽出家,为修学僧难也!”(详细参见下文引文)

传灯法师位在僧位中自上而下属第 5 阶或级,当时日本的寺僧等级构成大体如下:别当、三纲(上座、寺主、都维那)、僧纲、学侣、堂众。好不容易成为一个修学僧,使奝然有一种大器晚成的感觉,这激励着他不断求上进。于是东大寺最有前途的两位青年才俊奝然和义藏因“同学”缘分,又志同道合,都有着振兴逐渐衰落的东大寺并弘扬佛法的抱负,便于日本圆融天皇天禄三年(宋太祖开宝五年,972)闰二月三日午时,在诸佛前共同宣誓结缘,立下了誓愿或者说“誓状”,其内容如下:

敬启　十方三世诸佛菩萨、梵释诸天、天神地祇,现当二世结缘状⑤

传灯法师位奝然,天庆元年戊戌正月廿四日诞生,俗姓秦氏,天德三年五月十八日受戒,师主宽静。

传灯法师位义藏,天历四年庚戌七月十五日诞生,俗姓多治氏,天德二年十月廿二日受戒,师主法藏权少僧都。

窃以五道之中,难得者人身;人身之中,难具者男根;纵得男根,遇佛法难也;纵遇佛法,得出家之难也;纵虽出家,为修学僧难也;纵虽修学,住一伽蓝难也;虽住一处,为同学难也。今奝然等值圣教以知古,回愚心

---

① 〔日〕京都国立博物馆编:《释迦信仰与清凉寺》(京都国立博物馆 1982 年展),京都:京都新闻社昭和五十七年(1982)印刷,第 33 页。

② 〔日〕虎关师炼撰,黑板胜美编辑《元亨释书》,收入《新订增补国史大系》(新装版)第 31 卷,东京:吉川弘文馆 2004 年版,第 235 页。

③ 观理:平氏出身,学三论宗(第七代),东大寺僧。奝然当从其学三论宗,为第八代。

④ 〔日〕得仁:《续弘法大师年谱》,东京:真言宗全书刊行会昭和八年(1933)版,第 79 页。

⑤ 通称《现当二世结缘状》,或称《义藏奝然结缘手印状》。

而思今;结缘于智胜如来说法之场,同生于释迦大师遗教之域,即其结缘之趣,具见于化城品。又如经文说:世尊即为父、经法即为母、同学者兄弟,因是而得度。因兹,义藏等,近始从今生、远至于菩提,结缘同意,发菩萨心、满六度行、济五趣生。抑义藏等凡夫血肉之身,惑业烦恼未除、亲疏难定、喜怒易变,是以十方三世诸佛、国内普天神明为证。先一期生间,曾不变其志,设遇恶知识,宁令背乖其心,常存善知识,曾不违失其契,死生同心、寒温相问。若乎失此结缘兴法之心,终共不证无上菩提。是故,点定爱宕山,同心合力,建立一处之伽蓝,兴隆释迦之遗法;然后,第二生必共生兜率内院,见佛闻法;第三生共随从弥勒下生阎浮,闻法得益,深增菩萨大悲之心,随愿往来十方净土,疾证无上正等菩提。仍录现当二世结缘状,各持一通,将贻将来。

天禄三年,岁次壬申,闰二月三日癸巳①午时

东大寺　僧　义藏　僧　奝然②

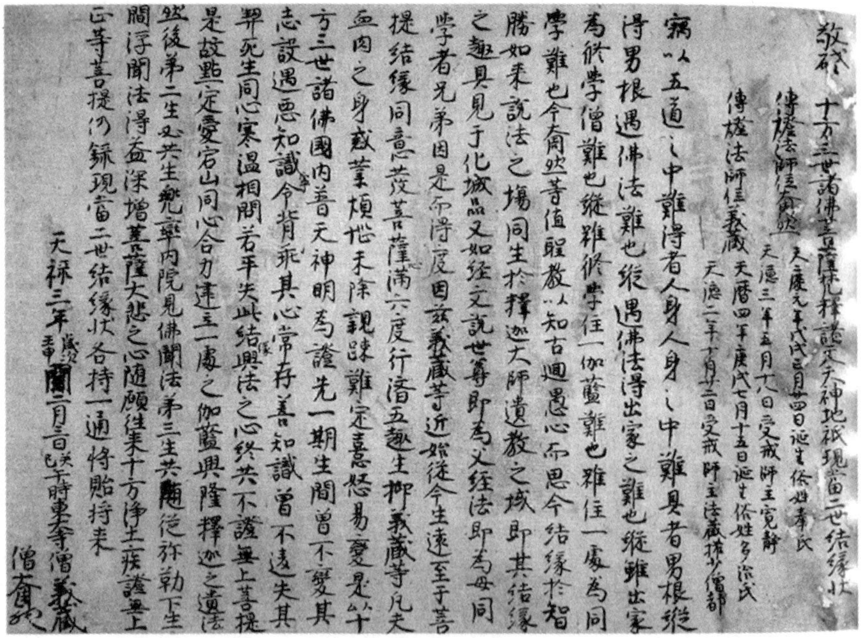
敬白　十方三世諸佛菩薩梵釋諸天天神地祇現當二世結縁状
傳燈法師位奝然　天慶元年戊戌正月廿四日誕生　俗姓秦氏
天德三年五月十八日受戒　師主寛靜
傳燈法師位義藏　天曆四年庚戌七月十五日誕生　俗姓多治氏
天德二年十月廿三日受戒　師主法藏權少僧都
竊以五道之中難得者人身，人身之中難具者男根，縱
得男根遇佛法難也，縱遇佛法得出家之難也，縱雖出家
為依學僧難也，縱雖依學住一伽藍難也，雖住一處為同
學難也，今奝然等值醍教以知古迴愚心而思今，結縁於智
勝如來說法之場，同生於釋迦大師遺教之域，即其結縁
之趣具見于化城品，又如經文說世尊即為父，經法即為母，同
學者兄弟，因是而得度，因玆義藏等近始從今生，遠至于菩
提結縁同意，發菩薩心，滿六度行，濟五趣生，抑義藏等凡夫
血肉之身，惑業煩惱未除，親疎難定，喜怒易變，是以十
方三世諸佛國内普天神明為證，先一期生間，曾不變其
志，設遇惡知識，令背乖其心，常存善知識，曾不違失其
契，死生同心，寒温相問，若乎失此結縁興法之心，終共不證無上菩提
是故，點定愛宕山，同心合力，建立一處之伽藍，興隆釋迦之遺法
然後第二生必共生兜率内院，見佛聞法，第三生共隨從弥勒下生
閻浮，聞法得益，深增菩薩大悲之心，隨願往來十方淨土，疾證無上
正等菩提，仍録現當二世結縁状，各持一通，將貽將來
天祿三年歳次壬申閏二月三日癸巳午時東大寺僧義藏
僧奝然

插图 4-2　义藏奝然结缘手印状(国宝,清凉寺藏品)③

① “癸巳”原文作“关巳”,今据文意改正。

② 〔日〕京都国立博物馆编:《释迦信仰与清凉寺》(京都国立博物馆 1982 年展),京都:京都新闻社昭和五十七年(1982)印刷,第 33 页。

③ 〔日〕京都国立博物馆编:《释迦信仰与清凉寺》,京都:京都新闻社昭和五十七年(1982)印刷,第 33 页。

这便是《义藏奝然结缘手印状》，在誓状中两人按下的鲜红手印，可能是血手印，足见他们愿心之坚定、虔诚向佛。为了祈祷平安到达宋朝，并求得佛法顺利返回日本，983 年奝然特地带上了他视为“护身符”的以上两件宝物入宋。第一个就是他那带血的“出生证明”《脐带书》，第二件护身符就是这个按有自己血手印的《手印状》。

奝然携带的这两件“护身符”，公元 985 年，他在宋朝巡礼求法期间又把该两文书藏在自己所雕刻的释迦牟尼佛像胎内。这两件文物直到 1953 年 7 月 9 日才被人们从日本清凉寺释迦牟尼佛像胎内封藏品中发现，到此人们才知道奝然出生的确切日期。因为《结缘手印状》上写着：“传灯法师位奝然，天庆元年戊戌正月廿四日诞生，俗姓秦氏。”①手印状里写“天庆元年”是因为承平八年四月二十六日改元的缘故。在以上两个秘密文件被发现之前，日本《元亨释书》十六、《传灯广录》续三、《本朝高僧传》等书都记载奝然于一月二十日生，秘密的发现证明它们的记载有误。另外，他的出身也一直被断定为藤原氏，因为奝然 863 年入宋时在宋太宗面前称自己出自藤原氏，藤原真莲之子，《宋史》也如此记载了，但这非事实，从封藏的《手印状》中我们知道奝然出身于大陆或半岛渡来系的秦氏。

平安诸宗的论争鞭策奝然入宋

平安中后期，日本佛教诸宗之间竞争激烈，奝然和同门义藏宣誓“点定爱宕山，同心合力建立一处之伽蓝，兴隆释迦之遗法”，其目的就是复兴本宗，与处于鼎盛的天台宗竞争。修学僧和传灯法师的身份的取得，激励了东大寺的两位青年才俊，使他们踌躇满志、信心百倍，决定在京都西边的爱岩山建造新的寺院。

10 世纪中叶以来的日本，不仅佛教各宗宣讲风气非常浓厚，法理研究也因而兴盛，佛教南北各宗诸寺的论争和攻讦也非常激烈，僧人或一举成名，或一时声名扫地。10 世纪以来日本八宗南北各派寺院之间一直存在着人才孰优孰劣的争论和比较，各方都在展示自己的人才优势，从宫廷辩论到修法求雨，从著书立说到取经问道，处处争短长，以显示本宗本派的优胜，争取朝廷对本寺院的重视。

日本应和三年(963)，“村上天皇御笔《法华经》。秋八月诏南北硕匠于清凉殿，赐斋庆赞。五日十座，讲论深义，于是相台交锋，法战争轧”。“相”即指

① 〔日〕京都国立博物馆编：《释迦信仰与清凉寺》(京都国立博物馆 1982 年展)，京都：京都新闻社昭和五十七年(1982)印刷，第 33 页。

法相宗、“台”乃指天台宗。此次宫廷辩论,村上天皇请延历、兴福二寺僧十人于清凉殿讲《法华经》,论众生成佛理,延历寺僧良源以才辩著名,与奈良法相宗名僧法藏就声闻、缘觉有无佛性等问题展开辩论,此即南北宗教辩论。第二天是由延历寺的“良源为讲师,法藏、平州为问者”①,结果法藏、平州二人理屈词穷,大失颜面,良源却因此一举成名。

良源(912—985)即源信之师,对手东大寺僧义藏的老师法藏在辩论中处于下风,也使东大寺声誉大损。良源康保四年(宋太祖乾德五年,967)四月开始四季讲,延历寺因此影响越来越大。当时的日本寺院之间的竞争越来越激烈,甚至不惜诉诸武力,968 年,奝然所在的东大寺与临近的兴福寺竟为争田而交兵。

宗派竞争的严酷现实,使奝然和义藏二位新晋为“修学僧”的同学于 972 年共同誓愿,开山建寺,中兴本门、本派和本寺。誓愿的另一个原因可能是他们已获知宋朝于 971 年开雕《大藏经》的消息,因为奝然来宋前在《为母修善愿文》中自称“天禄以降,有心渡海”②。天禄即日本圆融天皇年号之一,自 970 年到 973 年。建寺必先有经藏,如果有完备的经藏,即《大藏经》来做镇寺之宝,便足以和天台宗的本山抗衡,而将寺址选定京西爱岩山显然是针对位于京都东边的比睿山延历寺的。奝然到宋朝雕刻释迦牟尼佛像作为新寺的本尊的想法大概也是在此时形成的。因为刚好在此之前不久,义藏的受戒师法藏在宫廷法理辩论中败在比睿山良源的手下,义藏的奋发无疑也是希望为业师雪耻。

而激发奝然决心到宋朝求法的另一个非常关键的驱动力就是,就在奝然踌躇满志立下誓愿两年后的天延二年(974),一件不幸的打击降临到他的头上。圆融天皇天延二年五月初七日,宫廷内再次举行例行的南北法理辩论。奝然作为南都代表参加了在圆融天皇御前进行的这次辩论,五月八日以第三轮出场,辩论对手是代表北岭的源信,天台宗的新秀。辩论次序据《元亨释书》卷二十五所载,具体如下:

> 天延二年,五月初七,宫中设读经论义,四时有之,凡五番。一、运源,劝综;二、仁干,光休;三、奝然,源信;四、禅诠,玄明;五、贺秀、真义。③

关于第三轮辩论,源信问、奝然答的结果,《慧心院源信僧都行实》一书有

---

① 〔日〕师蛮:《本朝高僧传》,编入《大日本佛教全书》,东京:佛书刊行会大正二年(1913)版,第 155 页上。

② 〔日〕黑板胜美编辑:《本朝文粹》,编入日本《新订增补国史大系》第 29 卷(下),东京:吉川弘文馆平成十一年(1999)新装版,第 334 页。

③ 〔日〕虎关师炼撰,黑板胜美编辑:《元亨释书》,编入新装版《新订增补国史大系》第 31 卷,东京:吉川弘文馆 2004 年版,第 369 页。

如下载：

天延二年，五月初七，宫中召南北义虎，大开讲经会，当时四时行之。此日立破凡有五番，僧都亦中选，与南都奝然敌，僧都数乘胜。又他日与修学胜算对，算累滞涩，自是名翼加振。①

可惜！奝然辜负了东大寺的选择，不敌源信，辩论的失败自然对奝然产生了不利的影响。此时37岁已人到中年的奝然正是事业顶峰之时，突然遭遇辩论的失利对正踌躇满志的奝然是一次打击，不过他并没有消沉，为了挽回面子，奝然决定进一步学习、修行，入宋的决心当在此时定下的。奝然的失败便是南都佛学的失败，奝然的努力和挽救也是为南都的发展，冒险来宋朝求法是他积极担负责任的表现，他是要以此为自己也为东大寺挽回脸面。

辩论的失败必然使奝然及其入宋求法计划遭到了许多人的嘲笑，这让奝然感到非常苦闷，他一下子沉默近十年。失败尽管使奝然受到了来自各方面的冷遇，但也鞭策了他，使他砺志笃行，坚定了向朝廷申请入宋修行、求法建功的愿望。

983年，奝然入宋申请终于成功获得朝廷的批准，同时也得到了宋朝商人的支持，因此，奝然再次引起日本僧俗、朝野舆论的普遍关注，再次“风光”起来。但是奝然的这一壮举同时也遭遇了日本道俗两方面的质疑、嫉妒和批评，所谓“诽谤卢胡者，已千万人；弟子童子，劝诱相从者，才二三辈”②。可见阻止他赴宋的人很多，而鼓励他的人很少。那些批评奝然的人，言语中显然影射到他与源信在宫廷辩论中的那次失败，因为指责和诽谤他的理由就是：

凡入唐求法之人，自宗者弘法大师、天台者传教大师，皆是权化之人、希代之器也。此外之伦，才名超众、修学命世。如佛子者不及，古人之喻犹不可天之阶矣。定知表我朝无人也。③

这是直接点名“如佛子者”，既非权化之人，又不是希代之器，模仿前人之行为犹如登天，远去他国是丢日本国之脸面。如此不客气，想必在辩论失败之后，北岭的延历寺天台宗僧众，显然开始质疑奝然入宋取经、求法弘宗的抱负，怀疑

① 〔日〕源信：《惠心僧都全集》(第五卷)，东京：同朋舍昭和四十六年(1971)版，第11页。

② 〔日〕黑板胜美编辑：《本朝文粹》，编入日本《新订增补国史大系》第29卷(下)，东京：吉川弘文馆平成十一年(1999)新装版，第334页。

③ 〔日〕黑板胜美编辑：《本朝文粹》，东京：吉川弘文馆平成十一年(1999)新装版，第334页。

他的能力,以致嘲讽他到宋朝求法好比登天无阶。大概所在的南都东大寺,能理解和支持奝然的人也很少,早就“有心渡海”,并立下誓愿,写下手印状的奝然能够得到理解和支持的恐怕只有几个弟子、几个知己之人。道俗千万人的批评使奝然也“独怪此心”,怀疑自己起来,怀疑自己发愿到宋朝求法是否合适。好在知己的“劝诱相从”打消了他一时的疑虑,坚定了他渡海的信心。

以上从人格上攻击奝然,说他才名远远不及入唐求法的先人,只能向宋人显示日本无人,丢日本人的脸面,也说明小“中华”意识、日本式的华夷观,在当时的列岛已经形成。

在10世纪,由于对空海和最澄等的个人崇拜,求法一事在日本被抬升为非常伟大、高尚、神圣之举,非一般人所能为,只有杰出人物才有资格说去中国求法,只有天才、大师们去中国才让人们感到不会丢日本的面子。加上日本“国风文化”形成以来的民族自尊意识的抬头,所以,一般人是不敢轻言求法的,敢以求法僧自称往往会遭到批评和嘲笑,奝然恰恰曾经透露出这样的意图,也许是经常性的。

当时日本舆论还批评奝然等求法僧是追逐名利之徒,是追求名利而入宋,是为了回国之后以此谋求职位。的确在日本历史上,到唐朝留学的僧人回国之后都取得了高位。由于佛教的贵族化、宗派斗争的激化,当时僧界追逐名利之风日盛,很多人对此现象不满,奝然计划入宋使人们不自觉地就如此猜测。还有,日本历史上曾有灵仙、真如、宽建等人到唐朝求法而不归,对日本国家造成了很大的损失,已经受到一些人的批评,因此入宋被指责为崇洋媚外之举。因此,奝然不得不对此类的批评做出回答。

最后众人还指责奝然为了去宋朝竟然抛弃老母而不顾。因为当时他确有六十岁的老母在堂,如果是为追名逐利而去宋朝,不报母恩,完全没有孝行。自孝德女天皇以来家有一部《孝经》的日本人显然认同了“父母在不远游,游必有方”的准则,尽管奝然已经出家做了和尚。

奝然高调宣言入宋“巡礼”之因

前文所述可知,批评的声音显然让奝然感到人言可畏,大概担心朝廷因此改变批准他入宋的命令,而为坚定入宋求法的决心,日圆融天皇天元五年(宋太宗太平兴国七年,982)七月十三日,奝然大张旗鼓地在常住寺内为他尚在世间的生母举行起祈祷冥福的法事来。

这一法事要举行“七七”共四十九天,每日供养祈祷、念经说法。这种本该在死后举行而被提前于生前修行的法事被称为“逆修”法事,一般是施行者感到即将与父母或重要人物离别甚至是死别之时才修行。因为施行者感到一旦自己死了就不能为父母或一生中那个重要的人物尽孝尽忠，于是在自己未死之前而为其亲人举行祈祷法事，这种“逆修”法事和“追修”一样，因“往生”①净土的追求，在平安时代的日本已经很流行了。

与朝廷批准奝然到宋朝求法一事所引起的轰动一样，这一法事也引起了南都奈良和北京平城朝野僧俗的普遍关注，参加这一法事的不仅有南都奈良诸寺的许多著名高僧，而且有北京朝臣，如当时日本数一数二的大文豪庆滋保胤(约934—1002)，而且法事的愿文也是由庆滋保胤撰写的。其实这两件事是相互关联的，日本朝廷批准奝然入宋是近百年来的国家大事，因为日本自公元894年终止第20次遣唐使的派遣以来，已经有一百多年没有派正式使节到中国了，同时自日本朝廷于天历七年(953)派遣日本天台宗延历寺的高僧日延与归国的越商蒋承勋同行，涉万里波涛，送天台教籍到中国浙江天台山祖庭至今，也快30年过去了。多年来这可是日本僧俗连做梦都不敢想的事，虽然其间也许有人冒犯法律私下偷渡去中国，但是一旦发现则被重处，如今奝然竟然可以大张旗鼓地去西游中国了。

但是奝然却并不感到轻松，倒不是此去前路如何凶险，而是深感人言可畏。奝然如此大张旗鼓地举行这一法事，就是要借机辩解，而且请名嘴庆滋保胤代言。在庆滋保胤为奝然代笔撰写的《奝(然)上人入唐时为母修善愿文》②中可以看到奝然的处境和动机：

佛子③奝然至心合掌而白佛言：

奝然有心愿，如来可证明，奝然天禄以降，有心渡海。本朝久停乃(乃，注释作方)贡之使而不遣，入唐间待商贾之客而得渡，今遇其便，欲遂此志。奝然愿先参五台山，欲逢文殊之即身；愿次诣中天竺，欲礼释迦之遗迹。但我是罪障之身、血肉之眼，既到其土而不易，况见其身而可难。古人云：纵有为大山者，覆一篑以不止，终及万仞矣；又有赴长途者，投咫步以不留，必届千里焉。其积功累德、致诚专心者，无事不成、无愿不遂。奝然去难去之家乡，弃难弃之恩爱，寄心于无知之域，委身于异类之人，岂不哀哉！岂不痛哉！然犹不顾躯命、不著名利，渡海登山，忍寒忘苦，修行是勤，罪根渐灭。大慈大悲释迦、文殊，可以怜愍、可以相迎。

佛子自发此愿，独怪此心，何况道云俗云，诽谤卢胡者，已千万人；弟子童子，劝诱相从者，才二三辈。其谤者云：“凡人唐求法之人，自宗者弘

① 逆修之说来源于《随愿往生经》。
② 本文简称之《为母修善愿文》。
③ “佛子”乃奝然的自称，当时的日本僧人一般都如此自称。

法大师,天台者传教大师,皆是权化之人、希代之器也。此外之伦,才名超众、修学命世。如佛子者不及,古人之喻犹不可天之阶矣,定知表我朝无人也。"窃以不得意人,所陈宜然。夫非鱼者,不可以知鱼乐;非我者,不可以觉我心。奝然聊露胆于三宝,兼解嘲于众人。佛子其行不必得待纶言,纵归何敢贪职任(须本作"位")?为是斗薮也、为是菩提也。若适有天命,得到唐朝,有人问我曰:"是汝何人?舍本土朝巨唐,有何心有何愿乎?"答曰:"我是日本国无才无行一羊僧[1]也。为求法不来,为修行即来也。"其词如是者,于本朝有何耻乎?彼钟仪之遇縶囚也,尚奏楚乐;庄舄之得富贵也,不变越声。胡马非北风不嘶,越鸟非南枝不巢。虽诚禽兽,犹思乡土,况于人伦。岂轻桑梓乎?

佛子心有难忍之事,如来重照见之。老母在堂,行年六十,其恩是深,不得不报。佛子抛母欲去,则可失孝行。携母将留,亦可乖宿怀。初独思量之,后终相谈之。母曾无怨貌,既有劝心。佛子一欢一泣,泪与言落:"我母不是人世之母,是善缘之母也。若万人缓颊苦心而谏之,我未必从;若一亲形言变色而留之,我可何逆哉?诚劝我之佛道,宁非我之慈堂乎。"佛子有男女兄弟二三人。相议曰:"余年之水菽者,汝之所可营,何以及饥寒?"后生之菩提者,我之所为先,岂令堕恶趣乎。凡弃恩入无为,真实之报恩。奉图十斋佛菩萨,及弥勒、文殊、梵天、帝释像一帧,奉书《妙法莲华经》《仁王般若经》各一部,便于常住寺,五日十讲,供养演说,是即为慈母七七日所逆修也。所以图绘此佛像者,为慈母一月十日精进归依;所以讲说此经典者,令慈母现当植因结缘也。佛子不知天加慈母数年,全佛子余命,自唐朝还吾土,再见母面,终遭母丧。又不知,母者在此土而空亡,子者于他乡而不归。唯随宿习之所催,任运命之自然而已。嗟呼!我身非我身,朝露易消、暮云难系;我心非我心,昨日为是、今日为非。然则去留难定、变改难期。唯愿如来永拂魔事,将报佛恩。敬白。

天元五年七月十三日。佛子奝然敬白。[2]

愿文内容显示,奝然名义上说是"为慈母七七日所逆修",为母亲积累功德以期获得延长寿命的果报,以祈祷远游海外能够平安归来,到时候能够母子相见。奝然为何将离开老母到宋朝求法巡礼视同死别?因为根据日本到唐留学

① "羊僧"另学者判有作"半僧"。

② 〔日〕黑板胜美编辑:《本朝文粹》,编入日本《新订增补国史大系》第29卷(下),东京:吉川弘文馆平成十一年(1999)新装版,第334～335页。

僧渡海求法的经验，遭遇风浪葬身鱼腹是常有之事，奝然也认为此行生死难料，很可能无法为老母送终，所以立愿修讲，祈祷“如来永拂魔事”。实际上奝然也是借此供养法会向公众倾诉心中的苦痛，诉求支持，反驳一切攻击，请求人们相信自己不会丢国人的脸，会刻意维护国家荣誉。

从这篇愿文中引用的日本道俗诸人批评奝然的言辞看，此时的日本人在与中国交往过程中，对追求中日对等的地位、保持日本民族的自尊等事耿耿于怀。为什么此时日本人对待奝然的入宋行为抱着这样的特殊心态呢？为什么如此注重日本人和日本国在中国人心目中的形象呢？当时的日本对于与中国交往到底是抱着什么样的复杂心理呢？

我们值得特别注意的是他在《为母修善愿文》中说出了这样的“豪言壮语”：

> 得到唐朝，有人问我曰：“是汝何人，舍本土朝巨唐，有何心有何愿乎？”答曰：“我是日本国无才无行一羊僧也。为求法不来，为修行即来也。”①

在这篇愿文中，奝然针对世人的攻击言论，对自己入宋的理由做了辩解：

第一，奝然说：“本朝久停乃[方]贡之使而不遣，入唐间待商贾之客而得渡，今遇其便，欲遂此志。”入宋虽是他多年的誓愿，在 894 年遣唐使停止之后依然有搭乘中国商船入华的先例，自己如今不过是像前人一样偶然借东风搭便船而已，暗示人们不必大惊小怪。

第二，针对批评者直接点名说他（“如佛子者”），既非权化之人，又不是希代之器，以求法的名义远去他国是丢日本国脸面的指责，奝然强调自己入宋的目的是：“愿先参五台山，欲逢文殊之即身；愿次诣中天竺，欲礼释迦之遗迹。”即巡礼文殊、释迦诸佛，瞻仰五台山、印度等遗迹。奝然因此保证，到中国之后要如此告诉宋人：“我是日本国无才无行一羊僧也。为求法不来，为修行即来也。”②以此保全日本国家颜面。此话显然非他的真意。

第三，奝然宣言自己入宋：“不著名利，渡海登山，忍寒忘苦，修行是勤，罪根渐灭。”因不为追逐名利，回国之后也不会以此谋求职位。“纵归何敢贪职任？为是斗薮也、为是菩提也。”

第四，向众人承诺自己不会抛国家而不归，这同时也是他对朝廷和东大

---

① 〔日〕黑板胜美编辑：《本朝文粹》，编入日本《新订增补国史大系》第 29 卷（下），东京：吉川弘文馆平成十一年（1999）新装版，第 334 页。

② 〔日〕黑板胜美编辑：《本朝文粹》，编入日本《新订增补国史大系》第 29 卷（下），东京：吉川弘文馆平成十一年（1999）新装版，第 334 页。

寺等的保证。奝然因此还以钟仪、庄舄之行为自比，说明自己不会不及“胡马”和“越鸟”，不会不“思乡土”，更不可能“轻桑梓”而不归①。

第五，针对众人批评他母恩不报，“抛母欲去”，大失孝行的指责进行辩解：“我母不是人世之母，是善缘之母也。……诚劝我之佛道，宁非我之慈堂乎。”“凡弃恩入无为，真实之报恩。”“佛子有男女兄弟二三人。相议曰：‘余年之水菽者，汝之所可营，何以及饥寒？’”②即，自己入宋是顺从母亲礼佛之愿，母亲不仅没有埋怨，而且有“欢心”。献身于佛事是真正的孝行；而且母亲有自己的兄弟照顾。针对阻止他入宋的言论，奝然表示：即使万人直面而苦心劝阻他入宋之行，他也未必听从；倘若是母亲一语挽留他也不会违抗。劝他献身佛道、渡海求法的恰恰是他的慈母，他的入宋无可指责。

四十九天的修法结束之后，奝然于八月十五日拜访了东寺，寻求支持，得到了日本国东寺致书宋青龙寺的牒文，东寺在牒文中乞请宋朝青龙寺依照牒文为奝然提供帮助。接着他于八月十六日登上比睿山，得到了日本国天台宗延历寺致书大宋国清寺的牒文，牒文称奝然欲遂古尘，志在斗薮，请求宋朝国清寺为他的巡礼求法提供方便，这是更为难得的方便和声援③。

总之，《为母修善愿文》的高调宣言是基于日本当时的社会语境，是环境所迫，是为了应对世人、舆论对他各种各样的指责，对他入宋资格的质疑。在那样的环境下，奝然不能说出真心话，只能以来宋“巡礼”为借口。但到宋朝以后就不一样了，换了一个环境，在没有受到攻击或不用担心受到攻击的语境中，在宋人面前奝然畅所欲言，也心口如一了。

第二节　奝然到宋朝求法巡礼的经过与结果

宋朝的高僧崇拜与奝然的寻根拜祖④

奝然来宋朝取经求法、观像巡礼、祖庭寻根之时正是宋朝复兴三宝之际，

---

① 〔日〕黑板胜美编辑：《本朝文粹》，编入日本《新订增补国史大系》第 29 卷(下)，东京：吉川弘文馆平成十一年(1999)新装版，第 334 页。

② 〔日〕黑板胜美编辑：《本朝文粹》，编入日本《新订增补国史大系》第 29 卷(下)，东京：吉川弘文馆平成十一年(1999)新装版，第 334～335 页。

③ 牒文内容及解释参见拙著《奝然与宋初的中日佛法交流》，北京商务书馆 2012 年版，第 92～93、87～89 页。另见本书第七章。

④ 详细参见拙著《奝然与宋初的中日佛法交流》(北京：商务印书馆 2012 年版)第三章第三节，第 164～174 页。

奝然在宋朝的巡礼活动与宋朝当时佛教发展的气氛非常协调。

入宋以来，中国高僧崇拜一时非常流行，赵匡胤兄弟并重佛法三宝，而对僧宝似乎尤为敬重。其中雕刻《大藏经》、造像建寺是出于对法宝和佛宝的挽救和恢复，是对于文化遗产的保护；而重视僧宝、崇拜高僧则是立足未来的发展，其具体体现在以下几个方面。

首先是为先世高僧立传扬名。983 年诏翰林赞宁修《大宋高僧传》，此后《大宋僧史略》《禅林僧宝传》《传法正宗记》等相继问世。其次是对历代高僧追赠谥号，或瞻仰真容，或修缮坟塔。更重要的是对当时大德的敬重，如召见道圆、赞宁，赐谥永明延寿（974 年示寂）等。以及在 972 年下诏：“每当朝集，僧先道后；并立殿廷，僧东道西，间杂副职；若遇郊天，则道左僧右。”[①]这无疑是提高了僧侣的社会地位。

由于皇帝重视僧宝，致使国内许多隐逸的大德复出传道，海外天竺西域高僧慕名而来献梵经、进舍利，一时宋都汴梁成为国际文化中心。佛教的中心早已不在天竺印度，而在宋朝首都汴梁，在左街译经院了，印度佛教此时因伊斯兰教徒的入侵早已衰落。汴梁城内，中印高僧携手并肩，或译经，或著述，名扬四海。

由于此时的中日信息交流畅通，日本方面获取中国社会政治、经济文化各方面的信息都很方便，因为宋朝商人年年不断往日本贸易。而且日本朝野对于中国信息的收聚都非常主动和积极，各大寺院在九州的大宰府设有分寺，收集情报和典籍。奝然自然会因此得知大陆新帝国重视僧宝，高僧大德复出，有名师可拜，有佛法可求，这激发了他朝拜日本佛教各宗的中国祖师和祖庭，借机拜师求法问道的宏愿。

宋太宗太平兴国八年（983）八月一日，奝然与弟子盛算、祚壹[②]、嘉因、定缘、康城 6 人携延历寺致大唐天台山国清寺之“牒”搭乘宋朝吴越地区商人陈仁爽、徐仁满等归国的商船，从日本九州岛出发渡海，离国来宋，于八月十八日到达中国浙江东路台州。

奝然来宋，在宋朝外交史上也是一件大事。故《宋史・日本传》对此有特别记载：“雍熙元年，日本国僧奝然与其徒五六人浮海而至。”[③]

奝然一行到达宋台州后，先“驻迹于开元寺”，然后向有司申请巡礼天台山。九月九日获得批准的公凭，上天台山巡礼圣迹（详情参见后文）。之后申

① （宋）赞宁：《大宋僧史略》，载大正新修《大正藏》第 54 卷，台北：佛陀教育基金会 1990 年版，第 247 页。

② 壹有写作“一”，或者误作“祚台”。

③ （元）脱脱等：《宋史》，北京：中华书局标点本 1977 年版，第 14131 页。

请到宋朝国都朝见,也很快得到宋朝廷的批准文书,一行便于十月八日出发,匆匆北上汴梁。

太平兴国八年(983)十月十一日,奝然北上路过新昌县,到南明山大佛寺礼拜南山澄照大师(道宣)。奝然是怀着要在日本京都爱岩山设立一新戒坛的抱负而来宋朝的,自然要礼拜。南山大师道宣(596—667)是中国律宗的创始人,也是日本律宗和法相宗祖师,鉴真和尚正是他的再传弟子。道宣所撰三卷本《集神州三宝感通录》一书,很可能就是奝然来宋巡礼求法的指南。

十月十八日,奝然到扬州龙兴寺,追寻鉴真大师之遗迹,寻求戒坛之法,以期回国在日本京都西边的爱岩山建立新寺开设戒坛,与延历寺对抗。

十一月十五日,奝然一行入泗州普照王寺,缅怀僧伽大圣这位传说中的观音菩萨的化身,年底到达宋朝首都汴梁。在太宗皇帝的特许下,巡礼了京中的著名寺院。

雍熙元年(984)四月,奝然上五台山,入大华严寺,追求现证,追怀师祖。五台山是华严宗的祖庭之一,日本东大寺所遵奉的就是《华严经》,故称华严宗。五台山自770年不空登临并造金阁寺、文殊阁以来,成为中国密宗的一大重镇,而且此山也弘传天台宗,可谓是诸宗兼修。五台山清凉寺鸠摩罗什译《法华经》的壁画最让日本显密体制下的奝然感兴趣,因为鸠摩罗什为中国三论宗的初祖,也是奝然所奉三论宗的祖师,罗什所译《法华经》是奝然随身携带之经典。奝然在天台山时之所以非常关注智者大师的血书《法华经》,因为该经是日本僧侣(尤其是东大寺僧)法定必读之经。

雍熙元年(984)六月,奝然一行从五台山经山西太原前往洛阳,"到洛阳白马寺礼摩腾、法兰初佛法之场",瞻仰日本密教祖师善无畏大师的真身①。六月十八日,奝然师徒于龙门石窟礼拜五重塔下善无畏金刚三藏真身。善无畏真身塔在龙门西山广化寺,广化寺乃三藏亲自建立,一般僧侣到此只能参拜坟塔而无法瞻仰其真身。宋太祖开宝八年(日圆融天皇天延三年,975)三月,赵匡胤曾开塔礼拜三藏真体,因当年四月准备"郊天"时,雨下不止,宋太祖一定是以为自己得罪善无畏三藏了,于是"遣使祷无畏塔,及期而霁"②。此后,任何人没有皇帝的敕许是不可能参拜的,奝然此次来访,得到了皇帝的特殊恩许,见到了五重塔下安置的"三藏身,全身不散,跏坐合掌",于是他在

① 〔日〕高楠顺次郎编:《入唐诸家传考》,第180页中"往龙门原,拜无畏金刚三藏,或真身、或坟塔"。

② (宋)志磐:《佛祖统纪》,载《大正藏》第49卷,台北:佛陀教育基金会1990年版,第396页。

自己的日记中记下了这一经历①。

对于自称为空海弟子的奝然来说，礼拜了真言祖师善无畏三藏及相关圣迹，是来华求法日僧的骄傲。奝然最关心的无疑是无畏三藏在广化寺所建的二重八角经藏，以及内中当时所纳的《一切经》，为取经而来宋的他正想求取雕版《一切经》回日本。

奝然在洛阳白马寺礼摩腾、法兰初传佛法之场也有特殊意义。《高僧传》载中天竺人摄摩腾与竺法兰首传佛教于中国，并最早携佛像入震旦，“时蔡愔既至彼国，兰与摩腾共契游化，遂相随而来”；“愔又于西域得画释迦倚像，是优田王栴檀像师第四作也”②。相信奝然研读过《高僧传》，并以他们为楷模而来宋求法，因为他是应末法时代日本民众的礼拜要求而来宋请回释迦牟尼栴檀瑞像的。

为什么奝然没有去中印度“巡礼”

10 世纪的日本密教兴盛，由于有一些日本僧侣认为中国密教已经衰落，到印度求法巡礼之论开始在日本僧界流行。许多日本学者主张奝然是为“巡礼”而入宋，理由便是奝然在《为母修善愿文》所说的：“奝然愿先参五台山，欲逢文殊之即身；愿次诣中天竺，欲礼释迦之遗迹。”“为求法不来”宋朝，“为修行即来”③。他们以此认为，来宋日僧计划到中印度巡礼求法，无疑是感觉到宋朝密教等佛法衰落了，日僧入宋不过是过路而已。

事实上，奝然巡礼五台山之后没有去中天竺“礼释迦之遗迹”，尽管他出发前曾如此表态，以至好友庆滋保胤特意劝诫他“莫以逗留中天之月”④，其“中天”当指中天竺。奝然没有去印度（那烂陀寺等）说明他来宋朝的主要目的不是巡礼，而是求法。若为求法而来华，就不必再去天竺了，因为 10 世纪末的汴梁已经成为世界佛学中心，中国境内天竺（印度）高僧云集，印度本土反而无人了，奝然不必去印度求法问道了，若为巡礼则应该去印度，当时从宋朝西游天竺并不困难，关塞畅通，海道便利，宋朝不断有僧人去印度寻找佛舍利和贝叶梵经。

宋太宗雍熙元年（日圆融永观元年，984）正月到三月，是奝然求法礼拜活

---

① 见于日本《鹅珠抄》一书卷五有“善无畏（古又）条”，本文转引自〔日〕西冈虎之助著《关于奝然入宋的研究》，载《历史地理》第 45 卷第三号，第 562～563 页。

② （梁）释慧皎撰《高僧传》，北京：中华书局 1992 年版，第 3 页。

③ 〔日〕黑板胜美编辑：《本朝文粹》，收入日本《新订增补国史大系》第 29 卷（下），东京：吉川弘文馆平成十一年（1999）新装版，第 334 页。

④ 〔日〕黑板胜美编辑：《本朝文粹》，编入日本《新订增补国史大系》第 29 卷（下），东京：吉川弘文馆平成十一年（1999）新装版，第 221 页。

动最活跃的时期,当时汴梁各大寺焕然一新,译经场新设,天下名僧汇集。奝然及弟子盛算等于是"入右街太平兴国寺,遇中印度那烂陀寺三藏沙门法天,读受悉昙梵书;从梵学翻经三藏大德赐紫令遵阿阇梨,禀学两界、瑜伽大法及诸尊别法,受灌顶先毕"①。

奝然在来宋朝之前公言"愿次诣中天竺",首先是站在南都的立场上针对比睿山和天台宗而说的,法相、三论、律宗等是从天竺直接搬来中国和日本的,奝然这样说,也是强调法相宗等教派源远流长,值得骄傲,这正如《法相天台两宗胜劣》一文中所说的:

> 既如天台宗者,五天竺之中,更无一人之檀越。爰知于天竺之诸国者,唯法相宗殊兴盛也;于天台宗者,都无其教文云事。天竺佛出世,故名中国;此土佛不出世,故名边国。天竺四依菩萨出,故为中国;此土四依菩萨不出,故为边土。天竺轮王出名中国;此土唯粟散出名边地。夫法相宗者,自印度起,则慈氏之所说也;天台宗者始自唐土,是人师之讲经也……②

结合这一论调,奝然"愿次诣中天竺,欲礼释迦之遗迹"的宣言就是暗示,他将代表南都六宗去印度寻根拜祖。同时,该宣言也说明当时的日本佛教界很关注天竺(印度),以及来华的天竺僧。奝然没有实践巡礼天竺之计划,是因为他在宋朝会见了许多天竺僧,如法天等人,讨教了许多问题,间接地实现了天竺求法的愿望,也从在宋的天竺僧知道印度佛教衰落了。而更关键的是,奝然从宋太宗那里获得雕版《大藏经》(具体参见后文),再到天竺也不可能有比将此经藏求回日本更大的功德了,尽管做日本历史上第一个到达天竺取经之名人,是一个轰动日本的大事业,因为此前真如亲王、转智和尚都失败了,日本尚未有成功到达过印度的求法僧。

奝然为开山立宗而返回日本

日本花山天皇宽和二年(宋太宗雍熙三年,986)八月,奝然一行携自宋求得的佛像、佛经成功归回日本,到一条天皇永延元年(987)二月十一日护持三宝进入日本都城平安京,受到举国上下隆重的欢迎。三月十一日,奝然因出

---

① 〔日〕高楠顺次郎编:《入唐诸家传考》,收入铃木学术财团编《大日本佛教全书》第68卷(史传部七),东京:讲谈社昭和四十七年(1972)版,第180页中。

② 〔日〕佚名:《法相天台胜劣事》,载《大日本佛教全书》第105册《戒律传来记(外十一部)》(东京:名著普及会平成二年(1990)版,第17页。

使宋国并为日本求得佛法之功从朝廷获赐法桥上人位。有关史料也证实了这一点：“入唐僧奝然给法桥上人位，若依入唐归朝欤。”①

此时的奝然俨然当年入唐归来的空海，众望所归。满载而归的奝然也因此感到，施展抱负的时机到来了，可以实践他开山立宗的誓愿了。八月十八日，奝然借安置佛像、佛经等三宝为理由，向朝廷奏请：“爱岩山五台峰，因准大唐五台山，奉为镇护国家，每年于神宫寺，可修文殊秘法。”②即将京都西部的爱岩山改号五台山，仿大宋五台山清凉寺建立一处新的大伽蓝，亦名为清凉寺，安置释迦佛像和佛经等。特别有意义的是，这一天正好是释迦牟尼佛像雕刻成功两周年的纪念日。奝然的申请立即得到朝廷批准，并下达了宣旨，在爱岩山设立戒坛。这件批准牒文的下达，震动了整个日本丛林。

奝然获旨建寺院设戒坛的消息对于以延历寺为中心的天台宗几个大寺冲击更大，其威胁也太大，要知道当初最澄和尚为了争取在比睿山设立戒坛都未能成功，奝然从申请到批准也太顺利了。于是，以天台宗山门派延历寺为中心的诸寺，不惜向朝廷提起“诉讼”，结果迫使朝廷重下圣旨撤销，史载：“同年，爱岩山可立戒坛之由宣下，依山门诉讼被改定讫。”③奝然的努力因此功败垂成。“山门”即指日本天台宗的本山延历寺，当时天台宗已经分裂为山门、寺门两派。因为奝然的抱负并非是简单的建立一寺，设立戒坛是要与天台宗对抗，作为山门派大本营的延历寺自然要扼杀之。

奝然师徒建立日本大五台山大清凉寺的地点选定在国都西边的爱岩山，可以肯定这是奝然早就酝酿好的，大清凉寺选址爱岩山有着非常特别的意义。首先这里是他的故乡，秦氏一族几百年来在这一带是豪强贵族，他在这里立足有着坚实的经济基础和群众基础，可谓兼得地利、人和。其次，它位于都城的西边，与位于都城东边的比睿山延历寺遥相对立，适合唱对台戏。

天台宗的反对使奝然只从朝廷那里得到了一个“大五台山清凉寺”的空头支票，寺院一时无法建立起来，他自宋朝请回的佛法三宝不得不到处寄存，奝然师徒因此不得不为建大清凉寺而继续奔波。永延三年(989)正月二十八日，奝然弟子祚一(或作“壹”)等从宋朝归来，并求得《药师如来仪轨》抄本等回日本。已经52岁的奝然法桥上人再次燃起斗志，为获得荣升、获得新的任

① 〔日〕藤原实资：《小右记》(一)，载东京大学史料编纂所编纂《大日本古记录》，东京：岩波书店昭和三十六年(1961)版，第123页。

② 〔日〕黑板胜美编辑：《朝野群载》，收入《新订增补国史大系》第29卷(上)，东京：吉川弘文馆平成十一年(1999)新装版，第409页。

③ 〔日〕黑板胜美编辑：《帝王编年记》永延二年(988)条，载《新订增补国史大系》第12卷，东京：吉川弘文馆2003年新装版，第264页。

职而努力,以期借此建新寺。当时,东大寺第五十代别当[①]宽朝(915—998)大僧正已于去年离任,别当一职尚空,五月廿三日,奝然向朝廷申请继任,奏状很快获得朝廷批准,太政官很快下达了委任奝然为东大寺别当一职的牒文,这也许是朝廷对此前在批准设立清凉寺戒坛问题上开空头支票的行为给予补偿。但为了取得成功,奝然在申请时也采取了策略,奏状中大段引用东大寺创建时的《圣武天皇敕愿文》[②],突出"太皇后藤原氏""藤原氏先后太政大臣"等的功绩,大肆渲染摄关家和皇家共存共荣的关系,以期得到藤原氏和朝廷双方的支持。当时的太政大臣为藤原赖忠,是奝然入宋的主要支持者之一。奝然在奏状中一边感叹东大寺"佛法渐浇漓,伽蓝已破坏";一边信誓旦旦,自己"被恤任寺家别当职"后,"将修治破坏堂舍,欲兴复陵迟佛法者"[③],中兴东大寺。

奝然的抱负被东大寺众僧所接受,东大寺正期盼着一个有社会影响的僧人领导大家对抗天台宗延历寺的排挤,此时依然如日中天的奝然自然是理想的人选。奝然来宋朝之前称"归何敢贪任职",至此回国不到两年就请求担任要职,可见当初来宋朝并非仅为巡礼而不为求法,谋此任职的目的正是要传新法。根据任命官符,永延三年(宋端拱二年,989)七月十三日,奝然被任命补为东大寺第51任别当,十月一日命令下达近江国权介及东大寺,东大寺众僧签署接受,奝然正式奉行职责可以确定是在同年十月一日。对立的延历寺等反对宗派寺院似乎也未再次干预朝廷的决定,大概这也是他们的谋略,奝然任东大寺别当就不得不离开首都,这就免得他在京都活动生事,建立新宗派,这等于是调虎离山了。

法桥的僧纲与南都大寺别当的僧职,在祭政一体的日本,无疑有利于奝然参与相当于日本国家政治事务的一些重要法务活动,接触贵族权臣。永祚元年(宋端拱二年,989)十一月九日,圆融法皇行幸东寺灌顶院,于东寺灌顶院"奉授灌顶",由宽朝担任灌顶仪式的大阿阇梨[④],圆融法皇乃奝然的有力后台之一,奝然参与了此次的仪式。这样的活动似乎有利于他实现自己的抱负。但是,营造人和的奝然却不遇天时,永祚元年(989)八月十三日,大风致使东大寺南大门并大钟、大佛殿后的房屋倒塌,"大安寺塔露盘落"。虽然是

① 注:根据《延喜玄蕃式》:"凡诸寺以别当为长官。"别当亦即住持,乃一寺之主。天台宗称住持为"座主"。

② 该文见于黑板胜美编辑《朝野群载》(卷第十七·佛事下)。

③ 〔日〕东京大学史料编纂所:《大日本史料》(二编一册),东京:东京大学出版会昭和四十三年(1968)版,第458页。

④ 〔日〕续群书类丛完成会编:《东寺长者补任》,收入《续续群书类丛》第2辑(史传部),东京:平文社昭和四十四年(1969)版,第506页。

天灾，在那个迷信的时代人们总归咎于寺主的品德不负天意。祸不单行的是，正历二年（宋淳化二年，991）六月，日本大旱，“奝然法桥弟子僧奉迎唐佛入洛”，为国家修法求雨，“二七间，依旱魃，于神泉苑修请雨经法，阿阇梨元真”①。奝然弟子元真等将从宋朝请来的释迦牟尼佛像奉请到神泉苑，诵经求雨，结果未见佛像显灵，整个六月都不见下雨。在相信佛法祈祷功能的古代日本，这自然也是让奝然师徒丢脸的一件事。到正历三年（992），55岁的奝然不得不因此辞去东大寺别当一职。根据《延喜玄蕃式》：“凡诸大寺别当、三纲有阙者，须五师大众简定能治廉洁之僧。”②奝然的辞职可能是在五部大众的批评下无奈放弃的。

从《盛算补任清凉寺阿阇梨官符》中可知，奝然在申请任别当要职的同时，奏请朝廷依准延历元庆寺之例，给五人阿阇梨的编制于清凉山，以便他们勤修三密教法，护卫国家。他要求弟子盛算大法师也升职任阿阇梨，归入他所申请的五人阿阇梨内。对于他的这一申请，日本朝廷只批准了一人，也就是他的同学，20多年前一起宣誓过的义藏。奝然在义藏被批准之后尽管不断“重以上奏”朝廷，追问“加其残之由”③，却未见朝廷给予满意答复，这是反对派的暗箱操作，因为元庆寺是延历寺的分寺，他的攀比自然要遭到延历寺的阻挠。

992年以后，延历寺僧源信也建立起了中日间的佛法交流关系，源信的活跃为日本取得了所谓的荣光，这与奝然致宋朝的表启被认为致使“丢脸”成为鲜明的对照。其次，奝然被冷落也可能与新贵藤原道长的崛起有关，奝然以前没有注意到在道长身上投放感情，因种种原因被996年升任左大臣的道长冷落，而源信因“来迎思想”和“净土世界”的宣扬，征服了道长的内心世界。

已经进入老境的奝然，此时还在努力维持与宋朝、大宰府的联系，继续做公卿们的工作。根据《权记》所载，长德三年（宋至道三年，997）十月十二日，奝然拜访了大宰府权帅，“仍以先日宣旨之趣问之，仰□申文可进”，显然是拜托他向朝廷提交申请文书，权帅“即令见太宰府解文，奝然送大贰许文，用銛书状，祈（祚？）乾法师书状”④。

长保元年（宋咸平二年，999）闰三月十三日，62岁的奝然仍然上奏状于

① 〔日〕黑板胜美编辑：《日本纪略》（后编），载《新订增补国史大系》第11卷，东京：吉川弘文馆昭和九年版，第171页。

② 〔日〕黑板胜美编辑：《延喜式》（《新订增补国史大系》普及版），东京：吉川弘文馆平成四年（1992）版，第540页。

③ 〔日〕高楠顺次郎编：《入唐诸家传考》，收入铃木学术财团编《大日本佛教全书》第68卷（史传部七），东京：讲谈社昭和四十七年（1972）版，第180页。

④ 〔日〕东京大学史料编纂所《大日本史料》二编三册，东京：东京大学出版会昭和四十三年（1968）版，第15页。

朝廷,申请让盛算任阿阇梨,未获批准。

奝然对佛法东传的贡献及其求法僧的资格

奝然关于自己到宋朝的真实目的,在日本公开场合的表白和在日记等私下的表述,来宋之后与来宋之前截然不同。例如宋太宗雍熙二年(日花山天皇宽和元年,985)八月十五日,即释迦牟尼瑞像装入五脏之时,奝然特意请宋朝台州开元寺僧人鉴端来代笔撰写造像愿文《入瑞像五藏文》,“聊书来意,以序其由”,此中所言来宋之意图、渡海之缘由,和他来宋之前在日本请庆滋保胤代写的《为母修善愿文》这一公开文书就形成了鲜明的对照。在此《奝然入瑞像五藏记》中,奝然再三表示自己在宋朝已经求得两部大法、三密大教,回国将“阐扬正法”“兴隆佛法”①。

988年,奝然派嘉因上呈宋朝的表启②中自称:“就三藏而禀学,巡数寺而优游。遂使莲华回文神笔,出于北阙之北;贝叶印字佛诏,传于东海之东。”③因为此时他已经可以理直气壮地说,他成功入宋取经回日本了,往代最澄、空海、圆仁、圆珍等“入唐八家”中没有一个求回日本的经典在数量上超过他奝然。自宋朝回日本之后,奝然身价倍增,与延历寺的斗争日益尖锐,他公开表明自己入宋就是求法,而不像来宋之前那样躲躲闪闪。

奝然求法成功,携带大量佛经、佛像等佛宝回国之后,面对国人时就理直气壮多了,他此时的声音和出国入宋之前的表态更是大不相同,这类不同的声音处处可见。

永延二年(宋端拱元年,988)二月,奝然向朝廷“申请嘉因入宋”④时,在奏状中说自己“更觐大宋朝,请来折本《一切经论》一藏矣”,并表示虽“致巡礼传法之功”,更望请朝廷“天恩,下给宣旨于大宰府”,让自己的弟子“随郑仁德等归船,发遣大唐,令供养文殊菩萨,兼请度新译经论等,将奉祈圣皇宝祚”⑤。这里奝然所明言的“巡礼传法”之功与说“求法巡礼”有何区别?成功归来的奝然已经可以大胆言“传法”或“求法”,或“求法巡礼”,而不强调巡礼

① 〔日〕竹内理三:《平安遗文》(古文书编第九卷),东京:东京堂昭和三十九年(1964)订正版,第3481~3484页。篇名或作《瑞像造立记》《入瑞像五藏文》等。

② 参见《宋史·日本传》,本文第十四章有全文转引。

③ (元)脱脱等:《宋史》,北京:中华书局标点本1977年版,第14135页。标点符号根据自己的理解有改变。

④ 即《应为使传灯大法师位嘉因重发遣大唐令供养五台山文殊菩萨兼请度新译经论等事》,全文参见第四章第三节。

⑤ 〔日〕黑板胜美编辑:《续左臣抄》,收入《新订增补国史大系》第27卷,东京:吉川弘文馆平成十一年(1999)新装版,第3~4页。

了。其中“兼请度新译经论”一语是公言遣嘉因入宋求法，赴宋“请度新译经论”的目的就是为了“将奉祈圣皇宝祚”①，是为国家祈祷，不是为私。关于弟子嘉因的入宋资格，他说：

> 今件嘉因，久住东大寺，苦学三论无相之宗教；同往西唐国，共受五部秘密之灌顶。非啻学显密之法，兼以解汉地之语，然则足为译语者也。②

此申请书中，他无论说自己“请来折本《一切经论》一藏”，“致巡礼传法之功”，还是说弟子与自己“共受五部秘密之灌顶”，都是表明他们师徒在宋朝已经拜师受教。

长保元年（宋真宗咸平二年，999）闰三月十三日，奝然向朝廷递交奏状，见《盛算（补任）清凉寺阿阇梨官符》，这是奝然申请建立清凉寺时为弟子盛算申请僧位的奏状，在奏文中，奝然一则强调弟子盛算随自己到宋朝“入右街太平兴国寺，遇中印度那兰陀寺三藏沙门法天读受悉昙、梵音；从梵学翻经三藏大德赐紫令遵阿阇梨，禀学两界、瑜伽大法及诸尊别法，受灌顶先毕”。再则曰：“如盛算者，历二山礼圣迹，遇三藏学大教，诣师范。”然后又要求朝廷“于寺家令弘传自唐朝所学来教法，誓护国家，将励后代入唐学法之辈者”③。实际上奝然就是在强调：他们师徒曾一同入宋学法、一同求法，朝廷应该承认这一点，并让他们在新建的寺院内弘传自宋朝所学来的教法，这是镇护国家之功德，朝廷要以此激励后代到中国学法之辈。他们已经携回经典，自然是求法之辈，而不是一般巡礼者，是政府应该奖励的对象，奖励的方法就是升职，让弟子担任阿阇梨。这些才是奝然的真心话。

第三节　嘉因入宋的经过及大宋佛宝的归宿

奝然派遣弟子嘉因的入宋求法

奝然到宋朝的目的就是要借宋朝的宗教权威回日本开拓一山一寺，建立

---

① 〔日〕黑板胜美编辑：《续左臣抄》，东京：吉川弘文馆平成十一年（1999）新装版，第3～4页。

② 〔日〕黑板胜美编辑：《续左臣抄》，东京：吉川弘文馆平成十一年（1999）新装版，第4页。

③ 〔日〕高楠顺次郎编：《入唐诸家传考》，收入铃木学术财团编《大日本佛教全书》第68卷（史传部七），东京：讲谈社昭和四十七年（1972）版，第180页。

一宗一派,成功回到日本之后,在实现这一目标的同时,奝然还推出自己的弟子。借遣使答谢宋朝赠送《大藏经》等的理由,奝然向日本朝廷推荐他的弟子嘉因担任使节再次访宋。

奝然回国后不久就向日本朝廷奏请派遣嘉因入宋,一是为了还报自己在宋朝期间在五台山许下供养文殊菩萨的宏愿,其二是要对宋太宗皇帝表示感激,其三是请求新译经。因为之前宋朝的新译经尚未印刷完备,如今估计已经印刷完备。

日本朝廷因为奝然给日本国家求得大法,功勋卓著,加之日本朝廷也颇期待宋朝的新译经,并回报宋朝,很快就于永延二年(宋端拱元年,988)二月八日批准了奝然的请求,由太政官下达了《应为使传灯大法师位嘉因重发遣大唐令供养五台山文殊菩萨兼请度新译经论等事》的官符,派遣嘉因入宋,命令大宰府海关放行。该官符内容如下:

太政官符大宰府

应为使传灯大法师位嘉因重发遣大唐,令供养五台山文殊菩萨兼请度新译经论等事。从僧二口、童子二人。

右　得入唐归朝法桥上人位奝然奏状称:奝然为遂宿愿,去天元五年蒙允许宣旨,渡海入唐,适参五(台字缺文——作者)山,巡礼文殊之圣迹,更觐大宋朝,请来折本一切经论一藏矣。抑是,虽致巡礼传法之功,未遂财施供养之愿。归朝之后,虽驰愿心于五台清凉之云山,系供养于一万文殊之真容,未遂件愿心,因之差嘉因法师,重欲发遣。今件嘉因,久住东大寺,苦学三论无相之宗教,同往西唐国,共受五部秘密之灌顶。非啻学显密之法,兼以解汉地之语,然则足为译语者也。望请天恩,下给宣旨于大宰府,随郑仁德等归船,发遣大唐,令供养文殊菩萨,兼请度新译经论等,将奉祈圣皇宝祚,且遂宿愿遗余者。

左大臣(雅信——旁注)宣:奉 敕,依请者。府宜承知,依宣行之,符到施行。

右中辨正五位上兼行大学头平朝臣(惟仲——旁注) 正六位上行右少史穴太宿祢

永延二年二月八日①

① 〔日〕黑板胜美编辑:《续左臣抄》,收入《新订增补国史大系》第27卷,东京:吉川弘文馆平成十一年(1999)新装版,第3~4页。

官符是由左大臣源雅信签发的，该文件后收入日本《续左臣抄》这一档案文集。由该官符可见，983 年奝然师徒一同入宋也得到了日本朝廷同样的批准文件，因为该官府称奝然师徒当年也是“蒙允许宣旨，渡海入唐”的，只是当年的官符未见有关档案收录。

这次奝然再度申请派弟子入宋，理由直接就是供养文殊菩萨和“请渡新译经论”到日本，是“将奉祈圣皇宝祚”①，这再次说明奝然师徒入宋是为日本国家求法，是代表官方的。

此官符中引用了奝然对弟子嘉因的评语，从“非啻学显密之法，兼以解汉地之语”等溢美之词足见，奝然对弟子的此行充满期望。根据《宋史・日本传》《日本纪略》等书的记载，奝然弟子嘉因来宋时有“从僧二口、童子二人”，可见嘉因当年随奝然回日本以后，因求法有功地位也有所提高，所以嘉因现在出使宋朝的身份如同他的老师当年一样，为传灯大法师，也可以有两个随从僧，这可以说是因为入宋的需要，是朝廷特别考虑而特授予他此僧位的。从僧之一是曾经在宋朝“剃头受戒僧祚乾”②，祚乾本宋朝人，共乘宋商郑仁德等(一说朱仁德，大概为合伙人之一)的商船赴宋。

如同几年前到宋的奝然一样，嘉因也因入宋获赐大师号，从这一点看，他的访宋是成功的。因为嘉因代为奝然答谢宋太宗而来，为表达诚意奉上一篇优美的上表文(参见本书第十四章第一节)，就是那篇表文，也许在当时的日本就引起了争议。

嘉因一行是日本正历元年(宋淳化元年，990)七月返回日本的，藤原实资的日记《小右记》正历元年七月廿日条记载：“义藏阇梨、觉缘上人来谈之次云：唐人舟一艘(千五百石)着岸，法桥奝然弟子去去年属唐人入唐，今般彼唐人及弟子法师等同以归朝云云。”③奝然弟子是同宋商周文德、郑仁德等一起回日本的。可以肯定嘉因等为日本带回了新请法门，对奝然来说是一喜事，也是重要的支持。回日本后的嘉因自然也因功得到提升，获得一定的职位，这样就有资格帮助老师在爱岩山共同建立大寺。

关于被奝然派遣来宋朝的嘉因，日本有学者认为这是盛算的别名。本文认为嘉因和盛算应该是不同的两个人，而且就是奝然来宋时所随的两个从僧，既然求学于同一师，又同时随师远游求法，他们的经历自然有许多相同之处。

---

① 〔日〕黑板胜美编辑：《续左臣抄》，东京：吉川弘文馆平成十一年(1999)新装版，第 3～4 页。

② 木宫泰彦著，胡锡年译：《日中文化交流史》，北京：商务印书馆 1980 年版，第 4 页。

③ 〔日〕藤原实资：《小右记》(一)，载东京大学史料编纂所编纂《大日本古记录》，东京：岩波书店昭和三十六年(1961)版，第 226 页。

弟子建立嵯峨小"五台山清凉寺"的努力

奝然申请建大清凉寺设戒坛失败后,经过努力,获得朝廷批准借京西嵯峨野的栖霞寺建立一小清凉寺,释迦牟尼佛瑞像在栖霞寺的临时安置因此成了永久安置。奝然一直未放弃建大清凉寺的愿望,但他的申请至死未见结果,奝然死后,他的弟子们继续努力才基本实现他的愿望。

为建立日本的五台山清凉寺,完成老师的夙愿,奝然的弟子们不得不和当朝的权贵做一番秘密交易。宽仁二年(宋天禧二年,1018)一月十五日,弟子们将奝然请回来的宋版《一切经》奉送给摄政大臣藤原道长,尽管这是老师难以舍弃的未来的大五台山清凉寺的镇寺之宝。在当时建立家寺的风气下,藤原道长也需要建立自己的寺院和经藏,此时源信的弟子们在宋朝一时不能送来《大藏经》。宋版《一切经》先被道长安置在二条第四廊,后来又纳入他的私寺法成寺。

由于摄政大臣藤原道长被买通,后一条天皇宽仁三年(宋天禧三年,1019)三月十五日,奝然当初的奏请终于被批准,这次是借阿阇梨大法师康静死阙之机,再次申请建立清凉寺并要求由盛算补任阿阇梨。以"太政官牒五台山清凉寺"的方式,让奝然弟子"入唐归朝传灯大法师位盛算"补任阿阇梨①。朝廷此次下达官符,批准奏请,基本上实现了奝然建立一寺的誓愿,嵯峨栖霞寺改名为清凉寺,使栖霞寺这一临时的清凉寺成为永远的日本"五台山清凉寺"。但这时还不过是将栖霞寺中的一金堂称清凉寺,它是一个寺中之寺。

此官符的下达是由于《大藏经》的奉送而得到了摄政大臣藤原道长的庇护,延历寺也不能通过道长继续抵制奝然师徒建立新寺的努力,弟子们的这一抉择果然有效,使清凉寺得以确立。大概清凉寺的建立与弟子们希望在此埋葬1016年死去的奝然,为其事业盖棺定论有关。

总之,奝然来宋朝求法巡礼,沟通了中日的联系,但在开山立宗方面却失败了。

奝然、嘉因等入宋求法,成功归回日本,而当时入宋滞留不归的日僧也不在少数,下文将具体介绍这一不归的日僧群体,及其不归的原因。

---

① 〔日〕高楠顺次郎编:《入唐诸家传考》,收入铃木学术财团编《大日本佛教全书》第68卷(史传部七),东京:讲谈社昭和四十七年(1972)版,第180页。

第五章　有心游宋而未成行的日本高僧群体

第一节　从元杲等临阵逃脱看日僧求法心境与社会语境

有心来宋的日僧为何临阵逃脱

在古代，造船技术尚不成熟，跨海航行，涉险求法，是悲壮之举，是英雄行为。正如本书第一章所介绍的，日本朝廷 894 年停止派遣遣唐使，一个重要原因是横渡东中国海危险太大，有时死者过半。所以，日本僧俗企望到中国求法的不少，而真正成行的却不多。

9 世纪中期以来，唐朝商业发展，造船技术不断提高，商人到日本贸易的次数日益增加，航海也越来越方便和安全，因此有不少仰慕大唐文化的日本高僧舍弃日本船只，选择搭乘中国商人的便船来唐朝、来宋朝。入宋以后，也只能这样了，日僧临渊羡鱼者多，退而结网者少，许多人半途而废，这还与当时日本社会的语境有关。

唐朝末年，日本比睿山僧人玄照，"贞观十九年(877)，为求法欲入唐，与僧济撰、安然、观溪等，赐官符及御府黄金，到太宰府，欲相乘唐人商船，欲乘心动，自府归山"，只有"济撰独无疑虑"，结果在"渡海之间，为贼所害"。对此，日本后人美其名曰："玄昭[照]为有先知之明矣。"①济撰被海盗杀害虽是偶然，也是情理之中的事，当时东海上海盗活动已经很频繁了，应该也是玄照和安然等所能意料到的，而且遭遇风暴是十有八九的事，何来先见之明？临上船时，从大宰府逃归山中，不过临阵脱逃而已。这种情况实际上一直延续到 10 世纪以后。

到 10 世纪末期，日本临渊羡鱼，有心来宋求法巡礼的僧人相比 9 世纪末

---

① 〔日〕承澄抄写:《名匠略传》,收入《群书类丛》第 4 辑,东京:经济杂志社明治二十六年(1893)版,第 466 页。

更多了起来,连当时在日本名重一时的高僧元杲、源信、庆滋保胤、皇庆、延殷等都首鼠两端。

元杲等早就和人相约一起入宋,临行违约。更有甚者,念念不忘入宋求法的源信和皇庆,人已经到了大宰府,宋朝的商船已经等在岸边,最终还是临阵脱逃了,和他的前辈玄照、安然一样。进入 11 世纪则有名僧觉镬(1095—1143)①,也成为临渊羡鱼者。

入宋以后日僧临阵逃脱的主要原因,已经不是畏惧风浪之险,而是畏惧人言。让他们退缩或裹足不前的原因大约如下:其一是贵族文化的熏陶使他们丧失了先辈的冒险精神:其二是入宋求法之举难得日本朝廷的批准;其三是在当时的日本语境之下,即使获得朝廷入宋的批准,往往也会遭到道俗各方的诽谤,像奝然所遭遇的一样。

下面将在这一群体中选择介绍元杲、皇庆、庆滋保胤、源信等几个日本平安中期的历史风云人物,先看当时德高望重的高僧元杲。

宣言入宋的元杲公开承认"有惮稽留"

元杲是空海大师的直系弟子,即日本密宗真言直系第七代弟子,当时的日本密教高僧。10 世纪是日本密教最兴盛的时代,由于弘法大师空海曾经根据《秘密仪轨》如法修行《仁王经》法、《请雨经》法等显现出灵验,日本朝野上下更加信仰密教,甚至根据空海的上奏,模仿唐朝神龙道场的例子于 835 年在宫中设立真言院,从此成为密教兴隆繁荣的中心。

元杲何以有心入宋求法?这跟他的学生奝然有关。奝然在准备到宋求法巡礼的事宜期间,即 986 年登上宋商归国的商船离开日本之前,日本天台宗等各派嘲笑他德才和资历太浅,不够资格到中国求法,奝然可能因此希望有一个德高望重的高僧来领头,自己作为随行人员入宋,奝然在寻求同志,争取广泛的理解和支持之时,自然想到自己的老师元杲。

日本天元五年(宋太平兴国七年,982)六七月之间,日本出现大旱,朝廷无计可施,只好故伎重演,请密教高僧修法求雨,元杲法师自然成为修法求雨的首要人选。因为元杲多次施展密法为朝廷求雨成功,据说得弘法大师的秘密真传,是空海的孙徒之中比较出色成功的一人。七月十八日②,元杲奉命于神泉苑住持修《请雨经》法。神泉苑乃当时日本的皇家园林,如真言院一样

---

① 觉镬有心入宋失败的详细,参见本书第七章第三节。

② 根据《大日本佛教全书·觉禅抄》等记载,元杲大僧都共有三次祈雨御修法之行,一在天禄三年(972);一在天元五年(982);一在宽和元年(985)。诗中说是"再"次,当是在 982 年,即奝然即将入宋前。

是朝廷举行修法等佛事的中心场所。按修求雨秘法的仪轨，主角元杲需要协从僧人 8～32 人，奝然作为自己的得意门生入选。大概在此期间，奝然邀请老师一同到宋朝巡礼求法，而且两人终于“相伴入唐之契通”①。

这次求雨法事，前后 5 天，进展顺利，到第五日“甘雨”滂沱，元杲因祈雨成功阶位得以由“法桥”上升为“法眼”，并任僧都之职。奝然等特为元杲举行庆功诗会，祝其修法的灵验，又贺其僧位的荣升，奝然赠诗如下：

（1）　奉感神泉苑祈雨御修法有灵验之什　　末资奝然
再感神泉请雨经，祈祈甘雨满池亭；
鹊飞离草游丝乱，乌景隐云泻玉零。
天子倾缨沾叶苑，阇梨结掌沥花庭；
法桥宜继大师路，无热蛇龙尚有灵。

（2）　忽改法桥字敬为法眼字　　奝然
神泉苑里奇何事？喜雨滂沱几浅深；
高野大师流布昔，醍醐法眼泻瓶今。
欣龙渊底化含水，湿雁云中翥入霖。
若此生临唐竺境，应言请雨法甘心。②

奝然在诗中借当年祖师“弘法大师始修《请雨经》法，无热池善女龙化现此池”③的典故，劝老师继承空海大师求法之路，“临唐竺境”，即此生亲临大唐和天竺之境，追求更大的灵验、更高的法术。

受唐朝文化的影响，平安中后期日本贵族之间举行聚会及诗歌酬答已经成为风气。许多僧人擅长诗歌的写作，诗为汉诗，歌即和歌，元杲也不例外。他的和诗如下：

（1）　奉和奝高才感神泉苑祈雨御修法有灵验之什，次上韵。
愚老元杲
天雨答祈依转经，苍生谁谓仰亭亭；
密云布处心弥至，膏泽降时泪共零。
散漫余滋先满亩，滂沱澄水不过庭；
神泉苑验功非我，应是祖师远及灵。

---

① 〔日〕高楠顺次郎编：《入唐诸家传考》，东京：讲谈社昭和四十七年（1972）版，第 177 页。
② 〔日〕高楠顺次郎编：《入唐诸家传考》，东京：讲谈社昭和四十七年（1972）版，第 177 页。
③ 〔日〕高楠顺次郎编：《入唐诸家传考》，东京：讲谈社昭和四十七年（1972）版，第 177 页。

(2) 重和法桥字为法眼字之什，本韵。　　僧都元杲
再感神泉祈雨诏，阶级过分恐尤深。
先年始奉成功后，一代熏修被赏今。
润石洒来能散草，带云霁去不为霖；
适寻师迹虽弘道，愧变远行随从心。①

从《奉和奝高才感神泉苑祈雨御修法有灵验之什，次上韵》《重和法桥字为法眼字之什，本韵》这一题目及其内容看，此次诗会规模很大，反复唱和，大约每人有十首应和诗。

诗会规模巨大是因为求雨成功之事震动很大，根据元杲在诗中的解释："结愿之后两日间雨犹不停，水既无容于时，诸人疑若霖雨。然而普润之后，雨犹不及三日，雨止云晴，天下皆礼。"可见元杲获得朝廷的嘉奖，这从元杲前后两首诗中的自称变化可以得到证明，元杲从"愚老元杲"到"僧都元杲"的改口，足见他颇为得意。查看10世纪前后平安朝廷修法求雨的记载，修法应验的并不多，所以元杲自称"感泪自落"②。奝然也许看到老师元杲有些自满，不求上进，不愿涉海冒险，于是赠诗中提醒老师，应该模仿祖师空海到宋朝"寻师"求法，回国"弘道"，百尺竿头更进一步。

入宋巡礼求法是日本平安中期包括元杲在内许多高僧的宏愿，从元杲第二首诗中可见，实际上他也确实有此想法，奝然的鼓动诱发了他的上进心。奝然借机动员元杲同行，也是想在僧界扩大声势，对抗反对他入宋求法、"寻师迹""弘道"的语境或舆论压力。元杲作为老师答应了弟子奝然的邀请，一同入宋求法，为何恰恰在此风光之时突然反悔？借唱和之诗向奝然表示道歉："愧变远行随从心。"元杲特在该句诗后的注释暗示了理由："相伴入唐之契通，事有惮稽，留故。云云。"③元杲与奝然的"相伴入唐之契"，如同奝然与义藏之间的誓愿结缘一样，是在佛祖面前订立的契约，元杲最后放弃入宋的真正原因，要么是缺乏吃苦和冒险精神，有惮于海上的风险而稽留；要么是社会上的闲言等因素让他有所忌惮，担心众人像嘲笑奝然一样说他非"权化之人、希代之器"，入宋不过是表明日本"无人"④。第三种可能，当初元杲答应和奝然一同入宋求法是因为失意，而这次神泉苑求雨侥幸有"验功"并且因此获得朝廷提拔，元杲因此感到志

① 〔日〕高楠顺次郎编：《入唐诸家传考》，东京：讲谈社昭和四十七年(1972)版，第177页。
② 〔日〕高楠顺次郎编：《入唐诸家传考》，东京：讲谈社昭和四十七年(1972)版，第177页。
③ 〔日〕高楠顺次郎编：《入唐诸家传考》，收入铃木学术财团编《大日本佛教全书》第68卷(史传部七)，东京：讲谈社昭和四十七年(1972)版，第177页。
④ 〔日〕黑板胜美编辑：《本朝文粹》，编入日本《新订增补国史大系》第29卷(下)，东京：吉川弘文馆平成十一年(1999)新装版，第334页。

得意满，放弃通过入宋求法来抬高身价的冒险。

如果连主持国家重大的祈祷法事的元杲也是一个心慕大宋，有心西天取经、求法弘道却无胆识的人，对日本这些临渊羡鱼者的研究，我们可以充分理解10世纪日本的社会环境和历史语境，理解日本当时的群体心理和社会心态。

总之，是否赴宋求法的问题是当时的日本名匠大德们共同思考的主题，他们都有与宋朝建立联系，求得新法、新思想的需要，尽管迫切的程度不同，一旦面对日本当时的社会风气和舆论压力，他们的表现与奝然有了很大的差别。所以，庆滋保胤的弟子辈皇庆等临阵退缩。

法师皇庆本计划和老师寂照一起到宋朝巡礼求法，他甚至已经到了九州岛，上船了，却打起退堂鼓来，突然下船而去，日本后人却美其名曰是“八幡大神挽留焉”①。日本《明匠略传》载：

> （皇庆阿阇梨）到镇西……有渡海心，而寂昭（照）上人共上旅船。有数千鸠集船上，逐之不起，怪，留诸人，犹不分散，灭[试?]下阇梨。鸠便飞去。是知八幡大菩萨惜国宝。②

可见渡海赴唐和入宋是一件需要极大勇气的事，实际上日本僧界的缺乏勇气也是平安社会的享乐风气所致。平安贵族不像他们的先辈一样敢于冒风波之险，894年日本停派遣唐使的原因之一就在此。在此追求往生西方的时代，贵族何尝不想一上五台山，和文殊菩萨结缘。但他们只能施财舍物，借僧侣之力，所以我们从《宋史》中看到“其来者皆僧”的记载。

10世纪的日本就是这样一种状况，一方面国家有求法的需要，一些僧人有来宋求法的愿望，另一方面自尊的社会风气让他们对出国存着戒备、谨慎之心。

第二节　庆滋保胤等有心入宋却只临渊羡鱼

平安日本的方便法门与庆滋保胤的净土结社

北宋佛教复兴之后，有心来宋朝的日本学者高僧，除了元杲、皇庆之外，

---

① 〔日〕师蛮：《本朝高僧传》（收入《大日本佛教全书》），日本：佛书刊行会大正二年（1913）版，第681页。

② 〔日〕承澄抄写：《名匠略传》，收入《群书类丛》第4辑，东京：经济杂志社明治二十六年（1893）版，第476页。

还有当时在日本最为著名的两位大人物,其一是文坛泰斗庆滋保胤(约934—1002),此人公卿出身,后来才遁入空门,庆滋保胤可以说是奝然的诗文之友;另一个是佛教界的新秀源信,他和奝然是对手,也是经纶之友,虽然非出一门。源信本书将重点介绍,这里我们先看庆滋保胤。

往生净土、入宋求法是10世纪后期日本的热门话题,称名念佛特别流行,特别是在丛林之中,当时日本僧俗仿照中国庐山结社故事,结社成风。

庆滋保胤在当时的日本可谓是明星人物,同时也是日本丛林名士,首屈一指的汉学家。崇拜唐白居易的庆滋保胤,964年曾效法中国晋代慧远、唐白居易结社念佛之举而建立劝学会,修习念佛,朝则讲诵《法华经》,夜则以经中文句作诗,以法道文道相激励,在他所著《日本往生极乐记》一书序言中,庆滋保胤是这样介绍自己的:

> 自少,日念弥陀佛,行年四十以降,其志弥剧。口唱名号,心观相好,行住坐卧暂不忘,造次颠沛必如是。夫堂舍塔庙,有弥陀像、有净土图者,莫不敬礼;道俗男女,有志极乐、有愿往生者,莫不结缘;经论疏记,说其功德、述其因缘者,莫不批阅。①

如此虔诚信仰佛法,好念佛诵经,追求往生净土,如此喜欢结缘,庆滋保胤自然会巡礼"有弥陀像、有净土图者",且有经论疏记的南都名刹东大寺,与崇尚高论的三论宗少壮修学僧奝然结缘。因都有往生志愿和求法兴教的抱负,他和奝然成为经纶之友。奝然也是好出人头地好交友结缘之人,岂会不仰慕道俗风流人物庆滋保胤?庆滋保胤在奝然赴宋临行时对他说:"予是花月之一友。"可见他们同为爱文学、爱花月之人,爱清净净土之人。既然他们结成了"花月之友",奝然当为庆滋保胤"文学沙龙"成员之一,该沙龙的成员主要为高僧与文学贵族,奝然应该多次参加了他的诗会。

庆滋保胤乃日本平安文坛之翘楚,劝学会歌人之核心,是一个活动能力非常强的人物,在公卿贵族中很有人缘,对朝野舆论有一定的影响力。虽出家却爱好诗歌的奝然和庆滋保胤等文人关系密切,也是想借此影响舆论对自己的评价,改善语境对自己入宋求法的压抑。显然入宋巡礼求法也是他们共同关心的话题,从庆滋保胤后来给奝然赴宋饯行,赠诗言"已契西方共往生"看②,他们二人可能也有为此结缘之状,这是他们共同的往生追求。

---

① 〔日〕庆滋保胤撰:《日本往生极乐记》,东京:经济杂志社明治二十六年(1893)版,第366页。

② 〔日〕高楠顺次郎编《入唐诸家传考》,收入铃木学术财团编《大日本佛教全书》第68卷(史传部七),东京:讲谈社昭和四十七年(1972)版,第177页。

天延二年(宋太祖开宝七年,874)八月,庆滋保胤的劝学会为建立佛堂而募集资金之时,正值奝然与源信宫廷论战失败后的孤独之际,奝然论战之后,求学上进之心更浓。僧奝然与文士庆滋保胤的交往,说明日本僧俗社会存在追求往生西方的浓郁风气。

文坛领袖庆滋保胤"已契西方共往生"

日天元五年(宋太宗太平兴国七年,982)七月,奝然在赴宋临行之前为母亲举行的"逆修"法事,庆滋保胤在此间积极协助奝然筹备,尤其是在七月十三日为奝然代笔撰写了《奝(然)上人入唐时为母修善愿文》,文中分析了当时日本国人对待奝然入宋行为的特殊心态,指出了他们指责奝然的理由,并从奝然的角度一一加以批驳。

奝然正是想借此法事为入宋一事扩大声势,有意借重庆滋保胤的名望,有意让他代自己作成《为母修善愿文》,因为既然是为母修善,愿文似乎应该由奝然亲自来作,但他希望通过庆滋保胤之口来批评那些诽谤者。庆滋保胤欣然接受奝然的请求,毅然帮助奝然反击诽谤和攻击。庆滋保胤的愿文显然是根据奝然的意思而作的,针对当时"道云俗云、诽谤卢胡者已千万人"这一现实,文中他鼓励奝然"佛子其行不必得待纶言",即走自己的路,任他人评说。愿文针对奝然入宋是"为是斗薮也、为是菩提也""为求法不来"等宣言[①],庆滋保胤以自己的口气在愿文中对奝然的宣言作了诠释,并表示支持:

> 其词如是者,于本朝有何耻乎?彼钟仪之遇絷囚也,尚奏楚乐;莊舄之得富贵也,不变越声。胡马非北风不嘶,越鸟非南枝不巢。虽诚禽兽,犹思乡土,况于人伦,岂轻桑梓乎。[②]

这就是庆滋保胤要为奝然证明和担保的,奝然去宋朝于日本国无耻可言,奝然不是媚外之人,他会归来报效国家和佛法的。

就在为奝然写《愿文》后不久,即日天元五年(982)十月,庆滋保胤撰写了日本历史上的名篇《池亭记》,宣布逃离名利之争、喧嚣尘世,从文中可见庆滋保胤此时的心境,厌离日本国土,仰慕西方净土,崇拜白居易、竹林七贤的生活方式和生活态度,白居易当时在日本僧俗知识阶层中都很有影响。

---

① 〔日〕黑板胜美编辑:《本朝文粹》,编入日本《新订增补国史大系》第29卷(下),东京:吉川弘文馆平成十一年(1999)新装版,第334页。

② 〔日〕黑板胜美编辑:《本朝文粹》,编入日本《新订增补国史大系》第29卷(下),东京:吉川弘文馆平成十一年(1999)新装版,第334页。

但是庆滋保胤没能离开日本,为了表达对奝然入宋巡礼求法一事的支持和辩护,他仅仅借此机会赋诗,表明自己向往宋朝的心境。天元五年(982)仲冬十一月,奝然即将出发去异域他乡,"天涯烟水,前程不知几云关路驿,后会不道何春风秋月"之时,庆滋保胤特意广泛召集僧俗文人缁徒,为奝然赴宋饯行,诗赠奝然:

饯奝然上人赴唐,连韵清韵[①] 保胤
遥寻异域出皇城,相赠有言莫自轻;
抚我半头秋雪冷,愁君万里暮云行。
难期此土重相见,已契西方共往生;
久在后尘非势利,菩提应越旧交情。[②]

从庆滋保胤的文学地位可以断定他是这一诗会的召集者,宴会上应当有大量酬答诗歌,可惜不存,现仅见有此一首。从诗序所说来看,为奝然送行的人很多,此事影响很大。在该诗序言中庆滋保胤指出了奝然此行赴宋的重大意义。

仲冬饯奝上人赴唐,同赋赠以言,各分一字,探得轻字。庆保胤

夫人之别,古今一也,我朝率土之中,远则一二千里;分手之后,久亦五六余年,书信易通,不期雁足系帛之秋;归去无妨,岂俟乌头变黑之日。及如其臣之别君,子之辞父,犹遗一日三秋之恨;又有牵衣揽泪之悲,何况异域,天涯烟水?前程不知几云关路驿,后会不道何春风秋月。嗟呼!

倩思今日之远行,不似吾土之常别。往昔缁素非一,渡海者多矣。圣教未传,或专诚于求法之年,王事靡盐,或委命于入观之节。如我师浮云无踪,一来一去;虚舟不系,自东自西。昔仲尼之去周也,仁者相赠以言;今上人之赴唐也,亲知各露其胆。予是花月之一友,赠此蒭牧之二言:

堂有母仪,莫以逗留中天之月;室有师迹,莫以偃息五台之云。

聊记斯文,别泪沾纸。云尔。[③]

---

① 该诗结尾注"了尊者《悉昙轮略图钞》",是当为出处。

② 〔日〕高楠顺次郎编《入唐诸家传考》,收入铃木学术财团编《大日本佛教全书》第68卷(史传部七),东京:讲谈社昭和四十七年(1972)版,第177页。

③ 〔日〕黑板胜美编辑:《本朝文粹》,编入日本《新订增补国史大系》第29卷(下),东京:吉川弘文馆平成十一年(1999)新装版,第220~221页。

从诗和序中可见，自称“久在后尘”的庆滋保胤因不能同行而很悲观，也许是身体的老残所致，虽然不忍分别之痛，但奝然的大胆和勇敢更让他感动。894 年以前，日本僧俗渡海入唐的人多，那是因为“圣教未传”而“专诚于求法之年”，或因为政治上不得不朝贡唐朝，引进文化制度，到唐朝求法是没有社会压力的，现在奝然入宋求法就不同了，阻碍的力量太大，但其意义也重大。庆滋保胤要求奝然大胆追求“莫自轻”，他甚至将奝然入宋和“昔仲尼之去周”相比。最后，他以“堂有母仪”“室有师迹”告诫一心要巡礼五台山和中印度的奝然，“莫以逗留中天之月”“莫以偃息五台之云”①，求得佛法之后即回日本传法，报效国家和众生。

10 世纪后期的日本，出家入道的风气非常浓厚，庆滋保胤此时的心情流露于他为奝然饯行的诗中，自 964 年创劝学会以来，他非常向往西方极乐净土，大概是感觉年老体迈而“非势利”，自抚“半头秋雪”而心冷，尽管生不能同往入宋，他却与奝然“已契西方共往生”②。庆滋保胤支持奝然赴宋，是出于宗教热情，他们都关注大陆文化，研究宋朝的佛教新宗派和新经典，他们结缘的结果是奝然赴宋，庆滋保胤则根据从大陆传来的新经典撰写了《日本往生极乐记》。可惜庆滋保胤因“半头秋雪”而心冷，否则是不会独愁“万里暮云”之行的，他虽然没有像奝然一样亲自赴宋朝，但 984 年《日本往生极乐记》初稿本的完成，以及后来被送到中国，也算是他到西方极乐世界神游了一回。

奝然来宋之后，庆滋保胤与源信的联系更加密切起来，这也是一个可以探讨往生、修学、求法、巡礼等问题的高友。同时，庆滋保胤在他们的影响下，也不断倾向出家。宽和二年（宋太宗雍熙三年，986）四月二十五日，庆滋保胤于比睿山出家，从源信学净土之教，五月二十三日完成《二十五三昧会发愿文》。七月，奝然由宋回国到达大宰府之时，庆滋保胤正在和源信一起以横川首楞严院为中心积极推进“念佛三昧会”的结社，九月十五日，起草《二十五三昧起请八个条》，十月，起草《安乐谷念佛会缘起》。

此后，庆滋保胤却离开了横川，有没有什么特殊原因？尚无法知道。奝然由宋回国之后与庆滋保胤似乎没有什么联系，也不见有关记载，是否因为奝然的“势利”（任别当一职等），庆滋保胤因此与他断了“旧交情”？

---

① 〔日〕黑板胜美编辑：《本朝文粹》，收入《新订增补国史大系》第 29 卷（下），东京：吉川弘文馆平成十一年（1999）新装版，第 220～221 页。

② 〔日〕高楠顺次郎编：《入唐诸家传考》，东京：讲谈社昭和四十七年（1972）版，第 177 页。

第三节 源信以送书求评议代替入宋求法

源信的特意送书与宋人的偶然回信

日本延历寺僧源信(942—1017),俗姓卜部,天庆五年(后晋天福七年,942)生于大和国葛城下郡,即现在的日本奈良县大和高田市一带,幼丧父,投比睿山师事良源,15岁任讲师,精通显密。后成为10世纪末11世纪初日本僧界的翘楚,在世纪之交,源信在日本朝野的影响如日中天。

源信与出身东大寺的奝然,是在斗争中共同进步的,他们之间的竞争是各自老师和所属寺院竞争的延续。源信与奝然的竞争至少从日天延二年(宋太祖开宝七年,974)五月十日,甚至更早就开始了。源信在天延间(973—975)崭露头角,在朝野僧俗声名鹊起,就是因为应诏与奝然在宫中进行的对论中取得了胜利。

有趣的是,文坛领袖庆滋保胤与两人都有很好的交情,曾经鼓励奝然入宋求法的庆滋保胤也同样鼓动过源信。何以说源信西下九州岛寻找与宋朝佛教界的联系与庆滋保胤的鼓动有关?理由是源信在西下的时候带上了庆滋保胤的《日本往生极乐记》,并委托宋商送至宋朝天台山结缘,这显然是庆滋保胤的心愿,庆滋保胤对与宋交流是非常积极的。

奝然到宋朝求法巡礼,为东大寺及南都、真言宗诸派求得宋朝雕版《大藏经》,对于权倾一时的天台宗延历寺及其后援的贵族是一个很大的冲击,而且奝然不仅得到国人的肯定,更有甚者他还得到中国皇帝的册封,这令源信等羡慕不已。毕竟他们曾经是对手,何况他们两人的竞争还代表着两寺、两宗派的竞争,10世纪中后期,日本南都东大寺与北岭延历寺二山、真言同天台二宗之间正处于激烈的竞争和斗争之中。

寂照之所以下决心到宋朝求法巡礼,老师庆滋保胤的关注和督促也是重要的动力,寂照是源信的徒弟,同时也是庆滋保胤的徒弟。长保四年(宋真宗咸平五年,1002)十月,庆滋保胤圆寂,正准备入宋的寂照一时回京瞻仰,之后立即出发渡海来宋朝。

源信没有在庆滋保胤的鼓动下立即下决心入宋求法巡礼,就在源信观望之时,奝然师徒一行于983年入宋,986年携佛像、佛经返回日本了。紧接着988年奝然的弟子嘉因再次获得朝廷的批准入宋求法,并于同年二月搭乘宋商郑仁德的船到达宋朝。至此,东大寺僧奝然师徒从宋朝取经归来的风光与荣耀促使源信和他的弟子寂照下决心与大陆宋朝建立联系，企望自己和一门都能够得到宋人的肯定，因此源信于 989 年让他的弟子寂照奏请入宋，可惜未获批准。既然自己一门一时不能入宋，源信自然要另想办法了。

此时的源信，每天阅读和研究的都是来自中国的经典，他不可能不关注中国。自五代以来，中国浙江地区的许多寺院不断有僧侣随商人到日本求书，自然和日本各寺院建立了联系，源信自然会搜寻有关北宋的信息，甚至亲自西行九州岛，到宋商登陆日本的口岸，结交来日本的宋朝商人和僧侣。源信西行的经过如下。

一条天皇永延元年(宋太宗雍熙四年，987)十一月二十六日，宋商朱仁聪到日本九州贸易，搭乘商船同行到日本的还有杭州水心寺僧齐隐。得知此消息之后，永延二年(宋端拱元年，988)正月十五，源信特意假借云游之名西下九州岛，巡游于宋商常来常往的一些港口，寻机拜会宋台州商人朱仁聪等，还有齐隐和尚(此人曾上过比睿山延历寺)。源信此行的目的是希望他们将自己随身携来的五部书籍带到宋朝，尤其是他的《往生要集》在日本一时未见赏识者，甚至有人诽谤它，他希望得到中国人的赞赏。平安后期的日本人同奈良时代的前人一样，依然非常关心中国人对于他们的评价，以下一段颇为传奇的记载可以佐证：

> 宽印事楞严院源信，学业早成，时宋人朱仁聪在越之敦贺津，信欲见聪，拉印而往，仁聪出接之。壁间有画像，聪指曰：“是婆删婆演底守夜神也，为资渡海厄所归也，师知此神乎？”信忆《华严经》中善财赞叹偈，以笔题像上曰：“见汝清净身，相好超世间。”呼印曰：“子书次句。”印把笔写曰：“如文殊师利，亦如宝山王。”仁聪感嗟曰：“大藏者，二师之肠胃也。”乃设二椅延之。①

朱仁聪的这一赞赏无疑是最令源信激动的。相信源信和朱仁聪在九州和敦贺等地多次见面，这次在九州岛见到宋朝商人和僧人(齐隐等)后肯定大谈自己的觉悟，做前面传奇中所说的那种表演，得到了远来客人的奉承，类似的记载，在《慧心僧都自写像记》中也有：“僧都博览强识，朱仁聪叹大藏为其肠胃矣！”②源信为此宿缘欣喜万分，既然自己的高论能被眼前这两三个中国人欣赏，自然在大宋还有更多的知音。临别之际，源信将自己的《往生要集》

---

① 〔日〕敬雄等编：《天台霞标》，收入佛书刊行会编《大日本佛教全书》第 125、126 卷，东京：名著普及会平成四年(1992)版，第 577 页。

② 〔日〕敬雄等编：《天台霞标》，东京：名著普及会平成四年(1992)版，第 302 页。

托付朱仁聪、周文德和齐隐，请他们带到宋国去推广，并附上了一封非常谦虚、委婉的信加以说明。该信全文[①]如下：

> 佛子源信，暂离本山，头陀于西海道诸州名岳灵窟，适远客著岸之日，不图会面，是宿因也。然犹方语未通，归朝各促，更封手札，述以心怀。
>
> 侧闻：法公之本朝，三宝兴隆，甚随喜矣。我国东流之教，佛日再中，当今克念极乐界、归依《法华经》者，炽盛焉。佛子是念极乐其一也，以本习深故，著《往生要集》三卷，备于观念。夫一天之下、一法之中，皆四部众，何亲何疏？故以此文，敢付归帆，抑在本朝犹惭其拙，况于他乡乎？然而本发一愿，纵有诽谤者，纵有赞叹者，并结共我往生极乐之缘焉！
>
> 又先师故慈惠大僧正(讳良源)作《观音赞》、著作郎庆保胤作《十六相赞》及《日本往生传》、前进士为宪作《法华经赋》，亦同赠，欲令知异域之有此志。
>
> 嗟乎！一生苒苒，两岸苍苍，后会如何？泣血而已。不宣。以状。
>
> 正月十五日，　　　　天台楞严院某申状
>
> 大宋国某宾旅下。[②]

从“抑在本朝犹惭其拙，况于他乡乎”的表白看，源信的确也意识到此举有班门弄斧之嫌疑，从“纵有诽谤者，纵有赞叹者，并结共我往生极乐之缘焉”的表述看，他已经听到了日本人的评价，《往生要集》一书的结尾说明，那多是些批评和指责，所以非常期待宋朝同行肯定的评价。源信的这一心思连精于投机的宋朝商人周文德也很清楚地看出来了。

如信中所示，源信这次特意送给宋朝同道的五部书分别是，自撰的《往生要集》、恩师慈惠僧正所著《观音赞》、好友著作郎庆滋保胤撰《十六相赞》和《日本往生传》、进士源为宪所著《法华经赋》，这些书皆出自日本10世纪一流的学者，都是代表日本一流水平的大家，这几部书及其作者的选择说明源信是有意赠书宋朝，他与宋商朱仁聪及宋僧齐隐在九州的会晤也绝非偶然。因为他所携带的并委托台州商人周文德带往中国的五部著作都是经过认真选择的，事先准备的，它需要费力耗时来抄写，而不可能像现在那样去书店购

① 该信段落由本人所分，未见原件，可能不合书仪，如此处理只为便于理解和介绍、分析该信的内容。

② 〔日〕源信：《往生要集》，石田瑞麿注，收入《日本思想大系》6，东京：岩波书店1970年版，第405页。

买，而且所赠对象是日本天台宗的本家和本山——中国天台山国清寺。日本学者根据源信附带致宋的书信中“宿因”之词，认为源信与宋人朱仁聪及齐隐是偶然邂逅，这是本文所不敢苟同的。我们认为，五代以来中国人的东渡购书和求书，激励了日本同行的学术研究热情和自信，源信是在奝然于983年来宋后不久着手撰写《往生要集》的，于985年脱稿。

源信的《往生要集》传入中国以后，宋人又是如何评价的呢？根据日本现存的有关记载，源信很快就等到了回音。宋朝商人郑仁德的帆船再来日本是在日正历元年(990)四月(或七月?)，一同来日的商人周文德将一封署名“婺州云黄山七佛道场住持”行辿的书信和诗带来日本，并托人送给了源信，源信便读到了行辿和尚的书信：

> 大宋国婺州云黄山七佛道场住持沙门行辿，
>
> 书附日本国天台首楞严修西方净土净业源信大师侍者：
>
> 行辿自己丑(按：宋端拱二年，989年)去载，于当府杨都纲处领得大师制作《往生要集》一部三卷。批阅先羡义味衍广，以恙商人(原注：以恙商人未审)。心皎秋月，行洁冰霜。承佛记于像末，宏教乘于远邦。轨范法门，提携四众；精勤身意，恒念西方。王上之师友，臣下之归依。一方之三宝兴隆，全由巨力。余恨无羽翼，乏以浮盃(原注：乏以浮盃未审。按：指僧渡海，亦称“杯渡”)，但望日边，遥相瞻美。①

再看行辿称赞《往生要集》的诗，据《源信僧都传》所录，其内容如下：

> 闻说封疆道化深，阅来文藻见全心。
> 篇章每使符真趣，观行长教契宝林。
> 白菡萏连池布玉，碧□璃殿像纯金。
> 莫言皓首沧波远，三轴珠玑世以钦。②

信和诗的内容都是对《往生要集》的肯定话语。看到宋人如此地赞赏自

---

① 转引自王勇、〔日〕大庭修主编《中日文化交流史大系・9・典籍卷》(杭州：浙江人民出版社1996年版)第241页译者(王丽萍)加注。括号内为原注。另，信中的“杨都纲”即“杨船头”。见成寻的《参天台五台山记》卷第八“延久五年五月二十八日条”，其中称船头刘琨为“刘琨都纲”。——本文作者补注。

② 转引自《中日文化交流史大系・9・典籍卷》第241页原书译者注。下同为译者所注：“碧”后脱字疑为“琉”。据《源信僧都传》，接到行辿的书状及赞诗后，源信等曾有“继韵唱和编什”之诗，惜被略去未载。

己,源信非常高兴,便和好友一起步其韵而唱和,可惜源信等"继韵唱和编什"之诗今已失传。沉浸在快乐之中的源信及其友人不久又收到了宋人的另外一封信,该信是宋商周文德在"驰愤之际",通过"便脚"送来的。源信等展信研读,开首周文德在寒暄之后便说明其来信的原委:

> 大宋国台州弟子周文德谨启:
>
> 仲春渐暖,和风霞散。伏惟,法位无动,尊体有泰,不审不审,悚恐悚恐。
>
> 唯文德入朝之初,先向方礼拜禅室,旧冬之内,喜便信启上委曲,则大府贯首丰屿才人,附书状一封,奉上先毕,计也,经披览欤?欝望之情,朝夕不休。驰愤之际,遇便脚重启达。①

在这番客套话之后,书状中有关《往生要集》的以下几句话让源信及后来的日本人感到了极大的自信和骄傲。周文德说:

> 唯大师撰择《往生要集》三卷,捧持诣天台国清寺,附入既毕,则其专当僧,请领状予也。爰缁素随喜,贵贱归依,结缘男女、弟子五百余人,各发虔心,投舍净财,施入于国清寺,忽饰造五十间廊屋,彩画柱壁,庄严内外,供养礼拜,瞻仰庆赞。佛日重光,法灯盛朗。兴隆佛法之洪基,往生极乐之因缘,只在于斯。②

信中所提到的"领状"大概就是指之前行辿的那封信。现在,周文德的这封信在日本引起前所未有的巨大反响,远远超过了行辿的回函。若据周文德之信,中国僧俗简直把源信当救世主、活菩萨来瞻仰!以后,传言越来越丰富,更激动人心的好消息不断传来,日本朝野进一步听说宋人不仅口唱"南谟日本教主源信大师",虔诚礼拜,宋国僧俗还特地请周文德到日本拜求教主源信的真影,以便得以早赴极乐世界。日本举国震动,大受鼓舞。朝廷速命丹青高手巨势广贵描画源信的肖像,托付周文德送往中国。

日本僧俗何以如此高兴?日本僧俗学者乃至官僚们认为,中国同道此种表现证实了自己人的学问修养超越了中国人,自与唐朝通交以来,日本人一

---

① 〔日〕源信:《往生要集》,石田瑞麿注,收入《日本思想大系》6,东京:岩波书店1970年版,第406页。

② 〔日〕源信:《往生要集》,石田瑞麿注,收入《日本思想大系》6,东京:岩波书店1970年版,第406页。

直非常期望自己的文化和风俗得到中国人的好评。“日本人为了证实自己的学养，目的明确地将著作送往宋朝，当以源信的《往生要集》为嚆矢”①。源信此举可谓一发成功，本人有了面子，日本朝廷也感觉到他为国争光了，日本后人更是为先人的此一“成功”而骄傲。不管周文德传来的消息是否属实，它却是10世纪日本朝野有识之士的期望，当时的日本人深信不疑，而且直到当代都在激励着日本的后学。周文德带回的消息，在京都不胫而走，无论在朝廷还是僧界，源信的声望突然如日中天，借此风的鼓吹，此后源信的净土教义也得到广泛的信仰。

插图5-1　源信画像②

在日本学者眼中，商人周文德送回日本的书信就代表着宋人对《往生要集》的评价，《往生要集》也因宋人这一“评价”引起了日本国内的普遍关注。

《往生要集》受中国僧俗崇拜的实质

源信的《往生要集》传到中国后，是否真如周文德书信中所描写的那样受到僧俗的崇拜呢？实际上，源信《往生要集》在宋朝所谓的好评，首先是被周文德夸张了，随后又是被日本人自己大肆渲染，以致完全脱离实际。几十年之后，才由来宋求法巡礼的日僧成寻发现这一秘密。成寻在巡访天台国清寺等诸州各寺期间，特别关注中国僧界对于源信《往生要集》的反应，结果竟未发现《往生要集》流播的迹象，甚至几乎是无人问津，他在惊叹与日本所闻全然相异的同时，揣度行辿得到《往生要集》后置于身边，并未在当地弘传。成寻不仅为此失望，还为此打抱不平，他借机再次为源信推广《往生要集》。

希望日本文化学术得到中国人的肯定，无疑是整个平安时代日本人(从源信到成寻等)的愿望。926年，日本朝廷特意让宽建等携带精心挑选的作为日本最高水平的四家诗集共九卷(菅原道真三卷、纪长谷雄三卷、橘广相二卷、都良香一卷)，到中国去“流布”，结果不仅未见什么好评，甚至也不见中国方面只言片语的回报，现在周文德如此快地带来好消息，自然要加以渲染了。

---

① 王勇、〔日〕大庭修主编《中日文化交流史大系·9·典籍卷》，杭州：浙江人民出版社1996年版，第239页。

② 〔日〕NHK编：《读心》，平成元年8月、9月号，第1页插图。

所以日本《本朝高僧传》后来也"传闻:赵宋皇帝闻信道誉,建塔庙,置影像,烧香礼赞云"[①]。更有甚者,《慧心僧都自写像记》中竟渲染成如下故事:

相传真宗,素闻僧都道德,敕寂照劝某入宋。寂照对曰:"知不敢应。"帝重敕写其真来。寂照传命于本国,僧都弟子圆景善画,写真寄献。帝一览慊然曰:"写者不精,失其真乎?何其道德之高,而真仪之不威耶?"寂照再传旨于本国,于是僧都临水自写进焉。帝大悦,特延塔庙,以祀其像。[②]

又《楞严院源信僧都传》载,源信的《往生要集》在中国流传之后,

乃至大唐(宋——引者注)皇帝降宣旨,安置影像及《往生要集》,授大师号(谥圆通大师,闻度度唐人传语),恭敬礼拜本朝,称其住所及讳号,瞻仰侍奉矣![③]

源信简直成了大宋皇帝心中的活菩萨。事实上,此"圆通大师"乃宋真宗给源信徒弟寂照的赐号。我们很难想象一直要求外国来朝贡的中国皇帝会如此朝拜一个外国和尚。难道真的能梦中感应?纵然有求写真画像之事,也是宋朝商人周文德等人的连环骗术。关于周文德带到日本的书状的真伪,学术界现有两种意见在争论,一种认为周文德为获衣粮之助而舞文弄笔;一种认为周文德并非凭空捏造,《往生要集》在宋朝引起相当反响或为事实[④]。

随着时间的推移,人们开始回头来重新研究周文德的信,不觉感觉到他写该信的真实意图在其结尾才真正点明,我们接着前面的引文再看周文德的来信:

方今文德,忝遇衰弊之时,免取衣食之难。仰帝皇之恩泽,未隔诏敕,并日之食,甄重欲积尘,何避饥馑之哉(?)。伏乞大师垂照鉴,弟子不胜愤念之至。敬表礼代之状。不宣。谨言。

二月十一日,大宋国弟子周文德申状。

---

① 〔日〕师蛮:《本朝高僧传》,载《大日本佛教全书》,东京:佛书刊行会大正二年(1913)版,第170页。

② 〔日〕敬雄等编《天台霞标》,收入佛书刊行会编《大日本佛教全书》第125、126卷,东京:名著普及会平成四年(1992)版,第302页下。

③ 〔日〕源信:《惠心僧都全集》,东京:同朋舍昭和四十六年(1971)版,第658页。

④ 详细参见王勇、〔日〕大庭修主编《中日文化交流史大系·9·典籍卷》,杭州:浙江人民出版社1996年版,第239～243页。

谨上　天台楞严院源信大师禅室　法座前。①

以上这几句话值得关注，原来他不过是在“衰弊之时”为了解决“衣食之难”而舞文弄笔！其实周文德当初就看出了源信的心思，所以现在寻机给他来这么一封极具安慰的回信，以期得到回报。又因为文章的语气和格式完全是日本的，联系到不断夸大的传闻可以断定，这或许是比睿山日本天台宗的“炒作”。炒作的原因也许是转移世人对奝然的关注吧。

但是当时以及后来的日本人对此炒作都信以为真，例如成寻 1072 年到宋朝求法巡礼时就特意携带了相关的材料，源信自著《往生要集》三帖、《源信僧都行状》一卷、《唐婺州七佛道场行辿和尚请纳〈往生要集〉返事》一通、《日本诸儒参源信僧都房作诗》一卷等，准备来做进一步宣传，从国清寺一路到汴梁、五台山，当他兴致勃勃地和宋僧们谈论源信时，发现宋朝人并不知有源信和他的《往生要集》，“于日本所闻全以相违”，这让成寻大抱不平。“为令知源信僧都行业”，于是再次拿出这些书信叫宋人抄写传播②。

回头再看源信，他接到行辿和周文德的书信后，确确实实增加了自信，再接再厉，不管前事真伪如何，源信于日本正历二年（宋太宗淳化二年，991）三月再将积年研究的成果《因明论疏四相违略注释》第一卷誊抄两份，托付婺州商人杨仁绍（或“杨仁侣”？）带到宋国，一份赠呈他视为知己的行辿，另一份请行辿转送长安慈恩寺，以求得到弘道大师窥基门下的肯定。这从该书第一卷末的以下说明中可以得到印证：

谨赠大宗国务州云黄山　延大师案下。愿与慈恩寺弘道大师（讳大乘基）门人，共决择是非，幸垂　示教。于时日本正历三年（壬辰）三月十三日，僧源信上。③

大概是因为没有及时得到行辿和慈恩寺的回答，源信有些按捺不住了，或者正好此时该书中卷和下卷也完成了，源信便于 997 年再次赠书并寄信到宋国慈恩寺窥基大师门下高僧，以代替催促。源信在第一次送书的时候是非

① 〔日〕源信：《往生要集》，石田瑞麿注，收入《日本思想大系》6，东京：岩波书店 1970 年版，第 406 页。

② 〔日〕平林文雄：《〈参天台五台山记〉校本及其研究》（上），东京：风间书房昭和五十三年（1978）版，第 136 页。

③ 〔日〕源信：《因明论疏四相违略注释》，载《大正新修大藏经》第 69 卷，台北：佛陀教育基金会 1990 年版，第 309 页。“大宗国”当为“大宋国”之误；“务州”当为“婺州”之误；“延”当为“辿”之误。具体参见《大藏经》原本脚注。

常自信的,要和宋僧“共决择是非”,这一次就显得非常谦虚了,此可见于《因明论疏四相违略注释》第三卷末尾的如下附言:

正历三年壬辰岁,春三月,更写一本,付大宋国客商杨仁侣,传婺州云黄山行辿和尚,赠慈恩寺弘道大师门人,盖是欲令详定是非,以披愚蒙而已。源信记。

这完全是请教的语气。另,在此书第三卷封面的纸背又有如下附言:

(原本表纸里云——原注)谨献大宗国慈恩寺基大师门徒、高德,愿决是非,开予愚蒙矣!日本国长德三年(997)丁酉岁三月,日僧源信。①

为了得到中国的再次肯定,源信竟然送了两次,慈恩寺素以秉承因明学的传统著称,但只传两代便乏继承者,而且此时慈恩寺已经衰落,可惜源信满怀期待,结果却杳无回音。到日本长保二年(宋真宗咸平三年,1000),源信再著《因明义断纂要注释》一卷,恰遇宋杭州钱塘西湖水心寺的沙门齐隐来日本,不肯罢休的源信便再次托齐隐转送宋朝慈恩寺。因为永延年间源信曾托齐隐等成功地将《往生要集》等书送到宋朝,并得到回音,对于这一次送书源信无疑相信会成功的,所以,在附带的书信中,他语气更加谦虚委婉了:

日本国天台首楞严院沙门源信,稽首敬白:

生值佛法,从所性玩,往年以有事缘,彼[披?]阅《因明论》,虽有卅三过,其要有四相违,虽有诸师解释,其理不如慈恩释。彼疏者异说居多,递生矛盾,源信聊述鄙怀,注尺[释?]合为三卷,事须渡沧波决释冰然,而少时提携父母,老后精力穷屈,故去辛卯岁,付婺州商客杨仁绍,奉斯文,未知到否,欝伊而已。今亦遇杭州钱塘西湖水心寺沙门齐隐,相加《纂要义断注尺[释?]》一卷,重谨贡之。伏愿:纵容凝情省览,是其所是、非其非,但源信年登六十,余喘不几,且付便风决生前疑解,望恳切无我飆矣。今偶遇广思,乃至卉永不忘失。②

① 〔日〕源信:《因明论疏四相违略注释》,载《大正藏》第69卷,台北:佛陀教育基金会1990年版,第309页。窥基字洪道,“弘道”当为“洪道”之误。另“杨仁侣”《大日本佛教全书·125·天台霞标第一》一书中为“杨仁绍”,此处“侣”乃“绍”之错读。

② 〔日〕西岗虎之助:《以源信为中心的日宋文化交涉》,载〔日〕《史学杂志》第36编第2号,第119~120页。

源信这次附信的语言谦慎多了，我们丝毫看不到日本学者所说的，“字里行间掩饰不住内心矜持和自信”，这里也找不到“源信外谦内傲的证据”①。宋朝方面的沉默早让源信失去了自信，到死也没有得到他希望得到的再次的“印证”。另，源信在这封信里说明了自己，到九州而未能到宋朝求法的原因：“少时提携父母，老后精力穷屈。”

源信委托寂照送二十七问到宋朝求答释的经过

就在源信期待宋人“印证”他的著作而无消息之间，日本长德三年(997)四月，日本却收到宋国高僧源清送来的新书五部，并请求批评，源信接受朝廷的命令答复其中一部。大概在撰写这一回文期间，源信在延历寺就天台宗教义提出了二十七条质疑，也以求教的方式送达宋朝，以期得到答复。

1003 年，源信将这二十七条质疑交给最可信赖的弟子寂照(?—1034)携带入宋，请宋朝天台宗山家派高僧知礼作出解答，这次宋朝高僧终于让他得到令自己信服的答复，事见宋宗晓编《四明尊者教行录》。天台山宝云寺知礼法师，根据宋志磐的《佛祖统纪》卷第八所载：知礼(960—1028)为天台宗十七祖，字约言，号法智，四明人，俗姓金氏。初主本郡承天寺，后徙居四明延庆道场，人称“四明尊者”，名声早扬四海之外，自然成为名扬日本的国际大师。

知礼自与本宗山外派(即钱塘系)展开教学争论以来更是名声大振，树立了山家派四明一系的名望，成为有宋一代中国天台宗著名的义学高僧、中兴之祖。

1003 年的深秋某一天，或许更晚些时候，已经决定不再沉默的知礼法师一边向弟子讲经说法，一边准备撰写《十不二门指要钞》，要对钱塘系源清的《十不二门示珠指》以及天台宗昱的《注十不二门》予以反击，尽管源清的《示珠指》已经在中日两国流行多年，而作者本人也圆寂十多年了。忽然山门来报，有东瀛和尚一行八人入山求见，自奝然去后已经多年不见日本僧人来访台州了，知礼自然会欣然接见，此一行便是寂照一伙。寒暄之后，寂照便把老师源信委托他带来求教的有关日本天台宗教义的二十七个问题提交上来，请其答释。知礼自然客气地谦让一番之后，展卷阅读，但见开篇有源信的简短书信：

> 天台宗疑问二十七条，恭投函丈，伏冀垂慈，一一伸释，不胜至幸。

① 王勇、〔日〕大庭修主编：《中日文化交流史大系·9·典籍卷》，杭州：浙江人民出版社 1996 年版，第 243 页。

日本国天台山楞严院法桥上士位内供奉十大禅师　源信　上①

而根据《四明尊者教行录》卷第四的记载,源信派人到宋朝求问不止这一次,另有一次是送二十问求答,即:

草庵录纪日本国师问事

日本国师尝遣徒杭海,致问二十于法智,法智答之,皆深于理致也。后广智嗣法席,复遣其徒绍良等二人,赍金字《法华经》,如贽见之礼,因哀泣致敬,请学于轮下。三载其道大成,还国大洪(弘)台学,曾鲁公碑其塔,具道之。②

这里的日本国师便是源信,其徒弟绍良来宋朝是在日本长元年间(1028—1037),绍良又是何许人也?根据《本朝高僧传》卷第十载:"释绍良,夙陟睿山,从源信僧都学山家法,得其大旨,又问诸师,长元初浮杯南询,谒延庆尚贤法师,贤四明知礼之高弟,赐号广智者也。"在绍良之后日本又有僧人派人来向知礼求问,知礼"再答日本国十问",可惜不知这十问是日本何师所设而来,《四明尊者教行录卷第四》对此有如下记载:

再答日本国十问:此十问不知彼国何师所设而来,相传但云:日本国问,四明法师答。③

不论这十问是否为源信送来,但未亲身到宋朝巡礼求法的源信一直在往宋朝送书是肯定的。他在不断努力与宋朝高僧建立和保持联系,先是通过商人的介绍认识杭州的齐隐,托他建立和宋朝僧界的联系。接着是通过商人周文德与婺州云黄山行辿和尚联系,行辿是偶然拜读了源信的文章而托当地商人介绍结识源信的,行辿也是希望于日本求佚书的宋朝僧人之一。与此同时,他还通过回复"破文"的方式与杭州奉先寺源清做文字之交,他致疑问于四明知礼师徒应该是在行师弟之仪。

---

① (宋)宗晓编:《四明尊者教行录》,载《大正新修大藏经》第46卷,台北:新文丰出版公司1990年版,第885页。

② (宋)宗晓编:《四明尊者教行录》,载《大正新修大藏经》第46卷,台北:新文丰出版公司1990年版,第889~890页。

③ (宋)宗晓编:《四明尊者教行录》,载《大正新修大藏经》第46卷,台北:新文丰出版公司1990年版,第890页。

第六章 游宋不归的日僧及其不归之因

第一节 寂照西游宋朝的经过及其影响

日僧寂照的西游宋朝

在奈良平安时代，日本朝廷派遣留学僧到唐代，是国之大事，国家为此耗费巨资，滞留唐朝不归，或者学业无成都是罪恶。日本派遣唐朝的留学僧和留学生，不归的原因多种多样，客观多于主观；而五代、宋代来中国的日本僧人，除了不慎落水溺死的转智、因战乱无法返回的宽辅、宽建、超会等外，其他滞留不归则有主观原因。

本章将介绍这些不归的高僧，并分析其原因，他们是寂照、成寻和戒觉，先看寂照。

寂照（?—1034）出身日本贵族，他的远祖据说是曾经到唐朝求法的真如亲王的弟弟阿保亲王。寂照出身汉学世家，先祖（阿保亲王的孙子）大江音人是与菅原道真齐名的汉学家，祖父和父亲都曾任天皇的侍读。寂照乃平安朝廷参议大江齐光的第三子，俗名大江定基，日本《续本朝往生传》说寂照：

> 早遂祖业，续为夕郎，荣爵之后，任[叁]河守。长于文章，佳句在人口，梦必可往生。未发心之前，唯事狩猎，闻人笑曰："不可是往生之人业。"其后于任国，所爱之妻逝去，爰不堪恋慕，早不葬殓，观彼九相，深起道心，遂以出家（法名寂照——原注）。多年之间，修行佛法，或次第乞食，不屑今生之事。住如意轮寺，以寂心为师。寂心迁化之后，长德年中条状，申依本愿可拜大宋国清凉山之由，幸蒙可许，既以渡海。①

---

① 〔日〕江匡房撰《续本朝往生传》，收入《群书类丛》第 4 辑，东京：经济杂志社明治二十六年（1893）翻刻版，第 398 页。

由此看来，才华横溢的大江定基是一个日常行为很乖僻的人，根据《今昔物语》等的记载，寂照的出家经过颇为传奇或者说很是浪漫。他本来是一个贪爱美色之人，妻子因他和一个年轻美貌的女人搞婚外情而气走了，定基便索性娶此女子为后妻，可惜好景不长，新妻罹病身亡，伤心的定基不愿将心爱的人埋葬，继续拥她而寝，直到有一天定基亲吻爱妻的嘴唇时，一股恶臭扑鼻而来。万般无奈之下，定基才将妻子埋葬，此后孤独的定基感到世间迷茫，萌生出家之心。定基对妻子的如此“爱恋”之举，按照现代心理医学来分析当是患有恋尸僻。不过，有记载辩解说他不殓葬妻子尸体，观其腐烂之相，由此悟道。

大江定基出家之后“以寂心为师”，“寂心”即庆滋保胤的法名，寂心因此便送弟子“寂照”的法名。实际上对于当时的日本贵族来说，出家不是一件痛苦的事，反而是一件时髦的事，上自天皇下至平头百姓，以出家为荣，而且出家是讲究资格的。

奝然嘉因师徒先后到宋，开启了日僧游学宋朝之门，并成功求法归来日本，轰动了日本朝野，特别是日本佛教各宗各寺的高僧们。其中包括天台宗僧源信、寂照师徒，未能亲自赴宋的源信因此鼓励弟子寂照等到宋朝取经求法，显然，奝然及其弟子入宋求法巡礼之行和回日本后一时的风光与活跃，对于延历寺一门以及源信、寂照刺激很大，要知道东大寺和延历寺之间一直存在着的竞争关系。

就在989年奝然弟子再次入宋并如期回日本后不久，寂照在老师源信的支持下向朝廷申请入宋。可惜日本朝廷当时未予批准，甚至连身份证明的文书也不签发给他们，大概因奝然及其弟子已经两度入宋，日本朝廷感觉暂时没有再次遣僧入宋的必要，故一时未批准寂照的申请。据载，长和四年(1015)五月七日，“入唐僧寂昭、元灯、念救、觉因、明莲等五人度缘请印，撰能书，以白色纸书之，以朱砂捺印，可渡大宋之故也”①。此“度缘”即度牒，正式得度证明书，看来是寂照到宋朝后，日本有关方面补发给他们的度牒，作为身份证明文书。

值得安慰的是，990年嘉因等自宋归国再度风光之时，源信通过宋商的关系也与天台山取得了联系，而且宋商带来令他和延历寺受鼓舞的回信，也同样很风光。此后源信便没有急着让寂照继续申请入宋，直到长保四年(1002)三月十五日，才有寂照再度申请入宋之事。寂照来宋同时也是为了圆

① 〔日〕黑板胜美编辑：《日本纪略》(后编)，载《新订增补国史大系》第11卷，东京：吉川弘文馆昭和九年版，第235页。“撰”疑为“選”(选)之误。

老师源信和庆滋保胤的梦，是受庆滋保胤和源信之托，并非个人一念之想，从到宋朝后与国内的书信联系看，他还受到朝廷大臣的重托。

寂照来宋时老母同样年事已高，因此在出发之前，他也像奝然一样为母"逆修"做法，"于山崎宝寺为母亲修八讲，以静照为讲师"。据日本《续本朝往生传》载，寂照为母亲修讲的当日，"出家之者五百余人（至妇女者，自车切发与讲师云云——原注），四面成堵。听闻之众，莫不涕泣"①。可见他当时"人气"很旺，尤其受女性喜爱，来宋前所受的待遇与奝然大相径庭。在这些围观的女人中有一个15岁的少女，她就是后来来宋求法的成寻之母。

日长保四年（1002）六月十八日，寂照踏上入宋之途，前往九州岛等候商船入宋。长保五年（1003）八月二十五日，源信的弟子寂照与元灯、念救、觉因、明莲等8人一同毅然于肥前国踏上来宋朝的征帆。临行前大臣正三位中纳言藤原公任，特意赋诗歌一首送别：

> 黄河之水久闻名，此去不知何日归；
> 人在异国心系乡，白河之名永不忘。②

这显然是在告诫寂照，完成求法巡礼的心愿后及时返回日本，报效国家。谁知寂照一去兮不复归。寂照为什么留在宋朝而不归日本呢？

寂照入宋不归与取经求法的失败

宋真宗咸平六年（1003）八月二十五日，寂照、念救一行八人搭乘宋朝商人之便船渡海踏上宋土，九月十二日到达宋朝明州，一路访问宋朝高僧。作为日本天台宗的高徒，寂照自然要拜访本宗的祖庭中国天台山，何况携带有老师源信求问天台山高僧的"二十七问"，在游历天台山胜迹期间，寂照拜谒了宝云寺知礼法师，递交了老师的疑问。因事先了解到宋天台宗本山散佚的典籍，寂照特抄写其中若干部经来宋，与遵式等作见面之礼。

大约在1004年，即宋真宗景德元年，寂照和念救等弟子、随从七人来到汴梁，得到了宋真宗的接见，并且他们所受的待遇也和奝然基本一致。《宋史·日本传》中有记载说：

> 景德元年，其国僧寂照等八人来朝。寂照不晓华言，而识文字，缮

---

① 〔日〕江匡房撰《续本朝往生传》，东京：经济杂志社明治二十六年（1893）翻刻版，第398页。

② 转引自王勇、〔日〕中西进主编，《中日文化交流史大系·10·人物卷》，杭州：浙江人民出版社1996年版，第162页。

写甚妙,凡问答并以笔札。诏号圆通大师,赐紫方袍。①

随后寂照提出巡礼五台山的要求也得到宋真宗的许可,宋真宗下诏令沿途地方官大力协助,待遇如同先来的奝然和后到的成寻一般。从五台山巡礼归来的寂照并未像奝然一样回日本,源信直到1017年去世,始终未见弟子寂照从宋朝归国。

寂照到宋朝求法的要求,应该得到了信仰佛教的藤原道长的支持。控制了朝廷的藤原道长,因有取经求法营造私家寺院的要求,故日长保四年(1002)三月十五日,寂照才得以携老师的疑问和大臣、寺院的使命来到宋朝。说寂照是为取经求法而来宋朝,在藤原道长的日记《御堂关白记》长和四年(1015)七月条中可以找到证据:

十五日,壬戌。唐僧念救归朝,从唐天台山,所求作料物送之。斋[济]家朝臣母马廿疋献……(前略)家司署名皆书。又送寂照许金百两,是《一切经》、论、诸宗章疏等可送求料也,又所志槵[子]念珠一连。又唐僧常志送文集一部,其返物,貂裘一领送之。②

这里的唐僧念救或写作"念求",即随从寂照到宋朝的七名日本弟子之一念救,那时日本人仍然按习惯称宋朝为唐。从此日记可见,寂照自1004年到宋至此仍然没有从宋朝廷得到《一切经》,亦即《大藏经》,此后也没有得到。大概寂照无法从宋朝廷获得,广泛结交当朝的权贵如丁谓、杨亿等也不能如愿,因此希望通过寺院这一途径获得《大藏经》。根据杨亿的《武夷新集》卷六中所记,宋太宗至道(995—997)初于婺州开元寺印《大藏经》。此时正值天台山修建寺院之际,寂照派念救弟子回日本,要求藤原道长回应"唐天台山所求作料物"的请求,从而顺便求取《大藏经》,结果还是失败了。所以,寂照最终也无面目回日本,无面目回国见故人,留宋朝不归。这还可以从寂照和日本国内一直保持着的书信联系中得到印证,1015年,藤原道长等在给天台山布施的同时还有这样一封回信③给寂照:

念救来授手札,笔语如面,喜与感生!珍重珍重!夏晚,惟也,法体康

① (元)脱脱等:《宋史》,北京:中华书局标点本1977年版,第14136页。

② 〔日〕藤原道长:《御堂关白记》(下),载《大日本古记录》,东京大学史料编纂所、财团法人阳明文库编纂,东京:岩波书店昭和二十七年(1952)版,第18~20页。

③ 该信见于《大日本史料》第二编之九长和四年(1015)七月十五日条,《平安遗文》补264号。

和。上人一去，西望几回。虽有归朝之约，如忘顾土之怀、父母之乡。早愿来化。念救着岸之后，每见潸然。依重大师之信，朝天仮余，托思僧宝，弛恋之至，意马难系。纵乐汉家之风，犹恨周旋不返，今勒回使，不具谨状。

长和四年六月　日　　日本国左大臣　藤原道长

圆通大师法前

谨空①

信是道长请藤原行成代笔的。信中摄政大臣藤原道长提到，在寂照入宋之前，他与寂照"有归朝之约"，这当指寂照代替他入宋求取《大藏经》回日本的协约，不是指一般巡礼之后回国的约定。寂照到宋朝之后和道长等在国内的公卿保持着频繁的书信联系，表明他并未"忘顾土之怀、父母之乡"，十余年后藤原道长才在信中明言"犹恨周旋不返"②，显然有责备之意，而寂照终于没有回日本。因为寂照到死也没有得到《大藏经》，失望的藤原道长最后也只好于1017年占有了奝然所求回的《大藏经》。

寂照不归的原因，宋人笔记《杨文公谈苑》中是这样解释的：

丁谓见寂照，甚悦之。谓姑苏人，为言其山水奇，见寂照心爱，因留止吴门寺。其徒不愿住者，遣数人归本国。以黑金水瓶寄谓，并诗曰："提携三五载，日用不曾离。晓井斟残月，春炉释夜澌。鄱银难免侈，莱石易成亏。此器坚还实，寄君应可知。"谓分月俸给之。③

又有宋人赠寂照的一首诗，其中对他不归的原因也作了解释：

沧波泛瓶锡，几月到天朝。乡信日边断，归程海面遥。
秋泉吟里落，霜叶定中飘。为爱华风住，扶桑梦自消。④

原来不归是因为有宋朝大臣三司使丁谓的挽留，加之从汴梁返回江浙地区以后，寂照又爱上了这里的山水，因而留了下来，随从不愿意留吴门寺的，

① 〔日〕西冈虎之助：《关于入宋僧寂照的研究》，载《史学杂志》第34编第10号，第752页。

② 〔日〕小田切文洋：《渡宋的天台僧们——日中文化交流一斑》，东京：翰林书房1998年版，第20页。

③ (宋)江少虞：《皇朝类苑》，收入王民信主编《宋史资料萃编》第3辑，台湾：文海出版社1981年印行，第1079～1080页。

④ (宋)佚名：《王氏谈录·赠日本僧诗》，载于程毅中主编《宋人诗话外编》，北京：国际文化出版公司1996年版，第60页。诗中"信"或为"心"、"住"或为"好"。

寂照就让他们先回了日本。

寂照因为出身官宦，又擅长书法，给宋人一个儒僧的印象，故和丁谓、杨亿(974—1020)等宋朝官僚士大夫气味相投，过从甚密。他不像奝然一心求法，除了办理必要的手续外，不爱与官僚打交道。又因他带来许多天台典籍，雪中送炭，受到宋朝士人的欢迎。许多记载表明，日本人的书法已经引起宋朝士大夫的关注，日本朝廷对于本国书法的宣扬更是关注。

寂照后来任宋朝苏州僧录司，住苏州吴门寺，即后来的普门寺。1034年，寂照以73岁的高龄圆寂，长眠宋朝苏杭清凉山麓，最终没有回到日本。普门寺对日本前辈僧人圆通大师寂照非常敬重，寺内一直保存着他的影像，以致四五十年后，成寻熙宁五年(1072)九月来时还可以见到。成寻在他的日记中对此有详细记载：

> 五日(己酉)，辰时，为拜圆通大师影，向普门院。州兵士十人，州轿也，以四人为轿子持，余人在前后，皆如昨日，有衣冠。陈一郎、快宗供奉、圣秀、心贤为共人，过八里至普门院，圆通大师影堂烧香了。在讲堂軋角，庄严甚妙，前立常灯、常花、常香台，铭之法印和尚花香，在[有]影赞，以行者令书取了。
>
> “普门先住持日本国圆通大师真赞：
>
> 扶桑海国，有山峻雄。师蕴灵粹，挺生厥中。少慕释氏，早脱尘笼。归我圣代，爱我真风。一锡破浪，万里乘空。祥符天子，延对弥隆。是身之来，空花可喻。是身之化，水月还同。长天云散，高岩雪融。谓相非相，稽首圆通。
>
> 治平元年(1064)五月初一日，前住持法印大师守坚重修述赞。”
>
> 寺主点茶。件伽蓝本报恩寺僧房也。圆通大师早以建立一堂，之后，皇帝造加诸堂，广大寺也。参大师佛殿烧香了。住僧多多。问圆通大师入灭年纪之处，寺主答云：“卅年来”云云。傍有报恩寺，副僧正来谒，仍参向烧香。先见副僧正房壶，湛水造山，奇岩怪石，不可思议，有众多仙宫。即点茶。次参讲堂，有菓子储，菓子廿种许并居，即付倚了飡之，陈一郎同吃了。退出，僧正大门送来，切切固辞留门内，取出轿，门前乘了。还亭，州兵士十八人与百文钱了。拜圆通大师影，极以悲泪感喜，不可注尽。①

① 〔日〕平林文雄:《〈参天台五台山记〉校本及其研究》(上)，东京：风间书房昭和五十三年(1978)版，第90～91页。个别错别字、衍生字，引用时直接订正。

寂照无论是在离开日本之前，还是他到宋朝以后，日本朝廷要员和他的朋友都叮嘱他问法巡礼之后回日本。其中有天皇的弟弟野人若愚、大臣藤原道长等，他们来信催促寂照："怀土之心，如何再会?"叮嘱他："胡马犹向北风，上人莫忘东日。"[①]寂照与日本国内公卿相互的书信往来尽管频繁，但留下的记载有限，而劝说寂照回归日本的书信却不少。摄政大臣藤原道长似乎也体谅他"乐汉家之风"而以"胡越之身"留在宋朝的心情，寂照最终没有在接到日本贵族的劝归信后返回日本。

寂照之后，延历寺不断有僧来宋朝，以完成寂照未竟之事业。如 1028 年，绍良又奉师源信之命，再以有关天台宗旨的疑问 10 条，致问于天台宗第十七祖知礼的嗣席广智和尚，三年后绍良学成归国，大弘台教。可见寂照等的来宋，并非仅为巡礼、为自身的修行，他们肩负着代源信师求解疑问，为关白道长等取经，为日本国人求法的任务。

第二节　偷渡来宋的成寻及其在宋求法巡礼活动

日本朝廷的锁国政策迫使成寻偷渡入宋

在奝然师徒获得朝廷的批准来宋朝 80 多年、寂照在藤原道长的支持下来宋朝 60 多年以后的日本，往生西方净土的梦想和五台山文殊信仰的影响有增无减，但日本朝廷对于国人出入境的管理却更加严格起来，连僧人也难获批准出境。

11、12 世纪，很少有日本僧人获得平安朝廷的批准来宋，1049 年有庆盛得到官符之后来宋朝[②]，其后难见有关记载。就在这个时候，日本天台宗大云寺主成寻(1011—1081)毅然决定入宋求法巡礼。

成寻，俗姓藤原氏，宽弘八年(宋真宗大中祥符四年，1011)出生。其父为著名书法家藤原佐理，曾任参议一职。其兄先于圆城寺的别院北岩仓大云寺出家，法名成庆。成寻则步其兄后尘，7 岁时入同一寺出家，法名成寻。后从族兄文庆剃发受戒，随悟圆、行员习内外典，因精通天台显密二法，日本天喜元年(1053)任延历寺总持院阿阇梨。

---

① (宋)江少虞:《皇朝类苑》，收入王民信主编《宋史资料萃编》第 3 辑，台湾：文海出版社 1981 年印行，第 1080 页。

② 原载〔日〕《入唐记》，参考〔日〕木宫泰彦著《日华文化交流史》，东京：冨山房 1987 年版，第 259 页。

插图 6-1　成寻像(睿山文库藏)①

日本朝廷此时奉行锁国外交,但平安末期的日本,律令制度已经遭到严重的破坏,天皇朝廷的权力被摄关家及地方大臣所侵蚀,外交权也许是最后一个堡垒了,朝廷通过这一行为表现皇族的权威和存在。而朝廷与地方的贵族则力图染指对外关系的决策。

967 年,藤原实赖任关白,摄关制度在日本正常化。摄关政治就是要反对天皇亲政,到 1086 年白河法皇开始院政为止,这一时期被日本历史称为"摄关时代"。11、12 世纪的日本已经不再是"大化改新"以来的中央集权政府和律令国家,在作为经济基础的"班田制"瓦解以后,朝廷财政收入越来越紧张。平安朝廷强调自己的外交(出境管理)批准权,还与维持"唐物"专买权有关,朝廷因此可以获得巨大利益。

10 世纪的日本,僧人是唯一被允许出国到宋朝的,这是为引进佛法的需要。准许宋朝商人到日贸易与批准日僧入宋求法相连,这种准入权和出国批准权意味着外交的主导权和皇室的尊严所在。而平安公卿们从经济利益上来考虑,却要分朝廷皇室的最后一杯羹,他们如果得到了宋朝商人奢侈品和珍奇的贿赂,便主张接纳宋商来日甚至入京;没有收到贿赂或没有建立自己的走私渠道的公卿,自然借口国家主权与皇室的尊严反对宋日贸易,要拆台。

另一方面,地方政府也越来越走向与中央的对立,尤其是在财政和外贸

① 引自〔日〕平林文雄著《〈参天台五台山记〉校本及其研究》(上),东京:风间书房昭和五十三年(1978)版,插图页。

税收方面，这种商业税收对于当时经济不发达的日本来说是非常重要的。

平安中后期的日本对于外交和国民的外出管理非常严格，有着严格的审批手续。政府是不允许国民（包括贵族高官）出国的，即使是那些被网开一面的僧人出国入宋也必须先有申请，经朝廷宫廷讨论批准之后才能获取牒文出国，有关牒文或官符的下达往往要经过紧张而激烈的御前会议的争论，甚至会出尔反尔。例如1004年天台宗的延殷和尚随寂照法师入宋的时候，“管家有议，下牒拘留延殷”，日本《名匠略传》一书解释拘留的理由是“惜其伟器也”①，这不过是后人的托词，实际上他可能只是得到了摄政大臣藤原道长的支持，而未得到朝廷和其他公卿的同意，朝廷可能只同意寂照一人（随从人员可能不在此论）出境入宋。

10、11世纪，日本人出国的审批权力形式上还掌握在朝廷手中，虽然批准文书一般由大宰府发给，但必须是得到朝廷批准官符之后大宰府才敢具文，这可以从下面成寻在后三条天皇延久二年（宋神宗熙宁三年，1070）提出的出国申请书《圣人申渡唐》中看出来：

阿阇梨传灯大法师位成寻诚惶诚恐谨言：

请特蒙天裁，给官符于本府，随大宋国客商归乡，巡礼五台山并诸圣迹等状。

右成寻伏寻往迹，先贤入唐之辈，本怀各以相分，或为决法流之奥旨，或为礼圣迹之灵胜，互请天裁于本朝，方遂地望于异域，回兹探赜讨深，究学显密之教文；跋山涉水，巡礼幽邃之名地。而某聊开法门之枢键，才见数家之传记。

五台山者，文殊化现之地也，故《华严经》云：东北方有菩萨住处，名清凉山，过去诸菩萨，常于中住，彼现有菩萨，名文殊师利，有一万菩萨眷属，常为说法。又《文殊经》云：若人闻此五台山名，入五台山，取五台山石，踏五台山地，此人超四果圣人，为近无上菩提者。

天台山者，智者大师开悟之地也，五百罗汉常住此山矣，诚是炳然经典文，但以甲于天下之山，故天竺道猷，登华顶峰而礼五百罗汉，日域灵山（衍文?）入清凉山而见一万菩萨。

某性虽愚鲁，见贤思齐，巡礼之情，岁月已久矣。

加之天庆宽延、天历日延、天元奝然、长保寂照，皆蒙天朝之恩计，得

---

① 〔日〕承澄抄写《名匠略传》，收入《群书类丛》第4辑，东京：经济杂志社明治二十六年（1893）版，第491页。

礼唐家之圣迹。爰龄迫六旬,余喘不几,若无遂旧怀,后有何益?宿缘所催,是念弥切也。以六时六行道,一生斋食,常坐不卧,勇猛精进,凝一心诚,及三个年。于戏!航海之棹非不畏也,偏任残涯于迭浪之风;怀土之泪非不落也,唯寄悬望于五峰之月。师迹之遗室,兴隆之思岂废;母老兮在堂,晨昏之礼何忘?然而先世之因,欲罢不能;今世之望,又思何事?

望请天裁,给官符于大宰府,随商客返向之便,遂圣迹巡礼之望。某诚惶诚恐谨言。

延久二年正月十一日,阿阇梨传灯大法师位成寻。①

从以上申请书中可知,只有经过朝廷"天裁,给官符于大宰府"之后,大宰府才能发牒放行。但此申请未获批准,尽管成寻列举了许多先例。该申请显示,在此之前日延、奝然、寂照、嘉因等来宋朝时,肯定都事先提交过类似的申请书,另一例可见于奝然988年申请派遣嘉因入宋获批准的官符,可见奝然、嘉因来宋是得到了日本朝廷御前会议讨论批准的。

从后来的事实可知,成寻的入宋申请尽管一直未获朝廷批准,但还是得到了部分贵族大臣的支持,甚至得到了太皇太后的支持。

成寻师徒偷渡来宋的准备与经过

尽管向平安朝廷提交的申请未获准,在先人的激发之下,成寻依然决定要到宋朝求法巡礼。延久四年(宋神宗熙宁五年,1072)他终于得到了机会,那就是得到了宋朝商人的同情和支持,协助他偷渡入宋,尽管当时他已经62岁,他依然要做最后的冒险。显然成寻在一边申请,一边暗中联系宋朝商人,最后终于和宋商孙忠结成友好关系,痛下决心偷渡入宋。

如此高龄而远行,成寻也遇到了和奝然当年一样的问题,家中尚有老母,此去不知能否再见。认真研究过奝然的成寻于是便模仿了奝然的做法,为母做"逆修"之法,不过他只能偷偷进行,不能像奝然那样大张旗鼓,尽管从成寻的日记内容看,他也得到了一些公卿贵族的同情和支持,但也只是私下的,不敢公开。

成寻的母亲和奝然的母亲一样,都是虔诚的佛教徒,都积极支持自己的儿子到宋朝求法巡礼,尽管依依不舍。特别是成寻的母亲,因为分手时的难舍难分,因为分离后的思念,写下了不少怀念儿子的和歌,成为千古以来感人的"诗歌",并成为日本抒情文学的经典之作。

---

① 〔日〕黑板胜美编辑:《朝野群载》(卷第二十·异国),收入《新订增补国史大系》第29卷(上),东京:吉川弘文馆平成十一年(1999)新装版,第461~462页。篇名当为后人所加,成寻不会自称"圣人"。为便于分析和理解申请书内容,作者在格式作了如上分段。

日延久四年(宋神宗熙宁五年,1072)三月十五日,成寻偷偷登上了宋商孙忠归国之船,同行者有弟子赖缘供奉、快宗供奉、圣秀、惟观、心贤、善久、沙弥长明等七人。

11世纪的日本,倘若没有得到朝廷批准的官符而私自出国,在当时会受到处罚,日本朝廷对于私自出国者的处罚非常严格。后冷泉天皇永承二年(宋仁宗庆历七年,1047)十二月,筑前人清原守武因私自赴宋一事败露,货物没官,本人流放佐渡岛,党徒五人处以徒刑。再如太宰府权帅藤原伊房,以权谋私,自日崛河天皇宽治三年(宋哲宗元祐四年,1089)至嘉宝元年(宋哲宗绍圣元年,1094)凡五年间,私自遣僧明范等远至契丹交易货物,①此事被发觉后,"诸卿一再审议他的罪行"②,结果伊房被贬一级,降为从二位,且停其权中纳言的官职。所以,现在的成寻不得不躲开大宰府官员的监视而偷渡来宋,其中辛苦,成寻在自己的日记中有详细的记载:

延久四年(宋熙宁五年,1072)三月十五日(乙未),寅时,于肥前国松蒲郡壁屿乘唐人船。一船头曾聚(字曾三郎——原注,下同)南雄州人。二船头吴铸(字吴十郎)福州人。三船头郑庆(字郑三郎)泉州人。三人同心令乘船也。

船头等皆悦给物,密密相构也。志与物,米五十斛、绢百疋、褂二重、沙金四小两、上纸百帖、铁百廷(延)、水银百八十两等也。同乘唐船人,赖缘供奉、快宗供奉、圣秀、惟观、心贤、善久、沙弥长明。下乘船还人,永智、寻源、快寻、良德、一能、翁丸,拭泪离去。辰时依西风吹不出,船在壁屿西南浦,法华法后夜经第六卷,如意轮供。海边人来时诸僧皆隐入一室内闭户绝音,此间辛苦不可宣尽。午时日中经第七卷,如意轮供,唐人酒盛,最以有兴。申时文殊供,戌时初夜经第八卷,如意供。

十六日(丙申)寅时,依有东风出船上帆,无几有西风,船还著本泊了。卯时后夜经第一卷,如意轮供,海边男女频来卖买,终日闭户极以难堪。午时日中经譬喻品,如意轮供。申时文殊供,船头杪割等以鸡酒祭诸神,烧纸钱幡读祭文。其后酒宴,五六日,度双六兴宴。戌时初夜经第二卷了,如意轮供。每日念圣观音呪一万遍,风天真言一万遍,祈乞海安。

十七日(丁酉)天晴,卯时后夜经第三卷,如意供。辰时边人来集,闭

---

① 《辽史》卷二十五《本纪第二十五·道宗纪五》载:"(大安七年)九月丙申还上京,已亥日本国遣郑元、郑心及僧应范等二十八人来贡。""(八年)九月乙已,驻跸藕丝淀,丁未,日本国遣使来贡。"这两次可能都是伊房派遣的。

② 木宫泰彦著,胡锡年译:《日中文化交流史》,北京:商务印书馆1980年版,第245页。

户绝声。午时日中经第四卷,如意供。申时文殊供。戌时初夜经第五卷,如意供。依无顺风犹在壁屿。①

宋朝商人的船只要一天未离开日本港口,成寻等偷渡客就一刻也不敢露面,否则一旦发现就会受到重惩。同样的辛苦体验,同样的记载在后来偷渡入宋的戒觉的日记中也出现了,此足见当时日本国家有志之士对输入佛法的迫切要求和朝廷对外交往的严格管理之间的矛盾,以及复杂的政治环境。直到强力的武家政权兴起之后,朝廷和公家进一步衰落,几乎完全失去控制能力,日本僧界出入境才相对自由一些,于是便兴起了入宋的高潮,影响显著的有1167年东大寺高僧重源的入宋,1168年荣西的入宋,1171年觉阿的入宋等。他们可能都得到了平赖盛的支持,赖盛当时担任大宰大弐。

成寻偷渡出国却为国求法

由于成寻来宋没有得到日本朝廷的批准,因此也就没有携带有关文书,于是他不得不"造假",或者以其他文书替代做相关的身份证明了。例如成寻将他携带来宋朝的"阇梨牒"做身份证,以及担负使命的证据,成寻称之为"阇梨官符"。上呈大宋朝廷的该官符,成寻在《参天台五台山记》第四卷熙宁五年(1072)十月十四日条中有抄录,其内容如下:

大政官牒延历寺,应补阿阇梨传灯大法师位成寻事。

右得阿阇梨大僧正法印大和尚位明尊今年三月十八日奏状称:成寻者故法印大和尚位文庆入室弟子也……久习一乘之奥义,频飞词华于清凉殿之春风……望请天恩,延历寺分阿阇梨释照之阙,赐官符将授传法灌顶,不胜镇国弘宗之诚者。正二位行权中纳言兼中宫权大夫藤原朝臣经辅宣。奉敕依请者,寺宜承和(知?——作者),依宣行之,牒到准状,故牒。

天喜二年(1053)十二月廿六日,正五位下行大炊头兼左大史算博士小槻宿称(弥?——作者)孝信牒。

左少辨正五年(年为衍文?——作者)位下藤原朝臣定成。②

天喜二年即1053年,阇梨牒中所提及的日本"清凉殿"相当于中国皇帝

① 〔日〕平林文雄:《〈参天台五台山记〉校本及其研究》(上),东京:风间书房昭和五十三年(1978)版,第3~4页。

② 〔日〕平林文雄:《〈参天台五台山记〉校本及其研究》(上),东京:风间书房昭和五十三年(1978)版,第116~117页。

的金銮殿，这是成寻的身份暗示。把二十多年前的文书拿来做身份证明，确实无奈，在成寻的日记中我们不断看到，他在上呈宋神宗皇帝的文书（参见第十四章）中反复说明自己在日本的职位和僧纲地位，"为大云寺主三十一年，护持左丞相二十年"，"大日本国延历寺阿阇梨大云寺主传灯大法师位"①。不管怎样，完全否认日僧行为的官方性质（或者说政府参与）是不合理的，纵然是"私渡"，他们也在中国强调官方身份，甚至不惜欺瞒。

宋熙宁五年十月，成寻沿运河乘船到达东京汴梁后，依圣旨下榻于太平兴国寺传法院。传法院恰好是宋朝翻印新近传来的梵文佛经的机构，当时汇集了不少印度来的高僧，同时也集中了中国的饱学僧人。在这里成寻得以非常方便地和高僧大德们交流、学习，特别是与日称、天吉祥、慧贤、慧询等译经三藏的交往尤为密切。

应该说成寻是非常幸运的，他的幸运远不止如此，同奝然一样，他被获准并获得资助巡礼了天台山、五台山等宋朝南北两地的佛教圣迹，历访诸方尊宿。在五台山，他找到了和奝然同样的感觉，见到了和奝然所见类似的瑞像。在京城，成寻因请求进贡宋朝圣主"纯金香炉、五种念珠"，"祈请万岁，玉体弥明固日月，宝寿殊远长天地"，也得到了皇帝的接见，具体过程及所受待遇也和奝然大致相同。重要的是，他也和奝然一样求回大法，当他直接跟神宗皇帝请求说"成寻今来欲乞赐上件新译经"时②，便被赐新译佛经典籍 400 多卷③。1073 年弟子赖缘、快宗、惟观、心贤、善久五人归国时，派他们携回日本，呈献白河天皇。成寻师徒的来宋完成了奝然师徒未竟之取经求法大任。

成寻因为北求雨修法之功而留在宋朝

中国佛教进入北宋以后，密宗已经衰落。尽管如此，北宋朝廷对宗教法术依然迷信，特别是遭遇干旱等天灾之时。成寻在宋朝东京汴梁逗留期间，恰逢华北地区久旱无雨，人们为此焦灼不安，宋神宗先是敕令宋僧祈天祈雨，再请印度僧施法求雨，但却毫无效验，于是便命日僧成寻行祈雨法。

北宋朝廷君臣何以请日僧成寻修法求雨？主要是成寻来宋以后，总是向宋人吹嘘日本，向宋僧们宣扬日本的密宗法术。宋朝廷此番修法求雨，印度僧等的失败正好给成寻表现的机会。成寻接受挑战修法求雨，与其说是为宋

---

① 〔日〕平林文雄：《〈参天台五台山记〉校本及其研究》（上），东京：风间书房昭和五十三年（1978）版，第 38 页。

② 〔日〕平林文雄：《〈参天台五台山记〉校本及其研究》（上），东京：风间书房昭和五十三年（1978）版，第 248 页。

③ 加上自己购买的佛经，成寻所获并送回日本的佛书据说有 527 卷。

朝大旱而求,不如说成寻是为了日本国家的荣誉而求。

在接到宋朝皇帝的请求后,成寻马上想到的是:"前前大师等从日本来,给未有如此事。小僧始有此事,为本国无验,大耻辱也!"①因此成寻虔诚祈祷三日三夜,到第三天时,果然天降甘霖。在今天看来,此等事纯属偶然巧合。当时科学知识相对普及的宋朝也有人认为,成寻求雨要么是偶然成功,要么成寻就是日本最优秀的修验僧,例如太监张太保就反复问成寻:"日本国亦有如师求雨得奇验者否?"成寻回答说"多多",并且还列举了许多例子,如空海、仁海等的求雨灵验事迹。太保还是不信,又问:

> "如阇梨得感应人,日本几人乎?"
>
> (成寻)答:"胜自成寻人数十人,等辈人数十人,至于成寻者,日本国无智行亚羊僧也,依有巡礼天台五台本意深所参求来也!"
>
> 太保又问云:"阇梨所言颇以(似?)不信,唐朝(指中夏——作者注)近来祈雨,大卿(西天日称三藏也——原注)五十二日雨下,中天惠远惠寂(去年新来二人也——原注)去年祈雨至第七日雨下,未曾闻三日感大雨。与诸大师等问答诸宗义,阇梨皆胜计也,与阇梨等辈少欤,况于胜和尚人乎?"
>
> 答云:"(成寻)受戒之后未曾虚妄。"②

太保问答结束之后,携问答的笔录文字而去。

当时的日本密教流行,每遇事或修法许愿,或作法祈祷,似乎修求雨法成功的也不少,如奝然 983 年来宋之前与老师元杲在神泉苑的那次求雨。求雨失败的也很多,如 1043 年大旱,宫中设立大坛,令千僧念佛,但毫无灵验,于是天皇特敕诏仁海(955—1046)僧正,心知肚明的仁海以老病推辞。天皇再三诏请,他难以推辞,从六月八日开始在宫中修法,六天之后,大雨沛然而降,朝野为之惊喜,皆讴歌僧正的大德,实际上也该是下雨的时候了,只不过被他撞上了,仁海因此被当时社会上的人称为"雨僧正"③。成寻说日本历史上比他强的修法灵验的法师有"数十人"倒是真的,说当时就有"数十人"就是说假话了。

不仅是这一次,成寻师徒在天台山回答宋人的提问时,也借机吹牛,说日

---

① 〔日〕平林文雄:《〈参天台五台山记〉校本及其研究》(上),东京:风间书房昭和五十三年(1978)版,第 229 页。

② 〔日〕平林文雄:《〈参天台五台山记〉校本及其研究》(上),东京:风间书房昭和五十三年(1978)版,第 233～234 页。

③ 〔日〕村上专精著,杨曾文译:《日本佛教史纲》,北京:商务印书馆 1981 年版,第 74 页。

本国仙山云集①。

因祈雨有功，成寻获赐“善慧大师”的尊号，并任宋朝译经场监事。

据日本方面传说，成寻本来也想返回日本，因祈雨有功，成寻被宋人视为人才国宝，故被宋朝皇帝挽留，应神宗皇帝的邀请，成寻便留下了。成寻留住中国共九年，于宋元丰四年(1081)圆寂于汴京开宝寺，享年71岁，葬于天台山国清寺。由于他同时也是接受宋朝邀请留下来的，宋“神宗送之，葬智者大师庙侧，建塔题曰：‘日本善慧国师之塔’”，还传言神宗“后幸庙塔作敬礼，曰：南无天台后身，善慧国师，生生世世，值遇顶戴”②。

成寻决定不回日本后，将宋朝画师给自己画的像特意送回了日本③。

1083年，成寻的弟子僧快宗再来宋朝，这是他第二次来宋。快宗的再次来宋，不知是否如同奝然的弟子再次来宋一样，是表达对于宋朝赏赐新译经典的感谢。《续资治通鉴长编》元丰六年三月四日条对此事有简略的记载：

> (己卯)日本国僧快宗等一十三人见于延和殿，上(神宗)顾左右曰：“衣紫方袍者何日所赐?”都承旨张诚一对曰：“熙宁中，从其国僧诚寻对见被赐，今再入贡。”上曰：“非国人入贡也，因其瞻礼天台，故来进见耳。”并赐紫方袍。④

值得注意的是，快宗特意穿着宋朝赐给他们的紫方袍而来，显示对大宋皇帝的尊重，宋朝大臣以朝贡使节视之，以此讨好神宗皇帝，皇帝显然有自知之明，一语道破。

第三节　戒觉偷渡来宋巡礼并留宋不归的经过

戒觉师徒偷渡来宋并寄送日本的佛宝

无独有偶，就在成寻师徒偷渡来宋朝后不久，大约与成寻的弟子僧快宗

---

① 〔日〕平林文雄：《〈参天台五台山记〉校本及其研究》(上)，东京：风间书房昭和五十三年(1978)版，第70页。

② 〔日〕敬雄等编：《天台霞标》第一，收入佛书刊行会编《大日本佛教全书》第125卷，日本：名著普及会平成四年(1992)版，第107页下。

③ 〔日〕平林文雄：《〈参天台五台山记〉校本及其研究》(上)，东京：风间书房昭和五十三年(1978)版，第173页。

④ (宋)李焘撰：《续资治通鉴长编》第2册，北京：中华书局标点本1979年版，第8031页。

来宋的同时，日本白河天皇永保二年(宋神宗元丰五年，1082)，天台宗延历寺僧戒觉携弟子隆尊、仙势三人，也在没有得到日本朝廷任何批准的情况下，搭乘宋商刘锟的船偷渡来宋。戒觉，俗姓中原氏，京都出身，父死后往延历寺出家修行，获传灯大法师位，后来也同样终老于宋朝。

戒觉携弟子隆尊、仙势三人偷渡时，因害怕大宰府的官员发现后可能要依府制处罚他们，于是隐藏在宋船的舱底不敢出来；由于担心外出大小便会暴露行踪，竟然一段时间停止了饮食。

戒觉师徒偷渡来宋，可以说是成寻到宋的成功经历给了他们冒险的勇气，由此可知成寻的日记送回日本后很快就被广泛传阅。戒觉师徒旅途的安排完全是模仿成寻的，一登上宋明州海岸，就向知府提出登天台山、五台山的申请(即“申文”)。

申文

日本国僧戒觉解，申请知府裁事，请被特蒙府恩，早奏闻上，表一通状，副进，法文并道具等目录一卷。

右戒觉谨检案内，先须届天台山，而送此冬也。明春赐宣旨，欲赴五台山。望请蒙府恩，早可被奏闻，仍勒事状以解。

元丰五年十月　日①

在等待圣旨之间戒觉可能获准上天台山巡礼。宋朝廷的答复比戒觉期待的更快，十二月二日获宣旨可以上京朝见，十一日在宋朝官员的护送下乘运河船出发，直“指京洛”。

此番戒觉沿途及在宋朝京城得到的待遇也不亚于成寻，戒觉是于宋神宗元丰六年(日永保三年，1083)二月二日进入宋京汴梁的，三月五日也按照惯例“依宣旨”朝见神宗皇帝，获赐紫衣一袭，而且“出阙之后，追赐香染装束并绢廿疋”，这可是没有过先例的特别赏赐②。

五月六日戒觉在获准登五台山巡礼，参阙拜谢之后又获殊赏，并得到宋朝沿途驿站、地方官员的接待和官兵的护送。

由于11世纪末的日本依然流行五台山信仰，戒觉显然在来宋之前就准备终老五台山了，上岸之后提交明州府代呈朝廷的表文中他也声言：

---

① 〔日〕小野胜年：《戒觉的〈渡宋记〉》，载龙谷学会编《龙谷大学论集》第400～401合并号，第528页。

② 〔日〕小野胜年：《戒觉的〈渡宋记〉》，载龙谷学会编《龙谷大学论集》第400～401合并号，第529页。

日本国天台山延历寺僧，传灯大法师位戒觉言，窃以远方异俗，来朝入观，巡礼圣迹名山，例也。近则阿阇梨成寻，去熙宁五年赐宣旨，遂心愿先了。是以长别父母之邦，遥从商客之便。龄及衰老，更无归京之望；魂销阳侯，何有怀土之思。故五台山者，卜终焉之地。宜信道超上人之微言也。天台山者，以自宗之源，欲礼智者大师之遗像也。抑小僧俗姓中原，洛阳城人也，父率[卒?]之后，虽立身，心动于中，遂逐世，便于延历寺，久汲法水之流，屡愁生涯之浪，落忏悔罪障之泪千万行，朝夕露寒，修安养世界之业，四十年香火烟老者也。随身显密杂法文并灌顶道具等色目在别纸，所从弟子二人，僧隆尊、沙弥仙势等也。

伏愿曲鸿慈、垂纶言，不堪恳欸，上表以闻矣。

日本国天台山延历寺僧传灯大法师戒觉诚惶诚恐，顿首顿首，死罪死罪，谨言。

元丰五年九月十八日，日本国天台山延历寺僧传灯大法师位某上表。①

从日期看，该表是戒觉于来宋的舟中所写并采用宋朝年号，以示朝见，暗示归顺。

六月三日，才到五台山脚下代州府驿站，戒觉又是题诗于壁，又是向代州通判呈诗，表明“更无怀旧里，长欲住灵山”的心迹。

六月八日，登上五台山后，再赋一诗，表明自己的心志：

先哲追从宜得攀，一心敬礼五台山；
求方外、厌世间，愿莫文殊生死还。

也许是被戒觉诚意所感动了，六月十一日，代州府衙传来牒文，戒觉和他的随从之一仙势得到宋朝廷的批准，可以长住五台山真容院，并且特别提供他们僧房一栋三间，“并各差行者二人”，戒觉、仙势二人因此终生未回日本②。

成寻和戒觉等的日记是特意撰写的，就是说出于不同的目的有意写给日本人看的，戒觉托人送回日本的《渡宋记》是他在宋朝巡礼日记的摘要，正如他在日记的结尾所言：

---

① 〔日〕小野胜年：《戒觉的〈渡宋记〉》，载龙谷学会编《龙谷大学论集》第400～401合并号，第528页。

② 〔日〕《诸寺缘起集》所收《渡宋记》，收入《图书寮丛刊》（日本伏见宫家九条家旧藏），东京：宫内厅书陵部昭和四十五年（1970）版，第161页。

元丰六年六月十五日记讫(取要,不载仔细之文。依便人,总而略)。我愿,以此记置于日本国播磨国绫部别所引摄寺频头卢尊者　御前,敢不出山门,备来住人之道心焉。[花押]①

可见他送回日本的是日记摘要,随同日记摘要,戒觉还"副送"了取自五台山的如下物品:

副送:菩萨石一枚(暗巢日光差入之处当此石,可看者也),必定放五色光欤。若尔者,礼其光明,是菩萨不思议之化用云云。仍大圣文殊结缘,可在礼石光之功德矣。

又金刚窟土少少一裹(此等可安置佛坛之底也)。

又清凉山背生茸一房,并木根等。②

可见,戒觉送回日记《渡宋记》的目的是让国人相信五台山信仰,或者说是满足国人与中国五台山结缘的愿望,在当时的日本人看来,五台山上无物不是佛宝。果然,那个菩萨石送回日本,大约过了100年之后,"故平刑部卿忠盛拜见时,被取了",后来竟然不知去向,显然是被权贵平忠盛当做佛宝偷偷珍藏起来了。至于那小小的一袋金刚窟土,果然如日记所言埋在接引寺的佛坛之下③。很可能这一袋土是播磨国引摄寺委托戒觉从五台山取来的。相信因为有这一袋土,会让该寺一度成为日本一个神圣的所在。

从戒觉在宋巡礼的日记——《渡宋记》的内容看,此人是真为巡礼和往生极乐净土而来,没有什么求法传法的宏愿,因此最后也不想回日本了。

戒觉等与宋朝官员的诗歌唱和其乐融融

戒觉到宋朝之后,也非常注意寻机显示自己的才华,显示日本有人,六月三日到五台山脚下的代州府驿站时,提前歇息,并故意在驿站的墙壁上题诗。戒觉自己也坦言:"为是谒知府也,予赋绝句,书壁上。其词云:

① 〔日〕《诸寺缘起集》所收《渡宋记》,收入《图书寮丛刊》(日本伏见宫家九条家旧藏),东京:宫内厅书陵部昭和四十五年(1970)版,第161页。

② 〔日〕小野胜年:《戒觉的〈渡宋记〉》,载龙谷学会编《龙谷大学论集》第400~401合并号,第530~531页。

③ 〔日〕小野胜年:《戒觉的〈渡宋记〉》,载龙谷学会编《龙谷大学论集》第400~401合并号,第531页。

水冷河东夏(河东者惣此方路之名也),麦黄塞北秋(代州北塞内也);

前途三日缩,送眼五台头(五台山者代州之内也)。"①

这首五言诗果然被人注意,不久"府行事官一人来,见壁书诗,写取而去。明日闻之,于厅中披露云云。人人褒誉云:诗及草字好。云云"。戒觉闻此,颇为受用。

既然日本高僧能通汉诗,而且已经显露一通,作为多以文士出身的宋朝官员,若保持沉默的话,就等于是暴露宋人的无能了,果然有人马上和诗。随后,在戒觉拜谒代州通判宣德亭时,二人清谈之间,宣德亭便有一"诗投座上",其词曰:

日本大德远游圣地,惠然见访,文焕(通判名也)作诗以赠之:

人迹东南阻,心源瞬息间;迢遥日本国,咫尺五台山。

天竺宁殊土,峨嵋岂著关:何方无胜境,到处有尘寰。

只恐星霜改,安辞道路艰;一生轮重愿,万里谒慈顾[颜?]。

诗思清无敌(曾观觉大师诗云云),禅林高莫攀;清凉多眷属,此去几时还。②

该诗显然是宣德亭应和戒觉的题壁诗。得宋官赠诗之后,戒觉不能不又作新诗一首,作为酬答,与代州通判宣德唱和:

零落五周岁(离居渡宋之事已经五年,故云),销魂航海间。更无怀旧里,长欲住灵山。

税驾夕留驿,听鸡晓出关。心虽求佛土,缘普结人寰。

帝下德音馥,僧除逆旅艰。我衰愁白首,君盛有红颜。

忽怖诗魔到,争交文友攀。奈何期再会,岂得去台还(予住五台长以不还)。③

① 〔日〕小野胜年:《戒觉的〈渡宋记〉》,载龙谷学会编《龙谷大学论集》第400～401合并号,第530页。引文中的误字"此"已订正为"北"。

② 〔日〕小野胜年:《戒觉的〈渡宋记〉》,载龙谷学会编《龙谷大学论集》第400～401合并号,第530页。

③ 〔日〕《诸寺缘起集》,收入《图书寮丛刊》(日本伏见宫家九条家旧藏),东京:宫内厅书陵部昭和四十五年(1970)版,第160页。

戒觉特意将自己与宋人唱和之诗抄送回日本,也是向国人显示,自己不仅没有为日本国家丢脸,而且获得赞誉。

戒觉和仙势要求留住五台山的申请之所以得到宋朝廷的批准,也许是代州官员被戒觉这两首诗的诚意所感动了,协助向朝廷申请的缘故。

由于奈良时代以来,日本贵族之间流行作汉诗,即使在平安时代中后期,此风未灭,因此北宋时期来宋日僧多爱做诗,并与宋僧俗人等唱和。

第四节　来华日本僧人的求法巡礼日记

奝然及其日记对成寻来宋求法巡礼的影响

日本僧人来华求法巡礼,撰写日记是来唐留学生以来形成的风气。著名的日记有圆仁的《入唐求法巡礼记》、圆珍的《行历抄》等。撰写日记也是平安公卿的习惯,某代表作是藤原道长的《御堂关白记》、藤原实资的《小石记》、藤原行成的《权记》等。

入宋以后来中国的奝然,模仿先辈圆仁、圆珍等来唐求法留学生记日记之先例,在宋朝游历期间,也将自己在宋朝求法巡礼的经历、在中国的见闻与感想都详细记载下来了。奝然全部《入宋日记》一共有四卷,而根据《大日本佛教全书》所引日本高野山龙光院《古书目录》,该院曾经藏有《奝然入唐记》六卷,另有《奝然入唐条状》一卷,《真如入唐记》一卷,今散佚。现存《奝然日记》残篇,因不同人引用的关系,名称不一,或称《奝然在唐记》,或名《奝然记》,或作《奝然法桥在唐记》等,成寻亦称奝然日记为《奝然法桥日记》《渡唐日记》[1]。奝然的日记现在中、日两国均已经散佚,根据成寻的日记《参天台五台山记》第四卷"熙宁五年十月十四日"条记载,奝然的日记抄本曾由成寻亲自送给宋朝了:

> 《奝然日记》四卷、觉大师《巡礼记》三卷,依宣旨进上。至《巡礼记》第四卷,隐藏不进上,依思会昌天子恶事也。[2]

---

① 〔日〕平林文雄:《〈参天台五台山记〉校本及其研究》(上),东京:风间书房昭和五十三年(1978)版,第213页。该日记轶文具体内容,参见郝祥满著《奝然与宋初的中日佛法交流》(北京:商务印书馆2012年版)相关引文。

② 〔日〕平林文雄:《〈参天台五台山记〉校本及其研究》(上),东京:风间书房昭和五十三年(1978)版,第117页。

可见成寻来宋时携带有圆仁的《入唐求法巡礼记》和奝然的《渡唐日记》，尽管这些日记后来上献宋朝廷了，但这些日记是他来宋巡礼的指南，成寻显然认为圆仁、奝然等来华求法巡礼成功的经验值得他模仿。因此种种，我们可以断言成寻是受圆仁、奝然的影响而来宋朝的。从成寻来宋朝以后的行程和行为看，他刻意模仿或者说参考过奝然。

奝然986年从宋朝取经归来，入京之时，日本京都僧俗官民夹道欢迎，骑在马上的奝然就像中国打马游街的状元一样，风光无限。在这些民众之中，有一个少女，看着非常羡慕，不禁有了"生子莫如奝然"的感叹，后来此女结婚生子，并一心向佛，于是从儿子很小的时候就向他讲奝然入宋取经成功归来、利益国家、拯救人民的故事。

她的儿子之中果然有人成就了奝然同样的伟业，这个儿子就是成寻。这个少女，成寻的母亲也是日本历史上少有的才女和歌人，虽未留名却留下了著名的歌集《成寻阿阇梨母集》。

显然，是空海大师等入唐求法的光辉历史以及文殊信仰的推动，促使奝然追寻"自宗"先师之足迹到宋朝求法巡礼。同样奝然到宋朝求法巡礼的功绩也影响了后来人，不仅有他的直系弟子，而且有教派对手，即下面不能不提及的天台宗的高僧成寻。奝然的影响之所以非常深远，这也是因为日本的佛教论争到此时一直在延续所致。

成寻少时就不断从母亲那里听到奝然入宋归来和寂照入宋为母修讲时的热闹场面，成年之后，出家为僧之时不仅印象深刻，而且视之为鞭策。他特意抄录了奝然入宋的日记，认真研究，与此同时还研究了日本历史上到中国取经巡礼的高僧大德的传记。以上可见，延历寺的成寻与东大寺的关系颇为密切，奝然派弟子上献宋朝的贡品中有参议正四位上藤原佐理手书的二卷文书，即"进奉物数一卷、表状一卷"①。这个藤原佐理与奝然显然是很熟悉的，而他恰恰就是成寻的受业老师文庆的父亲。尽管延历寺和东大寺在日本国内是激烈竞争的两大寺，代表着两个不同的宗派，尽管竞争有时上升到争斗，毕竟在入宋求法传法上却是志趣相同的。于是成寻在东大寺高僧奝然的影响之下，素有入宋之志。宋朝译经证义文惠大师智普有题成寻的像赞《善惠大师赞》，称他：

> 亶粹日天[本]，为释之贤；分灯智者，接踵奝然（皇帝飨应不异奝然故云——原注）。

---

① （元）脱脱等：《宋史》，北京：中华书局标点本1977年版，第14136页。

观国之光，蒙帝之泽；聿遘良工，遽传高格。
慈相克肖，虬城妄瞻；沧海万里，秋空一蟾。
遐寄归舸，众仰无厌。①

可见当时宋人也都是这样看的，这显然是成寻言谈之中给了宋人强烈的印象。而且，1070年，成寻上奏日本朝廷请求巡礼天台、五台圣迹时，他在给日本朝廷的入宋申请书《圣人申渡唐》中就明言是追寻“先贤入唐之辈”的“往迹”，而且在文中还特别列举了“天历奝然”，希望像他一样“蒙天朝之恩计，得礼唐家之圣迹”②。

成寻到达宋朝以后，很关注奝然等前辈在宋朝的影响，询问奝然等在宋期间的轶事。这在成寻的来宋日记《参天台五台山记》中有详细记载，如在天台县时，成寻与知县谈论奝然来宋的时间，“谒知县，问寂照入唐年记，答六十一年；次问奝然入唐，答八十一年”（延久四年五月廿六日条）③。在开封被神宗皇帝召见时、在五台山梵才三藏房（延久四年十二月廿九日）、在东京汴梁等待回天台山（延久五年二月）的时候，他都问及奝然，或介绍奝然。

成寻来宋求法巡礼日记《参天台五台山记》

模仿圆仁和奝然的做法，成寻在华求法巡礼期间也特意撰写了日记。自延久四年(1072)三月十五日，至延久四年(1074)六月十二日，几乎每天勤记不辍，他在这一年又三个月中共写了464篇日记，统称《参天台五台山记》。这部日记的史料价值，绝不亚于入唐僧圆仁的《入唐求法巡礼行记》，为后人了解当时中日海路交通、宋代佛教概况、北宋政治制度及社会风俗提供了珍贵的原始数据。成寻所著并提交给日本朝廷的日记《参天台五台山记》八卷，类似出使报告，奝然的日记显然也是如此。有幸的是，成寻的日记托弟子送回日本后被完整地保留下来了，而奝然的日记却遗失了。

和成寻一样携弟子偷渡来中国五台山的戒觉，也留下了简短的巡礼日记《渡宋记》，同样也是特意送回日本的。

寂照应该也有日记，根据成寻的日记“延久四年十二月廿九日”条的记

① 〔日〕平林文雄：《〈参天台五台山记〉校本及其研究》(上)，东京：风间书房昭和五十三年(1978)版，第273页。

② 〔日〕黑板胜美编辑：《朝野群载》，收入《新订增补国史大系》第29卷(上)，东京：吉川弘文馆平成十一年(1999)新装版，第461～462页。

③ 〔日〕平林文雄：《〈参天台五台山记〉校本及其研究》(上)，东京：风间书房昭和五十三年(1978)版，第35页。

载，他在当日“于梵才三藏房见奝然法桥并寂照来唐日记”①。寂照的日记不知是否送回了日本。

唐宋以来巡礼中国的日僧的这些日记在日本的传播，有助于日本朝野了解中国。相比之下，日本人对于中国的了解要清楚准确得多，中国人却没太把日本放在眼里，日本人却一直把中国放在心上，相互关心的程度大不一样。

日本自隋唐以来，朝廷往往要求入华使节，甚至留学生要提交详细的考察报告。北宋时期的日本入宋僧们为了准备入宋，一边结交宋朝商人，认真了解中国，一边钻研前人的有关纪录。来到宋朝后，在朝圣巡礼途中，又将中国的名山大川及其文化遗迹、沿途所见所闻记录下来，为后人留下许多珍贵历史资料。简单列举，就有奝然法桥的《在唐记》、成寻法师的《参天台五台山记》，以及其他僧人所记的《成算法师记》《戒觉入唐记》《寂照入唐记》等。

其中成寻的《参天台五台山记》共八卷，载有从日本至宋明州的航路，在宋朝各地所见到的商业贸易、宋日贸易，农业产品、城市生活状况、地理地貌、交通运输以及政治制度等，是研究当时宋代社会和中日友谊的珍贵资料。这些日记对日本人研究中国更有价值，日记促进了日本人对中国的了解。例如成寻来宋的时候，奝然等的日记就成为他最好的参考书。面对不断输入的中国宋文化，日本人逐渐摆脱了平安末期的自我封闭和夜郎自大，逐渐谦虚起来，这也是进入南宋以后，日本僧侣大批来宋，锁国政策被镰仓幕府抛弃的原因。

但是，来宋日僧介绍的中国也并不全面，因为他们关心的主要是佛教的灵山道场，内容主要在宋的政治和社会风俗方面，日本需要了解和研究中国，这也是大批旅行日记产生和流传的主要原因。相反，宋朝以来，中日民间的交流频繁，以商人为主的中国民间人士大批去日本，他们了解的日本是真实的，但他们没有留下日记之类的文字记载，朝廷记录的对象又是以朝贡使节身份来中国的外国人的言行，对于本国商人等民间人士的见闻不愿记载。后代编撰历史，纵然要增广见闻，也只能依存于对野史的搜刮。

① 〔日〕平林文雄：《〈参天台五台山记〉校本及其研究》(上)，东京：风间书房昭和五十三年(1978)版，第181页。

第七章　中国山岳崇拜和文化圣迹对日本的影响

第一节　日本的山岳信仰与视为圣地的中国灵山

天台山成为日本僧人来宋巡礼首选的原因

山岳佛教在日本的兴起比较晚，日本的佛教从诞生开始以都市为中心传教，是典型的都市佛教。代表日本山岳信仰的第一个佛教寺院是从唐朝留学归来的最澄在平安都城(今日本京都)东边比睿山兴建的天台宗延历寺。而日本天台宗的形成标志着山岳佛教开始在日本兴起，以南都六宗为代表的都市佛教开始衰落。

日本天台宗传自中国，中国天台宗的发源地天台山同样是日本天台宗的祖庭。唐僧鉴真和尚753年东渡日本“传戒”，同时他也传去了中国天台宗全部主要典籍，包括“天台三大部”《摩诃止观》《法华玄义》《法华文句》，及《四教义》12卷、《次第禅门》11卷等[①]。鉴真在日本传戒同时也弘扬天台教，鉴真的弟子中如思托、法进等又多是天台僧人，他们的宣讲激发了日本僧人对于天台宗的研究热情，其中就有最澄(767—822)。

最澄据说是汉人后裔，“其先东汉献帝之孙，国亡窜民间”，于日本“应神之历，遥慕王化而至，上(天皇)怜其王孙，赐滋贺地为采邑。父百枝富内外学”。最澄12岁就“投行表法师出家，习唯识”了[②]。自此200年来，出家为僧一直是“渡来”日本的汉人后裔发展的重要方式。

最澄本在南都学法相唯识宗，因“旁博探经论，得《华严经》《起信论》等疏。夙智所撼，以不见台教为恨”，于是抄写了《玄义》《文句》《止观》《四教义》

---

① 〔日〕真人元开，汪向荣校注：《唐大和尚东征传》，北京：中华书局2000年版，第87页。

② 〔日〕虎关师炼撰，黑板胜美编辑：《元亨释书》，收入《新订增补国史大系》(新装版)第31卷，东京：吉川弘文馆2004年版，第32～33页。

《维摩经疏》等经典，阅读以后思想发生了很大的转变，于是便往新都平安城东部的比睿山，建造了一乘止观院，宣讲"天台宗三大部"。尽管能独立传播天台宗了，最澄依然"介怀于无师承也，是以跂踰海之志"。803 年，他申请到唐朝求取天台宗真谛，得到日本朝廷的批准，804 年以"天台法华宗还学僧"的身份到达唐朝，携带疑问直上天台山国清寺，拜座主道邃为师，"邃授所传一心三观之旨"。最澄不以此为满足，又师从佛陇寺的行满座主，尽得"荆溪以上诸籍密笈"，随后又从越州龙兴寺的顺晓和尚"受三部灌顶密教，及得陀罗尼、经书、印契、图样、灌顶器物"等，再从唐兴县沙门翛然"得达摩一派牛顶山法"[①]。以上可见，最澄非要拜中国人为师不可。因为当时的日本，整个社会都在学习中国，他因留学的经历而回国成为日本的开山祖师，这种学习中国的热情，200 年后依然存在于许多日本人心中，来到宋朝求法的奝然、成寻等人就是其代表人物。显然外来的思想、主义、宗旨等对本地人有一种神奇的权威力量。

最澄于 805 年携祖师智者大师的经典教义等共 239 部 460 卷回日本[②]，作为天台宗的正式传人，他成为日本天台宗的开山祖师。行满将其所有的天台诸籍传授给最澄的时候曾说，"汝持此法文，为海东传灯之始祖"[③]，故比睿山延历寺建立后，日本人干脆称比睿山为"天台山"了。自最澄创立日本天台宗以后，日本佛教就确定了"显密体制"，兼修以天台宗为代表的显教和秘密佛教（简称密教）。中国天台山自然成为日本天台宗的本山和祖庭，成为"显密体制"下的日本天台宗教徒心灵归依之所，日本僧人来华参礼天台山的传统因此形成。

逃离日本："厌离秽土，欣求净土"

10、11 世纪以来，"灵验所巡礼的流行"，使日本僧俗更加热衷于巡礼中国的五台山和天台山等灵验之所，热衷于施财供养天台山、五台山，与中国灵山结缘，尤其是中国北地的五台山。如此热衷还与日本社会当时普遍流行的"厌离秽土，欣求净土"的心理有关，还有当时在日本盛行的舍利信仰、释迦信仰、弥勒信仰等[④]。

---

① 〔日〕虎关师炼撰，黑板胜美编辑：《元亨释书》，载《新订增补国史大系》（新装版）第 31 卷，东京：吉川弘文馆 2004 年版，第 33～34 页。

② 〔日〕最澄：《传教大师将来目录》，载《大正新修大藏经》第 55 卷，台北：佛陀教育基金会 1990 年版，第 1059 页下。

③ 〔日〕虎关师炼撰，黑板胜美编辑：《元亨释书》，载《新订增补国史大系》（新装版）第 31 卷，东京：吉川弘文馆 2004 年版，第 33 页。

④ 参见〔日〕家永三郎等编纂《岩波讲座：日本历史 4（古代 4）》，东京：岩波书店 1962 年版，第 204～207 页。

这种以日本国土为边鄙野蛮罪恶，以中国印度国土为庄严清净极乐的自卑心理，是一种非常奇怪的心理，尤其是与当时平安公卿政治上的自尊和自大形成了巨大的反差。

平安中后期的日本，民众为物质困乏而烦恼，贵族们则因精神空虚而烦恼。平安时代是贵族们的世界，他们拥有极大的权利，控制着朝廷和天皇，支配着土地和民众，然而他们却因此内心不安。权利的争夺和政治的拼搏让他们疲惫，他们不能有丝毫的休息，不能片刻解除警惕。他们还有后天经验认识到的烦恼，来自贵族们对现世的满足和对身后世界的追求，他们满足于现世的浪漫歌舞和锦衣美食、美妙音乐和温情恋爱，却又不满足于仅仅是现世的享受，因为他们已经知道任何人必须面对的现实——生老病死等"四苦八苦"，知道自然代谢的规律，"好花不常开"，家族社会权势的代谢也在所不免。他们希望存在有另一个可以去的世界，在那个清净世界里，他们应该像现世一样的满足；他们恐惧于传说中的又一个世界——地狱，出于对永久幸福快乐的追求，造成他们对于现世的厌恶情绪，自然也促成净土往生的追求。

插图 7-1　地狱草纸　奈良国立博物馆藏①

由于有关教义的宣扬，10 世纪的日本，贵族和僧侣们对于即将来临的"末法时代"充满着恐惧，"厌离秽土，欣求净土"已经成为时代潮流，尤其是源信在《往生要集》一书中对于地狱的恐怖描写，促使日本人追求往生净土，何况"《般泥洹经》经云：若读诵文殊师利名者，设有重障，不堕阿鼻极苦猛火，常生他方清凉国土。值佛闻法，得无生忍"②。亲身巡礼文殊菩萨化现之地五台山的功德自然要大于仅仅是"读诵文殊师利名"了。

几乎所有的宗教都有类似"末日审判"的说教，佛教也是如此。佛教的

① 〔日〕东京国立博物馆编集《日本国宝展》，东京：读卖新闻社 1990 年版，第 82 页。

② (宋)延一：《广清凉传》，载《大正新修大藏经》第 51 卷，台北：新文丰出版公司 1990 年版，第 1105 页。

“末日”观即“灭法”观。根据末法思想，佛灭后1500年或2000年之际，经历正法、像法而入末法。中国在陈隋之际就认为进入末法时代，一些高僧如慧思、信行（540—594）、道绰（562—645）、善导（613—681）等就在“开始思考、寻求解决挽救之方法”，宣扬净土教、强调忏悔、念佛①，五台山因此被宣传成为文殊净土。日本对于末法思想的接触和思考要晚一些，到10世纪以后才比较普遍地流行起来，开始有源信等思考解决的方法。佛经中的以下说教无疑是非常引人关注的。

> 又据《文殊菩萨现宝藏陀罗尼经》云：……佛告金刚密迹主菩萨言：“我灭度后，于此赡部洲东北方有国，名大振那。其中有山，名为五顶。文殊师利童子游行居住，为诸众生，于中说法。及有无量龙、天、夜叉、罗刹、紧那罗、摩睺罗伽、人、非人等，围绕供养。”乃至。文殊师利，有如是等无量威德，神通变化自在庄严，广能饶益一切有情，成就圆满福德之力。不可思议。②

与圆仁、圆珍等来唐日僧参拜五台山、天台山略有不同的是，来唐日僧是为寻求天台宗教义的，奝然、成寻、觉戒等来宋日僧则是怀着希望可以绝处逢生的心情登上五台山的，是为自己并为国家寻求解脱的密法，或者为自己寻找一片净土。

日本僧人向往西方净土，多以中国印度的灵山为实体，也想在西方的灵迹中找到灵感，至于印度是很难去的，也很少有日本人去过，所谓的西方也就是指中国。对于当时的日本人来说，为了往生净土、寻求拯救，有到中国现证体验与自日本施物结缘的两种选择。

以天台山、五台山二山巡礼为圆满功德

10世纪的日本，山岳佛教的影响已经大大超过了都市佛教，故来宋日僧有关牒文首先申明要巡礼天台山和五台山。这也就说明了，中国天台山、五台山等灵山的寺院在这一时代的日本人心目中的地位和影响，有逐渐超过在唐时来华的日本留学僧、还学僧心中的长安、洛阳各大寺院之势，此时不到天台和五台被看作是日本巡礼僧的遗憾和耻辱。

自晚唐以来，日本有不少高僧同时巡礼了中国的天台山和五台山二大灵

① 方广锠：《佛教大藏经史》，北京：中国社会科学出版社1991年版，第1943页。

② （宋）延一：《广清凉传》，载《大正新修大藏经》第51卷，台北：佛陀教育基金会1990年版，第1103页。

山,成就功德,因此入宋以后,日本僧界似乎达成了这样的认识,只有同时巡礼了中国的五台山和天台山才可称功德圆满,否则便是莫大的遗憾。

为上天台山求台教,838 年随日本第 18 次(或称第 19 次)遣唐使藤原常嗣来唐的圆仁无奈之下脱队,偷偷上了五台山。840 年,圆珍来中国,一登海岸就向福州都督府申请"巡礼天台山、五台山并长安城青龙寺、兴善寺等,询求圣教"①。日本光孝天皇光启元年(885),宗睿来唐,同时巡礼了五台山、天台山和长安青龙寺。

926 年,日僧宽建一行来华,其中"澄觉等长兴(后唐明宗年号,930—933 年)年中入京,诣五台山,及遍礼诸方圣迹,到凤翔、长安、洛阳城等"②。

982 年,奝然来宋时,特意携带了"日本国天台山延历寺牒大唐天台山国清寺"的牒文,明确提出了参拜天台、五台二山的要求,以下是奝然请求日本延历寺出具的那封介绍信:

> 东大寺传灯大法师位奝然牒。得奝然陈状称:十余年间有心渡海,盖历观名山巡礼圣迹也。嗟乎!日斯迈月,斯征壮齿不居,恳志难遂。适逢商客将归艎,奝然乡土非不怀,尚寄心于台岭之月;波浪非不畏,偏任身于清凉之云。往者,真如出潢派而赴中天竺,灵仙抛国家而住五台山,纵虽庸流,欲遂古尘。伏望垂允容、给小契,以为行路之远信者,夫以二方异域,云水虽向,一味同法、师资是亲。件奝然本学三论、志在斗薮。愿令万里之飞蓬,付一山之便风。以牒。
>
> 天元五年(982)八月十六日③

奝然在此牒文中宣言"寄心于台岭之月",表示要"偏任身于清凉之云",说明他出发之前早就立志要巡礼二山了。日本一条天皇永延二年(宋太宗端拱元年,988)二月,奝然在请求朝廷再次派自己的弟子入宋求法的申请书中也特别强调说,日本"往代入唐之人,或诣五台而不到天台,或□(到?)天台不参五台"④,前者暗指圆仁,作为天台宗大师竟然没能朝拜祖庭圣迹;后者暗指最澄和圆珍,尤其是圆珍在给唐朝各地方政府的申请书(牒文)中都说:

---

① 〔日〕小野胜年:《入唐求法行历研究——智证大师圆珍篇》,京都:法藏馆昭和五十七年(1982)版,第 86 页上。

② 〔日〕西岗虎之助:《关于奝然入宋的研究》,载《历史地理》第 45 卷第三号,第 558~559 页。

③ 〔日〕高楠顺次郎编:《入唐诸家传考》,收入铃木学术财团编《大日本佛教全书》等 68 卷,东京:讲谈社昭和四十七年(1972)版,第 179 页。

④ 〔日〕高楠顺次郎编:《入唐诸家传考》,收入铃木学术财团编《大日本佛教全书》等 68 卷,东京:讲谈社昭和四十七年(1972)版,第 180 页。

“牒，圆珍为巡礼天台山、五台山并长安城青龙寺、兴善寺等，寻求圣教，来到当县……”①结果还是没有上五台山。在奝然师徒看来，这都不能算是功德圆满，他们要超过前人，通巡天台五台二山，遍礼圣迹，自宋朝回日本后他们以巡礼过二山为骄傲。

继奝然之后来宋的成寻、戒觉等，在他们提供给宋朝的各种“申文”“牒文”中，也是明确提出要巡礼天台山、五台山，甚至要求长住两山。

直到南宋的时候，日本僧人依然以巡礼宋朝天台、五台二山为理想，为圆满的功德。荣西1198年在《兴禅护国论》中就提到：“宋朝奇特，有二十个。一淮南僧云：清凉山文殊狮子现云云；二天台山生身罗汉现，足迹亦光明云云；三石桥青龙现，现则雨下云云；四国清寺等胜迹，一一俨然云云。”②荣西自己，还有重源等就以来宋不能登五台山为遗憾。

作为日本山岳佛教运动标志的是中国五台山、天台山在日本的复制。在巡礼中国二山的愿望驱使之下，日本掀起了建立日本的天台山和五台山运动。

日本的天台山早在唐朝末年就由最澄师徒建成了，到了北宋时期，对日本信徒来说需要的是从中国移来五台山了，因为在平安中后期的日本，并不是所有的日本人都有机会来五台山礼拜，这不仅是隔山限海，而且因为当时日本朝廷对国民的出国严加控制，只有僧人才可以在得到批准之后出国。

第二节　宋朝天台山信仰对日本的影响

亲身巡礼天台山的日僧

自唐朝末年日本山岳信仰兴起以来，中国浙江的天台山不仅被日本道俗视为灵山，一如西天灵山，更被日本天台宗僧人视为祖庭，日本僧人到中国巡礼不能不礼拜天台山，尤其是日本天台宗出身的僧侣，如寂照、成寻、戒觉等，首先是要来这里缅怀先祖的。

成寻上天台山的时候，随身携带着《天台大师遗言》《南岳七代记》《天台大师衣座室图》等有关天台诸祖师的传记文字，以及列代祖师的著作，如《永嘉祥宗集》《安养集》《南岳心要》等。中国天台山及天台宗是日本天台宗的祖

---

① 〔日〕小野胜年：《入唐求法行历之研究——智证大师圆珍篇》第91、96、106页等均可见。
② 〔日〕荣西：《兴禅护国论》，载《日本思想大系》16，东京：岩波书店1970年版，第119页。

庭，对于日本天台宗出身的僧人，到这里瞻仰天台诸大师的真身、遗像，也可以获得灵光，因此“访智者之灵踪，游定光之金地”是不可或缺的，否则等于是无师无祖。

日本天台宗在10世纪末的日本可谓“日本第一”宗，它的影响已经超过真言宗而为八宗之首。在密教方面，台密和真密在日本的影响不相上下，而在义学方面似乎独占鳌头，所以无论是参拜灵山寻找体验，还是交往大师寻求天台密法，奝然都有必要上天台山，所以奝然983年来宋特意携带了日本天台宗致中国天台山国清寺的牒文。

宋太宗太平兴国八年(983)八月，奝然一行到达宋朝台州后，按照惯例先“驻迹于开元寺”。从成寻经历的详细记录可以推测，奝然大概也是向市舶司等衙门提交巡礼天台山的申请之后，在此等待批准牒文。在唐朝，日本僧人上天台山不是一件容易的事，最澄的弟子圆仁好不容易来唐朝后，欲上天台山而不得批准，只好暗渡五台山，于志远大师门下学习天台教法，回日本后名声大振。入宋以后也一样，成寻上天台山首先必须获得地方官的批准。

奝然一行太平兴国八年九月九日获得批准的公凭之后，立即出发巡礼天台山圣迹，“访智者之灵踪，游定光之金地”①，智者即天台大师智𫖮，国清寺有智者大师的真身堂，定光大师为南朝陈时的高僧。从镰仓时代书写、东寺三蜜藏所藏的《法华验记》零本等书中所抄录的奝然日记“《奝然记》”看，奝然参拜了智者大师堂及智者大师的真身，并在日记里慎重地详细地记下了所见的一切：

> 赴天台山国清寺，先礼智者大师真身堂。堂中玄帐之中悬大师真像。像前置小字《法花经》一部，是大师自出血书经也，入函。②

智者大师的最大成就便是《法华经》的研究，三大部就是他的心血，此处的血书恰好为其象征，三大部对日本佛教教义的影响深远。成寻来宋时也瞻仰了大师真身，作为天台宗僧人，祖师的真身塔自然是不得不参拜的胜迹。

奝然和成寻都在各自的日记里对智者大师堂额书“法空大师堂”做了解释，日本《伏见宫御记录·利七十五·谥号纂》中所录奝然日记逸文“智者大师号为敕号哉否事”条中，抄录《奝然巡礼记第一》云：

---

① 〔日〕塚本善隆：《塚本善隆著作集第七卷·净土宗史、美术篇》，东京：大东出版社昭和五十年(1974)版，第215页。

② 〔日〕高楠顺次郎编：《入唐诸家传考》，收入铃木学术财团编《大日本佛教全书》第68卷(史传部七)，东京：讲谈社昭和四十七年(1972)版，第179页上。

次大师堂，堂额书“法空大师堂”者，是大梁朱皇帝敕赐额也。智者大师者，存日隋帝师号也；法空大师，灭后赐谥也。此寺本号“修禅寺”也，即彼赐法空号敕书等云云。①

接着，巡礼四果罗汉，“登桂岭、覩三贤之旧隐”②，也是唐宋以来来华日僧不可少的节目，此“三贤”即丰干、寒山、拾得三位名僧。人杰地灵，菩萨眷属，故菩萨往往化现天台山，丰干禅师与拾得、寒山因此被认为是弥陀、普贤、文殊的化身。入宋以来，天台山三贤，丰干、寒山、拾得深受日本僧俗敬重，到南宋以后也成为日本绘画的题材。

太平兴国八年九月登天台山的奝然，宋熙宁五年（日延久四年，1072）五月十四日登天台山的成寻，都参礼了三贤院。成寻在日记中还详细记录了三贤的传奇，并抄录了有关三贤的歌偈。成寻最终留在天台山，奝然若非“行役所牵”，即为国家求法，也不会感叹“栖心末及”了，也许和成寻一样，要和天台山的神仙道人、诸佛菩萨一同神游了。

布施供养与天台山结缘的日本信徒

平安贵族祈愿往生西方净土，并仰慕中国文化，即使是自认“斯世我所有，月满无缺时”的藤原道长，也想朝拜大宋天台山，和天台山寺院结缘，为此，在1003年资助寂照师徒来宋上天台山巡礼求法。宋大中祥符六年（长和二年，1013）九月十四日，日僧念救和尚从宋朝返回日本，并且是以宋天台山大慈寺再建“知识使”（负责筹资的职务）的身份回日本，因为念救带回了寂照、元灯及天台山僧人致藤原道长的书信，显然是化缘的书信。

念救是随寂照一同到宋朝巡礼求法的七名弟子之一，念救入京都后，九月十四日向藤原道长献上折本《白氏文集》、“并天台山图”。根据道长在自己的日记《御堂关白记》中的记录，藤原道长特召念救前来府邸询问“案内”，并“有所申事”，在一同“览从天台（国清寺）送延历寺物，天台（智𫖮）大师形、存生时袈裟、如意、舍利壶等，牒等”之后，又商讨“献寂照、元澄书，又天台山僧二人、在大宰唐人等书”③，这些书“牒等”可能就是天台山向日本公卿化缘的

① 转引〔日〕西冈虎之助：《奝然日记逸文》（《研究断片》），载《历史地理》第45卷第三号，第604页。另见〔日〕塚本善隆：《塚本善隆著作集第七卷・净土宗史、美术篇》，第215页。

② 〔日〕塚本善隆：《塚本善隆著作集第七卷・净土宗史、美术篇》，东京：大东出版社昭和五十年（1974）版，第215页。

③ 〔日〕藤原道长：《御堂关白记》（中），载《大日本古记录》，东京大学史料编纂所、财团法人阳明文库编纂，东京：岩波书店昭和二十七年（1952）版，第243页。

书信,故有“天台山僧二人”同来日本。九月二十三日,念救拜访藤原实资、藤原道长。二十四日再次拜访实资。从反复拜见公卿可见,念救回日本是为寂照在宋朝的活动寻求经济支持。

念救返回宋朝后,大约是在1015年再次携寂照致道长的书信回日本,目的还是为宋朝天台山建寺化缘(参见本书第六章及后文,此略),日本左大臣藤原道长等人因此给天台山寺院捐赠大量“作料物”,道长另外还送寂照金百两,并附有一封表达深切怀念的回信。

从寂照与日本国内的书信交往看,寂照来宋并非出于个人目的,并非与日本朝廷无关,他实际上是担负着朝廷、公卿、寺院和教派的求书使命。

平安后期,公卿贵族纷纷建立私寺,这些私家寺院为了建立经藏,努力和宋朝的寺院建立联系,这也是藤原氏等大贵族支持日僧入宋的原因。例如寂照来宋之后帮助沟通了藤原道长及其氏寺法成寺与宋朝天台山各寺院的联系,所以1015年,天台山通过寂照派遣念救回日本请求左大臣布施。道长立即根据天台山大慈寺的书信做了回复:

> 本朝僧念救至,分诸德和尚之书札三缄,一事披览而具之。虽无鱼兹之面亲,各欢鸟篆之归指,抑大慈寺是智者之遗风,谁不感于万里?推草创于盛陈,请华构之颠越。今有重营之议,遥翘助念,既谓道场,何别远近?仍以任土之有,聊充满山之求。夏热,伏惟,诸德道体兼胜,然而间以云天,奈驰恋何?行李难通,问松容而欝陶;浪鲸为镇,复鼇背之眇望。不遑旁报,旨趣一揆,勒念救还。不宣谨言。
>
> 长和四年六月　日　　日本国右大臣　藤原道长
>
> 大宋国天台山诸德和尚　庵下　　谨空①

此事藤原道长在日记《御堂关白记》中有记载,日长和四年(宋真宗大中祥符八年,1015)七月,藤原道长托寂照的弟子念救施入宋朝天台山众多物品,礼单如下:

> 日本国左大臣家
>
> 施送
>
> 木槵子念珠六连(四连琥珀装束,二连水精装束);螺钿莳绘二盖

---

① 〔日〕西冈虎之助:《关于入宋僧寂照的研究》,载《史学杂志》第34编第10号,第753~754页。

[阶?]厨一双；莳绘莒二合；海图莳绘衣箱一双；屏风形软障六条，奥州貂裘三领(长二领、一领)；七尺鬘一流；砂金百两(入莳绘丸莒)；大珍珠五颗；橦华布十端(在印)。

右依大宗[宋?]国天台山大慈寺传疏，施送如件。

长和四年七月七日

知家事，右卫门府生，从七位上，秦忌寸贞澄

令从五位下行，修理少进良峰朝臣行政，□□□□从大主铃，正六位上，语公高世

别当　　　大书吏

　　　　　知家事①

从这篇施物文书看，左大臣家犹如一个小朝廷，该文书完全是一个官样文章，且诸多朝廷官员参与其中。这些物品无疑使寂照在中国显得更风光一些，得到更多的尊重。道长在给大慈寺的施物外，还委托念救给寂照带去了黄金百两等物。

日本来宋求法巡礼僧人除了向朝廷进贡大量物品之外，还向宋朝名山大寺携带了不少日本朝野公卿贵族施舍结缘的大量物品，因为有关章节中已经涉及，这里不一一列举。

与朝贡于宋朝廷的物品相对，日本公卿和僧人们进献于宋朝寺院的供献品数量也不少，相对单纯得多，那些布施物品完全是为了往生净土，和与中国佛教圣迹结缘，如奝然携带来的遗发等物。奝然是携日本东寺致大唐青龙寺和延历寺致大唐天台山国清寺之“牒”来中国的，他们必然要为奝然准备大量的贡物，在奝然化缘运动(日语谓之“劝进”)之下，日本朝野上下、僧俗贵贱竞相皈依、结缘，而托付其一行施入天台山、五台山圣地净财。

第三节　中国五台山文殊信仰对日本的影响

日僧西游五台山所获得的灵感

自北魏至中唐以来，作为大智文殊菩萨示现之道场，五台山信仰就在中

---

①〔日〕藤原道长：《御堂关白记》(下卷)，载《大日本古记录》，正宗敦夫编，东京：日本古典全集刊行会昭和四年(1929)版。第114～115页。

国、印度、朝鲜等地区逐渐流行起来，印度(佛陀波利)、朝鲜等国僧侣千里迢迢来五台山巡礼、朝拜。由于五台山诸寺同时亦弘扬天台之教，于是这一名山自然随文殊信仰一同影响了来唐的日本留学僧，以及随后来宋的巡礼求法僧，五台山成为日本僧众来中国后必须朝拜的圣地。

日本人对于五台山的了解和崇拜，首先是由于东渡日本的唐朝僧人道睿和南天竺僧菩提仙那的介绍和宣传。道睿和菩提仙那在向日本天皇宣讲佛法时，暗示日本天皇就是文殊的化生或托生，这可以说也是日本“本土垂迹”思想的滥觞。于是为了引进文殊信仰，日本“白璧天皇二十四年，遣二僧灵仙、行贺入唐，礼五台山学佛法。”①此后日本高僧不断有人上五台山求法巡礼。

9世纪以来，越来越多的日本佛教信徒们已经厌倦了烦琐的宗教理论，在极力寻找成佛和得救的方便法门或神秘之术，密教在日本兴起的前提条件已经具备了。中国五台山自“开元三大士”之一天竺僧不空建金阁寺以来，也成为中国密教的一大中心，关于五台山上的种种神奇也开始流传开来。于是，文殊菩萨像被安置在天下所有寺院的斋堂之中，文殊信仰和观音信仰因而被中国朝野僧俗普遍关注起来。关于文殊菩萨信仰，《文殊师利般涅槃经》云：

> 若但闻名者，除一十二年劫生死之罪；若礼拜者，恒生佛家；若称名字，一日至七日，文殊必来；若有宿障，梦中得见形像者，百千劫中，不堕恶道。大矣哉斯益也！②

对于投机取巧的日本人来说，这是何其方便的法门！五台山信仰也因此在日本流行，于是千百年来为了追求镇护国家的密术和修行成佛的方便法门，不断有日本高僧西游中国，巡礼五台山。灵仙终老五台，惠萼(或作“慧锷”)曾几上五台山③，926年来华的澄觉等也上了五台山。到了10世纪，中国五台山及文殊菩萨在日本人心目中的地位进一步提高，这主要是由于末法思想的流传和影响。此时的日本，各种社会问题蜂起，天灾加以人祸，举国上下越来越感受到末法末世的恐惧，日本僧俗普遍希望和文殊菩萨结缘，往生包括文殊净土在内的一切净土，引进文殊法门的要求越来越迫切了，可以说

---

① (元)脱脱等：《宋史·日本传》，北京：中华书局标点本1977年版，第14133页。

② (唐)慧祥撰《古清凉传》卷上，载《大正新修大藏经》第51卷，台北：新文丰出版公司1990年版，第1093页。

③ 894年以前日本来唐僧人参拜五台山的情况，请参考拙著《奝然与宋初的中日佛法交流》(北京：商务印书馆2012年版)第二章第一节，第76～85页，这里为节省篇幅，不做赘述。

上升到了国策。

宋朝在收复五台山之后，重视五台山佛法的发展，重修寺院，再造金身，五台山信仰在中国复兴。在此影响下，巡礼五台山与文殊信仰在日本再次升温，并一直延续到南宋初期。

983年，奝然来宋，巡礼五台山，与日本社会逐渐普遍流行起来的文殊信仰有关，与日本社会普遍流行的往生净土的愿望有关。登上五台山的奝然也怀有圆仁等先辈同样的希望，能够遇见菩萨显灵，似乎也得到了前辈同样的感觉，奝然在优填王思慕释迦牟尼栴檀瑞像的造像愿文《人瑞像五藏文》中是这样描述自己的感觉的：

> 以四月七日至岱州五台山大花严寺菩萨真容院驻泊，寻而礼谒，得不虔诚！其日申时，菩萨右耳上化出白光，移时不散，僧俗三百来人悉皆瞻睹。
>
> 至其月十四日到金刚窟，礼拜而退。登东台，倏忽间闻雷声震响，逡巡飘雪降雹，其雹大如鸡子。
>
> 至十五日凌晨，于东台见一老人，约年八十，须鬓俱白，身被紫裳，裹三山帽，着靴，手携数珠，领侍从二人，绕龙池而行。其侍从各年二十来许，一人着青衣裹头巾，手执香炉；一人着白衣裹头巾，手执柱杖，踟蹰而去，不知所在。当日游中台，有五色云现。同日游西台，有瑞鸟灵禽现。
>
> 二十三日游南台，夜至三更，时有圣灯二炬现。勤拳知忝，归命不任，豁此日之神魂，副当年之心愿。
>
> 盘桓两月，澄息诸缘，其何乡国须还？瓶囊是举。①

奝然在表明，他在巡礼五台山圣迹之时获得的灵感使他一时动了不归之念。随后来宋的成寻和觉戒等日记中类似心情的记载，这里就不赘述了。

巡礼五台山的愿望一直萦绕在日本道俗的心头，直到南宋以后依然不变，例如日本东大寺高僧重源（1121—1206）于1167年来宋时，就想去五台山参拜，可是他的运气赶不上戒觉，此时五台山已经落入女真族所建立的金国控制之下，他无法去参拜，所以只能去天台山、育王山等圣迹巡礼。南宋以后，日本僧人来宋之后已经不能登五台山巡礼，于是改为巡礼江南禅宗五山，五台山信仰在日本的影响才相对衰落下去，但五台山信仰依然影响着日本

① 〔日〕竹内理三：《平安遗文》古文书编第九卷，东京：东京堂昭和三十九年（1964）订正版，第3482～3483页。

人,世代相传直到今天。

委托来宋日僧献物供养五台山的日本人

尽管自 11 世纪以后,日本人拥有了奝然师徒在日本京都建立的自己的“五台山清凉寺”,人们可以来这里礼拜,但中国的五台山清凉寺作为日本五台山清凉寺的本山,作为文殊菩萨示现之地依然是日本人,尤其是僧侣们心目中的圣地。

插图 7-2　金铜藤原道长经筒①

此经筒,道长埋于日本奈良县天川村金峰山。金峰山作为日本山岳宗教的圣地而闻名,故为结缘而来此埋经的平安贵族众多。

在奝然之后日本不断有高僧上奏日本朝廷请求巡礼天台、五台圣迹,其中寂照(1006)、成寻(1073)、戒觉(1083)等不顾平安朝廷严格禁止外出他国的法禁,毅然偷渡来中国,巡礼五台山。其中成寻、戒觉都像圆仁一样留下了巡礼五台山的日记,而戒觉则像先人留学僧灵仙一样终老五台山②。

以上足见,五台山等中国灵山信仰对于日本僧俗和日本山岳信仰的影响。唐宋文化对于日本的影响是连续的,在古代日本,许多人心目之中,中国是日本的文化母国,日本仍然要不断到中国吸收先进文化,获得灵感。894 年以降,如果不是日本朝廷的严禁,不知该有多少日本僧俗来中国,巡礼、供养五台山。

此间不能亲自来五台山的日本信徒,常常委托来宋朝的僧人寄物供养五台山,借此与文殊净土结缘,以期在末法时代获得拯救。特别是日本高僧觉鑁(1095—1143),因不能亲自上五台山,曾作《清凉记》感叹道:

---

① 〔日〕东京国立博物馆编集《日本国宝展》,东京:读卖新闻社 1990 年版,第 27 页。

② 〔日〕黑板胜美编辑:《朝野群载》,编入《新订增补国史大系》(第 29 卷上),东京:吉川弘文馆平成十一年(1999)新装版,第 461~462 页。

弟子生值末法，不观圣容，虽闻佛法，尚处边国，寸心所恨，噬脐无益。夫西天八相之处，震旦五台之山，但闻其名，未到其地，每披经落泪千行，是以偷付商舶欲入宋国。①

最后，觉镬亲自书写《梵字尊胜陀罗尼经》，并敲下自己的牙齿，将其纳入经卷的轴中，托来日本的中国商人施入五台山，以期消灭罪障，往生极乐世界。

对于当时的日本僧俗来说，直接到中国巡礼固然最好，但在政治等情况不允许的时候，间接入宋（如寄物）也是可以的，这样的事例在当时的日本不少，成寻来宋朝求法巡礼的时候，便有不少人托他施财供养五台山，例如日本三井寺的庆耀供奉，以“文殊三种真言大梵字一卷、尊胜等诸真言梵字一卷”“送五台山并与成寻”②。

这些委托成寻献物五台山的人中还有日本当时的皇太后、太皇太后。根据成寻日记，“皇太后宫御经供养目录，太皇太后宫所付镜、发、文等”的记载看③，她们献物颇为虔诚，并付有牒文。对日本两宫太后的敬献物品，五台山寺院非常看重，特别回复了牒文④。

根据成寻在五台山期间的日记所载，“游台往还，以日本冷泉前内亲王给五条袈裟著用，每日奉祈后世往生极乐世界；以治部卿给头巾著用，奉祈二世”⑤。

这说明冷泉前内亲王、治部卿二人送成寻衣物，目的之一是为了与五台山结缘，成寻也以在五台山为他们祈祷的方式报答布施之恩，并且根据委托人布施的多少，祈祷的内容也很势利地差别对待。

在长年累月的精进修行之后，信徒们殷切希望得到见证，生时得见菩萨化身，临终得到佛祖来迎，于是为增福消灾而施舍，为见证见佛而精进，为归依寄终而发愿，尤其是日本贵族，他们更多的是通过僧人间接与五台山结缘。在此风气之下，南都其他宗派关注中国五台山及文殊净土就很自然了。尽管日本朝廷停止遣唐使后，日本人实际接触海外的机会越来越少，但对于海外

---

① 〔日〕森克己：《日宋文化交流的诸问题》，东京：刀江书院昭和二十五年(1950)版，第106页。

② 〔日〕平林文雄：《〈参天台五台山记〉校本及其研究》(上)，东京：风间书房昭和五十三年(1978)版，第116页。

③ 〔日〕平林文雄：《〈参天台五台山记〉校本及其研究》(上)，东京：风间书房昭和五十三年(1978)版，第160页。

④ 参见〔日〕平林文雄著《〈参天台五台山记〉校本及其研究》(上)，东京：风间书房昭和五十三年(1978)版，第164～166页。

⑤ 〔日〕平林文雄：《〈参天台五台山记〉校本及其研究》(上)，东京：风间书房昭和五十三年(1978)版，第181页。

的研究仍然在继续,中国的地理书被广泛阅读,尤其是唐僧玄奘的《大唐西域记》深受日本人喜爱。

第四节　心系中国密教圣迹的日本平安僧众

日本密教的祖庭长安青龙寺

日本自弥生、大和时代以来"事鬼道"、重祭祀已经成为国家传统,佛教自中国传入日本后便与以日本皇室为代表的祖宗崇拜相结合,形成"祭政一致"的国家体制,京城东大寺的建立是其标志,它是作为统辖国分寺的总寺而存在的。

佛教密宗是佛教中秘密教的略称,它是相对于大乘显教而言的,是相对重视神秘术的一个支派。7世纪以来,印度佛教走向衰落,出现佛梵结合,一时婆罗门教的小道法术被佛教吸收,此即佛教的密教。自印度僧善无畏、金刚智、不空等开元年间来唐,密教开始在中国流传开来,唐僧惠果乃中国密教高僧,前面所提"开元三大士"的弟子,两部大法的集大成者。

最早将密教传入日本的是道慈,道慈师从善无畏,回日本传善议,善议传勤操,勤操再传空海。空海因有许多问题在日本无法解决,不得不于日本延历二十三年(唐德宗贞元二十年,804)七月随遣唐大使藤原葛野麻吕一行渡海来唐,留学求法,同年十二月到达长安,后师从惠果,惠果时在青龙寺。

长安青龙寺建于582年,原名灵感寺,711年得青龙寺之名,它是中国唐代密宗的根本道场,也是日本真言宗的发源地,可以说"它在日本比在中国更为有名","空海以后的日本僧人都把它看做是中国的那烂陀寺"①。在中日佛教交流史中,唐朝长安青龙寺与日本奈良东大寺及平安京东寺关系密切,自从空海在青龙寺幸遇名师,受法满载而归之后,大唐青龙寺在日本人心目中就是一块宝地。

空海从中国求回两部大法以后,日本密教大兴,日本人赖之以镇护国家,并且密教成为日本国教中的国教。在祭政一体的日本,密教僧人借此术问政,致使日本天台宗也不得不兼修密教,于是也出现了东密和台密的竞争,于是不论真言宗还是天台宗都到青龙寺寻根,圆行、圆仁、圆珍、慧远、圆载、宗睿等相继来此土此寺,竞相引进中国密教。

随着"入唐八家"的相继归去,中国密教法术、咒语不断传入日本,本惯于

---

① 参考〔日〕森克已著《续续日宋贸易研究》,东京:国书刊行会1975年版,第279～280页。

"事鬼道"的日本朝廷屡屡"召请诸高僧修加持祈祷，保佑消灾增益，并且奖励各地的讲师、读师专修密教；因此，当时的朝野都信仰此教的灵验，从宽平(889—898)、昌泰(898—901)年间到长和(1012—1017)、宽仁(1017—1021)年间，密教兴盛到了顶点"，"致使平安佛教成为密教的时代"①。

历史进入北宋时期，即日本平安中后期，日本的密宗成为显学，密宗弟子渴望到宋朝巡礼青龙寺，和天台宗弟子渴望到中国礼拜天台山一样，希望借此缅怀先祖，寻找参悟的灵感。日本人非常重视师承关系，空海真言密教的嫡传弟子及再传弟子更不在话下，来唐求法必巡礼长安青龙寺，礼拜惠果之墓，致"孙徒之礼"，以此强调东寺与青龙寺的血脉关系，强调东大寺在日本佛教尤其是密教中的正统地位。空海在时曾反复告诫弟子："太祖大日、金刚萨埵、龙猛、龙智、金刚智、不空、惠果大阿阇梨，至吾身相传八代也。"②

中国青龙寺与日本东寺的师承联系、传法血脉，是真言宗和东寺、东大寺历代弟子特别重视和强调的，追寻大师之迹，模仿先师之行，是东寺、东大寺和真言宗历代弟子的共同愿望。所以 983 年奝然在即将来宋前夕，怂恿老师元杲说："法桥宜继大师路"③，鼓动他一同到宋朝求密法，追寻高野大师空海的足迹。

983 年，奝然作为第一个来北宋巡礼的日僧，为去青龙寺申徒孙之礼，求青龙寺密法，来宋前特意准备了携往中国的日本国东寺(或东大寺)致大唐青龙寺的牒文，该牒文明白指出：自祖师空海大僧正到唐朝拜惠果大和尚为师受法(804 年)以来，密教东流已近二百年，由于日本朝廷 894 年终止派遣遣唐使，致使"入觐久绝"，以至东寺与青龙寺之间一直"书信难通"。尽管日本"苍海自隔"，但青龙寺依然是日本人精神之故乡、信仰之根源，东大寺为了保持并发扬两寺的关系，排除万难派遣奝然入宋寻根问祖。奝然也自认肩负着东大寺的光荣使命，表示"期于必遂"④。

奝然自认来宋目的之一是追寻空海大师的足迹，于大唐青龙寺求法，日本东寺致大唐青龙寺的牒文中也特别强调了奝然与青龙寺的渊源，说明奝然是唐青龙寺"八代之弟子"⑤，今"慕礼圣迹"而来中国⑥。东寺在此牒中提及

① 〔日〕村上专精著，杨曾文译：《日本佛教史纲》，北京：商务印书馆 1981 年版，第 77 页。

② 〔日〕金刚峰寺纂校录：《弘法大师年谱》，收入《真言宗全书》，东京：真言宗全书刊行会昭和八年(1933)版，第 47 页上。

③ 〔日〕高楠顺次郎编：《入唐诸家传考》，东京：讲谈社昭和四十七年(1972)版，第 177 页。

④ 〔日〕高楠顺次郎编：《入唐诸家传考》，东京：讲谈社昭和四十七年(1972)版，第 179 页。

⑤ 奝然与空海的师承参见拙著《奝然与宋初的中日佛法交流》，北京：商务印书馆 2012 年 6 月版，第 95～97 页。

⑥ 〔日〕高楠顺次郎编：《入唐诸家传考》，东京：讲谈社昭和四十七年(1972)版，第 179 页中。

此事是为便利奝然求法的需要。从日本《真言宗全书·血脉类集记》以及密教相传血脉关系的有关资料看,奝然是大唐青龙寺的日本留学僧空海的第七代弟子,他的老师元杲则是惠果的第七代、空海的第六代弟子①。根据奝然的同门仁海所撰《灌顶御愿记》对真言密宗师承关系的记载,奝然曾先后拜师的宽静和元杲,正好为惠果第八代弟子②。

向北宋朝廷申请巡礼长安青龙寺的日本高僧

北宋时期,来宋求法巡礼的圣地,除了天台山和五台山之外,还有一个重要的地方,那就是长安青龙寺。日本高僧在日本心系长安,来宋之后申请青龙寺巡礼,是因为此时的日本密宗信仰如日中天,是因为日本朝野视密法为镇护国家的法宝。因此奝然、寂照、成寻等踏上宋朝的国土之后,几乎同时都向宋朝廷提出了巡礼长安各大寺,尤其是青龙寺的请求。

奝然入宋以后是否向宋朝提出这一申请的文书,尽管目前尚未发现相关记载,不妨仔细看看下面奝然从日本携来的日本国东寺(或东大寺)致大唐青龙寺的牒文:

日本国教王护国寺③牒大唐青龙寺

东大寺传灯大法师位奝然

牒。往年祖师有空海僧正,入朝受法惠果大和尚,密教东流以来殆垂二百载矣。我朝入覲久绝,书信难通,苍海已隔。虽为一天之参商,白[百?]法是同,宁非八代之弟子,今件奝然遥赴大方,慕礼圣迹。潢汗[汙?]之润,顾鼇波而已朝;爝火之光,望乌景而不息。期于必遂,理不可夺!气也!察状将慰万里泣岐之心,令得五台指南之便。谨牒。

天元五年(982)八月十五日。④

---

① 〔日〕真言宗全书编:《血脉类集记》,东京:真言宗全书刊行会昭和九年(1934)版,第17页下。

② 〔日〕铃木学术财团编:《游方传丛书第四》,收入《大日本佛教全书》,东京:佛书刊行会大正四年(1915)版,第491页。

③ 该牒文在《入唐诸家传考第六》中题为“东寺绍介状(奝然)”注明出处为“《杲宝杂杂见闻集二》,东寺金刚藏藏”,如此则为东寺金刚藏的档案,以下的“自日本国牒唐朝状事”为事条。“日本国教王护国寺”乃东寺的全称,从落款日期来看,也可能是东寺所出之牒。而日本《朝野群载》所记这篇牒文的题名为“日本国东大寺牒大唐青龙寺:传灯大法师位奝然”,与《入唐诸家传考第六》所载不同,另“密教”为“圣教”,从时间上来推算,当为“密教”。因此此时东寺已经成为东大寺的下属寺院,基本上可以互称。

④ 〔日〕高楠顺次郎编:《入唐诸家传考》,编入《大日本佛教全书》(第68卷),东京:讲谈社昭和四十七年(1972)版,第179页,原文为“天元四年日日”,引用时订改。

奝然携来北宋的此牒，不能证明他一定达到青龙寺，既然他已经如此信誓旦旦，在宋太宗雍熙三年（日本花山天皇宽和元年，984）六月已经到达离长安不远的龙门朝拜，应该会去长安青龙寺巡礼、凭吊，那毕竟是其祖师空海曾经风光之所，先辈灵仙、圆仁、常晓等曾经驻锡之寺。但我们从奝然留下的可以见到的文字中找不到他去青龙寺巡礼过的确切证明，既然他是有备而来，可以肯定他向宋朝提出了相关的申请，也可能他的申请未获批准。

来北宋巡礼求法的日僧群体中，只有成寻在宋的经历最为详细，因为他的巡礼日记《参天台五台山记》完整地保存下来了。从《参天台五台山记》的记载可见，成寻正式向北宋朝廷提出了巡礼青龙寺的申请文书。宋神宗熙宁五年（日延久四年，1072）六月二日，成寻在巡礼了天台山之后，便向大宋朝廷提出了如下“奉文”（即申请文书），明确要求：

> 大日本国延历寺阿阇梨大云寺主传灯大法师位臣厶
>
> 　　欲乞天恩巡礼五台并大兴善寺、青龙寺等圣迹。
>
> 　　右厶从少年时有巡礼志。传闻：江南天台，定光垂迹于金地；河东五台，文殊现身于岩洞。将欲寻其本处，巡礼圣迹。而为大云寺主三十一年，护持左丞相二十年。如此之间，不遂本意，令[今之误？——引者]龄满六旬，余喘不几，若不遂鄙怀，后悔何益？因之得谢商客船所参来也。就中天竺道猷登石桥而礼五百罗汉，日域灵仙入五台而见一万菩萨。厶性虽顽鲁，见贤欲齐。先巡礼圣域，次还天台修身，修行法华秘法，专求现证，更期极乐。所随身天台、真言经书六百余卷，灌顶道具三十八种，至于真言经仪轨，持参青龙寺经藏，纠其讹谬。伏望天恩，早赐宣头[？]，将遂素意。臣厶陈表以闻。
>
> 　　　　　　　　　　　　　　　　熙宁五年六月　日，
>
> 　　大日本国延历寺阿阇梨大云寺主传灯大法师位臣厶上表。①

在这份申请文书中成寻说明了计划去长安青龙寺的原因和目的，因为当时的日本依然重视密教经典和真言法术的研究，他怀疑前人从青龙寺等长安密宗寺院中抄回日本的经典存在错误，于是特意携带相关“真言经仪轨”来宋，带到长安，到青龙寺经藏中查找比对、校雠注解，“纠其讹谬”。可见在巡礼长安这些大寺之外，他还担负着求法的重任。

---

① 〔日〕平林文雄：《〈参天台五台山记〉校本及其研究》（上），东京：风间书房昭和五十三年（1978）版，第38页。引文中“厶”为“某”之略写——引者注。

由成寻的这一申请可以类推,先行者奝然也提出了类似的申请,甚至也可能被批准到达了长安,否则成寻不应该不知天高地厚地再次提出这样的申请。根据成寻日记的记载可知,为安抚外国向化僧人,宋朝对于来宋日僧巡礼圣地尽量给予方便,沿途提供有驿马,从雍熙三年(984)六月十八日到二十四日,奝然是有充足的时间自洛阳去长安青龙寺凭吊的。

可以肯定的是,北宋时的长安早已衰落了,倾巢之下,无复完卵,青龙寺等诸寺不复辉煌,唐武宗会昌灭佛(845年)期间,青龙寺首先在劫难逃,被改建成皇家花园,武宗死后于846年一度被恢复,废后重兴并改名护国寺。据《大日本史料》等载,到855年又复原青龙寺旧名,并一直用到871年[①]。经过五代战乱,尤其是国家政治重心的转移,青龙寺在宋初已经走向衰落了,尽管宋初复兴佛教,但它已经处于新王朝的边境地区,很难得到统治者更多的关照,而到成寻来的时候,它已经破败,宫阙成土、衣冠成丘,尽管在成寻等日僧的记忆中仍然保持着昨日的辉煌,而根据有关记载,1086年以后它已经毁灭无存了[②]。但是,一直心系青龙寺密法以及中国古都长安诸宝刹的日本僧人,不知道10世纪的青龙寺已经同样如明日黄花,它虽是唐代佛教文化的中心,但辉煌已经随着那个支持它的唐帝国衰落、灭亡而暗淡,在宋朝它已经远离朝堂而处在边远之地、战乱多事之乡。

① 周一良:《唐代密宗》,钱文忠译,上海:上海远东出版社1996年版,第120页。

② 参考《佛光大词典》,及白化文等校注《行历抄校注》(石家庄:花山文艺出版社2004年版),第41～42页。

第八章　北宋净土信仰潜移默化日本净土宗

第一节　日本接受净土信仰的社会背景

信仰中的庄严净土与现实日本的社会烦恼

在介绍了北宋以来日本群僧来华求法巡礼之后，下面本书将分三章介绍五代、北宋时期中国佛教诸宗对日本的影响。10 世纪中期以来，中国佛教各宗派都或多或少地对日本佛教各宗产生了影响，首先看中国净土宗对日本的影响。

10 世纪以来，日本社会处在“末法思想”“厌离秽土”的情绪笼罩之下，很容易地接受了中国净土信仰的影响，并产生“往生净土”的追求。但是在日本佛教的“显密体制”之下，净土宗作为一个独立的宗派在日本确立，还有待镰仓时代(1192—1333)以后的社会环境，即在中国历史进入南宋时代之后，而形成日本化的净土宗还有待时日。

10、11 世纪之交，源信僧都和空也上人分别面向日本贵族和下层社会宣扬净土信仰，尽管一时造成很大影响，但由于同时期天台宗、真言宗对平安朝廷的影响力过于强大，净土信仰还不能从日本佛教各宗内独立出来，拥有自己的寺院，如同禅宗一样，它还得等待时机，日本净土宗创始人的荣誉不得不归于源空和尚(1133—1212)，而不是此时的源信。

宗教产生于人们的终极关怀，其作用在于给绝望的人们提供一种精神上的解脱，让对当下和现实不满的人们或缅怀过去、或追求未来，让人们在祈祷声中、在“阿弥陀佛”的吟唱声中忘记并忽视现在或现世。日本众生接受净土宗信仰的驱动力就是 10 世纪以来日本社会残酷的现实，日本平安中期是各种政治、社会问题集中的时代，内有藤原纯友、平将门之乱(936、939)，外有朝鲜半岛刀伊族的频繁入侵。

政治上古代天皇制不断衰退，律令制度也由于不断的宫廷政变和地方势力的坐大开始走向崩溃。社会环境方面，各种疾病和灾难的经常发生，如961年京畿一带疫病流行之时，一如地狱新设，仿佛末日到来，似乎生不如死；祸不单行，寺院和宫廷也在同时莫名其妙地频发火灾，由此引起的反复兴建的土木工程又将负担全部转嫁于民众。现实生活的残酷让人们感到地狱的真实存在，更加渴求净土的存在，日本平安时代可以说是一个充满烦恼并普遍需要解脱的时代。在这个号称“平安”的时代，平民有平民的烦恼，贵族有贵族的烦恼，皇室有皇室的烦恼，僧人有僧人的烦恼；有来自现世的烦恼，也有来自他界的烦恼，有贫乏的烦恼，也有荣华的烦恼。这些社会问题让日本人突然想起传说中的“末法时代”①的来临，原来这一切灾难和变局都是末法时代来临的预兆或警告。

于是乎，10世纪的日本国民纷纷寻求可以逃避灾难获得拯救的净土。几乎这一时期所有的天皇都遁入空门，一般皇族成员也大量遁入空门，或由于突然而又不断的宫廷政变，或出自佛法教诲的觉悟。寺院似乎是政治的避难所，也似乎是天国的监狱，或者说是解脱、超脱的净土。其他贵族大臣们也纷纷效法皇室，为寻求烦恼的解脱而拜倒在佛法之下，将财产与佛祖共享，寻求僧侣的帮助和指引，企求得到佛祖和菩萨的解救。他们的一切献纳、结缘、誓愿都与对地狱的恐惧、对往生净土的追求相关联。于是倾家荡产立佛、建寺的风气也在贵族之间流行起来，他们不惜把自己象征财富和权力的别墅献纳于佛，例如藤原氏一门，在平安时期就建成了许多寺院，良房建了贞观寺，基经建了极乐寺，以及为光的法住寺、兼家的法兴院、道长的法成寺、赖通的平等院，还有清凉寺等。越来越多的贵族大臣出政而“入道”②，不再是仅仅派家族的某个成员为代表入寺为僧了。

10世纪是日本“摄关政治”从产生走向安定的时代，藤原氏“摄关家”到藤原道长之时，荣华富贵至极，藤原道长得意吟唱道：“斯世我所有，一如我所思，皎皎十五夜，满圆无缺时。”③但死亡的恐惧，末世的绝望不时会侵扰他，平安贵族的荣华是不安定的，原因不是担心天皇家的复辟，就是来自在享受荣华之时对于六道轮回、沦落地狱的恐惧，来自在追求自身显贵之时对于子孙报应的恐惧。这一系列的矛盾和烦恼必须得到解脱，而消灭恐惧、自我解缚的解脱之门自然必须从佛法中寻求。

① 有谓佛陀入灭后正法时代有五百年，像法时代有一千年，此后进入末法时代。

② 当时大臣出家被称为入道。

③ 转引自王金林著《简明日本古代史》，天津：天津人民出版社1984年版，第173页。

插图 8-1　地狱图(京都・北野天满宫藏)①

以藤原氏为中心的贵族寻求解脱的行为影响了社会群体心理,贵族出身的文人和僧侣,是平安时代的知识阶层,他们应时代而生,为公卿贵族提供心理辅导,为公卿贵族提供精神食粮。为了贵族们往生极乐净土的愿望,借助大陆的典籍和思想,学问僧们制造并宣扬美妙的净土世界,畅想了往生解脱的愉悦,如源信在《往生要集》中描绘出了"圣众来迎"的不同待遇②,庆滋保胤并在《日本往生极乐记》等著述中列举出了往生的具体人物和事例。而图解地狱的绘画,如《地狱绘草纸》《饿鬼绘草纸》《疾病绘草纸》等,从另一个侧面来警示世人。当时来自中国的许多《往生集》在日本流传,如唐朝弘法寺迦才的《净土论》、文谂与少康(?—805)共编的《净土瑞应删传》等,大陆舶来书籍激发日本学问僧们想象的灵感,对社会现实的认知和分析则促进了日本净土信仰的发展和理论水平的提高。

按照当时日本僧俗的认知,大约 11 世纪中期开始,有情众生将进入正法衰微的"灭法"时代,或称"末法时代",难得"往生",犹如基督教的末日审判。

① 引自《NHK 读心——源信・荣西》,日本放送出版协会平成元年(1989)版,插图 2。
② 即"上品上生""上品中生""上品下生""中品上生""中品中生""中品下生""下品上生""下品中生""下品下生"九个等级。

在万物有灵的日本，人们对于魂归何处的关怀不亚于现世欲求，面对地震海啸山崩等天灾和人祸，大众对于死的体验更是深刻。加之10世纪的日本，末法思想的宣传越来越浓烈，追求往生净土、临终佛祖来迎已经成为社会思潮。因为所谓的“末法时代”即将来临，大家都被笼罩在悲观的末法思想之下，关心如何获得拯救的人越来越多。日本是一个崇拜权威的等级社会，贵族生活态度往往是民众模仿的对象，下层民众对于贵族崇拜大于恐惧。出于对现世生活的厌恶(厌离秽土)，相信死后“往生净土”“佛祖来迎”的思想，实际上是追求精神安乐死的群体社会意识。

延寿禅师与五代北宋初的浙东净土信仰

宋代中国佛教发展的重要表现之一是，净土宗继善导(613—681)集其大成之后的再次兴起。唐末五代战乱兵荒以来，净土教在中国得以兴盛起来，是因为连年战争使这个世界变成了人间地狱，百姓尤其是下层人民需要寻找一片安身的净土，净土教在宋代的复兴可以说是应时运而来。从大环境来说，它得益于儒佛道“三教合流”；从小环境来说，净土宗它可以说是依附于禅宗、天台宗和华严等宗的“付宗”或“寓宗”，也可以说是在和禅宗、天台宗“合流”的过程中发展，而反观则可说是“诸宗归净土”①。

若是诸宗归净土，其第一步可以说是“禅净合流”，这两宗的结合在宋代尤为引人注目。鼓吹二宗合流的重要人物之一当是五代末年吴越禅宗法眼宗延寿禅师(904—975)，他的《万善同归集》就是专论禅宗修净土、禅净调和的。因倡导禅净合一、台净合一，提倡禅净双修，并主张禅宗、净土宗、天台宗合行，故称《万善同归集》。延寿俗姓王，余杭人，曾于天台山静修禅法，960年受吴越王钱俶之请，住杭州灵隐寺，次年住杭州永明寺(即净慈寺)，从学者二千余人，或言他前后度弟子1700人。其《宗镜录》完成于永明寺，弘扬宗密禅教一致的理论，大量引用了天台论著和教义。宋开宝七年(974)，延寿入天台山，度戒约万余人。

延寿之后，宣扬净土信仰影响极大的还有杭州昭庆寺净土宗省常大师(959—1020)，省常字造微，浙江钱塘人，俗姓颜，生于五代十国时期的后周世宗显德六年(959)。省常于宋太宗末年在西湖边大昭庆寺结莲社(后改“净行社”)，一时入社的信众百余人，僧众达千余人，省常后被尊为净土宗第七祖。结净行社念佛法门遂在浙江一带形成风气②。

---

① 陈杨炯:《中国净土宗通史》，南京:江苏古籍出版社1995年版，第413页。

② 参见白寿彝总主编《中国通史》(11)第七卷“五代辽宋夏金时期(上)”，上海:上海人民出版社1999年版，第1025～1026页。

台州杭州之于日本有地利之便，宋朝净土宗发展及其和他宗的“合流”对于日本佛教影响所及，也是唐末东渐佛教的继续。在大乘佛教诸经论中说到许多净土，其中比较有影响的是阿閦佛净土、药师佛净土、弥勒净土、文殊净土、唯心净土以及阿弥陀佛净土，而对日本影响最深刻的是弥勒净土、文殊净土和阿弥陀佛净土，它们在唐朝以前就影响了日本。奝然因三论宗出身的关系接受了弥勒净土的影响，与同学一同誓愿要往生弥勒净土。

我们说五代宋的净土教影响了日本，根据之一就是往返于中日之间从事贸易的中国商人(籍贯以江浙地区为主)如朱仁聪等都信仰净土教，且广泛接触日本僧人。证据之二是，日僧日延于天历(947—957)年间来华，体验到了中国南方台州、杭州一带净土宗的兴盛，他于天历年代末叶返回日本，在带回了著名的宝箧印塔的同时，传抄了《往生西方净土瑞応删传》一书并将它带到了日本。这本书在日本的影响非常大，庆滋保胤读后模仿它撰写了《日本往生极乐记》，从而激发了日本人净土往生的追求。

中国净土信仰传入和影响日本，其历史可以上溯到“入唐八家”之一的日本天台宗最澄(767—822)及圆仁(794—864)。中国天台宗的创始者智𫖮是提倡净土信仰的，他的“常行三昧”因此影响了日本弟子从而影响了日本社会。日本最早系统研究净土宗的当推良源(912—985)僧正，他著有《极乐净土九品往生仪》一卷，是对《观无量寿经》中九品往生经文的解释，在他的影响下，源信和觉运两大弟子使日本的天台净土信仰建立起来。如此看来良源、源信等促成了日本的“台净合流”。

可以说，日本的“台净合流”与同时中国的“台净合流”是相互影响的。唐代天台宗寺院永州龙兴寺曾于元和二年(807)前后重修净土院(有柳宗元作记)，在一座普通的天台宗寺院设专门的净土院，可见天台宗兼修净土非常普遍，“宋代禅净合流影响到天台宗，使天台宗兼修净土更增热情”①，宋朝推动“台净合流”的代表人物则为四明知礼(960—1028)和慈云遵式(964—1032)、孤山智圆(976—1022)等高僧。

宋朝净土法会、结社等对于日本的熏染

进入10世纪以来，日本净土信仰兴起并普遍流传的重要原因，除了恶劣的社会现实与“末法时代”的认识之外，更与唐末以来中国大陆的净土思想不断影响日本有关。

除了禅宗以外，中国净土宗进入宋朝以后也给更多的人提供了成佛的方

① 陈杨炯:《中国净土宗通史》，南京:江苏古籍出版社1995年版，第443页。

便法门,固陋的旧宗派已经难以吸引更多的信徒了。日本学者有人做出了以下回答:“不言而喻,通往天国之路简便易行,这是使天国接近民众的重要条件。在这一点上,在专修念佛中寻求真正信仰的净土宗,大概称得上是最简易、最方便的。”①在隋唐时代八宗之中,由于没有衣钵相传的继承,“唯独净土宗算不得宗派”②,到宋代可以说是诸宗归净土了。

宋代佛教教徒盛行结会,特别是在江南和四川各地,因佛教净土宗等信仰非常发达,而且两地僧侣的交流密切(特别是禅僧),故此江浙、西蜀等地方的宗教法会也特别多,“什么水陆斋会、水陆道场(施饿鬼会)、山头斋筵聚会(葬斋)、烧香会、诸神圣诞会等名目之会不计其数”③。宋人形容当时佛教信仰之普及程度,有“家家观世音,处处弥勒佛”的说法。在宋代社会生活的各个方面,几乎都能看到佛教的影子,其中最典型的例子莫过于民间丧葬风俗。在众多的结社和结会中,往生净土的结会影响是很大的,尤其是杭州、台州、天台山等佛寺附近地区。在杭州有延寿的宣传,他960年在灵隐寺、961年以后在永明寺(即净慈寺)宣扬“心宗”,编辑出版了《宗镜录》一百卷,此外还有《万善同归集》,主张禅教合一、净禅兼修、禅戒并重。《佛祖统纪》在谈及他的影响时说:“师道播海外,高丽国王,致书献物叙弟子礼。”④其影响必达于日本。

再例如明州(今浙江宁波),根据释知礼《结念佛会疏》记载:

> 明州延庆院念佛净社:
>
> 当社普结僧俗男女一万人,毕世称念,阿弥陀佛,发菩提心,求生净土。每年二月十五日,于院启建道场,供养三宝,斋设僧田功德,祝延帝寿,福利军民。其建会之法,劝请会首二百一十人,各募四十八人……为度众生,取于净土……⑤

宋人结会修行、结缘布施、结社造像的这一信仰风气,和宋朝世俗化、社会化的念佛特征,983年来宋的日僧奝然等当更有体会。奝然986年在台州雕刻释迦牟尼佛像时,应该按宋朝的惯例举行了法会,台州僧众踊跃结缘施舍,我们从奝然纳入释迦瑞像胎内的那一张“舍钱结缘交名记”所记名单就可以知道江浙一带民众的宗教热情:

---

① 〔日〕永田广志:《日本封建意识形态》,刘绩生译,北京:商务印书馆2003年版,第90页。

② 陈杨炯:《中国净土宗通史》,南京:江苏古籍出版社1995年版,第175页。

③ 徐吉军等:《中国风俗通史》(宋代卷),上海:上海文艺出版社2001年版,第580页。

④ (宋)志磐:《佛祖统纪》,载《大正藏》第49卷,台北:佛陀教育基金会1990年版,第264页。

⑤ (宋)宗晓编:《四明尊者教行录》,载《大正新修大藏经》第46卷(又载藏经书院版《卍续藏经》第100册),台北:新文丰出版公司1990年版,第862页。

大宋台州男女弟子具姓名舍钱如后：

刘廿七娘、应五娘、李化青、蒋十一娘、苏景□[①]、颜彦韶、□公寿、高了师、张袭、李神铃、陆太、苏细获、王仁朗、周文竖、林五娘、施太娘、谢□□、郑□□、高郑姑、高三娘、杜太娘、应玄靖、徐太娘、高四娘、袁遂、顾承备、苏彦□、苏十一娘、散张十娘、张十一娘、高四娘、苏景□、刘廿七娘、王彦□、辜四娘、杨付庆、王十娘。

雍熙二年(985)八月十八日，匠人张延皎并弟子延袭、胡仁招，开元寺僧居信，同募缘僧保宁入此五藏。

上报四恩三有，下至三□苦记。[②]

其中所谓的“刘廿十娘、应五娘、蒋十二娘”等，都是一些有姓无名的普通人家妇女，她们和来自异国的奝然素不相识，全因净土结社和结缘。前来参与奝然法会的，或者全家、或者单独施舍，我们再看佛像胎内的第二张“舍钱结缘交名记”所载：

公李文建、男李化青、孙李仁安、李仁泰、齐儿、小齐，妻林八娘，共舍七文，愿当当来世生在佛国。[③]

北宋时期像这样的净土修行法会绝非自知礼法师首创，知礼修会也不是某些日本学者所说的，是受日僧源信《往生要集》的启发。

第二节　中国净土宗典籍对日本天台宗净土信仰的影响

源信《往生要集》乃中国净土论著作的摘要

10世纪的日本社会，各寺院、各门派兴起了对于净土信仰的研究，比睿山的天台宗表现尤其突出。日本天台宗自从慈觉大师圆仁从唐朝传入五台

---

① “□”因文字草书无法辨认或因本人不能判定，暂存疑。

② 〔日〕京都国立博物馆编：《释迦信仰与清凉寺》(京都国立博物馆1982年展)，京都：京都新闻社昭和五十七年(1982)印刷，第92页。

③ 〔日〕京都国立博物馆编：《释迦信仰与清凉寺》(京都国立博物馆1982年展)，京都：京都新闻社昭和五十七年(1982)印刷，第92页。

山念佛法门,大力推行“常行三昧”以后,净土信仰便逐渐兴盛起来。康保三年(966)起任天台座主的慈慧僧正良源(912—985)和他的高徒源信,首先顺应时代的要求,开始为贵族们(尤其是上层贵族)寻找极乐净土。良源著有《极乐净土九品往生义》一卷,参考和引用了大量中国典籍,阐释《观无量寿经》中的“九品往生”经文,对日本贵族社会的影响极大,一条天皇因此在良源死后赐“慈慧”谥号。

慈慧僧正所著《观音赞》、源为宪所著《法华经赋》、源信的《往生要集》和庆滋保胤的《日本往生传》,这些曾经送到宋朝的典籍,大都是日本人寻找净土的思想指导。当然他们的思想源泉来自中国,奉送到宋朝也是希望得到西方净土宗本土高僧的检验,下面我们先看源信的《往生要集》。

“是否《往生要集》给与了(中国)四明净土教何等的影响的问题”[1],这一问题是近代日本学者热衷讨论的问题。但是,一目了然的是,源信的《往生要集》完全是在接受中国净土思想之下的著作,其中引述中国著述的、翻译印度的净土经论多达160余种,实际上《往生要集》不过是有关资料的归纳,这并不是说源信没有自己的思想,比较之下就知道,源信的独创并不多。该书采用问答体裁,全文分十大部分,称为十门,源信在开篇作了说明:

> 总有十门,分为三卷:一厌离秽土、二欣求净土、三极乐证据、四正修念佛、五助念方法、六别时念佛、七念佛利益、八念佛证据、九往生诸业、十问答料简。置之座右,备于废忘矣。[2]

从思想内容上看,《往生要集》是强调佛教的无常观和厌世观,认为现世及娑婆世界六道皆为秽土,最可厌离;源信特别突出了地狱的审判作用和净土天堂的奖励功能;他鼓动人们追求往生净土,并提供了“观想念佛”等一系列的实践手段。总之,源信的这一切逃避主义的空想都只能为日本贵族和有闲阶级提供观念性的游戏。理论上无法超出中国东晋慧远及昙鸾、善导、迦才等建构的框架,只能是对他们的思想的杂糅、行为的模仿。

从体例上以及形式上、语言上看,该书是模仿唐朝西明寺沙门道世集《诸经要集》。按照现在的学术标准,它只能算编著,不能算创作或著作。

下面选录《往生要集》开篇、中间和结尾三处片段来看看源信“编著”的方

---

① 〔日〕安藤俊雄:《惠心僧都与四明知礼》,载〔日〕井上光贞等编《日本名僧论集第四卷·源信》,东京:吉川弘文馆昭和五十八年(1983)版,第133页。

② 〔日〕源信:《往生要集》,石田瑞麿注,收入《日本思想大系》6,东京:岩波书店1970年版,第324页。

法和指导思想。开篇部分上卷“大文第一”(四、叫唤地狱者)有这样一段：

> 罪人说偈，伤恨阎罗人言：“汝何无悲心，复何不寂静？我是悲心器，于我何无悲？”时阎罗人答罪人曰：“已为爱羂诳，作恶不善业，今受恶业报，何故嗔恨我？”又云：“汝本作恶业，为欲痴所诳，彼时何不悔，今悔何所及？”①

源信在这一部分主要描写了地狱的恐怖，即因果报应，要人们产生“厌离秽土”之心。以上文字引自中国元魏时期瞿昙般若流支所译之《正法念处经》卷第七、八：

> 彼人(中略10字)说偈伤恨。(向)阎罗人(而作是)言：“汝何无悲心，复何不寂静？我是悲心器，于我何无悲？”阎(魔)罗人答罪人曰：“(前略60字)已为爱羂诳，作恶不善业；今受恶业报，何故嗔恨我？”②(中略4页数千字)
>
> (阎魔罗人，责疏罪人，而说偈言)：“汝本作恶业，为欲痴所诳，彼时何不悔，今悔何所及？”③

如括号中所示，源信在许多地方不过是在抄录时省略了几个字而已；更多的情况下，他是将不同佛经中的相关内容根据自己的需要和想法重新组合，几乎不加入自己的观点。

下面，在源信著作的中间部分，我们也任意选一段和中国相关的佛典作一个比较，比如源信《往生要集》一书中卷“大文第六”中有这样一段论述：

> 汝入三昧道场时，一依佛教方法，先须料理道场，安置尊像，……发露忏悔一生已身身口意业所造众罪，事事依实忏悔竟。……誓生净土，愿佛摄受。又白诸行者：但欲今生日夜相续专念弥陀佛，专诵《弥陀经》，称扬礼赞净土圣众庄严，愿生者，除入三昧道场，日别念弥陀佛一万，毕命相续者，即蒙弥陀加念，得除罪孽，又蒙佛与圣众常来护念，既蒙护念，

---

① 〔日〕源信：《往生要集》，石田瑞麿注，收入《日本思想大系》6，东京：岩波书店1970年版，第326页。

② (元魏)瞿昙般若流支译：《正法念处经》，载《大正新修大藏经》第17册(经集部4)，台北：新文丰出版公司影印版，第41页上。

③ (元魏)瞿昙般若流支译：《正法念处经》，载《大正新修大藏经》第17册(经集部4)，台北：新文丰出版公司影印版，第45页上。

即得延年运长命安乐。因缘一一，具如《比喻经》、《惟无三昧经》、《净度三昧经》等说。[1]

这一段是关于修法道场的设置等仪式的具体内容，和念佛方法的介绍，以及对观佛的功德：得除罪障、佛圣护念、临终来迎的宣传。源信的净土思想集中在"口称念佛"和观想阿弥陀佛上，"想念阿弥陀佛真金色身，光明彻照端正无比"[2]，他认为通过观"阿弥陀"三字可观"空假中"三谛。引文中列举的《比喻经》和《惟无三昧经》，根据日本学者石田瑞麿的研究，尚不明其具体来源。源信此文引于唐朝高僧善导集记《观念阿弥陀佛相海三昧功德法门》，原文如下：

汝入三昧道场时，一依佛教方法，先须料理道场，安置尊像，……发露忏悔一生已来(来源信文作"身")身口意业所造众罪，事(源信此处多一"事")依实忏悔。……誓生净土，愿佛摄受。(此中源信略除约 1800 字)又白诸行者，但欲今生日夜相续专念弥陀佛，专诵《弥陀经》，称扬礼赞净土圣众庄严愿生者(此处源信略除 47 字)除入三昧道场，日别念弥陀佛一万，毕命相续者，即蒙弥陀加念，得除罪孽，又蒙佛与圣众常来护念，既蒙护念，即得延年转寿，长命安乐。因缘一一具如《比喻经》、《惟无三昧经》、《净度三昧经》等说。[3]

源信的具体编辑见括号内的注释。《往生要集》全书成文大体如此，兹不一一列举，具体请读者查看日本学者石田瑞麿所注《日本思想大系·6·源信》。杨曾文所著《日本佛教史》对源信《往生要集》一书的引用情况做了比较详细的归纳。他认为：

源信的《往生要集》很像是一部弥陀净土资料的分类汇编，他在十大门类中又分若干小的门类，大段大段地引述净土典籍的文字。[4]

至于如何"大段大段地引述"，可以参照本文前面的举例。源信所引用的

① 〔日〕源信：《往生要集》，石田瑞麿注，收入《日本思想大系》6，东京：岩波书店 1970 年版，第 373～374 页。

② 〔日〕源信：《往生要集》，石田瑞麿注，收入《日本思想大系》6，东京：岩波书店 1970 年版，第 374 页。

③ (唐)善道集记：《观念阿弥陀佛相海三昧功德法门》，收入《大正新修大藏经》第 47 卷(诸宗部 4)，台北：新文丰出版公司 1990 年影印版，第 24～25 页。

④ 杨曾文：《日本佛教史》，杭州：浙江人民出版社 1995 年版，第 160 页。

中国汉唐以来的经典除净土宗的“三经一论”(《无量寿经》《阿弥陀经》《观无量寿经》及《往生论》)之外，引用较多的是:《般舟三昧经》(后汉支娄迦谶译)、《观佛三昧经》(东晋觉贤译)、《念佛三昧经》(刘宋功德直、玄畅译)、《正法念处经》(元魏瞿昙般若流支译)、《观念阿弥陀佛相海三昧功德法门》(唐善导集记)、《俱舍论》《优婆塞戒经》《大宝积经卷》《大方等大集经》《华严经》《法华经》《文殊师利般涅槃经》《随愿往生经》《称赞净土佛摄受经》《十往生阿弥陀佛国经》《心地观经》《观虚空藏菩萨佛名经》《十住毗婆沙论》(龙树菩萨所作)、《净土论》《瑞应传》等等。在此基础上，源信还在《往生要集》的结尾开列了一个书目，建议读者研读，内容大体如上。对于他的这一做法，日本当时有人质问他:“行人自应学彼诸文，何故今劳著此文耶?”源信回答说他考虑到“如予之者，难披广文故，聊抄其要耶”①。如此，源信是想为大家提供一个简要的经籍“语录”本。

源信所征引的书籍都是在五代前后输入日本的。源信写作该书的指导思想是论释弥陀净土教义，向普通大众提供往生净土简易便行的修行方法，这一点他在该书序言中做了说明:

> 夫往生极乐之教行，浊世末代之目足也，道俗贵贱，谁不归者?但显密教法，其文非一，事理业因，其行惟多，利智精进之人，未为难;如予顽鲁之者，岂敢矣。是故依念佛一门，聊集经论要文，披之修之，易觉易行。总有十门。②

源信认为，净土教之教义和教行是佛教所谓的末法时代(浊世末代)最完美的教义(目)和修行方法(足)，它优于显教(如天台宗)和密教(如真言宗)的教法，这些教法经典繁杂，修行方法困难，对于普通大众来说望尘莫及，因此他要提供一个简易的修行方法、通俗易懂的文本。所以，源信在写作《往生要集》一书过程中始终贯彻让人易知、“易觉”的宗旨，他的“易行”主张不过是追述中国高僧昙鸾和善导等的思想。下面我们继续引用源信《往生要集》最后部分的原文，进一步讨论他的研究方法和指导思想。

源信虽未亲自来宋朝巡礼、体验交流，却通过对前期输入的中国净土信仰典籍的研究体会，撰成《往生要集》并向人们提供了一个简易便行的修行方

---

① 〔日〕源信:《往生要集》，石田瑞麿注，收入《日本思想大系》6，东京:岩波书店1970年版，第405页。

② 〔日〕源信:《往生要集》，石田瑞麿注，收入《日本思想大系》6，东京:岩波书店1970年版，第324页。

式,描绘了一个阿弥陀佛净土,吸引了很多听众,尤其是公卿贵族等富有的施主。源信所倡导的阿弥陀佛净土信仰不同于以前,更不同于其他宗派的教义,“显密教法,其文非一,事理业因,其行惟多”①,对于愚鲁之人是很困难的,源信现在提供了一个“称名念佛”的方便法门,比弥勒信仰更简便。从源信的结社等行为看,他信仰的是阿弥陀佛净土,模仿的对象是中国晋代高僧慧远,他的“二十五三昧式”与慧远的莲社非常相似。因为是十八人“白莲社”的创始人,慧远被视为中国净土宗的始祖,慧远信仰的是阿弥陀佛。

源信晚年对于称名念佛非常重视,其核心是观想念佛,也是源信念佛主张的特色。这可以说也是他说服并征服藤原道长的原因。藤原道长本来是信奉弥勒净土的,这从他的埋经内容可以看出。日宽弘四年(1007),藤原道长登上吉野的金峰山,把《法华经》八卷、《无量义经》《观普贤经》《阿弥陀经》《弥勒上生经》《弥勒下生经》《弥勒成佛经》《般若心经》各一卷,放到经筒中埋起来,其埋经铭文说:“仰愿当慈尊(按:指弥勒)成佛之时,从极乐界往诣佛所,为法华会之听闻,受成佛之记。”②(参见本书第七章第三节插图)后来道长集中到阿弥陀佛净土信仰上来,1019年因病出家,建立法成寺,此时寺中既有阿弥陀堂,又有反映密教信仰的金堂、五大堂,还有反映法华信仰的法华堂。但在1021年以后频修称名念佛,在阿弥陀堂内设有9尊阿弥陀像,按照源信《往生要集》的说法在此礼佛念佛。临死之时的做法也是完全按照源信的《往生要集》卷中《第二别时念佛·临终行仪》的说法而行的,以期阿弥陀如来来迎,导入极乐净土。

插图8-2 阿弥陀如来来迎图(京都·知恩院藏)③

① 〔日〕源信:《往生要集》,石田瑞麿注,收入《日本思想大系》6,东京:岩波书店1970年版,第324页。

② 转引杨曾文《日本佛教史》,杭州:浙江人民出版社1995年版,第169页。

③ 引自《NHK读心—源信·荣西》插图页。

从藤原道长的变化可以看出当时日本佛教各派对于朝廷公卿贵族实权派人物的争取。源信的学说显然主要是受中国天台宗智顗净土思想的影响，智顗是“最早把弥陀净土与弥勒净土进行比较，论证弥陀净土优于弥勒净土”的[1]。

《往生西方净土瑞应传》等对日本的影响

与源信相呼应的庆滋保胤所撰的《日本往生传》，则是为中层贵族为中心的日本信徒寻找往生净土的参考，或者指明捷径。该书通称《日本往生极乐记》[2]，庆滋保胤委托西下九州的源信，把他所撰的《日本往生传》通过宋朝商人带到宋国，显然是希望得到宋朝人的检证，倘若得到认可或印证，无疑可以进一步宣传他的净土思想。

我们倘若把庆滋保胤的《日本往生传》和中国此前出版的《往生西方净土瑞应传》[3]做个比较，我们就会发现，《日本往生传》从形式和内容都是对于唐宋两朝同类书籍的参考和模仿。晚唐少康所作《往生西方净土瑞应传》传入日本的时间和途径，日本《大正新修大藏经》所收该书后面的题注和识语以及脚注中说得非常清楚：

> 天德二年(岁次戊午)四月二十九日(庚辰木曜觜宿)，延历寺度海沙门日延(大唐吴越州称日赐紫惠光大师)劝导传持写之传焉。
>
> 传字次，乙本有“吴越国水心禅院[4]住持主兴福资利大师赐紫道诜敬造撰”二十三字。[5]

可见将该书携入日本的是日僧日延，天德二年即958年，《宝箧印经记》中记载说他于“天庆(938—946)年中入唐，天历(947—957)之杪归来”[6]，总

① 陈杨炯：《中国净土宗通史》，南京：江苏古籍出版社1995年版，第234页。

② 庆滋保胤的《十六相赞》即《西方极乐世界十六想观画赞》，现于日本比睿山存有加点本，主要为七言四句一首的诗。

③ 〔日〕《古经跋语》所载古版作《往生西方净土瑞应删传》，多一“删”字。见〔日〕木宫泰彦《日华文化交流史》，东京：冨山房1987年版，第251页。

④ 《大正新修大藏经》第51卷，台北：新文丰出版公司影印版，第108页。木宫泰彦《日华文化交流史》所引“识语”为：“天德二年(岁以戊午)四月二十九日(庚辰木曜觜宿)延历寺(度西海)沙门日延(大唐吴越州□日赐紫□光大师初导传持写之得焉)。”略有不同。

⑤ 此“吴越国水心禅院”与“杭州水心寺”“西湖水心寺”当为同一寺，(宋)赞宁撰《大宋高僧传》卷第二十三绍岩传有“钱塘湖水心寺”，我们认为是同一寺院。如此，则足见该寺与日本有着频繁的交往。

⑥ 〔日〕木宫泰彦：《日华文化交流史》，东京：冨山房1987年版，第251页。

之是在五代末叶回日本的。该书在《大藏经》中未注明作者是谁，应该是“大唐吴越州称日赐紫惠光大师劝导传持写之”，还是“吴越国水心禅院主持主兴福资利大师赐紫道诜敬造撰”，难以确定，可以肯定是日延“传焉”，庆滋保胤得观焉。这里不想直接发表我们的观点，不如看庆滋保胤自己在《日本往生极乐记》一书序言中的解释：

> 大唐弘法寺释迦才撰《净土论》，其中载往生者二十人。迦才曰：“上引经纶二教，证往生事实为良验，但众生智浅，不达圣旨，若不记现往生者，不得劝进其心。”诚哉斯言！又《瑞应传》所载三十余人，此中有屠牛[贩]鸡者，逢善知识，十念往生。予每见此辈，弥固其志。今捡国史及诸人别传等，有异相往生者；兼亦访于故老，都卢得四十余人。予感叹伏膺，聊记操行，号曰《日本往生极乐记》矣。后之见此记者，莫生疑惑，愿我与一切众生，往生安乐国矣(或作焉)。①

除唐迦才外，庆滋保胤还以“唐白乐天为异代之师，以长诗句归佛法”；以“晋朝七贤为异代之友”②，以求隐居之乐，此足见他受中国影响之深，依然在崇拜中国文化，从他身上我们很难看到当时大多数日本人已经轻视中国，认为不值得以中国为师了。

《日本往生极乐记》一书对于当时日本流行的净土信仰的鼓吹，对净土教在日本的宣传起了很大的作用，日本康保四年(宋太祖乾德二年，964)成立的劝学会可以说也是因此而兴起的。《日本往生极乐记》中关于日本人往生事件的描述让日本人看到往生的“真实”和可能，它与源信所著《往生要集》正相呼应。这两部书可以说是劝学会二十余年讨论研究的结晶，是大学寮北堂学生和天台学僧结社的结果，随着这两部书的问世，劝学会大约于 986 年也解散了，日本有学者石田瑞麿也推定在宽和二年(宋太宗雍熙三年，986)解散的③。

以上可见，是中国典籍传入让日本佛教界感受到了中国佛学研究的新动向，刺激了日本的净土宗教学研究。尽管源信的《往生要集》是 988 年送到中国的，而知礼撰写《念佛施戒会疏》是在 1012 年，著《观经融心解》是在 1014

---

① 〔日〕庆滋保胤撰：《日本往生极乐记》，收入《群书类丛》第 4 辑，东京：经济杂志社明治二十六年(1893)版，第 366 页。

② 〔日〕黑板胜美编辑：《本朝文粹》，收入《新订增补国史大系》第 29 卷(下)，东京：吉川弘文馆平成十一年(1999)新装版，第 300 页。

③ 〔日〕源信：《往生要集》，石田瑞麿注，收入《日本思想大系》6，东京：岩波书店 1970 年版，第 429 页。

年，是在源信送书入宋24年之后，日本有学者推测知礼阅读过源信的《往生要集》，我同意这是可能的，但要说知礼“无疑受到了巨大的震惊和震动”，“知礼采取非常慎重的态度，不发表这样有关净土教的正式研究成果”①，这未免值得进一步商榷。我们相信在知礼眼中《往生要集》不过是对中国净土宗先圣著作的“抄经”之举，不必予以关注，他和当时的一些日本人有同样的看法：“行人自应学彼诸文，何故今劳著此文耶？”②

庆滋保胤的写作是面向众生的，语言上可以说是受到了宋朝佛教民众化、通俗化的影响。源信所著的《往生要集》虽然比较通俗，但在庆滋保胤的眼里似乎还不足，因为“众生智浅，不达圣旨，若不记现往生者，不得劝进其心”③，这正是唐僧迦才和其他宋僧的观点。故庆滋保胤的著作对于宣传源信的著作和思想是一大帮助。

无论是源信的《往生要集》，还是庆滋保胤的《日本往生极乐记》，未见中国人给予何种评价。至于《因明论疏四相违略注释》，以及失传的慈慧僧正所著《观音赞》、源为宪著《法华经赋》更不在话下。若说引起中国人关注的，更多的是日本人的书法，其内容多被忽略了，这也许是由于中国人歧视或轻视日本及其文化，没有引起重视，也许是感觉它不过是鹦鹉学舌。根据现发现的记载，对于以上日本人的五部著作，除了《往生要集》当时有记载说引起中国僧俗的关注外，其他不见中国人关注它的记载。因此我们说，纵然日本高僧通过入日宋商或来宋日僧携带一两本自己的著作到中国，只能说明两国有宗教思想的相互交流，不能说明它产生了什么特别的影响，更不能说明日本因此便成为文化的输出国，而中国从此便成为日本文化思想的输入国。

现实世界的烦恼与一般民众往生净土的追求

10、11世纪之交，如何往生极乐世界？已经成为日本平安时代不论僧俗贵贱普遍关心的重大之事。

10、11世纪，禅宗还没有也不可能接近日本大众之时，简易便行的净土宗却已经在日本民众之间流行起来，原因是多方面的，主要是由于“市圣”空也(903—972)和千观等人的传导，影响比较广泛。空也倡导的“空也念佛”“死灵镇送”是其标志之一，根据《日本往生极乐记》的记载，他“口常唱弥陀

① 〔日〕安藤俊雄：《惠心僧都与四明知礼》，载〔日〕井上光贞等编《日本名僧论集第四卷・源信》，东京：吉川弘文馆昭和五十八年(1983)版，第134页。

② 〔日〕源信：《往生要集》，石田瑞麿注，收入《日本思想大系》6，东京：岩波书店1970年版，第405页。

③ 〔日〕庆滋保胤撰：《日本往生极乐记》，收入《群书类丛》第4辑，东京：经济杂志社明治二十六年(1893)版，第366页。

佛,故世号阿弥陀圣;或住市中作佛事,又号市圣”①,是一个致力于向民间传播净土信仰的沙弥。但是普通日本民众参与如何,尚未可乐观,随着日僧穿梭般的来宋求法巡礼,耳濡目染,净土信仰在日本才逐渐普遍起来。

一般民众信仰佛教是因为,尽管现世贫困,佛给他们一个来世幸福的希望。对于当时日本一系列的社会问题,不仅是日本贵族们,就是一般民众也希望圣人们给予合理的解释,而给予他们合理解释的除了神之外便是佛了,日本神道的神相对佛教之佛更加自私和可怕,佛更为无私和慈悲。10世纪末,源信在《往生要集》中极力宣扬佛教的临终念佛,影响深远。

平安时代的各种天灾加之人祸,使民众生活潦倒,宛如世界末日来临。这对于民众精神的影响很深刻,贫苦民众需要物质和精神的救助。于国于家,“加持祈祷”之类的修法显得如此重要。物质上的需求一时无法达到,精神上倒可以借画饼以充饥,日本是一个重视精神力量的国家,大概与此时的宗教发展有关吧,一时各种“讲”“迎讲”兴起:如山野民众的观音讲、宫廷贵族的法华八讲。不过,民众和天皇对于各种“祭”与“讲”的关心,也促进了施讲者理论的提高。

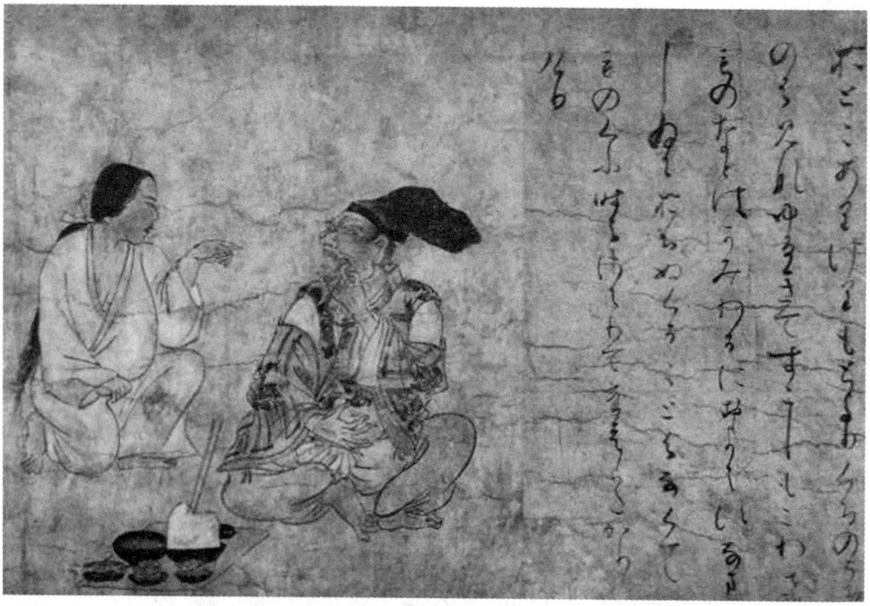

插图8-3 《病草纸》(文化厅藏品)②

① 〔日〕庆滋保胤撰:《日本往生极乐记》,东京:经济杂志社明治二十六年(1893)版,第376页。

② 〔日〕东京国立博物馆编集《日本国宝展》,东京:读卖新闻社1990年版,第83页。此为平安时代作品,反映的是众生在六道轮回之中,经受的各界之苦,本节图描绘的是人间界之苦的一环“病痛”。

平安时代的日本是一个充满恐怖气氛的世界，当时社会上继续流行10世纪以来的“怨灵”思想，怨灵和鬼魂的诅咒让活着的人们不安，自然灾害的频繁发生增强了民众对于末法的恐怖心理。似乎恰恰印证了僧侣们关于末法世界文字和绘画的宣传，这种“宗教（末法——作者注）的畏怖观念”与“净土的救济观念”又为新宗教的产生提出了要求①。日本净土信仰的兴起与此密切关联，净土信仰的流传促进了各种结社、法会活动的发展。

实际上，此一时代的“末法思想”和相关理论与平安中期以来出现的各种社会问题密切相关，日本人的忧患意识等正好成为平安各权利集团（朝廷、贵族、僧团）用以批判和攻击对手的武器，彼此将导致末法世界的责任推脱于对方的“作业”，同时各自以拯救者自居。

贵族们希望往生净土，虔诚的教徒更渴望往生、觉悟成佛，而传说中即将到来并正在到来的灭法时代让他们感觉到绝望的恐惧。僧侣作为文化人、文化贵族，为他们所来自家族的繁荣和社会地位的保持而祈祷，保持着与皇室、公家等权贵之间的密切联系。正如宋史研究的大家森克己所说的：“在日宋交通初期入宋的巡礼沙门，多为贵族阶级出身。”②但他们多为没落贵族，这种政治与宗教的联姻实际上是新旧贵族的相互利用。

大多数僧侣们要求追寻先贤入唐求法巡礼的足迹，求得自己的现证体验，取得修行的正果，进一步拯救众生，可以说是自利而利他的行为，有利于日本社会历史的和谐发展。

第三节　北宋净土宗对日本南都净土信仰的影响

文殊净土的输入与日本的“大五台山清凉寺”

由于日本佛教各宗派的对立等各种原因，所接受和宣传的净土思想略不相同，宣传的重点也有差别，因此日本社会对于净土的认识，如净土当在心中，还是在西方某个圣地，是信仰弥勒佛净土还是尊奉阿弥陀佛净土等等，存在着一定的差别。尤其是在净土信仰上，南都与北岭也是有差别的，两派分别以自己所宣扬的净土吸引公卿和普通百姓。

同天台宗的净土信仰一样，以东大寺为中心的南都净土思想也得到不同

① 〔日〕森克己：《日宋文化交流的诸问题》，东京：刀江书院昭和二十五年（1950）版，第106页。

② 〔日〕森克己：《日宋文化交流的诸问题》，东京：刀江书院昭和二十五年（1950）版，第45页。

阶层的信仰。

以东大寺为中心的南都各宗接受宋朝净土信仰影响的途径主要有二,其一就是派遣僧人入宋求法,因此便有了五代时期的宽建一行和宋初的奝然入宋。其二就是通过他们的分寺,如大宰府观世音寺,因为这时的大宰府被指定为来日本宋朝商人的居住之地。

在10世纪以来流行于日本的各种净土信仰中,文殊净土信仰一时相对广泛,这大概是同奈良时代末期以来形成的灵山信仰以及平安初期开始流行的文殊密法有关系,既然"但闻名者,除一十二年劫生死之罪,若礼拜者,恒生佛家"(《大般泥洹经》),那就去中国文殊菩萨示现之地五台山礼拜吧。在无法都去中国五台山现证的情况下,要么施财物结缘,要么就干脆把五台山照搬来日本,这是当时的日本普遍流行的一种自我拯救的方便法门。

983年,奝然来宋上五台山,就是要追求"净土现证体验"[①]。奝然在《为母修善愿文》中说:"奝然愿先参五台山,欲逢文殊之即身。"这说明他是为求往生文殊净土而来宋朝,登上五台山的。他期待登上五台山时文殊示现,故他的《为母修善愿文》中,一边表示担心:"但我是罪障之身、血肉之眼,既到其土而不易,况见其身而可难。"一边鼓励自己,"致诚专心者,无事不成、无愿不遂"。"渡海顿山、忍寒忘苦,修行是勤,罪根渐灭。大慈大悲释迦文殊,可以怜悯、可以相迎"[②]。看到文殊菩萨来迎,就证明他可以往生净土。

奝然在汴梁朝见宋太宗后,奏请朝拜五台山,即批准并获赐"公凭参山",并于次年(984)三月十三日带领弟子往五台山进发,"瞻礼文殊化境"。根据他在《入瑞像五藏文》中的记载,在五台山"盘桓两月"期间,他似乎实现了自己的愿望,虔诚的奝然随时随地都感觉见到了文殊菩萨的化身,如白光、雷声、降雹、老人、五色云、瑞鸟灵禽、圣灯等,在他的眼中都有可能是文殊菩萨示现,无不让他感到惊奇,并感叹"其何乡国须还? 瓶囊是举"[③]。若不是因为有求法的使命感,他要像后来的寂照、成寻他们那样留在宋朝了。

成寻在五台山、天台山圣地时也是如此,认为向他乞讨的乞丐可能是菩萨的化身,是在考验他是否虔诚、慈悲,于是赶紧施舍财物。

奝然内心在超世脱俗和入世之间摇摆,也就是说在修身巡礼和求法扬名之间摇摆。五台山圣地文殊菩萨示现的灵感,不仅让奝然感觉此行"副当年

---

① 〔日〕冈玄雄:《日宋交涉与南都净土教》,载《佛教史学》第八卷第一、二合刊号,1959年版,第60页。

② 〔日〕黑板胜美编辑:《本朝文粹》,收入《新订增补国史大系》第29卷(下),东京:吉川弘文馆平成十一年(1999)新装版,第334页。

③ 〔日〕塚本善隆:《塚本善隆著作集第七卷·净土宗史、美术篇》,东京:大东出版社昭和五十年(1974)版,第215页。另见竹内理三编《平安遗文》(古文书编第九卷),第3482~3483页。

之心愿”①，更促使他激动地许下了“施财供养之愿”，“供养文殊菩萨”，求文殊密法回日本，“将奉祈圣皇宝祚”。所以，986年回日本的奝然，因“驰愿心于五台清凉之云山，系供养于一万文殊之真容”，为了还愿心，988年向朝廷申请“差嘉因法师”，“发遣大唐，令供养文殊菩萨”②。平安朝廷也立即批准了奝然的这一奏请。他的弟子嘉因等果然为日本请回一尊文殊菩萨雕像，正历二年（宋淳化二年，991）“六月三日，奝然法桥弟子僧，奉迎唐佛入洛”③。《日本纪略》所载嘉因等人迎请文殊像一事，应该是指这一件。到镰仓时代（1192—1333），日本人还特作一幅《文殊渡海图》见证文殊密法的东传日本，该图现藏于日本京都醍醐寺。

奝然在日本国内“供养文殊菩萨”，希望以此功德方便所有的日本人，使日本成为中国一样的净土，所有的人都能够归依净土，实现礼拜文殊菩萨真身的目的。当年天台宗大师圆仁来唐朝在天台山一遇佛缘，得见瑞相，回日本后特于比睿山建造了一文殊阁。此番奝然在五台山中得见文殊菩萨显示瑞祥，更有了天将降大任于己之感，他不仅要请回五台山秘法，而且想把中国的五台山清凉寺整个搬回到日本去。

从986年返回日本直到死前，奝然都在努力以从宋朝请回的文殊菩萨画像和释迦牟尼佛瑞像，创建日本的大五台山清凉寺。直到他死后，弟子们才基本实现他的愿望。京都的栖霞寺被改称清凉寺，释迦像和十大弟子像被“安置此寺”，此后逐渐成为以宣传净土宗为主的寺院④。日本《山城名胜志》载：“今方丈为净土宗，塔头五房，各为真言宗，寺务大觉寺御门主也。释迦堂东北奝然上人住房、东北院旧迹并墓有之。”⑤12世纪以后的日本，如同诸宗归净土，诸宗归禅宗的宋朝，产生这一结果也是必然的，密法的作用毕竟有限。

基于释尊回归的理念拜求释迦牟尼佛栴檀瑞像

奝然来宋朝之前在《为母修善愿文》中说：“奝然愿先参五台山，欲逢文殊之即身；愿次诣中天竺，欲礼释迦之遗迹。”⑥这是基于南都净土信仰之一“释

---

① 〔日〕塚本善隆：《塚本善隆著作集第七卷·净土宗史、美术篇》，第215页。

② 〔日〕黑板胜美编辑：《续左臣抄》，收入《新订补国史大系》第27卷，东京：吉川弘文馆平成十一年（1999）新装版，第3～4页。

③ 转引自西冈虎之助著《关于奝然入宋的研究》，载《历史地理》第45卷第5号，第779页。

④ 参见〔日〕《大日本史料》二编一册，东京：东京大学史料编纂所昭和四十三年（1968）版，第120～121页。原载日本《雍州府志》五。

⑤ 〔日〕《大日本史料》二编一册，东京：东京大学史料编纂所昭和四十三年（1968）版，第120页。

⑥ 〔日〕黑板胜美编辑：《本朝文粹》，收入《新订增补国史大系》第29卷（下），东京：吉川弘文馆平成十一年（1999）新装版，第334页。

迦回归"的理念而发愿的,"释迦回归"的理念在10世纪的日本影响很大,这从释迦牟尼佛栴檀瑞像进入京城时日本朝廷的隆重迎接仪式中得到印证。

日本朝廷对释迦牟尼佛栴檀瑞像入京的迎接仪式举办得非常隆重,仿照中国唐朝迎接玄奘三藏取经归国,或鉴真携三宝来日本的故事。日本朝廷举行的盛大入京仪式和日本民众的迎接仪式,在大臣藤原实资的日记《小右记》二月十一日条中有详细记载,"给宣旨,运移莲台寺"的具体情形如下:

> 最初有七宝合成塔,塔中笼佛舍利,即载舆,中人担之。其前,雅乐寮发高丽乐。相次担纳折本《一切经论》之五百合匣,一人担二百(卷脱?)匣,道路人相诤担之,诚为结缘。最后又有御舆,安置白檀五尺释迦像、雅乐、大唐乐。其次奝然……①

前有音乐开道,中有车马运载,后有大唐音乐相送,民众夹道欢迎且援之以手,此足见日本朝廷和民间对于吸收中国文化的重视。而奝然本人更是风光无限,根据目击有关过程的贵族们的日记记载:

> 奝然着甲袈裟,七八人僧等相共步行相从。其道自朱雀大路登北,自二条(大路)东折,自东大宫大路登北,自一条西折到莲台寺。云云。于朱雀门前礼桥下,僧廿人出来,持高丽(乐),奉赞佛经。②

由"大唐"传来的佛法宝物一时引起日本朝野上下、贵族和民众追求往生极乐世界的极大热情,参拜者络绎不绝,连天皇、皇后、皇太后也不例外。从保存下来的有限记载可知,十六日有殿上人(指天皇)等到莲台寺参拜佛像、佛经;二十四日有藤原高光、朝光、济时等为会见奝然到莲台寺参诣,为光大臣舍沙金二十两及香炉、佛具等;此后来参拜施舍的大臣络绎不绝。所以,奝然988年在向宋朝上表汇报时也骄傲地说:"(《大藏经》)初到旧邑,缁素欣待,侯伯慕迎。"③

奝然985年纳入释迦瑞像胎内的"奝然系念人交名帐"中列举了圆融天皇、皇后、皇太子、藤原赖忠、兼家、为光各大臣的姓名,并注明祈愿佛祖为他们"守护现当利益"。④ 这说明他们接受了南都各宗信仰的净土信仰,通过结

---

① 〔日〕藤原实资:《小右记》(一),编入东京大学史料编纂所编纂的《大日本古记录》,东京:岩波书店昭和三十四年(1959)版,第119页。

② 〔日〕藤原实资:《小右记》(一),编入东京大学史料编纂所编纂的《大日本古记录》,东京:岩波书店昭和三十四年(1959)版,第119页。

③ (元)脱脱等:《宋史》,北京:中华书局标点本1977年版,第14135页。

④ 〔日〕京都国立博物馆:《释迦信仰与清凉寺》(京都国立博物馆1982年展),京都:京都新闻社昭和五十七年(1982)印刷,第33页。

缘西方净土，往生极乐世界。

释迦牟尼佛栴檀瑞像迎回日本后，朝廷一开始将其安置在太极殿供奉，一直成为来参拜的公卿们虎视眈眈的对象，当时公卿们建立私家寺院成风，都需要镇寺之宝，奝然求回的经像因此成为公卿们争夺的对象。因此，奝然一直在向朝廷申请建寺建藏，安置《大藏经》和佛像，根据有关大臣朝议的结果，朝廷下旨，命令将佛像佛经等暂时安置于地处京都的大内北野莲花台寺，之后又将《大藏经》和佛像再转移到嵯峨栖霞寺，时间大约在991年前后。对此《尘添壒囊抄》十七有如下记载：

> (佛像)在一条院御宇之时，于永延元年(987)丁亥二月十一日入洛，先安置于莲台寺，自大炊寮每日备奉御供奉，约有五年，于正历二年(991)辛卯奉渡嵯峨栖霞寺，今座者也。①

嵯峨栖霞寺(原栖霞观)为真言宗的寺院，奝然是真言宗的创始人弘法大师空海的八代弟子。栖霞寺坐落的栖霞山是爱岩山的支脉，那里是奝然故乡所在。

宋朝弥勒净土信仰对日本的影响

除了释迦回归之外，往生弥勒净土信仰，10世纪前后在南都的各寺中也很流行。

奝然就信奉和宣扬弥勒净土信仰，972年和同学义藏一同誓愿："第二生必共生兜率内院，见佛闻法"，此即为弥勒"上生信仰"；誓愿"第三生共随从弥勒下生阎浮，闻法得益，深增菩萨大悲之心，随愿往来十方净土，疾证无上正等菩提"，则表明他同时信奉弥勒"下生信仰"②；所以奝然来宋后特于新昌县礼拜百尺弥勒佛像。

奝然的弥勒净土信仰与南都净土教学、三论宗和法相宗的教学关系密切。三论宗的祖师之一智光受到朋友礼光的感化，画净土曼荼罗，又著作《净土论注》。日本南都法相宗的祖师是唐玄奘、窥基师徒，此二人信仰和坚持的是弥勒净土，"由于法相宗的两位祖师玄奘和窥基都信仰弥勒，法相宗形成了兜率上生信仰的传统"③。在日本法相宗可以说是坚持着这一传统的，这一

---

① 转引自西冈虎之助《关于奝然入宋的研究》，载《历史地理》第四十五卷第五号，第767页。

② 〔日〕京都国立博物馆：《释迦信仰与清凉寺》(京都国立博物馆1982年展)，京都：京都新闻社昭和五十七年(1982)印刷，第33页。

③ 陈杨炯：《中国净土宗通史》，南京：江苏古籍出版社1995年版，第206页。

传统自然影响了奝然。

中国的弥勒信仰兴盛后不久在北周时遭到了武帝宇文邕(561—578 年在位)的剿灭,以后虽然经过玄奘师徒的宣扬、武则天的信奉而一时复兴,但在经历唐玄宗禁断弥勒教,又逢唐武宗的"会昌(841—846)法难"之后它已经衰落了。弥勒佛信仰在中国降为一般菩萨崇拜的水平,净土信仰成为弥陀信仰一家的天下,弥勒难登大雅之堂了。在弥勒信仰盛行的时代,弥勒佛是单独存在并被供奉的,旁立二胁侍菩萨,经过多次打击之后,单独的弥勒像被安置到了天王殿的正面。五代以后,弥勒像以五代时的"布袋和尚"为模特儿造为大肚弥勒像,像汉化的观音菩萨一样,成为另一个成功汉化的佛。所以,奝然在宋朝是找不到弥勒净土信仰的支持的。奝然在给母亲逆修之时,"奉图十斋佛菩萨,及弥勒、文殊、梵天、帝释像一帧"①,从所悬挂的佛像看,他信奉的既有弥勒净土,又有文殊净土。

此外,白居易的弥陀净土信仰,因日本人对其诗歌的喜爱而在 10 世纪颇有影响。

最后必须要补充说明的是,日本的净土信仰完全改变了中国净土宗的精神,是不守戒律的净土信仰,是日本化的名义上的净土宗。

---

① 〔日〕黑板胜美编辑:《本朝文粹》,东京:吉川弘文馆平成十一年(1999)新装版,第 335 页。

第九章　宋日天台宗教义的讨论与交流

第一节　北宋与日本天台宗高僧的典籍交流

宋天台宗山外派给予日本天台宗的自信

北宋时期（特别是宋初）的中日文化交流，佛教天台宗的交流一时繁荣，突出表现为中日高僧自撰典籍的交流与互换，相互之间天台教义的问答与评议。主要是中日双方高僧都有复兴天台宗的愿望，在北宋方面主要是想中兴周武毁佛后的天台宗，自日本则是为了在诸宗辩论中处于优势地位。

这一交流引人瞩目，并受日本研究者的重视，是因为这一时期的中日文化交流出现了“对流”现象，而不像以前，仅仅是日本天台宗单方面输入中国天台宗典籍，中国天台宗教义单方面地输出日本。

日本天台宗的发源地中国，经过唐末“会昌毁佛”之后，佛教陷入衰落的境地，而在各宗之中天台宗最为显著，以致天台宗的典籍都销毁殆尽，佛法佛理的研究基本上难以进行了。为了复兴中国的佛法与文化，以天台宗为中心的高僧们进行了多方努力。

天台宗山家派因此求书于朝鲜、日本，并因此而中兴扬名，这既是因为山家派走的是官方路线，鼓动吴越王出面派遣求书使节，也是因为后学著书立说颂扬先祖的功绩，使我们能在《佛祖统纪》等史籍中得知梗概的缘故。（具体内容参见本书第十一章相关部分）

天台宗“山外派”对于天台教籍的收集也是非常积极的，可能更早于“山家派”义寂和尚，只不过他们走的多是民间路线，且有关资料保存在零星的记载中，不易为人看到，所以不为人知。山外派的大本营在吴越国的政治中心杭州，有人因此称其为“钱塘派”，钱塘一带在10世纪已经成为中国东南的大都会，集自然人文之优美与商业经济之繁华于一身，信息肯定比天台山中灵通。可以肯定,携带吴越王国书到日本的蒋承勋、蒋衮、盛德言等人的商船首先是从杭州钱塘江出发的。入宋以后,宋初杭州一度设有市舶司,到淳化(990—994)中才迁到明州。为了保证贸易的顺利,商人们至少必须求得吴越政府或宋朝廷的公凭(证明文书),山家派的求书行动因此在山外派的耳闻目见之中。

实际上,由于商业的发展和信息的流通,通过海外贸易商往日本、高丽求书在浙东地区的许多寺院中都发生过,不惟吴越国的公派求书使节,和天台宗一寺一派的活动。宋《宝庆四明志》中就有如下记载:

> 东寿昌院,子城东南一里。唐清泰二年(935),僧子麟禅师往高丽、日本、百济诸国,传持天台教法,高丽国王遣使李仁旭辈送还明州。钱氏因赎徐蕴卿园地建院以安其众。晋天福七年(942),吴越国王命以为保安院。皇朝治平元年赐永安院,大观二年八月……①

和东寿昌院的子麟禅师一样,天台宗山外派源清送书于日本并求书之举不过其中之一,宋天台宗山外派源清997年向日本求书的方式可谓别具一格,也就是以宋朝的新作品交换日本保存的旧典籍。对源清的这次求书(表面上是送书),日本《元亨释书》有记载如下:

> 长德三年(997)四月,宋国送新书五部,彼土台徒之述也,所谓《法华示珠指》二卷、《龙女成佛义》一卷、《十六观经记》二卷、《佛国庄严论》一卷、《心印铭》一卷。附而乞台教遗失书六部。②

实际上杭州奉先寺天台宗山外派教主源清送书到日本是在宋至道元年(995),一共五部七卷赠送日本比睿山延历寺,延请包括源信在内的日本高僧大德批评指正,同时要求交换日本所存的智者大师著作《仁王般若经疏》等书。

后来,山家派的知礼也以同样的方式和日本同道源信交换过典籍,《释门正统》第一中以下记载说明,源信和知礼之间的通讯一直往来不断,相互问答并交换典籍。

---

① (宋)罗濬等:《宝庆四明志》,收入中国地志研究会印行《宋元地方志丛书》第7册,台北:中国地志研究会1978年影印,第5215页。

② 〔日〕虎关师炼撰,黑板胜美编辑《元亨释书》,收入《新订增补国史大系》(新装版)第31卷,东京:吉川弘文馆2004年版,第79页。

昔法智既纳日本信禅师所寄辟支佛发，答其所问二十义，乃求其所谓《仁王经疏》。信即授诸海舶，无何，中流大风惊涛，船人念无以息龙神之怒，遂投斯疏以慰安之。法智乃求强起（记?）者二僧诣信，使读诵以归，不幸二僧死于日本。①

以上可见，宋朝天台宗自五代以来的确相当长的时期都未停止过向日本搜求遗失的天台教典。

日僧入宋上天台山寻根并求天台宗典籍

就算从五代时期开始，中国开始向日本求天台典籍，但日本送书的同时也获得了中国方面的大量回赠，仅从数量来看，日本从中国得到的大大超过了他送来的。（具体内容参见本书第十一章相关部分）

入宋以后，日本僧人依然借送书而来求书。第一个来宋朝的奝然，尽管是三论宗出身，他上天台山巡礼的同时也有求天台法宝的意识。到10世纪，天台宗几乎成为日本的天下第一宗，奝然所处的东大寺东南院在它的冲击之下已经不得不主张诸宗兼修了，当他被日本朝廷批准入宋，自然不能错过这次求学的机会，为了求得方便，日天元五年（982）八月十六日，奝然还特意登上了比睿山，请日本的天台宗延历寺出具了一通牒文。延历寺的三纲都维那等人虽知奝然“志在斗薮”，在与本门争胜，但还是出具牒文，给予方便。

至于日本天台宗出身的僧侣寂照，1004年来宋后即登天台向知礼求《日本天台宗二十七问》的答释，并向遵式大师赠送天台散佚典籍《大乘止观》《方等三昧行法》。馈赠之外定然有所求，从南宋时期来天台山求天台典籍的荣西等的所为可以反证，对支持寂照来宋的人来说，求取天台典籍应该更重于礼拜天台山。

同样是天台宗出身的成寻，1072年来宋朝的目的之一也是寻找天台宗典籍，与宋朝天台宗僧人交流。每有与他谈论天台教者，便视为知己，并在日记中记上一笔。例如宋熙宁六年（日延久五年，1073）五月二十六日的日记中有这样的记载：

离楚州新店上船行间，来向船有杭州监军资库韩守承，住船来相看，同朱判官是他亲情，将茶谒来船上点，并志与扇一十合、乳香一贴。

① （宋）宗鉴集《释门正统》，载《卍续藏经》第130册，台北：新文丰1993年版，第741页。

此人会天台教者，重重问答法门。①

相信成寻师徒在宋朝也获得了不少天台宗的典籍送回日本，同时他也从日本携来宋朝不少的天台典籍。成寻在《参天台五台山记》延久四年(宋熙宁五年，1072)六月二日向宋朝提出“奉文”(其自称“上表”)中也称：

所随身天台、真言经书六百余卷，灌顶道具三十八种，至于真言经仪轨，持参青龙寺经藏，纠其讹谬。伏望天恩，早赐宣头(?)，将遂素意。臣厶陈表以闻。②

日本天台宗到宋朝求取中国天台宗典籍之举一直未中断，直到南宋时期，1167年日僧重源、1168年荣西、1211年俊芿等相继上天台山寻求天台典籍。

宋乾道四年(日本仁安三年，1168)四月，正值平氏专政之时，荣西搭乘宋朝商船渡海入宋，先抵达明州，访广惠禅寺，旋登天台山、阿育王山等处。

俊芿1211年从中国回日本，一次带回律宗大小部文327卷，天台教观文字716卷，华严章疏175卷，此外还有儒学书籍256卷，杂书463卷，法帖、御书、堂帖等碑文76卷③。

北宋时期中日天台宗的交流，除了僧人之间相互求书，互通有无之外，两国天台宗的饱学高僧相互赠送研究心得著作，寻求批评的举动，也许是最引人注目的。

第二节　宋初中日天台宗教义的论争及其评价

源清送书信与日本天台宗山门的原因和目的

日本当时一流的高僧源信将自己的著作《往生要集》等送往宋朝，期待北宋高僧给予评价一事前面已经提及，这里不再赘述。

就在源信送书之后一直没有等到宋朝高僧对于自己的著作《往生要集》

---

① 〔日〕平林文雄：《〈参天台五台山记〉校本及其研究》(上)，东京：风间书房昭和五十三年(1978)版，第275～276页。

② 〔日〕平林文雄：《〈参天台五台山记〉校本及其研究》(上)，东京：风间书房昭和五十三年(1978)版，第38页。引文中“厶”“为“某”之略写——引者注。

③ 〔日〕木宫泰彦：《日化文化交流史》，东京：冨山房1987年版，第371页。

等给出的具体批评和评价之时，宋朝天台宗山外派教主源清送去日本五部新作，此番源清的送书似乎可以看作中国僧界对源信几年前送来中国的五部书的回应。源清所送五部书现在保存下来的只有他本人所著的前两部，现收入《卍续藏经》第100册。关于著作的缘由和经过，源清在《法华示珠指》（即《法华十妙不二门示珠指》）一文的结尾做了如下说明：

> 雍熙三年（986），岁次丙戌，孟夏之月，余于钱塘湖之阴，讲《法华玄义》，解座属安居时，对而未得，即入《文句》。有二三道侣，赍《不二门》别行本至，皆云："此文訛（疵）谬多矣，幸为辩惑焉。"余因校，据本宗聊以消，诸学生闻已，恐有失堕，请编录之。余索非笔削之流，尤惭环硕之学，但以宿发，闻之于师，遂允所求，书之于纸。其科分节逗，即用携李敏师旧本，不复别出，庶一句一偈，成赞佛乘，若见若闻，同期佛慧耳。笔既绝矣，岁亦暮。①

我们知道荆溪湛然大师著有《十妙不二门》，源清手边是应该有的，此"《不二门》别行本"当指湛然大师所著《十妙不二门》。根据源清考证，各本题名不一，初题《法华十妙不二门》或《本迹十妙不二门》或《本迹》等。《中国天台宗通史》一书说"慈光悟恩辞世那年（986——原注），悟恩弟子源清作《十不二门示珠指》，批评《玄义》别行本（广本——原注）"②。雍熙三年（986）此《不二门》别行本赍至源清身边，因其文多有"疵谬"，源清便应诸学生的要求，根据本宗思想及"李敏师旧本"加以订正而成讲义，又在诸学生的请求下而编录成书，目的是要为众"辩惑"，弘扬正义。

源清（?—999）乃宋朝天台宗名僧，自署丹丘沙门，因住持钱塘奉先寺，门徒便尊之"奉先尊者"。源清乃慈光晤恩（912—986）禅师法嗣，其师悟恩字修己，《佛祖统纪》将其列为"高论旁出世家"，说他本闻"天台三观六即之说，深符其意。晋开运初，造钱塘慈光因师室，因讲次覆述，剖析幽微，时称'义虎'"。悟恩"继踵开发，道名大播"③，于是自成一家之言，源清为其门下高徒之一，995年送书日本的时候，源清已经当上山外派的新掌门人了。关于源清的师承及与山家派的相互关系，《释氏稽古略》中有如下记载：

---

① （宋）源清：《法华十妙不二门示珠指》，载《卍续藏经》第100册，台北：新文丰1993年版，第139～140页。

② 高令印：《中国禅学通史》，北京：宗教文化出版社2004年版，第425页。

③ （宋）志磐：《佛祖统纪》，载《大正藏》第49卷，台北：佛陀教育基金会1990年版，第204页。

> 初，天台宗元自唐德宗建中三年荆溪尊者灭后，五传而至清竦。竦有二弟子，曰羲寂、曰志因。寂以教观正脉传义通，通传知礼(四明尊者)、遵式(下竺忏主)，源源授受。志因传晤恩，恩名著僧史。恩传洪敏、源清，清传智圆(孤山法师)、庆昭，昭传继齐、咸润。境观解行，各师其说。四明知礼辞而辟之，衡岳家世斥之为山外宗(天台教部)。①

至于源清的同门，根据蒋维乔所撰《中国佛教史》，中国天台宗山外系统，在悟恩(慈光)之下有三弟子，即源清(奉先)、洪敏(灵光)、文备(慈光)②。在此同学三人中，源清成就最多，名气最大。根据《佛祖统纪》所载，文备(926—985)先拜师志因，后从悟恩，"每与同门恩师，覆述观法，莫逆于心。恩谓人曰：'备虽后进，已与吾并驱于义解之途矣。'恩师即没，复北面事恩以卒其业"③。可见他也是佛学精深而且道行谦虚的高僧。

源清为何千里迢迢送书到日本，请日本同道批评，这是他的真实意图吗？他在送书的同时附载有两封书信，一封是给日本延历寺座主的，即《宋源清大德寄北岭座主暹贺书》：

> 右源清伏以，法虽同慕于正真，人则夐远于溟渤，每侧身而承望，恒愬长以月歌。恭惟僧录大师，传学父之心灯，为圣王之道友；研穷八教，洞悟一乘。智慧将东海以偕深，辨才比春霖而无常。化人则鞠多并步，造诣则提婆争衡。声播遐方，德追前哲。源清钦风甚久，礼足无由。空思落屑之谈，谁问贯花之旨。
>
> 源清果逢师匠深励颛，蒙俾智者之玄关，合续台宗之后燄。光阴屡改，逾二十年，经论交宣，仅五十遍。别无深见，贵(责?)结洪因，不谓新学相似，黌堂长满；依近著得《法华示珠指》二卷、《龙女成佛义》一卷、《十六观经记》二卷，并同门僧鸿羽出(书?)《佛国庄严论》一道，学生僧庆照注《心印铭》二章。不是名家，元非犹简；今无缮写，附僧齐隐士呈，以充远信。伏乞僧录大师，念其片善，怒(恕?)以搜才，一启缄封，略赐披览。
>
> 源清无他侥觊，少有愿求，窃承大国备有智者大师一切教法，其中《仁王般若经疏》，及《密勒成佛经疏》并《决疑》《金光明经玄义》、荆溪然禅师所撰《华严骨目》，并幸希各传一本，永流此土，遍授来蒙其利，传哉，是所望也。舍全身而求半偈，虽未能行；讲斯文以容深恩，终非诳语。

---

① (明)觉岸编《释氏稽古略》，台北：佛陀教育基金会1990年版，载《大正藏》第49卷，第861页。

② 蒋维乔：《中国佛教史》，上海：上海古籍出版社2004年版，第217页。

③ (宋)志磐：《佛祖统纪》，载《大正藏》第49卷，台北：佛陀教育基金会1990年版，第204页。

源清遥仰慈悲，不任胆(瞻?)依企咏激切之至。谨具状乎(以?)闻，谨录状上，牒件如前，谨牒。

至道元年(995)四月　日(在年四二字之上盖有印一颗——原注日文)

大宋国杭州奉先寺传天台智者教讲经论僧源清牒。①

该信第一部分是对僧录大师等的客套话，“僧录大师”应该是指延历寺第二十二代座主权僧正座主暹贺，源清竟然将他和提婆相比，对日本的佛学界大加称赞。

第二部分是源清介绍自己的日常修行、交游、讲学及撰述，所送日本几部著作的作者。

第三部分源清提出自己的“愿求”，希望延历寺将《仁王般若经疏》，及《密勒成佛经疏》并《决疑》《金光明经玄义》、荆溪湛然禅师所撰《华严骨目》等各传写一本给他。其中《金光明经玄义》一书已经有广、略二本在宋朝流传，但广本已经被源清的老师悟恩判定为伪造，源清求此书的目的是再次确认《玄义》广本一书的真伪。而求《华严骨目》可能是为了验证宋朝流行荆溪湛然《十妙不二门》别行本的真伪。原来源清送书于日本延历寺未必是请求批评，而是借此交换书籍，顺便宣传自己及山外派的思想。

最后便是向日本同道表示敬意。值得注意的是，源清在落款时强调自己是“传天台智者教讲经论僧”。

另一书信为《宋源清大德寄北岭诸硕德书》：

大宋至道元年四月既望，杭州奉先寺传天台教讲经论僧源清谨熏盥，奉书于日本国传大教诸硕德法师座下：

源清闻：“道同也，虽远而合；道不同也，虽近而离。”故君子千里以同风，小人觌面而胡越。夫君子禀城中之教，尚不以巨巘洪波而为阻，况方外之人乎？源清吴越间常僧耳，自登戒即有志于三学，磨铅策蹇，二纪有余，于天台智者教，终未能奋利智、达远理，从吾所好之，不怠于挥拙技、启缃快(帙?)。每有闲法者相访，必先谈大国之风，其法宝也，备有五时八教三观六即之真诠；其僧法也，多有博学鸿才高名景行之开士。但恨无飞空之术，乏神足之通，莫由摄衣座隅五体投地，以展师资之礼耳。

① 〔日〕《大日本史料》二编二册，东京：东京大学史料编纂所昭和四十三年(1968)版，第365～366页。本书在引用书信内容之时，为方便读者理解的需要，按照大概的书仪和格式分成以上段落，括号内的疑问为原注，以下书信同。

源清近因讲次,辄出《法华示珠指》二卷、《龙女成佛义》一卷、《十六观经记》两卷,又有同门僧鸿羽著《佛国庄严论》一首(道?),又学生僧庆照注《心印铭》一章。今并附僧齐隐士呈。幸望诸硕德,或对御谈玄之暇,或聚徒说法之余,略许观览。若蒙加点,若得指瑕,岂唯源清幸甚?吾徒皆幸甚。

源清常慨教文殊缺,每功搜赎,其如《仁王般若(“经”脱?)疏》,及《弥勒成佛经》五卷、《小弥勒(陀?)经》并疏(疏并?)《决疑》各一卷,《金光明玄义》一卷、(“荆溪”脱?)然撰《华严骨目》一卷。天下所先仰,惟诸硕德,但以道同,不以人远,各传一本,使之流通,倘闻所未闻,得所难得,誓当毕此形而讲贯,遍诸处以传行,以此为报恩也。后国或儒书少本,释典阙文,希示其名题,寻当附献也。

海中胜地,天子钦明,阴阳和,人物感。想法体无恙,道化弥光。源清向仰久矣,思慕深矣,视颂多矣!不宣。和南(宣、和二字上盖有源清之印)。①

这封信和前一封的内容大体相同,先自我介绍并表明对于日本及各位和尚的仰慕。在开出自己希望得到的佛典之后,再次吹捧日本天台宗诸僧,如此奉承,不由得日僧们不骄傲,源清也是有求于人,不得不如此。由于担心日本同道吝啬,源清在该信结尾许诺:如果日本国今后有“儒书少本”,或者“释典阙文”,也“希示其名题,寻当附献也”。这一表白足见源清求书之情何其急迫!

由两信可知,所送五部著作中源清本人三部,同学鸿羽一部,学生庆照一部。信中提到委托传书和信的齐隐这个僧人,参见前后所有记载可见,当时他搭乘商人的船只常常往返中日之间,与两国僧界交游广泛。987 年前后源信在日本九州岛港口宋商朱仁聪的船上就和他相识,相关记载说他是西湖水心寺的僧人,源信曾托他将自己的著作带到宋朝,请天台宗僧给予批评。水心寺所在位置,宋《咸淳临安志》卷七十九有载:

水心保宁寺,天福(936—944)中建,旧曰“水心寺”,大中祥符(1008—1017)初赐今额。旧志有曰“思白堂”(白乐天旧游,元丰二年枢

① 〔日〕《大日本史料》二编二册,东京:东京大学史料编纂所昭和四十三年(1968)版,第 366~367 页。

密使林希棫曰："思白，示怀贤之意。"——原书小字注）。①

《秦淮海送僧归保宁寺诗》：西湖环岸皆招提，楼阁晦明如卧披；保宁复在最佳处，水光四合无端倪。……应缘却入人间世，兴尽却归湖上山。伊余久欲窥禹穴，矧今仲父官东越；行挽秋风入剡溪，为君先醉西湖月。②

既然同在西湖岸边，想必水心寺的齐隐将《往生要集》给奉先寺僧源清看了。只是源清在信中并未直接提到源信及他的《往生要集》，可能源清并不觉得它高明，因而不提，但他注意到源信的书引用了大量的经典，而这些经典在中国却不容易找到，因此激发了日本求书之念。也许源清根本没有见到过《往生要集》，这里只能猜测，这不能算是他和源信之间的礼尚往来。

可以肯定的是，源清求书的目的是宣传山外一门的学术观点，他的书已经流行十余年了，在国内尚未见回音和回应，新掌门山家派的知礼尚在沉默。而源清求书的目的是为了进一步弘传悟恩的学术思想，寻找更多的文字依据，为了得到需要的典籍，他以自己所撰新文换取日本所存的旧书。从宋源清的这两封信的措辞看，于己未免过于谦虚了一些，于日本僧众又过于吹捧，日本人自唐朝以来一直希望得到中国的肯定，他的这一番中听的话对于日本人该是怎样的鼓舞？

源清送书激发日本天台宗山、寺二门的联合"破文"

日本天台宗山、寺二门对于源清送书的答复文章——"破文"，按字面的意思为破毁之文、批评之文，类似当代的书评。988 年日僧源信送达中国天台宗国清寺五部精选的新作，请求宋朝同道的批评，如果宋朝商人周文德返回的书信是作假的话，则说明宋朝僧界对其未予重视，况且周文德并非专业宗教学者，只有"婺州云黄山七佛道场住持"行辿的书信和诗算得上是答复，但全为客套之词，未见具体之学术讨论。相比之下，日本朝野、僧俗对于这次中国方面送来的著作其回应是比较积极的，而且是由政府组织起来的，召集了已经分裂、对立了的山门和寺门两派大德高僧。日本佛学界为何如此积极回应"破文"，而且还说要将其"破毁"？大概是由于以下几种缘故：

其一可能是日本丛林早已得知中国佛教典籍散佚、佛学衰落的传言，想借机向宋朝僧人展示自己的才学吧。因为中国朝野历来以文明之国、礼仪之

① （宋）潜说友等：《咸淳临安志》，载中国地志研究会印行《宋元地方志丛书》第 7 册，台北：中华民国 67 年(1978)版，第 4619 页下。

② （宋）潜说友等：《咸淳临安志》，载中国地志研究会印行《宋元地方志丛书》第 7 册，台北：中华民国 67 年(1978)版，第 4620 页上。

邦而傲视四夷,而日本也爱以"君子之国"自诩。实际上,当时的朝鲜也是如此,据《佛祖统纪》载:

> 初,吴越王因览《永嘉集》"同除四住"之语,以问韶国师。韶曰:"此是教义,可问天台义寂。"即召问之,对曰:"此智者妙玄位妙中文,唐末教籍流散海外,今不复存。"于是吴越王遣使致书,以五十种宝往高丽求之。其国令谛观来奉教乘,而《智论疏》《仁王疏》《华严骨目》《五百门》等,禁不令传。且戒观师:于中国求师问难,若不能答,则夺教文以回。①

因此记载,现在韩国也有一些学者认为,五代宋初朝鲜的佛学研究水平超过了中国。

其二大概是难以接受中国方面关于日本人伪造典籍送往中国的批评和传言。中国天台宗山家和山外派的教理辩论和教派分裂,其原因也是天台新恢复的文献中有无"伪书"的辩论,其导火索也是关于《金光明经玄义》广、略二本的真伪判别。当时由国外得回智者大师的《金光明经玄义》有广、略二本,略本缺后"十法观心"之文。悟恩撰《金光明经玄义发挥记》,专解其略本,认为广本观心之文是"后人擅添";弟子源清、洪敏二人撰难词二十条辅成师说。众所周知,这些天台教典正是五代时期由山家义寂(919—987)法师的努力而致使"去珠复还"的,而当初吴越王派使者去日本求购天台教典的时候,正是比睿山的日延作为"缮写法门度送之使"于953年送书到中国的,这些佛法的"去珠"大多"还"自日本,如此则暗示日本人有作伪。现在源清又对荆溪湛然的《十不二门》提起争端,指其别行本谬误甚多,暗示为伪书,若该书也传自日本而非朝鲜,延历寺的这些高僧大德自然是心里有数。

其三,源清等山外派的著作多少吸收了非天台宗的思想,如华严宗(贤首)教学理论、慈恩学说、荷泽神会的禅宗思想等②,主张观心法门应该是真心观。奉中国天台山为祖庭的日本天台宗可能难以接受山外派的观点,其实这也是后来引起天台宗山家和山外派争辩的主要原因,尽管山家派当时尚未有人出来提出批评。

天台宗钱塘系的言论,核心在于教理,尽管是针对四明一系,但义通(926—988)法师因圆寂于端拱元年(988),也许是来不及答复,而支撑一系大梁的知礼也许由于年轻(时年28岁),难当一面。现在日本人抢先答复了。

---

① (宋)志磐:《佛祖统纪》,载《大正藏》第49卷,台北:佛陀教育基金会1990年版,第206页。

② 〔日〕安藤俊雄:《惠心僧都与四明知礼》,载《日本名僧论集第四卷·源信》,东京:吉川弘文馆昭和五十八年版,第117页。

关于日本朝廷组织回送破文的理由，日本《本朝高僧传》说是“当时学者有议自撰者，由此，朝廷诏慈觉、智证之两徒，指其瑕疵”①。《元亨释书》认为是因为“其文肤浅，朝廷敕慈觉、智证两家质破”②，甚至说是要将其“破毁”③。

第一个理由“有议自撰者”的提出乃因当时日本佛学界信古而疑今的风气所致，他们的研究是教条主义的，强调诵读和抄经，反对发表私见，所以这次破文也是回应宋朝山外派对《金光明经玄义》广本为后人（一般暗指日本人）擅添的批评，源清难道不也是“擅添”？

第二个理由说是“其文肤浅”，这是虎关师炼个人的看法，他已经是13、14世纪之交的人了，他曾经被赴日的中国元代高僧一山一宁（1247—1317）暗责肤浅；现代学者木宫泰彦却因此破文一事断言：“当时宋朝承唐末五代战乱之后，暂时处在文化衰落的时期，而日本则处于藤原时代的文化极为繁荣的时代，所以在佛学研究方面也达到了凌驾中国的境地。”④

而在参与回复“破文”的当事人看来，源清的学识是否肤浅呢？

下面我们先看看当时日本高僧对于宋僧源清等书信的回复，以及对他们所送来文章所作的批评——所谓的“破文”等有关内容。源清书信和文章送达日本延历寺的时候，第二十二代座主权僧正暹贺迁化，东阳觉庆和尚以代理座主的身份回复源清一封书信⑤，兹录于下：

牒大宋国杭州奉先寺传智者教讲经论和尚（源清）

大宋至道元年四月　日牒封（到?），故座主权僧正暹贺领掌，未及报陈，溘以即世矣。觉庆偏以年蜡，猥得领众，继彼前好，写我短怀，虽无倾盖之昵语，自谙动履之德音，梵志之求道十二年，师逾（及?）二十年，智者之阅经十五遍，师及五十遍，静而思之，匪直也人。

见赠《法华示殊[珠]指》二卷、《龙女成佛义》一卷、《十六观经记》二卷、《佛国庄严论》一卷、《心印铭》一章，见斯文之彰外，知其才之弸中，学徒（文章?）六七，聊有注出，不敢加雌黄，唯是展情素（愫?）。

---

① 〔日〕师蛮：《本朝高僧传》，收入《大日本佛教全书》，东京：佛书刊行会大正二年（1913）版，第167页。

② 〔日〕虎关师炼撰，黑板胜美编辑：《元亨释书》，收入《新订增补国史大系》（新装版）第31卷，东京：吉川弘文馆2004年版，第82页。

③ 〔日〕虎关师炼撰，黑板胜美编辑：《元亨释书》，收入《新订增补国史大系》（新装版）第31卷，东京：吉川弘文馆2004年版，第83页。

④ 木宫泰彦著，胡锡年译：《日中文化交流史》，北京：商务印书馆1980年版，第268页。

⑤ 以下信收录于日本《本朝文粹》（二十），括号（　）内之?为《大日本佛教全书·天台霞标》中不同之处，其他订正之处不一一列出。

又(爰?)见求(智者大师制作)《仁王般若经疏》《弥勒成佛经疏》《小阿弥陀经疏》并《决疑》《金光明经玄义》(并疏?)、荆溪湛然师所撰《华严骨目》,其有则缮写,其无则阙如,目录在别,不更委注,便附回信,到宜检领。

僧龙之澍法水,更挹东流,义虎之发智风,尽振上叶。对(投?)玉简而增日域之光曜,开石函而补天台之阙文。中国之远求,有感哉!有感哉!临白首而始知,恨隔面于鳌波万里之外;仰玄趾而遥契,愿促膝于龙华三会之朝。珥笔潸然!珍重珍重!今以状牒,牒到准状,故牒。

年　月　日。日本国天台座主阿阇梨僧正法印大和尚位觉庆。①

实际上这封回信是由日本朝廷出面,令大文豪江匡衡代替觉庆而作。觉庆后为延历寺的第二十三代座主,他的回信对于源清等的著作是非常肯定的,不仅认为它将“增日域之光曜”,并表示自己“不敢加雌黄”,信中所提“义虎”当指源清的老师悟恩(或祖师因禅师),可惜现在不见该书信所附“在别”的“目录”,不知他们到底回赠了源清哪些书籍,从该信看来是返回了宋朝部分书籍。“《金光明经玄义》一卷,智者大师出,二十六纸”;“《金光明经疏》三卷,智者大师出,八十九纸”②;据《传教大师将来目录》有载,日本应该有存,不知源清是否求得《金光明经玄义》并《疏》,源清求此书的目的显然是针对山家派的,是为辩论服务的,比较和检查有无后人作伪。

可以肯定的是,“《华严经骨目》一卷,荆溪和尚撰,五十八纸”③,《传教大师将来目录》中也有载,日本至少存在过,但它和四卷《仁王般若经疏》没有被送来宋朝,因为后来知礼和遵式仍在继续向日本搜求,并派人向源信请求帮助。

其次我们看日本高僧的破文中具体的有关评价。

根据《卍续藏经》及《大日本史料》“《观无量寿经疏显要记破文》下,天台山东塔院沙门觉运”的记载可知,宋源清的《观无量寿经疏显要记》下卷由觉运(953—1007)负责答复。觉运的措辞非常谦虚委婉,他在破文之前特作了如下说明:“分得大宋国奉先寺源和尚《观无量寿经疏显要记》下卷,文义备矣,理趣明矣,卷舒钻仰,慕道欣义,今录疑虑,重求幽玄而已。”④觉运在日本

---

① 〔日〕黑板胜美编辑:《本朝文粹》,收入《新订增补国史大系》第29卷(下),东京:吉川弘文馆平成十一年(1999)新装版,第304页。

② 〔日〕最澄:《传教大师将来目录》,载《大正新修大藏经》第55卷,台北:佛陀教育基金会1990年版,第1056页。

③ 〔日〕最澄:《传教大师将来目录》,载《大正新修大藏经》第55卷,台北:佛陀教育基金会1990年版,第1056页。

④ 〔日〕《大日本史料》二编二册,东京:东京大学史料编纂所昭和四十三年(1968)版,第927页。

天台宗延历寺与源信齐名，同为延历寺第十八代座主慈慧大僧正的弟子，一同分裂山门，别创檀那、慧心两派。作为日本天台宗的一派宗师觉运的评价很能说明问题。

《龙女成佛义》即《法华龙女成佛权实义》，是源清于大宋太平兴国二年(977)十月间所作，源清在开篇说明了写作的原因：

> 龙女成佛，本显经力不可思议，古今章疏，判释不同。或判权为，或判实证……但文句简约，义理幽微，或寻绎浮疏，指陈犹豫。愚虽不敏，志在沈研，非辄敢评论，盖谘禀有自，特援《文义》，聊以释通，庶显所宗，非诬先哲。①

从言辞看显得谦而不让。这部书是由出自日本天台宗寺门派(即智证大师圆珍一系)的庆祚来答复的，《元亨释书》说庆祚因为“其文肤浅”而质破，事实如何呢？庆祚的破文《法华龙女成佛权实疑难》结尾处的以下几句不得不提醒有关人士注意：

> 余见此《龙女成佛义》，著述之义美，冠绝当时，而才疏词短，不能缕陈，为决愚蒙，先记疑难。愿以今日击动之力，正为佗(他？)生对扬之缘矣。
>
> 于时长德五季(999)正月五日，于石藏山大云寺记。②

这就是日本高僧对宋朝僧人送书答复的“破文”中的评价文字，文字中充满赞赏，看不到一些人所谓的批评和轻视。其他破文或者今散佚不见，或者不见任何批评的言论，不一一列举。日本学僧们的“破文”大约于公元1000年返回到杭州，此时源清已经作古，无法就此再次发表自己的观点，可惜我们今天也就见不到他的回应了。我们回看觉运等当事人的学术评论，以认真的讨论为主，是比较公允的，未见任何轻视源清等人的态度，显然是那些自大的贵族、作为门外汉的公卿，以及后代的日本学者过分渲染了回复文章批驳的性质，并以此作为10、11世纪之交日本的佛教研究水平已经高于宋朝僧界的证据。

比如《元亨释书》的作者虎关师炼，乃清高自负之人。据日本《本朝高僧传》

---

① (宋)源清：《法华龙文成佛权实义》，载《卍续藏经》第100册，台北：新文丰1993年版，第860页。

② 〔日〕《大日本史料》二编二册，东京：东京大学史料编纂所昭和四十三年(1968)版，第933页。

所载:元朝时,自负的虎关师炼曾批评其他来宋日僧说:"今时此方庸流,奔波入宋,是偏遣国之耻也,我其南游,令彼知国有人!"据说他"正安元年(元成宗大德三年,1299)将浮海(来中国),母氏强止之。"①虎关师炼苦心研究中国文化,除佛教之外,"自幼旁涉儒典",元僧一山一宁到日本后,自认博学的他赶到建长寺去拜见,"杂儒释古今书,细绎审询"一山,以显示日本僧人的才能。沉稳的一山和尚"因问本朝(指日本)高僧事迹,炼不记者多",于是一山告诫他说:"公之博辩涉异域事,章章可悦,而至本邦事,颇涩于酬对,何哉? 炼惭服其言矣。"于是,好高骛远的虎关师炼"遍考国史并杂记等,著《元亨释书》三十卷"等②。

其实,虎关师炼这样情绪化的评价不能作为充分的根据,因为当时中国学界也有对日本的类似批评,若针锋相对,在中国史籍中也可以找到类似的批评,如宋志磐撰《佛祖统纪》卷第四十七孝宗乾道三年(日本六条天皇仁安二年,1167)条中就有如下记载:

> 日本遣使致书四明郡庭,问佛法大意,乞集名僧,对使发函读之。郡将大集缁衣,皆畏缩莫敢应命。栖心维那忻然而出:"日本之书与中国同文,何足为疑。"即揖太守,褫封疾读,以抓掐其纸七处,读毕语使人曰:"日本虽欲学文,不无疎缪。"遂一一为析之,使惭惧而退,守踊跃大喜曰:"天下维那也。"③
>
> 又同书卷五十二"诸国朝贡"条云:
>
> 孝宗(朝),日本国遣使致书,四明郡庭栖心维那对使宣读,斥其文义疎缪者凡七处。④

以上记载,年代靠近著述者当时,更为真实。当然仅此不能作为我们证明宋朝佛学研究水平高于日本的根据,这里要说明的是,日本学者对于本国历史典籍记载中的一些批评外国的言辞比较关注,并以此作为日本佛教研究水平高于宋朝僧界的证据,这是毫无意义的。同样,有关书籍、书信中都有一些谦虚的言论,称赞对方的评价,例如宋至道元年(日一条天皇长德元年,995)源清给延历寺的两封书信,以及日本给他的回信,作为正面书信自然要礼貌一些,自然要赞赏对方,以这些作为历史研究定论的根据时,有必要不带

① 〔日〕师蛮:《本朝高僧传》,收入《大日本佛教全书》,东京:佛书刊行会大正二年(1913)版,第374页。

② 〔日〕师蛮:《本朝高僧传》,收入《大日本佛教全书》,东京:佛书刊行会大正二年(1913)版,第376页。

③ (宋)志磐:《佛祖统纪》,载《大正藏》第49卷,台北:佛陀教育基金会1990年版,第427页。

④ (宋)志磐:《佛祖统纪》,载《大正藏》第49卷,台北:佛陀教育基金会1990年版,第457页。

感情地慎重分析。

日本自唐至宋而至后来，斤斤计较于中华对日本的评价，一直将日本置于被话语的位置，希望听到来自中国的良好评价，这种对赞许的渴望越演越烈，最后自然争取话语权，希望反过来评价中国，这正说明意识到不足的日本人希望和中国看齐。

对于日本天台宗来说，倾向于在义理上认同日本天台宗的发源地天台山国清寺，即山家派，毕竟他们处在祖庭。源清的山外派为天台宗的别支，甚至是作为异端被贬出天台，但他在五代末在义学方面的影响却超过了本山。

第三节　宋初中日天台宗高僧之间的设问与答释

源信送"二十七问"求知礼答释的原因

宋真宗咸平六年（1003），作为日本一流的高僧源信派遣弟子寂照携带自己的疑问搭乘宋朝商人之便船渡海入宋，拜谒宝云寺中国天台宗的知礼法师，寻求答释。源信向知礼请问，可以说不止一次，这是中日天台宗乃至中日佛教史上的佳话。

源信为什么让弟子传书向知礼求教？

其一也是模仿本国先人的风雅之举。自佛教东传日本后，日本不断积极主动地派遣留学僧来中国拜师求教问道，取经回日本之后，研诵之余往往遭遇难题，或有疑惑，便开列问题条目派人再到唐朝寻名师求解答，以便定论，来自唐朝高僧的答释、"决疑"日本人称之为"唐决"。

在唐代，日本僧众向中国传送疑难问题，寻求"唐决"的事例很多。例如空海（774—835）先拜本国勤操和尚为师，因读《大日经》不解其体义而下决心来唐朝求法。804 年来唐习《悉昙》之后回国，仍然有不解，在无法再次来唐朝面请的情况下，于是便写信求决疑。对此《弘法大师书》（比睿山藏）有所记载：

> 空海稽首和南，仲春之比，虽献上书，未散欝望，重以达子细状。……然空海于《悉昙》有所疑，须再渡苍波，以决疑矣，未由（无由）而已。[①]

---

① 〔日〕敬雄等编：《天台霞标》第一，收入佛书刊行会编《大日本佛教全书》第 125 卷，日本：名著普及会平成四年（1992）版，第 17 页。

与他同行来唐的最澄也是带着《天台宗未决》一卷十问直上天台山寻师求答的，他所设的“(一)有别教菩萨登二地以上位，迴入圆位乎？……(十)唯识与唯心同异”之类的问题[①]，由当时的道邃座主给他做了详细的回答。之后日本又有圆澄携三十问来求决，唐僧广修决答；圆澄的另三十问则是由唐僧维蠲决答的。此外日本义真的十三问，也由唐僧做了答复；光定疑问六条，唐宗颖决答；德圆疑问十条也是宗颖答复。以上疑问及“唐决”现收录于《卍续藏经》第100册。那时日本众僧疑问的主要是一些什么样的问题？是以什么样的形式求决疑？先参考圆珍委托商人带到唐朝的《上智慧轮三藏决疑表》中的一、二例：

> 《卅七尊心要》，多不正也，仍请正本，又，谁所记？
>
> 《佛说造塔延命功德经》一卷，在土有之，今为充证本，请之。人法塔样，又，此造塔法，垂示其式。[②]

这就是所谓的日僧疑问，相关“唐决”此略不载。作为先进文化的吸收国日本，作为其留学僧空海、还学僧最澄以及后来的源信等人，向中国老师提出问题是自然之事，在情理之中，所以此风唐宋相承，不绝如缕。

其二源信确实有疑问需要得到宋朝高僧的指点。但是日本自古以来就有不少学者对此提出反对意见，不承认源信是在向宋人求教，而认为他是在考问知礼，问难知礼。还有一些日本学者认为，日僧送疑问到宋朝仅仅是模仿先辈最澄(767—822)来唐问疑的风雅之举，是一种形式上的问，非实质上的问。例如木宫泰彦就说：

> 寂照虽然将业师源信委托的天台疑问二十七条携带入宋，拜访四明的知礼(法智尊者)进行请教，但这也只是像圆载携带天台之众疑五十科入唐，访谒天台山禅林寺的广修、维鹞请求解答，或像圆仁携带延历寺不能解答的三十条入唐，访谒五台山的志远请求决释一样，不过是仿效前代已经累累作过的所谓请“唐决”的先例罢了。而且像源信那样的人是否引其为疑问，也多少值得怀疑。[③]

---

① 〔日〕最澄:《天台宗未决》，载《卍续藏经》第100册，台北：新文丰1993年影印版，第807页。

② 〔日〕圆珍著，白化文、李鼎霞校注：《行历抄校注》，石家庄：花山文艺出版社2004年版，第91页。

③ 〔日〕木宫泰彦：《日华文化交流史》，东京：冨山房1987年版，第288页。

事实真的如此吗？

日本学者认为源信是在借向宋人求教之名考问宋人，是在问难知礼，理由是源信的佛学水平高于知礼。其根据之一便是日僧虎关师炼于 1322 年完成的《元亨释书》一书，该书不知根据什么材料记载说："（知）礼得问书嗟叹曰：'东域有深解之人乎？'乃造答释返之。"[①]日本后代学者最爱引用虎关的这一两可的记载，如松下见林的《异称日本传》，流传到近代学者村上专精的时候，已经是"知礼感叹他研习精深"了[②]。果真如此吗？

实际上知礼看到源信的二十七问时，未见有任何褒奖之词。知礼批阅了源信的疑问之后感想如何？距离此事发生时候不久的《四明尊者教行录》是这样描述当时的情景的：

> 皇宋咸平六年（1003）癸卯岁，日本国僧寂照等，赍到彼国天台山源信禅师于天台教门致相违问目二十七条。四明传教沙门知礼凭教略答，随问书之。诸方匠硕或一披览，无吝斤削云。[③]

既然是"随问书之"，想必是当即之作，寂照坐等可待的了。知礼《答日本国师二十七条问》的具体内容下面简略摘取若干条，看看源信有何设问，知礼作何解答？

> 一问：《法华》三周授记作佛云云，近代疑者云：为是初住佛，为是妙觉佛，若是妙觉者。大师常云：初住八相佛也。若是初住者，圆顿速疾经一二生尚可究竟，况经无数劫耶？
>
> 答：三周所授乃八相应身记也，此之八相，始从初住分显法身，终至妙觉究竟法身，皆能现此益物之相。三周得入者不局初住。如《疏》云："身子既是上根利智，必是超入，而多云初住者，盖指其首耳。"又皆云经无数劫者，与物结缘，作净佛国土因也。若无众多受化之机，如何现身说法耶？若论法身之本，乃即座而得，岂待经无数劫乎？[④]

---

① 〔日〕虎关师炼撰，黑板胜美编辑：《元亨释书》，收入《新订增补国史大系》（新装版）第 31 卷，东京：吉川弘文馆 2004 年版，第 80 页。

② 〔日〕村上专精著，杨曾文译：《日本佛教史纲》，北京：商务印书馆 1981 年版，第 93 页。

③ （宋）宗晓编：《四明尊者教行录》，载《大正新修大藏经》第 46 卷，台北：新文丰出版公司 1990 年版，第 885 页。

④ （宋）宗晓编：《四明尊者教行录》，载《大正新修大藏经》第 46 卷，台北：新文丰出版公司 1990 年版，第 885 页。

(中略)

二十二问:《止观》第六云:若超断至第五品名家家。近代疑者云:《弘决》谓,大师所用并准《旧婆沙》,若欲知者,更捡彼文。今捡《婆沙》,断三四品三二生者名为家家。无超次,别亦无断五品名家家者,云何超断五品名家家耶?虽《弘决》解释……

答:《婆沙》新旧未暇捡。①

(中略)

二十七问:《五百问论》题下,云妙乐大师造。疑者云:此论似多讹谬,且举一二,如言阿难罗云:论中不举供养佛数,及破他师所释种性等七地义,似欢喜等十地,若是大师所制,不可不通。

答:"此论宋地阙本,兹不得而评论矣!"②

《婆沙》当指《十住毗婆沙论》,由龙树菩萨所作,罗什翻译,是宣传净土思想的重要著作,其中最早出现了"难行道"和"易行道"的说法,也是中国净土宗的早期判教学说,主张以净土门为易行道。这正是源信当时所奉行和鼓吹的,也是易于被人接受的思想和方法。二十七问所言"妙乐大师"当指唐湛然大师,大师曾住妙乐寺,大师述有《法华五百问论》三卷,源信所题当指该书,现《卍续藏经》第100册有收。

以上仅以《四明尊者教行录》和《大日本佛教全书·答日本国师二十七问》对校重新标点,以本人的学识再过十年也不敢妄加评论二人问、答的优劣。但有一点要说明的是,以上并非源信一人之问,而是日本天台宗不同"疑者"问题的汇集。日本安藤俊雄的研究也认为,二十七问非源信个人之问,而是日本天台宗集体之问,否则下面的安海也无从发表议论。本论文虽不敢妄加评论二位高僧学识之优劣,但不能不介绍有关评判。日本早就有人对此评头品足了,这里再次抄出其《本朝高僧传》一书对此事的如下记载:

信公曾设二十七疑,寄问宋国智礼法师,海见其问目曰:"是等肤义,何须遥问?"乃作上中下三答,谓徒曰:"法智答释不出我三种矣。"及礼答

① (宋)宗晓编:《四明尊者教行录》,台北:新文丰出版公司1990年版,第889页。
② (宋)宗晓编:《四明尊者教行录》,台北:新文丰出版公司1990年版,第889页。

释来，海已物故，果如海之中下义也。门弟子即持礼答及海释，往坟读以祭之。海骨放光云。余寻三释而不得，顷始得下释，文长不载焉。①

根据此，日本学者的确可断言日本佛教研究水平高于中国，中国只相当于日本的中下水平了？因为日本江州比睿山的沙门安海对于源信二十七个疑问作出了上中下三等级水平的解答，而宋朝知礼的解答在其意料的中下之列。假设把源信的疑问当作题目的话，知礼的回答被评为“中下”大约也只有60分，安海的“上”答自然是优等的90分到100分了。可惜今天我们见不到安海精妙的“上答”，无法欣赏他的高论。也不知道日本人何以将这“上答”高论烧掉？而且也不留底稿供后人欣赏学习、比较评判，《本朝高僧传》的作者师蛮解释说“寻三释而不得”，最后终于“得下释”确又因其“文长不载”②。何以如此？日本今人竺沙雅章博士一语道破其中缘由：“师蛮《本朝高僧传》之赞誉是为要反驳《佛祖统纪》将源信列入知礼门下谱系，所以说‘殊不知信师之意，乃欲试异域学匠’”③。

《本朝高僧传》记载，埋在地下的安海得知宋朝知礼的答释水平为自己言中，于是乎高兴以致“骨放光云”。此记载非常的浪漫和传奇，不知安海之骨何以放光？他的弟子何以得见？后世日本学者何以信？我们感到疑问的是，如此令人骄傲的三种解答，在以保存了中国战火中已损失的书籍为骄傲的日本，何以没有保存下来，它真的存在吗？师蛮的《本朝高僧传》一书成于1702年，正值日本闭关自大之时，在皇国史观的指导下，日本历史记载突出的问题就是将人物神仙化，这里又“神化”安海、源信，抬高日本文化历史。

《本朝高僧传》的意图是要说明日本佛学的进步，但否定宋朝知礼，说他的学识肤浅，这也就等于同时否定了源信。因为这等于暗示在安海的眼里，源信出题的水平确实也很“肤浅”。源信二十七个疑问真的是如此低浅吗？那么，他拿此来考问中国同道也太不聪明了，如果他真如木宫泰彦先生所说的考问中国僧匠，何不出更深难一些的论题，让宋僧无法回答？或者源信无法出更难一些的，安海何不补充几道难题？安海此人自幼好高谈阔论，目空一切，“当时源信、觉运为台门两轮”，声名显赫，在他眼里却不过尔尔，而且“海常曰：‘慧心浅广，可揭历涉；檀那深狭，不过踰跨’”。其实，安海自己的

① 〔日〕师蛮：《本朝高僧传》，收入《大日本佛教全书》，东京：佛书刊行会大正二年(1913)版，第167页。

② 〔日〕师蛮：《本朝高僧传》，收入《大日本佛教全书》，东京：佛书刊行会大正二年(1913)版，第167页。

③ 〔日〕竺沙雅章：《宋代东亚佛教的交流》，载日本《佛教史学研究》第31卷第1号，1988年版，第30页。

“竖议”立论也是一样的“深狭”，甚至是狭而不深，当时有人知道他的缺点，喜欢和他辩论的黑谷禅愉曾问金龙寺千观和尚：“安海竖议如何折之?”千观告诉他说：“海学宏深，不可以台教屈也，彼粗于密宗，以《悉昙章》莲华手种子字义难之，可沮乎?”禅愉领旨回去后一试果然如此，他先“出台题”激发安海高论，“次难种子义”，安海不得不承认：“《悉昙》非我素。”于是禅愉讥笑说：“已称博涉。盍学乎?”[①]安海只好沉默不答。以后安海每次阔论，黑谷禅愉都这样去刁难他，先后 6 次，屡试不爽。要知道在当时流行密宗的日本，《悉昙》是一般僧人不能不诵读的。

说源信所提问题粗浅可见也是安海个人的观点，源信是当时日本数一数二的佛学大师，世人不会认为他出的疑问是“浅义”，他也不会以粗浅的问题拿来中国显示日本人学术的粗浅，也许是由于知礼回答的时候，出于所谓的“东域有深解之人乎”的担心[②]，于是深入浅出，而日本后代之人竟有此论。学问的高深不在于语言的晦涩，不在于玩弄概念游戏和使用生僻字词，不在于“掉书袋”，也不必像现在所谓的学者一样，在自己的文章后面列举一长列引用书名，以显示自己的博学。高水平的学问是能够让更多的人理解，而不是拿腔拿调，以致连自己也不知所云地唬人。真正的学者在作文的时候首先考虑的是别人能否了解，是尽量让别人理解，而不是要求别人来理解自己。

大概据《本朝高僧传》的记载，也许加上了自己的研究，日本学者安藤俊雄认为：“与日本天台宗精密的见解比较，知礼的解答有些过于单调的感觉。”[③]从许多日本学者的相关著作看，他们最为关注的和令他们最感兴趣的大概是知礼对于源信“第二十二问”和最后的一问“第二十七问”的回答。知礼未读完源信等所有之书，源信纵然博览群书，知礼所阅读的典籍他肯定也有未涉及的，何况这是日本天台宗的集体智慧、联合出题。

源信求决的后续与知礼在日本的影响

我们说源信一直都是在向宋朝高僧求教，并希望得到宋朝人的肯定，一个重要的理由就是他不仅多次送书宋朝寻求得到满意的评价，而且源信反复求问于知礼，不止寂照携带的这二十七问。倘若这次是考试，而且他已经知道了宋僧知礼的回答水平不过是日僧安海的中下，那就不必遣弟子再问了。

---

① 〔日〕师蛮：《本朝高僧传》，收入《大日本佛教全书》，东京：佛书刊行会大正二年(1913)版，第 166 页。

② 〔日〕虎关师炼撰，黑板胜美编辑：《元亨释书》，收入《新订增补国史大系》(新装版)第 31 卷，东京：吉川弘文馆 2004 年版，第 80 页。

③ 〔日〕井上光贞等编：《日本名僧论集第四卷：源信》，东京：吉川弘文馆昭和五十八年(1983)版，第 123 页。

如前文所示，根据《四明尊者教行录》等书的记载，源信至少派徒弟致问知礼两次，分别“二十七问”和“十七问”。

根据以上与当事人及事件发生时间最为接近的记载，可以了解当时对知礼答释源信水平的真实而准确的评价，源信对知礼的每次回答都非常满意和信服，为了感谢反复致礼。一遣其徒弟绍良等二人“带金字《法华经》，如贽见之礼”，再遣其徒弟“寄辟支佛发”，或委托商人寄送《仁王经疏》。根据宋僧志磐所撰《佛祖统纪》“法师源信”传中记载：“信大服其说，西向礼谢。”①源信自己对知礼答释评价的这一记载是相对更可信的。

源信的弟子绍良等二人在见到知礼的弟子广智之后，似乎也有问答，以致钦佩得“哀泣致敬，请学于轮下”②。但是，以上中国典籍中的记载往往有些日本学者视而不见，而安海莫须有的言论多少年来一直激励着好胜的日本学者。

加上不知是日本国“何师所设而来”的十问，知礼至少回答了日本国师三次提问，很幸运的是，知礼对“二十七问”和“十问”的答释保存下来了，不像安海的三答不知去向，这只能说它是莫须有的。既然说宋朝四明僧人知礼解答的水平不过日僧安然的中下流，日本人应该保存这样鼓舞人心的著作，就像保护源信的《往生要集》等一样。日本18世纪成书的《本朝高僧传》中的记载有利于日本学者的某些观点，对比离当时很近的《佛祖统纪》《释门正统》等书所载，他们不知如何解释？

面对中国佛教界，源信确实是日本僧人中比较自信的一个，当时，中国和日本的天台宗几乎同时出现了分裂，在中国为山家派和山外派的抗争，在日本则为“山门派”和“寺门派”的斗争。不同的是，在中国是学术争论，在日本则主要表现为利益争夺。日本学术争论主要在南都和北岭之间，源信在参与日本南北教派争论的时候，试图参与中国的论争。他对于宋僧源清的破文，以及他的几次送书于宋可以说是一种积极参与，只是没有引起宋人的充分注意，倒是对于他的请求解答疑问一事比较关注，他的求问某种程度上宣扬了知礼的声名。

到了近现代，一些日本学者进一步得出结论，到摄关时代的日本僧人不再是亦步亦趋的学生了，此时已经怀疑中国的学术了，以他们的水平可以并敢于向中国僧界权威提出论战了。至于日本佛教研究水平提高、宋人佛学研究水平衰落的原因，木宫泰彦等认为：

---

① (宋)志磐：《佛祖统纪》，载《大正藏》第49卷，台北：佛陀教育基金会1990年版，第216页。

② (宋)宗晓编：《四明尊者教行录》，载《大正新修大藏经》第46卷，台北：新文丰出版公司1990年版，第890页。

> 当时宋朝承唐末五代战乱之后,一时处文化衰落之时,而我国在藤原时代则处于日本文化极为繁荣的时代,所以在佛学研究方面毋宁达到了凌驾于中国之上的境地。①

日本学者塚本善隆在《日中佛教交涉史研究》一书中也就来宋日僧对于中国佛教的兴趣与关注程度问题,与来唐日本留学僧比较之后发表了如下见解:

> 但是,与圆仁专心一致学习并引进的态度相比,成寻主要是巡礼灵场。这很明显是日本天台宗创立期年轻的求法者,与已经是日本天台宗大成之后年迈的巡礼者的差别,同时,中国佛教界,无论是此时的天台山或是开封,值得日本天台学徒学习的东西很难发现,相反,日本的天台教学处于向彼(中国)介绍的立场上。②

和唐代的疑问比较可知,源信的几番求"唐决"从内容到形式与空海、最澄等同出一辙,只是问题更加细致一些、偏僻一些,毕竟日本有些进步,同时免不了有些考问的意思在内。因为源信在宋朝商人带来的书信鼓励之下自我感觉良好又内心不安。宋朝知礼法师就天台宗学术方面在中国的地位,与源信在日本的学术地位等同,源信无论是发难还是请教,找他确实是最合适的。

在唐代,日本高僧带着疑问到中国拜师求"唐决",现代的日本学者无法否认这是求法。到了10世纪以后,源信向宋僧提出的"二十七问",因安海莫须有的批评的记载,使日本学者们得出宋朝大德高僧的水平也不过是日本僧人的中下水平的结论。天台大师知礼应该是代表宋朝佛学研究的一流水平的,源信是10、11世纪日本佛学的代表人物,自尊的日本学者自然不愿承认他要向中国同行求学,更相信源信是有意考察中国同行的水平,看他们是否有真才实学。所以塚本善隆武断地认定,经过"会昌毁佛"之后,到宋代,"(日本)此后没有必要来中国将天台教学作为革新之源泉来学习,可以说教学上不存在于中国的天台教界、真言教界"③。断言宗教文化的中心已经转移到

---

① 〔日〕木宫泰彦:《日华文化交流史》,东京:冨山房1987年版,第288页。

② 〔日〕木宫泰彦:《日华文化交流史》,东京:冨山房1987年版,第74页。

③ 〔日〕塚本善隆:《塚本善隆著作集第六卷·日中佛教交涉史研究》,东京:大东出版社昭和四十九年(1974)版,第75页。

日本，宋代佛学权威之一天台宗的知礼真的不及日本安海法师的三分之二，宋人佛学退步，日本佛学超过中国等等，不过是《本朝高僧传》的作者等人的愿望。的确，经过强权扫荡和战火浩劫之余，中国天台山及天台宗是衰落了，但这只是物品的损失，而不是思想的停滞，政策不过维持一朝、战乱不过延续一代，一切都可以恢复。实际上，天台宗虽一度因会昌法难、唐末战乱而衰落，但因吴越国的相对稳定、宋朝统一后的文化复兴和社会安定，出现了知礼和遵式，于是天台中兴。知礼和同学遵式①(964—1032)被尊为中国天台宗中兴“二神足”。而且，天台山和天台宗不代表中国宗教的全部，实际上它的衰落也是宗教各派竞争的结果，符合优胜劣汰的自然法则，天台宗被禅宗、净土宗所淘汰了。宋朝佛教已经是禅宗的时代，这是日本当时尚无法理解的学问，其他可以与其比肩的只有净土宗，天台宗虽中兴也次之。成寻、荣西等日僧此后来宋，为求天台宗典籍而上天台山，让他们感受更多的却是禅宗。天台宗在宋代宗教中已经非主流，天台宗的衰落不代表中国佛教的衰落，更不代表中国文化的衰落。

① 雍熙元年拜见明州宝云寺义通法师，北面受业，与知礼同门相契。

第十章　宋日之间密宗和禅宗等的交流

第一节　日僧在北宋寻求密教的希望与失望

宋代佛教排斥旁门左道令日本高僧失望

10世纪以来，中日佛教发展和佛学研究出现了很大的分歧，呈现出不同的追求和特点，其中突出的一点差异是，宋代的佛教趋向务实而日本的佛教追求神秘。在修行方法上，“宋代一般佛教徒着重实践的倾向甚为显著，故禅净两宗最为流行”①，在逐渐抛弃神秘术；而日本佛教由于密教在平安八宗中地位的独大，教徒越来越重视祭祀和法术。

先看10世纪以来中国密教的发展。密教的许多做法本属于婆罗门教的“外道”法术，是佛祖所主张摈弃的，当印度佛教徒吸收密教之时，标志着印度佛教发展已经进入晚期、走向衰弱。密宗或者说密教非常强调“供养”和“祭祀”，从祭祀、修法等操作行为来看，它与婆罗门教的一支“拜火教”是结合在一起的，从修行方式上看，它是属于印度教性力派的。密宗的流行使佛教从禁欲走向纵欲，佛与菩萨也就降格为鬼神了，郭朋在《隋唐佛教》一书中也认为密宗是“佛梵合一”的产物②。在不语怪力乱神，追求贞操、圣洁的中国，佛教密宗是难以大行其道的，故“会昌法难”时期，从盛唐时开始盛行的密宗遭受的打击尤为严重，青龙寺、大兴善寺等密教寺院成为废墟。

中国密教虽然到晚唐还有一定的影响，进入宋代，密宗传承绝嗣，只有一些密宗思想被承袭③。唐末宋初以来的中国佛教，中国化的禅宗逐渐独秀，印度佛教被改造得更具有合理性，更具有发展前途。中国佛教从思想理论上

---

① 吕澂：《中国佛学源流略讲》，北京：中华书局1979年版，第388页。

② 郭朋：《隋唐佛教》，德州：齐鲁书社1980年版，第592页。

③ 参考吕建福著《中国密教史》，北京：中国社会科学出版社1995年版，修订版序第7页。

看，“是用儒家的心性、人性学说去理解、诠释传统佛教的佛性理论，把印度佛教作为抽象本体的‘真如’、‘实相’、‘佛性’落实到具体的‘心性’、‘人性’上”。从传教手段上看，已经从虚无世界贴近现实生活，从神秘逐渐走向务实，尽量依从人的本性和利益追求（如净土宗）。从指导哲学上看，从虚无主义到现实主义，它使外来迷信思想慢慢趋向内部传统道德，从客观唯心主义走向主观唯心主义，“把传统佛教的对佛的崇拜，变成对‘心’的崇拜”①。

受儒家传统思想的影响，中国总有一些面对现实而不愿“语怪力乱神”的知识分子，他们反对神秘主义，揭穿偶像崇拜的欺骗实质，密教的过于神秘反而会失去知识民众的信仰，连一些佛教徒都已经不怎么信了（其代表是禅宗僧徒）。况且，宋代是中国科学技术文化大发展的时代，中国四大发明中的三大发明就产生在此一时期，在神学经典外出现了大量涉及科学思想的著作，如沈括的《梦溪笔谈》等。当然，在那个时代，中国也不是完全的科学主义，对于密术、咒语之类在半信半疑之间，一些和尚、道士、神汉、巫婆之类依然在拨弄，欺骗下层民众，在这种氛围之下，就是儒家要做到“不语怪力乱神”也难。

在10世纪，中国掀起翻译佛教经典的高潮，宋太宗982年重设译经院，欢迎法天等印度僧人携带梵荚来中国，译经数量几乎和唐朝相等，而当时的印度国内正值密教盛行时期，来华的印度高僧大多也是密教信徒，例如施护便是一个每次译经必先“粉布圣坛”“建立道场”的梵僧②，新出经文自然以密教为主，印度后期的密教在中国稍有复苏。实际上，显教大小乘经典藏籍，隋唐以来该翻译的都已经翻译，而新出佛经也并不多了。

> 法天、天息灾、施护等人在北宋初年传播的密教主要是流行在印度孟加拉国、奥利萨地区波罗王朝时期所兴起的无上瑜伽一系，也就是俗称的左道密教。印度后期密教最为重要的四个经典中的两个（《一切如来金刚三业最上秘密大教王经》《大悲空智金刚王仪轨经》）被译成了汉文，其余两个（《如意轮总持经》《时轮经》）也被译成了藏文。由于左道密教吸收了印度教性力派的“大乐”思想和实践，推行灌顶、双修、轮座等等密法，这与中国传统的封建伦理思想不合，因而统治阶级不得不公开出面干预密教经典的翻译和传布，使密教的活动只限于一部分封建上层之间。③

① 赖永海：《中国佛教与哲学》，北京：宗教文化出版社2004年版，第120页。
② （清）徐松辑：《宋会要辑稿》，北京：中华书局1957年影印版，第7891页下。
③ 黄心川：《东方佛教论：黄心川佛教文集》，北京：中国社会科学出版社2002年版，第49页。

对于异端思想，中国统治者是绝不会允许它鱼目混珠的，该剔除的绝不留情，何况它们历来往往被用作蛊惑人心、犯上作乱的手段。况且担任润文官和译经使的许多是儒家学者，具有高度警惕性和强烈道德感的他们会随时向皇帝举报并提出销毁建议的。例如淳化五年(994)译出《大乘密藏经》时，发现有“前后六十五处文义不正，互相乖戾”，太宗闻讯，当即诏谕“对众焚毁”[①]。印度密教的一些祈祷祭祀仪轨，如人肉祭、精血祭，是不符合中华传统道德礼仪的，实际上也是违反人性的，甚至是悖逆佛教教理佛法宗旨的，比如诅咒仇人的密咒违背佛祖慈悲宽容的胸怀。在造像方面，密宗极盛之后，三头六臂、千手千眼之类的怪像丛生，在中国寺院中，这样的佛和菩萨虽然还有一席之地可占，但永远成不了主流，至于“欢喜佛”之类，在中国寺院中(西藏地区例外)更是严禁出现，中国对于外来文化的吸收也是选择性的，是扬弃而不是全盘吸收。

北宋朝廷虽然也多次聘请僧道，举行求雨之类的法事，远不如日本那么狂热。而日本直到镰仓时代以后热情未减，许多僧侣因此成为镇护国家的国师。

密教的不合理性使它在任何国度都难以得到长久的繁荣，必然会滋生政治弊端，在奉行祭政一体的日本，由于密教事相的盛行，“耍弄佛法的功德效验，形成‘僧兵’跋扈”，以致到平安末年，“佛道堕化为魔道”，惊醒一些有良知者。为了挽救这种颓势，俊芿、重源、觉阿、荣西、道元等一大批日僧纷纷来宋朝求法问道，以资匡扶解救，同时也由于大批宋僧的入日传道，于是禅宗、净土宗、日莲宗在日本兴起，一时日本旧佛教全归于这三宗，正如村上专精所说的：“自佛教传入日本以来，佛法未有如平安朝末年那样遭到玷污，而一时的盛观，实际也未见有象镰仓初期那样兴旺。”[②]从10、11世纪的中国北宋禅宗、净土宗与日本密教的这一发展结果看，中国的禅宗和净土宗以它高水平的新理论突破国界征服了日本教徒，冲击了日本的“显密体制”，打破日本教徒对于其密宗的迷信和自信，使他们最终承认中国佛教水平的高超。进入南宋以后纷纷来宋求法问道，以禅宗为镇护国家的新法宝，“兴禅护国论”于是乎大兴。

成寻等在宋朝施展密法的目的和动机

中唐以来，日本佛教徒来中国求法最希望引进的也就是密教，大约唐末

① (清)徐松辑：《宋会要辑稿》，北京：中华书局1957年影印版，第7892页上。

② 〔日〕村上专精著，杨曾文译：《日本佛教史纲》，北京：商务印书馆1981年版，第6页。

五代开始，来华留学僧逐渐发现，密教在中国被朝野人士所冷落，中国天台宗等教派遭遇毁佛的政治打击后衰落了，密教更衰落了，只有奝然来宋的时候，碰到密教的短暂复兴，因为当时有不少印度僧，如天息灾、施护、法护等来到了汴梁，翻译了随身带来的一些印度密教经典，并开坛灌顶，传授密教。另有道贤、守真等，在凤翔、洛阳、汴梁等地传持密教。11 世纪则有智林等少数密教僧在活动。

此后来华的日本密教僧人，密教求法遭遇的失望反而促进他们表演密术的欲望，增加了面对中国佛教界的自信和自大，这就是一些来宋日僧在中国做祈祷、表演法术，宣扬日本文化的重要原因，最有代表性的就是寂照和成寻的修法表演，他们要借修密法来提高日本在宋人心目中的形象，其在华言行表现出，日僧对密宗镇护国家的作用非常迷信。

日本到摄关时代流行密教，日本僧侣们非常迷信这些"鬼道"一般的外道法术，并以此为傲视中国佛教和中国文化的资本，在密教这一领域他们尤其感觉到了青出于蓝而胜于蓝的成功和喜悦，甚至后人以此断定日本的佛教研究，"其高度水平已凌驾于北宋之上"了①。

中国所舍弃不取的秘密"法宝"恰恰被日本奉为至宝，对于外来文化选择性地加以吸收的日本国民性，在密教选择上表现出来了，这是因为神秘术符合日本传统神道国家的政治习惯和社会风俗，日本要发扬光大它，这就是中日文化差异所在。所以 11 世纪以后到中国的日本僧侣（如成寻、俊芿等）以精通被中国人所抛弃的密术为骄傲！

成寻在宋朝期间，经常展示真言经典、铺设坛场，宴请宋僧观看，显示日本密宗的兴盛。以下是宋熙宁五年（1072）十月十八日那天，成寻在汴梁会见宋朝僧人时的一次展示：

> 午时，景德寺右街僧录澄鉴大师法莹、同寺左街副僧录同管勾教门公事译经证义兼缀文文鉴大师用宁、开宝寺左街僧录知教门公事神惠大师方谏（今日出箭头寺，殿直官不安女品，乞为僧人也）赐紫大师三人来坐讲堂，为见日本僧，即出参会。依梵才三藏命，令见梵字不动、梵字《文殊真言》一卷、尊胜真言一卷，皆以感观（欢?），梵汉两字共以称美，宪耀供奉震旦振名了。梵字不动并独胡，始目僧录大师一一捧顶观念。次皆入成寻房，见法花坛场，伏地三度礼拜，诸大师俱时拜了。临坛委见道

① 〔日〕道端良秀著，徐明、何燕生译：《日中佛教友好二千年史》，北京：商务印书馆 1992 年版，第 66 页。

具，随喜赞叹。退出乘马之处，院诸僧共出送之。①

成寻1073年在宋朝首都汴梁登粉坛祈祷、修法求雨，表演成功后曾骄傲地对宋朝人说，日本人才济济，“胜自成寻人数十人，等辈人数十人。至于成寻者，日本国无智无行亚羊僧也。依有巡礼天台、五台本意深所参来也。”②。来宋日僧在中国的此种言行于是也总让后代的日本学者找到自尊和骄傲，以证明日本国风文化超越宋文化，以致日僧被宋朝皇帝“赐紫衣和大师号”，这成他们慑服中国人的证据。成寻在宋朝求雨表演的“成功”，的确让宋人另眼相看他了。还有成寻在求雨成功后对宋人说的那些话，无论是11世纪的日本贵族还是20世纪的历史学家都津津乐道。密教的发达不能算是佛教的发展，它恰恰是佛教衰落的表现，因为它不是用理论吸引民众，而是借助婆罗门教的旁门左道和色欲欺骗、引诱教徒和听众，它是有违佛教的本源和初衷的，在印度如此，在中国也是如此，在日本被推崇恰恰证明它是一个“事鬼道、能惑众”的神道国家。

日本学者作出以上结论，甚至以下面的一些传闻或者谣言为论据，这其实是一些徒孙对祖师的奉承套话，但也让一些日本人激动不已。例如，《续本朝往生传》一书中就特载有寂照在宋朝表演的“飞钵受斋”之杰作：

> (寂照)到大宋国，安居之终，列于众僧末。彼朝高僧，修飞钵法，受斋食之时，不自行向。次至寂照，寂照心中大耻，深念本朝神明佛法，食顷观念，爰寂照之钵，飞绕佛堂三匝受斋食而来。异国之人，悉垂感泪。③

又《天台霞标》也载寂照：“游行宋国，同宋僧飞钵受斋，迁化之时祥瑞甚著。”④

一些学者竟以此作为日本佛法优于中国、日僧制服中国僧众的证据。寂照在寺内“飞钵法”的传说，成寻在宋都汴梁求雨显灵的日记，近代以前曾是

---

① 〔日〕平林文雄：《〈参天台五台山记〉校本及其研究》(上)，东京：风间书房昭和五十三年(1978)版，第123～124页。

② 参见〔日〕平林文雄：《〈参天台五台山记〉校本及其研究》(上)，东京：风间书房昭和五十三年(1978)版，第234页。

③ 〔日〕江匡房撰：《续本朝往生传》，收入《群书类丛》第4辑，东京：经济杂志社明治二十六年(1893)翻刻版，第398页。

④ 〔日〕金刚峰寺纂校录：《弘法大师年谱》，载《真言宗全书》，东京：真言宗全书刊行会昭和八年(1933)版，第321页。

日本学者一致传颂和转述的骄傲，现代学者倘若把这样的传说当作历史事实，作为其理论的证据，他的理论也就建立在空洞的神话上了，这都不能成为日本高僧在那个时代道学如何高明的证据。

第二节　日僧巡礼北宋请求密法与仪轨

日僧西游北宋寻求密法经典的动力

从 9 世纪初开始，日本佛教的发展从第一期三论宗和法相宗兴盛的时代进入其发展史上的第二期，即天台宗和真言宗的时代①（“显密体制”），或者说崇尚密法的时代。

日本自古尚崇“鬼道”，十分推崇神秘之术，以为愚民之教。佛教密宗与日本神道之间有着更多的共同点，重祭祀、讲法术，所以日本人一接触到佛教密宗便感觉到非常亲切，密教一被引进日本便与日本神道思想一拍即合。但此时的神道及其诸神处在佛光照耀之下，不能不寻求与佛教的调和，以便在其殿堂中占一席之位，一些大神终于变成和尚的模样（日语所谓的“僧形”），这种杂交也就是后来常说的“神佛习合”“本地垂迹”。另一方面，佛教寺院也需要社神来护法，以此吸引民众，胁迫朝廷。

9 世纪开始，在逐渐兴起的国风文化的鼓吹下，在“和魂汉才”之类的口号下，日本自然要恢复民族性的东西，强调民族特征，这自然会反映在宗教信仰等意识形态上。密教的兴盛，也是日本阴阳道等在此期间得以发展的主要原因和条件。

日本是一个在政治中重视神秘法术和精神力量的传统国家，对于平安朝廷来说，密教修法的作用很多，如求雨救灾、防止叛乱、抵御外敌，在今天看起来非常的迷信，但在古代日本这就是正儿八经的政治手段之一。空海在他的《奉为国家请修法表》中说：

> 所将来经法中有《仁王经》《守护国界主经》《佛母明王经》等念诵法门。佛为国王特说此经，摧灭七难，调和四时，护国护家，安己安他，此道秘妙典也。②

---

① 这也就是一些日本学者所谓的“显密体制”，天台宗代表显教，真言密宗代表密教。

② 〔日〕觉禅：《觉禅抄》，收入《大日本佛教全书》，东京：佛书刊行会大正四年（1915）版，第 789 页下。

9世纪以来,密教之所以统治日本,主要在于密教修法和咒语的威力,神秘主义的日本人崇拜这一神奇的力量,密教僧侣们自然要向民众显示更多的这种修法的神奇。由于日本朝廷重视密宗法术,奝然在988年申请派弟子嘉因去宋朝时,特别强调所求之法"将奉祈圣皇宝祚",基于为国家祈祷的目的,很快便被朝廷批准,再次入宋。

10~11世纪是日本密教的时代。自空海大师著判教理论之作《辩显密二教论》《十住心论》《密藏宝钥》,集中宣扬他尊崇密教的思想,在书中将密教置于佛教顶峰位置之后,对日本佛教界震动很大,他的这一判教从活跃学术上看是对日本密教理论的一大发展。从发扬日本传统文化上看,促进了神道的复兴,以及神道与佛教的杂交混合。

10世纪末正值日本密宗发展进入鼎盛之际,因此各宗各寺显密二教兼修。奝然为了得到人们的信任,不能不拜元杲为师学习密教,从元杲的诗来看,他是元杲密教的得意门生;奝然热心于研习密教,还因为他所出自的东大寺东南院有兼修密法的传统。正因为这一时代潮流,奝然、寂照、成寻都准备来宋朝后到长安青龙寺等寺院寻求密法,在宋期间也肯定向宋朝皇帝提出了相关的申请。成寻的申请没有得到批准,没能去青龙寺,奝然应该说也是失望的。但是相信他们都从宋朝获得了密法典籍,因为他求回日本的新译经中包含有密教部,宋初的译经也是以密教为主。

奝然在宋朝所求文殊密法

基于日本国家修法"护国"的思想,10世纪以后,日僧还以为中国有护国的秘术和法宝,故奝然计划到宋朝青龙寺寻求密法,虽然未见其完成该任务的记载,但他却成功地登上了五台山,为日本国家从中国输入了文殊密法。

五台山是中国密教龙兴宝地之一,不空曾在此造金阁,圆仁等来唐日僧在此都有收获,在密教鼎盛的时代,奝然不仅要在此灵迹找到灵感,而且要像前辈圆仁那样求得密教。

奝然求取文殊密教回日本后,上奏"爱岩山五台峰,因准大唐五台山,奉为镇护国家,每年于神宫寺,可修文殊秘法"①,立即得到朝廷的批准,并准备在爱岩山设戒坛。到991年,奝然弟子为日本请来了文殊菩萨雕像,《三僧记类聚》等书对当时的情景做了如下记载:

---

① 〔日〕黑板胜美编辑:《朝野群载》,收入《新订增补国史大系》第29卷(上),东京:吉川弘文馆平成十一年(1999)新装版,第409页。

《江帅记》云：正历二年(991)六月三日庚午，大宋国(次大唐)文殊像入京。四日辛未，法桥奝然示送云：文殊像，昨日奉迎摄政第，以皇大后宫(式御曹司)，过十一日神今食，可被安置真言院者(按：皇太后宫下疑有脱字)。①

摄政即藤原道隆，文殊菩萨像一入京便被他迎进自宅供养，有占有该像的意图。藤原道隆自正历元年(宋淳化元年，990)五月八日起任关白、摄政，直到长德元年(宋至道元年，995)四月六日出家入道。当然，文殊菩萨像后来还是安置在栖霞寺，日本的五台山清凉寺。

文殊菩萨是作为释迦牟尼的二胁侍之一而存在，深得平安贵族的尊崇信仰，这从小野宫右大臣藤原实资的日记可知。藤原实资长元四年(宋仁宗天圣九年，1031)春，"三月十日丁巳，(中略)向栖霞寺，拜文殊像，大宋客商良史附属故盛给"。根据《左经记》的记载，源赖经同年九月"十八日癸亥，天晴，早旦诣栖霞寺，奉拜自唐人良史许所送文殊像，并十六罗汉绘像；次见无忧树、菩提树，并荼罗叶、南岳大师奉见晋贤之处士五台山石等。②"可见文殊信仰在日本当时是何等兴盛。奝然入宋上五台山时，日本朝野上下、僧俗贵贱就竞相皈依，为结缘西土而乘机托付其一行施入五台山圣地净财、遗发等物。

随后成寻、戒觉巡礼五台山时，同样也携带了日本密教信徒的大量结缘物品。

奝然在宋朝所求密宗仪轨③

奝然来宋除了求得文殊密法外，还注意研究了与密教相关的各种事相、行事和作法，取回的宋朝新译经也包含密教经典和仪轨。

在愿文《奝然入瑞像五藏记》的末尾，奝然特别补笔，注明了自己在宋朝寻求密教的如下经过。于宋太宗雍熙元年(984)六月到洛阳，"七八月中，受学清昭三藏金刚界胎藏界两部、三密大教、五瓶灌顶已了"④。此清昭三藏为梵学僧，曾参与982年太平兴国寺译场译经事业，是负责笔受、缀文的高僧之

---

① 转引自西冈虎之助《关于奝然入宋的研究》，载《历史地理》第45卷第5号，第779页。括号内皆为原注。

② 转引自西冈虎之助《关于奝然入宋的研究》，载《历史地理》第45卷第5号，第779页。雕像与奝然弟子及宋朝商人周良史等的关系待考。士疑为土之误。

③ 参见拙著《奝然与宋初的中日佛法交流》(北京：商务印书馆2012年版)第187～197页，这里不做赘述。

④ 〔日〕竹内理三：《平安遗文》(古文书编第九卷)，东京：东京堂昭和三十九年(1964)订正版，第3483页。

一,是来宋朝印度僧和宋朝高僧联合培养出来的梵学僧,故奝然拜他为师,学习密法和仪轨。这一学习过程,另有奝然巡礼洛阳龙门期间的日记为证:

> 《奝然在唐记》[①]云:六月十八日,洛中逢崇智阇梨,问受法事。答云:"崇智只习金刚藏教灌顶,胎藏界未受。"又问血脉。答云:"金刚智三藏授不空,不空授智慧轮三藏,后当京天寿寺径保阇梨授演秘大师,大师授法界观阿阇梨,阿阇梨授崇智。"云云。今夜阇梨修施饿鬼法,头五悔及真言音韵,如日本东寺所传,此甚敏也。文(《菩提心论目抄》一)[②]

在奝然有限的旅宋日记残篇中,有许多他关注密宗修法、研究密教法术的实例。奝然上五台山路过德州途中,"见德州节度使张太保葬送。葬送作法异本朝,或歌或舞云云。僧等唱尊胜佛号,步送墓所"[③]。他在日记中特意做了记录。奝然学习和观摩过程中,仔细比较研究宋朝葬礼采用佛教做法、修施饿鬼法、头五悔及真言音韵等与日本做法的异同。

密教能征服大众在于它法术咒语的威力和图像魅力。密教相对注重事相、祈祷等,仪轨是如来为了以秘密顿证的仪式来度济众生所指示的规范,简而言之就是仪式的规则,密教是以仪轨宣传如来之尊形,讲解对它的礼拜、供养、念诵方法,从而有经就必须有仪轨,经为理论,仪轨为实践。只有通过它们的结合才能达到密教"即生成佛"的境界,因此携带各种密教图像、仪轨回日本,在空海以后来唐日僧中已经形成风气,其理由乃空海如下解释:

> 法本无言,非言不显;真言绝色,待色乃悟。虽迷月指,提撕无极。不贵惊目之奇观,诚乃镇国利人之宝也。加以密藏深玄,翰墨难载,更假图画开示不悟。种种威仪、种种印契,出自大悲,一观成佛,经疏秘略载之图像,密藏之要实系乎兹。传法受法弃此而谁亦?海会根源斯乃当之也。[④]

---

① 见于日本《杂杂见闻集》(杲宝记)第六(东寺金刚藏藏)记"一智惠轮三藏为不空三藏弟子事"条。

② 〔日〕高楠顺次郎编:《入唐诸家传考》,东京:讲谈社昭和四十七年(1972)版,收入铃木学术财团编《大日本佛教全书》第68卷(史传部7),第178页下~179页上。

③ 〔日〕高楠顺次郎编:《入唐诸家传考》,东京:讲谈社昭和四十七年(1972)版,收入铃木学术财团编《大日本佛教全书》第68卷(史传部7),第178页中。另见于日本《觉禅抄·尊胜法》在"葬礼唱名号事"条中。

④ 〔日〕空海:《御请来目录》,载《大正藏》第55卷,台北:新文丰出版公司影印版,第1064页。

既然“传法受法”都需要图像，既然祖师质问“弃此而谁亦”，奝然以下的日僧来宋，都模仿他的祖师空海和尚，求得曼陀罗(曼荼罗)秘宝归日本。

奝然来宋后，非常重视和研究佛像、变相等的仪轨，以此回国建一伽蓝而兴佛法，而且奝然师徒确实从宋朝求回密教仪轨，有若干种。其一即奝然弟子嘉因、祚壹等自宋朝携回日本的《消灾仪轨》，全称《药师如来消灾除难念诵仪轨》，也有说是奝然请来的。据日本《大正藏》第 923 载：“《药师琉璃光如来消灾除难念诵仪轨》一部，一行阿阇梨撰，东大寺奝然弟子祚壹之所请也”①。又《鹅珠抄》等书有如下记载：

或人云：七星二十八宿十二宫，各别真言者，奝然请来《胎藏仪轨》在之。云云。奝然法桥请来《慈氏轨》云：坐七宝金山(文)。

世人称《决定往生真言》是奝然法桥请来。

果宝《杂杂见闻集》二，“奝然入唐归朝事”条称：三十卷《教王经》请来之。②

以上是奝然等在宋朝求仪轨的证据，可见是属于密教真言仪轨。

成寻在宋朝的时候亦如此，比如上台州后，见“宿坊壁上悬阿闳佛真言，以圣秀令取，书取了。现转女身因缘为渡日本也”③。

第三节　北宋时期中国禅宗对日本的影响

北宋以前禅宗在日本的遭遇

中国佛教禅宗虽然和密教一般富于神秘色彩，7、8 世纪以来尽管有不少日本人来中国后接触过禅宗，也曾试图在日本传播禅宗，特别是在北宋时期来宋的奝然，但是他们的努力都失败了。禅宗直到南宋以后才普遍影响日本，并在日本立宗。

尽管此前的日本人传播禅宗失败了，还是为南宋以后禅宗输入日本做了

---

① 〔日〕大正新修《大藏经》(923)第 19 卷，台北：新文丰出版公司影印版，第 23 页。该仪轨背面有“端拱二年正月八日庚寅日求寻得写了，日本国入唐五台山巡礼赐紫沙门某请来”的注录，据此则可断定嘉因为所请。端拱二年为 989 年。

② 转引〔日〕西冈虎之助《关于奝然入宋的研究》，载《历史地理》第 45 卷第 5 号，第 775 页。

③ 〔日〕平林文雄：《〈参天台五台山记〉校本及其研究》(上)，东京：风间书房昭和五十三年(1978)版，第 12 页。

重要的准备工作。日本人最早接触中国禅学的是律师道照(629—700)。他本为日本南都旧寺元兴寺(原为苏我氏建立的法兴寺)僧人,唐永徽四年(日本孝德天皇白雉四年,653),日本朝廷派遣小山长丹为大使来唐,道照以留学生的身份随同,到长安后拜玄奘为师,据说很受老师器重。创立法相宗的玄奘(602—664)善于因材施教,见道照学法相宗难见成就,便传授其禅宗,所以道照毕业后"直回南都",在"元兴寺东南隅,别构禅院",将从中国"传来经籍藏于禅院"。到日本和铜二年(唐中宗景龙三年,709),"元明天皇迁都平城,昭之徒奏建禅院于新都,是谓平城右京禅院也,经书亦藏于慈[1]"。尽管道照理解能力有限,但他很勤奋,而且此时日本的佛教重在机械的记诵,回国后的他足以让日本公认:"本朝入唐传法相者,凡有四人,道昭第一番也。"[2]其实,道照也是为日本传入中国禅宗的"第一番",只是禅宗并没有因他而在日本流传。

其次便是最澄、圆仁等"入唐八家"对禅宗典籍的输入和禅法的宣传。传教大师最澄在各处参学过程中,曾依止翛然禅师习牛头禅,由于机语投契,得达摩一派牛头禅法。回国时曾将"《曹溪大师传》一卷""《达摩系图》一卷"携至日本[3]。而慈觉大师圆仁取回日本的禅宗经典更多,据他的《日本国承和五年入唐求法目录》记载,有"《大唐部州双峰山曹溪宝林传》十卷一帙(会稽沙门灵彻字明泳序)"[4];又据其《慈觉大师在唐送进录》中所载,有"《曹溪宝林传》十帖(二帖);在其承和十四年的《入唐新求圣教目录》中更载有:

> 《曹溪山第六祖惠能大师说见性顿教直了成佛决定无疑法宝记坛经》一卷(沙门入法译)、
>
> 《唯心观》一卷(菩提达摩撰)、
>
> 《曹溪禅师证道歌》一卷(真觉述)、
>
> 《达摩和尚五更转》一卷(玄奘三藏);
>
> 《大唐韶州双峰山曹溪宝林传》一卷,会稽沙门灵彻。[5]

不过,他们虽然在唐朝接触了禅宗,回国后也宣传禅法,但因致力于天台

① "慈"当为"兹"之误。
② 〔日〕师蛮:《本朝高僧传》,收入《大日本佛教全书》,东京:佛书刊行会大正二年(1913)版,第65~66页。"道照"亦有写作"道昭"的。
③ 〔日〕最澄:《传教大师将来越州录》,载日本大正新修《大藏经》第五十五卷,第1059页。
④ 〔日〕圆仁:《日本国承和五年入唐求法目录》,载日本大正新修《大藏经》第五十五卷,第1075页。
⑤ 〔日〕圆仁:《入唐新求圣教目录》,载日本大正新修《大藏经》第五十五卷,第1083~1086页。

宗的传播，只是在天台宗思想中融入了禅宗，因而影响不大。

八家之一的弘法大师空海，虽然从中国求得百法归来，也不得不遗憾没有为日本请来禅宗，空海这一遗憾的表示见于史书记载之中：

> 世言：橘皇后问密法于弘法，法盛称之，后曰："更有法之迈之者乎?"法曰："太唐有佛心宗，是达摩之所传来也，炽行彼地。空海又虽少闻之，未暇究之尔。"因兹，后使萼扣问灵池。①

与此同时，中国方面也曾主动将禅宗输入日本，东渡日本的唐僧道璿、义空等都曾付出了极大的努力。日本东寺在他们的影响之下一度希望从中国输入禅宗并在日本弘传。根据日本《本朝高僧传》第十九《洛阳檀林寺沙门义空传》的记载：橘皇后曾经诏空海问密法，并问空海是否有优于密教的佛法存在？空海回答："唐有佛心宗，乃达磨氏所传，此法最尊无上也。空海虽少闻之，未遑究焉。"这里空海所称的"佛心宗"就是禅宗，即入宋以后奝然要追随师足迹所求的"三学宗"。橘皇后一听此言，便亲自"裁造绣袈裟并宝幡，遣慧萼法师入唐聘请有道禅师"②。慧萼入唐及随后拜师的有关经历如下：

> 萼抵杭都，献袈裟于一时名衲，施宝幡镜奁之具于五台山。寻往盐官县海昌院，谒齐安国师，启曰："吾国经论之宗鼎盛，禅宗未传，愿得国师神足，以为本邦之始祖，国后之志也。"国师感其诚信，命空受请。空与法弟道昉等及萼，泛海著太宰府。萼先入京城具奏，皇后大悦，馆于东寺之西院，慰劳勤挚。就诏入宫询禅，奏对称旨，敕住檀林寺，为开山祖，礼问相继。天皇听其道声，宠赐优渥。官僚缙绅参问者多，如中散大夫藤公兄弟是其选也。③

但是，许多人只是赶时髦而已，当时的日本尚无法理解禅宗，虽知道有禅宗，"然实参实悟者，橘后一人而已"，义空禅师知道弘禅时机"未熟，辞之归

① 〔日〕铃木学术财团编：《游方传丛书第四》，收入《大日本佛教全书》，东京：佛书刊行会大正四年(1915)版，第536页。

② 〔日〕师蛮：《本朝高僧传》，收入《大日本佛教全书》，东京：佛书刊行会大正二年(1913)版，第270页下。

③ 〔日〕师蛮：《本朝高僧传》，收入《大日本佛教全书》，东京：佛书刊行会大正二年(1913)版，第270～271页。

唐。语句不传”。只留下纪事碑一尊、“唐人书函十七通,现在栂尾之文库”①。从此直到北宋初奝然西游宋朝各寺院,日本才再次准备弘传禅宗。

奝然宣扬禅宗及其失败

作为第一个来宋朝求法的日僧奝然,引进了大量的宋朝新典籍、新佛教,尤其是宋朝正在兴盛的禅宗和净土宗。如果奝然想成为日本的一代宗师,最好弘扬来自宋朝的新宗,在净土宗理论的建构上,他比不上源信,他选择了“不立文字”而重实践的禅宗。

在已知有限的资料中难以发现奝然与宋朝禅师交往,并接受禅宗的证据,相信他在宋朝时交往的大多是禅僧,遇到了新兴的比较现实主义的禅宗。有关资料说明,奝然接受了宋朝的禅宗,并希望在日本确立禅宗,借以改革日本宗教界的现状。

奝然回日本后宣扬禅宗一事就是他在宋朝接受了禅宗的证明,12 世纪末明庵荣西(1141—1215)《兴禅护国论》一书中对此有相关记载。当时有人就禅宗向荣西提出这样一个问题:“法桥上人位奝然,入唐归朝,欲建立三学宗。依诸宗诉,被败已毕。此宗同异如何?”荣西把奝然的三学宗和禅宗作了比较之后说:

> 名字已殊,不及鱼鲁欤?且不知奝然之意趣。今之禅宗者,清净如来禅也。无三学名字,梁朝已来,只号禅宗而已,更无别号,无异辙矣。②

可见,荣西认为自己所求与奝然没有什么差别,虽“名字已殊”,“不及鱼鲁欤?”奝然从宋朝回日本以后的行为也可以证明,他有立新宗的打算,当时日本尚未引进的佛教新宗只有禅、净二宗。又如与《兴禅护国论》大约同时代的《三僧记类聚》也有类似记载:

> 奝然事(忠觉阇梨云)
>
> 奝然法桥,申请弘传达磨宗,在等候宣旨流布之由的评定期间,很快被诸宗之人(脱“寻”?)古今之例,以所立宗义不甚分明为由阻止,结果不被批准立该宗。③

---

① 〔日〕师蛮:《本朝高僧传》,收入《大日本佛教全书》,东京:佛书刊行会大正二年(1913)版,第 271 页下。

② 〔日〕荣西:《兴禅护国论》,收入《日本思想大系》16,东京:岩波书店 1970 年版,第 108 页下。

③ 转引西冈虎之助著《奝然与三学宗的建立》,载《历史地理》第 46 卷第 1 号,第 87 页。

此“达磨宗”之名比“三学宗”更为明显，但是奝然所在之时，禅宗在日本还难以从其他宗内独立出来，日本接受和理解禅宗的时机还不成熟，恰恰使禅宗受到其他寺院宗派的抵制。从荣西的以上对话可知，奝然的新宗构想被日本各旧有宗派否定。更重要的是，奝然宣扬的禅宗是被他改造的禅宗，可能是三论宗、密教和禅宗的结合，可惜缺少相关资料，没法定其性，他名之为“三学宗”，三学可能是指戒、定、慧，泛泛而论且名不正、言不顺，当时的日本僧界接受不了。奝然在宋求法期间过于关注事相，缺少理论研究，无法提出立宗的有力理论，如后来荣西的《兴禅护国论》那样。实际上，在当时就是给日本贵族们提供正宗的禅宗也是难以被接受的，只能是让他们多一个失望的“空”“无”世界，甚至无佛无祖，当时的贵族是希望有一个实在的净土，有可赖以拯救接引的佛和圣众。

奝然在日本树立禅宗失败的原因还在于，他无法和旧学决裂，不能不依赖已有的三论宗知识，因而由三论宗而提出“三学宗”这一新鲜名词。荣西后来之所以成功，因为他来宋时，宋朝僧人告诉他，要习禅必须抛弃以前的一切修为，从零开始，从空无开始，荣西能归于空，所以荣西终于成功了。另外，奝然此时传入宋禅宗失败，是因为时机实际上还不成熟。也许是宿命吧？义空的檀林寺与奝然时任别当的东大寺于永祚二年(990)同时遭遇大风的摧毁。此时日本其他各宗势力强大，足以抵制新思潮的“泛滥”。

延历寺抵制建立禅宗的原因和理由，其一是以延历寺为本山的日本天台宗是“‘圆(天台)、密、禅、戒’四宗相承”的①，是“三宗一致的天台宗”，乃“一大圆教”，其三宗即天台宗、密宗和禅宗，实乃“圆教的三谛”，总之是最完善的，不需要改造的。禅宗在延历寺是作为天台宗的从属而存在的，延历寺的天台宗在10世纪的日本佛教界正处于有势有利的地位，在八宗中影响最强，它希望维持现状，因此不希望有什么改革或新思想的流传，不希望禅宗独立于八宗之外，作为第九宗出现在日本，从而影响和分裂延历寺现在的有利地位。就算源信有如此高的理论水平，他也不敢立净土宗，尽管他已经组织结社，著作了《往生要集》等理论经典，净土宗的创立必须等待源空(1133—1212)。其二，兴禅本是慈觉大师未竟之愿望，在慈觉门徒看来，即使再立宗，此大任不能由其他宗派的僧侣来完成。

成寻弟子带回日本禅宗典籍

既然奝然西游大宋就接受了北宋流行的禅宗，并想在日本弘扬立宗，随

① 杨曾文:《日本佛教史》，杭州:浙江人民出版社1995年版，第119页。

后来宋朝的成寻相信会接触到北宋朝更多的禅宗风习，成寻所见宋朝寺院多以“某某禅寺”命名，而且多是敕名禅寺。成寻在日记中记载，在宋朝寺院里所见的许多是他感到“不思议也”的做法，这些显然多是他所不了解的禅宗清规，但后来他就逐渐明白了许多。

从成寻的旅宋日记看，他一踏入宋土，就有宋朝僧俗向他介绍禅宗。宋熙宁五年(日延久四年)闰七月廿二日，在台州先后拜访少卿衙门、转运谏议衙门时，宋朝官员便与其“笔言，重重问答”论禅说法。比如转运使见成寻手中所握的法器独钴，便指着该钴问成寻：“得见金刚杵，何见金刚禅。”成寻回答道：“禅常在心中，何因望得见。唯独自明了，余人所不见。”从成寻的回答看，机锋敏锐，令转运使叫好。从成寻对“运使颇好好”这一态度的记载看①，他对自己的回答颇为高兴，显然在来宋之前有所研究，毕竟他随身携带了奝然的日记，奝然在宋朝巡礼时显然也遇到同样的情况，让他有所准备。

在此期间，成寻看到有不少明州、温州和台州三地的秀才因来台州“比试取解”，即科举应试，借宿国清寺。宋朝文士流行批经，见日本僧人成寻，这些秀才便找成寻讨论佛法。成寻从转运使府衙返回住所的当晚，又有明州秀才来造访、笔谈。

明州秀才来云：达磨西来，九年弘法；国师东至，传其言句。②

由于成寻是天台宗僧人，与宋人自然喜谈天台教，并宣扬台教和天台禅法，这些秀才显然通过问答了解成寻的主张，因此他们便建议成寻多多了解达摩禅，接受正在中国兴盛的禅宗，并回日本弘扬大法。闰七月二十五日，在国清寺十方教院，“未时韶州客人来话：六祖惠能禅师主处有州内曹溪宝林山南华寺，有二百僧。六祖真身塔在彼寺，州四十里者”③。这显然是劝成寻到南华寺习禅。

成寻在宋朝寺院巡礼之间，也见到了禅宗修行的方法，也就是后来荣西来南宋时所见的禅宗清规对宋朝寺院宗风的影响，例如“六威仪”所要求的相关做法：

① 〔日〕平林文雄：《〈参天台五台山记〉校本及其研究》(上)，东京：风间书房昭和五十三年(1978)版，第71页。

② 〔日〕平林文雄：《〈参天台五台山记〉校本及其研究》(上)，东京：风间书房昭和五十三年(1978)版，第72页。

③ 〔日〕平林文雄：《〈参天台五台山记〉校本及其研究》(上)，东京：风间书房昭和五十三年(1978)版，第72页。

谓老少恒著大衣(七条、九条)。每互相见,先合掌低头,深致和敬之礼。又饮食时、经行时、坐禅时、学问时、读经时、眠卧时,不离众会。百千人集在一堂内,互护行仪。若有座阙,即维那检之,乃至小罪不恕矣。①

这样的修禅生活、坐禅威仪,成寻在宋巡礼求法期间不仅目击而且体验了。巡礼日记有许多入住禅寺、禅院的记载,如从汴梁到五台山礼拜途中,经过或入住的禅寺有荥阳县"敕赐护圣禅寺"、河阳县"至广禅院"、襄垣县"敕广教禅院"②等。

对于宋朝丛林的新规,成寻是不拒绝的,宋熙宁五年(日延久四年)七月二十七日,成寻正在台州等待皇帝北上的宣旨,那天:

罗汉院如贯阇梨来,寺主同来。如贯阇梨坐具敷地伏地礼拜,答拜了。件阇梨私造作僧房有其数,最以甚妙德行高僧也。斋了,行者等著座吃,同器为例事。奇怪多端,见惟观等布五条二长一短最为怪。诸律中五条皆一长一短也,今造二长一短误也者。年来所存敢无可会释。方只答檀越不知案内,见七条九条二长一段五条同造由。自今以后永可停止二长五条之。③

也有宋朝僧人并不说破,例如国清寺的寺主,主动送成寻等七条袈裟④。成寻在如贯的质问和建议之下,显然有所认识,在九月一日船到苏州时,特地停船派人下船购买了袈裟,一下子便买了"七条七贴衣衫七领"⑤,就是说每个人都各买一件。

宋熙宁五年九月二十一日在扬州普照王寺时,成寻礼拜之间顺便进了僧堂,见僧人"百五十人休息坐,各有衣钵,或卧或坐,或书法门或读经"⑥。这

---

① 〔日〕荣西:《兴禅护国论》,收入《日本思想大系》16,东京:岩波书店1970年版,第118页。
② 〔日〕平林文雄:《〈参天台五台山记〉校本及其研究》(上),东京:风间书房昭和五十三年(1978)版,第145、146、152页。
③ 〔日〕平林文雄:《〈参天台五台山记〉校本及其研究》(上),东京:风间书房昭和五十三年(1978)版,第61页。
④ 〔日〕平林文雄:《〈参天台五台山记〉校本及其研究》(上),东京:风间书房昭和五十三年(1978)版,第79页。
⑤ 〔日〕平林文雄:《〈参天台五台山记〉校本及其研究》(上),东京:风间书房昭和五十三年(1978)版,第88页。
⑥ 〔日〕平林文雄:《〈参天台五台山记〉校本及其研究》(上),东京:风间书房昭和五十三年(1978)版,第102页。

些都是他所见所闻的禅宗威仪。

耳濡目染之下,成寻在宋朝巡礼期间不觉对达摩及禅宗关注并研究起来,特别是在宋熙宁六年(日延久五年)二月二十二日,文惠大师书赠他一首有关达摩的诗之后。诗云:

> 达摩谶词:“西来跨水复逢羊(渡海逢羊未年)。半夜悽悽暗渡江(从梁往魏);日下更怜双象马(日下是长安,双马、象马是傅大士也),两投嫩桂久昌昌(嫩即少,桂林也)。”①

因为怀疑诗中有关记载“达摩魏来、梁来相违,欲见年代记也”②,成寻特意到文惠大师禅房借阅《南梁七代记》加以考证,可见成寻已经主动研究起禅宗的历史来了,显然宋朝高僧们不断地积极地向成寻介绍禅宗,对他产生了很大的影响。特别是文惠大师,不仅认真向成寻介绍达摩来华经过,介绍宋朝禅宗的发展,而且为了帮助成寻研究禅宗历史,促其接受并向日本弘扬禅宗,两天后的二月廿四日,文惠大师又亲自为成寻送来《达摩大师自西天来堪文》:

> 达磨大师以正法眼藏及袈裟付嘱二祖惠可,听吾偈曰:
>
> 吾本来兹土,传法救迷情;一花开五叶,结果自然成。
>
> 大师当梁武帝普通八年丁未九月二十一日到此土。梁帝不契。至当年十月十九日过江地北,是魏第八主孝明帝太和十年。至少林寺得二祖付法已,于太和十九年丙辰十月五日而示入灭,葬熊耳山。经三年,因魏有使宋云:“自西土回葱岭,逢见大师,手携只履云:‘吾归西天’”……依祖门心印集录之,奉呈。③

成寻认真抄录了堪文,并加以考证,让弟子送回了日本。从成寻日记可知,宋熙宁六年(日延久五年)一月二十九日,文惠大师特意送成寻“六祖影二张”,而且成寻也将“六祖影二张,送日本,一张石藏,一张进宇治藏”④。这两

---

① 〔日〕平林文雄:《〈参天台五台山记〉校本及其研究》(上),东京:风间书房昭和五十三年(1978)版,东京:风间书房昭和五十三年(1978)版,第214~215页。

② 〔日〕平林文雄:《〈参天台五台山记〉校本及其研究》(上),东京:风间书房昭和五十三年(1978)版,第215页。

③ 〔日〕平林文雄:《〈参天台五台山记〉校本及其研究》(上),东京:风间书房昭和五十三年(1978)版,第215~216页。

④ 〔日〕平林文雄:《〈参天台五台山记〉校本及其研究》(上),东京:风间书房昭和五十三年(1978)版,第207页。

处是成寻最中意的两个日本经藏。成寻对这一礼物的接受和安排表明他接受了禅宗并要向日本弘传。

以上可见，成寻及时地向日本国内宣传介绍了宋朝繁荣的禅宗，他显然是接受了宋僧的劝导，并接受了禅宗，有意向日本流传，可惜他本人没有返回日本传禅。

与此同时，成寻从宋僧那里获赠一些禅宗典籍。天台山大慈寺南朝陈时号称修禅寺，唐末改为禅林寺，有禅学的根基，僧侣多称禅师，宋熙宁六年（延久五年）五月十八日，成寻在天台山大慈寺，副寺主“志与禅宗《永嘉集》一卷、《证道歌注》一帖”①。

又，宋熙宁五年（日延久四年，1072）五月十八日，成寻在汴梁印经院获得《景德传灯录》一部三十二卷②。可见成寻自己也订购了不少的禅宗典籍，并送回日本了。

成寻在宋期间，通过他积极向日本介绍禅宗的宋朝高僧不乏其人，从向成寻赠送禅宗相关典籍、法宝的举动上就能说明问题。例如嵩大师特意送给成寻达摩六祖《坛经》一帖③。可惜成寻没有返回日本，否则他也会像奝然一样向日本人宣传禅宗，并努力立宗的。

寒山、拾得进入宋朝后，特别受到推崇，其人其诗，常为禅宗语录所征引，借以发挥禅宗超教直指法门的根本意趣。寒山、拾得加上丰干禅师，三人皆言行越常，迥异俗流，一味地栖居于大道自然中，唐宋以来被称为“国清寺三隐”或“三贤”，在禅语录中，三人的举止及其应对溢满禅机，均被视为有所证悟的禅师。这些成寻在宋僧的陪同下参礼三贤院、丰干禅师斋堂等处时也感受到了④。

北宋时期禅宗不可能在日本立宗

在北宋时期，中国的禅宗尚难以广泛并深入地影响日本，以至形成一个独立的宗派，成为日本的第九宗。主要是此时的天台宗和密宗在日本的影响太大，而且延历寺等天台宗势力强大，甚至可以左右朝廷的政治，该宗僧众为

---

① 〔日〕平林文雄：《〈参天台五台山记〉校本及其研究》（上），东京：风间书房昭和五十三年（1978）版，第29页。

② 〔日〕平林文雄：《〈参天台五台山记〉校本及其研究》（上），东京：风间书房昭和五十三年（1978）版，第270页。

③ 〔日〕平林文雄：《〈参天台五台山记〉校本及其研究》（上），东京：风间书房昭和五十三年（1978）版，第272页。

④ 〔日〕平林文雄：《〈参天台五台山记〉校本及其研究》（上），东京：风间书房昭和五十三年（1978）版，第24～25页。

了维护既得利益,是不希望有任何宗教革新的,是极力防止出现新宗派而挑战自己的地位和现有体制的。

禅宗的宣扬,意味着延历寺的宗教地位会受到新宗的挑战,因此他们打击嘲笑奝然这样的人,这种状况直到进入南宋初期,依然没有改变。例如荣西从南宋归来日本宣扬禅宗时,天台宗的僧侣一样嘲笑他的个人能力和学识,荣西在第二次来宋之前经历到了和奝然相当的遭遇,荣西自己在《兴禅护国论》中也提及此事:

插图 10-1 荣西画像①

问曰:"或人云,立宗希代事也。汝非其人,何欲成大事耶?"

答曰:"……虽为希代事,又虽为不肖身,以大悲行愿故,逐先圣之迹,无妨欤?况末代虽无其器,而置其名记之例不一也。若待太公欲为卿相,而千载无太公;要得罗什为师范,而万代无罗什。其佛法半谒不贱,何强嫌人哉?予既登传灯职位,兴废之仪何无勅许,庶几熟察矣。"

问曰:"或人云,古代祖师,各皆大权萨埵也,汝即无异德,岂许兴

① 引自《NHK 读心—源信、荣西》,日本放送协会平成元年(1989)版,插图页。

废耶?"

答曰:"言辉瑛未现,而捐矿中宝哉? 言皮囊臭,亦不可捐金也。蜀锦不问于主,槟榔只取于味而已。禅宗独托传度人,况末代佛法,多以密益为事,不必求反通,今所难,非予一人耻乎?"①

从日本僧界仍然有如此疑问可知,100多年前的自大风气依然在延续,批评攻击荣西的仍然主要是在政治上处于支配地位的延历寺僧,他们不希望改变现状,故质问:"禅者,诸宗通用法也,何建立别宗耶?"②从荣西回日本后与东大寺的密切关系看,延历寺僧的反对是在情理之中。其次从那些责难他的人"何禅宗独为镇护国家法耶"这一质问看,③也有可能天台宗僧人认为,天台宗足以镇护国家。

与奝然不同的是,荣西不避嫌疑,他在1198年脱稿的《兴禅护国论》的题下自称"大宋国天台山留学日本国阿阇梨传灯大法师位荣西"。旗帜鲜明地提出禅宗的论述:

问曰:"或人云:念佛三昧,虽无敕流行天下,禅宗何必望敕耶?"

答曰:"佛法皆付属国王,故必应依敕流通也。又念佛宗者,先皇敕置天王寺,云云。今尊卑念佛,是其余薰也,禅宗争不必蒙施行诏矣。"

问曰:"或人云:天下流行八宗④也,何有九宗耶?"

答曰:"安然和尚《教时争论》云:三国诸宗,兴废有时,九宗并行(文)。智证大师云:禅宗是八宗之外也。三国九宗名字,检可知之。"

问曰:"此禅宗,戒定慧中何耶?"

答曰:"此是如来禅也,不立文字宗也。与而言之,通诸大乘;夺而言之,离心意识,离言说相矣。"⑤

荣西回国后在建立寺院和宗派的过程中遇到了和奝然同样的阻力,受到的攻击也很多,例如筑前吕崎的良辩和尚"嫉西之禅行,诱睿山讲徒,诉朝窜逐",即要求朝廷放逐荣西。在延历寺同门的攻击下,出身延历寺的荣西不得不离开本门下山,后来与东大寺的关系越来越密切。但终因应对策略不同,

① 〔日〕荣西:《兴禅护国论》,收入《日本思想大系》16,东京:岩波书店1970年版,第105页。
② 〔日〕荣西:《兴禅护国论》,收入《日本思想大系》16,东京:岩波书店1970年版,第104页。
③ 〔日〕荣西:《兴禅护国论》,收入《日本思想大系》16,东京:岩波书店1970年版,第106页。
④ 八宗即奈良八宗,第九宗指禅宗。
⑤ 〔日〕荣西:《兴禅护国论》,收入《日本思想大系》16,东京:岩波书店1970年版,第108~109页。

荣西和奝然最后的命运也大不相同,荣西的立宗终于成功了。不过荣西的成功固然在于他的努力,的确时代已经不同于奝然的时代,日本政治格局发生了很大的变化,形成了两个政治中心公家和武家,东方不亮西方亮,荣西不能争取朝廷还可以争取幕府。在思想领域,此时的延历寺及天台宗早已衰落,非 10 世纪末可比,引进新思想、树立新宗已不太困难了。

插图 10-2 《兴禅护国论》书影①

北宋律宗等其他诸宗对日本的影响

宋朝佛教各宗在北宋时期对日本佛教的影响,本书的论述集中在净土宗、密宗(真言宗)和天台宗这三宗,禅宗在北宋时尚未对日本产生太大的影响,可以说是重要的准备阶段,也简单涉及。禅宗颇重清规戒律,宋朝律宗对日本的影响也是随禅宗而复兴。

奝然来宋求法巡礼的目的之一是,想回国后在日本京都西部爱宕山创立寺院,设立一新的戒坛,故宋太平兴国八年(983)十月北上汴梁,路过新昌县时,特意到南明山大佛寺礼拜南山澄照大师(道宣)。道宣(596—667)是中国律宗的创始人,也是日本律宗和法相宗祖师之一,他因住终南山而被称为"南山律师""南山大师"。日本律宗的创始人鉴真恰恰是道宣的再传弟子,鉴真从道岸受菩萨戒,道岸乃文纲弟子,文刚则直接师从道宣。道宣的戒律思想普遍被诸宗接受,尤其是日本。律宗是南山一系单传,早期主要在关中,后期

① 引自《NHK 读心—源信、荣西》,日本放送出版协会平成元年(1989)版,插图页。

中心转移于江淮和南方的杭州，10世纪末天台国清寺、四明阿育王寺、越州大善寺等都讲南山律。在宋初，得法宝律师传承的赞宁（911—1001）有“律虎”之称，声名远扬并且很受北方赵氏皇帝的推崇，其《大宋僧史略》976年奉诏编修，《宋高僧传》982年奉诏编纂。奝然982—986年在宋求法巡礼期间，显然和沿途所遇的律宗高僧都有交往。

北宋时，中国北方律宗和禅宗的僧侣较多，1072年来宋的日僧成寻在汴梁、五台山巡礼期间，对宋朝诸宗的发展比较关注，熙宁六年（日延久五年，1073）三月在汴梁和宋僧一起求雨的时候，曾经特意询问及律宗：

> 三日（丙午），天晴。诸大乘师当时名僧等也。以笔言问答诸宗人人也。华严宗二人师号耆年有智人也。法相宗人人亦以高僧等也。北地无天台宗人，律宗、理性宗多多也。殿上人多以来见，公卿又如是，法花坛皆以感欢。①

这里，成寻注意到宋朝北方律宗僧侣的众多，其所谓的“理性宗”当为禅宗，此间宋著名的律僧有元照（1046—1116）。

北宋时期中国律宗影响日本，与此时日本输入律宗、完善戒律的需要刚好对接，这也是顺应时代的潮流。平安中后期的日本，正如前文所论及的，佛教走向衰落，戒律松弛，佛教徒道德沦丧，教派寺院之间的斗争使斯文扫地。故为取经而来的成寻特意收集律宗典籍，宋熙宁六年（日延久五年，1073）二月十七日的日记中有这样的记载：

> 十七日（辛卯），天晴。斋时，三藏送羹一杯，斋了。文惠大师送茶三杯，三藏来，数克谈话。万岁院讲律惠道、宗泰、德珠三人，以持律僧二人为使借送：《四分羯磨》二帖，宣律师述；《四分令注戒本疏》六卷（宣律师述）；《行事抄会正记》七卷（本十二卷也），真悟大师元堪述。付使借与：《律行相》一帖、《律要私抄》一帖、《行事抄》六卷、《南海传》四卷。三藏送茶，吃了。七时法了。经三。②

根据日本永超撰于1094年（宋哲宗绍圣元年）的《东域传灯录》的“传律

---

① 〔日〕平林文雄：《〈参天台五台山记〉校本及其研究》（上），东京：风间书房昭和五十三年（1978）版，第228～229页。

② 〔日〕平林文雄：《〈参天台五台山记〉校本及其研究》（上），东京：风间书房昭和五十三年（1978）版，第213页。

录”,到此为止传布或流行于日本的中国律学(包括几种朝鲜半岛僧人)著作共有104部,共约345卷①。

北宋时期,三论宗、成实宗、法相等诸宗在宋日之间也存在零星的交流,例如1001年,源信曾再次将自己的《因明义断纂要注释》托来日宋僧齐隐赠宋慈恩寺弘道大师门下。

又如成寻在宋朝巡礼时,于汴梁传法院内与宋僧慧询等论及唯识论(即慈恩宗),此事在他的日记中有记载:

> 廿八日……入夜,三藏有请,即参向,储种种珍果,有酒茶。地比(北地之误)多学慈恩字(宗之误),予学《玄赞》由被告示。小僧问《摄释》《镜水抄》有无,答无由,给以契丹僧作《诠明抄》,释《玄赞》书也者”。②

根据此记载可知,宋僧慧询将辽代屈指可数的唯识论学者诠明的研究心得给了成寻,王丽萍在《慧询与成寻》一文中也特地指出了这一点③。成寻日记中还提到与其他唯识宗僧人的交往,如宋熙宁六年(日延久五年)三月十七日的日记,有“河北定州僧重智与三藏行者来拜,唯识宗人也。借出《诸法集要经》十卷,日称三藏译”的记载④。

至于日本的南都六宗(三论宗、成实宗、法相宗、俱舍宗、华严宗、律宗)以及唯识论等,在北宋时期与中国的交流显然不如净土宗、密宗和天台宗这三宗,甚至不及律宗。三论宗、成实宗、法相宗、俱舍宗、华严宗诸宗,在北宋时的中国开始衰落,而且一些宗派在日本也在走向衰落,故很少见中日交流的记载,加之资料有限,本人缺乏佛学根底,无法深入,只能一笔带过,或避而不谈。

---

① 王建光:《中国律宗通史》,南京:凤凰出版社2008年版,第395页。

② 〔日〕平林文雄:《〈参天台五台山记〉校本及其研究》(上),东京:风间书房昭和五十三年(1978)版,第221页。

③ 参见王宝平主编《中日文化交流史研究》,上海:上海辞书出版社2008年版,第25页。

④ 〔日〕平林文雄:《〈参天台五台山记〉校本及其研究》(上),东京:风间书房昭和五十三年(1978)版,第243~244页。

第十一章　中日书籍交流及其主流

第一节　日僧借送书到宋取经

日本向唐宋求书的历史

东亚中国由于其文字历史的悠久，很早就形成一个广阔的汉字文化圈，日本、朝鲜半岛、越南等国家民族，很早就掌握了汉字，能够阅读汉籍。自隋唐以来，日本积极派遣留学生和留学僧来中国学习，或引进典章制度，或来中国取经求法。由于对汉字的领悟程度很高，日本可以通过阅读汉籍研究吸收中国文化制度，因此日本留学生和留学僧来唐后，在唐朝大量购买书籍（包括佛教典籍和典章制度文书等）输入日本国。

自隋唐至五代，中日典籍交流几乎完全是单向的，即从中国输入日本，因为此时的日本学者尚未有充分的自信，毫无异议地承认日本的学术水平低于中国，承认自己是学生，很少会认为自己的汉文水平与中国比肩，甚至超过中国。

例如佛教典籍，经过"会昌毁佛"和唐末战乱，中国损失了大批佛教典籍，损失最严重的是收录中华撰述的"别藏"、天台宗编纂的"天台教典"、律宗别立的"毗尼藏"和"禅藏"这几部分，即使如此，日本留学僧来华亦是满载而归，特别是日本"入唐八家"中的圆仁、圆珍和宗睿这三家。圆仁法师是在"会昌毁佛"后求书回日本的，圆珍和宗睿则是在"会昌毁佛"后来唐朝留学、求书的。

圆珍于日本文德天皇仁寿三年（唐大中七年，853）来唐朝，天安二年（唐大中十二年，858）求 441 部 1000 卷典籍回日本，其求书数量居于八家之首。宗睿于日本清和天皇贞观四年（唐咸通三年，862）来唐朝求法，于贞观七年求回典籍 134 部 143 卷①。

① 方广锠：《佛教大藏经史》，北京：中国社会科学出版社 1991 年版，第 451 页。

圆珍回国后仍然不断利用各种途径向唐朝求购日本的汉籍“欠本”,并为“此土不具”而懊恼。圆珍在《上智能轮三藏书》中,除了“抄集疑文,进上待决”之外[①],大量请求长安青龙寺的智慧轮和尚赠书日本。在他所求书目中以下仅列举几例以资证明:

> 《玉呬怛多罗经》三卷,此经从贞元末年传有多本,而多不正,未得决之。仍请正本。
>
> 《秽迹金刚法禁百变》,此土多本,而无正本。又不解用,乞垂其用。……
>
> 《悉昙章》一卷,十八章者,此土不具。……
>
> 《因明慈恩疏科文》一本,此土无本。[②]

根据小野胜年的统计,881年,圆珍通过唐朝商人李达向中国购买来日本藏《一切经》的欠本120余卷,882年派弟子三慧,来唐朝求得比睿山的藏本欠本340卷[③]。

日本求书能得,这是因为,唐宣宗于大中元年(日仁明天皇承和十四年,847)即位后立即恢复佛教,根据官方目录编纂的“正藏”部分也基本恢复过来,主要是因为正藏流通比较广泛。而且割据河北、素来敬重佛法的魏、博、幽三镇,一直都是拒不奉行废佛敕令的,就是三镇之外也并非将三宝扫地以尽[④],何况每州还保留有一个寺院,因此,《一切经》在唐朝末年很快就恢复起来了。据《宋高僧传·唐会稽吕后山文质传》载:

> 锺会昌之搜简,乃隐乐成县大芙蓉山,胎息而已。大中重兴,太守韦君累请不来,强置于榻,舁出州开元寺居。檀施骈阗,回造大佛殿,并讲堂房廊形像,并写藏教,无不备焉。[⑤]

---

① 〔日〕圆珍撰,白化文、李鼎霞校注:《行历抄校注》,石家庄:花山文艺出版社2004年版,第89页。

② 〔日〕圆珍撰,白化文、李鼎霞校注:《行历抄校注》,石家庄:花山文艺出版社2004年版,第91~93页。

③ 〔日〕小野胜年:《入唐求法行历研究——智证大师圆珍篇》,京都:法藏馆昭和五十七年(1982)版,序说第17页。

④ 参考方广锠著《佛教大藏经史》,北京:中国社会科学出版社1991年版,第221~222页。

⑤ (宋)赞宁撰:《宋高僧传》,范祥雍点校,载《中国佛教典籍选刊》,北京:中华书局1987年版,第685页。

大中年间，皇家官藏就已经恢复，而且有不少新撰著作入藏。据《宋高僧传·唐越州诸暨保寿院神智传》载：

释神智，婺州义乌人也。……大中中，入京兆，……遂奏请院额曰"大中圣寿"，仍赐左神策军钟一口，天后绣幢，《藏经》五千卷。裴君为书殿额。①

神智能在此时便请到五千卷《藏经》，说明恢复得很快，唐末依据智升所撰《开元释教录》为标准而确定的正藏典籍数目已经固定到5048卷。否则随后日僧园珍等来唐的时候就请不到那么多经典到日本了。难以恢复的是别藏和天台教典，到了五代十国时期，南方的吴越国王依然在努力恢复，进入宋朝，宋太祖、太宗皇帝又崇尚佛法，为了复兴宗教文化极力充实宝藏，已经不过是搜求一些漏网之鱼而已。

日僧借中国恢复典藏之机炫耀日本文化

不过，安史之乱和会昌法难无疑使中国文化的发展受到打击，其表现之一就是部分佛教典籍的散佚。但几千年的文化传统使中国文化有着强大的修复力，会昌毁佛以后，热爱传统文化的教徒们经过多方的努力，使佛教典籍逐渐恢复，突出的表现是五代以来多方从朝鲜、日本抄回散佚的经书。

根据现有的文字记载，五代时期，中国天台宗最早借一次偶然事件，通过吴越王这一官方途径向日本、朝鲜求天台教籍。此前天台义寂法师在国内搜寻、网罗散佚典籍的过程中，大概根据本宗赠书日本的记录，和从活跃于朝鲜、日本的中国商人那里得到有关信息，得知朝鲜、日本保有天台典籍，恰逢信仰佛教的吴越王钱弘俶询问天台教义，德绍国师和义寂法师立即乘机建议吴越王派人求购，钱弘俶也随即派人携带国书请求日本朝廷出面寻找失落的天台教籍，此事《皇朝类苑》卷七十八有载：

吴越钱氏，多因海舶通信。天台智者教五百余卷，有录而多阙，贾人言日本有之。钱俶买书于其国主，奉黄金五百两，求写其本，尽得之，讫今天台教大布江左（并《杨文公谈苑》）。②

① （宋）赞宁撰：《宋高僧传》，范祥雍点校，载《中国佛教典籍选刊》，北京：中华书局1987年版，第639页。

② （宋）江少虞：《皇朝类苑》，收入王民信主载《中国佛教典籍选刊》，编《宋史资料萃编》第3辑，台湾：文海出版社1981年印行，第1848页。

此事在《宋高僧传》第七“大宋天台山螺溪传教院义寂传”、《释门正统》第二“义寂世家”和《佛祖统纪》卷八“十五祖净光尊者义寂”中也都有相关记载：

> 吴越忠懿王，因览《永嘉集》，有“同除四住此处为齐，若伏无明三藏即劣”之语，以问绍国师。绍云：“此是教义，可问天台寂师。”王即召，师出金门，建讲以问前义，师曰：“此出智者《玄妙》，自唐末丧乱教籍散毁，故此诸文多在海外。”于是吴越王遣使十人，往日本国求取教典，既回，王为建寺螺溪，扁曰定慧。赐号净光法师，及清谥天台诸祖。①

根据日本《本朝文粹》《本朝世纪》《日本纪略》等书的记载可知，吴越王的使节多是商人，当时的吴越商人为了拓展日本市场，也乐于为国君担当这一使命。当吴越王的求书使节到达日本的时候，日本朝野震动，历来只有日本到中华求书，现在中华竟然向东夷岛国求书，这对于日益自尊而尚有自卑的日本人，尤其是贵族和僧侣来说，是一个极大的鼓舞，“一听到中国到日本寻求圣教这一事，日本佛教界便夸耀起自己的地位提高了”②，他们立即从中找到了自信。朝廷将这一任务交给了日本天台宗延历寺，根据日本大宰府天满宫藏《大宰府政所牒案》(《平安遗文》四六二三号)的记载，日本天台宗座主延昌(慈念和尚)接到中国天台宗德绍的求书信以后，立即起用肥前出身的日延为“缮写法门度送之使”③，日延于天历七年(953)与归国的越商蒋承勋同行，涉万里波涛，送来天台教籍。

除了官方之外还有中国私人向日本的求书，在宋日文化交流的历史中，宋朝通过往来两国之间的商人和僧人，向日本多次求书，如源清(参见本书有关章节)。

此事无论对当时还是后来的日本都影响很大，一些日本学者甚至因此认为，入宋以后日本佛教界就没有来宋拜师和求学的必要了，日本的佛教研究水平已经和中国并列甚至超过中国了，日本文化对于宋文化甚至“有补其阙如之功”，因为中国向日本求书补缺了。

北宋时期的中日文化交流中，最让日本人感兴趣的就是，有关书籍从日本

---

① (宋)志磐：《佛祖统纪》，载《大正藏》第49卷，台北：佛陀教育基金会1990年版，第190～191页。

② 〔日〕村井章介：《天台圣教的还流：以〈参天台五台山记〉为中心》，载王勇、久保木秀夫编《奈良·平安时代的日中文化交流》，东京：农文协2001年版，第156页。

③ 王勇、〔日〕久保木秀夫编《奈良·平安时代的日中文化交流》，第156页。“度”当为“渡”，即渡海之意。

输入中国一事，在许多日本学者认为，这就代表着日本文化输入中国。木宫泰彦等日本学者认为自五代、宋初以来日本不需要继续拜中国为师的一个更重要的理由是，五代以来中国出现了向日本、朝鲜求购佛教典籍之事。因为出现了日本宗教典籍逆输入中国的现象，辻善之助等日本学者就将其视为日本文化的逆输入中国。中国典籍的散佚能否说明日本佛教研究水平超过宋朝？

事实证明，来自中国的求书当时就给予日本各界人士极大的鼓舞和激励，日本从此有一种拥有中国散佚书籍的骄傲，于是顺势向宋人宣扬“其国多有中国典籍”[①]，来华这样宣扬的人不止日延，还有以后的奝然、寂照和成寻，他们都随身携带有若干书籍作为证明。更进一步，当时就有一些学者（如安海）认为日本的佛学可以傲视中国了，直到今天，更多的日本学者因此而有理由认为，自五代宋开始，日本宗教研究水平超过中国了，其理由之一就是中国向日本请求书籍和书籍从日本的回流。

983年日僧奝然一行来宋，特意携带中国散佚之书。984年，他在拜见宋太宗时，“书以对云：国中有《五经》书及佛经、《白居易集》七十卷，并得自中国”[②]。于是，大宋因“其国多有中国典籍，奝然之来，复得《孝经》一卷、越王《孝经新义》第十五一卷，皆金缕红罗褾，水晶为轴”。从“复得”这一表述看，该书在中国确实已经散佚了，所以《宋史》中特注明：“《孝经》即郑氏注者。越王者，乃唐太宗子越王贞；《新义》者，记室参军任希古等撰也。”[③]到988年，奝然再派弟子奉表答谢宋太宗的时候，我们看到其贡品礼单的第一行就写着“佛经，纳青木函”[④]，不知是何经典，也许是中国散佚之经，或者不过金字《法华经》一类以精美而吸引宋人眼球的。

1003年，寂照来宋，在朝见的时候“进无量寿佛像，金字《法华经》、水晶数珠”，《法华经》倒不是什么稀有的典籍，倒是他到寺院（天台山国清寺）也能“解匣出卷”[⑤]，奉上了一些中国散佚的典籍，难能可贵。寂照在此解匣所出之卷是给遵式、智礼等的见面礼，因为他同时奉有老师源信求教问疑之命。1028年源信再以有关天台宗旨的“疑问十条”，委托其另一弟子绍良致问于天台宗第十七祖知礼，彼时他是献金字《法华经》为进见之礼。寂照这次到底拿出有多少卷，难考，主要是天台典籍，其中如《方等三昧行法》《大乘止观法

① （元）脱脱等：《宋史》，北京：中华书局标点本1977年版，第14135页。
② （元）脱脱等：《宋史》，北京：中华书局标点本1977年版，第14131页。
③ （元）脱脱等：《宋史》，北京：中华书局标点本1977年版，第14135页。
④ （元）脱脱等：《宋史》，北京：中华书局标点本1977年版，第14136页。
⑤ 〔日〕敬雄等编：《天台霞标》，收入佛书刊行会编《大日本佛教全书》第125、126卷，东京：名著普及会平成四年（1992）版，第106页。

门》[1],让遵式大受感动,他后来在《南岳禅师止观序》中感叹道:

> 噫!斯文(《止观》)也,岁月辽远,因韬晦于海外,道将复行也,果咸平三祀,日本国圆通大师寂照锡背扶桑、杯泛诸夏,既登鄮岭,解匣出卷。天竺沙门遵式首而得之……今复东返,尤日之升,素影圆晖,终环回于我土也。[2]

成寻来宋朝的时候,携入的佛教典籍更多,有几百部,他本来是打算到中国点校、核对、纠错,订正之后是要送回日本。到宋朝东京汴梁之后,因贡献神宗皇帝"念珠五串、银香炉等"物之后,不期得到皇帝的召见,于是觉得仅献这些不够意思?"因之进上显密法门六百余卷目录表"[3]。他知道这是最让日本人自信拿得出手的贡物,我们相信他不仅仅是上贡一个书目,这六百余卷中国撰述的显密法门最终留在中国。

为了提高宣传效果,日本方面非常注意书籍的装裱和保护,所以奝然所携的两部中国典籍"皆金缕红罗褾,水晶为轴"[4]。宋人得出日本"其国多有中国典籍"的认识,肯定也是由于日本来客过分夸大这一长处,甚至宣扬日本保存有徐福携入日本的在秦始皇焚书之前的中国典籍,以致连欧阳修这样的文豪都相信"徐福行时书未焚,逸书百篇今尚存"了,并为日本"严令不许传中国"而遗憾,并且表示"乘桴欲往学",怨恨"沧波浩荡无通津"[5]。其实,徐福携带的书在日本是找不到的,所谓"严令不许传中国"不过是日人在吹嘘之时,恰遇有宋人表示要出资请求抄写,被将军之后,便出此搪塞之语。

五代时期,中国向日本求书纯属偶然。"会昌毁佛"后不久的恢复运动中,唐朝也未想到要从日本求书,因为不知道日本可能会珍藏中国典籍。只因天台宗的高僧从旅日商人那里偶然得知这一信息,日本珍藏有众多的中国典籍,宋朝高僧(如义寂、源清)、学者(或许有欧阳修)自然要找日本人高价购求了。实际上,日本能满足宋朝购书的要求非常有限,宋朝能寻求到的书籍也是屈指可数的,主要是一些佛教典籍;比如源清所求的五部书,日本延历寺并不能满足(参见本书第九章第二节及本章下文)。日本人的回应很多情况下是消极的,也

---

① 国内有学者怀疑其为日本人伪造。

② (南朝陈)慧思:《大乘止观法门》,载《大正藏》第46卷,台北:佛陀教育基金会1990年,第641页。

③ 〔日〕平林文雄:《〈参天台五台山记〉校本及其研究》(上),东京:风间书房昭和五十三年(1978)版,第113页。

④ (元)脱脱等:《宋史》,北京:中华书局标点本1977年版,第14135页。

⑤ 〔日〕松下见林:《异称日本传》,收入《改定史籍集览》第20册(新加书通纪类第三),东京:近藤活版所明治三十四年(1901)版,第96页。

许一些书籍日本本身根本就没有，或为了获得订购书籍的钱财，或为了装扮日本文化的脸面，因而故弄玄虚。例如《释门正统》第一所载以下一事：

> 晁公序《仁王护国般若经疏》云：……故此教播于日本而海外盛矣……我有宋之初此教乃渐航海入吴越，今世所传三大部之类是也。然尚有留而不至，与夫至而非其本真者。《仁王经疏》先至，有二本，众咸斥其伪。昔法智既纳日本信禅师所寄辟支佛发，答其所问二十义，乃求其所谓《仁王经疏》，信即授诸海舶，无何中流大风惊涛，舶人念无以息龙神之怒，遽投斯疏，以慰安之。法智乃求强起[记?]者二僧，诣信使读诵以归，不幸二僧死于日本。至元丰初，海贾乃持今《仁王疏》二卷来四明①。

法智的求书既然到元丰(1078—1085)初才到，此时知礼已经死去几十年了。这已经是日僧成寻1072年来宋之后的事了，成寻于杭州天竺寺巡礼参拜之时，“寺主房百余人学问天台教，管内僧正海月大师惠辨问《仁王疏》有无(指在日本)”。成寻回答云：“四卷《疏》(在日本)失了。有天台一卷《疏》、三卷《章安私记》，《金刚般若疏》非天台疏由示之”，成寻说他以此“答天台疏由了”②。如此，元丰初海贾持来四明的《仁王疏》二卷便是日本人的伪造了。日本僧界(或者是自尊的贵族们)为了装扮自家门面，甚至有作假的行为发生。至于《金光明经玄义》广、略二本的送来，引起中国天台宗山家、山外学者对于其真伪问题的辩论，已经是众所周知的事了(参见本书第九章)。

从圆珍和宗睿来唐留学求书，以及圆珍的《上智慧轮三藏书》等一系列事例看，日本向中国的求书并没有因为遣唐使的中断而中断，日延来中国，既是送书也是求书，因为他带回日本的典籍远远多于他带来吴越国的。

第二节　北宋雕版书籍及印刷技术对日本的影响

宋版《大藏经》输入日本时的影响

从五代到北宋，日本努力输入中国典籍的活动一直是延续的。尽管自

---

① (宋)宗鉴集：《释门正统》，载《卍续藏经》第130册，台北：新文丰1993年版，第741页下～742页上。

② 〔日〕平林文雄：《〈参天台五台山记〉校本及其研究》(上)，东京：风间书房昭和五十三年(1978)版，第285页。

894年,一些自大的日本政治家们断绝了和中国的外交关系,但割断不了两国之间的文化联系。日本需要通过向中国求书等方式防止文化发展的停滞,一个明显的证据就是,一条天皇宽弘五年(宋真宗大中祥符元年,1008)九月,作为日本公卿的代表,日本朝廷治部卿源从英致书已经入宋的日僧寂照,他在该书信中感叹:

> 所谘唐历以后史籍,及他内外经书未来东国者,因寄便风为望。商人重利,惟载轻货而来,上国之风绝而无闻,学者之恨在此一事。①

这封书信正说明,日本公卿迫切需要大量引进中国典籍,信中"上国"指中国。尽管当时中国商人运载了一些书籍来到日本,日本朝廷有关大臣仍然感到不满足,希望通过奝然、寂照等日本僧人亲自到宋朝选择、购买更多的中国典籍、输入中国先进文化到日本。

另外,藤原明衡(989—1066)所编撰的《云州往来》中也收录了类似一则的信件,信是某镇守都督写给宋商人郑十四的,正好可以作为上一封信的附证,其正文如下:

> 所赠绫锦已动心机,就中能言鹦鹉可谓珍禽,丹穴之凰何以如之。仰旅舶之间,定乏资粮,乌米红稻,赠于客馆。至便捡领,莫嫌轻微。良吏所求书籍,篇目虽多,圣朝盛崇文章之道,家国绝经典之文哉。不罗缕,可在后信。春暖,加摄理者。以状。②

这位镇守都督写信给宋商人郑十四,一方面感谢其送来的绫锦与鹦鹉,同时作为回礼送给郑十四旅途必需的上好的粮食。自认为"良吏"的他更需要的是书籍,故在此书信的最后,他竟委婉地提出希望,下次送礼不要再送这些华而不实的东西,最好能够送来一些平安没有的"圣朝"(宋朝)书籍。

日本公卿贵族的这类要求一直延续到南宋以后,这从以下一些具体购书事例中可以反映出来,例如日本人想获得《太平御览》一书,尽管宋朝廷视为秘本,严令不许输出,日本方面千方百计地去搜寻,打持久战,结果还是在平安末期就弄到手了,应该说是很快的。平清盛曾于日本治承三年(宋淳熙六年,1179)得到宋李昉等于太平兴国二年(日贞元二年,977)奉敕撰写的《太平

① (宋)江少虞:《皇朝类苑》,台湾:文海出版社1981年印行,第1080~1081页。

② 原载《云州往来二种》所收宽文十九年刊本(勉诚社1981年版),转引自静永健、陈翀著《汉籍东渐及日藏古文献论考稿》,北京:中华书局2011年版,第53页。

御览》一部千余卷。

宋初是中国佛教发展的一个重要阶段，这主要是因为宋初的三个皇帝都极力扶持佛教，其主要表现之一就是雕版印刷《大藏经》、翻译并印刷新译经。复兴佛教是宋朝繁荣国家经济文化生活的重要内容，同时对外也是一项重要的文化政策，宋朝的佛教政策是面向国际的，是基于“戎羯之人，崇尚释教，亦中国之利”这一指导思想[①]。在政府政策的推动下，大批宋僧西游天竺搜寻梵文佛经，同时众多印度僧人闻风而动、携带梵本来华，何况当时宋朝商人的足迹东达日本列岛，西及印度洋沿岸港口，而且他们活动频繁、消息灵通，甚至兼任朝廷的报聘使节。宋朝的这一文化事业其影响也是国际性的，不仅日本僧人奝然等闻讯而来求经，高丽、契丹等国政府也遣使来宋求雕版《大藏经》与新译经。

按照佛教三宝（Triratna）之说，佛所说教义为法宝，《大藏经》乃理所当然的法宝。研究宋日文化关系不能不重视的是奝然自宋朝携回日本雕版印刷的《一切经》，即通常所谓的《大藏经》。它的东渡日本，既是宋朝作为文化外交的赏赐，更是回应日本为追求文化发展的请求。《宋史·日本传》明载：奝然“又求印本《大藏经》，诏亦给之”[②]，这一个“求”字点明了 983 年奝然来宋朝的目的，988 年他又派弟子入宋求新译经，这两次入宋求经都是得到日本平安朝廷批准的，只是日本史书在论及奝然等来宋朝取经一事时避谈这个“求”字。

奝然自己也在各种牒文和表启中不止一次提到“求”字和“请”字。正因为他的虔诚求法之心，雍熙二年（985）三月二日于金殿向宋太宗告辞，“面对龙颜”的时候，“蒙宣赐师号”法济大师，并获赐“《大藏经》四百八十一函五千四十八卷、新翻译经四十一卷”。奝然得到的好处还不止这些，这些经典在中国境内的运输也非常顺利，“京中差人舡部送，仍赐口券驿料，及累道州县抽差人夫传送”，直到台州海边，相信包括装船起运都得到了宋朝廷的方便。由于得到了朝廷的关照，六月二十七日到达浙江台州，“于旧处戾止”，开元寺对他们的招待“二时所赡，四事无亏”；台州知州行左拾遗郑元龟“奉佛恭勤”，“禀宣安堵”[③]。

实行严格书籍出境限制的宋朝，对于日本如此慷慨赠书，可谓情有独钟。当时宋对“契丹书禁甚严”。

---

① （宋）李焘撰《续资治通鉴长编》第 2 册，北京：中华书局标点本 1979 年版，第 1643 页。

② （元）脱脱等：《宋史》，北京：中华书局标点本 1977 年版，第 14135 页。

③ 〔日〕竹内理三编《平安遗文》（古文书编第九卷），东京：东京堂昭和三十九年（1964）订正版，第 3483 页。

再说奝然一行,雍熙三年(986)夏季,搭乘宋朝商人郑仁德的船只运送《大藏经》回到日本,虽说是得到了龙神垂助,更主要的原因是宋商把这事当作皇差来完成。七月一日携释迦雕像、十六罗汉绘像、宝塔及折本《一切经》顺利到达日本九州岛,终于功德圆满。

《大藏经》在日本国内的搬运反而没有在中国顺利,直到永延元年(987)二月十一日,在山城、河内、摄津等地人夫持运之下,奝然护送佛像、佛经回到日本平安朝廷首都——京都,作为幕后推进者的小野宫右大臣藤原实资和"内藏头(藤原高远)、权中将(藤原公任)将相共拜见入唐僧奝然毕,所随身佛经。初运置经论于□□寺"①,藤原高远乃实资之兄,权中将藤原公任乃实资的从兄。不过,平安朝廷却举行了非常隆重的佛法僧三宝入京仪式(详略参见本书第八章第三节)。

《大藏经》运进城中时,民众夹道欢迎且援之以手,"担纳折本《一切经论》之五百合匣,一人担二百卷匣,道路人相诤担之,诚为结缘。"②此足见日本朝廷和民间对于吸收中国文化的重视。《大藏经》"于朱雀门前礼桥下"之时,有"僧廿人出来,持高丽(乐),奉赞佛经云云"。③

到十六日,有"殿上人(指天皇——作者补注)相率诣莲台寺,奉拜唐佛经等";二十四日有藤原高光、朝光、济时等为会见奝然"相率诣莲台寺",为光大臣特舍"砂金廿两、香炉、佛器等"④;此后来参拜佛像、佛经施舍财物的大臣络绎不绝。

三月二日,藤原实资特请假和诸大臣一起,共同宴请奝然,祝贺他取经成功归回日本。《小右记》记载如下:

> 甲子。请六个日假,内藏头相俱参莲台寺,奉拜唐佛。左中辨、右中辨(菅原资忠)、前加贺守、景齐(藤原)、永年(藤原)、知章(藤原)、信公(藤原)、怀光朝臣等,同以相伴,聊储食物羞奝(奝然)上人等,衡黑退归。⑤

---

① 〔日〕藤原实资:《小右记》(一),载东京大学史料编纂所编纂《大日本古记录》,东京:岩波书店昭和三十六年(1961)版,第119页。

② 〔日〕藤原实资:《小右记》(一),载东京大学史料编纂所编纂《大日本古记录》,东京:岩波书店昭和三十六年(1961)版,第119页。

③ 〔日〕藤原实资:《小右记》(一),载东京大学史料编纂所编纂《大日本古记录》,东京:岩波书店昭和三十六年(1961)版,第119页。

④ 〔日〕藤原实资:《小右记》(一),载东京大学史料编纂所编纂《大日本古记录》,东京:岩波书店昭和三十六年(1961)版,第119、121页。

⑤ 〔日〕藤原实资:《小右记》(一),载东京大学史料编纂所编纂《大日本古记录》,东京:岩波书店昭和三十六年(1961)版,第122页。

所以，奝然988年在向宋朝上表汇报时也骄傲地说："(《大藏经》)初到旧邑，缁素欣待，侯伯慕迎。"①在日本奝然获赐《大藏经》之后，同样受到宋朝文化影响的高丽、女真、西夏等国，在得到有关信息之后也纷纷来宋朝贡，"乞赐《大藏经》并御制佛乘文集"，宋朝一依日本之例"诏许之"②。

插图11-1　金铜经箱(滋贺·延历寺藏品)③

《大藏经》输入日本之后，引起了日本公卿贵族们的激烈争夺。当时公卿们建立私家寺院成风，有寺院必有藏经阁，自然希望拥有完备的佛经，即通常所谓的《一切经》或《三藏圣教》，以此作为镇寺之宝。因此奝然从宋朝求回日本的三宝，特别是完备的《大藏经》，一直是公卿们虎视眈眈的对象，奝然因此一直在向朝廷申请建寺建藏，安置《大藏经》和佛像。自宋求来的释迦佛像等一开始安置在太极殿供奉，日本朝廷也为此事所烦，按照有关大臣商议的结果，朝廷下达宣旨，命令将佛像佛经等暂时安置于地处京都的大内北野莲花台寺。

此后，日本各大寺、各权贵之间为《大藏经》等的争夺一直未中断。

日本私家藏书之风及对汉文图书的搜购

日本平安中后期，由于国风文化的兴盛，一条天皇等热衷学问，造诣很深。上有所好下必追捧，一时朝廷公卿贵族热衷阅读汉籍，书写汉诗文，不惜重金收购、珍藏汉籍，特别是宋版书。另一方面私家藏书、相互之间赠书之风也很流行，以藤原道长为首的大臣经常向天皇、中宫贡献汉籍，地方官则收罗汉籍敬奉朝臣。平安公卿日记(例如藤原道长的《御堂关白记》、藤原赖长的《台记》、藤原实资的《小右记》)中，向天皇或相互赠书的记载比比皆是。例如藤原道长之子赖长，长元二年(1029)四月四日，为了观看"新渡之书籍"，拜访

① (元)脱脱等:《宋史》，北京:中华书局标点本1977年版，第14135页。

② (宋)志磐:《佛祖统纪》，载《大正藏》第49卷，台北:佛陀教育基金会1990年版，第400页。

③ 引自〔日〕东京国立博物馆编集《日本国宝展》，东京:读卖新闻社平成二年(1990)版，第32页。

了大臣辅亲的邸宅,辅亲曾将唐折本《唐音玉篇》《白氏文集》等献给天皇。

熟知这一风气的旅日宋朝商人,则以赠送汉籍的方式打通关节,宋商曾令文曾向藤原道长进献《文选文集》。刘文冲向左大臣藤原赖长贡献《东坡先生指掌图》(二帖)、《五代史记》(十帖)、《唐书》(九帖)①。为了鼓励刘文冲贡献更多的汉籍,藤原赖长特意回赠沙金三十两为礼,更做成"要书目录"交给刘文冲,让他回宋朝购书。

日本私家藏书之风的兴起在于政府的鼓励,据《文德实录》记载:藤原岳守在承和五年,"出为太宰少贰,因检校唐人货物,适得《元白诗笔》奏上,帝甚耽悦,授从五位上"②。藤原岳守犹如现代的一个海关官员,因在中国商船上发现一部《元白诗笔》进献而加官晋爵,足见此事榜样作用。9 世纪后半期,日本出现了图书寮、大学寮、弘文院、太政官文殿、校书殿等藏书机构,这一盛况可见于藤原佐世编纂的《本朝见在书目录》。这种私家藏书风气的进一步发展,便是镰仓时代末期私家文库的出现,而各家文库以收藏宋版书为首要目标。

平安公卿贵族们首先热心收购的是佛经,亦即日本所谓的"内典",故纷纷对奝然求回的《大藏经》虎视眈眈。其原因前面已经介绍,此不赘述。藤原道长资助寂照入宋,就是希望从宋朝求得《大藏经》,结果寂照到死也没有得到《大藏经》,失望的藤原道长最后也只好于 1017 年占有了奝然所求回的《大藏经》。

宋熙宁四年(1071)三月,宋神宗因财政匮乏,让王安石改革财政时,裁撤了印经院,将敕版《大藏经》版木拨给杭州,命僧了然住持印经事业。因了然固辞,只好把雕版移至开封府崇化坊显圣寺保管,成寻、惟观师徒恰好此时来宋,得以印制奝然未印经典回日本。成寻之后,日本不断得到宋朝雕版印刷的《大藏经》,从现在日本京都东福寺、东寺等寺院以及有关图书馆珍藏的宋版《大藏经》看,有宋高宗绍兴至宋孝宗淳熙年间雕刻印刷的福州东禅寺版,宋徽宗政和年间至宋高宗绍兴年间的福州开元寺版,浙江湖州开雕的思溪版等,这些可能是通过宋朝商人购买的。宋朝商人(如纲首张成、纲首李荣等)赴日时,也喜欢随身携带书写的一切经或刊本大藏经。

除了佛经之外,以藤原道长为代表的公卿贵族们还热衷于收购宋朝的儒学、诗集等书籍,亦即日本藏书家所谓的"外典汉籍"。日本长和元年(宋大中祥符五年,1012)九月二十一日,藤原道长收到来宋日僧寂照通过客商送回的

---

① 〔日〕森克己:《续日宋贸易研究》,东京:国书刊行会 1975 年版,第 203 页。

② 〔日〕黑板胜美编辑《日本文德天皇实录》,收入《新订增补国史大系》,东京:吉川弘文馆昭和五十九年(1984)新装版,第 31 页。

“天竺观音一幅、《大僚[辽]作文》一卷”①。长和二年(宋大中祥符六年,1013)九月十四日,随同日僧寂照入宋的七名弟子之一念救,再次以宋天台山大慈寺再建“知识使”(负责筹资的职务)的身份回日本,亲手向藤原道长献上折本《白氏文集》、“并天台山图”,以及“天台大师形”及“牒等”②。念救同时还拜访了藤原资实,《小右记》载,九月二十三日,“入唐僧念救来。相逢大略问杂事,参诣左府之间不能细问,示明日可来之由”。“廿四日,关[癸]丑,入唐(宋)僧念救来。终日谈说唐(宋)事,历唐(宋)(号宋)十一年者,志团扇一枚、竹笛一、孝[老]子《道经》二帖”③。长和四年七月,僧常智送道长《文集》一部,道长回赠他貂裘一领。

从成寻、惟观师徒,于延久五年(宋熙宁六年,1073)正月一日、二日、三日和六日,连续几日为回日本国而搜购的图书看,日本僧俗对中国地理地图、天文历法、医学等各类书籍都充满兴趣:

> 正月一日……惟观买来《新历》二卷(六十文)、《天下郡谱五姓括》一部、《蜀程图》一帖、茶器十口(百五十)。
>
> 二日……惟观等买来《历》一卷、《传灯语要》三卷、《杨文公谈苑》三帖、《百官图》二帖、《太上老君枕中经》一帖。
>
> 三日……惟观买来《历》一帖、《京州图》一帖。
>
> 六日……通事持《本草括要》一帖、《注千字文》一帖,与通事《养生要集》一卷,颇知医道故。④

以上图书以及另外购买的图书,成寻在惟观、心贤回国之时,特别在有关书信中注明某某“进上日本左大臣殿”、某某“进上治部卿”⑤。日本平安贵族,对于中国图书的收集、珍藏和阅读,促使平安文学日趋发达,其影响也包括紫式部等代表的“女流文学”。

除了文学典籍之外,日本朝野对宋朝的医学等典籍的搜寻也很积极,据

---

① 〔日〕藤原道长:《御堂关白记》(下),载东京大学史料编纂所、财团法人阳明文库编纂《大日本古记录》,东京:岩波书店昭和二十七年(1952)版,第18～20页。

② (宋)江少虞撰《皇朝类苑》,载王民信主编《宋史资料萃编》第3辑,台北:台湾文海出版社1981年印行,第1081页。

③ 〔日〕藤原资实:《小右记》(三),载东京大学史料编纂所编纂《大日本古记录》,东京:岩波书店,昭和三十九年(1964)版,第167页。

④ 〔日〕平林文雄:《〈参天台五台山记〉校本及其研究》(上),东京:风间书房昭和五十三年(1978)版,第187～188页。

⑤ 〔日〕平林文雄:《〈参天台五台山记〉校本及其研究》(上),东京:风间书房昭和五十三年(1978)版,第200～201页。

藤原忠实(1078—1162)的日记《中右记》元永元年(1118)二月十七日条所载，时任关白藤原忠实曾向白河上皇借新进口之医书折本三十帖；又在九条兼实所撰《玉叶》一书文治元年(1185)六月十二日条记载有宋代医书《王氏篇类单方》。《中右记》《玉叶》等书成书时间俱相当于宋代，故可知那些医书在宋代便已东传日本了。①

公卿收购汉籍，特别喜爱宋版书籍。这促使日本积极从宋朝引进雕版印刷技术。

宋朝雕版印刷技术对日本的影响

宋代是中国雕版印刷书籍的黄金时代，朝廷重视典籍的校勘、出版，特别是大型类书的编纂，如《太平御览》《太平广记》《文苑英华》《册府元龟》等，动辄几百卷、几千卷。最突出的要数朝廷主持雕版印刷的《大藏经》，达五千余卷。私家刻书也很活跃，活字印刷术也因此需要而发明、推广，图书市场也因此繁荣，成为重要的外贸商品，远销日本、朝鲜等国。

宋朝的书坊也掌握了很高的印刷技术，宋时，建阳人熊禾在《同文书院上梁文》中写道："二郎伟，抛梁东，书籍高丽日本通。"这说明，不仅是官刻藏经，就是建阳书坊的刻本，也已经畅销朝鲜、日本两国了②。

至于宋朝印本《大藏经》对于日本佛学研究等的影响更是深远。日本广泛接触雕版印刷技术是在奝然带回《大藏经》之后。日本人不仅为雕版《大藏经》的精美、新奇而赞叹，更为深远的是他们越来越为宋朝雕刻佛经的准确性而倾倒，它可以帮助当时的研究者纠正此前输入日本的抄本《开元大藏经》的错、讹、误等，进一步促进了日本的佛教研究。日本学者木宫泰彦也承认：

> 奝然带回的《大藏经》，其中当有不少是《开元大藏经》以后逐渐编入《大藏经》中的新译经，而且因为它是根据敕令刻的，当然错简误字都会少些，印刷也会格外清楚。所以当时研究佛教的人有了怀疑，想必首先到法成寺的经藏去，经常拿奝然带回的开宝敕版作依据进行考证。③

为此木宫泰彦还特别列举了一系列证据，"现在藏在石山寺、法隆寺、高山寺、兴圣寺的古抄本经典中，还可以看出有不少是从法成寺经藏中的开宝

---

① 参见[台湾]郑樑生著《中日关系史研究论集》(二)，台北：台湾文史哲出版社中华民国81年版，第64页。

② 参见杨渭生等著《两宋文化史》，杭州：浙江大学出版社2008年版，第436页。

③ 木宫泰彦著，胡锡年译：《日中文化交流史》，北京：商务印书馆1980年版，第281～282页。

敕版抄下来的”。木宫认为，“据此可知奝然带回的《大藏经》，在平安末期，经常被作为抄经的蓝本，从而对当时佛典的研究提供了很大的方便”①。

据成寻日记的记载，该《大藏经》原收藏在京都法成寺的经藏，到大约九十年后的后三条天皇延久五年（宋神宗熙宁六年，1073）时依然存在，后来该寺屡次失火，这部《大藏经》现已不知是在何时化为乌有了。

据牧野和夫的调查，除石峙、法隆寺等外，中尊寺、松尾社、七寺、名取新宫寺等，都有院政期、平安末期乃至镰仓中期根据奝然请回日本的蜀版《大藏经》抄写的抄经。且都有奝然请回蜀版的刊、印记。因此，这里我们可以断言的是，日本僧人在抄写补充散佚佛经的时候，对于奝然以前来唐日僧抄回的经典是不敢轻信的，而对于雕版《大藏经》却是绝对的信任，相信它刊、印的严谨。我们因此也可以说，中国佛典也没有因为唐武帝和周世宗的废佛运动以及战争而全部或大部销毁，损失是有限的，否则这部大藏经便不是完美的，也不值得日本僧众如此参考研究，并以它为蓝本模仿雕刻了。

即使善于模仿的日本人，模仿和掌握宋朝的这一技术非一时之功，尽管日本遣使来唐时曾接触到中国的雕刻印刷技术，但是由于遣唐使的中断和平安朝廷的闭关自赏，200 多年来“日本的刻版事业完全处于中断的状态，没有任何可供考证的文献和遗物”②。这一点，木宫泰彦也是不得不承认的。尤其是在奝然入宋之时，日本处于自我封闭的极端时期，尽管部分有识之士感觉到引进中国技术和文化的必要，但做起来还是有很大的阻力。

根据木宫泰彦的研究，在奝然带宋版《大藏经》回国后不久，日本就出现了翻刻，“日本的刻版事业日渐昌盛”，因为当时“特别是在京都贵族之间经常为了供养而印刷天台经典，称为折供养。自一条天皇宽弘六年（宋真宗大中祥符二年，1009）十二月十四日开始印刷《法华经》一千部起，多次举办折供养，散见于公卿的日记和文集中”③。木宫泰彦特地罗列了一个表格，限于篇幅，这里不转引。但是，雕版印刷在日本真正形成气候必然要有一个过程，必须等到南宋时期，日本公开来中国求法的僧侣越来越多，两国之间往来的商人和手工业者增加，宋朝佛教发展水平重新被日本僧界肯定，日本才越来越感觉到引进雕版印刷的必要，因此其技术也越来越熟练了。这从木宫《中日文化交流史》一书所列的表格中也反映出来了。

日本京都东福寺藏有宋开元寺刊本《毗庐大藏》，据说是 11 世纪京都东福寺第五十四世住持刚中玄柔专门派遣弟子十人，前往宋朝寻求《一切经》，

---

① 木宫泰彦著，胡锡年译：《日中文化交流史》，北京：商务印书馆 1980 年版，第 282 页。

② 木宫泰彦著，胡锡年译：《日中文化交流史》，北京：商务印书馆 1980 年版，第 282 页。

③ 木宫泰彦著，胡锡年译：《日中文化交流史》，北京：商务印书馆 1980 年版，第 282 页。

所得二《藏》,皆为开元寺版,又以他版补入,《毗庐大藏》为二《藏》中之一《藏》[①]。日本开雕《大藏经》则是在1637年,德川家康建立江户幕府之后,是仿南宋《思溪藏》而成。

第三节 中国典籍东传是宋日书籍交流的主流

中国投桃报李回赠日本大量典籍

从五代以来,对于中国方面的购书要求,日本方面或被动(如日延)或者主动(如源信),多次送书于中国,其书或为中国散佚之书,或为日本新作。

日本向中国献书以弥补中国藏书的散佚起于五代时期的日延,这一行动一直延续到宋朝,宋朝为了扩大国家藏书,也继续向海内外求书以弥补藏书的不足。

日本僧侣为了获得在中国求法的方便,向中国主动献书的事例也很多,这里先从奝然的献书谈起。奝然来中国之前一定知道宋朝皇帝奖励献书,知道中国因毁佛和战乱散失许多书籍,并且知道宋朝具体在求哪些书,故以献书取得入国觐见资格。他于太平兴国八年(983)十二月十九日达到北宋首都汴梁,十二月二十一日于崇圣殿拜谒太宗,在贡献两卷残本的中国典籍《孝经》之后,获得太宗皇帝回赐的雕版《一切经》五千零四十八卷。在赏赐《大藏经》的同时,宋太宗还赐奝然新译经二百八十六卷。

寂照来宋后也曾贡书和送书给北宋朝野人士,他的目的是再为日本求回雕版《大藏经》,但宋朝不可能在短短的时间内赏赐一个国家两次,他的这一计划是落空了,但他通过购买等途径送回日本的经书,足以让他的弟子念救辛辛苦苦在海上往来漂流了好几次。

而成寻在贡献了有关典籍的目录之后,寻机上了宋神宗皇帝一个表,也直言不讳地说:

> 伏觐圣朝新译经五百余卷未传日本。昨雍熙元年日本僧奝然来朝,蒙太宗皇帝赐号法济大师,三年还归。赐《大藏经》一藏即新译经二百八十卷,见在日本法成寺藏内。成寻今来欲乞赐上件新译经。所翼流

① 参见严绍璗著《日本藏汉籍珍本追踪纪实——严绍璗海外访书志》,上海:上海古籍出版社2005年版,第73页。

通祝延圣寿。①

奝然来宋朝求得了雕版《大藏经》的全部，新译经并没有获得全部，因为还有部分正在翻译中，尚没有完成，为此目的，成寻来宋朝后继续请求奝然所未求入日本的新译经。根据成寻《参天台五台山记》的记载，宋帝根据他的要求，赏赐了“新译经教三百卷”。

奝然等来宋日僧与其说是向宋朝献书，不如说是为了换取宋朝的回赐书籍。奝然带回日本的书籍远远大于他贡献给中国的，他们贡献于宋朝的书籍也远远不及宋朝赏赐给他的。我们回头再看前面提到的来华日僧日延，他带回日本去的书也远远多于他送到中国的，对此，大宰府的有关文书有比较详细的记载：日延到达杭州之后，吴越王精查他随身所带，欢喜感慨，赐其紫衣，以内供奉相待。不过，日延于天德元年(957)返回日本的时候，不仅借此机会已经学习和研究了中国新修的“历术”，而且得到“内外书千余卷”的回赐，这些都是以前尚未传到日本的。这些书经过日本村上天皇(946—967 年在位)的御览之后，“分别将其中的《历经》交贺茂保宪，将佛典送到睿山学堂，将《春秋要览》《周易会释记》等内外书交大江家”②，令他们加以研究。

五代北宋时期中日典籍交流的主流

在唐代，日本向中国学习、教徒来中国求法的重要标志是留学生和留学僧来大陆购买书籍(包括佛教典籍和典章制度文书等)输入日本国，而且这种输入几乎完全是单向的输入，因此日本学者毫无异议地承认日本的水平低于中国，承认自己是学生。到宋代，日本开始向中国献书了，日本人一下子矜持起来、骄傲起来。

现代日本学者更是只看到了本国的书籍输出中国，看不到日本引进的宋朝典籍，或者只强调典籍输出的意义而轻视输入的含义。如果说中国求书表明中国文化在倒退，那么来宋日僧奝然等人请求赏赐佛教经典又说明了什么？难道中国昨天焚书了，今天文化就倒退吗？秦始皇焚书坑儒，项羽火烧阿房宫，损失了多少典籍？汉朝迅速复兴，中华文化依然繁盛发展。难道日本的文化因中国焚书而发展？中国书籍的减少就表明日本文化的提高？五代吴越王国和宋朝一些寺院、僧人求书本身就是在发展和复兴文化。即使在

① 〔日〕平林文雄：《〈参天台五台山记〉校本及其研究》(上)，东京：风间书房昭和五十三年(1978)版，第 247～248 页。

② 王勇、〔日〕久保木秀夫编：《奈良・平安时代的日中文化交流》，东京：农文协 2001 年版，第 157～158 页。

几次焚书之后，中国的典籍数量依然超过日本，况且来华日僧回送或贡献来的书全部是此前中国输入日本之书，这些经书不是日本人的创作，虽是日本持有的书，却是中国人的创作或翻译，是中华思想的结晶，怎能为日本所有而与中国无缘？何况其回抄中国的书中有的书还有作伪的嫌疑。

假如日本有几卷有幸保存下来的书籍回流中国，便表示日本学术水平已经与中国比肩或超过中国，那么，对于日僧来宋后购买并送回日本的更大量的宋朝书籍又应该如何看待？中国向日本求书，激发了当代日本学者的自尊，也增加了当时日本知识分子的自信，这可以说也就是太平兴国八年(983)八月一日，日僧奝然搭乘吴越商人陈仁爽、徐仁满等的船从九州岛渡海入宋时日本社会的背景。日本僧界和学界因此事而自大的人是有的，日本僧界中相对自信的是天台宗、比睿山集团中的二流人物，真正有学问的以及其他寺院中的高僧，未必如此。宋朝佛教事业和佛教研究的新变化，还是不能被忽视的，明智的日本僧人在热心关注着这一变化，如果奝然瞧不起中国佛教界，他是不会来宋朝的，更不会让他的弟子再来中国求经。而且寂照、成寻等日僧来宋后的不归说明了宋朝的文化魅力，日本当时就有人承认寂照是“慕华风”而不归。

总之，宋代的中日书籍交流是双向的，日僧奝然等来宋朝时固然携来了一些中国散佚的书籍，而来宋日僧回国时携回了更多的中国新版书籍，如奝然携回的宋雕版《大藏经》等远远多于他带来中国的。日本的书籍逆输入宋朝是无法与其吸收宋朝文化的主流相比的，何况书籍已经成为当时宋日之间的重要物流和大宗商品。在宋代，日本的佛学研究或者文化水平尚不能说赶上中国，甚至凌驾于中国之上。

即使在10世纪，日本高僧源信通过宋朝商人向中国赠送了《往生要集》等几部新作(参见前文)，11世纪最著名的学者，撰写《今昔物语》的源隆国，通过成寻将其著作《安养集》随同书简一道送到中国。这些日本人撰写佛教书籍和随笔等逆输入中国也说明不了什么问题，它们在中国的反应很有限。

第四节　北宋文物东渡日本的意义

大宋朝廷对来宋日僧的赏赐

中日文化交流过程中，书籍是商品也是赠物。本节将讨论中日朝野互赠物品负载的文化，赠物的背后一般有特殊的象征意义或暗示，或者在于政治文化，或者反映了宗教理念，例如寂照带来宋朝展示的绣佛，曾令宋人见之惊叹。另一方面互赠物品也反映了日本社会的风貌，自宋朝输入物品的消费者是日本贵族、寺社等庄园主，反映了日本贵族的消费观念，日本庄园的经济实力；日本回赠的物品则向中国人展现了日本贵族的情趣。

奝然、成寻等来宋后的贡献都获得了北宋皇帝大量的回赐。这类器物的礼尚往来也可以称之为“朝贡贸易”，至少两者没有实质上的差别，北宋皇帝给日僧大量的赏赐并非冲着他们个人而来，实际上是为了收买日本国人之心而为。

宋真宗皇帝给寂照的赏赐不见具体数目记载，想亦不少。对于日本特别需要中国的何种“物货”，宋朝皇帝也是很关心的，真宗皇帝就曾问来宋日僧成寻：“本国要用汉地是何物货?”成寻回答：“本国要用汉地香药、茶碗、锦、苏芳等也。”①成寻说得很简单，但特别提出日本对于“茶碗”的需要，这说明中国茶文化开始比较广泛地被日本社会接受了。

当然这里的茶碗也包括一般使用的饭碗，中国江浙安徽一带有将饭碗叫茶碗的习惯。

宋神宗皇帝给予成寻等人的赏赐，成寻在他的《参天台五台山记》中有详细的记载。《宋史》仅载：“神宗以其远人而有戒业，处之开宝寺，尽赐同来僧紫方袍。”这是在强调给日僧的荣誉，宣示主上对臣下的奖赏。总之，以上宋朝的赏赐基本上是依据外交礼仪而行，类似册封，或者就是一种册封。日僧的请求也是以佛教经典为主，表明他们的使命是输入文化。

当然宋朝精美的文物(以商品为中心)主要是通过商人输入日本的，只有他们才能满足日本朝野的“唐物”崇拜。这方面的内容在本书有关章节中已经涉及，此略。但是，大宋皇帝的赏赐品、商人销售的商品，潜移默化了日本上流社会的时尚，到南宋时期，日本掀起了吸纳和玩味中国文化的高潮，禅宗和茶道在贵族之间的流行、对南宋顶像画的礼拜、茶人对宋朝茶碗名器的追求等是其象征。

大宋民间对来宋日僧的施舍

除了大宋朝廷的赏赐，北宋商人的贩卖之外，宋朝民众也以施舍和馈赠的方式通过来宋日僧输出日本各种物货。例如奝然带回日本的十六罗汉画等佛像，多数可能是奝然私人购买的，其中不乏宋人的结缘和施舍。

---

① 〔日〕平林文雄：《〈参天台五台山记〉校本及其研究》(上)，东京：风间书房昭和五十三年(1978)版，第120页。

奝然携带回日本的各种物品中最著名的是现存于京都嵯峨清凉寺的佛像及其胎内所藏有关物品。奝然在台州雕刻释迦牟尼佛栴檀瑞像时，获得了宋人为结缘而施舍的大量物品，奝然将这些物品记入明细账《入瑞像五藏具记拾物》，并藏入释迦牟尼像胎内，带到了日本，那些物品一直保存到1953年修理时才被发现。具体如下：

入瑞像五藏具记拾物：

台州都僧正景尧舍水精珠三颗。

开元寺僧德宣舍水精珠三颗，僧保宁舍水精珠二颗，僧居信舍玛瑙珠一颗，僧鸿粹舍水精珠一颗，僧鉴端舍水月观音镜子一面、铃子一个，僧清耸舍银弥陀佛、水月观音镜子一面，僧契瞻舍佛眼珠一双，僧契宗舍镜子一面，僧建宝舍金刚珠四颗。①

苏州道者僧舍水精珠一颗。

妙善寺尼清晓、省荣、文庆，并余七娘，舍佛五脏一副：

胃(白色)、心(赤色，藏玉)、肝(赤色，藏香)、胆(绀色，藏舍利)、肺(红色，藏梵书)、肚(锦，藏香)、肾(紫色，藏香)、喉(白色)、肠(白班色)、背皮(白色)、脂(黄色)。

造佛像博士　舍文殊像入肉髻珠。

陈袍儿年一岁，舍入右手银钏子一枚。

日本国东大寺法济大师赐紫奝然舍佛舍利一颗、菩萨念珠一钏、镜子一面、《最胜王经》一部、裟罗树叶、金玉宝石等。

日本国僧嘉因舍小书《法华经》一部，灵山变像一帧[铺?]。

雍熙二年八月初七日造像之次，入佛牙于像面，至巳后时，佛背上出血一点，不知何瑞，众人咸见，故此记之。雍熙二年八月十八日。

法济大师赐紫奝然录，造像博士张延皎，勾当造像僧居信。②

其中的"水精珠、玛瑙珠、水月观音镜子、铃子"等通称为"七宝之属"，是修法所用或密教法器，水晶珠、玛瑙珠和金刚珠甚至被视为佛舍利的替代品或象征物。这些既反映了日本当时浓厚的密教空气，也反映了宋朝僧俗大众浓厚的宗教崇拜，广泛结缘、积累功德。日本僧人传入此物不仅是结缘、也有

---

① 此为清凉寺释迦如来像内纳入文书之一，标点为本人所加，此处格式略有变动，原件每人当列一行。

② 〔日〕濑户内寂、光顺:《清凉寺》，编入《古寺巡礼　京都21》，东京:淡交社昭和五十三年(1978)版，第120页。该书彩图27是原件照片。

传教、兴教的需要。这是日本来宋僧人在中国巡礼、修法期间得自中国民间人士为结缘的馈赠品。

在这些物品之中，最能反映宋朝医疗解剖学知识、工艺的是作为佛像内脏的代替品，特别是五脏的造型和颜色：

> 妙善寺尼清晓、省荣、文庆，并余七娘，舍佛五脏一副：
>
> 胃（白色）、心（赤色，藏玉）、肝（赤色，藏香）、胆（绀色，藏舍利）、肺（红色，藏梵书）、肚（锦，藏香）、肾（紫色，藏香）、喉（白色）、肠（白班色）、背皮（白色）、睹（黄色）。①

足见宋朝造像的精细，尽管这些物品输入日本后，未被众人及时看见实物，有关知识的介绍肯定对日本影响很大。

类似这样的布施，寂照、成寻等在宋朝各地寺院并沿途路中显然得到了很多。例如成寻，尽管他曾经批评过一些中国老百姓的吝啬，但更多的是遇到热情的帮助，慷慨的施舍，从他《参天台五台山记》的许多记载可知，宋朝官民往往对成寻等总是不断给予优待宽免，如成寻在熙宁五年五月十三日就有这样的记载："次过五里至陈七叔家休息。诸人吃茶，虽与钱家主不取。"②夏应元先生有专文《从〈参天台五台山记〉看成寻在宋的收入及待遇》③对他的不同收入作了详细的归纳，这里不赘述。

① 〔日〕京都国立博物馆编：《释迦信仰与清凉寺》（京都国立博物馆 1982 年展），京都：京都新闻社昭和五十七年（1982）印刷，第 91 页。

② 〔日〕平林文雄：《〈参天台五台山记〉校本及其研究》（上），东京：风间书房昭和五十三年（1978）版，第 22 页。

③ 载〔日〕村井章介编《8～17 世纪在东亚的地域人物情报的交流》，东京：东京大学教材出版平成 16 年版，第 376～391 页。

第十二章　宋朝艺术风格对日本的浸润

第一节　北宋雕塑艺术等对日本的影响

藤原道长时代的日本造像和观相修行高潮

关于894年至1170年的日本艺术特征，日本学者石田一良在他的《日本美术史》中曾如此评价：

> 这个时代的美术，就整个文化现象看，人们认为是自醍醐天皇治世时停止再派遣唐使以来的日本独有性格的产生与完成期。但我却不这样认为。拿住宅建筑与服饰来看，那些被我们看成日本化的藤原时代的东西，实际上是中国产品的日本变形。至多是中国品类的日本化。平安美术，广义地说平安文化，并不是充分发挥日本固有风格的“国风文化”，而是中国这些文化日本化的“国风”文化。①

这一时代的日本艺术，包括绘画、雕刻、书法、诗歌等“自由艺术”，和建筑、园林、装饰美术、工艺美术等“实用艺术”②，如何在“日本化”的过程中接受五代、宋文化的影响，也是本书力求说明的一个问题。王朝时代的日本装饰美术、工艺美术，在本书的第十五、十六章将有所涉及，本章以佛教艺术为切入点，研究这一时期日本的雕刻、绘画和建筑艺术。

---

① 参见〔日〕石田一良著《日本美术史》，杭州：浙江美术学院出版社1989年版，第72页。中国学者刘晓路的《日本美术史纲》也持这一观点，认为“894年成为日本美术史上一个重要的分界线。在此之前称平安前期或弘仁贞观时期；以后称平安后期或藤原时期。平安前期仍为唐样文化时期，平安后期为国风文化时期”。见同书44页。

② “实用艺术”和“自由艺术”的区分，参见〔日〕平山观月著《书法艺术学》，成都：四川人民出版社2008年版，第25页。

佛教发展对于艺术进步的贡献是难以用语言形容的，尤其是雕刻、绘画和建筑艺术，而这一艺术的产生根源于偶像崇拜。自从日本接触佛教以来，很快震撼日本人心的也许就是那高大威严的佛像，因为日本的神道信仰本来是没有偶像的，偶像对于日本人是全新的艺术。

佛教是一个重视偶像崇拜的宗教，这一崇拜的形成与东方封建文化、专制文化有着深刻的关系。在原始佛教时代，佛教并不是奉行偶像崇拜的宗教，“似乎在所有的宗教中，唯有佛教特别强调必须以实践达到觉悟”①。释迦牟尼在世的时候就不主张弟子对他搞偶像崇拜，直到他涅槃近 6 个世纪后印度贵霜王朝的迦腻色迦时代（公元 2 世纪中期）才出现真正为人所崇拜的佛像。关于佛像的起源，大量佛经以及中国的史料举出了优填王最早在赏弥国都城的精舍制作释迦牟尼栴檀瑞像之事，优填王和释迦牟尼是同一时代的国王，这一说法（最早见于《增一阿含经》）显然是盛行佛像崇拜以后形成的，不过 10 世纪的日本教徒对这一传说是深信不疑的。

为了自我救赎，并降服冤魂，藤原道长一族营造的法性寺、法成寺、平等院，推动了日本建寺、造像的高潮。以“住持佛法，镇护国家”的自负心理，藤原道长在法成寺正殿安置了三丈二尺的大日如来像（也有说是毗卢舍那佛、释迦像），旁边安置了二丈的释迦、药师、文殊、弥勒像，还配置了梵天、帝释、四天王像②。在其他佛殿则安置了药师佛像、阿弥陀佛像等众多的佛像，法成寺西厢的阿弥陀堂（亦即“无量寿院”）安置了九品阿弥陀佛像，就是根据源信式的净土教而设置的。道长等的行为推动了日本观相修行方法在贵族之间的流行，以及观相美学的丰富。

观像修行在日本的流行，观相的美学日本化，也是受印度和中国文化的影响。古代印度人迷信相貌形容，认为凡是将来有大作为的人必然有一种与众不同的好身材、好相貌，被神化的佛因此具有非凡的“三十二相”“八十种好”，全称“相好”，成为僧徒崇拜的对象。于是在佛教徒之中便有了“通过观察体味佛的体貌相好而净化自己的灵魂”的修持方法，名曰“观像”③。传到中国，出现了许多因观像而得道的教徒，《高僧传》中有关观像而“觉禅”、观像而欣喜“坐化”的记载比比皆是。10 世纪末的日本，源信等是倡导观像念佛的最得力者，著作郎庆滋保胤撰《十六相赞》可以说是支持他的“观相念佛”主张的，奝然 983 年也正是在这种气氛之下渡海来宋朝求“梵容”佛像的。

---

① 阮荣春：《佛教南传之路》，长沙：湖南美术出版社 2000 年版，第 1 页。

② 参见〔日〕石田一良著，许极燉译：《日本文化：历史的展开与特征》，杭州：杭州大学出版社 1991 年版，第 76～77 页。

③ 吴焯：《佛教东传与中国佛教艺术》，杭州：浙江人民出版社 1991 年版，第 38 页。

宋初的观像修行与日僧的西游观像

奝然摹刻并请释迦牟尼佛像回日本，就是服务于日本的观像修行，奝然来宋朝，观相修行是目的之一。故宋太宗太平兴国八年（日圆融天皇永观元年，983）九月，奝然上天台山"瞻四果之真居"①，四果即五百罗汉，寺内有其像。十月十一日，北上汴梁途中过浙江新昌县时礼拜"三生所制百尺弥勒石像"，即著名的剡溪大佛，位于新昌县西南南明山大佛寺，"为江浙第一大造像"②，建有台阁殿堂的大像窟。无论其"灵阁巍峩"，还是大弥勒佛像的奇特"梵容"，都让奝然赞叹不已、感动不已。该佛像不是奝然在日本通常所见的那些，完全一幅日本化的面孔③。十月十八日，到扬州龙兴寺参拜释迦牟尼佛像。十一月十五日，入泗州普照王寺参拜观音菩萨。太宗雍熙元年（984）四月，上五台山于菩萨真容院礼拜文殊菩萨。

奝然在宋巡礼期间所观之以上罗汉、菩萨、大佛诸像中，他最希望观礼的就是释迦牟尼栴檀瑞像。因该佛像从扬州开元寺转移到都城汴梁，奝然等到京后即直接向宋太宗皇帝申请，获得特别批准后，即入内里滋福殿礼拜供养。

对于信仰大乘佛教的日本南都诸寺，以及众望所归的奝然来说，来宋或者到天竺的目的是普度众生，是为了在日本建立新的"释迦一佛月氏之戒坛，兼写久远迦叶之法式"④，是为了方便日本僧俗的观像修习而积累功德。

佛教徒最初雕刻并树立佛像的目的是为了宣传佛教，因此"设像"、"行像"和课读佛经传教是紧密结合在一起的。佛教在中国初传时，也从"设像行道"开始⑤。

奝然来宋"志在斗薮"，想回日本国后在都西边的爱岩山建立新的寺院。建寺自然必须设像立尊，针对当时所处的末法时代，面对大众感到灭法时代来临的绝望，奝然最好是迎立释迦牟尼佛像作为主尊，这是依据南都各寺宣传的"回归释尊的根本理念"⑥。依据《梵网经》偈颂"毗卢舍那佛，化千百释

---

① 〔日〕塚本善隆：《塚本善隆著作集第七卷・净土宗史、美术篇》，东京：大东出版社昭和五十年(1974)版，第215页。

② 任继愈主编：《中国佛教史》第三卷，北京：中国社会科学出版社1988年版，第744页。

③ 〔日〕塚本善隆：《塚本善隆著作集第七卷・净土宗史、美术篇》，东京：大东出版社昭和五十年(1974)版，第215页。

④ 〔日〕佚名《南都睿山戒胜劣事》，收入《大日本佛教全书》第105册《戒律传来记(外十一部)》，东京：名著普及会平成二年(1990)版，第15页。

⑤ (梁)释慧皎撰《高僧传》，北京：中华书局1992年版，第15～16页。具体参照郝祥满著《奝然与宋初的中日佛法交流》，北京：商务印书馆2012年版，第175～179页。

⑥ 〔日〕冈玄雄：《日宋交涉与南都净土教》，载《佛教史学》第八卷第一、二合刊号，1959年版，第59页。

迦，复显千释迦；释迦千百亿，来迎众微尘”所示，迎立释迦牟尼瑞像也是情理之中。奝然在《为母修善愿文》说“愿次诣中天竺，欲礼释迦之遗迹”，便是暗示要迎来释迦牟尼真身佛像。平安末期日本流行念诵弥勒佛，根据《增一阿含经》，弥勒佛曾为释迦牟尼身边受法的菩萨，释迦预言弥勒于30劫后当成佛，按照大乘佛教的一般说法，在释迦死后56亿7千万年，弥勒菩萨将从兜率天宫下降娑婆世界成佛，教化众生。奝然迎来释迦牟尼真身佛像，回归佛祖，和当时日本流行的弥勒净土信仰是一致的。

插图12-1　奝然所造释迦牟尼佛像②

到宋朝观像修行也是此后来华的成寻、戒觉等日僧的理想，在宋期间也都虔诚观礼过宋朝各大寺的佛像，感受佛法僧之庄严，例如成寻熙宁五年(1072)四月二十九日巡礼杭州兴教寺的时候：

> 寺教主、诸僧来向，诸共礼堂，堂庄严甚妙也。大佛殿释迦三尊。次礼十六罗汉院，皆等身造像也。次礼天台九祖等身造像。次礼五百罗汉院，长三尺造像。次文殊堂。次深妙天王堂。次阿弥陀堂，有三年行道念佛诵《弥陀经》僧，大佛殿后二角，有等身大弁、功德天像。次礼鬼子母堂。①

成寻的日记《参天台五台山记》中有太多类似的观礼佛像、“行道念佛”的记载，兹不一一胪列。具体参见该书。

① 〔日〕平林文雄：《〈参天台五台山记〉校本及其研究》(上)，东京：风间书房昭和五十三年(1978)版，第16页。“沙”改订为“妙”。

② 〔日〕《周刊：京都漫步》第1卷第8号，东京：日本写真印刷株式会社平成十五年(2003)版，第15页。

栴檀瑞像摹刻东传日本并流传的结果

从前文的分析可知佛教观像及其对佛像雕刻艺术的意义,奝然一行来宋观像、巡礼、求法的目的之一就是要"设像行道"。奝然到宋朝朝拜开元寺内来自印度的著名优填王造释迦像,这是他们早就计划好的,因为在宋代,该像"以灵异著闻海宇"①。

从随同奝然来宋的弟子盛算停住扬州开元寺和汴梁观音院期间抄写的《优填王所造释迦栴檀瑞像历记》②及其附记的以下内容中看,奝然、盛算师徒此行来宋早就有礼拜和奉请栴檀瑞像的计划,摹写带回日本也并非一时兴头。

> 先师法桥上人(考:赐资法济大师奝然——原注)为果宿念,本朝永观元年八月一日驾吴越商客陈仁爽、徐仁满等归船渡海,当大宋太平兴国八年著彼朝岸。其后至十月蒙宣旨,得台州使入京之间,十一月十八日,到淮南扬州开元寺,安下地藏院,为是礼拜栴檀瑞像也,而有阁其像不坐。爰就寺僧寻问之处,答曰:"瑞像始自晋代至于大晋高祖代数百岁,安置于当寺,代代帝王供养。而逮于伪吴大丞相李昱(煜)为政,吴称大唐之时,迁江都南升州金陵建业城,彼时,件瑞像移以安置长先寺,即伪唐升元年中也。当大朝大晋大祖石皇帝之代矣。至大宋太祖皇帝乾德年中,破伪唐金陵,擒伪主李昱(煜),入京师之日,迎栴檀像,安置东京梁苑城左街开宝寺永安院中供养。大宋第二主今上皇帝,迎入内里滋福殿,每日礼拜供养。僧等到京之日,礼拜不难者。"
>
> 盛算住院之间,传写此记早毕。
>
> 十二月十九日到京。廿一日日本僧等入觐皇帝,即蒙宣旨,与客省承旨行首张万进,共入左街明圣观音禅院,得住房安下。明年正月中蒙圣旨,巡礼京大小寺院。之后,经奏闻,与张行首共参入滋福殿,大师并一行人礼拜瑞像。三月奏闻参五台山由,随赐公凭参山。巡礼山中之后,巡游诸方圣迹,其后归到东京。
>
> 爰大师有移造此像之心,欲奉造之间,其像移以安置内里西化门外新造启圣禅院。院是今上官家舍一百万贯钱所造也。于是招雇雕佛博士张荣,参彼院奉礼见移造。彼朝雍熙三年,载台州客郑仁德船,奉迎请

---

① (元)陶宗仪:《南村辍耕录》,沈阳:辽宁教育出版社1998年版,第202页"栴檀像"。

② 该记注明为"江都开元寺讲经论内殿陪从赐紫沙门十明上",据说是由后唐长兴三年(932)江都开元寺僧十明所撰(待考)。

像耳，本朝永延元年(987)也。[①]

在上引《优填王所造释迦栴檀瑞像历记》的附记[②]中，盛算法师说明了奝然参拜和摹写、雕刻的大体经过。奝然在得到批准礼拜栴檀瑞像的同时摹写了该佛像，弟子盛算也是在同时抄写了《优填王所造释迦栴檀瑞像历记》，这从该记后所注“雍熙二载乙酉二月十八日，于梁苑城左街·明圣观音禅院，借得开宝寺永安院本写取。日本国东大寺渡海巡礼五台山僧盛算记”的内容可知[③]，这是在汴梁所抄。盛算等人希望借栴檀佛像抬高新建的日本五台山清凉寺的地位，并扩该寺的大影响，曾假称该像是他们在宋朝京城雕刻时掉包的“梵容”原像，在他的这一谎言影响之下，日本人长期以来竟然都相信在京都清凉寺所供奉的这尊栴檀瑞像就是当年优填王所雕刻的那尊[④]，直到1953年它胎内各种文书被发现才揭穿谎言[⑤]。

释迦牟尼佛的这尊瑞像传说是历史上的第一尊佛像，成于释迦牟尼生时。佛教寺院通常情况下只在大殿供奉一位主尊，释迦牟尼像，因为他是佛教的缔造者。释迦牟尼这尊立像左手下垂作“与愿印”，表示能满足众生愿望；右手屈臂上伸作“施无畏印”，表示能解除众生苦难，这正合末法时代厌离秽土的日本人的需要。因为释迦牟尼佛像“写貌或到于中华，以日域之遐陬，想梵容而难覩”，奝然从汴梁一回到台州就着手雕刻释迦牟尼佛像，“舍衣钵，收买香木，召募工匠，依样雕镂”[⑥]，雕像工匠特请“大宋台州张延皎并弟延袭雕”[⑦]。瑞像于宋雍熙二年(985)七月二十一日开雕，到八月十五日完成并为瑞像装入五脏。从栴檀佛像腹腔的设置，以及五脏代替品的造型和颜色[⑧]可以看出，宋朝造像非常精细和精致。

奝然等请回日本的佛像不止这一尊，988年他派遣弟子嘉因等到宋朝五台山施财供养时，又请回一尊文殊菩萨雕像，这两尊宋朝雕像东渡日本都轰

---

① 〔日〕铃木学术财团编：《优填王所造栴檀瑞像历记》，收入《大日本佛教全书》第51卷(图像部1)，东京：讲谈社昭和四十七年(1972)版，第50页下～51页上。

② 此可以视为盛算有关奝然的回忆录，该《记》内容可以补充或者佐证奝然的日记。

③ 〔日〕铃木学术财团编：《优填王所造栴檀瑞像历记》，收入《大日本佛教全书》第51卷(图像部1)，东京：讲谈社昭和四十七年(1972)版，第50页中～50页下。

④ (元)陶宗仪在《南村辍耕录》中也论及“栴檀像”，具体参见辽宁教育出版社1998年出版的《南村辍耕录》，第202～203页。

⑤ 具体参照郝祥满著《奝然与宋初的中日佛法交流》，北京：商务印书馆2012年版，第183页。

⑥ 〔日〕竹内理三编：《平安遗文》古文书编第九卷，东京：东京堂昭和三十九年(1964)订正版，第3483页。

⑦ 转引自〔日〕毛利久：《清凉寺释迦像变迁考》，载日本《佛教艺术》第9编第35号，东京：每日新闻社昭和三十三年(1958)版，第2页。

⑧ 参见本书第十一章相关介绍，此略。

动了列岛。

成寻送5位弟子回日本国时也顺便送回了佛像,他在熙宁六年(1073)六月十二日的日记中明确记载了,他与陈咏"相定新译经、佛像等买船可预送"之事,亲见"物实者入孙吉船了。五人相共今日乘孙吉船渡了"。[①]

从艺术角度来看,894年以后,在整个宋代,作为影响日本雕刻艺术的中国雕刻艺术代表作品,有据可查的就是奝然摹刻并请回日本的这一尊清凉寺式释迦牟尼佛栴檀佛像。该像就是现存于京都嵯峨清凉寺的佛像,已经被定为日本的国宝。该佛像是印度艺术和中国艺术的结合,因为雕刻者造像博士张延皎在雕刻的过程中融入了中国人的思想和审美观,有学者怀疑此像从印度传来的真实性,如此则更说明中国风格的存在。

这尊犍陀罗风格的栴檀佛像对于后来日本的佛教信仰和佛教艺术的发展产生了深远的影响,传入日本不久就被反复摹写或摹刻。根据毛利久的调查研究和统计,日本现存的清凉寺释迦像的摹刻作品有60躯以上,足见当初它如何的盛行[②]。摹写的同类佛像中,著名的有唐招提寺、西大寺、极乐寺、延命寺西塔、称名寺等的释迦牟尼像,这些像被通称为"清凉寺式释迦像"。

在11世纪的日本,佛像雕刻艺术和其他艺术一样,存在着日本化和追逐中国的竞争,作为日本化的代表是11世纪的佛师定朝,利用"寄木造"的技法雕刻,确立了"和样"风格,体现了平安贵族的唯美情趣,故深得关白藤原道长的宠信。因为当时的日本贵族大量修建私寺,佛像雕刻的大量需求,促进了这一艺术的发展。

894年以后的日本,因为往生净土信仰的流行,朝廷、公卿非常期待宋朝佛像的输入,甚至因宋商(如福州商客潘怀情)搭载有佛像和书籍而原谅他们违反年纪制度的行为,免除驱逐回国的处罚。此类事件可见于《朝野群载》卷五延久三年(1070)一次"阵定定文"中的相关记载。

> 但货物解文之中,注进佛像并文书等,而若被回却者,恐存不被用如此佛像书籍,后来客商永不贡进。仍被免安置,被纳方物,何事之有乎?[③]

---

① 〔日〕平林文雄:《〈参天台五台山记〉校本及其研究》(上),东京:风间书房昭和五十三年(1978)版,第289页。

② 〔日〕毛利久:《清凉寺释迦像变迁考》,载日本《佛教艺术》第9编第35号,东京:每日新闻社昭和三十三年版,第11页。

③ 〔日〕黑板胜美编辑《朝野群载》,收入《新订增补国史大系》第29卷(上),东京:吉川弘文馆平成十一年(1999)新装版,第130页。

可见，佛像在整个北宋时期一直通过商人输入日本，影响了日本的雕刻艺术。

此外还有平面雕像艺术（包括浮雕）。奝然在宋朝雕刻释迦牟尼佛栴檀瑞像时，并在佛像胎内装填了象征内脏的大量物品，其中有宋朝人施舍的如下平面雕刻佛像：即“僧鉴端舍水月观音镜子一面”“僧清耸舍银弥陀佛、水月观音镜子一面”①。

为修建寺院而来宋的奝然，还非常注意调查、研究翻刻佛像的许多细节。比如日本《觉禅抄·两部大日》一书“又象·左拳印”条中，抄录了《奝然法桥在唐记》中以下内容：

> 入昆庐舍那院礼大日尊，件尊智拳印，以左拳安上。还出，之次日参诣三藏房，奉问违说文之由。答云：左有惠名，仍所作也。文。唐本大日三尊奉图。左拳印也。金刚萨埵并同弟为脇士也，委细有别②

奝然日记以上逸文显示，奝然曾向宋朝高僧询问佛像的手印形式等，并有绘图形像。该文在《佛像抄·钩索》（金泽称名寺藏）“异形大日事”条中也有转载，内容如下：

> 《奝然法桥在唐记》云：入毗卢遮那院礼大日尊，件尊智拳印，以左拳安上。还出之次参诣三藏房，奉问违说文之由。答云：左有惠名，仍所作也。云云。③

《觉禅抄》一书完成于13世纪，现被纳入《大日本佛教全书》及日本《大藏经·图像部》，其中有不少关于奝然携回各种图样（包括佛像、雕像等）的记载，他留下的资料至少在成寻（11世纪）以后的一段时间还存在，还被广泛参考利用，以上资料被觉禅和尚所抄录，也正好说明这一点，也正是他的抄录保存了奝然日记的一些残篇。

---

① 〔日〕濑户内寂聽、鹈饲光顺：《清凉寺》，编入《古寺巡礼　京都21》，东京：淡交社昭和五十三年（1978）版，第120页。

② 〔日〕觉禅：《觉禅抄》，收入《大日本佛教全书》，东京：佛书刊行会大正四年（1915）版，第6页上。

③ 〔日〕高楠顺次郎编：《入唐诸家传考》，收入铃木学术财团编《大日本佛教全书》第68卷（史传部7），东京：讲谈社昭和四十七年（1972）版，第179页。

第二节　北宋绘画艺术对日本的影响

奝然以“四曼相大”而引进密教曼陀罗

894年以后,在国风文化的大环境下,日本的画风开始发生变化,突出的表现是在“唐绘”的基础上形成了日本民族风格的“大和绘”。大和绘这一名称的出现,其实也是有意区别于中国风的唐绘,描绘日本的风景和风俗,采用日本的主体、日本的题材①。平安后期的佛画充分表现出了大和绘的特点。

> 1053(天禧元)年落成的宇治平等院阿弥陀堂(今称凤凰堂)的门画,描绘了阿弥陀佛为迎接念佛行者而从空中翩翩飞翔而来的情景。尽管是名为“来迎图”的佛画,但成为其的背景,不能不令人猜想,那不是宇治附近山水的写生吗?它忠实地画出了日本风景的特色。至此,可以说打破了佛画和世俗画区别,形成了的出色的日本画风格。②

大和绘的作品,主要是以幛子(今天的槅扇。古代没有像如今这样的透明拉窗)画、屏风画的形式流行,这与贵族的居住生活及其居室特点有密切的关系③。

尽管大和绘在兴起,但五代、北宋时期中国绘画艺术依然影响着日本,特别是北宋时期的佛像画,到南宋时期,中国绘画对日本的影响侧重于高僧的顶相画。日本不同时期接受中国不同种类绘画的影响,其次在于日本人的兴趣和关注点的转移,他们喜欢新奇。

北宋的中国画家,许多也以善画佛画而闻名,比如北宋最为杰出的李公麟(1049—1106年),他的《维摩画像图》《十六罗汉》《莲社图》均被后人推崇。何以如此?这是北宋佛教信仰通俗化的结果。李公麟原来善画马,“以其耽禅,多交衲子。一日,秀铁面(法秀)忽劝之曰:‘不可画马,他日恐堕其趣。’于是幡然以悟,绝笔不为,独专意于诸佛矣。其佛像每务出奇立异,使世俗惊

---

① 〔日〕家永三郎:《日本文化史》,东京:岩波书店昭和三十四年(1959)版,第95页。

② 〔日〕家永三郎:《日本文化史》,东京:岩波书店昭和三十四年(1959)版,第95~96页。

③ 〔日〕家永三郎:《日本文化史》,东京:岩波书店昭和三十四年(1959)版,第96页。

惑，而不失胜绝处。”①《宣和画谱》载御所藏李公麟的佛画有：“写大梵天像二、揭帝神像一、《不动尊变相》一、护法神像五、观音像三、瑞像佛一、《华严经相》六、《金刚经相》一……”②

佛教密宗之所以能够征服广大民众，主要是它借助了偶像奇特造型的魅力（图像和雕像），密教徒们因此便积极树立偶像，佛教崇拜偶像与密教的发展有重要关系。

密教的传教特点，除了表演神气活现的神通修法之外，便是展示各种图像绘画。“密教把所有佛教理论都用形象表达出来。显教中对某一理论问题的系统解释，密教便用有一定组织的形象来表达，这种形象名为‘曼陀罗’，译为‘坛城’”③。从唐末到宋初，中国密教发展虽然受到限制，但密教绘画艺术却未受到遏制，影响非常深远。这就是奝然来宋朝之后能够携大量佛画、曼陀罗（或作“曼荼罗”）回日本的重要原因。

自空海携带各种密教图像回日本后，以后来唐的日僧竞相模仿，形成风气，既然祖师空海认为：“经疏秘略载之图像，密藏之要实系乎兹，传法受法弃此而谁亦？”④奝然自然会模仿祖师空海和尚求得曼陀罗（曼荼罗）秘宝归日本。据奝然的巡礼日记留下的残篇来看，他非常重视和研究佛像、变相，这与他为建一伽蓝而入宋的目的有关。比如在五台山看到的如下密教壁画，“清凉寺常住院壁上画罗什三藏，译《法华经》时，从笔头出白光，光中现文殊像”⑤。

奝然的祖师空海以“四曼相大”的指导思想判释佛教真言宗，大曼荼罗、三昧曼荼罗、法曼荼罗、羯磨曼荼罗是“四曼相大”。“四曼”之中，凡是诸佛、菩萨、诸神、诸鬼，以及人们的身形、万物的形象皆属于大曼荼罗；对这一切的绘画也是。凡是诸佛、菩萨、诸神、诸鬼的印契，或如所用的东西以及人们的衣服等皆属于三昧曼荼罗；有关绘画也是。

奝然自宋朝求回的佛画通称“变相”，曼荼罗可以算作佛画的一种。而中唐以后佛画在中国的流行，主要是由于大乘佛教中密教的一度兴盛而起，佛画的进一步滥觞不能不说是密宗的推波助澜，佛画在传教方面比佛经有更多

① 李廌：《德隅斋画品》，转引孙昌武著《中国佛教文化史》（第五册），北京：中华书局 2010 年版，第 2624 页。

② 王群栗点校：《宣和画谱》，杭州：浙江人民美术出版社 2012 年版，第 77 页。

③ 周叔迦：《周叔迦佛学论著集》（上、下），北京：中华书局 1991 年版，第 681～682 页。

④ 〔日〕空海：《御请来目录》，载《大正藏》第 55 卷，台北：新文丰出版公司影印版，第 1064 页。

⑤ 〔日〕觉禅：《觉禅抄》，收入《大日本佛教全书》，东京：佛书刊行会大正四年（1915）版，第 639 页。另见于日本《法华验记》零本（镰仓时代书写，东寺三蜜藏藏），书名为《奝然记》。

的优势,"自宋代以后,佛教中颇多不见经传的附会之谈,它也反映在绘画之中"①。按照周叔迦的观点,佛画主要分为以下几类:佛像(最为有名的即"栴檀佛像")、菩萨像、明王像、罗汉像、天龙八部像、高僧像、曼陀罗画(或曼荼罗)、佛传图、本生图、经变图、故事图、山寺图、杂类图、水陆图 14 种②,这些在宋代皆有流行,这些图像奝然可能毫无遗漏地传到了日本。

在奝然所携回日本的佛画之中,部分佛像、菩萨像、罗汉像、经变图画在日本保存至今,仅在清凉寺释迦牟尼佛像胎内就保存了以下变相或曼荼罗:

> 纸本版画《灵山净土图》一枚、纸本版画《弥勒菩萨像》一枚、纸本版画《文殊菩萨骑狮像》一枚、纸本版画《普贤菩萨骑象像》一枚。③

这些都是密教佛画,我们可以看到《普贤菩萨骑象像》(以下简称《普贤像》)和《文殊菩萨骑狮像》(简称《文殊像》)在图下面雕刻有真言咒语,日本学者有人认为这两图是一套。《文殊像》下面有文殊的五字真言"阿啰波遮那"(详细内容此略),菩萨头上云中的梵字为其种子。《普贤像》下的真言如下:

> 伏以等觉慈尊普贤大士,示难思之妙行,开方便之法门,说灭罪真言,除恒沙恶业。若能志心讽诵,每日受持,□□□垢蠲消亦,乃迎祥集福。普劝四众同心课持。真言曰:□　支波哆　毗层波哆　乌苏波哆□(?)④

从这些保存下来的《灵山净土变相图》《弥勒菩萨图》及《普贤像》《文殊像》等看,都是版画,可见当时是大量印刷并出售的。奝然很可能是在寺院或集市上购买来的,或别人购买施舍给他的,相信他带回日本许多类似的变相画,绝对不止藏在瑞像胎内这几件,我们从现藏于日本京都醍醐寺,镰仓时代所作并保存至今的一幅《文殊渡海图》中完全可以做这样的判断,该图正是奝然师徒奉请文殊菩萨到日本的写真。

版画《弥勒菩萨像》右上角有"待诏高文进画"六字,待诏乃"翰林待诏"之略,此高文进乃宫廷画院画师,长于道释画,留有相国寺塔壁画等多种名作,

① 周叔迦:《周叔迦佛学论著集》(上、下),北京:中华书局 1991 年版,第 682 页。

② 具体参见《周叔迦佛学论著集》(下)"漫谈佛画·佛画的种类",第 680~693 页。

③ 〔日〕京都国立博物馆编:《释迦信仰与清凉寺》(京都国立博物馆 1982 年展),京都:京都新闻社昭和五十七年(1982)印刷,第 96~98 页。

④ 参见日本京都国立博物馆 1982 年展报告书《释迦信仰与清凉寺》第 98 页,《普贤菩萨骑象像》和《文殊菩萨骑狮像》插图。□为破损无法辨认之字。

是宋初著名画家，宋朝建有宫廷画院，他的画出现在民间，足见当时宋朝朝野一致的佛教信仰。在版画左上角有“越州僧知礼雕”五字，可知此雕刻者当为知礼和尚。此处的知礼可能就是后来著名的“四明尊者”知礼（960—1028）。从雕刻的时间和场所来判断，应该是他。该画中部左边的刻字“甲申岁十月丁丑朔十五日辛卯雕印，普施永充供养”，可知成画于宋雍熙元年（984）十月十五日①。知礼自979年从中兴教观之祖宝云义通（927—988）学法，984年知礼24岁，在义通的门下已经崭露头角了。在台州、越州长期逗留的奝然与知礼谋面、论法也是情理之中的事。此画知礼或仅施财而已，或亲自动手。

奝然携回的菩萨画像内有一“线刻水月观音镜像”，镜为白铜制圆镜，像刻在镜的背面，在偌大的镜面之上，除在中间雕刻观音坐像之外，上有浮云，下有流水浮莲；左刻供花与瑞鸟，右镂山坡竹林。线条流畅而明快，构图丰富而不紊，宛如一幅水墨画，此足见当时宋朝铜版画技术的高超。此种主体的水月观音不仅在元明两代流行，在日本南朝水墨画中我们可以发现好几例类似构图的水墨画②。据《入瑞像五藏具记拾物》所载镜为端鉴所舍，镜钮上结有绢制的纽带，上书“台州女弟子□娘舍带一条”③。可见当时宋朝佛画，无论是木板画还是铜版画已经大量印行，深入到宋朝普通民众之中。日本平安中期以后，随着本地垂迹说的确立，大量制作类似的镜面像，这无疑是受到了奝然传入的宋朝铜版画艺术的影响，突出的证明就是此后藤原道长通过寂照师徒从宋朝奉请佛像，根据现有记载我们知道他曾经于1012年得到“天竺观音”一幅，1013年再得“天台山图”一幅。其他公卿贵族如藤原实资等也通过宋朝客商或奝然弟子的关系，从宋朝奉请文殊像、十六罗汉像等。

根据《水左记》的记载，平安公卿在法会等法事中，常常“悬唐绘释迦如来像一铺”④。据《别尊杂记》，藤原道长曾将唐本《孔雀明王图》舍入仁和寺，此画成为藤原时代许多日本佛画的蓝本⑤。

成寻在宋朝巡礼期间，对宋朝的密教仪轨、曼陀罗画等也颇有研究，而且成寻师徒也从宋朝购置了许多仪轨图回日本。查成寻的日记《参天台五台山

---

① 〔日〕京都国立博物馆编：《释迦信仰与清凉寺》（京都国立博物馆1982年展），京都：京都新闻社昭和五十七年（1982）印刷，第97页。

② 参见〔日〕濑户内寂聽、鹈饲光顺：《清凉寺》，编入《古寺巡礼　京都21》，东京：淡交社昭和五十三年（1978）版，第122页。

③ 〔日〕京都国立博物馆编：《释迦信仰与清凉寺》（京都国立博物馆1982年展），京都：京都新闻社昭和五十七年（1982）印刷，第99页。

④ 〔日〕增补史料大成刊行会编：《水左记、永昌记》，载《增补史料大成》，京都：临川书店昭和五十年版，第46、52页。

⑤ 参见〔日〕松下隆章：《日本水墨画论集》，东京：中央公论美术出版五十八年版，第4页。

记》，延久五年二月十五日，“三藏令送见藏本《诸教坛图》一卷”①。成寻还将一些顶像画送回日本，例如宋神宗熙宁六年(1073)正月二十三日，将“日本消息预惟观、心贤”，随同书信命二人将《泗州大师像》一铺、杭州能大师画虚空应现《五百罗汉像》一铺递送本邦②。

以上图像输入日本，显然对日本绘画的发展有一定的影响。此外还有屏风画，据《永昌记》等公卿日记载，日本朝廷在法会之中常常设置“大宋御屏风”③，其中当有绘画。

因日僧西游而东传的宋朝罗汉画、罗汉信仰

插图 12-2　十六罗汉像(之一)④

日本佛教入宋以后明显受到了宋朝影响的是其罗汉信仰，这完全是中国化的信仰，与此相关的佛教艺术便是罗汉画。中国历史进入宋朝，净土教和罗汉信仰进一步发展，影响不断扩大，罗汉的形象和性格完全中国化，和下层大众最为接近，最感亲切。画家们也“热衷于表现以现实人物为原型的菩萨与罗汉”⑤。

由于北宋时期来宋日僧留下的资料不多，宋朝罗汉画传入日本影响日本的记录很少，相对资料较多的奝然、成寻都有将罗汉画传入日本的记载。

奝然为日本求法的一个重要贡献就是为日本引入了罗汉画与罗汉信仰。奝然等日僧上天台山巡礼的

① 〔日〕平林文雄：《〈参天台五台山记〉校本及其研究》(上)，东京：风间书房昭和五十三年(1978)版，第 212 页。

② 〔日〕平林文雄：《〈参天台五台山记〉校本及其研究》(上)，东京：风间书房昭和五十三年(1978)版，第 200 页。

③ 〔日〕藤原为隆：《永昌记》，载《增补史料大成》，东京：临川书店昭和五十年(1975)再版，第 102 页。

④ 日本国宝，京都清凉寺藏品。引自〔日〕京都国立博物馆编《释迦信仰和清凉寺》，京都：京都新闻社昭和五十七年(1982)印刷，第 29 页。

⑤ 孙昌武：《中国佛教文化史》(第五册)，北京：中华书局 2010 年版，第 2625 页。

目的之一就是瞻仰和供养四果罗汉，这是自来唐留学僧圆珍上天台山供养五百罗汉以来形成的惯例。但是亲身来天台山"渡石梁、瞻四果之真居"，对于远在海岛的日本人来说是很难做到的，让所有的日本人都得以瞻仰罗汉无疑是巨大的功德，这就是奝然携十六罗汉像回日本的目的。天台山信仰在日本广泛影响的原因之一就是，这里是罗汉显现之地。

罗汉信仰在中国的流行恰恰在"会昌毁佛"事件发生之后，到五代宋初，中国江浙一带罗汉信仰流行尤为突出，因为这是中国化的信仰，罗汉的性格特征更容易被大众接受，所以一时流行出售大量的罗汉画和罗汉雕刻。关于十六罗汉的雕刻方面，最早的有杭州烟霞洞吴越国忠懿王命吴延爽造的十六罗汉①，吴越国忠懿王时造。到宋代增补僧像一，布袋和尚像一，凑数18。至于画16罗汉像在唐朝末年就流行了。吴越王钱氏造五百铜罗汉于天台山方广寺，显德元年（日天历八年，954）道潜禅师得吴越王钱忠懿王的允许，迁雷峰塔下的十六罗汉大士像于净慈寺，创建五百罗汉堂。宋太宗于雍熙元年（日永观二年，984）勅造罗汉像五百十六身（十六罗汉与五百罗汉的合并），奉安于天台山寿昌寺②。想必这些奝然也是能够见到的和感受到的。何况天台山石桥五百罗汉的名号早已闻于日本。

中国在画罗汉像方面，五代时期因罗汉信仰的流行，罗汉像名画师辈出，主要集中在四川、吴越两地，有南唐的陶守立、王斋翰、赵元长③，前蜀的李升、张玄，吴越的王道求，而以前蜀贯休最为有名④。这些人离奝然来宋时代不远，贯休所绘罗汉，"状貌古野，殊不类世间所传。丰颐蹙额，深目大鼻，或巨颡槁项，黝然若夷獠异类，见者莫不骇瞩"⑤，奝然所携罗汉画当为这一风格，太平兴国初，宋太宗收获了很多贯休的罗汉像及其他高僧画像，其像画很流行。

奝然在台州停留了一年多时间，自然受到了宋朝罗汉信仰的影响。所以，奝然返回日本的时候带回十六罗汉画像。该十六罗汉画，现藏在京都西部的嵯峨清凉寺（也被日本政府定为国宝，据说原作被烧毁，现为摹写品），日本有学者认为：它确"是最早传到日本来的罗汉像，但不是著名的有'罗汉面孔'之称的贯休大师的罗汉画，而是另一个系统的李龙眼的十六罗汉画像"⑥。奝然是为日本输入罗汉信仰的先驱，他是为日本国家的宗教事业而

---

① 周叔迦：《周叔迦佛学论著集》（上、下），北京：中华书局1991年版，第708页。

② （宋）志磐：《佛祖统纪》，载大正新修《大正藏》第49卷，台北：佛陀教育基金会1990年版，第399页下。

③ 参考〔日〕梶谷亮治《关于十六罗汉像》，载日本《佛教艺术》第172号，1987年版，第123页。

④ 周叔迦：《周叔迦佛学论著集》（上、下），北京：中华书局1991年版，第707页。

⑤ 王群栗点校：《宣和画谱》，杭州：浙江人民美术出版社2012年版，第37页。

⑥ 〔日〕道端良秀：《日中佛教友好二千年史》，徐明、何燕生译，北京：商务印书馆1992年版，第71页。

输入的，当时的日本是把佛教作为国教。

其次来看成寻，他在给宋朝的申请参拜文书中就自称为罗汉烧香而来。成寻在宋朝各大寺院巡礼观像期间，最让他赞叹的，从日记文字的流露看来，就是罗汉雕像和罗汉画像。

例如宋熙宁六年(日延久五年)五月四日那天斋后参拜龙兴寺，在新堂之内观礼佛像，就认为堂中“十六罗汉最甚也”，“大佛殿西大殿五百罗汉等身像最妙也”①。

自然成寻输入日本的绘画作品中最突出的是罗汉画像了，从成寻的日记记录看，成寻为日本获得不少五百罗汉画。宋熙宁六年(日延久五年)一月二十三日，成寻开列的送回日本的一个物品清单中就有“五百罗汉像一铺，梵才三藏所与，同送日本。杭州能大师画此罗汉像了。虚空应现五百罗汉已亡无多年。云云。三藏被拾(捨)施，感泪难抑”的记载②。从这一记载可见，成寻对传入罗汉像的重视，以及日本对罗汉像及罗汉信仰的迫切需求。那个在日本已经“亡无多年”的“虚空应现五百罗汉”像或许就是当年输入日本。接着一月二十五日在汴梁传法院，成寻师徒“从当院仓借出五百罗汉模印，七人各一两本折取”，显然印刷了多份。另外，这一天(一月二十五日)成寻还特为日本购十六罗汉像，该日的日记中有这样的记载：

> 三藏行者十六罗汉像十六铺、释迦像一铺持来，与直[值]钱十贯四百文、绢三疋了，惣合十四贯也。送石藏料耳。③

此处的“石藏”当指成寻的密教老师石藏文庆，或指他前日日记所提及的石藏经藏(日本石山寺经藏?)。罗汉画的输入对于日本镰仓时代的佛画颇有影响，尤其是对于改革大和绘画法起了颇大的作用。罗汉画是禅宗兴起的标志，罗汉的风格就是禅僧生活粗犷风格的写真。镰仓时代创作的《释迦三尊十六罗汉》是受此影响的代表作之一，可以认为是以奝然所携回的佛画为蓝本而创作的。

与罗汉画像相关，并与禅宗的风习相关的是宋朝高僧的顶像输入日本与顶像的礼拜。

---

① 〔日〕平林文雄：《〈参天台五台山记〉校本及其研究》(上)，东京：风间书房昭和五十三年(1978)版，第278页。

② 〔日〕平林文雄：《〈参天台五台山记〉校本及其研究》(上)，东京：风间书房昭和五十三年(1978)版，第200～201页。

③ 〔日〕平林文雄：《〈参天台五台山记〉校本及其研究》(上)，东京：风间书房昭和五十三年(1978)版，第201页。

奝然是否将有关顶像输入日本，现存的资料中很难找到记载，《小右记》中却有宋朝天台山送日本天台山座主觉庆牒书和智者大师影像的记载，该影像因寺院未及时向朝廷申报，并及时回信答谢宋朝，引起左大臣藤原道长的愤怒①。

相比之下，成寻的日记中可以找到不少他获赠或购买顶像、画像的记载。"延久四年四月三日"，他才上台州海岸，"一船头曾聚志与缝物泗州大师影一铺，告云：有日本志者随喜，千万"②。成寻后来在让弟子赠送日本的一个物品清单中就清楚地注明了："泗州大师影一铺，一船头曾聚所与，送日本。"③从"缝物"的描述可知，这是一幅绢帛画。

成寻在宋朝不少寺院里经常看到宋朝僧人在寺院里悬挂日本高僧的顶像，供养礼拜，显然对来宋日僧感动不已。例如成寻延久四年五月十八日在天台山国清寺时，"有一老僧，将来日本国元灯上人影像、赐紫大师号并赞。依忽剧不书取，但见日本人影，感泪颇下"④。

尽管这次成寻因为时间紧迫，没有来得及抄录像赞，等到熙宁五年（日延久四年，1072）九月五日在苏州普门寺见到日本留宋高僧圆通大师的影像时，便仔细抄录在日记里了。

> 普门先住持日本国圆通大师真赞：
>
> 扶桑海国，有山峻雄，师蕴灵粹，挺生厥中。少慕释氏，早脱尘笼，归我圣代，爱我真风。一锡破浪，万里乘空；祥符天子，廷对弥隆。是身之来，空花可喻；是身之化，水月还同。长天云散，高岩雪融；谓相非相，稽首圆通。
>
> 治平元年五月初一日
>
> 前住持法印大师守坚重修述赞。

此圆通大师便是寂照和尚，早年来宋并拜见宋太宗获赐紫并大师号。今

① 参见〔日〕藤原实资：《小右记》（四），载《大日本古记录》，东京大学史料编纂所编纂，东京：岩波书店昭和三十六年（1961）版，第60～61页。

② 〔日〕平林文雄：《〈参天台五台山记〉校本及其研究》（上），东京：风间书房昭和五十三年（1978）版，第8页。"泗"据他本订正为"泗"，标点亦订正。

③ 〔日〕平林文雄：《〈参天台五台山记〉校本及其研究》（上），东京：风间书房昭和五十三年（1978）版，第200页。

④ 〔日〕平林文雄：《〈参天台五台山记〉校本及其研究》（上），东京：风间书房昭和五十三年（1978）版，第29页。

番成寻是特为礼拜而来,因此“拜圆通大师影,极以悲泪感喜,不可注尽”①。

成寻在宋朝期间也被要求画像留念,他发现,“大唐作法,图自形像悬自房,况师影像,皆图持之”。日本寺院僧人在室内悬挂本宗大师顶像的风气显然因此而来,在宋僧照大师的劝诱下,成寻“虽鸣嘲被写已了”②,应该说他颇为自然地接受这一作法,让宋朝画师画了顶像,并请宋僧作赞(参见本书第六章前引文),请照大师在顶像上书写赞文。后来成寻准备将画像送回日本时,自己也写了自赞:

> 年余六旬,旦暮难期;沧波万里,去留无定。
> 故图真影,送一室人;若闻往生,极乐之日。③

日本寺院在禅堂悬挂祖师顶像礼拜之风虽然在南宋以后才流行起来,显然,此时的潜移默化是后来日本接受影响的基础,尤其是日本茶道在茶室之内悬挂祖师顶像礼拜。

第三节 北宋建筑艺术对日本的影响

来宋日僧对宋朝造塔法的研究及输入日本的塔样

10世纪中期开始,日本贵族的住宅普遍采纳“寝殿造”的式样,即以朝南的寝殿为中心,左右两侧及背后建有配殿,并以游廓把他们连接起来。寝殿南面又从左右两侧配屋向前伸出廊庑,廊庑尽头建造面向水池的钓殿。代表建筑是关白藤原赖通营造的宇治平等院凤凰堂。这种建筑形式是对唐风建筑样式的改造,是建筑艺术的日本化。

在建筑艺术日本化的背景下,北宋建筑艺术通过什么样的渠道对日本产生影响,这里主要从寺塔艺术方面略加分析,因为中国的寺庙建筑,佛塔一直处于核心位置。

---

① 〔日〕平林文雄:《〈参天台五台山记〉校本及其研究》(上),东京:风间书房昭和五十三年(1978)版,第91页。衍文引用时删去,不一一注明。

② 〔日〕平林文雄:《〈参天台五台山记〉校本及其研究》(上),东京:风间书房昭和五十三年(1978)版,第249页。

③ 〔日〕平林文雄:《〈参天台五台山记〉校本及其研究》(上),东京:风间书房昭和五十三年(1978)版,第274页。引文中的衍文引用时删去,“且”为“旦”之误,据文意改正,标点也作了修改,特注。

佛塔，梵文作 Stupa[①]，是寺院的重要标志，是古代印度分奉祀佛骨的圣所，其建筑形式独特而多样。早期的佛教虽然没有佛像，但是不能没有佛塔，如来佛祖的伟大虽然不能用固定的形象去限制他，但凡需要用到佛祖形象的地方，不能不用一些象征物来代替。例如用菩提树代表佛祖的成道，法轮代表说法，塔则代表涅槃。因此，阿育王（？—公元前 232）虽然大兴佛法，置释迦牟尼于神的地位，不仅建造了巨大的砖塔，还建造了众多的小塔广送他国，但他不准雕造佛像，于是人们便通过礼塔而敬佛。从此佛塔成为佛教寺院的标志建筑，礼拜的对象。佛塔在早期佛寺建筑中非常突出，是寺院中轴线上的主体，只是在偶像崇拜兴盛之后才让位于安置"本尊"的大佛殿。日本化的建筑不追求对称美，现代日本寺院的佛塔很多偏在一边了。

中国建佛塔传教，最早是在三国时期的吴国。因西域康僧会（？—280）鼓动孙权追随阿育王建舍利塔而流行，具体参见下文。有塔乃有寺，宋代的塔绝大多数都建在寺院里。作为寺院的标志，其主塔一般为五重乃至九重、十一重、十三重塔，层数最多的是十三层，象征释迦牟尼涅槃后藏舍利的七宝塔。十三层以下七层以上的，大约都是成佛果者的象征，罗汉五层，现在所见日本的寺院一般为五重塔。总之，高塔是建立寺院不可或缺的。

奝然是为了开山建寺而来宋朝求法的，在宋期间非常关注造塔之法，尽管他的日记很少残留至今，但这方面的记载却非常多。如有关重修的应天寺八角八重塔研究的记载[②]，八角形塔是宋塔具有的特殊风格。10 世纪以后，八角形的佛塔在中国成为标准形式，应天寺在今天的南京，此塔为宋太宗太平兴国八年（日圆融天皇永观元年，983）十一月中旬，奝然北上汴梁途中路过时所见。

奝然往汴梁沿途所见八角形的佛塔很多，十五日沿运河北上到达河南道泗州，寄住普光王寺，该寺内最引人瞩目的便是寺内的十三层塔。据奝然日记记载，他曾在此"造益州福成寺[③]八角十三重塔样"[④]。宋朝泗州属淮南东路，州治位于洪泽湖南岸，泗州内普光王寺唐宋以来非常有名，普光王寺乃僧

① 有塔婆、率堵婆、私偷簸、偷婆、佛图、浮屠、浮图、支提等不同的音译，有方坟、圆冢、高显、灵庙等不同的意译。根据任继愈主编的《中国佛教史》（第三卷），塔的本义有二，既为聚相方坟，同时亦为佛庙、佛堂。

② 〔日〕觉禅：《觉禅抄》"造塔法上・九重塔"条，收入《大日本佛教全书》，东京：佛书刊行会大正四年（1915）版，第 2330 页下。

③ 此益州福成寺或指四川益州福感寺，"成"乃"感"之误判，道宣《集神州三宝感通录》卷上载有"隋益州福感寺塔缘十三"。道宣《集神州三宝感通录》当是奝然巡礼中国，求感通的指南之一。

④ 〔日〕觉禅：《觉禅抄》，收入《大日本佛教全书》，东京：佛书刊行会大正四年（1915）版，第 2330 页。

伽和尚所创建,僧伽大圣传说是观音菩萨的化身。奝然此时所见之寺几乎全是宋朝新建的,据《佛祖统纪》载,太平兴国五年(980)五月,“敕内侍卫钦,往泗州修僧伽大师塔,凡十三层。改普照[①]王寺为太平兴国”[②]。据《景德传灯录》卷第二十七载,“皇朝太平兴国中,太宗皇帝重创浮图,壮丽超绝”[③],奝然、成寻都非常关注该寺塔。成寻在他日记中对“八角十三重”的“僧伽大师真身塔”有详细描绘[④]。

奝然曾与同学义藏一起立下的誓愿,开山建寺,故来宋朝求法巡礼期间,处处观礼佛塔,关注造塔之法,学习寺院建筑之技术,并且描绘宋朝新旧佛塔的塔样。有幸的是,奝然来宋正赶上宋朝寺院大兴土木之时,许多寺院因朝廷复兴宗教的政策而焕然一新,例如天台山国清寺、泗州普光王寺、五台山诸寺,京城汴梁诸寺,奝然到访时刚刚修缮一新。他一定会像先辈来唐留学僧道慈图画长安西明寺一样,描绘有宋朝每个寺院的图形,比如东京汴梁的大相国寺。奝然在宋期间,对于宋塔等建筑的研究见于他的巡礼日记之中。《觉禅抄》一书“塔与率都婆差别事”条中抄录有“《奝然入唐记·三》”的以下内容:

> 本朝(指日本)以幢[⑤]率堵婆,讹也。率堵婆者,塔庙短(考:短长高俱作矩——原注)狭无露盘也,即当府开元寺七重塔二,其(共?)不相似。余所塔重重如带,九轮缠迴,塔下广大,末细升如笋,此云率堵婆。云云。
>
> 里云。《部执异论疏第二》云:阿阇世王得舍利,将远果,于舍城、于七叶岩中掘地,深十余丈,于地下起七层塔。云云。[⑥]

此记载选自《奝然入唐记》第三卷,可以确定这是奝然在从汴梁返回台州的途中所记。

奝然是怀着兴建一大伽蓝的目的来宋朝的,这一伽蓝模仿的对象是五台山清凉寺。五台十寺,皆于太平兴国五年(日天元元年,980)正月下诏重修,

---

① 此处改“光”为“照”乃避讳宋太祖、宋太宗之名号。

② (宋)志磐:《佛祖统纪》,载《大正藏》第49卷,台北:佛陀教育基金会1990年版,第398页上。

③ (宋)道原纂:《景德传灯录》,载《大正藏》第51卷,台北:佛陀教育基金会1990年版,第4330页。

④ 〔日〕平林文雄:《〈参天台五台山记〉校本及其研究》(上),东京:风间书房昭和五十三年(1978)版,第100~101页。

⑤ “本朝以幢率堵婆”在《入唐诸家传考》中作“本朝以塔率堵婆”;“其不相似”《入唐诸家传考》中作“共不相似”。

⑥ 〔日〕觉禅:《觉禅抄》,收入《大日本佛教全书》,东京:佛书刊行会大正四年(1915)版,第2328页。

自然庄严异常，虽然现在无法找到奝然描绘的有关五台山等寺院佛塔的图形，但从他日记记载中看到他至少描绘过"益州福成寺八角十三重塔"的图样。藤原道长为建造私寺，曾请人绘天台山图。

塔的种类和作用很多，比较平常的是楼阁式塔、宝箧印塔、舍利塔、灵骨塔、法身塔等。藏经印用者的宝箧印塔是一种小塔，即经幢。经幢是汉化佛教一种最重要的刻石塔形，属密宗系统，一般凿石为圆柱或棱柱，多为八角形，高三四尺，上覆以盖，下附台座。率都婆（或写作"窣堵波""窣屠婆"）多为坟塔，或称舍利塔；没有舍利的或称"支提"。钱弘俶曾经造大大小小八万四千个阿育王塔，亦即宝箧印塔，并送若干至日本，一时引起很大影响，该塔在日本细川家至今还存留一座。

形制较小的灵骨塔或经幢，奝然不仅研究过，在日记中做了记录，而且求得实物回日本。987 年，自宋回归的奝然，携佛法僧三宝入京都时，有公卿大臣亲眼看见其队伍"最初有七宝合成塔，塔中笼佛舍利"①。这个七宝合成塔应该是奝然在宋朝雕凿或建造的舍利塔。作为佛舍利的奉迎佛具，载回日本的该塔可能是奝然模仿亲眼所见的佛牙银塔而做成的。宽和三年（987）二月二十九日，奝然还特别将七宝合成塔和十六罗汉像供皇太后晶子观赏、礼拜。这一七宝合成塔对于日本的影响现在是无法估量的，日本现在为安葬骨灰普遍在寺院造类似的小塔。该塔也可以看做奝然引入日本的建筑模型。

日僧西游礼拜佛舍利及宋朝舍利信仰的东传②

舍利在梵文中作 sarira，指佛的遗体焚化后结成的珠状物，传说晶莹明亮，击之不碎，正是他这一些神奇之处激发了一般民众对于佛祖及其所传佛教的关心。其他的身骨、牙齿、毛发等，也被称为舍利而受礼拜。佛教徒非常看重佛舍利，《大般涅槃经后分》就十分明确地说："供养舍利即是佛宝，见佛即见法身。"③此表示佛去而舍利留，佛灭而法不灭。

中国建佛塔传教，最早是在三国时期的吴国。佛教传入中国不久，西域康僧会来到吴地，以"如来迁迹，忽逾千载，遗骨舍利，神曜无方，昔阿育王起塔，乃八万四千。夫塔寺之兴，以表遗化"来劝说孙权立塔建寺，兴教传法。康僧会还在孙权面前现实了舍利的神奇和灵验，令孙权"大叹服，即为建塔，

① 〔日〕藤原实资：《小右记》（一），编入东京大学史料编纂所编纂《大日本古记录》，东京：岩波书店昭和三十四年（1959）版，第 119 页。

② 详细参见郝祥满著《奝然与宋初的中日佛法交流》（北京：商务印书馆 2012 年版），第 197～208 页。

③ 转引自吴焯：《佛教东传与中国佛教艺术》，杭州：浙江人民出版社 1991 年版，第 48 页。

以始有佛寺,故号建初寺,因名其地为佛陀里。由是江左大法遂兴”①。可见中国塔寺之兴与佛教的舍利信仰有着根本的关系,舍利信仰促进了中国塔寺的兴起和佛教的发展。

中国虽然在晚唐时韩愈曾上表反对迎佛骨舍利,一度有所收敛。到宋初,佛舍利信仰再次复兴,“宋太宗建启圣禅寺,奉优填圣瑞像、释迦佛牙”。此佛牙即著名的“北天佛牙”,此时已经由“太祖亲缄银塔中”,如三国时期的孙权一样,“初太祖疑佛牙非真,取自洛,以火煅之,色不变,遂制发愿文。太宗复验以火,亲制偈赞”②。于是全国各地各大寺院一时大兴土木,立塔建堂。不少天竺僧人闻风携佛舍利及贝叶梵经而来,更有大批宋朝僧人去印度求佛舍利,佛祖已灭千年,哪有这么多的佛舍利等着宋僧来取,不过我们相信,尽管一时有鱼目混珠,还是有一些印度高僧舍利在其中。如《佛祖统纪》卷第四十三载:

> (太平兴国)三年(978)三月,赐天下无名寺额,曰太平兴国、曰乾明。开宝寺沙门继从等,自西天还献梵经、佛舍利塔、菩提树叶、孔雀尾拂,并赐紫方袍。
>
> ……中天竺沙门钵纳摩来,献佛舍利塔、犛牛尾拂。
>
> ……敕供奉官赵镕往吴越迎明州阿育王佛舍利塔。③

《佛祖统纪》中关于宋初此类事件的记载举不胜举,此可见宋朝皇上之深好,臣下僧俗供奉之殷勤,舍利佛塔的兴建一时繁盛。此后天竺僧天息灾、施护、迦罗扇帝等络绎来宋,都携有佛舍利等物上献。宋太宗淳化四年(日正历四年,993),“诏西边诸郡,梵僧西来,中国僧西游而还者,所持梵经并先具奏,封题进上”④,其中当然少不了舍利。奝然来宋巡礼自然受到宋朝这一风气的影响,其日记残篇中就发现有不少关于参拜舍利的记载,誓愿建伽蓝兴佛法的奝然,来宋朝求舍利是来宋求法的重要内容。

比如,在扬州“入龙兴寺(考:扬州鉴真和尚本住寺——原注)礼佛舍利”,奝然不仅看到了“其形如水精碎”的舍利,并了解到“彼舍利者,往代从西天赍

---

① (梁)释慧皎撰《高僧传》,北京:中华书局1992年版,第16页。
② (宋)志磐:《佛祖统纪》,载《大正藏》第49卷,台北:佛陀教育基金会1990年版,第460页下。
③ (宋)志磐:《佛祖统纪》,载《大正藏》第49卷,台北:佛陀教育基金会1990年版,第397页中~下。
④ (宋)志磐:《佛祖统纪》,载《大正藏》第49卷,台北:佛陀教育基金会1990年版,第401页。

来”[①]。奝然在扬州龙兴寺所见舍利似乎不止一件，另外他还礼拜了佛牙舍利，该舍利“长一寸余，有印文”[②]，引起了他极大的兴趣。另，奝然在汴梁也礼拜了佛牙舍利，日本《觉禅抄·舍利》一书“牙舍利事”条引用的以下记载可资参考：

> 《奝然法桥在唐记》云：僧录相引入佛牙院，件佛牙从西天传来。长一寸余，黄暑（白欤——原文旁注）色也。不异人齿。[③]

成寻来到宋朝国都汴梁后，先后被引领到汴梁的启圣禅院佛牙堂和大相国寺佛牙堂，两次见到佛牙。第一次所见佛牙“有敕封，简之，内有七宝塔”，佛牙即藏该塔内，“长一寸三分，广六分，厚四分”[④]。此佛牙似乎为“佛齿”舍利，即被宋朝两代开国皇帝检验过的“北天佛牙”，根据《佛祖统纪》记载，太平兴国五年（980）五月，“诏建开圣禅寺于诞生之地，奉优填王栴檀瑞像，释迦佛牙，太祖亲缄银塔中”[⑤]。显然，奝然和成寻都享受到了礼拜佛牙的特殊礼遇。

奝然来宋朝不仅仅是为了巡礼，礼拜舍利佛塔之外还要求舍利回日本。资料显示奝然986年从宋朝求得舍利回日本了，而且视为珍宝，这正说明他来宋朝的目的是为了求法，为了借助所谓的佛舍利在日本建寺弘法。日本平安公卿的日记《小右记》在一条天皇永延元年（宋太宗雍熙四年，987）二月十一日条中记载有奝然携得自宋朝的佛法僧三宝入其京城时的情景：在仪仗队伍的“最初有七宝合成塔，塔中笼佛舍利，即载舆中，人担之”[⑥]。此塔中所笼佛舍利肯定是奝然从宋朝请来的。奝然983年来宋朝最大的成就之一就是为日本摹刻了释迦牟尼佛的生身像，即现在供奉于日本京都西五台山清凉寺的那尊释迦牟尼栴檀瑞像，在释迦牟尼佛像的胎内奝然就舍入了舍利，这在奝然亲手所记《入瑞像五藏具记拾物》中有“日本国东大寺法济大师赐紫　奝

① 〔日〕高楠顺次郎编：《入唐诸家传考》，收入铃木学术财团编《大日本佛教全书》第68卷（史传部七），东京：讲谈社昭和四十七年（1972）版，第179页上。

② 转引〔日〕木宫之彦著《入宋僧奝然研究—以其随身品和携来物品为主》，东京：鹿岛出版会昭和五十八年（1983）版，第32页。

③ 〔日〕觉禅：《觉禅抄》，收入《大日本佛教全书》，东京：佛书刊行会大正四年（1915）版，第2448页下～2449页上。

④ 〔日〕平林文雄：《〈参天台五台山记〉校本及其研究》（上），东京：风间书房昭和五十三年（1978）版，第131页。

⑤ （宋）志磐：《佛祖统纪》，载《大正藏》第49卷，台北：佛陀教育基金会1990年版，第398页上。

⑥ 〔日〕藤原实资：《小右记》（一），编入东京大学史料编纂所编纂《大日本古记录》，东京：岩波书店昭和三十四年（1959）版，第119页。

然舍佛舍利一颗”的记载[①]。舍利通常是装在葫芦形小玻璃瓶子内,该瓶1953年发现时已经破碎,不知舍利是否被考察团发现。另从《入瑞像五藏具记拾物》的记录中还可知,宋朝僧侣们在该像胎内还舍入了大量的水晶珠、玛瑙珠和金刚珠,这可以视为佛舍利的替代品或象征物,“《悲花经》云:舍利变异相琉璃宝珠,乃至珍珠云”[②]。足以反映了当时宋朝舍利信仰的流行。

在五代宋初,高僧舍利信仰在中国已经形成,赞宁的《宋高僧传》中就记载了不少自唐朝贞观年间到宋初的僧传,其中可以看到不少与佛舍利不同的高僧舍利的记载,这些高僧舍利的颜色和形状与佛舍利也差不多,或“明白而润大”,或“五色粲然圆转”。由于火葬自唐朝末年以来在僧侣当中已经很流行,出舍利的机会和数量自然很多,或载有七粒、十四粒、四十九粒,或记有八百余粒、一千余粒,甚至以“升”来衡量。说七粒、十四粒、四十九粒是因为对“在佛教世界里被尊为圣数‘七’的重视”[③]。宋朝高僧舍利如此之多,奝然来宋朝求回日本的当为宋朝高僧的舍利,说是佛舍利乃出于宣传的需要。1004年成书的《景德传灯录》中也有二十多例提到舍利的记载。

奝然来宋的一系列行为无疑是受舍利建塔、“延长佛身”[④]、弘扬佛法思想的影响,不仅通过巡礼为个人积累功德,更是为日本芸芸众生建立一寺院,发展一宗派,在宋朝期间关注有关建筑和雕刻技术,积极引进,就是为了这一目的。

日僧巡礼宋朝塔寺内外的记录及其对日本的影响

北宋寺院建筑对日本产生影响的相关史料,目前可见不多,只有奝然等人的日记残篇中略有发现。成寻日记及奝然日记残篇显示,他们来宋期间非常重视研究宋佛教仪轨。佛寺仪轨涉及内容广泛,包括建筑格局、佛像安排、管理机构及其人员的设置等,佛教礼仪是其重要部分,还包括佛教用品、佛事法会,以及僧人的衣服、用的物件和作佛事的乐器等方面的分类和规定。佛事法会、节日庆典等具体内容都涉及仪轨、礼仪。

宋代寺院建筑布局(如塔的设立)已经介绍,基本上以殿堂为中心,殿堂和塔一样被置于中轴线上,殿阁作用是安置佛像,以供礼拜。殿堂布局、佛像

---

① 〔日〕京都国立博物馆编:《释迦信仰与清凉寺》(京都国立博物馆1982年展),京都:京都新闻社昭和五十七年(1982)印刷,第91页。

② 〔日〕觉禅:《觉禅抄》,收入《大日本佛教全书》,东京:佛书刊行会大正四年(1915)版,第2450页上。

③ 具体统计参见〔日〕西胁常记的《舍利信仰和僧传》一文,载《中国禅学》第三卷(吴言生主编,北京:中华书局2004年版),第104~120页。

④ 转引自吴焯:《佛教东传与中国佛教艺术》,杭州:浙江人民出版社1991年版,第8页。

布置必须尊崇一定的仪轨，为适应法会的要求，遵循一定的礼仪形式。

来宋日僧奝然、成寻等的日记中，对所见宋朝各地寺院，其殿阁内佛像的安排、幡盖的悬挂、佛像手印等，都有详细记载，以备回日本参考。比如奝然在日记中对“两部大日”左拳印的记载①。而成寻日记中有关记载则举不胜举。例如成寻在熙宁五年(1072)六月十日的日记中，对宋朝寺院忏堂的构造、幡盖的悬挂等有如下记载：

> 次礼方等忏堂，八角天盖，内外有廿四幡。三重(二丈六尺)悬，未得其意。天盖庄严，彩色甚妙。缘八角入大镜八寸许，盖大径一丈许。佛座圆也，数体佛井②坐。次见圆室上下、外面以萱葺，内涂壁，极闲静也。高一丈，径一丈许，入定处也。③

奝然、成寻等来华日僧对于宋朝寺院内供养佛菩萨的仪轨、礼仪等方面都有研究，比如成寻对茶礼，特别是“罗汉供茶”的记载(参见本书第十三章第三节)。他们对仪轨等的记载非常细致，乃至念珠制作等细微之事，比如日本《护摩抄零本一·卅三》(镰仓末期书写，高野山宝寿院藏)一书录有《奝然法桥在唐记》以下内容：

> 高昌国菩提树高三丈来，其实最小，不得作念珠。作念珠者，非是金刚座下地树实也，木虽同，生处异也。文。④

奝然自宋朝携佛舍利、释迦牟尼瑞像及《大藏经》等回日本后，没有能够凭借此佛宝建成他早已誓愿并充分准备好计划的大五台山清凉寺。尽管日本朝廷批准了他的申请计划，允许他建寺院并设戒坛，却因其他寺院和宗派的反对而功败垂成，以至舍利、佛像等佛法三宝一时无处着落，致使我们今天无法见到一个宋朝初期样式的寺院、戒坛立于10世纪的日本。

日本开始系统引进宋朝寺院建筑是在100多年后的1167年，宋朝风格的寺院出现在日本，这得力于东大寺的重建。为了南都复兴，重建东大寺，再

---

① 〔日〕觉禅：《觉禅抄》，收入《大日本佛教全书》，东京：佛书刊行会大正四年(1915)版，第6页上。

② 井：为“菩萨”二字的简笔字，或说异体字，日本古籍抄本中常见。

③ 〔日〕平林文雄：《〈参天台五台山记〉校本及其研究》(上)，东京：风间书房昭和五十三年(1978)版，第49～50页。

④ 〔日〕高楠顺次郎编：《入唐诸家传考》，收入铃木学术财团编《大日本佛教全书》第68卷(史传部七)，东京：讲谈社昭和四十七年(1972)版，第179页上。

建兴福寺,1167 年日本特派遣重源和尚来宋朝考察并采购,造寺的责任技师,或者说总工程师是从宋朝聘请来的陈和卿。

东大寺的重建是在 12 世纪末,1170 年以后,随着禅宗的输入,“禅宗样”的建筑艺术开始在日本流行。“禅宗样”又称“天竺样”,是书院式的建筑样式。我们不知道奝然在宋朝巡礼的时候是否接触过这种宋风形式建筑,这有待进一步研究。奝然在宋期间,除了关注佛像、雕像的图样之外,塔院的结构及各种仪轨、舍利、密宗的修法等都非常关注,我们可以因此断定他是为求法而来的。

第十三章　北宋文学与相关文化对日本僧俗的影响

第一节　宋朝新文风对日本求法巡礼僧的影响

大众化：从日僧的著作看宋朝文风的影响

唐末五代以来，日本虽然“国风文化”日益形成，假名文字和假名文学越来越凸显，其影响越来越广泛，但在文学上，物语文学兴起的同时，汉学的势力依然强劲，主要表现在汉文与汉诗的写作，文集和诗集的编纂，和汉籍经典的诵读上。据《续本朝通鉴》，近卫天皇康治二年(1143)，下野的鸟羽上皇与崇德上皇造访熊野山时，那智山的一名小僧自称宋人，随侍御座，用唐音诵读了《论语》《孝经》①。一个来自宋朝的僧人能够成为上皇的侍读，足见此时日本朝廷公卿贵族对于中国文化的仰慕之情。

从894年到1170年，日本文学界许多公卿贵族出身的名人，依然在和中国唐朝诗人白居易、元稹等神交，极力通过宋朝赴日商人搜寻他们的文集珍藏、研读(具体参见本书第十一章)。

入宋以来，由于中日学术交流、典籍交换频繁，自然宋代的文风也影响了日本，白居易等的诗开始受到一些人的调侃，甚至批评②。虽然宋代文风影响日本的突出结果表现在“五山文学”的兴起，是南宋以后的事，但这毕竟是一个潜移默化的过程。汉文和汉诗对日本贵族学者的冲击在北宋时期并未显出明显的削弱迹象。

这一时代最仰慕中国的源信和庆滋保胤等，尽管是日本这一时代思想、

---

① 〔日〕仓石武四郎：《日本中国学之发展》，北京：北京大学出版社2013年版，第82页。

② 参见〔日〕幸田露伴：《书斋闲话》，陈德文译，北京：中华书局2008年版，第114～115页。

文化的代表人物,却都喜爱汉文和汉诗的写作,不善于和歌,他们甚至很鄙视当时开始流行起来的“和歌”的创作。例如源信僧都在与人论道时爱作汉诗,有一次他赠诗一尼:

> 春暖开花散晚风,秋天明月隐晓云。浮世何尝之有?

该尼以倭歌(即和歌,倭歌也可以说是大和时代日语的汉字音译,或音训交混的一种文体。)对答:

> 出流息入流息待奴世乃中远君波长间仁咏女津流哉。[①]

于是僧都喟然叹曰:“子其潜心于此也如斯夫?”此足见源信对和歌拒绝甚至反感的态度。对他的这一心态《慧心院源信僧都行实》也有明确记载:

> 僧都前不喜和歌,唯修学蓄德为任。侍童有性嗜和歌者,僧都阴语人曰:“童子宜诵经学习,夫和歌绮语非其所应,而太嗜之,此非其人也,当还父母。”童子不知,更阑夜静,月色清朗,乃啸吟曰:“手仁结妇水仁宿连流月影乃有欤无欤乃世仁毛住哉”。僧都闻之,感叹曰:嗟乎,此亦助予也哉。留之不遣焉。僧都自是亦咏和歌,后优长,入乎佳境,其咏载在于邦策也。[②]

这说明日本当时的僧侣阶级的主流是酷爱写汉文,拒绝作和歌的,但和歌的影响越来越大。至于那些有心来宋朝巡礼的僧侣,汉文汉诗能力自不必说,至少要具备与宋人笔谈的能力。宋朝僧人颇爱作诗,这些日僧来宋之后自然会受到影响,何况准备来宋朝的日本僧人大多出自汉学世家或者“渡来人”的后裔,都有很高的汉文水平,有的家学渊源很深。

前面引文中源信后来接受和歌的记载,说明当时用日语说教开始流行,尤其是针对日本下层民众的说教,用和歌比汉诗更能平易近人,毕竟中下层民众,尤其是那些生活在底层的劳动人民不可能有时间和精力学习汉字和汉文,用和歌说法也说明佛教世俗化开始在日本普及。

我们通观源信的《往生要集》和庆滋保胤的《日本往生传》的编写,明显反

---

① 〔日〕源信:《惠心僧都全集》(第五卷),东京:同朋舍昭和四十六年版,第 687 页。

② 〔日〕源信:《惠心僧都全集》(第五卷),东京:同朋舍昭和四十六年版,第 687 页。

映出正在流行的宋朝风格，尤其是在庆滋保胤的《日本往生传》中。日本学者高雄义坚在《宋代净土教与我国诸宗的态度》一文中就认为，许多平安时期日本僧人的著述，例如《决定往生集》《安养知足相对抄》、觉树的《弘赞法华传》等，完全是宋风著作，采用的是“类聚式的”“文类式的”编写方法。尽管宋初编纂的《太平御览》之类的宋朝类书，可能较晚才输入日本，但宋朝其他类似的典籍或作为礼物，或作为商品很快输入了日本，日本人阅读之后在著述的时候自然受到这种方式的影响。

其实，这一时期的物语文学也反映出中国文化的影响，即模仿、改写中国传奇的方式创造出日本化的叙事方式，丰富了“国风文学”，同时物语文学也反映出此时日本人的中国观。以《今昔物语集》为例，编者将当时社会流行的故事按天竺、震旦、本朝分类，反映了当时日本人的世界观，这一分类忽视了临近的朝鲜半岛，足见中国和印度的地位相对提高。书中的许多故事，特别是有关日本来唐留学生和留学僧展露才智让中国人倾倒的故事，反映了日本人渴望超越中国的心态，追随强者从而时刻准备超越强者的复杂内心世界。

来宋日僧与宋人的诗歌酬答

10—11 世纪，宽建、宽辅、奝然、寂照、成寻、戒觉等来华日僧，与中国僧俗交流，因“不晓华言，而识文字”，依赖的是笔谈，《宋史・日本传》中也有记载说，他们在华“凡问答并以笔札”，并且以其“缮写甚妙”的书法得到中国人的赞叹①。笔谈之余，自然少不了诗歌酬答。尤其是宽建、宽辅，926 年特意携带日本朝廷精选的诗集来中国传播、交流。据《扶桑略记》载，共有“菅大臣(道真)、纪中纳言(长谷雄)、橘赠中纳言(广相)、都良香等诗九卷，菅氏纪氏各三卷、橘氏二卷、都氏一卷”②。

我们从奝然、寂照、成寻、戒觉在宋朝交游的有关资料中都可以找到相关记载。他们或与宋人诗歌酬答，或广泛抄录宋人诗歌，或仅仅接受宋人的赠诗，这些汉诗大多在日本僧侣、文士之间流传，例如成寻将所得《寒山诗》一帖送回日本友人治部卿③。

以上来华日僧之中，奝然的汉文和汉学水平显然是最高的，从他给宋朝的表文看，汉学底蕴深厚，相信他也擅长诗歌与骈体文，我们有幸从奝然的对

① (元)脱脱等:《宋史》，北京:中华书局标点本 1977 年版，第 14136 页。

② 〔日〕黑板胜美编辑:《扶桑略记》，收入《新订增补国史大系》第 12 卷，东京:吉川弘文馆 2003 年新装版，第 197 页。

③ 〔日〕平林文雄:《〈参天台五台山记〉校本及其研究》(上)，东京:风间书房昭和五十三年(1978)版，第 201 页。

立派对他的攻击文字中发现，奝然在宋期间曾与宋人有诗词酬答，尽管仅存两句，《江谈抄》第四中针对此残句载有如下一篇嘲讽短文：

仓波路远云千里，白雾山深鸟一声(橘直干，石山作——原注)。

奝然入唐，以件句称已作，以云为霞、以鸟为虫。唐人称云："可谓佳句，恐可作云鸟"①。

这显然是延历寺及天台宗方面对于奝然的讽刺，不仅说他的才能不能胜任求法的大业，甚至连他的诗文也加以嘲笑，是否真有其事也难说，当时来宋日僧到中国后一般都爱卖弄，相信包括寂照在内。

寂照与杨亿、丁谓等之间也有诗作酬答，参见前文，只可惜寂照的答诗不见流传。

相比之下成寻的汉语和汉诗水平不太高，从他的日记晦涩难懂也反映出来。因此之故，熙宁五年(日延久四年)六月八日，在天台山国清寺停留期间，面对宋天台山国清寺僧人如日的赠诗，小心慎言的成寻托词拒绝酬答。据成寻的《参天台五台山记》记载，那天，天气晴朗，"未时，当寺老宿如日来谒"成寻，并"与诗一纸"，内容如下：

如日谨成诗一章，赠送日本国师，伏惟垂览。天台国清沙门如日上。

经[卿?]国扶桑外，风涛几万程；人心谁不畏，天道自分明。

鹏超遮空黑，鳌回似海倾；到应王稽首，宠赐佛公卿。②

如日和尚"字曰文章"，时年72岁，"常作诗咏，为一生事。云云"。平生喜爱作诗的如日，显然因成寻的到来激发了灵感，本想效法古人和成寻唱和一番，期待在宋日之间留下风流佳话，哪知遭到成寻的拒绝，成寻不仅不唱和，而且在笔答中表示反感，如此书示如日道：

予示云："祖师智证大师，住唐六年间，自他诗集十二卷，还归本国，常悔作诗。因之小僧于本国启白本尊：起请不作诗、不献和。"为怪。③

---

① 〔日〕大江匡衡编：《江谈抄》，收入《群书类丛》第27辑，东京：续群书类丛完成会、平文社昭和五十五年(1980)版，第594页。

② 〔日〕平林文雄：《〈参天台五台山记〉校本及其研究》(上)，东京：风间书房昭和五十三年(1978)版，第47页。

③ 〔日〕平林文雄：《〈参天台五台山记〉校本及其研究》(上)，东京：风间书房昭和五十三年(1978)版，第47~48页。

何以如此？其实是成寻不善作诗，并非不喜欢诗歌酬答，担心唱和不好，有损日本国家颜面。但他没有实话实说，而是托词智证大师后悔诗歌酬答。

成寻的行为与回答让如日和尚大为奇怪，他显然意识到宋人的诧异。不仅是宋朝的僧人，宋朝文士、官员等因日本僧人能笔谈，也都很期待诗歌酬答，传中外一时佳话。熙宁五年（日延久四年）八月三日，成寻在台州，往天台县时，就有温州进士向他赠诗：

日本国师随诏都下，温州进士朱定谨成拙什[诗]拜饯。幸希采照。定和南。

生性殊邦泱至和，放怀东适渡流沙；
浮槎迢递辞乡馆，驻锡殷勤觐国华。
瑞应山川供帐望，恩颁缗帛重旌嘉；
好随明诏趋尧阙，何惮归程万里余。

熙宁五䆎仲秋初三日书①

自称“起请不作诗、不献和”的成寻，实际上是喜爱汉诗的，我们阅读成寻的日记就可以发现，他在从汴梁到五台山的旅途中，不厌其烦地抄录了不少汉诗，包括宋人在风景名胜的题咏、馆驿的题壁诗或诗碑。除此以外，成寻在其他地方也抄录了不少诗歌，可见他还是很羡慕作诗的。此足见日本僧俗对汉诗的喜爱。例如熙宁五年（日延久四年，1072）十二月十四日在从五台山返回汴梁的途中，在南关驿站住宿时，他就抄录了这样的一首“驿壁诗”：

百事感心瞻魏阙，五年骑马猒并州；
娥眉皓齿无消息，坐得南关一段愁。
阙将家宿此，熙宁辛亥八月二日还。②

而且，这首诗怎么看也是艳诗，并未隐含什么禅机，声言不作诗专心诵经的成寻竟然抄录在自己的日记里，而这本日记他还决定要送回日本收藏。至于在来五台山的路上，成寻抄录在日记并准备送回日本的题壁诗更是多多。也许耳濡目染、长久熏陶，自称“起请不作诗、不献和”的成寻，最终还是以诗

① 〔日〕平林文雄：《〈参天台五台山记〉校本及其研究》（上），东京：风间书房昭和五十三年（1978）版，第78页。

② 〔日〕平林文雄：《〈参天台五台山记〉校本及其研究》（上），东京：风间书房昭和五十三年（1978）版，第172页。

偈酬答了宋人。比如熙宁六年(日延久五年)正月二十九日:

向文惠大师房,见写吾形像悬壁,即作颂云:

“吾相非相,徒劳郢匠。郢匠既传,复成幻妄。幻妄匪真,真亦假名。虚堂独对,水月澄明。”

写取同文惠大师书别纸告云:“大僧视真已是梦中,梦更观身外身了。”①

再如成寻辞别汴梁南下天台山,往南京的途中,熙宁六年(日延久五年)四月十六日:

己丑,天晴。见嵩大师所持梵才三藏真影,三藏自作偈。

小师德嵩写予真,乞赞,以偈答之:

“尔命丹青,绘予之相。性本无生,容焉可状。或谓其真,或称为假。真假两端,善何取舍。昭昭灵灵,识者非精。徒看毫末,鸡过沧溟。”

今见真影实似诏同译经三藏梵才大师,最以感叹。《十钵文殊经》一见已了,极以为贵。②

可见成寻欣赏该偈,忍不住抄录珍藏。通观成寻日记,共记录汉诗约近四十首③,可谓不少。随成寻之后来宋朝的戒觉,虽然他传世的日记摘要不长、内容不多,却也记录了不少诗作,足见戒觉很看重诗才的展示。详细参见本书第六章第三节,此略。

宋禅宗语录等文体对日僧的影响

前面提到源信晚年不仅接受和歌,而且在和歌说法方面有所造诣的记载,这说明在传教语言多样化方面,日本与中国几乎是同步变化,这绝对不是偶然的巧合。

日本11世纪以后也开始出现面对大众的大量宗教“绘词”“变相”,而这

① 〔日〕平林文雄:《〈参天台五台山记〉校本及其研究》(上),东京:风间书房昭和五十三年(1978)版,第207页。

② 〔日〕平林文雄:《〈参天台五台山记〉校本及其研究》(上),东京:风间书房昭和五十三年(1978)版,第272页。

③ 参见蔡毅在《从日本汉籍看〈全宋诗〉补遗——以〈参天台五台山记〉为例》一文中的统计,成寻日记可补遗《全宋诗》36首。文载《域外汉籍研究集刊》第二辑,北京:中华书局2006年版,第243~262页。

种口语化的语言我们在唐末到宋初的敦煌写经、变文中可以大量发现。

此外还有禅宗灯录、语录等文体也开始在这一时期输入日本。成寻在宋朝巡礼求法期间显然感同身受了，我们从成寻熙宁六年(日延久五年)正月一日的日记中看到，弟子惟观买来“《传灯语要》三卷”的记载①，而且在惟观返回日本之前，成寻特地写明：“《传灯语要》三卷，字(宇之误？——引者注)治御经藏奉纳。”②

中国禅宗灯录这一文体形成以后，诸家学者竞相仿效，到南宋时期，随着日僧的大批来宋，他们很快也被这种新的文体所吸引，为了进一步理解宋朝大师的教诲，他们多将老师的语录记下带回日本，语录体的文章也在日本流行起来，促成了日本“五山文学”的形成。

在北宋时期的日本文学之风仍然是唐风，随着五山文学的兴起，日本开始形成“宋风文化”。和文学同体的是语言，宋日佛教文化交流对于日本语言的影响是新的词汇(主要是佛教用语)和读音(唐音——实际上是宋朝时的语音)被日语吸收，这也是在南宋时期。

总之，宋人的思维方式、语言、灯录文体之类的“变文”等都随宋朝佛教的逐渐输入日本而影响了平安社会，使日本进入一个新的时代，如此影响力不是一个衰落的佛教文化所能做到的。宋朝佛教文化相对于日本无疑处于一个高而下注的水平。以上这些都是南宋以后五山文学在日本兴起的先兆。

第二节　宋朝禅宗新学风对日本求法巡礼僧的影响

死背“教条”的日本学风受到冲击

本文并不想一如日本学者那样，动辄武断地品评中日佛教及其研究水平在宋代彼此的优劣，我们可以肯定地说，进入宋代以后，中日佛教发展呈现了各自不同的特点，了解了这些特点的不同，其水平的优劣则在不言之中。与宋诗歌文学影响来宋日僧相应的是，“不立文字”的中国禅宗也冲击了背诵“教条”的日本天台教学。

北宋时期日本佛教研究的成就主要体现在其天台教学上，并出现了良

---

① 〔日〕平林文雄：《〈参天台五台山记〉校本及其研究》(上)，东京：风间书房昭和五十三年(1978)版，第187页。

② 〔日〕平林文雄：《〈参天台五台山记〉校本及其研究》(上)，东京：风间书房昭和五十三年(1978)版，第201页。

源、源信、觉运等一大批优秀的学者。宋代中国佛教也取得了新的发展,概括地说就是“三教结合、一宗独秀”,三教即儒佛道,这“一宗”就是禅宗。禅宗的宣传和发展在此时遇到了有利的条件,那就是赵宋政府的支持和士大夫们的时尚。士大夫与僧侣诗文交往,参禅避世,这也是日僧寂照来宋朝时得与丁谓等士大夫交往的原因。这一现象产生的社会原因在于宋代君主专制主义加强了对士大夫的控制,“强化了士人对国家的依赖”。禅宗掌握了士大夫的精神世界,士大夫需要禅这样的思想和精神安慰来调整心理,在现实和理想之间寻找结合点,如同10世纪日本贵族对于往生净土的追求。“通过禅宗吸取佛教的哲学世界观、修心养性的路线和通俗语录的表达方式,为新儒学提供丰富的思想资料”;“将禅宗作为平衡心理的手段,把丛林当作避世、逃世的退路,为政治失意者提供精神上的慰藉和人生出路”①。这比日本贵族追求虚无的净土更切合实际,这一特征奝然983年到986年在中国滞留期间一定有所体会。

中国新兴的禅宗在思想上、坐禅方法上虽然与天台宗的圆教、禅观相通,但在生活上注重实践,在理论上比天台宗更为扼要进取,这在传教方法上的差别尤为突出。值得注意的是,宋朝以来“佛说”与文学发展的关系,这也是中国佛教传教方面务实的表现,而禅宗的传教方式则完全改变了,以启发式、顿悟式为主,传教语言更加口语化,以“寻思”求证悟,发掘真理。所以慧能不识文字却能继承衣钵,被拔擢为禅宗第六祖,他虽不能读经而思慧却敏,这正是禅宗所注重的,因此,在禅宗盛行之后,天台宗就相形见绌了。

日本自7世纪以来,来唐朝留学僧和学问僧所受到的就是那种经院佛学的教育,这些留学僧和学问僧们回到日本后也一直拘泥于这样的教学。进入10世纪密教的时代以后,日本教徒更是陷于咒语的背诵,烦琐密教仪式的操演了。密宗是没有什么高深理论的,其天台宗已经和密宗杂交,甚至成为真言宗的亚流,因为台密教徒也常常自称真言。

日本僧人的传教方式也受到冲击

宋朝禅宗独秀的原因首先在于它的宣传方式,它宣传的对象更加广泛,其传教语言更加通俗化、口语化。作为教徒首先应该关注的是传教的目的,佛教的目的是什么？是面向大众普度众生？还是自利自救？倘若要普度众生、拯救大众,其佛经则不得不“变文”“变相”而世俗化,使繁琐的理论和梵式的语言通俗化,让普通百姓了解(哪怕是误解、一知半解)并进而接受并信仰

① 杜继文、魏道儒:《中国禅宗通史》,南京:江苏古籍出版社1995年版,第379页。

佛法，一宗一派的兴盛在于听讲教徒、信众的多寡，讲经说法弘道一直是僧侣们日常生活中的一项重要内容。在宋代，僧人“除了有以讲为主的‘说经’和以唱为主的‘宝卷’外，还有以唱道词来宣传教义的”①。

> 此类通俗说唱，有很强的音乐性、故事性和娱乐性，为人们所喜闻乐见，也为佛教在中国的进一步传播起了积极影响。②
>
> 平民化的教义、简易便捷的顿悟法门、入世的宗教精神，这就是新禅宗（南宗禅）能够在宋代以后的平民社会中风靡于世的原因。③

晚唐五代是禅宗最兴旺的时期之一，大多数重要禅师都活动在此200年间，但他们的传世语录却极少，多半没有单行的个人语录。即便是名家宗匠、一代大师，例如禅宗五大宗派的开创者，传世语录也只是一二卷，最多的是文偃禅师（云门宗开创者），也不过才三卷。这些重要禅师除了少量语录传世外，其他文字著述更是寥寥④。但他们的思想并不需要借衣钵相传，他们潜移默化地改造着中国人的世界观。

唐末、五代以来，“不立文字”的语言观反映了中国禅师们对于从印度传来的冥想佛教的大胆革新。“汉魏两晋隋唐以来，印度佛教教典不断地大量译成汉文，使中国的佛教义理、戒律等越来越琐细繁密。修行者往往沉埋于无止尽的诵经背经、讲经听经功课中，义绪纷杂，极难理清。也难以让普通民众从中获取精神慰藉和人生指导”⑤，对于定慧双修的高僧来说，这需要一个由“学”而“思”的深化。而对于一般求解脱的下层民众来说，诵经背经、烧香布施不如净土宗的口称念佛来得便，不及禅宗的顿悟来得快。

唐代佛教倾向于贵族，到宋代以后，佛教法事活动更加平民化、社会化，体现在与世俗生活的接近。中国在唐末开始使用变文传教，效果很好，能够让下层民众接受。我们知道中国的小说就是起源于唐朝时佛教俗讲的“变文”，“这是现代研究民间文学者所公认的”⑥。这是通俗传教的方式所趋，是为了扩大传教范围的需要。到了宋初，由于科学技术（雕版和活字印刷术）的发展，中国学术也进入一个新的时代。得此之便，禅师们尽管强调并倾向于“不立文字”，而弟子们为了学习老师，使他们的“机缘”言语和“公案”话头得

---

① 徐吉军等：《中国风俗通史》（宋代卷），上海：上海文艺出版社2001年版，第567页。
② 徐吉军等：《中国风俗通史》（宋代卷），上海：上海文艺出版社2001年版，第568页。
③ 转引《中国史研究》2003年第2期，第119页。
④ 参考于谷《禅宗的语言和文献》，南昌：江西人民出版社1996年版，第14页。
⑤ 于谷：《禅宗的语言和文献》，南昌：江西人民出版社1996年版，第8页。
⑥ 周叔迦：《周叔迦佛学论著集》（上、下），北京：中华书局1991年版，第672页。

到整理和出版，于是“灯录”“语录”成体，“评唱”“击节”盛行，最终禅宗佛学还是“不离文字”①，这使中国佛教的学术和理论发展进入一个新的时代。

第三节　西游日僧所体验的宋朝茶道文化

成寻在宋朝所接触的茶道文化

中国茶文化自唐朝便输入日本，进入平安时代，饮茶在日本上层贵族和寺院之中比较流行，是一项奢侈而高雅的文化游艺。这从平安中后期的一些汉诗文集，如《菅家文草》《本朝丽藻》(1007)、《本朝无题诗》(1161)等中可以得到反映。894 年上奏停止遣唐使的菅原道真，在《菅家文草》中留有多首描写茶道的诗文，如卷七的“野厨无酒，岩客有茶，尘尾之下，遂不言家”等。平安典籍中还有宇多天皇(867—931)、醍醐天皇(885—930)行幸寺院的时候，寺院供茶的记载，寺院是这一时期日本茶文化的中心。

中国进入宋朝，茶在文化生活中的地位日益提高，茶与盐一样成为宋人生活必需品，茶叶制作成为大宋国家的一大产业，有严格的“榷茶之制”，“茶之为利甚博”②，故国家垄断茶叶贸易。

饮茶在宋朝已经大众化，成为官私日常接待中的饮品，茶叶则成为人情往来的礼品，这些在成寻《参天台五台山记》中的大量记载可以得到印证。成寻从天台山往杭州途中，“参提举衙，有茶汤”，之后至“盐官县长安堰。未时知县来，于长安亭点茶”③。

熙宁五年(日延久四年，1072)四月二十二日，刚来杭州的成寻，在与船头“相共出见市”时，在木偶戏剧场“每见物人与茶汤(观众每人买茶一杯——引者译)，令出钱一文”；随后又在杭州街头看见，“见物之人满路头并舍内，以银茶器每人饮茶，出钱一文”。这说明街头卖大碗茶也已经流行。在去天台山参拜的路上，成寻在一个名叫陈七叔的民舍歇息时，“诸人吃茶，虽与钱家主不取”；之后沿途在民家歇息，“家主有道心，令吃茶了”④，均不收费。足见饮

① 赖永海：《中国佛教与哲学》，北京：宗教文化出版社 2004 年版，第 102 页。

② (元)脱脱等：《宋史》卷一百八十三《食货志》下五，北京：中华书局标点本 1977 年版，第 4479 页。

③ 〔日〕平林文雄：《〈参天台五台山记〉校本及其研究》(上)，东京：风间书房昭和五十三年(1978)版，第 84、85 页。

④ 〔日〕平林文雄：《〈参天台五台山记〉校本及其研究》(上)，东京：风间书房昭和五十三年(1978)版，第 14、15、22、23 页。

茶此时在宋朝不仅大众化，而且价格低廉，成为大众普通饮品。

到成寻来宋的时候，中国已经流行点茶了，这从成寻在宋朝巡礼日记的记载可以得到证实。成寻在宋朝走访期间，几乎每天都要被招待“契(吃)茶”“饮茶”，或“点茶”“点茶药”，或“茶汤”，往往一天要被点茶招待或招待点茶六次以上。例如熙宁五年(日延久四年)十月十三日在汴梁的日记中就有“数刻之间，点茶三度”的记录①。宋朝广辟茶园，寺院是茶园的主要占有者，但依照宋朝的茶法、园户法，僧人“不得贩卖”②，故寺院茶园所产之茶主要用于吃用、馈赠。成寻在宋巡礼各寺院，“礼佛吃茶”是寻常事③，从寺院获得的礼品中茶叶最多。

中国茶道精神体现在礼与敬，人际交往中茶便成为表达敬重寻求友好和谐的道具，尤其是宋朝高僧之间，相见赠礼时多以茶为见面礼，成寻也自然体会了这一点。成寻在宋巡礼期间也不断受到茶叶、茶饼等的供养，这对有礼必回、视馈赠为债务的日本人来说，肯定印象深刻。例如宋熙宁五年(日延久四年，1072)五月二日在杭州，“午时灵隐寺僧德赞来，志与茶二瓶，天台路间可契者。与小刀一柄了。明庆院浴堂僧来，志与茶二瓶，即与剃刀二柄了”④。

根据成寻熙宁六年(日延久五年，1073)一月十四日的日记记载，此时的成寻深刻体会到以茶为敬的礼数，因赶上上元节，这天他特意“备珍果廿二种、茶一壶送少卿坊，次果子五种、茶一壶送梵义大师天吉祥房，次果子十种、茶(一)壶送慈济大师房”。此为上元节茶果，客人来访时成寻便以茶待客⑤。上元节茶果，节日期间未送到的，随后可以补送，我们看到卅日成寻曾补送文惠大师茶果，可见对此礼数已经非常娴熟了。

熙宁五年十月三十日在东京汴梁，“文惠大师自持来茶一斤”与成寻，这可能是缶装的好茶，茶罐上特有铭文：“庐山第一等茶，送与日本阇梨供养，译馆比丘智普封上。曼殊师和菩萨同结胜缘者。”⑥

---

① 〔日〕平林文雄：《〈参天台五台山记〉校本及其研究》(上)，东京：风间书房昭和五十三年(1978)版，第115页。

② 参见《宋会要辑稿·食货》三二之三至四相关记载。

③ 〔日〕平林文雄：《〈参天台五台山记〉校本及其研究》(上)，东京：风间书房昭和五十三年(1978)版，第81页。

④ 〔日〕平林文雄：《〈参天台五台山记〉校本及其研究》(上)，东京：风间书房昭和五十三年(1978)版，第18页。

⑤ 〔日〕平林文雄：《〈参天台五台山记〉校本及其研究》(上)，东京：风间书房昭和五十三年(1978)版，第196页。

⑥ 〔日〕平林文雄：《〈参天台五台山记〉校本及其研究》(上)，东京：风间书房昭和五十三年(1978)版，第141页。

在成寻日记有关茶会的记载中,并有"茶药""药茶""茶药果""乳茶""仙果茶""茶饼""果药酒"等的名称,可见他品尝并体验了不同的茶品和点心。例如,熙宁五年四月二十九日在兴教寺,大教主老僧特为成寻点茶,从杭州兴教寺出来时,"大小教主送大门前,有茶药"①。七月十四日在天台县,"景德寺僧官来,令吃蓬[莲?]茶毕"②。又,熙宁六年三月九日在汴梁访客时,见"慈照大师惠净和尚以风药丹各一丸与小僧点茶",随后"惠净阇梨与的乳茶一帖(另本作"壶")"③。

在点茶时,成寻对于所使用的茶器也颇留意。当时流行的茶具是瓷器,熙宁六年三月一日在少卿三藏房见"点茶两度,银花盘并置银口茶器,茶壶银也"④,特意记了下来。

而且成寻在每次吃茶时,也很关注主人提供的佐茶的点心与果子,并详细记载下来,介绍给日本人,显然对后来的日本茶道产生影响,日本茶道重视茶点的制作。

此外,成寻还注意到点茶的不同礼节。尤其是在熙宁六年五月四日这天,即成寻二度巡礼扬州之时,一天之内见识了不同的茶礼。这天成寻先是参拜知府,"知府飧应,点茶汤"。随后参礼开元寺,"次参礼头子院,院主点茶,与院主共参寺主大师院谒,点茶两度"。斋后参拜龙兴寺,礼拜高僧画像之后,"次参管内僧正赐紫惠礼院,点茶两度,汤一度。丁宁礼拜。答拜了"⑤。

我们知道中国饮茶的风习起于禅林,自然地茶也成为供养佛的重要供品。在宋各大寺院巡礼期间,成寻自然也会常常见到宋人以茶供佛,此风显然通过成寻的日记给日本社会(尤其是僧界)留下了深刻的印象。熙宁五年五月十三日在天台国清寺,成寻等吃茶后取唐历查当日吉凶时,就曾有这样的观感:

壬辰吉日者,即参堂烧香,先入敕罗汉院。十六罗汉等身木像、五

① 〔日〕平林文雄:《〈参天台五台山记〉校本及其研究》(上),东京:风间书房昭和五十三年(1978)版,第17页。

② 〔日〕平林文雄:《〈参天台五台山记〉校本及其研究》(上),东京:风间书房昭和五十三年(1978)版,第69页。

③ 〔日〕平林文雄:《〈参天台五台山记〉校本及其研究》(上),东京:风间书房昭和五十三年(1978)版,第236页。

④ 〔日〕平林文雄:《〈参天台五台山记〉校本及其研究》(上),东京:风间书房昭和五十三年(1978)版,第225页。

⑤ 〔日〕平林文雄:《〈参天台五台山记〉校本及其研究》(上),东京:风间书房昭和五十三年(1978)版,第277～278页。

百罗汉三尺像，每前有茶器。以寺主为引导人一一烧香礼拜。感泪无极。次入食堂礼七郎天烧香，食堂作法不可记尽，不思议也。①

宋朝以茶供养罗汉的方式很多，除了茶汤之外，还有茶饼等。熙宁五年十月卅日，成寻在东京汴梁大相国寺，当天戌时二点“少卿并三藏切请向罗汉供”时，见“有茶饼等”②。

来宋日僧显然都接触到宋朝的茶艺和文化。有关寂照的文字中有关于茶的内容，丁谓(966—1037)赠他黑水瓶(参加前文)，显然是为汲水、煮水之用，至于是煎茶还是点茶，有待考察。丁谓是北宋时期著名的茶人，曾任福建路转运使，在建安督造“大龙团”，著有《北苑茶录》，该书亦名《建安茶录》，约成书于宋咸平二年(999)，寂照来宋四年之前。作为北宋贡茶的功臣，丁谓很可能在日本人寂照面前宣传过茶道文化。

成寻师徒向日本介绍的宋朝茶道

对茶道有如此深刻体验的成寻如果回到了日本，自然要模仿宋朝的方式待客和供佛，宣传宋朝的茶道文化。不过成寻所见和所体验的一切，他的随从与弟子也都看见了，并体验了。

特别值得一提的是，成寻在天台山石梁见识了“罗汉供茶”的“分茶”艺术，并通过日记向日本做了介绍。据成寻(1011—1081)的《参天台五台山记》(卷一)“熙宁五年(1072)五月十八日丁酉”条所载：

傍溪行至于石桥，有广大道场。先拜白道猷尊者影像，等身金色。堂三面悬十六罗汉画像，烧香礼拜。道猷尊者，第三果人。曩时晋初，中天竺国大那烂陀寺沙门白道猷，远涉流沙，礼五台山。至天台赤城山，降山神之后，寻来过石桥，亲见五百大阿罗汉，礼拜供养，所以奉安置尊者形像。庵主印成阇梨、知事共出来点茶。僧堂宿处重重，廊有其数。次参石桥，路坂造廊廿余间。过廊至石桥头亭子，五间大屋也；公家每年供养五百罗汉舍也。先向山礼拜烧香供养五百罗汉，次至桥头烧香礼拜……③

---

① 〔日〕平林文雄：《〈参天台五台山记〉校本及其研究》(上)，东京：风间书房昭和五十三年(1978)版，第23页。

② 〔日〕平林文雄：《〈参天台五台山记〉校本及其研究》(上)，东京：风间书房昭和五十三年(1978)版，第141页。

③ 〔日〕平林文雄：《〈参天台五台山记〉校本及其研究》(上)，东京：风间书房昭和五十二年(1978)版，第29～30页。

因为平安跨过险峻的石桥的缘故,完成了最澄以来许多日本僧人梦寐以求的心愿,让成寻非常激动,当晚留宿石梁寺,并向"寺知事僧预银二两已了"。显然当晚得到僧人茶供的建议,成寻十九日再次参礼天台山石梁(石桥),亲自以茶供罗汉:

> 十九日(戊戌)。辰时参石桥,以茶供罗汉,五百十六坏(杯)。以铃杵真言供养。知事僧惊来告:"茶八叶莲花文,五百余坏有花文。"知事僧合掌礼拜:"小僧是知罗汉出现,受大师茶供,现灵瑞也者。"即自见,如知事告,随喜之泪与合掌俱下。①

成寻供茶时出现的"茶花",其实并非什么灵瑞,而是茶师的点茶技巧。石桥旁边的方广寺僧,由于每日以茶供养罗汉,于是练成技巧,抹茶点茶时,一般会在茶水上漂浮一层泡沫,高手可以将泡沫变幻成花鸟草虫之类的形象,用以观赏、玩味,乃至赋诗,后即称此泡沫为茶花。在形成"罗汉供茶"的习俗后,茶花技巧便渲染成"灵异",以此宣扬罗汉信仰。

据说,"八叶莲花""大士应供"是一种独特的烹茶游艺,名为"茶百戏"或"分茶",约始于北宋初年。因"茶百戏"注茶能成"禽兽虫鱼茶草"之形,引来文人墨客的赞叹。宋名臣贺允中(1080—1169)居台州礼拜石桥时撰写的《石梁》诗:"聊试茶花便归去,杖头挑得晚风凉。"苏轼《赠杜介游赤城》诗所谓:"仙葩发茗碗,煎刻分葵蓼。"都是对此茶艺的赞美。

如今寺僧为成寻服务,自然也要大显身手,所谓"现灵瑞"又是附会,故弄玄虚安慰成寻、感动成寻,让他高兴而已。因此显灵,成寻等在斋饭时"予料钱三百文,快宗供奉六十文,圣秀、惟观、心贤、善久各三十文,是印成阇梨志也。虽返预知事,更不取钱"②。

亲眼见此点茶的灵验,成寻在日记中大书特书,让弟子带回日本。要是偷渡来宋的成寻能回到日本,肯定会在日本的寺院内以茶供佛、菩萨及诸罗汉。此风在僧家推广之后必然在日本社会大兴,宋朝茶道文化肯定也因此早传日本。

我们从成寻熙宁六年(日延久五年,1073)正月一日的日记中看到,他的

① 〔日〕平林文雄:《〈参天台五台山记〉校本及其研究》(上),东京:风间书房昭和五十三年(1978)版,第32页。

② 〔日〕平林文雄:《〈参天台五台山记〉校本及其研究》(上),东京:风间书房昭和五十三年(1978)版,第32页。

弟子惟观"买茶器十口(百五十文?)"的记载①。这些茶具显然是要带回日本的,有跟随师傅每天被招待吃点茶、茶汤、茶药、茶药果等经历,在宋人的潜移默化之下,他有如此之举便是情理之中了。而且成寻等也从宋人那里获赠不少茶器,熙宁五年(日延久四年)四月二十九日刚上岸还在台州时,那天"陈四郎名永来,志与茶小器十口、种种果子、酒等"②。

说到茶器,在平安公卿日记中也有不少记载,足见宋茶文化在北宋时期已经输入日本。

从成寻的日记可以揣摩奝然的日记,肯定也是通篇被招待吃茶、饮茶的记载,也有见宋僧以茶供佛的经历,如此经历便是荣西后来的经历。大约100年后到宋朝巡礼求法的荣西尽管没有留下日记,从成寻等在宋朝接触的茶文化经验看,荣西在宋朝的体验想必不过如此。

在日记中如此反复记载吃茶、饮茶以及茶道文化的成寻,如果真的返回了日本的话,也许就轮不到荣西来向日本人宣扬茶文化了。但成寻毕竟没有返回日本,他的弟子即使带着茶粉(或茶叶、茶饼)、茶器回到了日本,但是人微言轻,显然影响不大,而荣西则不同,不仅带回茶叶和茶具到日本,而且带回了许多的茶种。更有甚者,他写了一本著名的书《吃茶养生记》,并在适当的时候将它推出,引起广泛的注意。茶道文化对日本的影响如同禅宗、朱子学等对日本的影响一样,主要是在南宋以后,本书以北宋与日本的交流为中心,对此将另文研究,此略。

---

① 〔日〕平林文雄:《〈参天台五台山记〉校本及其研究》(上),东京:风间书房昭和五十三年(1978)版,第187页。

② 〔日〕平林文雄:《〈参天台五台山记〉校本及其研究》(上),东京:风间书房昭和五十三年(1978)版,第36页。

第十四章　以民促官：西游日僧联系宋日朝廷

第一节　北宋帝国与平安王朝的“国书”往来

宋朝送达日本的招抚“国书”

历史进入北宋时代，中日关系在政治上并无进展，和前面提及的五代时期一样，若即若离。但两国朝廷都曾试探建立官方关系，并且通过民间交流进行联络，此可谓“以民促官”。不过，在多数日本学者看来，北宋与日本两国并无官方往来，并未建立政治关系，其理由是：日僧来宋不是“因公”，既不是作为朝贡使节而来宋，也不是为日本国家取经求法而入宋，他们到宋朝不过是巡礼游历而已，纯粹是个人的行为，是“因私”而来宋朝。

中日两国朝廷都有以民促官，试探建立官方关系的举动。特别是北宋朝廷，宋太祖一登基就对包括日本在内的周边国家和民族颁发了不同形式的“国书”，鼓励或者暗示他们来朝贡，当然，这些国书并不都是通过派遣官方使节来送达，一般是利用外国来华僧人和商人来传递，这些僧人或商人一旦得到宋朝皇帝的接见，在他们回国的时候，皇帝一般会让他们传递国书及皇帝给他们国王的赏赐。也有通过中国外出的商人和僧侣来送达的，例如《续资治通鉴长编》开宝元年（日安冷泉天皇安和元年，968）条载：“先是，僧行勤游西域，上（太祖）因赐大食国王书以招怀之。十二月，乙丑，遣使来贡方物。”①本书也因此相信，宋朝廷通过活跃在东海上的中国商人也给日本送达了某种形式的“国书”，像此前的吴越王通过商人送“国书”到日本一样。日本平安朝廷于 982 年批准僧人奝然来宋朝，可以说是对宋朝“招怀”的一次应答，是一种政治试探。

自汉唐以来密切关注大陆政治变局的日本朝廷，显然注意到大宋的统一，

---

① （宋）李焘撰《续资治通鉴长编》第 2 册，北京：中华书局标点本 1979 年版，第 213 页。

顾虑到自身的安全，希望新兴的宋朝承认日本是一个文明的国家，并与日本平等交往。日本平安朝廷的当权者显然也像飞鸟朝廷的圣德太子、中大兄皇子一样，希望日本在保持独立国家身份的条件下参与由宋朝确立的亚洲政治新秩序，但不加入其“册封体制”。日本朝廷希望通过这次交往，促进中日两国双方在政治体制和政治理念等方面的相互了解，故奝然向宋太宗宣扬日本“万世一系”的政治体制与贵族社会的繁荣稳定。奝然的宣传也确实得到了宋朝君臣的认可，并认为日本能守“古之道”，但是宋朝皇帝显然没有接受日本与大宋帝国平起平坐的愿望，依然暗示其国王必须来中华朝贡。故宋太宗召见奝然时存抚之甚厚，并特赐日本国“印本《大藏经》”，此实为一种羁縻手段。

日本的这次“遣使”，在文化上的收获远远大于政治上的期望。在986年奝然等回国的时候，宋太宗给日本丰厚的赏赐是出于招抚的目的，按照历代的惯例，赏赐越丰厚，政治要求或者说期待就越高，可惜我们无法找到宋朝廷委托奝然传递致日本国王的国书。

北宋朝廷通过来宋日僧传递致日本国王国书，有据可查的实例是，宋神宗熙宁五年（日本后三条天皇延久四年，1072）日僧成寻来宋后，宋神宗曾要求他传递国书致日本国王。

1072年，日僧成寻偷渡来宋朝巡礼求法，按宋朝的习惯，外国人来中国最终是要督送其回国的，但成寻反复申请要求滞留宋朝，而让弟子赖缘、快宗、惟观、心贤、善久五人回国。宋朝神宗皇帝最后同意了他的请求，并“赐预大宋皇帝志送日本御笔文书”①，以及赠给日本朝廷金泥《法华经》等物，让成寻的五位弟子乘宋朝商人孙忠的船于延久五年（宋神宗熙宁六年，1073）六月返回日本，同行的还有新近受戒的宋朝僧人悟本，悟本也是成寻的弟子，他的出家和到日本又都得到宋朝廷的批准，并被委托为使节。

这封大宋皇帝的“御笔文书”成功送达日本。其内容与格式到底如何，日本现存史书中未见抄录具体内容，目前可供参考的仅有一件，即1116年宋朝付商客孙俊明、郑清等带到日本的那一封，日本《善邻国宝记》一书中有载，具体内容参见本书本节“宋日彼此的自尊阻碍两国关系的进展”一目的引文。

该“国书”内容显示，宋朝是以属国或朝贡国来要求日本的。

至于宋神宗的“御笔文书”是否够格称之为“国书”，学界有争论。日本学者木宫泰彦认为其“非正式国书，可能只是附在礼物上的简单清单”②。木宫泰彦“根据《百炼抄》《水左记》《玉叶》等”日本古典中的记载，说成寻弟子所携

① 〔日〕平林文雄：《〈参天台五台山记〉校本及其研究》（上），东京：风间书房昭和五十三年（1978）版，第289页。

② 木宫泰彦著，胡锡年译：《日中文化交流史》，北京：商务印书馆1980年版，第251页。

回日本的文书中有"回赐日本国"的字样。尽管"不拘怎样,宋帝致书日本朝廷,却不能不说是值得大书特书的事情",而日本史家未予记录,显然悟本和成寻弟子们此番带给日本朝廷的国书,其内容给日本朝廷出了难题,让他们为回复之事犯难,因为这"牵涉到日本国国家名分的问题"①。成寻派人送回佛法典籍之后滞留不归也许与此有关。

不过,此"国书"的到来让日本朝廷陷入困惑之中,君臣围绕是否该回书,是否应答礼,答谢的话送何种物品为好等等,进行了多年的激烈争论,平安朝廷而且找有关人士调查研究。据日本公卿左大臣源俊房的日记《水左记》承保二年十月二十六日条的记载:

> 霁,未刻许右大臣殿令内给,予御供参入。今日阵定也,大宋国皇帝付成寻阇梨弟子等归朝,被献经论锦等,可纳否事。右大殿令奉行件事给,公卿着阵座,定申可被纳之由,具旨在定文,了,入夜后各退出。②

显然,这次讨论毫无结果,《水左记》承保三年六月二日条中的有关记载足以说明:

> 未时,右大殿(源师房)御共参内,大宋国方物使等,悟本与孙思(当为忠)文告,对问之由。或云:"火取玉、水银、美乃长绢、真殊[珠?]。"或云:"长绢、细布、金银类。"或云:"被和琴相加。"何事有哉!③

争论一直延续到日本白河天皇承保三年(宋神宗熙宁九年,1076),距宋朝国书送到日本已经三年过去了。对此事,《百炼抄》一书"承保三年六月二日"条也有记载:

> 诸卿于殿上,定申大宋国返信物。或云:可遣和琴。或云可遣金银类。或云:可遣细布、阿久也玉。先于阵唐人孙忠、悟对问事。④

到了承历元年(宋神宗熙宁十年,1077)二月二十八日,日本朝廷又"引见

① 〔日〕木宫泰彦著,胡锡年译:《日中文化交流史》,北京:商务印书馆1980年版,第251页。
② 〔日〕增补史料大成刊行会编:《水左记、永昌记》,载《增补史料大成》,京都:临川书店昭和五十年版,第35页。
③ 〔日〕增补史料大成刊行会编:《水左记、永昌记》,京都:临川书店昭和五十年版,第37~38页。
④ 〔日〕黑板胜美编辑:《日本纪略、百炼抄》(后编),载《新订增补国史大系》第11卷,东京:吉川弘文馆昭和九年版,第35页。

大宋国客商所献之羊三头”，据说白河天皇亲自观看了来自宋朝的羊，表现出与宋朝交往的积极态度。宋商去日本，送羊为礼，似乎有催促日本答复之意。到该年五月五日，日本朝廷大臣“阵定”之后确定“请印”，答复宋朝。阵定是日本平安时代摄关期的朝议主要形式之一，亦即后代的宫廷会议。会议还决定，“大宋国返信官符”由长季朝臣撰写，选用黄纸，装入螺钿筥；同时赠送“六丈织绢二百匹、水银五千两”作为答礼①。

宋元丰元年（日承历二年，1078）正月二十六日，平安朝廷让通事僧仲回携带以上回信和赠品搭乘宋商孙忠的船赴宋，此事《宋史》中也有载：

> 元丰元年，使通事僧仲回来，赐号慕化怀德大师。明州又言得其国太宰府牒：“因使人孙忠还，遣仲回等贡絁二百匹、水银五千两。”以孙忠乃海商，而贡礼与诸国异，请自移牒报，而答其物直，付仲回东归。从之。②

由于仲回获得宋朝赏赐“慕化怀德大师”的封号，木宫泰彦因此说他“完成使命”，这未免过誉。日本通事僧仲回因只携带了日本地方政府的文件，即大宰府出具的牒文，用印估计也是大宰府的，依照明州地方政府的请示，宋朝廷没有承认仲回的使节身份。尽管仲回有可能暗示了朝贡使节的身份，但宋朝廷对于他带来的所谓朝贡物，仅以“答其物值”的贸易方式打发了，仲回的贡物似乎也未运送至宋京汴梁。

据《善邻国宝记》记载，这一年，仲回随宋商孙忠的船东归日本时，又带回宋朝廷“赐日本国太宰府令藤原经平”的牒文③，这显然是明州的“自移牒报”。对于明州“答其物直”之物，《百炼抄》在“承历二年十月廿五日”条中也有记载：

> 廿五日，诸卿定申大宋国贡物事，锦、唐黄等也。此事已为朝家大事。唐朝与日本和亲久绝，不贡朝物，近日频有此事，人以成狐疑。④

这一记载说明了，日本朝野对于加入朝贡贸易体制进退两难的原因。《百炼抄》的记载反映，这一事件的处理，让日本朝廷困惑了好久。

---

① 〔日〕黑板胜美编辑：《日本纪略、百炼抄》（后编），载《新订增补国史大系》第11卷，东京：吉川弘文馆昭和九年版，第35页。

② （元）脱脱等：《宋史·日本传》，北京：中华书局标点本1977年版，第14137页。

③ 原文为：“承历二年，宋人孙吉所献之牒曰：‘赐日本国太宰府令藤原经平’”。孙吉大概为孙忠之误？

④ 〔日〕黑板胜美编辑：《日本纪略、百炼抄》（后编），载《新订增补国史大系》第11卷，东京：吉川弘文馆昭和九年版，第36页。

承历四年五月廿七日,诸卿定申大宋国进物、送文有疑,并大贰加和市直遣宋朝事等。闰八月十三日,诸卿定申大宋皇帝付孙忠献锦、绮事,不可遣答信物者。

永保元年十一月廿五日,诸卿定申大宋国牒状事。①

以上可见,仲回携回的"国书"又让日本朝廷为难了。"二年"即日本承历二年(1078),经过反复讨论,到承历四年(宋元丰三年,1080)闰八月才最后决定不送答礼给宋朝,理由是宋朝的"送文有疑"。何以有疑?实际上是宋朝以朝贡国的地位对待日本,让日本君臣有些接受不了。

如此看来,986年奝然等回国的时候,我们相信宋朝廷一定委托他传递国书了,如同成寻弟子回国时一样,可能因为内容和格式的问题,使奝然无法向日本朝廷交代,机灵的奝然于是便隐匿了,如同隋朝时小野妹子隐藏隋炀帝给日本的国书一样。不过,为了回复宋朝皇帝,奝然还是让弟子于988年回呈了宋朝一篇虔诚的启,作为"国书"全文收录在《宋史·日本传》中。寂照自1003年来宋朝拜见皇帝、天台求法、五台巡礼之后,尽管国内摄政大臣等来信催促,但他最终埋骨异乡不归日本,可能也有这一原因。

我们相信,北宋朝廷发出的要求日本来朝贡的国书不止以上这两件,因为日本朝廷极力回避这种不平等的国交,因而回避来自宋朝的国书,包括一般的地方牒文,所以传递国书的"使者"也尽量搪塞遮掩,而日本历史学家遇到这样有损国家尊严的事件更是不予记载。

日本通过僧人答复"国书"并"贡献"

尽管日本朝廷极力回避中国皇帝在外交上的不平等待遇,但中华文化、经济的魅力却又使他们无法回避去吸收,去与宋朝打交道,于是日本方面设法暧昧地处理这件事。

按照汉唐以来中日国交的惯例,奝然983年来宋朝时,必须携有国书或类似的东西(如表启)的,尽管其格式和内容可以肯定可能很暧昧。从奝然来宋朝时贡献的物品可以肯定,他所携贡品都是经过认真准备和慎重挑选的,具有一定的象征意义。奝然983年来宋的贡品是"铜器十余事,并本国《职员今[令]》《王年代纪》各一卷"②,值得关注的是作为贡物的日本国《职员令》和

---

① 〔日〕黑板胜美编辑:《日本纪略、百炼抄》(后编),载《新订增补国史大系》第11卷,东京:吉川弘文馆昭和九年版,第35~37页。另参见〔日〕细川润次郎编辑:《古事类苑·外交部》,东京:吉川弘文馆昭和五十三年(1978)版,第888页。

② (元)脱脱等:《宋史·日本传》,北京:中华书局标点本1977年版,第14131页。

《王年代纪》这两卷书,具有表示臣服的象征意义,类似附属国上呈宗主国的版籍图册。日本方面的考虑是,通过这些献品的政治象征意义取代正式的朝贡和册封,维持日本皇家的体面。日本学者多说这两卷书是奝然临时之作,本文认为,奝然不可能在临时,或者在宋太宗接见奏对的时候如此准确地做这样详细的说明,两卷书既有众多的官制和地名,又有大量的具体年代和数字,没有人具有如此高超的记忆力,必然是事先准备好了的,而且是得到日本朝廷审核批准的,朝廷不可能在批准奝然入宋之后,对于他的一切准备工作、贡献物品不闻不问,甚至不说明朝廷的意愿。

根据现有的资料,奝然只是带了日本东大寺和延历寺致中国长安青龙寺和天台山国清寺的两份牒文,这只能算是一般的身份证明文书,或者相对于寺院挂单的介绍信、推荐信。不知他拿什么文件提交宋朝廷?作为中国正史的《宋史・日本传》,只是记录了奝然于988年派弟子嘉因代替自己第二次入宋时的一篇"表启",这次嘉因还是搭乘宋朝商人郑仁德等归国的便船。奝然"遣其弟子喜因奉表来谢"的那封表启①,内容具体如下:

日本国东大寺大朝法济大师、赐紫、沙门奝然启:

伤鳞入梦,不忘汉主之恩;枯骨合欢,犹亢魏氏之敌。虽云羊僧之拙,谁忍鸿霈之诚。奝然诚惶诚恐,顿首顿首,死罪。

奝然附商船之离岸,期魏阙于生涯。望落日而西行,十万里之波涛难尽;顾信风而东别,数千里之山岳易过。妄以下根之卑,适诣中华之盛。于是宣旨频降,恣许荒外之跋涉;宿心克协,粗观宇内之环奇。况乎金阙晓后,望尧云于九禁之中;岩扃晴前,拜圣灯于五台之上。就三藏而禀学,巡数寺而优游。遂使莲华回文,神笔出于北阙之北;贝叶印字,佛诏传于东海之东。重蒙宣恩,忽趁来迹。季夏解台州之缆,孟秋达本国之郊,爰逮明春,初到旧邑。缁素欣待,侯伯慕迎。

伏惟陛下惠溢四溟,恩高五岳,世超黄轩之古,人直金轮之新。奝然空辞凤凰之窟,更还蝼蚁之封,在彼在斯,只仰皇德之盛;越山越海,敢忘帝念之深?纵粉百年之身,何报一日之惠!染笔拭泪,伸纸摇魂,不胜慕恩之至。谨差上足弟子传灯大法师位嘉因、并大朝剃头受戒僧祚乾等拜表以闻。

永延二年岁次戊子二月八日。②

---

① (元)脱脱等:《宋史・日本传》,北京:中华书局标点本1977年版,第14135页。

② (元)脱脱等:《宋史・日本传》,北京:中华书局标点本1977年版,第14135~14136页。为便于理解原表,引用时在结尾格式分段上略有变动。

该表称“启”,在形式上非常暧昧,为了维持日本的自尊,落款处用日本年号“永延”,永延二年即宋太宗端拱元年(988),未用中国年号“端拱”,表示不奉中国正朔。从第一段和第三段的内容来看,文字非常恭顺、诚恳,大概考虑到格式上的暧昧,所以语言上以示归顺;第二段为奝然自己来宋求法、在宋经历及返回日本整个经过的汇报。据此也可以推定,奝然第一次来宋朝时也有表启,而且更为暧昧地暗示自己朝贡使节的资格,中国学者编写史书时可能认为不合礼仪而未予记录。但从“永延二年,岁次戊子,二月八日”的落款日期我们可以断定,本次表文得到日本朝廷的审议和批准。因为,奝然特为此次来宋向日本朝廷提出了申请,要求派自己的弟子“传灯大法师位嘉因”担任再次入宋的使节,派遣嘉因来宋的理由是:还自己在宋朝五台山寺院未遂的“财施供养之愿”、感谢宋朝赏赐《大藏经》等的恩惠、“兼请度新译经论等”。这一遣使申请恰恰是在永延二年(988)二月八日得到日本朝廷的批准,并下官符牒文,该官符由太政官特下至大宰府,文件名为“应为使传灯大法师位嘉因重发遣大唐,令供养五台山文殊菩萨兼请度新译经论等事”①。日本朝廷的批准,是因为感觉以僧侣为使节,以奝然个人的身份上表,不会损害日本的国体与尊严。

嘉因奉奝然的表启携带大量贡物表示“不忘汉主之恩”之意,淡化了朝贡的成分,为了照顾宋太宗的尊严,奝然在这次表启中措辞非常恭敬谦卑,贡献物品的数量和质量也反映出诚恳之意。奉献这些贡物应该也是得到日本朝廷认可的,其内容如此丰富,《宋史·日本传》对此有详细的记载(参见本书第十五章第三节),可见这不是个人力量能够筹备得到的。

就是这样一封国书,奝然一直还被日本后人唾骂,从事件的结果和《宋史·日本传》的记载看,宋朝廷对于奝然这次暧昧的朝贡也感到很不满,因为根据日本现已发现的有关资料,并未记载说嘉因这次得到特别的赏赐。1003年被派遣来宋朝的寂照也是如此,宋朝拒绝了他求《大藏经》的请求,寂照后来没有回日本,日本摄政大臣不断来信催促他皆因此。

日僧来宋朝之后,只有对宋朝廷和皇帝表达了一定的臣属态度之后,才能得到许多优待,才有助于他们从中国输入佛法。成寻在宋期间多次以臣下的身份上表神宗皇帝,或主动,或出于宋朝大臣的要求而无奈,成寻日记《参天台五台山记》第四卷熙宁五年(1072)十月十一日条所载以下表文,从文书内容和贡物选择上看,他的应对更加巧妙。其祝圣寿表曰:

---

① 〔日〕黑板胜美编辑:《续左臣抄》,收入《新订补国史大系》第27卷,东京:吉川弘文馆平成十一年(1999)新装版,第3~4页。

沙门成寻,谨修密法,奉祈圣寿。顾智者大师者,以莲华香炉、水精念珠献隋炀帝,表延祝焉。今日域鄙僧者,以纯金香炉、五种念珠献今上圣主,祈请万岁,玉体弥明固日月,宝寿殊远长天地。谨上表以闻。

熙宁五年十月　日,日本沙门赐紫成寻上表。①

智者大师本为南朝陈国人,他以表献的方式表示臣服于隋,成寻这里依照前例也是暗示称臣。奝然曾称宋太宗为"汉主",这里成寻称神宗为"今上",我们知道最后成寻也确实留在宋朝为子民,并在有关表文中自称为"臣"。成寻的入宋尽管没有得到日本朝廷的批准,没有相关文书,他甚至把二十多年前的有关文书拿来作身份证明,强调其担负的政府使命。他这种暧昧的做法,后来宋朝皇帝还是识破了,但也暧昧应对了。

宋日彼此的自尊阻碍两国关系的进展

日本平安贵族出于维护国家荣誉和尊严的考虑,对于发展和宋朝的政治关系非常谨慎,国书往来等,基本上是消极和被动的应对,采取的是一种回避政治的政治手法,这是出于引进中国文化和输入宋朝商品的需要。

1115年女真族建立金国,并向辽国发起进攻。女真,日本称为刀伊,曾经骚扰日本九州。宋为了报复辽国,宋徽宗和蔡京、童贯密谋,联合金夹击辽,乘机收复燕云地区。也许是处于建立联盟的需要,北宋同时也向日本派遣了使节,送达国书。因为1116年,平安朝廷反复朝议来自宋朝的牒状,1118年才朝议决定,向宋朝回复牒文,并回赠礼物②。

宋朝送达日本的这封国书,根据日本《善邻国宝记》一书记载,是在日本鸟羽院元永元年(宋徽宗重和元年,1118)。该国书是宋徽宗通过宋朝商人孙俊明、郑清等带到日本的,国书内容如下:

矧尔东夷之长,实惟日本之邦;人崇谦逊之风,地富珍奇之产。曩修方贡,皈顺明时。隔阔弥年,久缺来王之义,遭逢熙且,宜敢(恐"敦"或"致"字之误)事大之诚。③

---

① 〔日〕参考平林文雄:《〈参天台五台山记〉校本及其研究》(上),东京:风间书房昭和五十三年(1978)版,第113页。并见敬雄等编:《天台霞标》初编,第107页。

② 〔日〕历史学研究会编《日本史年表》,东京:岩波书店1966年版,第76页。

③ 〔日〕西山塞马闲人书:《善邻国宝记》,收入《续群书类丛》第30辑(上,杂部),东京:昭和三十四年(1959)订正版,第334页。

日本平安朝廷何以迟迟不回复这封国书？主要是宋朝国书中“久缺来王之义”的责备之词让自尊的平安公卿难以接受。所有记载显示，宋朝是以属国或朝贡国来要求日本的，自奝然 983 年、嘉因 988 年、寂照 1004 年、成寻 1072 年先后来宋，宋朝都是以朝贡使节相待，倘若长时间不见日本“朝贡”，会质问日本为何“久缺来王”的，成寻在宋朝期间就被宋朝君臣多次质问“久缺来王”之事便是证明。

例如，熙宁五年(日延久四年，1072)十月十四日，敕使御药问成寻：“日本自来为甚不通中国，入唐[①]进奉？”成寻不得不委婉地回答：“沧波万里，人皆固辞，国[②]之久绝也。”[③]到十五日又被神宗皇帝追问：“日本相去明州至近，因何(或作‘何以’)不通中国？”成寻不得不再次为日本开脱说：“本国相去明州，海泌(或作江)之间不知几里数，或曰七千余里，或曰五千里，波高无泊(或作‘治’)，难通中国。”[④]

日元丰六年(1083)三月，成寻弟子快宗等第二次来宋朝时，身穿紫方袍于延和殿朝见宋神宗，见此装束一时忘却的神宗便问左右大臣：“衣紫方袍者何日所赐？”都承旨张诚一对答说：“熙宁中，从其国僧诚寻对见被赐，今再入贡。”宋神宗立即指出：“非国人入贡也，因其瞻礼天台，故来进见耳。”但神宗并未计较，再次赐日僧快宗紫方袍[⑤]。

可见，在北宋，斤斤计较的是朝廷大臣，他们是借外国的朝贡拍皇帝马屁。宋真宗时，有日本人来朝贡，并称神光祥瑞，以致宋真宗定“大中祥符”年号。据《皇朝类苑》卷第六十三“谈谐戏谑”所载：

> 祥符中，日本国忽梯航称贡，非常贡也，盖因本国之东有祥光现。其国素传：中原天子圣明，则此光现。真宗大喜，敕本国建一佛祠以镇之，赐额曰“神光”。朝辞日，上亲临遣。夷使面乞，令辞臣撰一寺记。当时直者虽偶中魁选，词学不甚优，居常止以张学士君房代之，盖假其稽古才雅也。既传宣令忽撰寺记，时张尚为小官，醉饮于樊楼，遣人遍京城寻

---

① 此处的“唐”字当理解为“宋”字，成寻是按照日本的习惯来记笔记的。

② “国”当为“因”字，平林文雄的《〈参天台五台山记〉校本及其研究》对原件的判读可能有误。

③ 〔日〕平林文雄：《〈参天台五台山记〉校本及其研究》(上)，东京：风间书房昭和五十三年(1978)版，第 117 页。

④ 〔日〕平林文雄：《〈参天台五台山记〉校本及其研究》(上)，东京：风间书房昭和五十三年(1978)版，第 120 页。

⑤ (宋)李焘撰《续资治通鉴长编》第 2 册，北京：中华书局标点本 1979 年版，第 8031 页。

之,不得。而夷人在阖门,翘足而待,又中使三促之,紫微大窘……①

这可能是宋朝商人与日本人勾结,以祥瑞之贡讨皇帝欢喜,骗取赏赐的行为。

宋朝作为中华大国,政治和军事的实力又并不强大,对于周边国家的影响力,对于外国的招抚和宽厚都是有限度的,因此在北宋时期,中日双方在外交政策的技术处理上都是比较暧昧的。由于没有找到双方都能够接受的方式,中日政治关系是游离的,是一种半官方半民间的外交。日本为了回避在外交礼仪上使本国的自尊受到伤害,限制日本人来宋朝,但也因此牺牲了佛法等中国文化的引进和吸收。

中日之间伪造的“国书”和冒充的使节

隋唐以来中日关系的暧昧,还表现在来华日僧等公私身份的难辨。说难辨是因为中国方面的正史记录一直认为奝然等日僧是来宋朝朝贡的,而日本的一些文献则否认。

本书认为,为日本国家而来宋求佛法的奝然等,认真研究了中国历史和政治,肯定知道按照中国封建文化和专制王朝的惯例,如果没有国书、牒文这些东西,宋朝廷和历代朝廷一样,一般是不会接受他入境和巡礼的,更不用说提供方便。故他们来宋之前不得不向朝廷申请各种形式的国书,哪怕是让某个大臣、某个寺院出具一份证明文件。实在不行,日本僧人会冒充使节,携带伪造的国书或其他文书来中国。

事实上,在史书中我们就可以找到宋朝对日本国来客因其无国书而拒绝接待的事例,据《宋会要》记载,冒充者即中日混血儿周良史(参见前文)。此即《宋史》所载的,“天圣四年(1026)十二月,明州言日本国太宰府遣人贡方物,而不持本国表,诏却之”②。

这种冒充情况,不仅日本存在,高丽也存在,例如龙图阁学士朝奉郎知杭州苏轼(1037—1101),在其上奏朝廷的《论高丽进奉第二状》中指出过高丽僧人和宋朝商人勾结,冒充公使的作弊行为:

元祐四年十一月十三日,龙图阁学士朝奉郎知杭州苏轼状奏。右臣近奏为高丽僧寿介状称:“临发日,奉国母指挥,将金塔二所附寿介前来祝延皇帝、太皇太后圣寿。”臣已一面退还其状,仍令本州所差伴话僧

① 转引自〔日〕松下见林:《异称日本传》,收入《改定史籍集览》第20册(新加书通纪类第三),东京:近藤活版所明治三十四年(1901)版,第94~95页。

② (元)脱脱等:《宋史·日本传》,北京:中华书局标点本1977年版,第14136页。

思义只作己意体问所献金塔次第。其高丽僧寿介,知臣不为奏闻,方始将出僧统义天付身文字,以示思义,乃是欲将金塔二所舍入杭州惠因院等处,祝延圣寿,仍云随身收管,不可擅动元封,俟续有疏文到日,方可施纳。以此显见高丽人将此金塔尝探中国意度。臣既退还其状,将来必是自将此塔舍在惠因等院,既是衷私舍施僧院,即朝廷难为回赐,若受而不报,夷虏性贪,或生怨望。伏望朝廷检会臣前奏,早赐指挥,如寿介等将上件金塔舍施,亦乞只作臣意度,一面答云不奉朝旨,不敢令僧院收留。所贵稍绝后患。谨录奏闻,伏候敕旨。

贴黄。

臣体问得,惠因院亡僧净源,本是庸人,只因多与福建海商往还,故商人等于高丽国中妄有谈说,是致义天远来从学,因此本院厚获施利,而淮、浙官私遍遭扰乱。今来又访闻得,还是本院行者姓颜人,赍持净源真影舍利,随舶船过海,是致义天复差人祭奠。臣见令所司根勘,候见诣实奏闻次,今来若许惠因院收留金塔,乃是庸人奸猾,自图厚利,为国生事,深为不可。①

苏轼的这份奏折反映了中外商人联手作伪的具体原因和方法。

日本僧人来中国的时候,也有不少人仿照中国度牒的形式伪造度牒,对中国人称是日本朝廷发行的。至今日本京都博物馆还保存有原东福寺藏的圆尔辨圆度牒②。

第二节　宋日两朝廷对来宋日僧管理的政治意义

从来宋日僧的地位和职位来看其政治性

从日本朝廷对如何答复宋朝国书的反复讨论看,对于日僧入宋后可能遇到外交礼仪、国体尊严等问题,日本朝廷是充分给予考虑了的,而且是在研究了大陆政治制度之后才作出一系列的决定。例如,奝然来宋之前的地位并不太高,而且僧阶一直很难得到提升,982年,45岁的奝然在获得批准入宋的同时获传灯大法师位,此时得以再升一级当与入宋有关,僧阶太低可能不被宋

---

① (宋)苏轼:《苏轼集》(三),载《唐宋八大家散文总集》卷八,石家庄:河北人民出版社1995年版,第5928页。

② 〔日〕角井博编:《周刊朝日百科:日本国宝》071期,东京:朝日新闻社1998年版,第19页。

朝重视，在他的地位上必然做此考虑。奝然983年以传灯大法师位来宋朝说明他在日本是有身份的僧人，圆仁来唐之前日本朝廷敕封他传灯大法师位也应该是出于同样的考虑。对于这一点，宋朝是非常清楚的，赞宁在《大宋僧史略》“赐僧紫衣”条中就特别提到：“后蛮士（土?）有上者赐金钵，犹中国赐银鱼也。倭国则赐僧传灯法师之号；高丽赐僧紫衣，则以金银钩施于纫上，甄别高下也。”①在日本，传灯大法师位是怎么样的一种地位呢？

> 清和天皇贞观六年二月十六日癸酉，制定僧纲位阶。诏曰：“国典所载，僧位之制，本有三阶，满位、法师位、大法师位是也。僧纲凡僧，同授此阶，位号不分，高卑无别，论之物意，实不可然。仍彼三阶之外，更制法桥上人位、法眼和尚位、法印大和尚位等三阶，以为律师已（以?）上之位。宜法印大和尚位为僧正阶、法眼和尚位为僧都阶、法桥上人位为律师阶。”②

鉴真和尚公元753年到日本之后得到的也不过是传灯大法师位，清和天皇贞观六年（864）距奝然来宋约一百年，也不能否认日本朝廷此时对给予僧人僧纲（或僧位）的授受标准可能放低了、放松了。与前代来唐日僧相比，奝然的僧阶还是很高的。

但是奝然并不满足于以这样的身份入宋，他到宋朝后伪称自己俗家出身是贵族藤原氏，同时强调自己的父亲是五品官，这是为什么？可以肯定，编订过《百家姓》的宋朝皇帝对周边国家的贵族政治、大姓贵族肯定是非常关注的，肯定了解藤原氏在日本所有姓氏中的地位，知道当时日本的行政大权掌握在藤原氏之手，这从宋朝委托本国商人给日本的一些文书中也反映出来了，吴越王朝、宋朝的许多政府信件是送给藤原家的。“俗姓秦氏”的奝然来宋后，在宋太宗的面前伪称自己出自藤原氏，乃藤原真莲之子，真莲在日本是五品官。因为对于无身份地位而且无国书的外国人，大宋朝廷不仅不接待，甚至驱逐出境。奝然自称藤原氏的出身，无疑会抬高自己的身份，引起朝廷的重视。这也是日本文化、日本式思维方式的表现，从以后丰臣秀吉的姓氏问题中也可以得到证明。奝然自称藤原氏虽有弄虚作假，但和藤原氏并非毫无瓜葛，奝然生于京都以西爱岩山一带，此地长期以来是渡来人秦氏的根据

① （宋）赞宁：《大宋僧史略》，载《大正藏》第54卷，台北：佛陀教育基金会1990年版，第249页上。

② 〔日〕黑板胜美编辑：《类聚国史》（后编），收入《新订增补国史大系》第6卷，东京：吉川弘文馆2004年版，第291页。

地。秦氏与藤原氏之间有一定的关系，无疑是有相互利用的价值，秦氏希望借藤原氏复兴，而地头蛇秦氏的所处位置也被权贵藤原氏看中，得到秦氏的支持有利于控制京都地区。

宋朝注意到奝然所穿衣服为绿，此非一般和尚的服色。实际上奝然更是注意到这一点，他穿绿衣也是有预谋的。大陆封建朝廷对于各阶级穿着礼服用何种服色、图案是非常认真的，日本自称自唐以来“衣冠唐制度”，自然注意这一点。关于朝服，“《事物纪原》曰：……六位深绿衣、七位浅绿衣、八位深缥衣、初位浅缥衣……袋从服色”①。可见和中国一样，着装颜色显示着社会等级，深绿在日本为六品（日本称“位”）官的服色，浅绿为七品官服色。奝然如此也是强调自己的身份和官方性质。他父亲是五品官，他的传灯大法师位相当于六位（即古代中国的“六品”，法眼位、律师为准五位）。从奝然有五六人的随从看，他的地位还是较高的。根据《小右记》记载，奝然自宋朝回日本以后，于永延元年(987)三月十一日因出国求法之功获得“法桥上人位”。

日僧和宋君之间的觐见和册封礼仪

中华帝国维持朝贡体制的核心是礼制体系，具体包括觐见、朝贺、赐宴、赐物、册封等方面。根据奝然、成寻等来宋日僧所遗留的历史记载看，日本僧人来宋后一般都得到宋朝皇帝接见和优待，甚至被当作公使来接待，觐见、朝贺、赐宴、赐物、册封等皆不遗漏。

太平兴国八年（日永观元年，983）十二月十九日，奝然一行到达北宋首都汴梁（今河南开封市），先被安置于邮亭，等待宋朝廷安排以上仪礼及日程。十二月二十一日于崇圣殿拜谒见宋太宗，奝然贡献了书籍、铜器等贡品，宋太宗礼遇甚隆，御赐其紫衣及例物。由于“奝然善隶书，而不通华言，问其风土，但书以对”②。朝见之后，奝然一行 7 人被安置于京城左街明圣观音院。奝然自己对此也有记载：

> 至廿一日，朝觐“应运统天睿文英武大圣至明广孝皇帝”于崇政殿。奏对，蒙宣赐紫衣并例物，随侍僧四人，嘉因、定缘、康城、盛算，各授青褐袈裟及锡粸等。奉传圣旨，于观音院安下，供须繁盛，不可具陈。③

---

① 〔日〕《装束集成》，收入《新订增补故实丛书》，东京：明治图书出版会社、吉川弘文馆昭和二十六年(1951)版，第 37 页。

② (元)脱脱等：《宋史·日本传》，北京：中华书局标点本 1977 年版，第 14131 页。

③ 〔日〕竹内理三编《平安遗文》(古文书编第九卷)，东京：东京堂昭和三十九年(1964 年)订正版，第 3482 页。

来宋日僧何以受到如此优待?按照宋朝的外交惯例,外国国民以属国臣民的身份来中国,听从宋朝廷有关官员的安排,他们往往得以觐见皇帝,皇帝因此通过他们及其搭乘船的商人对其主君的诚意给予赏赐。

宋初来华奝然等人几乎都因此得到了皇帝的热情接待,可以说是享受到了国宾的待遇,宋朝是按照招待属国朝贡使的规格来接待他们的,如寂照、成寻、快宗、戒觉、仲回等都被赐见,他们肯定也类似成寻这样在上表中称臣了。

日本学者大多因此认为,一个外国的游历僧侣,居然蒙皇帝赐见,这不能不说是一个特例。其实这并非什么特例,从前文可知,奝然以后的来宋日僧在宋朝期间,只要他们向宋朝廷提出了申请,皇帝从招抚的角度都给予方便。这不是特例或是非常奇怪的事,而是惯例,更不是因为他们具有非凡的魅力,以致让大宋皇帝一相情愿地向日本和尚献殷勤。

> 宋朝之制,凡外国使至,及其君长来朝,皆宴于内殿,近臣及刺史、正郎、都虞候以上皆预。……(太平兴国三年)十月十六日,宴宰相、亲王以下及契丹使、高丽使、诸州进奉使于崇德殿,以乾明节罢大宴故也。是后,宴外国使为常。①

倘若说让宋朝皇帝佩服,成寻倒是做到了,但在他成功求雨打动神宗皇帝之前,皇帝就召见过他。接见外国人,演习礼仪,是中国帝王借以强调皇权的手段。来宋日僧们之所以受到了作为朝贡者所应享受的待遇,得到大宋皇帝的接见,并给他封号和大量赏赐,按照国宾的规格招待于国宾馆,而不是视为来中国旅游的普通一和尚,这并不奇怪。在军事上受到北方契丹挤压的宋朝,自然希望在外交上开拓更广阔的空间,宋朝皇帝对建立与周边国家(包括日本)的联系是积极的,因此接见奝然时,"存抚之甚厚,赐紫衣,馆于太平兴国寺"②,太平兴国寺当为宋朝的外交场所。从皇帝的温情来看,此次接见规模很大,因为有许多大臣陪同接见,并相互议论日本政治制度的优劣。宋朝对外国朝贡一事很重视,这是国家强盛、教化远被的标志。

奝然在宋期间,多次被皇帝宴请,这是日本人引以为荣的一件事。关于宋朝宴请外宾的宴会,这里有必要作个简单的交代。宋朝每年都有专门的招待宴会,或为庆祝皇帝的生日,或为接待外宾讲排场,如太平兴国"三年正月十六日,宴刘铱、李煜、契丹使、诸国蕃客于崇德殿,以契丹使来贺正故也"③。

---

① (元)脱脱等:《宋史》,北京:中华书局标点本 1977 年版,第 2803 页。

② (元)脱脱等:《宋史·日本传》,北京:中华书局标点本 1977 年版,第 14134 页。

③ (元)脱脱等:《宋史》,北京:中华书局标点本 1977 年版,第 2803 页。

若有"诸国蕃客"恰逢在京，一般都被宴请。《宋史》又载：

> 诸国朝贡。其交州、宜州、黎州诸国见辞，并如上仪。惟迓劳宴赉之数，则有杀焉。其授书皆令有司付之。又有西蕃唃氏、西南诸蕃、占城、回鹘、大食、于阗、三佛齐、邛部川蛮及溪峒之属，或比间数岁入贡。层檀、日本、大理、注辇、蒲甘、龟兹、佛泥、拂菻、真腊、罗殿、渤泥、邈黎、阇婆、甘眉流诸国入贡，或一再，或三四，不常至。[①]

既然自太平兴国三年(978)以来，每年乾明节罢大宴，"宴外国使为常"[②]。雍熙元年(984)十月七日为宋太宗的生日，即"乾明节"，奝然自六月从洛阳求法巡礼归来之后正在宋京城汴梁，或观摩寺院，或寻访天竺高僧问法，因此被作为外宾宴请赴会。机灵的奝然乘机收了祈乾、祈明二弟子，分别为他们受具戒，正式为僧，二人的法名即来自乾明节，他以祈祷皇帝圣寿的方式来报答皇恩，不仅冠冕堂皇而且得到皇帝的优待。到宋太宗雍熙二年(985)三月二日告辞金殿，奝然得以再次面见太宗，这次"面对龙颜，蒙宣赐师号"，师号为法济大师，同时获赐"《大藏经》四百八十一函五千四十八卷、新翻译经四十一卷"，"御制回文偈颂"，及"绢帛、例物等"一应宝物[③]。

研究来宋日僧的日本学者对于宋朝皇帝赐予日僧紫衣、大师号等举措也很感兴趣，并以此作为来宋日僧佛学高深，征服宋朝君臣的证据。不仅是现代的日本学者，当时的奝然等来宋日僧也认为入宋获此待遇是非常荣誉的事，此待遇入唐日僧和遣唐日使也难得到，实际上他们也以此自居自傲。他们在中国时获得了荣誉，回到日本后便可进一步获得日本朝廷的荣誉，在中国获得荣誉称号(紫衣、大师号)就更不用说了。日本第一个从中国获赐紫衣的是来唐朝西明寺留学僧圆载，他辞朝回本国的时候，唐朝赐紫遣还。

赐紫、封号本是帝王对于高僧大德的褒奖，一般来说，只有佛教界的领袖人物、国家大寺院的住持才有幸得到。在宋代，朝廷对国内甚至有出卖紫衣、大师号之举，"入宋以来，紫衣、师号也成了买卖品，至南宋愈烈"[④]。中国是一个非常重视职称和品位的国家，因此一种职称由于广泛的授予很快被贬值。宋朝到理宗时(1225—1264 年在位)，岳珂建议，凡无紫衣、师号者不能

---

① (元)脱脱等:《宋史》,北京:中华书局标点本 1977 年版,第 2813 页。

② (元)脱脱等:《宋史》,北京:中华书局标点本 1977 年版,第 2803 页。

③ 〔日〕塚本善隆:《塚本善隆著作集第七卷·净土宗史、美术篇》,东京:大东出版社昭和五十年(1974)版,第 215 页。

④ 杜继文、魏道儒:《中国禅宗通史》,南京:江苏古籍出版社 1995 年版,第 460 页。

任住持，就像没有一定品位不能任职一样。这样，紫衣、师号不再仅仅是一种荣誉，成了一种必要的资格，所以引起许多僧人的反对。

对于外国僧人赐紫、封号是外交上的一种手段。封号并赐紫给来宋日僧，或是对他们来宋献书的奖励，或是以怀柔之举鼓励他们的国家来朝贡，这在赞宁《大宋僧史略》"赐僧紫衣"一条中说得很清楚："若偏霸诸国，赐与亦同。伪蜀时，云南国遣内供奉崇圣寺主，赐紫、银钵，僧充通好使焉。"①所以，五代时随宽建来宋的宽辅等日僧后来都得到大师号，宽辅获赐"弘顺大师"、澄觉得赐"资化大师"。寂照在宋期间也得到宋真宗的"召见"，并获"赐紫衣束帛，其徒皆赐以紫衣，复馆于上寺"②。因"寂照愿游天台山，诏令县道续食"③。寂照后来获得了"圆通大师"号，随从他来宋的元灯，根据《参天台五台山记》的记载可知也得到了宋朝的赐紫和大师号④，寂照的其他弟子，念救、觉因、明莲三人和其他不知名的三人，若留在宋朝未归，想必都获得紫衣和大师号。1078年来宋的日本通事僧仲回尽管被确认非正式使节，也获得"慕化怀德大师"的封号。

这种赏赐和赠予也不光是针对日本，偏爱日本人，对高丽（见以下引文）等外国僧侣也是如此。

> （端拱）二年（989），遣使来贡，诏其使选官侍郎韩蔺卿、副使兵官郎中魏德柔并授金紫光禄大夫，判官少府丞李光授检校水部员外郎。先是，治（高丽成宗）遣僧如可赍表来觐，请《大藏经》，至是赐之，仍赐如可紫衣，令同归本国。⑤

至于对于印度僧人赐紫与大师号的例子更是举不胜举了。中国方面一般认为来宋日僧是来朝贡的，是来求法的，其次才是来修行的。有关史书和笔记也是如此记载的。如《螺溪振祖集·查庵法师赞》论宋高僧义寂（919—987）时说："忆昔昏霾万里开，德星一点耀南台；修身名自神州起，慕法僧多日

---

① （宋）赞宁：《大宋僧史略》，载《大正藏》第54卷，台北：佛陀教育基金会1990年版，第249页上。

② 程毅中主编《宋人诗话外编》，北京：国际文化出版公司1996年版，第43页。

③ （宋）江少虞：《皇朝类苑》，收入王民信主编《宋史资料萃编》第3辑，台湾：文海出版社1981年印行，第1079页。

④ 木宫泰彦著，胡锡年译：《日中文化交流史》，北京：商务印书馆1980年版，第263页。

⑤ （元）脱脱等：《宋史》，北京：中华书局标点本1977年版，第14039～14040页。

本来。"[1]此间从日本来的众多慕法僧可见于记载的只有日延、转智、奝然等,想必他们都到过天台山国清寺及传教院,拜访过义寂。日本等外国僧人慕法而来正说明宋朝招抚外交的成功。

宋朝护送日僧文化巡礼的意义

为了维持朝贡体系,中华帝国在迎来送往方面要花费巨大的财力物力。例如成寻一行从天台山到汴梁途中,朝廷安排越州、杭州、扬州等地各从军资库支出二百贯铜钱,作为他们一行上京的盘缠[2]。

宋朝基于"修文德以来之"的柔远理念,非常重视外交,完善的递铺组织也是为外交服务的,当时众多的驿站,或称"馆"或称"驿",是国家级的宾馆。京城有都亭驿(专门接待辽国大使)、都亭西驿(主要接待西夏使者)、来远驿、怀远驿、礼宾馆、同文馆、班荆馆、瞻云馆八处。

佛教寺院是宋朝宣示文化软实力的主要场所,宋初大兴土木,广兴佛寺,对外国人开放,目的就是展示国家的富强和文化的繁荣。只要外国人提出巡礼的申请,都能得到朝廷的批准和寺院令其满意的接待,朝廷还特别安排外宾到寺院等处文化巡礼。

例如成寻在汴梁期间,朝廷安排的文化巡礼,参见成寻日记,此不一一列举。

在宋朝,寺院同时还是负责外交接待的重要场所之一。据《续资治通鉴长编》载:

> 礼宾院言回纥僧哈尚贡奉赴阙,乞赴五台山瞻礼。上曰:"戎羯之人,崇尚释教,亦中国之利,可给粮,听其请。"[3]

这就是说,在宋朝皇帝看来,外国人接受中国流行的佛教也就是接受中国的意识形态,这符合中国的政治需要(同化、安抚),既可以减少不同民族之间的文化冲突,又可以向国内粉饰太平。对于漂洋过海来宋的日本客人,自然也是"听其请"了,日本来华僧人也必须以归化的姿态提出申请才可以,这从成寻的经历中可以找到证据。我们看成寻《参天台五台山记》延久四年(宋熙宁五年,

---

① (明)觉岸编:《释氏稽古略》,载《大正藏》第49卷,台北:佛陀教育基金会1990年版,第927页中~下。

② 参见〔日〕平林文雄:《〈参天台五台山记〉校本及其研究》(上),东京:风间书房昭和五十三年(1978)版,第72~78页。

③ (宋)李焘撰《续资治通鉴长编》第2册,北京:中华书局标点本1979年版,第1643页。

1072)六月二日条中的“奉文”，不仅自称“大日本国延历寺阿阇梨大云寺主传灯大法师位臣厶(厶乃“某”之略写——作者注)”[①]，而且称“臣”上表。

成寻在此称“臣”并“上表”，自然令宋神宗皇帝欣然接受。在中华专制君主看来，远人不服，若不能兴干戈以伐之，则修文德以来之。对于得其地不足以为奉的日本，肯定是“其来之，则安之”，来华的外国人不外乎“归化”和“入贡”两大类，所以施恩惠让其感化，以显大国风范。

宋朝廷对于日僧来境内巡礼的要求也不是随便接受的，从《宋史》“熙宁五年，有僧诚寻[②]至台州，止天台国清寺，愿留。州以闻，诏使赴阙”的记载看[③]，宋朝政府对于外国人的入境管理有一定申请和审批手续。

外国人巡礼大宋文化圣迹需要申请，要想获得中华典籍也需要申请。奝然从宋太宗手中获赐“《大藏经》四百八一函五千四十八卷、新翻译经四十一卷”[④]，乃因他诚恳请求而赐，宋朝原本不轻易赏赐外国的。大宋赏赐外宾的一切宝物，都由馆驿负责护送到边境和进出口岸，这对朝廷和地方来说都是很大的财政开支。地方官甚至因不堪重负，上书朝廷限制外国人来华朝贡、以减少开支，例如龙图阁学士朝奉郎知杭州苏轼(1037—1101)就有如下奏折《论高丽进奉状》，陈述其弊端：

> 元祐四年十一月三日，龙图阁学士朝奉郎知杭州苏轼状奏。臣伏见熙宁以来，高丽人屡入朝贡，至元丰之末，十六、七年间，馆待赐予之费，不可胜数。两浙、淮南、京东三路筑城造船，建立亭馆，调发农工，侵渔商贾，所在骚然，公私告病。朝廷无丝毫之益，而夷虏获不赀之利。使者所至，图画山川，购买书籍。议者以为所得赐予，大半归之契丹。虽虚实不可明，而契丹之强，足以祸福高丽；若不阴相计构，则高丽岂敢公然入朝中国？有识之士，以为深忧。
>
> 自二圣嗣位，高丽数年不至，淮、浙、京东吏民有息肩之喜。唯福建一路，多以海商为业，其间凶险之人，犹敢交通引惹，以希厚利。臣稍闻其事，方欲觉察行遣。[⑤]

---

① 〔日〕平林文雄：《〈参天台五台山记〉校本及其研究》(上)，东京：风间书房昭和五十三年(1978)版，第38页。引文中“厶”“为“某”之略写——引者注。

② 熙宁五年即公元1072年，诚寻即成寻。

③ (元)脱脱等：《宋史・日本传》，北京：中华书局标点本1977年版，第14137页。

④ 〔日〕塚本善隆：《塚本善隆著作集第七卷・净土宗史、美术篇》，东京：大东出版社昭和五十年(1974)版，第215页。

⑤ (宋)苏轼：《苏轼集》(三)，编入《唐宋八大家散文总集》卷八，石家庄：河北人民出版社1995年版，第5919页。

雍熙二年(985)三月,日僧奝然辞行归国,宋太宗赏赐庞大的物品之后,还命令由“京中差人、船部送,仍赐口券驿料。及累道州县,抽差人夫传送”,直到台州。六月二十七日,奝然等在宋朝廷的关照之下再次到达浙江台州,“于旧处虔止”,仍然停留在开元寺,寺院对他们的招待“二时所赡,四事无断”。加上台州知州行左拾遗郑元龟“奉佛恭勤,禀宣安堵”,“州民以之眄睐,僧侣以之接延”,特别是“台州管内都僧正监坛选练兼开元都团寺主赐紫沙门景尧①,承廉使之指南,以同道之见待,往还如一,终始不移”②,足见宋朝对奝然一行来华的重视,希望以此感化日本。

奝然的确非常感激,在台州③开元寺等处停留期间,一边雕刻释迦牟尼真身佛像,一边进行佛教相关的研究,期待回日本后弘扬大宋新兴的佛教文化。

日本佛寺在平安祭政体制中的地位

平安时代的僧人为什么享有出国的特权,显然是因为佛寺具有很大的势力。他们以日本国家名义提出入宋求法的强请,平安朝廷不得不批准。从日本现存的平安档案文件集《续左臣抄》中保存的由太政官下达的《应为使传灯大法师位嘉因重发遣大唐令供养五台山文殊菩萨兼请度新译经论等事》这一官符可见,983年奝然师徒来宋同样得到了日本朝廷的批准,即“蒙允许宣旨,渡海入唐”。理由显然也是“请渡新译经论”到日本,是“将奉祈圣皇宝祚”之类④,所以说奝然师徒入宋是为日本国家求法,是代表官方的。

日本自称神道皇国,天皇就是国家的大祭师,为“奉祈圣皇宝祚”而求法就是为国家求法。日本是一个祭政一体的国家,在日本输入中国佛法的历史中,我们不能不关注其各大寺院在中日交往中的政治地位和社会作用。

自从“律令政治”进入“摄关政治”(自10世纪中期到11世纪末期)以来,日本政治成为多元政治,或者说多头政治,自然出现对立。先看王权与神权的对立。

神权在中日两国,名义上虽说同样是为皇权服务,在中国神权是绝对受皇权制约的,没有哪个宗教的教义和教徒敢怀疑皇权、挑战朝廷,纵然有也是被消灭于萌芽之际;而在日本却不同,寺院僧团常常挑战朝廷特权,有时寺院还和特权贵族联合在一起对抗朝廷和王权。平安中后期的日本寺院出现了寺院贵族化并世俗化的倾向,尤其是北岭的天台宗和真言宗,南都的东大寺

---

① 根据李国玲编著《宋僧录》(下)第728页,景尧号明智大师,曾任台州宁海县都僧正。

② 〔日〕塚本善隆:《塚本善隆著作集第七卷·净土宗史、美术篇》,东京:大东出版社昭和五十年(1974)版,第215~216页。

③ 台州州治在临海县。

④ 〔日〕黑板胜美编辑:《续左臣抄》,东京:吉川弘文馆平成十一年(1999)新装版,第4页。

等寺院略有不同，也只在于其贵族化稍微迟一步而已。当时的日本出现了许多氏寺和个人寺院，所谓氏寺就是一族的寺院，如藤原氏的兴福寺，个人寺院如道长的法成寺，他们只为家族和个人的幸福而祈祷。

因为世人畏惧神佛，日本寺院(也包括神社)因而比中国的寺院更有威慑力，故有更多的特权。在经济上，日本的寺院拥有大量的山林和田产，如同大庄园主，它一般具有很大的经营自主权，并可免予纳税，此即所谓的"不输不入"的特权。在政治上，日本的佛教虽然强调以佛法镇护国家，宣扬佛法护国论，然而寺院却可以拥有相对独立的僧兵组织，即所谓的"山法师"，兴福寺、东大寺和延历寺等大寺院常常用"强诉"(或译为"嗷诉")的方式胁迫朝廷，白河天皇就因为"强诉"而苦恼，乃至于1096年出家成为法皇。

实际上在日本历史上曾经也发生过多次僧人集体紧逼世俗政权妥协的事件，朝廷在政治斗争不利之时还要请求寺院和僧兵的庇护。寺院僧兵的产生和跋扈促进了武家力量的兴起和发展。保安元年(1120)，白河法皇向延历寺、园城寺下院宣，禁止僧侣的武装和胡作非为，并以源平二氏的武士为检非违使，试图以武力压制神人、"恶僧"的嗷诉①。但天皇家借北面武士来对抗南都僧兵(奈良法师)的企图失算，朝廷最终被挤入两大武装势力的夹缝之中。

日本寺院在外交政策上，尤其是在对华政策上拥有许多的特权，在经济上，寺院掌握了大量的手工艺者，包括回船和船工，"从事海上交通"②。寺社和武士集团之间的关系也很复杂，因为寺院拥有独立的武装，经常动用武力抗诉朝廷，或相互争夺庄园。当时的日本，天皇家、各公卿家、各寺院以及后来的地方庄园主和武家，在输入中国文化上他们没有严格的政治对立，只有不定的倾向性，对积极外交和入宋交往贸易等的批评只不过是打击政治对手的借口，中央和地方外交上表现的分歧，其产生的原因主要在于经济利益，不在于政治理念。

来宋日僧主要是得到了寺院的支持，他们的入宋行动，寺院的支持比政府的支持更重要。请求日本朝廷给予支持主要是考虑到宋朝廷是否接待和提供方便的问题，如果没有本国政府的许可——即发给证明书(牒文)，宋朝可能不接待，因此在某种意义上说，还是决定于宋朝等中国皇朝的承认与否，中国皇帝一般倾向于与日本国王的直接联系。

自唐朝以来，日本各寺院与中国寺院之间建立了传统的联系，如同为天

---

① 参见〔日〕冈野善彦著，刘军、饶雪梅译：《日本社会的历史》(修订版)，北京：社会科学文献出版社2012年版，第153页。

② 〔日〕冈野善彦著，刘军、饶雪梅译：《日本社会的历史》(修订版)，北京：社会科学文献出版社2012年版，第156页。回船，指在沿岸的航线上运送旅客或货物的大船。

台宗的中国天台山国清寺与日本比睿山延历寺,日本奈良东大寺与中国长安西明寺、日本京都东寺与唐长安青龙寺。从奝然来宋时特意携带的相关寺院的两通牒文来看,有以寺院牒文代替朝廷牒文的倾向,而日本朝廷对此采取默认的方式,一是因为朝廷考虑到维护日本国家政治自尊,若由朝廷为他们出具证明文书,用什么样的格式、什么样的级别都是一件棘手的事;其二许多日僧在没有得到批准的情况下毅然出国(如成寻),这说明他们感觉,在得到寺院支持的情况下可以无视朝廷,有寺院出具的各种文书可以搪塞宋朝官府。而宋朝因为鼓励外国人归化的原因,对于他们携带什么样的国书或身份证明,要求尚不严格,对于外国人只要有官方文书,对于其级别并不计较,该国地方政府出具的亦可,寺院等有关团体出具的亦可,主要看他们到宋朝以后的表现,一般都根据具体情况给予了适当的接待,只是一些不值得宣扬的私人朝贡没有详细记录在案、建档保存而已。例如寂照和成寻、成寻弟子快宗等的来宋,则因为他们没有日本政府的许可(发给牒文),因视为非正式的外交,正史未给予详细的记载。总之,来宋日僧的求法本身就是为公众,纵然他们是为寺院集团的需要而来,因为平安时代的日本是一个主权分散的宗教国家,佛教是当时日本的国教。

国与国之间外交往来上"公"与"私"、"政府"与"民间"是相对而言的,其界限有时难以划清,只有一定程度上模糊的认定,即使在现代社会也是如此,如1952—1972年的中日关系、人员往来。绝对的私交必须是双向的,任何一方的政府都不加以管理,或没有机会管理,如果一方是私人的行为,而另一方政府却参与了管理,都不能算是私交。例如日僧偷渡来中国,中国政府实施了管理,再如中国商人走私到日本,日本地方和中央对他们加以管理了,这都不能说是私交。日僧源信通过宋朝商人积极与国清寺建立学术联系,宋杭州奉先寺的源清也将自己的文章寄给日本延历寺僧源信等请求批评,在清冷的政治环境中,两国民间进行着火热的文化交流,以致日本朝廷后来也参与,并组织了有关佛法交流,可谓佳话。

寂照和成寻的来宋是半官方的,他们得到了宋朝的承认,也得到日本一些当权者的默认。

第三节　日僧来宋沟通了平安贵族与宋朝的文化联系

日本平安贵族输入佛法的目的

日僧来宋朝到底是因私来宋还是为国入宋?是单纯的文化交流、宗教交流,还是与国家政治挂钩的全面交流?他们的行动与日本朝廷到底有多大的关系?我们还可以从他们的入宋行动与其政府相关掌权人物的关系上来研究。

10世纪以后的日本政治,基本上控制在以摄关家为核心的平安贵族手中,他们的家室几乎就是朝廷,但天皇家并不善罢甘休(最后院政的出现就是要架空摄关政治),何况武士集团在崛起,平民之中的不满也在寻求发泄。10世纪中期以来,日本火灾不断,宫廷大内屡被焚毁,天皇不得不在藤原氏的家院里办公,这是天皇受制于人的原因之一。

在发展对外关系上,与朝廷皇室的消极态度相比,藤原道长、藤原实资等公卿家表现得相对积极一些,可以说,一些来宋日僧是以藤原氏为首的日本贵族和大宋皇帝之间的政治和文化使者,是摄关政治派遣来宋朝参与东亚册封体制的代表。朝廷在外交上的消极表现也是借机维护自己的权威,日僧来宋朝的一切活动一般都是要向朝廷申请的,朝廷过问是因为它体现了权力的集中和自己的存在,然而,即使没有得到朝廷的批准,倘若得到了某个掌握实权的公卿贵族或寺院的认同,日僧(如成寻)也是敢于出发入宋的。

平安贵族支持日僧来宋朝求法的原因,首先在于他们的文化修养和天下意识。尽管宋日两国没有建立正常的政治联系,唐朝以来引进和模仿中国生活方式的风气在日本贵族社会中丝毫没有减弱。例如969年,藤原在衡模仿白居易的做法举行“尚齿会”等。影响力足与皇室抗衡的一些日本公卿,如藤原实资、摄政大臣藤原道长等,都是非常关注宋朝政治文化发展动态的。例如寂照弟子念救自宋回日本后,实资就将念救叫到自己家中,向念救了解宋朝的情况。除了来宋日僧外,实资还与周文裔等入日宋商建立有密切的联系,通过宋朝商人了解中国。再如宋真宗大中祥符元年(1008)九月,日本治部卿源从英草成致寂照的书信,其中说:

> 所谘唐历以后史籍,及他内外经书,未来本(或作“东”)国者,因寄便风为望。商人重利,惟载轻货而来,上国之风绝而无闻,学者之恨在此一事。分手之后相见无期,生为两(或作“异”)乡之身(或作“客”),死会一佛之土。①

从这封书信中我们可以看出,日本贵族基本上默认日僧入宋是合法的,一些睁开眼睛看世界的日本人希望日僧去宋为日本国家输入文化典籍,使国

① (宋)江少虞:《皇朝类苑》,收入王民信主编《宋史资料萃编》第3辑,台湾:文海出版社1981年印行,第1080~1081页。引用时“分手”前略去“未云”两字。

家尽快赶上世界先进学术潮流。因为贵族的身份不能亲自入宋，像几个世纪前奈良贵族那样担当遣唐使，现在，僧徒成为日本贵族入宋的代表。

其次，日僧来宋朝纵然是来“巡礼”也并不完全是为自己的修行，很大程度上是为日本公卿贵族们祈祷、结缘，是他们的修行替身。日本贵族在当时的国交环境之下是不便亲自或派代表来中国的，公家和朝廷官员则又更困难了，但是他们结缘净土、往生净土的要求和欲望，对中国灵山圣地的崇拜却又是如此的强烈。贵族如藤原氏建立寺院及所作的一些祈祷活动也并不都是为日本国家，似乎更多的是为自己的幸福和家族的兴旺发达，为个人和为家族的祈祷在当时非常的流行，因为那毕竟是摄关政治的时代。

第三是由于佛教的社会功能被夸大。尤其在密教流行之后，天皇希望借助佛教和神道来镇护国家，保持皇室权力，摄关家等贵族的这一要求也一点不比皇家弱。日本皇室、贵族们都在建立和利用不同的渠道来祈祷与西方圣迹结缘，同时借助神佛的力量战胜对手，佛教似乎成了蛊惑之术。因此，日本平安贵族都在建立自己与宋朝的联系渠道，为营造私寺而输入佛法，获得佛法密术之神奇力量，藤原兼家和藤原实资等是通过奝然，藤原道长是通过源信、寂照师徒。所以，大量的御愿寺(即贵族的私寺)在平安后期建立起来，取代了 9、10 世纪盛行的定额寺①。

平安贵族对于僧侣求法活动的支持是多方面的。对来宋日僧来说，贵族的支持主要体现在经济上，因为远去宋朝是一项费用巨大的活动，寂照来宋后结交权臣的活跃就是因为后面有一大批日本贵族的财力支持。贵族支持日僧入宋肯定是有所求的，寂照来宋之后帮助沟通了藤原道长及其氏寺法成寺与宋朝天台山各寺院的联系，所以，当 1015 年天台山通过寂照派遣念救回日本请求左大臣布施时，道长立即响应，布施了大量物品(参见第七章引文)。

再看左大臣藤原道长的那篇施物文书(参见第七章引文)，左大臣家犹如一个小朝廷，在官职世袭化的当时风气下，该文书完全是一个官样文章。布施的这些物品无疑使寂照在中国显得更风光一些，得到更多的尊重。施舍天台山寺院的同时，道长在给大慈寺的施物外，还委托念救给寂照带去了黄金百两等物。

以上可见，公卿各家都在通过日僧来宋朝建立自己与宋朝联系的渠道，为吸取文化营养，也为扩大贸易之利。例如前面所提到的成寻，他是护持左丞相藤原赖通家二十年的护持僧。从来宋日僧的日记等记录看来，他们来宋

① 参见〔日〕家永三郎等编纂《岩波讲座：日本历史 4(古代 4)》，东京：岩波书店 1962 年版，第 196 页。

朝时一般都携带有大量资金或物品，主要用于船资、在中国的日常日用，或人情交际、寺院布施等，还有一个重要的部分恐怕就是给中国皇帝的贡献物了。

来宋日僧在中国的日常生活及日用方面的费用也不少，例如，成寻在宋神宗熙宁五年(1072)四月廿日的日记中写道：

> 廿日，己巳。辰时，惟观取金银，如员持来。巳时以快宗供奉为首六人遣问官市。申时沙汰了，如员以小船运来，问官之恩义不可思议也。小船赁金三百文钱与了。七时法了。①

成寻等每饭必酬，每茶必谢，并且经常与中国人交换礼物，购买书籍。这些财物、购书资金不是他们个人的积累，而是在日本化缘而得，而且对象都是些大施主——平安大贵族。我们所见到的《奝然系念人交名帐》(参见后引文)也就是奝然得到施舍的账簿，上面记录的人物可以说都是他的施主，而且都是平安朝廷当时的政治核心人物，包括天皇。

来宋日僧即使是回日本之后，他们依然需要寻求贵族们的施舍。施舍是他们获得资金的重要来源，奝然入宋的目的之一是借此活动获得在京都开山建寺创教的资金。

日本平安贵族们对于中国寺院的施舍，其目的一是积累功德，以便往生净土；二是因为他们知道朝贡中国总是有得赚的，可以获得回赐。寂照来宋朝时所上贡的物品，如中国因战乱遗失的经典，“金字《法华经》”以及“无量寿佛像”“水晶念珠等”，主要是由后援的公卿们准备的②，用于公卿们与中国佛教灵山圣地结缘的施舍。

从来宋日僧的后援者看平安政治

日本平安时代，天皇家、摄关家、大寺社以及各地包括武将在内的豪族和有实力之人相互竞争，力图控制社会经济、海外贸易和手工艺品，有利于宋商逐步进入日本内地贸易，也有利于日僧打破国家的封锁来宋朝巡礼求法。

日僧奝然来宋便因此得到了不同势力的支持。支持奝然来宋朝求法的就是下面在《奝然系念人交名帐》中开列的这些人：

---

① 〔日〕平林文雄：《〈参天台五台山记〉校本及其研究》(上)，东京：风间书房昭和五十三年(1978)版，第13页。

② 转引〔日〕敬雄等编《天台霞标第一》初编卷之四，收入佛书刊行会编纂《大日本佛教全书》第125卷，东京：名著普及会平成四年(1992)版，第106页。

> 大朝(宋)赵炯[炅]、日本守平王、东宫太子、皇后康子、一品女亲王、赖忠大臣、兼家大臣、为光臣、朝光臣、实资、道隆、道兼、诸僧俗、系念人、男女一切、父亲(母)六亲,皆守护现当益利。①

此《奝然系念人交名帐》是985年奝然在宋朝台州雕刻释迦牟尼生身瑞像,舍入五脏时所抄。奝然这里是为支持和帮助过他的施主们祈祷,祈求佛祖守护他们"现当"二世的利益。

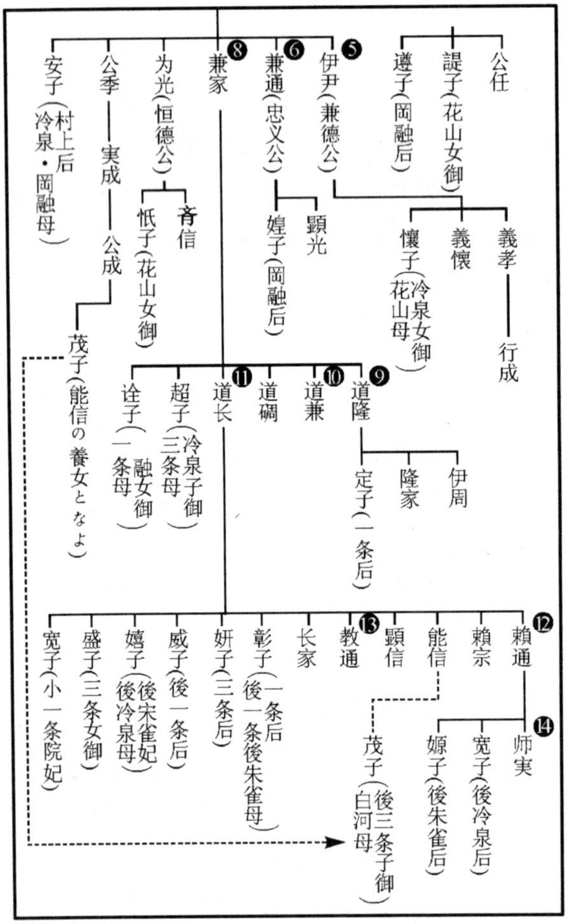

插图14-1 道长的世系②

名单中的日本守平王即第64代圆融天皇(969—984年在位),在大宋国,奝然以朝贡身份而来,只能称天皇为"王"。东宫太子即师贞亲王,冷泉天皇第一皇子,984年17岁即位称花山天皇,宽和二年(986)六月二十三日夜在道兼的鼓动下出家,子一条天皇7岁即位。皇后即圆融皇后藤原遵子,藤原赖忠之女,981年被册封为皇后。康子一品女亲王即资子内亲王,为日本国公主。名单中的赖忠大臣即藤原赖忠(924—989),978年继任关白——太政大臣,奝然来宋之时他正任摄政。

兼家大臣即右大臣藤原兼家(929—990),其

---

① 释迦牟尼瑞像胎内文书,参考〔日〕竹内理三编《平安遗文》(古文书编第九卷),东京:东京堂昭和三十九年(1964)版,第3486页。日文作"帐",引文不改。

② 引自〔日〕坂本赏三:《日本历史》6《摄关时代》,东京:小学馆1974年版,封底。

女诠子与圆融天皇生一条天皇，兼家986年因密谋策划花山天皇出家，让外孙一条天皇践祚，而自己成为摄政大臣。为光臣即权大纳言藤原为光(942—992)，藤原兼家的异母弟，29岁任参议，991年任太政大臣。道隆即藤原兼家的长子，奝然出发时任右中将的藤原道隆(953—995)，986年任权中纳言，989年任内大臣，990年继任父亲“关白”一职。

朝光臣即藤原朝光(951—995)，974年以24岁任权大纳言。实资即藤原实资(957—1046)，981年任藏人头。道兼即弹正少弼藤原道兼(961—995)。

除了皇族之外，他们都是藤原氏在朝廷的实力派人物①。982年奝然被顺利批准入宋，与时任摄政的藤原赖忠等贵族的援助是分不开的。988年奝然携带佛经回国时，在上京路途中所遇到的困难，也是在拜访藤原实资后得到解决的，可见实资也是其重要的支援者，实资日记中有多处奝然来访的记载②。以上事实说明，奝然的来宋并非完全为自己个人，是为了天皇及皇族的重要成员的需要，是为了执掌朝政的摄关家的利益。各派势力支持日僧来中国，是希望以此祈祷神佛保佑其家族的兴旺发达，保佑自己能够荣华富贵、大权在握。

寂照1003年来宋，其支持者则是以摄政关白藤原道长(966—1027)为首的官员。

从寂照到达宋朝以后和日本国内关白等权贵之间频繁的通信看，寂照的来宋是得到了许多朝廷大臣尤其是藤原道长的支持的，当时和寂照交往的宋朝官吏也是这样看的，因为这些信寂照是向他所接触的宋人公开的，这从《杨文公谈苑》的相关记载中可以看出。寂照把他们的书信让和他熟悉的士大夫们(如丁谓、杨亿)传看了。寂照到宋之时杨亿29岁，却是著名的才子，因他是四明知礼法师的在家弟子，而寂照来中国的目的之一就是代他的老师源信向知礼求教27个问题，他们自然有很多机会见面。我们结合日本公卿们当时的日记，如藤原道长的日记《御堂关白记》，可以知道当时寂照和日本朝廷大臣保持联系的具体情况：

日本一条天皇宽弘二年(宋真宗景德二年，1005)十二月十五日，寂照的书信达到藤原道长手中，道长非常感动，“可怜万里往来书”③。

宽弘四年(宋景德四年，1007)九月，具平亲王致寂照的一封书信，托宋商

---

① 以上人物的详细介绍请参见参见郝祥满著《奝然与宋初的中日佛法交流》，北京：商务印书馆2012年版，第306～307页。

② 参见〔日〕藤原实资著《小右记》(一)(载《大日本古记录》，东京大学史料编纂所编纂，东京：岩波书店昭和三十六年(1961)版，第134、165、181、184、224页。

③ 〔日〕藤原道长：《御堂关白记》(上)，载《大日本古记录》，东京大学史料编纂所、财团法人阳明文库编纂，东京：岩波书店昭和二十七年(1952)版，第168页。

送致中国。该书信的末尾如下几句颇引宋人关注。此即：

嗟乎！绝域殊方，云涛万里。昔日芝兰之志，如今胡越之身，非归云不报心怀，非便风不传音问，人生之限(恨)，何以过之。①

这封书信的落款是“野人若愚”，此人是圆融天皇之弟，据说该信是朝廷委托书法名家的他“草成”的，寂照向宋人解释说他是“国王弟”，定然有其用意。实际上寂照也不止一次这样做。大概在此后不久，寂照又收到来自日本的两封信，落款日期都是宽弘五年(宋真宗大中祥符元年，1008)九月，都是日本大臣托宋商送致宋朝的。其中一封是左大臣藤原道长于七月所草成致寂照的书信，这封信大概就是该年十二月五日藤原道长让书法家藤原行成撰写给寂照回信封题的那封。道长在书信中说：

商客致通书，谁谓宋远？用慰弛结，先巡礼天台，更可攀五台之游，既果本愿，甚悦甚悦！怀土之心，如何再会？胡马犹向北风，上人莫忘东日。②

另一封日本治部卿源从英③的书信，即本书前文所载委托寂照在宋朝购买书籍的那封信。源从英在九月草成的致寂照的书信中相约：“分手之后相见无期，生为异乡之客，死会一佛之土。”④还告诉了寂照俗家及坟墓之事，足见他们都在关注寂照归国问题，也足见寂照的特殊身份，以及他和这些大臣们的特殊关系。宋朝官吏们也注意到这一点，《杨文公谈苑》特别强调说，“左大臣乃国之上相、治部九卿之列”⑤，这肯定是得自寂照的解释，寂照这样解释也就是强调自己代表日本官方的身份。

日本长和元年(宋大中祥符五年，1012)九月二十一日，有关大臣上报宋朝商人来日本的“解文”，藤原道长因此收到入宋日僧寂照的书信一封，“并所

① (宋)江少虞：《皇朝类苑》，收入王民信主编《宋史资料萃编》第3辑，台湾：文海出版社1981年印行，第1080页。

② (宋)江少虞：《皇朝类苑》，收入王民信主编《宋史资料萃编》第3辑，台湾：文海出版社1981年印行，第1080页。

③ 注：治部卿源从英或为源俊房之误，这在日本学界引起异说，这里不做讨论。

④ (宋)江少虞：《皇朝类苑》，收入王民信主编《宋史资料萃编》第3辑，台湾：文海出版社1981年印行，第1081页。

⑤ (宋)江少虞：《皇朝类苑》，收入王民信主编《宋史资料萃编》第3辑，台湾：文海出版社1981年印行，第1081页。

送天竺观音一幅、《大僚[辽]作文》一卷”等，道长称此信为“家书”①。

从有关资料看，直到寂照死前，道长与寂照之间书信未断。根据现存的资料，宋天圣五年（日后一条天皇万寿四年，1027）寂照有一封书信致藤原道长，因为此年七月十四日，有宋朝商人陈文佑、章仁昶等到达日本肥前国柏岛，同行的还有去年入宋的志贺社社司某。此见于藤原实资的《小右记》八月二十五日条等的记载。日本长元五年（宋仁宗明道元年，1032）十二月二十三日，寂照有书信再次达于藤原道长手中，道长此日让关白藤原赖通代替回复。

藤原道长在兄关白道隆、道兼死后成为藤原氏长者，长德二年（996）七月顺利出任左大臣，999年长女彰子成为一条天皇的女御，1000年以后的日本是新贵藤原道长的天下。风雅的道长也要建立自己与宋朝联系的渠道，以便获得自己所需要的“唐物”，正好此时源信、寂照师徒的表现引起道长注意，因为源信的学问似乎在宋朝有着很大的影响，并且有亲自或派徒弟入宋的意愿，源信、寂照与藤原道长的关系于是越来越深，源信后来成为道长的守护僧。也就是这一人脉关系的建立，打破了东大寺、延历寺和摄关家这一“三角关系”的平衡，导致了奝然的失败和源信的成功。从包括藤原道长在内的日本公卿们反复致信请寂照回国看，寂照是为日本国家和朝廷大臣的信仰而入宋的，寂照来宋并非出于个人的目的，并非与日本朝廷无关，他实际上是担负着朝廷和公卿、寺院和教派的求书使命。

成寻在宋朝期间也和国内的公卿、寺院保持着书信联系。从成寻的日记看，他的后援是宇治经藏（平等院）、大云寺经藏这两大寺院；以及宇治殿（前太政大臣）藤原赖通、左大臣藤原师实、民部卿藤原俊家、治部卿源隆俊等重臣。可惜藤原赖通等很快退居二线，乃至隐居，所以成寻来宋时没有得到任何朝廷出具的批准书。成寻来宋，正值后三条天皇新政之际，朝廷的主导权转移到天皇家，摄关家的发言权变小了，“大寺社的独自行动反而更活跃了”②。

11世纪后半期，也是日本贵族政治的最高阶段，相对于日本白河天皇时代，这一时期也是“庄园的成熟期”③，作为庄园领主的贵族、社寺等有强烈的海外交通的欲望。

894年以后，日本逐步进入“摄关政治”，这一时期的日本朝廷是一个二

---

① 〔日〕藤原道长：《御堂关白记》（中），载《大日本古记录》，东京大学史料编纂所、财团法人阳明文库编纂，东京：岩波书店昭和二十七年（1952）版，第167页。

② 〔日〕冈野善彦著，刘军、饶雪梅译：《日本社会的历史》，北京：社会科学文献出版社2012年修订版，第147页。

③ 〔日〕森克己：《续日宋贸易研究》，东京：国书刊行会昭和五十年（1975）版，第239页。

元政府,天皇家、摄关家都可以视为政府,他们的对外交往行为都具有政治性。因此,如何区分其政府民间之别和公私之性质,不能过分强调日僧来宋巡礼的私人目的,应该注意到他们的国家使命和国民责任,这样就可以认为,他们绝不是仅仅为消灭个人罪障、为巡礼佛寺而来中国,他们的“巡礼”在一些时候只是借口,更多的是为日本国家“求法”。

总之,宋日政治关系影响了两国的佛教交流,尤其是影响了日本对于宋朝新佛法的吸收。但日僧奝然、寂照、成寻等的来宋,以及他们来宋后和关白藤原道长等国内官员之间频繁的书信往来,往来两国之间的宋朝商人又为他们转送这些书信,这是中日之间“以民促官”,推进文化乃至政治交流的典范。藤原赖忠、藤原道长、“日本左大臣殿”“治部卿”等日本贵族们以他们朝廷高级命官的身份参与了来宋日僧的派遣活动,使894—1170年的中日关系打上暧昧的政治烙印。

第十五章　中日人员往来推动信息交流

第一节　日僧来宋宣扬日本“天皇制”等政体

从遣隋使到来宋日僧的“神代”宣扬

894年日本“闭关”以来，东渡宋商和西游日僧在中日之间的往来，不仅促进宋日朝廷的联系，更促进了两国经济文化信息的传播。特别是中国朝野获知日本有关知识、信息、情报方面，文化出身的日本僧人贡献极大，本书在这里将重点介绍日僧来宋朝后，如何向宋人介绍自己的国家。

唐宋帝国重建华夷秩序，主要是通过朝贡和册封这两个制度，帝国的皇帝册封来自“天下”万邦的朝贡国家的国王，自然最关心的是被册封国的国王及其国体，其次是其国职官、人口、区划、物产等情报。《日本书纪》详细记载了日本第三次(654年)、第四次遣唐使(659年)来华时，唐高宗慰问日本使者情景，具体可见其《伊吉连博德书》。宋朝皇帝对日本亦然，外国使者觐见时口头或书面的“慰问”是获知情报的主要方式，从宋帝对奝然和成寻的慰问记载可知，中国最关注的异国情报是什么?

日本来宾是如何向中国皇帝介绍其国王和国体的呢?日本自大和王朝建立后，天皇家族为了确立其神圣不可侵犯的统治权威，重新统合日本原有的祖先崇拜，形成了新的“神道观”和“天皇观”把神话传说作为历史现实，《古事记》《日本书纪》就是作为其道具而编纂的。关于日本的国王和国体，日本使节回答中国帝王的询问时，是按照神道和《古事记》的精神宣讲。当初隋文帝向日本朝贡使节问其日本王朝的起源时，竟然从使者那里得到“倭王以天为兄，以日为弟，天未明时出听政，跏趺坐，日出便停理务，云委我弟”的答复，从《隋书·东夷·倭国》的记载来看，隋高祖文帝对日本使者的这一回答大不高兴,于是对日本使者说“此太无义理”,并立即“训令改之”①。这时的日本皇室已经在强调自己天弟、天子的身份,宣扬日本为神国了。尽管中国帝王对于日本的神国说是持否定态度的,但日本“国王”并未接受,其使节再次来华时,在国书中先后以“日出处天子”和“东天皇”自称,让隋的第二任皇帝炀帝更是难以接受,以致酿成外交争端。

进入北宋以后,随着国风文化的宣扬,此时奝然、成寻等来宋,自然要把有关日本皇室和日本国家的神话当作历史介绍给宋朝人。以神话入历史,日本古代历史的编年就被划分为神代和人代两大部分,奝然借介绍日本王朝年代顺承历史的机会,在所献的《王年代记》和笔答中介绍了日本的“神代”历史。对于来宋日僧的此类介绍,宋人是无法理解也不愿意接受的,所以《宋史·日本传》的编辑者在编辑时笼统记录如下:“其《年代纪》所记云:初主号天御中主……(中略)……次守平天皇,即今王也。凡六十四世。”

奝然在其《年代纪》所记的从所谓的“初主”至“彦瀲尊”都不是真实的帝王,是奝然所排序的日本神代的世系,在当时宋人是不能接受的,也就未加区别。关于日本神代的世系,奝然的介绍和现在通行的《日本书纪》有所出入,其列举如下:

1天御中主,2天村云尊②,3天八重云尊,4天弥闻尊,5天忍胜尊,6瞻波尊,7万魂尊,8利利魂尊,9国狭槌尊,10角龚魂尊,11汲津丹尊,12面垂见尊,13国常立尊,14天鉴尊,15天万尊,16沫名杵尊,17伊奘诺尊,18素戋乌尊,19天照大神尊,20正哉吾胜速日天押穗耳尊,21天彦尊,22炎尊,23彦瀲尊。③

以上“凡二十三世,并都于筑紫日向宫”。《异称日本传》一书指出,奝然所列年代“非也”,根据《日本书纪》则“天神七代,地神五代,凡十二代”,其他神“皆支庶也”。日本不同史书记载混乱,数量不一,说明当时为神化皇室的各种宣传,还未能统一口径。其具体代数可不必计较,不过,第18代素戋乌尊与第19代天照大神尊的顺序有待商榷,按照《异称日本传》一书,“天照大神伊奘诺尊次神也,非素戋乌尊次,故次字亦非也”④。今依据《日本书纪》,

① (唐)魏征等:《隋书·倭国传》,北京:中华书局标点本1973年版,第1826页。

② 日本学者松下见林在其《异称日本传》一书中认为,第(2)代“天村云尊”有错,当为“天牟罗(ムラ)云命”,“尊”与“命”是有区别的。

③ 《宋史·日本传》,为了便于明确世系,将“次”字一律改为阿拉伯数字。

④ 〔日〕松下见林:《异称日本传》,编入《改定史籍集览》第20册(新加书通纪类第三),东京:近藤活版所明治三十四年(1901)版,第69页。

的确也该如此，几乎所有史书都确定天照女神乃素戋乌尊之姐姐，理应排在18素戋乌尊的前面。

参考木宫之彦所著《入宋僧奝然的研究》一书所列表格，以上记载和《文献通考》大体一致，与在中国各典籍中记载出入差别很少，但它与日本《旧事本纪》的记载年代顺序上大有出入，而与日本《古事记》《日本书纪》《古语拾遗》三书更是大相径庭①，令人怀疑《古事记》《日本书纪》当时是否已经成书？不然奝然、成寻的答复何以不同于两书？特别是神代部分。

对于这一所谓的“神代”概念，中国帝王自隋文帝以来都是不能理解和不愿接受的。正因为宋人不理解，也不愿意接受日本的神国观念，成寻来宋时，皇帝再次派人向成寻提出一问：“本国世系？”要求成寻笔答，成寻在回答之时，旁边的宋僧三藏显然明白皇帝的意图，提醒要详细说明“神代人代名，世系”。成寻于是做了颇为详细的答复：

> 本国世系，神代七代：第一国常立尊；第二伊弉诺伊弉册尊；第三大日灵贵，亦名天照大神，日天子始生为帝王，后登高天照天下，故名大日本国；第四正胜尊；第五彦尊，治三十一万八千五百四十二年，前王太子也；第六彦火火出见尊，治六十三万七千八百九十二年，前王第二子也；第七彦斂尊，治八十三万六千四十二年。
>
> 次人代：第一神武天皇，治八十七年，前王第四子也。第七十一代今上国主，皆承神氏。②

成寻的回答可见更加离谱，显然是在借机宣传日本的神代史与神国观，不仅把日本的历史远远拉长了几百万年，还强调了日本国名的来源，要落定《唐书》中的国名之疑。奝然和成寻都很注意强调日本天皇“皆承神氏”，天皇或为下凡之神，如“彦瀲第四子号神武天皇”；或为神的子孙或“现人神”，自第二代天皇以下都属于这一类。这似乎在证明，《隋书》中日本使者回答中国的话语是正确的。“神代”的宣讲，意味着“神国观”的宣讲，凸显出日本朝野在中日交往之中的自尊意识。

---

① 参考〔日〕木宫之彦著《入宋僧奝然的研究——以其随身物品和携来物品为主》，东京：鹿岛出版会昭和五十八年(1983)版，第61～62页。

② 〔日〕平林文雄：《〈参天台五台山记〉校本及其研究》(上)，东京：风间书房昭和五十三年(1978)版，第120页。标点根据文意及日本历史校订。

对日本“万世一系”的贵族政治的宣扬

来宋日僧在面向中国人宣扬日本“神国观”的同时,还极力宣扬日本“万世一系”的天皇制,显示日本国体的优越,尽管这个时候尚未有近代的“国体”概念。

关于日本国王的世系,即“人代”的“人皇”朝代继承的年代顺序,中国方面因奝然的介绍而了解日本皇室的传承。奝然在他携来的《王年代记》中详细介绍了六十四代人间天皇的继承顺序,奝然的这一排列和日本现在通行的《日本书纪》等基本一致,在年代上基本没有出入。天皇世系的顺序具体如下:

> 1 神武天皇。2 绥靖天皇,3 安宁天皇,4 懿德天皇,5 孝昭天皇,6 孝天皇,7 孝灵天皇,8 孝元天皇,9 开化天皇,10 崇神天皇,11 垂仁天皇,12 景行天皇,13 成务天皇,14 仲哀天皇,国人言今为镇国香椎大神①。15 神功天皇,开化天皇之曾孙女,又谓之息长足姬天皇,国人言今为太奈良姬大神。16 应神天皇,17 仁德天皇,18 履中天皇,19 反正天皇,20 允恭天皇,21 安康天皇,22 雄略天皇,23 清宁天皇,24 显宗天皇,25 仁贤天皇,26 武烈天皇,27 继体天皇,28 安开天皇,29 宣化天皇。30 天国排开广庭天皇,亦名钦明天皇。31 敏达天皇。32 用明天皇。33 崇峻天皇,34 推古天皇,钦明天皇之女也。35 舒明天皇,36 皇极天皇。37 孝德天皇,38 天丰财重日足姬天皇。39 天智天皇,40 天武天皇,41 持总天皇,42 文武天皇。43 阿闭天皇,44 皈依天皇。45 圣武天皇。46 孝明天皇。47 天炊天皇。48 高野姬天皇,圣武天皇之女也。49 白璧天皇。50 桓武天皇,51 诺乐天皇;52 嵯峨天皇;53 淳和天皇;54 仁明天皇;55 文德天皇;56 清和天皇;57 阳成天皇;58 光孝天皇;59 仁和天皇;60 醍醐天皇;61 天庆天皇。62 封上天皇,63 冷泉天皇,今为太上天皇,64 守平天皇,即今王也。凡六十四世。②

只是在顺序上有两处略有出入,一为第 15 代神功皇后,奝然承认其为一代,而日本现在通识是不承认,于是之后顺序依次挪动了一位。其二为奝然未予承认“弘文天皇”,而一般日本史书承认其为一代,即第 39 代,这样从第

---

① 松下见林著《异称日本传》一书认为此有错。

② 排列依照中华书局标点本《宋史・日本传》第 14132～14133 页的顺序,为了便于明确世系,将“次”字一律改为阿拉伯数字。

40代以后顺序又统一了。另有几位女天皇，只有第15代神功天皇、第34代推古天皇，奝然说明了谥号，并分别注明“开化天皇之曾孙女，又谓之息长足姬天皇，国人言今为太奈良姬大神”；“钦明天皇之女也”。其他，奝然都未予解释，只是在名称上作了暗示，如第38代天丰财重日足姬天皇，即“皇极”天皇，重祚称“齐明”天皇。第48代高野姬天皇，虽注明“圣武天皇之女也”，未说明谥号。

奝然在介绍这些帝王世系的同时还说明了与中国帝王相应的年代，如，在应神天皇后注明“甲辰岁”，在用明天皇和圣德太子后注明“当此土隋开皇中”，在天国排开广庭天皇——钦明天皇后注明“当此土梁承圣元年”，在孝德天皇后注明“当此土唐永徽四年也”，在封上天皇后注明“当此土周广顺年也”，等等。不同版本中有少部分文字错误，究其原因，或因读音相同而假借，或因笔画相近而误，并不影响中国人对于日本政治的大体了解。具体如下：

第(3)安宁天皇的宁，繁体“寧”版本或为“寍”；

第(6)孝天皇当为孝安天皇，缺“安”字；

第(23)清宁天皇之繁体“寧”版本或为“甯”；

第(28)安开天皇之繁体“開”版本或为“閑”；

第(41)持总天皇即持统天皇，繁体“總”为“統”之误；

第(43)阿闭天皇，即孝谦天皇，讳“阿闭内亲王”，“闭”原作“閇”。

第(46)孝明天皇之“明”为“谦”之误，即孝谦天皇；

第(47)天炊天皇之“天”当作“大”。

第(49)白璧天皇之“璧”版本有作“壁”；

第(53)淳和天皇之“淳”版本有作“湻”[?]。

第(62)封上天皇之“封”，当为“村”字之误。

关于日本王朝代数，成寻来宋时又被提问，此时人代已经延续到“第七十一代”了(参见前引文)。关于神代，成寻的回答和奝然有很大的出入，由此可见，日本当时尽管出现了《年代记》之类的著作，八世纪还不统一，相当混乱。这里且不论其中个别文字的出入，奝然的世系列举的确给中国人以“万世一系”的映像，从以下记载看，宋太宗皇帝非常羡慕其政治体制。

上闻其国王一姓传继，臣下皆世官，因叹息谓宰相曰：“此岛夷耳，乃世祚遐久，其臣亦继袭不绝，此盖古之道也。中国自唐季之乱，宇县分裂，梁、周五代享历尤促，大臣世胄，鲜能嗣续。朕虽德惭往圣，常夙夜寅畏，讲求治本，不敢暇逸。建无穷之业，垂可久之范，亦以为子孙之计，使大臣之后世袭禄位，此朕之心焉。"①

以下《续资治通鉴长编》中的记载略有不同。

上闻之叹息，谓宰相曰："此岛夷耳，尚存古道。中国自唐季海内分裂，五代世数尤促，大臣子孙皆鲜克继祖父之业。朕虽德不及往圣，然孜孜求理，惟恐庶狱有冤，未尝敢自暇逸，以田游声伎为乐，翼上穹降鉴，庶几作子孙长久计，使运祚悠远，大臣亦世守禄位。卿等宜各尽心辅朕，无令远夷独享斯庆也。"②

以上两史料比较了日本"其臣亦继袭不绝"，而中国"大臣子孙皆鲜克继祖父之业"的现实，虽然未见奝然相关答复的记载，这无疑是宋人非常关心的问题。奝然显然在言谈之中也鼓吹了日本贵族代代世袭的盛况，尤其是藤原氏的兴旺，奝然自称出自藤原氏，实际上是冒充。冒充的原因是藤原氏是摄关家、最大的外戚权贵，成寻来宋后神宗皇帝和大臣们也曾询问及日本的官僚体制：

又问云："日本近上[进士?]官人员呼甚，有多少来?"答：太政大臣兼关白从一位藤原某。乃至参议，位阶、姓名，依员书进了。③

一问："本国贵官有是何名目?"答："太政大臣一人、左大臣一人、右大臣一人、内大臣一人、大纳言四人、中纳言六人、参议八人，是名上卿。"④

10、11世纪的日本不同于宋朝，依然是一个贵族社会，而中国贵族社会从唐朝就开始瓦解了，此时的日本自然比北宋更牢固地维系着身份等级制度。

---

① (元)脱脱等：《宋史·日本传》，北京：中华书局标点本1977年版，第14134页。

② (宋)李焘撰《续资治通鉴长编》第3册，北京：中华书局标点本1979年版，第574页。

③ 〔日〕平林文雄：《〈参天台五台山记〉校本及其研究》(上)，东京：风间书房昭和五十三年(1978)版，第117页。

④ 〔日〕平林文雄：《〈参天台五台山记〉校本及其研究》(上)，东京：风间书房昭和五十三年(1978)版，第120页。

插图 15-1　紫式部日记绘卷(大阪·藤田美术馆藏品)①

总之,来宋日僧对日本王朝世系及年代的介绍,促进了宋人对日本认识的提高,得到了新的世界知识。

第二节　日僧来宋促进了宋人对日本的了解

对日本天皇“姓什名谁”的确认与遗忘

来宋日僧仍然难以避免爱面子的老习惯,自大的他们在宋朝皇帝面前总不忘记炫耀日本的国体、政治、物产等,在回答宋朝皇帝的提问时,总忍不住在大众面前炫耀日本的文化、艺术,使中国人对于日本产生了许多误解,其中包括欧阳修,以致他认定日本人是徐福的后代,“其先徐福诈秦民,采药淹留丱童老。百工五种与之具,至今玩器皆精巧”。欧阳修甚至还认为日本有许多徐福在秦始皇焚书之前就带去的中国典籍(欧阳修《日本刀歌》)。

日僧虽然说了许多大话,也说了许多他们的前辈——遣唐使们不敢说的话,有时也说了些真话,从而提高了中国人对于日本的认识。比如中国人对于日本天皇的认识的加深,得益于来宋日僧。宋代初期以前的中国人不知道日本天皇没有姓。关于日本天皇有没有姓,或者姓什么,早期的中国史书一直说不清楚,如《新唐书》和《旧唐书》中记载为“其王姓阿每(日语读 ame)氏”。而这恰恰又是中国官员最感兴趣的,最关心的。中国史书明确记载日本天皇无姓是在北宋中后期以后。其实,在北宋朝初时,不仅中国人搞不清楚,许多日本人自己也不甚清楚。宋太祖问有备而来中国的日本僧人奝然日

① 此图描绘的是平安贵族的生活图景。引自《日本国宝展》,第 85 页。

本国王姓什么时,他在笔述中还说是“以王为姓,传袭至今王六十四世”。

中国人搞清楚这一问题还是日本僧人成寻于1072年来中国之后。宋熙宁五年(日延久四年,1072)五月二十日那天,成寻因申请朝拜宋朝皇帝,到天台县衙拜访,“以通事陈咏通言语,太守点茶药问:‘日本皇帝姓名?’”这时成寻才给中国人一个正确的回答:“帝王无姓,虽有名,庶人不知。”[①]可见,很长时间连日本人也搞不清楚天皇到底有没有姓。

有趣的是,不论是地方官员,还是宋朝廷,成寻反复被问及这个问题。宋熙宁五年(日延久四年)十月十四日被敕使问及:“即今国主姓甚?”成寻再次给出了准确的答复:“日本国主本无姓,虽闻有名由,庶人不知之。”[②]到十五日召见的时候,神宗皇帝又问他:“本国王姓氏?”成寻再答:“本国王无姓。”[③]但是,尽管成寻反复回答了这个问题,但他的回答没有引起宋人以及后人足够的注意,或者是因为他的回答记录散佚了,以致《明史·日本传》中仍然说“国主世以王为姓”[④]。

实际上,自古以来日本天皇就没有姓,直到今天日本天皇还是有名无姓,日本就一家有资格做天皇,也只有一家做过天皇(万世一系),天皇有没有姓也就无关紧要,可以说有名无姓是天皇的特权,显示天皇的神格。至于平民百姓有无姓名,成寻没有给予完整的回答,宋神宗皇帝问他:“有百姓号?”,他仅答:“有百姓号,以藤原、源、平、橘等为高姓,其余百姓,不遑委记。”[⑤]日本的农工商等平民百姓直到明治维新以后才有姓名权。

日本国主如何称号也是中国皇帝所关注的,中国皇帝不希望其和自己有一样的称号,所以封他们为王。奝然来宋后,从“天御中主”到“守平天皇”一一介绍了日本神代和人代的国主称号。关于神代,第1代称“主”,自第2代天村云尊以后称“尊”,《宋史》因此记载“其后皆以‘尊’为号”。何以如此?松下见林所著《异称日本传》做了解释:

《日本书纪》曰:至贵曰尊,自余曰命,并训为“美举等(ミコト)”也。

---

① 〔日〕平林文雄:《〈参天台五台山记〉校本及其研究》(上),东京:风间书房昭和五十三年(1978)版,第32页。

② 〔日〕平林文雄:《〈参天台五台山记〉校本及其研究》(上),东京:风间书房昭和五十三年(1978)版,第117页。

③ 〔日〕平林文雄:《〈参天台五台山记〉校本及其研究》(上),东京:风间书房昭和五十三年(1978)版,第121页。

④ (清)张廷玉:《明史·日本传》,北京:中华书局标点本1974年版,第8341页。

⑤ 〔日〕平林文雄:《〈参天台五台山记〉校本及其研究》(上),东京:风间书房昭和五十三年(1978)版,第120页。

《纂疏》：尊高称也，君父之称也，故曰“至尊”；曰“尊”，指帝者祖宗之神。自余曰“命”，指人臣祖先之神，命犹令也。为臣者行君之命也……”①

可见“尊”与“命”是有区别的，宋人对于这一称呼的评价，未见记载。至于日本所谓的“人皇”时代的国主，奝然毫无顾忌地一律称为“天皇”。当然《年代记》不是外交文书，奝然可以在里面这么称呼日本的“国王”。

成寻来宋时再被问及“本国王甚呼?”成寻则回答曰“或称皇帝，或号圣主”②。显然是有意回避了“天皇”的说法，因为他知道隋朝时，中日之间围绕日本“国王”的称号曾发生过争执，因此避讳，这是成寻世故的做法，正因为世故，他在上呈随身带来的贡品时，“《奝然日记》四卷、《觉大师巡礼记》三卷依宣旨进上，至《巡礼记》第四卷隐藏不进上”，圆仁的日记故意拿下第四卷，其动机是“依思会昌天子恶事也”③，这也是避讳。尽管如此回答，成寻还是努力维持日本天皇与中国皇帝的对等。

对日本地理与行政区划认识的提高

来宋日僧在有意向宋人显示日本文明和进步的同时，也无意间向宋人介绍了日本的风俗文化等，而且这无意中的展示显得更为真实。

日僧来宋促进了中国人对日本的了解，从成寻日记的有关记载看，宋朝人非常关心了解日本。宋人对外面的世界充满着好奇，日僧的来访为他们提供了了解日本的机会。成寻等人在越州一上岸，便有“越州人以书通言谈话”④，在没有通事(翻译)的情况下，只要双方都识字，就可以笔谈交流。从成寻延久五年五月四日在扬州府的日记“人人问答本国事”的记载看⑤，宋人对外国事物非常感兴趣，类似的记载在成寻日记中有很多。

中国汉唐以来对于地理之学比较重视。为了政治的需要，唐朝州府三年一造地图，鸿胪有外国山川风土图。据《唐六典》载：

---

① 〔日〕松下见林著《异称日本传》，编入《改定史籍集览》第20册(新加书通纪类第三)，东京：近藤活版所明治三十四年(1901)版，第69页。

② 〔日〕平林文雄：《〈参天台五台山记〉校本及其研究》(上)，东京：风间书房昭和五十三年(1978)版，第119页。

③ 〔日〕平林文雄：《〈参天台五台山记〉校本及其研究》(上)，东京：风间书房昭和五十三年(1978)版，第117页。

④ 〔日〕平林文雄：《〈参天台五台山记〉校本及其研究》(上)，东京：风间书房昭和五十三年(1978)版，第10页。

⑤ 〔日〕平林文雄：《〈参天台五台山记〉校本及其研究》(上)，东京：风间书房昭和五十三年(1978)版，第277页。

职方郎中员外郎，掌天下之地图及城隍镇戍烽候之数，辨其邦国都鄙之远迩及四夷之归化者。凡地图，委州府三年一造，与板籍偕上省。其外夷每有番客到京，委鸿胪讯其人本国山川风土为图以奏焉。副上于省。其五方之区域，都鄙之废置，疆场之争讼者，举而正之。①

中国对于日本及周边其他国家地理、方位等了解的途径大体如此。

日本相对于中国所在的方位，魏晋以来中国史家仅知"倭人在带方东南大海之中"，从带方郡出发乍南乍东的，并不清楚。到宋代已经相当准确了，日僧成寻来时，神宗皇帝直接问他："自明州至日本国，先到何州(或作'国')郡，去国王所都近远。"成寻回答："自明州至日本国大宰府筑前国博多津，从津去国王所都二千七百里。"②这实际上就是当时的交通线。

对于日本的地理构造和疆域范围。秦汉以前，中国人对于岛国"倭"的认识往往局限于海上三神山的传说，魏晋以来连史家也仅知道"依山岛而居"之类。此后近千年也跳不出《三国志》记载所划定的圈子。奝然的来宋使中国人对于日本可谓耳目一新，改变和增进了中国人的日本地理观的疆域知识。成寻来宋时，神宗皇帝问及他"本国四至北界?"成寻回答是"东西七千七百里，南北五千里"③，未免有些"矜大"而"不以实对"了。

至于日本的行政区划。《汉书》说日本"百余国"其实是抬举了日本，实际上那时不过是百余个部落，或者村落而已，到宋时已经变成几十个畿、道和岛了。《宋史·日本传》中对日本五畿、七道、三岛以及天皇世系的记述，基本上是根据奝然的回答和他所献《王年代纪》和《职员令》来概述的：

畿内有山城、大和、河内、和泉、摄津凡五州，共统五十三郡。

东海道有伊贺、伊势、志摩、尾张、叁[有版本写作三或"耆"]河、远江、骏河、伊豆、甲斐、相模、武藏、安房、上总、常陆凡十四州，共统一百一十六郡。

东山道有通[为"近"之误]江、美浓、飞驒、信浓、上野、下野、陆奥、出羽凡八州，共统一百二十二郡。

北陆道若狭、越前、加贺、能登、越中、越后、佐渡凡七州，共统三

---

① 转引柳诒征编著《中国文化史》(下册)，北京：中国大百科全书出版社 1988 年版，第 462 页。

② 〔日〕平林文雄：《〈参天台五台山记〉校本及其研究》(上)，东京：风间书房昭和五十三年(1978)版，第 120 页。原文颠倒之处已据另本订正，不详注。

③ 〔日〕平林文雄：《〈参天台五台山记〉校本及其研究》(上)，东京：风间书房昭和五十三年(1978)版，第 119 页。

十郡。

山阴道有丹波、丹彼[此乃“后”之误]、徂[“但”之误]马、因幡、伯耆、出云、石见、隐伎[“岐”之误]凡八州,共统五十二郡。

小[为“山”之误]阳道有播麽[“磨”之误]、美作[有版本作“竹”]、备前、备中、备后、安艺、周防、长门凡八州,共统六十九郡。

南海道有伊纪[即“纪伊”颠倒之误]、淡路、河[“阿”之误]波、赞耆[“岐”同音之误]、伊豫、土佐凡六州,共统四十八郡。

西海道有筑前、筑后、丰前、丰后、肥前、肥后、日向、大隅、萨摩凡九州,共统九十三郡。

又有壹伎[“岐”之误]、对马、多褹凡三岛,各统二郡。

是谓五畿、七道、三岛,凡三千七百七十二都①,四百一十四驿。②

以上是宋人对于日本地理、州郡、驿站等的认识。日本仿照唐朝制度,也在各地设有驿站,配备有驿马、传马。不过《异称日本传》一书认为,奝然《职员令》中有许多错误,这都是一些抄写等技术方面的错误③。文中未提南岛,因为此时还不为日本所领有。明代《日本考》等书的相关记载大概多有参考于奝然的献书。中国台湾明代中日关系史的专家郑樑生考证,奝然能够如此详尽地报告日本地理,“可能根据《延喜式》卷二十二,《民部》上的记载”,同时他也指出:

《宋史》本传与《延喜式》的记录有若干出入。也就是说《宋史》漏列东海道下总,把总数十五州写成十四州,郡数也百二十八写成百十六郡。东山道方面,州数——国数两者相同,郡数则《宋史》写为百二十二,《延喜式》为百十二而少十郡。南海道则前者为五十八郡,后者为五十郡,西海道则前者为九十三郡,后者为九十一(将阿多加入则九十一)。如上面所说,《延喜式》只有壹伎(岐)、对马二岛而未列多执。并且《宋史》本传的国数为六十八,《延喜式》为六十八。④

如果奝然真是参考《延喜式》的话,他肯定对《延喜式》做了适当的修改,

① 此处的“都”当为“乡”之误,乡是日本当时的行政单位,郡下设乡,此不是“郡”之误,因为不可能有此数。

② (元)脱脱等:《宋史·日本传》,北京:中华书局标点本1977年版,第14133~14134页。

③ 以上引文主要就中华书局标点本《宋史·日本传》中的错误在括号内注释订正,其他有关版本的差别略带提出。

④ 郑樑生:《〈明史·日本传〉正补》,北京:文史出版社1981年版,第40~41页。

即将“国”改为“州、郡”了，显然是注意到了中日的差别。成寻来宋的时候被问及“国郡邑多少”？他的回答“州六十八，郡有九百八十一”①。也印证了奝然的回答。

与此相应的是日本赋税、人口等，显然是以大国自居的宋人很关心的事。被问及日本的课税时，奝然介绍说有“八十八万三千三百二十九课丁”，这大概是奝然向当时有关官司做了调研之后的数据。木宫之彦在《入宋僧奝然的研究》一书中认为“足可信用”②，《大日本史·食货三》也认为，奝然所带到宋朝的《王年代记》称日本国分五畿七道，乡数有三千七百七十二，课丁八十八万三千三百二十九，应当是圆融天皇时的实数。

对于日本周边所有的邻国，向来都是中国人非常关心的问题，自唐朝以来就知道日本北边有毛人国，成寻来时有“本国去毛国近远”的询问，成寻答以“去毛国近远不知”显然是搪塞，对于这一问的回答，日本使者历来都是遮遮掩掩地介绍虾夷人或“毛人”，可惜，成寻只是进一步说日本“国之东境接海岛，夷人所居，身面皆有毛”③。不知道为什么回避了这一问题。

由于894年至1170年间中国赴日贸易的商人多出身低微，虽然他们经常去日本，而且人数众多，却未留下游记之类的文字资料。而日本使节和僧人来华者一般有较高的文化素养，他们横渡东海和黄海，在中国各地的巡礼、游历时，一般都记录了详细的日记，这些日记资料在日本的流传(如奝然、成寻等的日记)，使日本人对中国风俗文化，比如地理地貌、中国沿海地区的地貌、中国东海的水文等，都有了深刻的了解④。因此，这一时期中日的相互了解是不对称的。

对日本经济、物产、风俗等的新认识

政治军事力量较弱的宋朝比唐朝更加依赖海外贸易，以弥补这一不足，故关注海外各国的经济、物产等是顺理成章的事。朝廷通过对奝然、成寻等来宋日僧的廷问，以及日僧们提交文书的介绍，宋朝对于日本的经济面貌有了进一步的认识。

---

① 〔日〕平林文雄:《〈参天台五台山记〉校本及其研究》(上)，东京:风间书房昭和五十三年(1978)版，第119页。其他抄本无“一”。

② 〔日〕木宫之彦:《入宋僧奝然的研究—以其随身物品和携来物品为主》，东京:鹿岛出版会昭和五十八年(1983)版，第72页。

③ 〔日〕平林文雄:《〈参天台五台山记〉校本及其研究》(上)，东京:风间书房昭和五十三年(1978)版，第121页。

④ 参考〔日〕森克己著《续续日宋贸易研究》一书第十五章“日宋交通と地理学的世界観”，东京:国书刊行会昭和五十年(1975)版，第237～254页。

加之宋日之间频繁的商业往来，宋商和日僧之间的亲密交往，宋人对于当时日本的物产有了更深入的了解。在《三国志・倭人传》的基础上，进一步知道日本，“东奥州产黄金，西别岛出白银，以为贡赋”。“土直五谷而少麦”。“畜有水牛、驴、羊。多犀、象。产丝蚕，多织绢，薄致可爱”①。这里的“东奥州”即日本东北地区，“西别岛”即对马岛。

这里要特别提出的是日本的“黄金”，实际上是原材料“砂金”。日本主要用此和宋朝贸易，根据日本《小右记》记载，奝然来宋的前一年(982)，奥州即上献朝廷沙金，这些沙金和白银作为贡赋上交朝廷后，朝廷用它来支付宋朝商人的货物。若奥州等地停止上献沙金，朝廷便无法支付宋朝商人的“代金”，以致宋朝商人饿死，而无法归还本国，这样的事情在当时常常出现。此见于《小右记》天元五年三月二十五日、二十六日条。

奝然等对宋人说，日本“交易用铜钱，文曰‘乾文大宝’”②并不准确，该钱于日本天德二年(958)铸造，为日本“皇朝十二钱”之一，实际上由于日本货币经济并不发达，当时主要还是物物交换，这些钱使用并不广泛。更多的情况下，日本人似乎更喜欢宋朝的优质铜钱。

日本人除了主要用奥州的黄金和对马的白银用于支付宋商外，还有另一种交易品，那就是珍珠。日本伊势、志摩等地盛产珍珠，而且质量优良、形体很大，自唐朝以来就闻名中国，是中国商人追求之物。有关日本物产，详细介绍参见本书第三、第十六章，此略。

异国之间，风俗的异同也许是最被关注的，每遇日僧来华，宋人在这方面的提问总是很多，通过与“不通华言”的奝然等笔谈，宋人对于日本风土人情世故的了解增加了许多。

宋人已经确切知道日本气候“四时寒暑，大类中国”。真宗皇帝曾问成寻：“本国四时寒暑，与中国同不同?”成寻回答：“本国四时寒暑与中国同。”③

文明和野蛮的区分在于礼乐和冠服，中国人很重视这一点，面对中国人的询问，唐时来华日僧们就强调日本“衣冠唐制度”。当宋人询问来宋日僧成寻日本的衣冠服饰的时候，成寻特意携带了有关实物，帮助宋人了解日本的服饰文化④。奝然对礼乐的具体回答是，国中“乐有中国、高丽二部”。对于日本音乐和服饰等风俗文化的调查和询问，《宋史》还有如下记载：

---

① (元)脱脱等：《宋史・日本传》，北京：中华书局标点本 1977 年版，第 14131 页。

② “乾文大宝”乃“乾元大宝”之误。

③ 〔日〕平林文雄：《〈参天台五台山记〉校本及其研究》(上)，东京：风间书房昭和五十三年(1978)版，第 120 页。

④ 具体参见〔日〕平林文雄：《〈参天台五台山记〉校本及其研究》(上)，东京：风间书房昭和五十三年(1978)版，第 139 页。

咸平五年,建州海贾周世昌遭风飘至日本,凡七年得还,与其国人滕木吉至,上皆召见之。世昌以其国人唱和诗来上,词甚雕刻肤浅无所取。询其风俗,云妇人皆被发,一衣用二三缣。又陈所记州名年号。上令滕木吉以所持木弓矢挽射,矢不能远,诘其故,国中不习战斗。赐木吉时装钱遣还。①

咸平五年(1002)日本人滕木吉来宋,虽然他并非来朝贡的,真宗皇帝处于好奇,居然亲自召见了他,还有意考察其诗歌,大概闻听日本人爱吟诵诗歌(指和歌),滕木吉"以其国人唱和诗来上",结果发现"词甚雕刻肤浅无所取",于是表现出轻视之情。日本人独特的诗歌是其俳句、短歌等和歌,作汉诗不是他们的长处。《图绘宝鉴第五·外国》载"至今倭僧多能作墨画观音佛像"②,可见,当时来宋朝的日本人也很喜欢卖弄。

宋朝对于日本军事上的考察很有意思,"令滕木吉以所持木弓矢挽射",结果发现"矢不能远,诘其故,国中不习战斗",由此可见,在当时的中国人眼里,日本的军事力量也很弱。

中国自隋唐以来,对于日本有"君子之国"的良好印象,所以历代皇帝对日本的文化教育等教化比较关心。在文化领域内,其书籍文字的有无在中国非常受重视。日僧顺着中国向其求书之道,极力宣扬"其国多有中国典籍",以示文明开化。

来宋日僧的自大言论混淆了宋人的日本观

前面已经介绍日本平安时代的国风文化,其时风培养了日本人的自信,也养成自大爱面子的风气。故来中国的日本僧人有时忍不住在宋人面前显示才学,例如成寻在楚州参普照王寺,拜僧伽大师真身塔之时,

讲堂点茶之次,以通事陈咏问寺主:"泗州大师入灭经几年?入灭月日何?"答:"经多年无知人"云云。予乞砚笔书之:"中宗孝和皇帝景云元年三月二日入灭,至今年三百六十三年者。"寺主见,称知也。颇前后相违。③

---

① (元)脱脱等:《宋史·日本传》,北京:中华书局标点本1977年版,第14136页。

② 转引〔日〕松下见林:《异称日本传》(卷上三),东京:近藤活版明治三十四年(1901)版,第146页。

③ 〔日〕平林文雄:《〈参天台五台山记〉校本及其研究》(上),东京:风间书房昭和五十三年(1978)版,第102页。

可见成寻是明知故问，考问宋朝寺主，然后显摆一番，故意让寺主出丑。来宋的日僧面对宋朝人的好奇，在自尊而自大潜意识支配下，往往哗众取宠，对于宋人的问话不以实对，甚至是胡乱编造、信口开河，这造成了宋人对日本的误解。

尤其是面对地大物博的宋朝（相对于当时的日本），来宋日僧们不免油然而生自卑之感，面对宋朝人的有关提问，在做介绍的时候，在潜意识的支配下，时常不自觉地夸大日本起来。例如面对宋朝皇帝对于日本所有野生和家养动物的提问，奝然竟回答说，日本有犀牛和象（犀象）。宋神宗可能知道这是热带的动物，也不相信相对寒冷的日本也会有，因此在成寻来时继续问他这一问题："本国有是何禽兽？"，成寻说"本国无狮子、象、虎、羊、孔雀、鹦鹉等，余类皆有"①。无意中揭示或者说纠正了奝然的错误。

日僧在宋朝"不惭"的"大言"，从成寻的日记中可以找到。其在宋熙宁五年（日延久四年）闰七月十八日这一条中有如下记载：

> 十八日（甲子），雨下。巳时，司理官来，金刚般若事重重问答。景德寺十方藏院赐紫比丘若明、普安禅院住持传教比丘惟果来问法门，重重答了。感欢无极。惟果云："日本国东过三万里，有仙集山云云，实否何？"答云："先年日本东夷名俘囚，其中僧念久来云：'东过数万里，有罗汉住处，造仙宫不知数者。'若此山名集山云云"。温州秀才七人来宿，寺主渡南家，令宿秀才了。七时行法了。②

根据现代的历史研究，日僧念久完全是说假话、大话，可能是根据《南史·东夷传·扶桑国》《梁书·诸夷传》等汉史记载的所谓扶桑国的故事来编造的，其"文身国在倭国东北七千余里"，"大汉国在文身国东五千里"，"齐永元元年（499），其国有沙门慧深来至荆州，说云：扶桑在大汉国东二万余里，地在中国之东……"之类的记载是前人"不以实对"的结果③，其里程加起来刚好"日本国东过三万里"，宋朝僧人读过以上史书的不由得不信。成寻也许从寂照、念救师徒的巡礼日记看到了相关内容，便引用来搪塞宋人，成寻对念久（或为念救，特考）的这一言论不但不给予纠正，反而为圆其说。

---

① 〔日〕平林文雄：《〈参天台五台山记〉校本及其研究》（上），东京：风间书房昭和五十三年（1978）版，第121页。

② 〔日〕平林文雄：《〈参天台五台山记〉校本及其研究》（上），东京：风间书房昭和五十三年（1978）版，第70页。

③ （唐）姚思廉撰《梁书·诸夷传·扶桑国》，北京：中华书局标点本1973年版，第807～808页。

从894年以来中国人对于从日本传来的各种文字、日本人撰写的著作等的反应来看,中国人关注得多的是日本人的书法,其文学内容多被忽略了,这也许是中国人歧视或轻视日本文化,没有引起重视,也许是感觉它们不过是鹦鹉学舌。的确,来宋日僧寂照等每每向宋人展示来自日本的书信,那些有意精心缮写的文字让中国人忽略了其他的东西。

成寻向宋人宣扬日本的动机

由于成寻有完整的日记保留至今,因此来宋日僧中,他刻意维护和宣扬日本形象的言行就显得非常突出。用当今民族主义者的标准来说,成寻是非常爱国的人。

成寻来宋时,也像当年源信西下九州拜会宋朝客人时一样,携带了自己的著作,以及师友的近作,不断寻机向宋朝僧俗展示、介绍。

成寻特意携来宋朝展示的典籍,除了祖师们的著作之外,还有日本11世纪的大家们的著作,如南泉房的《安养集》十贴。南泉房即在日本当时的大寺院平等院经藏边隐居的大纳言源隆国,此人以著作《今昔物语》一书闻名日本。再如成寻友人庆耀的《我心自空图并释》,以及成寻自己的大作有《阿弥陀大咒句义》[①]。至于《安养集》,日本也有学者认为是延历寺的几个阿阇梨的集体之作,成寻也参与其中了。

因为成寻来宋前在日本听到传言,说源信在宋朝受到皇帝的"礼拜",所以成寻来宋后也关心源信在宋朝是否依然受"礼拜"之事。当成寻通过询问得知,宋朝僧俗并不知道日本有个叫源信僧都的人,并且也不知道他有几卷著作流传到中国的这一事实时,成寻感到大为不平。

在宋期间,为了显示自己的学问,成寻的确也故意考问过宋朝同道。

如前文引叙的考问普照王寺寺主"泗州大师入灭经几年?"一事,普照王寺寺主不了解祖师寂灭的具体年份,并且强不知以为知,固然不对,而成寻明知故问,也卖弄得太明显了。总之是强调日本有人才,就像求雨成功后,称日本超过自己的人才多多一样。

自国风文化形成以来,日本人养成了强烈的自尊意识,有时为了荣誉或者说"面子"不免吹牛,例如成寻师徒在宋朝就有不少的吹牛言论。

繁华的东京汴梁是宋人的骄傲,成寻入宋后神宗皇帝特意连着问他日本"京内里数多少?""京内人屋数多少?""人户多少?"目睹了面积宽广、人口密集、商业繁华的汴梁,成寻不得不夸大一下本国都城的繁华,说当时的日本京

---

① 日本学者藤善真澄考证,认为是成寻所撰。

都有"九条三十八里也。以四里为一条，三十六里，一条北边二里。"房屋有"二十万家，西京、南京不知定数，多多也。"人口则"不知几亿万"[①]。如此，日本京城在当时非常之大了。总之，是极力夸耀日本是大国，不甘下风。

成寻借机向宋人宣扬日本，最突出的表演是在他修求雨法事成功后的那些话，对于自尊心很强的日本人来说，无论当时还是近现代，都是一大鼓舞。

第三节　中日名物交流传递文化信息

日僧携带入宋的物品及其对贡品的自信

894 年以来中日之间的商舶往来，促进了两国之间的物流，而两国之间的物流又联系了两国的文化交流。根据这一时期两国物品流通的性质和方式，可以分为四种类型[②]。其一是来自日本的朝贡和出自宋朝的赏赐，它的性质不是纯粹的贸易，而是国对国的政治交易，有着象征意义、有着政治暗示、包含暧昧的思想表达。

外国人来华有无敬献物品是中国历代封建帝王及其政府所关心的，以地大物博的中华帝王来看，他关注的不在朝贡物品的多与少而在于有与没有，不在于这些物品的实用价值而在它的象征意义(进贡)，也只有这样，这些朝贡品才被中国正史不厌其烦地记录下来。尽管中国封建和专制政府回赠的物品价值远远高于进贡的物品，甚至成为所谓的"朝贡贸易"，但是在中国帝王眼里它永远是上对下的赏赐、恩惠。对于来宋日僧所携带的物品，尽管日本学者在模糊朝贡和私人的贡献，本书以宋朝朝廷的认定为标准，将以下日僧来华时携入的物品确定为进贡。

从《宋史・日本传》的记载可见，中国朝廷以及中国史书注重记录外国的朝贡物品。奝然来宋时所携的朝贡品有，"献铜器十余事""本国《职员令》《王年代纪》各一卷""《孝经》一卷、越王《孝经新义第十五》一卷"[③]。

奝然所献"铜器十余件"可能都是一些与佛教法器有关的铜器，奝然选择它们除了具有象征意义，即强调日本与中国"一味同法"，其次在于对当时日

---

① 〔日〕平林文雄:《〈参天台五台山记〉校本及其研究》(上)，东京:风间书房昭和五十三年(1978)版，第 119 页。

② 包括贡品、赐物、礼品、商品四种。

③ (元)脱脱等:《宋史・日本传》，北京:中华书局标点本 1977 年版，第 14131～14135 页。

本铜器制作技术的自信[1]。

至于奝然携带《职员令》等典籍来宋的原因,根据木宫之彦的研究,奝然来宋前肯定已经探知到中国已经散佚《孝经》和《孝经新义》等书籍这一事实。五代时期,武林的注君翼苍,搭乘商船去日本求《古文孝经》孔安国传,日本因此知道古文、今文《孝经》在中国已经亡佚[2]。"奝然因此传闻,在中国《郑氏注孝经》以亡佚无存,而搜寻"[3]。《越王孝经新义》在日本当时也是珍本。这说明当时两国信息的畅通。而且他携带日本《职员令》及《王年代纪》各一卷来宋朝,有非常明显的政治意义,当与表示臣服的朝贡仪式有关。

由于这次进贡,奝然获得宋朝皇帝的大量赏赐,回日本后,奝然再次以朝贡的方式表示感谢,于988年农历二月,在得到日本朝廷的批准之后派遣他的弟子嘉因和宋僧祈乾(可能已经"归化"日本)赴宋,向宋太宗上表进献物品,比第一次更多,物品"别启"开列如下:

佛经,纳青木函;

琥珀、青红白水晶、红黑木槵子念珠各一连,并纳螺钿花形平函;

毛笼一,纳螺杯二口;葛笼一,纳法螺二口、染皮二十枚;

金银莳绘筥一合,纳发鬘二头,

又一合,纳参议正四位上藤佐理手书二卷、及进奉物数一卷、表状一卷;

又金银莳绘砚一筥一合,纳金砚一、鹿毛笔、松烟墨、金铜水瓶、铁刀;

又金银莳绘扇筥一合,纳桧扇二十枚、蝙蝠扇二枚;

螺钿梳函一对,其一纳赤木梳二百七十,其一纳龙骨十橛;

螺钿书案一;螺钿书几一;

金银莳绘平筥一合,纳白细布五匹;

鹿皮笼一,纳貂裘一领;

螺钿鞍辔一副,铜铁镫、红丝鞦、泥障;

倭画屏风一双;

石流黄七百斤。[4]

---

① 详细参见本书第十六章,及《宝庆四明志》第5057页上。

② 〔日〕木宫之彦:《入宋僧奝然的研究—以其随身物品和携来物品为主》,东京:鹿岛出版会昭和五十八年(1983)版,第88页。

③ 〔日〕木宫之彦:《入宋僧奝然的研究—以其随身物品和携来物品为主》,东京:鹿岛出版会昭和五十八年(1983)版,第87页。

④ (元)脱脱等:《宋史・日本传》,北京:中华书局标点本1977年版,第14136页。

这是奝然第二次贡献，他显然在来宋巡礼期间，对宋朝人的喜好和需求有了深刻的体验，得知日本的这些工艺品很受中国人欢迎。以上是奝然对中日物品交流的贡献。

奝然之后来宋的寂照，虽然也被真宗皇帝召见问俗，《宋史》未见记载其具体贡物。根据《佛祖统记》所载，寂照的贡物为“无量寿佛像、金字《法华经》、水晶数珠”①。

《宋史·日本传》关于日本朝贡的第三处记载，是熙宁五年(1072)成寻(《宋史》写作“诚寻”)的进贡。贡品为“银香炉，木枂子、白琉璃、五香、水精、紫檀、琥珀所饰念珠，及青色织物绫”，皆与宗教有关，选择这些物品作为贡品的理由，成寻特地在奉表中说明，是模仿智者大师献隋炀帝“莲华香炉、水精念珠”的故事②。朝贡品及其呈送宫内御览的具体过程，成寻熙宁五年十月十四日的日记中有详细记载：

> 十四日(戊子)，天晴。辰一点，敕使御药来，以笔言示曰：“铜坛具、画功德、皇后经、长发等，祠部入内进呈。”要将来者：画功德并铜坛仪物色、太后写者经并发、阇梨牒，祠部入内进呈者。即依员八[入?]供养。
>
> 具两坛、铃杵、五胡铃四口、塔宝、三钴独铃各一口、五胡五枚、三胡五枚、独胡五枚、羯磨四枚、轮一枚、撅八枚、宝杵二枚、缚日罗一枚、阏伽器八具、五色糸二结、法花曼陀罗一铺、八字文殊曼陀罗一铺、佛眼曼陀罗一铺、梵字不动尊，三井寺庆耀供奉所与也。
>
> 衣座室天台大师像一体，百光房律师布有智惠也。
>
> 文殊三种真言大梵字一卷、尊胜等诸真言梵字一卷，庆耀供奉送五台山并与成寻也。西天三藏见梵字等，感欢无极。
>
> 少卿并慧询三藏、定胜笔受等，见汉字并草慈字，感叹无极。皆以进览。阇梨官符依召进呈……③

此后《宋史》虽记载日本“连贡方物”，却没有列出具体物品。第四处关于日本朝贡的具体记载是在元丰元年(1078)，日本“使通事僧仲回来”，“贡絁二百匹、水银五千两”。此后约100年，不见日本以朝贡之名入宋的记载，直到

---

① (宋)志磐:《佛祖统记》，载《大正藏》第49卷，台北:佛陀教育基金会1990年版，第402页。

② 〔日〕敬雄等编《天台霞标》，收入佛书刊行会编《大日本佛教全书》第125、126卷，日本:名著普及会平成四年(1992)版，第107页。

③ 〔日〕平林文雄:《〈参天台五台山记〉校本及其研究》(上)，东京:风间书房昭和五十三年(1978)版，第115～116页。

乾道九年(1173)才有记载说“附明州纲首以方物入贡”,但也未注明具体贡物[①]。

由于日本对宋朝的政治态度暧昧,来宋日僧所献贡品都是经过认真考虑的。例如佛经等典籍,用以显示“其国多有中国典籍”。《孝经郑氏注》《越王经新义》的进献,则是依从中国的需要,当与宋朝奖励献书的政策有关。因为中国经过唐末五代的战争,贵重书籍损失很多,宋朝为了宣示自己的文治,非常注意收聚书籍,这一举措日本僧人无疑从往来于中日之间的商人口中得知了,带这些东西来中国无疑是最受欢迎、最能打动中国皇帝的礼物。

由于日本人如此刻意地自我表现与宣扬,宋朝人因此有了日本多有中国典籍,同中国一样是文明国度,不愧“君子之国”的称呼等认识。《欧阳文忠公全集》卷第十五中的一首《日本刀歌》,正反映了宋朝人的日本观:

> 其先徐福诈秦民,采药淹留儿童老。
> 百工五种与之具,至今玩器皆精巧。
> 前朝贡献屡往来,士人往往工词藻。
> 徐福行时书未焚,逸书百篇今尚存;
> 严令不许传中国,举世无人识古文。
> 嗟予乘桴欲往学,沧波浩荡无通津……[②]

这是宋人对日本输入传递信息的误读,真的以为岛人是徐福一行的后代,不仅百工匠巧传世,并诗书传家久,令人欣然神往。

再如美术工艺品,多是日本人自信拿得出手的东西,而且这些已经得到了中国人的认可,且很有市场。至于硫黄等原材料产品,可能是依照宋朝的需要输出,宋用于制造火药,备战契丹。

宋商礼品和商品传达的文化信息

前面提及,中日间的商舶往来促进了两国之间的物流。入宋以后,宋朝商人输往日本的商品品类丰富,包括瓷器、丝绸、香料、药材、书籍、文具以及铜钱等种类(具体参见本书第三章),皆应日本社会需求而去。甚至包括来自宋朝的点心和水果等,例如宋朝福建路滨海一带的福州、兴化军莆田所产的荔枝,素负盛名,深受日本人喜爱,以致宋商大量贩卖荔枝到日本,根据宋人

---

① (元)脱脱等:《宋史·日本传》,北京:中华书局标点本1977年版,第14137页。

② 〔日〕松下见林:《异称日本传》,收入《改定史籍集览》第20册(新加书通纪类第三),东京:近藤活版所明治三十四年(1901)版,第96页。引文全文参见本章第四节。

蔡襄的《荔枝谱》记载，每当荔枝“初著花时，商人计林断之以立券，若后丰寡，商人知之，不计美恶，悉为红盐者，水浮陆转以入京师，外至北戎(指契丹辽国)西夏，其东南舟行新罗、日本、流求、大食之属，莫不爱好，重利以酬之”①。

日本平安贵族流行记日记，一般用汉文来记，输入日本的宋朝商品，从平安贵族的日记《御堂关白记》《小右记》等文献中得到反映，其中经常看到“唐物御览”的记载，说明平安贵族生活离不开唐物。例如藤原道长的《御堂关白记》，在宽弘三年(1006)十月九日、二十日，分别有“参入……候御览唐物了，退出”；“参内，着左仗座，唐人(曾)令文所及[赍]苏木、茶院[碗]、《五臣注文选》《文集》等持来。冷泉院御前(方)违御少[小]南”的记载②。

平安末期日本众多这样“唐物御览”物品、书籍的记载，反映了日本朝廷如何处理中日关系的矛盾心理，如《百炼抄》承历二年(1078)十月二十五日条的以下记载：

> 诸卿定申大宋国贡物事，锦、唐黄等也。此事已为朝家大事。唐朝与日本和亲久绝，不贡朝物，近日频有此事，人以成狐疑。③

平安朝臣的这种“狐疑”，以及将接受宋朝礼品搞成贡献仪式，像当年唐宋皇帝接受外国朝贡一样，反映了国风文化之下日本士大夫的心态。“唐物御览”的过程，其实就是天皇和近臣一起研究宋朝商品及其负载文化的过程，是一个议论和学习中华礼仪的过程。

与“唐物御览”记载相应，平安文献中还有许多朝廷向大臣颁赐唐物的记载，这样的记载是藤原道长等公卿日记的重要内容，此足见唐物作为中国生活方式的载体已经影响了日本上层社会。日本平安末期成书的《源氏物语》在《末摘花》卷中载有“秘色”一词，又 10 世纪后期成书的《宇津保物语》在《藤原君》卷中载有“秘色”之杯④，此可以断定中国的青瓷被舶载日本，并被日本贵族珍藏使用。晚唐大诗人陆鲁望有《秘色越器》诗：“九秋风露越窑开，夺得千峰翠色来。好向中宵盛沆瀣，共嵇中散斗遗杯。”这说明越地亦即江浙地区是青瓷的重要产地。秘是指神、密，“凡不可知、不可得皆为秘。吴越时，以为

① (宋)蔡襄：《荔枝谱》，百川学海本。

② 〔日〕藤原道长：《御堂关白记》(上)，载《大日本古记录》，东京大学史料编纂所、财团法人阳明文库编纂，岩波书店昭和二十七年(1952)版，第 195、196 页。另参见〔日〕对外关系史综合年表编集委员会编《对外关系史综合年表》，东京：吉川弘文馆 1999 年版，第 118～119 页。

③ 〔日〕细川润次郎编辑：《古事类苑・外交部》，东京：吉川弘文馆昭和五十三年(1978)版，第 888 页。

④ 参见〔日〕幸田露伴著，陈德文译：《书斋闲话》，北京：中华书局 2008 年版，第 103 页。

供奉内廷之器,禁止臣庶不得用,谓之'秘色'",秘器之"器"显然是指瓷器。宋叶寘、元陶宗仪等就认为"自钱氏有吴越之日起,秘色已出世"①,不仅出世到中国民间,也出世到日本了。

从茶碗等瓷器、陶器输入日本,并在公卿日记中记载足见,宋朝的茶文化输入日本,并引起平安贵族们的兴趣。

894年后中国商人将各种香料(如麝香、丁香、沉香、甘松香、荒郁金香等)大量输入日本,大多数情况下,这些香料是作为礼物奉献给日本贵族的②。如此可见,中国唐宋朝相沿不衰的闻香文化一直影响着日本,以后形成日本王朝贵族社会的"香道"③。据《宋史・食货志》记载:"宋之经费,茶、盐、矾之外,惟香之为利博,故以官为市焉。"④在宋朝国家垄断的榷香制度之下,进口香料主要是为满足宫廷贵族达官富豪们的奢靡生活需要,宋商将香料大量运销日本,足见平安贵族闻香风气之盛。要知道宋朝香料产量较少,苏合油香、乳香、沉香、丁香、龙脑等多依赖进口,作医药之用,价格非常昂贵。

宋朝服饰中流行的鱼袋,也很快被追求华美服饰的平安日本贵族模仿⑤。

作为商品输入日本的宋朝历书及其天文知识也值得注意。当时,日本朝野还通过宋商及其贡献的商品,获得了有关东南亚的文化信息。平安朝廷要求登岸的宋商提供有关文书(一般称"解文"),从中获得中国的知识和信息,这一传统一直延续,到江户时代末期则为"风说书"制度。

在经济领域,日本对宋朝的依赖也日益明显,特别是以宋朝铜钱为流通货币。北宋初太祖开宝三年(970)和神宗熙宁七年(1074)时,朝廷禁止铜钱外流,外流的一部分显然是去了日本市场。日本镰仓时期(1185—1333),因商业日益发达,而日本国内币制紊乱,铜钱质量低劣,对中国钱币需求十分迫切。南宋理宗时,日本政府一次就从中国运去铜钱十万贯。据不完全统计,日本全国28处出土的中国铜钱,自唐至明共为55.3万余枚,其中北宋钱占82.4%。

宋商携入日本的动物

日本王朝时代的许多文献中,有许多五代、宋朝商人随舶携带各种动物

---

① 转引〔日〕幸田露伴:《书斋闲话》,陈德文译,北京:中华书局2008年版,第104、105页。

② 参见本书第一章所引用日本答吴越王弘俶的书信,及第三章引用宋商周文裔致藤原实资的书信。

③ 参见〔日〕对外关系史综合年表编集委员会编《对外关系史综合年表》,东京:吉川弘文馆1999年版,第118~119页。

④ (元)脱脱等:《宋史》卷一百八十五《食货志》下七,北京:中华书局标点本1977年版,第4537页。

⑤ 参见〔日〕森克己:《新订日宋贸易研究》,东京:国书刊行会昭和五十年(1975)版,第213页。

进入日本，奉献给日本公卿贵族的记载。如孔雀、鹦鹉、白鹅、唐鸠、唐猫、唐犬，甚至包括羊、水牛等大型动物，宋商何以带动物漂洋过海送给日本贵族？

首先，他们认为日本没有这类动物，送这些对日本来说堪称珍奇的动物，足以引起日本朝廷的重视，打动日本贵族的心。宋朝皇帝太宗、神宗等都询问过来宋朝求法巡礼的日本僧人，如奝然、成寻等有关日本动物种类的问题。比如成寻，在回答宋神宗"本国有是何禽兽？"之问时说："本国无狮子、象、虎、羊、孔雀、鹦鹉等，余类皆有。"①成寻在宋期间见到过象，并在他的日记中做了详细的记载，足见日本人对未知动物的好奇心。异域的珍奇动物（例如孔雀）显然给了日本人深刻的印象，到了清代，中国商人曾将活生生的象输入日本，引起日本朝野的轰动，天皇还册封该象以官职。

其次，中国商人将那些动物输入日本，有特定的文化影射意义。五代、宋朝商人向平安朝廷大臣贡献的物品中常常有羊、孔雀、鹦鹉等，用意大概有某种暗示。中国商人馈赠饱读中国儒家经典，喜欢风雅、风流的日本公卿羊、鹅、鹦鹉之类的动物，这些动物并不稀见或贵重，但这样的礼品具有象征意义或者某种暗示，根据《十三经注疏·仪礼·士相见礼第三》，"士相见之礼，挚，冬用雉，夏用腒"。"下大夫相见，以雁，饰之以布，维之以索，如执雉"；"上大夫相见，以羔，饰之以布，四维之，结于面，左头，如鹿执之"。可见野鸡、大雁、羔羊之类的礼物是暗示商人的某种身份，或显示往来关系的儒雅。919 年，吴越地区商人鲍置求赠孔雀，这也可以说是雉的替代品，是以士的身份赠大宰府地方官的，尽管日本地方官以贡品上交给了其朝廷。

《宋史》记载日本"畜有水牛、驴、羊。多犀、象"②，说明宋商应该知道日本有牛羊。935 年吴越人蒋承勋献羊数头，是以上大夫之礼赠予大宰府或朝廷交易唐物使的，可能是以代替吴越王以上大夫的身份与日本官员相见。936 年蒋承勋再去日本是否献羊？没有记载，但于 938 年，蒋承勋再献羊两头于大宰府，依然是以代替吴越王以上大夫的身份与日本官员相见。这期间，吴越王希望遣人于日本缮写中国天台宗遗失典籍。

进入宋朝以后，根据现有记载，1015 年宋商周文德有载孔雀赠大宰府，当时同行的有寂照的从僧念救。此外还有 1066 年送鹦鹉的宋商王满、1088 年送豹的宋人张仲。不过张仲的豹被退还，大概是不符合礼节吧。宋朝商人们携带许多珍禽异兽入日本，如孔雀、鹦鹉、唐鸠、羊、水牛、唐马、唐犬、唐猫等，作为赠品，深受日本贵族喜爱。大臣藤原定家曾为此抱怨，"传闻，去今年

---

① 〔日〕平林文雄：《〈参天台五台山记〉校本及其研究》（上），东京：风间书房昭和五十三年（1978）版，第 121 页。

② （元）脱脱等：《宋史·日本传》，北京：中华书局标点本 1977 年版，第 14131 页。

宋朝之鸟兽充满于华洛，唐船任意之辈，面而(面?)渡之舆，豪家竞而豢养”①。有些动物在中国不算什么，在日本却是珍奇动物。此也足见日本贵族生活的特殊需要。人性好奇，异域舶来品对于人们总有着强烈的魅力，而日本人的好奇心似乎更胜一筹。

再次，宋商馈赠日本公卿孔雀、羊、鹅、鹦鹉等动物，跟中日共同流传的佛教有关。例如鹦鹉，被认为是“西域神鸟”②，南天竺、林邑国、山国(马来半岛)、吐火罗等印度、西域等国使者常将五色鹦鹉作为贡品献给唐太宗、唐玄宗。而且鹦鹉频繁出现在唐人的诗歌之中，同样，鹦鹉也是唐宋中国画家喜爱并描摹的对象。唐朝宫廷贵族爱玩鹦鹉，喜欢攀附风雅的日本贵族自然喜爱追随，于是宋商投其所好，携鹦鹉到日本。

日本文献对这些动物的输入都有记载，足见当时贵族的好奇心理。孔雀、鹦鹉对唐宋时期的中国人来说也是稀罕之动物。日本贵族对于孔雀的兴趣大概和当时流行的密教、佛教文学有关，佛教传说“如来在昔为孔雀王”，在日本真言密教中很受欢迎的一位女神叫“大孔雀明王”。而且孔雀及孔雀明王也是唐宋画家爱创作的题材。

最后，五代、北宋商人频繁送孔雀、鹦鹉、羊等动物，也许是模仿古代进贡的惯例，以此满足平安贵族的虚荣心。《日本书纪》屡屡记载新罗、百济等国向日本进献这些动物。据《日本书纪》载：推古天皇六年，“夏四月，难波吉士磐金，至自新罗，而献鹊二只”；“秋八月乙亥朔，新罗贡孔雀一只”；“冬十月戊戌丁未，越国献白鹿一头”；七年“秋九月癸亥朔，百济贡骆驼一匹、驴一匹、羊二头、白雉一只”。孝德天皇大化三年“新罗遣大臣大阿飡、金春秋等，送博士小德高向黑吕……来献孔雀一双、鹦鹉一双，仍以春秋为质”③。这种贡献在大和时代也很频繁。故1147年，藤原忠实将当年春天从宋商那里获赠的孔雀和鹦鹉贡献给鸟羽法皇。

不管中国商人出于何种目的，大量动物的携入日本，丰富了日本人的生物学知识。

身怀绝技的入日宋商群体

五代、宋时期到日本贸易的中国商人许多身怀绝技，本身同时也是手工艺者。比如船工，都具有高超的造船技术，在海中遭遇风浪的时候，可以及时

① 参见〔日〕森克己《日宋文化交流诸问题》，东京：刀江书院昭和二十五年版，第319页。

② 〔美〕谢弗：《唐代的外来文明》，北京：中国社会科学出版社1995年版，第223页。

③ 〔日〕坂本太郎等校注《日本书纪》(下)，编入《日本古典文学大系》第68册，东京：岩波书店昭和四十年(1965)版，第175、177、305页。

修补船只。

特别是那些“归化”日本的宋商，以一技之长得以在日本立足、发展。根据《石清水八幡宫记录》二百三十八、《八幡宫筥崎宫造营材木目录》等的记载：

> 建长年间，宋人博多纲首张兴、张英归属筥崎宫，张兴成为一名通事(翻译)，张英则号称鸟饲二郎船头，领有坚糟西崎之地，服务于本所，担负营造筥崎宫大神殿西面玉垣(号称防犬)的要职。①

日本自古重视引进技术人才，特别是在大和王朝雄略天皇时代，因意识到日本工艺技术的落后，鼓励甚至强迫百济等半岛弱国“贡今来才伎”，派使者身狭村主青等到吴国聘请手工艺者“手末才伎”②。赐姓氏赏田产，重点安置他们，从而殖产兴业，富国强兵。

对于中国、朝鲜的奇珍异宝等，日本自古以来也是不惜重金购买。据《小右记》所载，藤原资实曾遣使从宋医僧慧清处购买医治儿童蛔虫的药物，或重金从朝鲜购买药材等。来宋求法巡礼的成寻在回答宋神宗的提问时，说日本需要中国的香、药、茶、锦等。就这样，中日之间信息得以沟通，工艺和器物可以取长补短，药品之所以成为宋商输出和日本人回购的物品，便在于此。

知识的交换有时是无意之中的，如奝然雕刻并请回日本释迦牟尼瑞相时，从佛像胎藏物品(特别是其中的五脏模型)中可知宋朝的人体解剖学知识，至于这次输入日本后对日本人产生多大影响难以考证。

中日贸易的繁荣促进了日本对于中国商品工艺的模仿，从而培养日本的技工，如纺织技术③，宋朝纺织技术的精美，通过日本清凉寺释迦牟尼佛像胎内所藏并保存至今的丝绸制品碎片，可以得知一二。再如雕版印刷技术(参见本书前文相关介绍)。

日本骄傲的螺钿本出自中国，日本吸收了这一技术，根据森克己的研究：日本将这一从大陆传来的技术日本化，青出于蓝而胜于蓝，致使日本化的螺钿输入中国以后，中国人错认为螺钿本出于日本④。

当然，日本对于中国工艺技术的学习和引进的高潮是在1170年以后。

---

① 转引〔日〕森克己：《新订日宋贸易研究》，东京：国书刊行会昭和五十年(1975)版，第426～427页。

② 〔日〕坂本太郎等校注《日本书纪》(上)，编入《日本古典文学大系》第68册，东京：岩波书店昭和四十年(1965)版，第475、477、491页。

③ 具体参见后文，第十六章第一节的“日本的丝织品及其纺织技术”。

④ 参见本书第十六章，另参见〔日〕森克己著《日宋文化交流诸问题》，东京：刀江书院昭和二十五年版，第310页。

1170年以后,伴随着中国茶文化的输入日本,荣西和道元等人将宋朝的茶种、茶叶及茶叶制作技术输入日本,一种新的生活方式在日本流行起来。随从日僧圆尔入宋的弥三,输入了“广东织”“缎子”的制法[①]。中国是陶瓷之国,陶瓷是宋朝外贸的主要商品,但这一制造陶瓷的技术很早就被日本掌握,现在已经确切地知道,根据《道元禅师传考》,是随从道元入宋的加藤四郎左卫门景正在宋学会了陶器的制作技术[②]。

日本对宋朝的雕版印刷技术的掌握,在1170年以后,也因禅籍的输入日本和在日本的翻刻而大大提升。

第四节　从宋人对日货的赞赏看日本制造工艺的进步

欧阳修《日本刀歌》为日本刀在中国品牌定位

894年至1170年的中日贸易促进了日本制造工艺的技术进步,这不仅是因为中国商品工艺的魅力激发日本工匠仿造的冲动,也因为到日本贸易的中国商人中就有许多身怀绝技之人才。日本对中国、朝鲜工艺和技术人才的引进,起于大和时代(4~6世纪),时称“西汉才伎”“今来才伎”“手末才伎”[③],并被编入陶部、鞍部、画部、锦部、手人部、衣缝部等“部民”之中,作为引进人才,受到大和朝廷的重视。

根据日本的文献记载,自唐朝以来,日本人非常关心中国人对于日本国力和文明程度等的评价。中日往来刺激了日本人的自尊心,也培养了日本人的自信心,奈良时代突出表现在日本贵族对汉诗等的模仿上,而平安时代中后期则突出表现在日本工匠对于中国工艺的模仿,这种技巧的掌握培养了日本人对于本国器物的自信心,从而培养了日本人的爱国心,通常表现为民族自尊心。

正因为日本人有了自尊和自信,就有了输出日本刀等工艺品以换取心仪的昂贵的“唐物”的要求和勇气。中国很早就掌握了青铜和铁的冶炼、锻造技术,特别是紧邻日本的吴越地区,出现了干将、莫邪、欧冶子等刀剑名匠。雄略天皇派使者身狭村主青等到吴国聘请“手末才伎”去日本,那些被聘到日本的技师中肯定也有铸造师。由于9世纪以来,日本刀的制作工艺日益精湛,

---

① 〔日〕森克己:《续续日宋贸易研究》,东京:国书刊行会昭和五十年(1975)版,第67页。

② 参见〔日〕森克己著《日宋文化交流诸问题》,东京:刀江书院昭和二十五年版,第98页。

③ 〔日〕坂本太郎等校注《日本书纪》(上),编入《日本古典文学大系》第68册,东京:岩波书店昭和四十年(1965)版,第475、477、491页。

兼有中国刀与剑的优点，曲线优美，锋利实用，不仅得到平安时代以来的日本武人的珍爱，中国人也是见者喜爱，赞不绝口。在北宋，能够接触到日本刀的士大夫中就有大诗人欧阳修和梅尧臣，他们分别撰诗赞美。千百年来被中日学者公认为欧阳修(1007—1073)所创作的《日本刀歌》最为经典，他是如此赞美日本刀的：

昆仑道远不复通，世传切玉谁能穷。
宝刀近出自日本，越贾得之沧海东。
鱼皮装贴香木鞘，黄白间杂鍮与铜；
百金传入好事手，佩服可以禳妖凶。
传闻其国居大岛，土壤肥沃风俗好。
其先徐福诈秦民，采药淹留儿童老。
百工五种与之具，至今玩器皆精巧。
前朝贡献屡往来，士人往往工词藻。
徐福行时书未焚，逸书百篇今尚存；
严令不许传中国，举世无人识古文。
嗟予乘桴欲往学，沧波浩荡无通津；
令人感叹坐流涕，锈涩短刀何足云?①

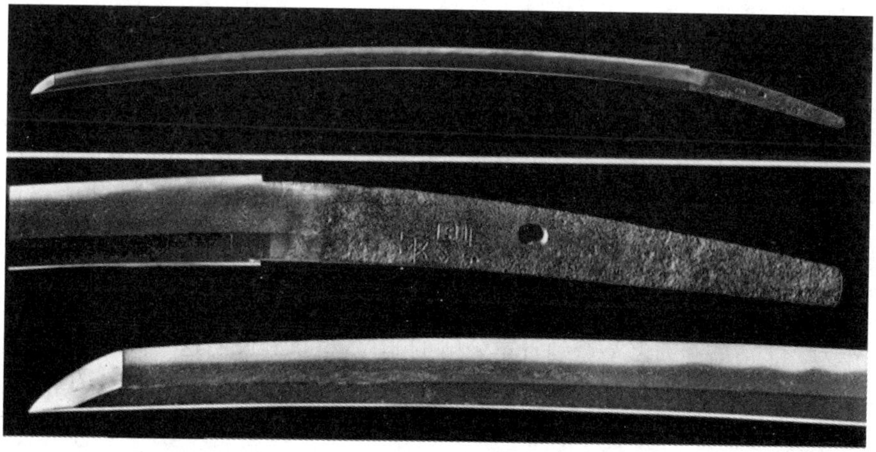

插图 15-2　太刀(铭“安纲”，东京国立博物馆藏品)②

从欧阳修的诗歌看来，舶来品日本刀对于宋人来说是具有神奇魅力的货

① 转引自〔日〕松下见林著《异称日本传》，编入《改定史籍集览》第 20 册(新加书通纪类第 3)，东京：近藤活版所明治三十四年(1901)版，第 96 页。

② 引自〔日〕东京国立博物馆编集《日本国宝藏》，东京：读卖新闻社 1990 年版，第 186 页。

物。人们之所以宝贝舶来品,“或者是因为在本地不出产类似的产品,或者是因为舶来品比土产品质量更好,而最重要的则是因为这些舶来品是从那些令人心驰神往的地方来的”①,而日本正是千百年来中国传说的神仙之境,盛产宝物神药之地。欧阳修说“至今玩器皆精巧”,“锈涩短刀何足云?”其实是因为当时日本输入中国的精巧工艺品已经不止日本刀了,还有折扇、螺钿、漆器等装饰工艺品,有些还是中国唐朝以来失传的工艺。

梅尧臣作《钱君倚学士日本刀》,是因为好友钱氏买得一把日本刀,于是作该刀歌和钱氏的《日本刀歌》唱和,其诗曰:

> 日本大刀色青莹,鱼皮帖把沙点星。
> 东胡腰鞘过沧海,舶帆落越栖湾汀。
> 卖珠入市尽明月,解绦换酒琉璃瓶。
> 当垆重货不重宝,满贯穿铜去求好。
> 会稽上吏新得名,始将传玩恨不早。
> 归来天禄示明游,光芒曾射扶桑岛。
> 坐中烛明魑魅遁,吕虔不见王祥老。
> 古者文事必武备,今人褒衣何足道。
> 干将太阿世上无,拂拭共观休懊恼。②

从以上《日本刀歌》可见,宋代尤其是北宋末期,日本刀虽然被作为商品输入中国,虽然它深受中国人喜爱,但输入并不太多,从它的价格可以得到反映。明清以后,类似日本刀的赞歌更是数不胜数。

根据日本《新猿乐记》一书记载,“备后铁”和“备中刀”是当时名品③。日本刀之所以珍贵,也是因为日本人视为珍宝,限制出口外国的原因。查找宋元时期的有关记载,它更多地出现在日本与中国、朝鲜半岛政治文化和贸易往来的礼品单中,如日本重臣平清盛曾经通过宋朝明州商人赠送南宋朝廷日本刀。平清盛赠刀之举遭到日本公卿的非议,也正好说明这一问题,可见日本刀剑多为走私商品。故除了以上刀歌外,很少有宋元时期日本刀贸易的具体记载。

日本刀因欧阳修的《日本刀歌》而扬名,直到明清,历代爱日本刀的文人

---

① 〔美〕谢弗著,吴玉贵译:《唐代的外来文明》,北京:中国社会科学出版社 1995 年版,第 2 页。

② (宋)梅尧臣:《宛陵集》卷十五,转引张俊哲著《中国古代文学中的日本形象研究》,北京:北京大学出版社 2004 年版,第 141 页。

③ 〔日〕森克己:《续续日宋贸易研究》,东京:国书刊行会昭和五十年(1975)版,第 190 页。

以同样的题目来摹写它。元代虽然尚未见到以《日本刀》或《日本刀歌》命名的诗歌，但日本刀的记载依然可以在有关诗歌中看到。例如，元人丁复在《扶桑行，送钴仲则东归》中谈及日本各种工艺制作的精致："器物尽精致，黄金铸甲白日光，大珠尽寸夜发芒，利刀截铁断两旁，水玉拾海底，湛澈团天浆。"①又，元人郑采《送姚子章之者浙东帅掾》一诗中就说到了日本刀和刀的贸易：

南纪四明雄浙左，孤城百雉接风涛。
越裳客去得犀角，日本船来看宝刀。
元帅旌旗开外阃，掾郎才略服诸曹。
帐中羽檄何须草，政爱夔州诗法高。②

从"日本船来看宝刀"的表述看，大概到元代，日本刀才成为元日贸易中日本输出的主要商品和代表商品，正如"越裳客去得犀角"所揭示的越南输出的代表商品是犀角一样。虽然日本刀的输入量已经增加，但它依然是最为贵重的商品，只有犀角才可以和它并列。根据《卧云日件录拔尤》的记载，日本刀在其国内卖一贯，到明朝值五贯，而且"大刀唯朝廷收之，非余人所买卖"③。

日本的丝织品及其纺织技术

中国是丝绸制品的故乡，"丝绸之路"不仅沟通中国与中亚、西亚、欧洲，中日之间也有一条丝绸之路。由于贵族社会的发展，进口的丝绸远远不能满足平安贵族的需要，繁荣的中日丝绸贸易因而促进了日本仿制中国丝绸制品的能力，当时来自宋朝的被称为"唐锦、唐绫"，日本国产的称为"和绫、和锦"。《宋史》记载日本"产丝蚕，多织绢，薄致可爱"④。

为了仿制中国的丝绸等织物，日本大和时代就从中国招聘纺织工艺人才，雄略天皇十四年遣使到中国南朝聘请"手末才伎汉织、吴织及衣缝兄媛、弟媛等，泊于住吉津"⑤，并设置了"衣缝部"，负责向朝廷贡献服装，因此形成

---

① 原载顾嗣立编《元诗选》二集卷十六《丁处士复》。转引张俊哲著《中国古代文学中的日本形象研究》，北京：北京大学出版社 2004 年版，第 142 页。

② 原载《元诗选三集》卷十一《郑采》，转引张俊哲著《中国古代文学中的日本形象研究》，第 208 页。

③ 参见〔日〕东京大学史料编纂所：《卧云日件录拔尤》，收入《大日本古记录》，东京：岩波书店昭和三十六年版，第 107 页。

④ (元)脱脱等：《宋史・日本传》，北京：中华书局标点本 1977 年版，第 14131 页。

⑤ 〔日〕坂本太郎等校注《日本书纪》(上)，编入《日本古典文学大系》第 68 册，东京：岩波书店昭和四十年(1965)版，第 491、495 页。

了日本特色的“吴服”工艺。

遣唐使时代,日本从唐朝学习了当时最先进的纬锦织法,并广为传布,于和铜年间向伊势、尾张、骏河、近江、丹波、伯耆、播磨、备前、安艺、阿波、赞岐等六道二十一国,派出了技术专家——挑文师,教授学习生产锦、绫等的先进技术①。

到平安时代,日本朝廷依然如此重视人才和技术的引进,在与中国联系密切的大宰府设置了专门的机构,聘请了专门的绫师,成品和贸易品一起进贡朝廷,在平安时代的文书中可经常见“大宰府贡锦使”之名②,此可见自大和时代到平安时代日本对手工艺者管理政策的连续性。根据《新猿乐记》,“阿波绢、越前锦、美浓八丈、常陆绫、纪伊缣、甲斐班布、石见紬、丹后和布”③皆为日本纺织名物。平安中后期是日本贵族追求“荣华”、崇尚富贵的时期,这无疑促进了日本奢饰品的生产,进而在一些领域,消费品的工艺超越了讲究朴素的宋朝。

纺织工艺技术的提高,不仅使日制丝织品成为国家的贡品,甚至可以自信地送到丝织品的故乡中国交换、贸易或馈赠。藤原道长1015年七月通过寂照、念救师徒施入天台山大慈寺的“七尺鬘壹流、砂金佰两、大真珠伍颗、樟华布拾端”④。这里的“樟华布”显然是日本丝绵制品。成寻来宋时携带了不少“绫”“细布”等日本纺织品作为交换物,或支付工资。宋熙宁五年(日延久四年,1072)五月二十二日,成寻在天台山国清寺时,也曾经往“寺主大师许送纳袈裟一具,日本织物横皮;依被要,又送镜筥一口”⑤。这是寺主仲芳勉强请求的,故仲芳在获赠之后特意书面答谢:

> 仲芳启:兹者伏蒙日本国法主阿阇梨大师特舍,法衣一件、覆膊一件,已受领讫。感佩之至,不任不怀,谨具状尘谢。伏惟法慈甫赐孚察,不宣。天台山敕景德国清寺主临坛赐紫仲芳上。
>
> 日本国法主阿阇梨大师
>
> 五月二十二日状⑥

① 武安隆:《文化的抉择与发展》,天津:天津人民出版社1993年版,第165页。

② 参见〔日〕森克己:《新订日宋贸易研究》,东京:国书刊行会昭和五十年(1975)版,第195页。

③ 〔日〕森克己:《续续日宋贸易研究》,东京:国书刊行会昭和五十年(1975)版,第190页。

④ 〔日〕森克己:《新订日宋贸易研究》,第273页。

⑤ 〔日〕平林文雄:《〈参天台五台山记〉校本及其研究》(上),东京:风间书房昭和五十三年(1978)版,第33页。

⑥ 〔日〕平林文雄:《〈参天台五台山记〉校本及其研究》(上),东京:风间书房昭和五十三年(1978)版,第33页。

仲芳的强求(成寻所谓的“被要”)显然不是无缘无故,肯定是认可日本的纺织工艺和缝纫技术。还有寺主弟子禹珪,也向成寻“切切乞取”“细布一端”,作为裤料之用①。

日本纸在中国品牌定位

造纸术最早于公元前2世纪在中国发明,日本造纸技术显然来自中国。自7世纪经由朝鲜半岛引进了中国的造纸技术以后,到平安中后期,由于纸已经渗透日本人生活的各个方面,包括建筑材料用纸、烹调包装用纸、神道装饰用纸等,故在日本得到了改良和发展,可谓青出于蓝而胜于蓝,连宋人也不得不承认这一点。因此《宝庆四明志》中便有日本“俗善造五色笺(?),错金为兰,或为花,中国所不逮也,多以写佛经”的记载②。日本纸的纤维较长且结实,据《负暄杂录》载,“日本国出松皮纸”。根据《新猿乐记》,平安时期的“但马纸”为纸中名品,和“淡路墨”齐名,此外还有“陆奥檀纸”③。

在宋朝,工艺精美的日本刀并非一般人的收藏品,至于日本纸就不同了,深受普通中国人的喜爱。从日僧成寻在宋朝巡礼的日记看,他赠送宋人的主要礼品之一就是日本纸,这是宋人喜爱的东西,宋商船主乐意接受日本纸作为川资便是证明,显然,成寻等日本人也知道中国人喜爱日本纸而特别携入中国,作为流通“货币”之一使用。成寻宋熙宁五年(日延久四年,1072)四月廿二日的日记中有这样的记载:

> 辰时,家主张三来。为买钱,沙金三小两、水银百两渡家主了。纸志与人人。三帖一船头曾聚。三帖李二郎。三帖林廿郎。二帖活头男。三帖李恺。十帖留守人。十帖施十郎。④

作为商人,曾聚等人乐于以纸代替铜钱。再如成寻宋熙宁五年(日延久四年)四月廿三日的日记中有这样的记载:“天晴,陈咏来,与上纸三帖了。”⑤

---

① 〔日〕平林文雄:《〈参天台五台山记〉校本及其研究》(上),东京:风间书房昭和五十三年(1978)版,第35页。

② (宋)罗濬等撰:《宝庆四明志》,收入中华书局编辑部编《宋元方志丛刊》第5册,北京:中华书局1990年影印版,第5057页上。

③ 〔日〕森克己:《续续日宋贸易の研究》,东京:国书刊行会昭和五十年(1975)版,第190页。

④ 〔日〕平林文雄:《〈参天台五台山记〉校本及其研究》(上),东京:风间书房昭和五十三年(1978)版,第13页。

⑤ 〔日〕平林文雄:《〈参天台五台山记〉校本及其研究》(上),东京:风间书房昭和五十三年(1978)版,第14页。

而且成寻来宋之时,携带了很多日本纸,除了代替货币支付,购买(交换)生活品外,他还以纸为礼物赠送宋人。宋熙宁五年(延久四年)五月二十五日的日记中有这样的记载:

> 廿五日(甲辰),天晴。午时,寺主斋。未时,赤城寺中式阇梨来,借《天台大师遗旨》一卷、《南岳七代记》一卷。寺主来点茶。志与良玉、禹珪、如爽三人各上纸三帖,依住一院亲也。愿初、释贤、道新、元吉各二帖,一院住人也。鸿植阇梨四帖,行者禹昌绫二丈、细布三丈,依能书人,今见要书故也。禹珪细布一端,为来日吉台州共人,惟裤料切切乞取也。台州申状令书,良玉,能书人也。七时行法了。①

北宋中日之间的物流,除了日本人向宋朝廷朝贡和与灵山寺院结缘施舍物品之外,日僧和他们的宋朝友人之间,也相互馈赠了大量物品。例如成寻赠送宋人的大量念珠,以及成寻私赠与宋僧的佛经,如《千臂千钵文殊经》等。寂照来宋朝到天台山寺院也曾向遵式大师赠送两部散佚的典籍。书籍也因此成为中日之间的商品或赠品。

成寻等日僧来宋时,带来了许多令他们自信制作工艺精美的国货,尤其是一些日本装饰工艺品的西流,一定程度上改变了中国人的日本观——蛮夷和落后。相信这一点当时的日本人也意识到了,因此变得更加骄傲起来。可以说,宋人对于日本物品的肯定与日本人对日本文化的自我肯定之间有着必然的关系。

另外,进入11世纪以后,由于日本奥州的沙金开采过度,日益匮乏,或因为地方官的怠工,奥州向朝廷的贡献也越来越少②,以致日本朝廷长期拖欠宋商的货款,这也迫使日本朝野开发精巧的手工艺品和装饰品来代替沙金交换宋朝商品。

总之,894年以来,日本的制造工艺和技术在中日贸易进程中不断提高,中国人对于日本的认识也在不断地提高,不断地被修正。由于日本自古以来对中国人来说是一个神秘的国度,对于日本的描述总不免坠入传奇。加之来华的日本人对中国人提问的回答,相互间颇有出入,既促进了中国人的思考,也增加了中国人的想象。遗憾的是,大宋朝廷主要通过外国僧人来搜集情

---

① 〔日〕平林文雄:《〈参天台五台山记〉校本及其研究》(上),东京:风间书房昭和五十三年(1978)版,第34~35页。

② 参见〔日〕森克己著《续续日宋贸易研究》一书第十四章"日宋贸易与奥州的砂金",东京:国书刊行会昭和五十年(1975)版,第203~235、218页。

报，而不从江浙地区常年与日本贸易的商人那里搜集情报。海外旅行在古代是知识信息传播的主要途径，它传播的信息总是充满着浪漫和夸张，来自外国的人与物都必然地带有那种冒险而又使人心醉神迷的魅力。尽管人们怀疑身边的传说，但却易于相信海外的神奇，趋于夸大异国物品的功用和魅力。

第十六章　宋日贸易的繁荣与日本的社会转型

第一节　日本装饰工艺的进步及其输出国货的自信

中日贸易促进了日本国货的进步

中日贸易自汉唐以来就是不对称的，日本以输入为主，出口仅为原料和简单加工的产品。进入宋代以后，日本物品西流中华的数量无疑大大超过了唐朝，按照当时物物交换的主要贸易方式，若等价交换，宋朝商人运载大批货物到了日本，必然换回同样价值的财物。

宋朝商人从日本输入中国的商品，根据《宝庆四明志》记载，主要有如下种类：

> 日本即倭国，地极东，近日所出，最宜木，率数岁成围。俗善造五色牋[笺?]，错金为兰，或为花，中国所不逮也，多以写佛经。铜器尤精于中国。贾舶乘东北风至，綫[集?]货具于左：
>
> 细色：金子、砂金、珠子、药珠、水银、鹿茸、茯苓。
>
> 粗色：硫黄、螺头、合簟、松板（文细密如刷丝而莹洁，最上品也）、杉板、罗板。①

细色之中，金子主要是沙金，珠子乃珍珠，药珠即药用珍珠。粗色之中的螺头即螺钿的材料，合簟即莞席，罗板即桧木。“以上输出品中，输出数量最多的是木材和硫黄，最被珍贵的是奥州产的砂金和伊势产的珍珠”②。

---

① （宋）罗濬等撰《宝庆四明志》卷第六“市舶”，编入《宋元方志丛书》第5册，北京：中华书局1990年影印版，第5057页。

② 〔日〕森克己：《续续日宋贸易研究》，东京：国书刊行会昭和五十年(1975)版，第59页。

日本公卿等对“唐物”的迷恋和唐物的珍贵，促使日本朝廷引进中国工匠，学习和仿造唐物，到后来日本本土工匠模仿中国的工艺造出了许多唐朝风格的作品，以致有些工艺品使当代的考古学家难分其“国籍”。日本进入王朝时代以后，在国风文化的背景下，手工艺品的工艺也逐渐日本化。例如在“唐绘”基础上发展的“倭绘”(具体参见下文)。

尽管与巨大的民间贸易相比，日僧奝然等作为贡品而携入中国的日本物品简直是微不足道，但它却让当时和现在的日本人感到非常的自豪。这是日本学者所强调的日本文化的西流，因此它的意义是非常重大的。

在输入宋朝的日本手工艺品中，有日本人的创造或者说原创，如日本刀、折扇等美术工艺品，而螺钿、铜器、造纸这些工艺品是日本在吸收中国技术的基础上改进的。欧阳修在其《日本刀歌》中就认为，日本工艺精巧是因为：“其先徐福诈秦民，采药淹留丱童老。百工五种与之具，至今玩器皆精巧。”①从大和朝廷对吴国工艺人才的聘请行为看，欧阳修的理解也没有错。了解当时的中国人对日本的这些手工艺品的反应，可以看到这些物品如何影响了古代中国人的日本观。

下面再选择莳绘与螺钿等几个最让日本人感到自信的手工艺品加以分析、介绍，结合前面的日本刀等制造工艺，概述这一时期中日装饰工艺技术的交流。

日本的装饰工艺：莳绘与螺钿

中国的装饰工艺一直领先世界，漆制工艺在先秦时代就已经发展到了一定的水平，许多出土的文物已经证明了这一点。日本的漆制工艺是从中国传去的，至平安中后期已经达到很高的水平，可以在家具、器皿中绘制精美图案。

漆制工艺和绘画艺术密切相关，日本人最感自豪的名物中，先谈谈“莳绘”(或称“倭绘”)，作为“倭绘”母体的唐绘早在8世纪就开始出现了，具体见《万叶集》中的相关记载，足见日本人工艺的提高，如“冰冻三尺，非一日之寒”。与倭绘相关的工艺品还有，描有倭绘的屏风和扇子等。

王朝时代的日本人所造之屏风和扇子，输入宋朝都受到了中国人的欢迎，尤其是日本扇成为风行一时的畅销货(参见下文及前文)。这是因为平安贵族文化将日本审美意识的耽美主义发挥到了极致，加之日本人追求精细品

---

① 〔日〕松下见林：《异称日本传》，编入《改定史籍集览》第20册(新加书通纪类第三)，东京：近藤活版所明治三十四年(1901)版，第96页。

格的影响,很快征服了喜欢异国情调、异域风情的中国人。宋朝士大夫和商人等对于日本折扇工艺及其上绘画的赞叹,也是日本学者最引以为荣的,例如森克己等学者总是在自己的文章中对此津津乐道。

插图 16-1　片轮车螺钿莳绘手箱(东京国立博物馆藏品)①

日本装饰工艺中,螺钿器的制造工艺给宋人留下了最为深刻的印象。螺钿,又名螺填,是用贝壳镶嵌在漆中制成花纹图案,主要用在紫檀或沉香木器物上,在茶器上也可以制作。其实螺钿最早兴起于中国,作为一种奢侈品,随唐代国运而兴,开元、天宝年间盛行。"安史之乱"以后,唐王朝国力衰退,因此急需节俭。唐肃宗下令"禁珠玉、宝钿、平脱、金泥、刺绣"。唐代宗也专门下令,"诏诫薄葬,不得造假花果及平脱、宝钿等物",螺钿属于被禁止之物。经过这两次禁止,中国的螺钿制造技术逐渐衰落,乃至工艺失传。

在中国失传的工艺,却在日本保存下来,日本自唐代就输入中国螺钿器具,现存于正仓院等处的古代螺钿遗物,都是从中国进口的,不是日本自己的产品。经过日本人的不断仿造、改进和创新,日本的螺钿工艺日益精良,也日益自信,向宋朝、高丽等国出口。宋代,日本人不断把螺钿器皿作为贵重的礼物送给宋人,结果大受宋人的欢迎。宋太宗于太平兴国八年(983)接见日僧奝然后,奝然为了表示对宋朝皇帝的感激之情,在回国后的第三年(988)派他的弟子嘉因携一批礼物进献。在这批进献的礼物中,至少有六件是螺钿漆器,其次是莳绘。成寻赠送宋人的物品中也有"镜筥"等螺钿工艺品②。由于日本的螺钿工艺到了宋代则青出于蓝而胜于蓝了,以致中国人产生了误解,

① 引自〔日〕东京国立博物馆编集《日本国宝展》,东京:读卖新闻社 1990 年版,第 242 页。

② 〔日〕平林文雄:《〈参天台五台山记〉校本及其研究》(上),东京:风间书房昭和五十三年(1978)版,第 33 页。

以为它本来就是日本人的创造。关于日本螺钿的起源，宋人方勺在他的《泊宅编》中说：

螺填[钿]器本出倭国，物像百态，颇极工巧，非若今市人所售者。①

方勺认为螺钿是日本创制的，也就是因为日本的螺钿制品工艺大概已经超过了中国，凡从日本进口的就特别珍贵，甚至成为奢侈的象征。显而易见，包括螺钿在内的特种手工艺产品，主要成为皇宫、官僚豪室们的摆设，成为极为贵重的奢侈品。宋高宗仓皇渡江，在杭州建立南宋朝廷，立脚不稳之时，为了笼络人心，令将温、杭二州上供物中的"椅棹有以螺钿为之者"，"亟命碎之通衢"，以炫示他的谦德。知镇江府钱伯言深通此意，将"螺钿椅棹于市中焚毁"，一时"万姓观者，莫不悦服"②。

南宋晚年，一个名叫王檽（字茂悦）的官员，自福建市舶任上回到临安，为讨好权臣贾似道，"为螺钿桌面屏风十副，图贾相盛事十项，各系之以赞，以献之。贾大喜，每燕客，必设于堂焉"③。该屏风可能是王茂悦向日本定制的。

作为佛具、器皿的日本铜器

从《宋史·日本传》等史书的记载可见，中国朝廷以及中国史书历来关心外国的贡品及其工艺，故《宋史·日本传》着重记录日本国的朝贡物品，其中提到奝然来宋时所携的朝贡品，有"献铜器十余事"④。

自奝然983年来宋献"铜器十余件"以来，日本铜器不断输入宋朝，此乃宋人喜爱所致，之所以得到了宋人的认可，因日本铜器的制作技术精湛，《宝庆四明志》中就记载，宋人承认，日本"铜器尤精于中国"⑤。

冶铜和铸铜技术的发展，与平安时期造像技术的发展密切相关。

日本螺钿技术的发展，显然促进了日本镂金技术的进步，铜器工艺之精是理所当然。

奝然所献"铜器十余件"具体是什么，具体工艺如何，《宋史·日本传》却

---

① （宋）方勺：《泊宅编》，北京：中华书局1983年版，第16页。

② （宋）李心传撰《建炎以来系年要录》（卷一一、一二），北京：中华书局1956年版，第260、265页。

③ （宋）周密：《癸辛杂识》别集卷下《钿屏十事》，编入《丛书集成》初编，北京：中华书局1991年版影印版，第570页。

④ （元）脱脱等：《宋史·日本传》，北京：中华书局标点本1977年版，第14131～14135页。

⑤ 详细参见（宋）罗濬等撰《宝庆四明志》，收入中国地志研究会印行《宋元地方志丛书》第7册，台北：1978年影印版，第5139页下～5140页上。

没有具体说明，只是在弟子嘉因的表中提及“金砚”“金铜水瓶、铁刀”“铜铁镫”。在《玉海》一书中有“奝然来献铜铃、磬、飘壶”的详细记载①。可见都是一些与佛教法器有关的铜器，奝然选择它们，因为其具有象征意义，即日本与中国“一味同法”。

明人高濂所著《遵生八笺》一书中列有“论宣铜倭铜炉瓶器皿”一条，论及日本镂金、雕花等工艺。

> 近有泮铜打炉，名假倭炉。此匠幼为浙人，被虏入倭，性最巧滑，习倭之技，在彼十年。其凿嵌金银倭花样式，的传倭制。后以倭败还省，在余家数年，打造如倭尺，内藏十件文具；折叠剪刀，古人未有。其铜合子、途利筒、彝炉、花瓶，无一不妙。此真倭物也，故其初出价高，炼铜鋈金，凿嵌金银，花巧精妙，与倭无二。②

以上记载可见，日本制铜工艺高超，铜制器皿的价格自然也贵，故中国工匠借用日本的“品牌”。这些铜器的种类繁多，具体参见以下记载：

> 初年，泮铜似不可得，有则宝之，后世必有好尚之者。外如倭人凿铜细眼罩盖熏炉，亦美。更有鋈金香盘，口面四旁坐以四兽，上用凿花透空罩盖，用烧印香，雅有幽致。又若酒铫、水罐、吸水小铜中丞、抹金铜提、盔铠、腰刀、枪剑、五供养莲花架、紫铜汤壶、小钹、小塔、罐罩合、槟榔合、石灰罐、刮锈铜剅、海螺鼻铜镜、铜鼓、供献盘橐碟子、凿花金钱、散花银钱、凿银细花卷段、凿金大小戒指，上嵌奇石，种种精妙，不能悉数。无地不有机巧，信哉！

有学者认为“泮铜”似非真名，《异称日本传》引屠隆《文房器具笺》作“泮铁”，其文略同《遵生八笺》，云：“泮铁幼为浙人，被虏入倭，性最巧滑，习倭之技，在彼十年。其凿嵌金银倭花样式，的传倭制。后以倭败还省，徙居云门。所制甚精，而价亦甚高。”③

铜器之精还由于日本拥有丰富的铜矿，从日本大量需要宋朝的铜钱看，

---

① (宋)王应麟撰：《玉海》(卷一百五十四)，编入《文渊阁四库全书》第947册，台北：台湾商务印书馆发行，第64页。

② 引文皆据巴蜀书社1988年版《遵生八笺》。本文转引自王勇、上原昭一主编《中日文化交流大系·7·艺术卷》，杭州：浙江人民出版社1996年版，第152页。

③ 参见王勇、〔日〕上原昭一主编《中日文化交流史大系·7·艺术卷》，杭州：浙江人民出版社1996年版，第153页。

冶铜的技术似乎不太高。

日本的折扇与扇绘

扇子最早是中国人发明的，有团扇和羽扇。而日本扇则以折扇为主，多由桧木、杉木等条形薄片叠合串结而成，故多称为“桧扇”。输入宋朝后被称为：倭扇、聚头扇、折扇、折叠扇、画折扇、撒扇、绘折扇等。

可以肯定，日本折扇在北宋初就已经传入中国。据《宋史·日本传》记载，日僧奝然为了答谢宋太宗的雕版《大藏经》等赏赐，曾于端拱元年(988)二月派弟子嘉因等向宋太宗进贡折扇，“金银莳绘扇筥一合，纳桧扇二十枚、蝙蝠扇二枚”①。

宋时中国流行的是团扇，日本桧扇多是绘画折扇，将折扇和山水画相结合，令中国人大开眼界。当日本扇输入中国后，因它收藏携带的便利性、倭画的不同风格、制作的精巧等，深受宋人的喜爱，视为海外珍品，一时价格高昂，非一般人所能得到的。北宋人江少虞在他所著的《皇朝类苑》一书第六十卷《风俗杂志》中讲到日本扇子时，就曾称赞其画工之精美：

> 熙宁末，余游相国寺，见卖日本国扇者。琴漆柄，以犽青纸，厚如饼，揲为旋风扇。淡粉画平远山水，薄傅以五彩；近岸为寒芦衰蓼，鸥鹭伫立，景物如八、九月间；舣小舟，渔人披蓑钓其上，天末隐隐有微云、飞鸟之状。意思深远，笔势精妙，中国之善画者，或不能也。索价绝高，余时苦贫，无以置之，每以为恨。其后再访都市，不复有矣。②

北宋诗人苏辙在《杨主簿日本扇》一诗中曾称赞日本扇，此诗即为吟咏这种珍物的难得佳作，大概也是日本扇在中国文学作品中的首次登场。

> 扇从日本来，风非日本风。风非扇中出，问风本何从？
> 风亦不自知，当复问大空。空若是风穴，既自与物同。
> 同物岂空性，是物非风宗。但执日本扇，风来自无穷。③

---

① (元)脱脱等：《宋史·日本传》，北京：中华书局标点本1977年版，第14136页。

② (宋)江少虞：《皇朝类苑》，收入王民信主编《宋史资料萃编》第3辑，台湾：文海出版社1981年印行，第1464页。

③ 〔日〕伊藤松著《邻交征书》列举了此诗的首联，但文字略异，似较《栾城集》为善：“扇是日本扇，风非日本风。”

日本桧扇的精美与平安贵族追求风流、风雅的风气有关。桧扇是平安公卿朝服的必备之品,《饰抄》云:“公卿宿老之人,束带之时,无论夏冬皆持桧扇,直衣之时犹执之①。”平安中期的文学家清少纳言在其所作的《枕草子》第十九段谈到《可留恋的往事旧物》时,就提到过蝙蝠扇。

日本桧扇不仅吸引了宋人,也征服了高丽人。因为高丽人大量仿制,并向中国输出。北宋郭若虚《图画见闻志》中谈及高丽折扇,认为折扇出自高丽。宋宣和五年(1123)出使到高丽的徐兢在其《宣和奉使高丽图经》卷二十九《供张》篇中也认为:

> 画折扇:画折扇,金银涂饰,复绘其国山林人马女子之形,(高)丽人不能之,云是日本所作,观其所馈衣物,信然。
>
> 杉扇:杉扇不甚工,惟以日本白杉木,劈削如纸,贯以彩组,相比如羽,亦可招风。②

应该说,南宋以后,基本上认定折扇为日本首制,高丽只不过仿制以后向中国输出而已。

从以上江少虞等对日本扇绘的称赞足见,日本的绘画已经得到宋代中国士大夫的肯定,他们到底是出于什么样的感情和标准来肯定日本绘画的呢?有发自内心的佩服,亦有嫉妒和失落之感,相传为宋徽宗所撰之《宣和画谱》,其第十二卷中有下面的一段话,恰如其分地表达了当时士大夫们对来自域外岛国日本之工艺、文化等的复杂心态:

> 日本国,古倭奴国也,自以近日所出,故改之。有画,不知姓名,传写其国风物、山水、小景,设色甚重,多用金碧。考其真未必有此,第欲彩绘粲然,以取观美也。然因以见殊方异域,人物风俗;又蛮陬夷貊,非礼义之地,而能留意绘事,亦可尚也。抑又见华夏之文明,有以渐被,岂复较其工拙耶。旧有日本国官告传至于中州,比之海外他国,已自不同,宜其有此。③

① 转引王勇、〔日〕上原昭一主编《中日文化交流史大系 7·艺术卷》,杭州:浙江人民出版社1996年版,第212~213页。

② (宋)徐兢:《宣和奉使高丽图经》,载王云五主编《万有文库》,北京:商务印书馆中华民国二十六年版,第103页。

③ 王群栗点校《宣和画谱》,杭州:浙江人民美术出版社2012年版,第139页。

也就是说,中国人对于异域之人,不能按照中华文明的标准去要求,可以退而求其次,能书画就不错了,何必计较其如何精妙?中国对于日本的评价是从中华对蛮夷的角度加以评价的,尽管在今天看来是不平等的歧视,但在当时是对异国日本文化进步的赞许。

据《宣和画谱》记载,宋朝内府藏有日本的三幅画,"《海山风景图》一,《风俗图》二"。日本的风俗画包括春宫画,《癸辛杂识》续集下"倭人居处"所载,"其聚扇用倭纸为之,以雕木为骨,作金银花草为饰,或作不孝之画于其上"。这里的"不孝之画"当指春画。更有一轴牛图,画中牛可时隐时现,据《皇朝类苑》卷第五十九"广知博识"所载:

> 又得画牛一轴,昼啮草栏外,夜则归卧栏中,谔献后主煜,煜持贡阙下,太宗张后苑,以示群臣,俱无知者,惟僧录赞宁曰:南倭(乌和切)海水或灭则滩碛微露,倭人于方诸蚌腊中有馀泪数滴者得之,和色著物则昼隐而夜显,泪兼山时,或风烧飘击,忽有石落海岸,得之滴水磨色,染物则昼显而夜晦。①

和折扇一起在中国流传的还有日本的软屏。软屏又称围屏,在宋代就已传入中国了。屏风也是贵族文化的产物(参见前文)。据《宋史·日本传》记载,日僧奝然端拱元年(988)二月派弟子嘉因等向宋太宗进贡的礼物中有"倭画屏风一双"②。这和《宣和画谱》的记载相吻合。

北宋大中符祥八年(1015),天台山的僧人们在重修大慈寺时,来宋日僧寂照派弟子回日本去帮助化缘,在所募到的布施中就有屏风形软障六条,这大概是最早传到中国的日本软屏了。软屏虽于宋代传入中国,但数量并不是很多。

第二节　宋日物流中的日本特产及其在中国的地位

来自日本的细色货品:珍珠、沙金与水银等

宋代中日贸易,根据《宝庆四明志》卷六的记载,日本输入中国的商品属

---

① 转引自〔日〕松下见林:《异称日本传》,收入《改定史籍集览》第 20 册(新加书通纪类第三),东京:近藤活版所明治三十四年(1901)版,第 94 页。

② (元)脱脱等:《宋史·日本传》,北京:中华书局标点本 1977 年版,第 14136 页。

于“细色”的有金子、沙金(或作“砂金”)、珠子、药珠、水银和鹿茸、茯苓等。这里所谓的“细色”可谓贵重物品。

日本出产的珍珠,《宝庆四明志》卷六所载,“珠子和药珠都属于珍珠一类”。唐末以后在中国大陆很受欢迎,马可波罗在他的游记中回忆到,在元朝时就见过来自日本的珍珠,又大又圆,价格很高①。成寻来宋求法巡礼时,曾以珍珠汇兑宋朝铜钱,作日常购物之用,此见于成寻宋熙宁五年(延久四年)四月三十日的日记:“天晴……同二点陈一郎来,惟观相共,以腋[夜?]珠二分员二百余粒,买钱出去。非几,八百文持来。”②成寻宋熙宁五年(延久四年,1072)六月七日的日记载天台山国清寺“僧堂大炊难二人来乞腋[夜?]珠,各与二粒,双顶一[二?]粒道新二粒”③。此足见日本珍珠在宋人心目中的地位。

日本伊势、志摩等地盛产珍珠,而且质量优良、形体很大,自唐朝以来就闻名于中国,是中国商人的追求。日《云州消息》(卷下末)有这样的记载:

> 某谨言:去月某日著博多津,某日著镇守府,此间无风雨之难,神道佑之欤。宋朝商客其舶已来,货物数多倍于前前云云。麝脐之香、凤文之镂,可谓奇珍。以通天之犀,求明月之珠,势州蚌胎产件珠者也,早付便脚可兆(誂)给也。绀青苏枋且以奉之。心事虽多,并期后饯耳。谨言。
>
> 月　日　　　　　　　　大宰大贰
>
> 伊势守　殿④

这里所谓的“明月之珠”,就是深受宋人喜爱的珍珠,日本人不仅用它来支付宋商货款,还常常用来制作数珠。这封信便是大宰府官员向伊势守求珍珠的,指明为支付宋商货款用。

宋商用于换取珍珠的是在宋朝也很昂贵的香料,主要做药材用。宋商从日本购买药材,来自日本的“鹿茸、茯苓”,也被宋人纳入细色商品。

沙金也是日本的特产,主要用于中日贸易的支付手段。如《御堂关白记》宽弘元年(1004)正月二十七日条载,“御对面戌时,春(东)宫、春宫参给(修子

---

① 〔日〕森克己:《新订日宋贸易研究》,东京:国书刊行会昭和五十年(1975)版,第267页。

② 〔日〕平林文雄:《〈参天台五台山记〉校本及其研究》(上),东京:风间书房昭和五十三年(1978)版,第17页。

③ 〔日〕平林文雄:《〈参天台五台山记〉校本及其研究》(上),东京:风间书房昭和五十三年(1978)版,第47页。

④ 转引〔日〕森克己:《新订日宋贸易研究》,东京:国书刊行会昭和五十年(1975)版,第268页。“消息”在日语中即指书信。

内亲王)云云:昌生[生昌]朝臣从藏人所赐金三百两,唐物交易料”,这是太子从皇宫调拨沙金支付宋商货款的一例①。又,藤原道长在长和四年(1015)七月曾通过念求,“送寂照许金百两”,用以购买“《一切经》、论、诸宗章疏等”的资金②。来宋日僧成寻的《参天台五台山记》中也有他和宋商之间使用水银、沙金作为交换媒介的记载。

> 船头等皆悦给物,密密相构也。志与物,米五十斛、绢百疋、褂二重、沙金四小两、上纸百帖、铁百廷、水银百八十两等也。③

根据《宋史》记载,日本“东奥州产黄金,西别岛出白银,以为贡赋”④。这里的“东奥州”即日本东北地区陆奥国,所产黄金主要是沙金,用于年贡。不过,11世纪以后,陆奥的黄金产量开始减少,国司常常滞纳贡金。《宋史》所谓的“西别岛”即对马岛,其白银也用于中日贸易。

在遣唐使时代,遣唐使来华,日本朝廷通常要赏赐沙金,作为旅费和奖励,一般是大使二百两、副使一百两或一百五十两。日本留学生、留学僧也携沙金到唐朝,交换货物。入宋以后,沙金主要用于中日贸易。根据日本《小右记》记载,日僧奝然来宋前一年(982年),奥州即上献朝廷沙金,这些沙金和白银作为贡赋上交朝廷后,朝廷用它来支付宋朝商人的货物。若奥州等地停止上献沙金,朝廷便无法支付宋朝商人的“代金”,以致宋朝商人饿死在日本,而无法归还本国,这样的事情在当时常常出现。此见于《小右记》天元五年三月二十五日、二十六日条,读者可参见前文。进入南宋以后,由于黄金产量减少,日本政府禁止黄金外流,尽管如此,“日本向南宋输出的黄金数量,有时一年之间上升到数千两”⑤。

《宋史》记载,元丰元年(1078),日本“使通事僧仲回来”,“贡绝二百匹、水银五千两”⑥。日本水银产地主要是伊势。无论是沙金、还是水银,进入镰仓时代以后,在日本也很少见了。日本盛产玉石并贡献中国,自汉唐以来在中

① 〔日〕藤原道长:《御堂关白记》(上),载《大日本古记录》,东京大学史料编纂所、财团法人阳明文库编纂,东京:岩波书店昭和二十七年(1952)版,第69页。

② 〔日〕藤原道长:《御堂关白记》(下),载《大日本古记录》,东京大学史料编纂所、财团法人阳明文库编纂,东京:岩波书店昭和二十七年(1952)版,第20页。

③ 〔日〕平林文雄:《〈参天台五台山记〉校本及其研究》(上),东京:风间书房昭和五十三年(1978)版,第3页。

④ (元)脱脱等:《宋史·日本传》,北京:中华书局标点本1977年版,第14131页。

⑤ (日)森克己:《续日宋贸易研究》,东京:国书刊行会昭和五十年(1975)版,第242页。

⑥ (元)脱脱等:《宋史·日本传》,北京:中华书局标点本1977年版,第14137页。

国正史中有许多记载,平安时代也很少见。

日本的各种念珠

本节选择介绍几种以原材料、以材质的优良而受宋人欢迎的日本商品,或者说日本特产。在北宋时期,最突出的日本特产首先应该是日本的各色念珠了。根据《宋史·日本传》的记载作为贡品送给北宋皇帝的有,988年奝然派弟子嘉因来宋,贡献宋太宗“琥珀、青红白水晶、红黑木槵子念珠各一连,并纳螺钿花形平函”①。《宋史·日本传》有关来宋日僧进贡朝廷念珠的记载不止一处,寂照来宋朝时也进贡了“水晶数珠”。成寻进贡神宗皇帝的念珠就有“木槵子、白琉璃、五香、水精、紫檀、琥珀所饰念珠”共六种②。

以上可见,平安之后期的日本出产的念珠,不仅种类繁多,而且装饰精美。

在日本高僧携入中国,作为赠品的器物之中,最不可忽视的就是日本的各色念珠,许多日本研究学者对此似乎注意不够。1015年藤原道长还通过寂照、念救师徒施入宋朝天台山大慈寺“木樓子念珠陆连(四连琥珀装束,二连水精装束)”③。

各种念珠都特别受到宋朝僧俗的喜爱,我们从成寻的日记中看到,成寻常常“被乞念珠”。例如宋熙宁五年(1072)五月十四日在天台山国清寺,寺主来慰问时,成寻取出“不患子琉璃装束念珠一串,志奉寺主”。想不到寺主弟子禹珪看在眼里,爱在心头,随后向成寻“依切切乞”,成寻不得不送“与木患子青琉璃装束念珠一串”。大概赠送之后,成寻感觉到不妥,以致第二天不得不再送“副寺主许紫檀琉璃装束念珠一连”“监寺许送紫檀琉璃装束念珠一连”。这一来又有人找成寻要,成寻不得不再次“依鸻(或作“鸣”)植阁梨切乞,送黑木青琉璃装束念珠一连”④。

尽管他从日本带来不少的念珠,依然不够他赠送,此后不得不多次拒绝宋人的请求。从成寻的日记记载看,他来宋前准备了很多念珠,所以也赠送了不少给宋人,这也说明北宋时期中日之间商品需求信息是非常畅通的。直到南宋时期,日本的各种念珠依然受到宋朝僧俗的喜爱,扬之水所著《终朝采蓝》一书中便指出:

---

① (元)脱脱等:《宋史·日本传》,北京:中华书局标点本1977年版,第14136页。

② (元)脱脱等:《宋史·日本传》,北京:中华书局标点本1977年版,第14137页。

③ 〔日〕森克己:《新订日宋贸易研究》,东京:国书刊行会昭和五十年(1975)版,第273页。

④ 〔日〕平林文雄:《〈参天台五台山记〉校本及其研究》(上),东京:风间书房昭和五十三年(1978)版,第24~26页。“不患子”或同于“无患子”,木患子之“木”或“不”之误读。存疑。

南宋的一本商业指南《百宝总珍集》中有“水晶数珠”和“菩提珠”两则记其事。“水晶数珠”条曰：“倭国水晶数珠，往日高庙在日每串不下百千至五十贯。目今价例三分减二，唯玛瑙数珠红得美者、子儿大，颇有人要。若小数珠，难卖。广人带到象牙数珠，少有人要。大者价直贯百文。此物多发淮上，北客使用。”高庙即宋高宗，那么“往日”便当南宋初年。①

相比之下，木槵子制作的数珠在日本比较常见，并且大量输入中国，原因是木槵子在中土本来就有驱邪的意义。晋崔豹《古今注》云：“昔有神巫名曰宝(一本作实眊)，能符劾百鬼，得鬼则以此为棒投之。众鬼所畏，竟取为器，用以却厌邪鬼，故号曰无患也。”②

北宋火药与日本硫黄

中国11世纪以来从日本输入的货物，主要是木材、黄金、硫黄、水银、沙金和各种手工艺品。中国黄金的价格比日本高，因此日本的黄金大量输入中国。黄金的大量输入，有利于中国商品经济的发展。日本制造的宝刀和纸扇，素负盛名，输入后深得宋代士大夫的喜爱。

日本原材料商品在日宋贸易中占有突出地位的是硫黄，是北宋时期中日贸易的大宗。因为硫黄是宋代配制火药最重要的原料，宋朝军队已经大量使用火药，显然需要大量的硫黄。

火药是中国“四大发明”之一，最早出现于唐末、五代年间，成书于仁宗庆历四年(1044)的《武经总要》中记载了宋朝火药的三种配方，均以“硫黄”“焰消”(即硝石)和木炭为主要配料，其中硫黄含量约28%～30.8%③。这是世界上最早的火药配制方法，反映了中国在10～11世纪军用火药的研制水平。

火药之外，宋朝还制造了早期的火柴。大约960—980年间成书的陶谷《清异录》记载，北宋建国初期汴京等大都市中开始出售用硫黄、杉木片制成的火柴。陶宗仪的《辍耕录》卷五《发烛》中也记载有其事，更为细致：

杭人削松木为小片，其薄如纸，镕硫黄涂木片顶分许，名曰“发烛”，又曰“碎儿”，盖以发火及代灯烛用也。史载周建德六年，齐后妃贫者以发烛为业，岂即杭人之所制欤？宋翰林学士陶公谷《清异录》云：“夜有

---

① 扬之水：《终朝采蓝》，北京：三联书店2008年版，第228页。
② 转引自扬之水：《终朝采蓝》，北京：三联书店2008年版，第226页。
③ 参见周嘉华、王浩浩：《化学与化工志》，上海：上海人民出版社1998年版，第173页。

急，苦于作灯之缓，有知者，批杉条，染硫黄，置之待用……易名‘火·寸’。”①

多火山地震的日本，硫黄的品质很高，日本人对本国产的硫黄也很自信。988年奝然派弟子嘉因贡献宋太宗的贡品中有“石流黄七百斤”②。进贡如此数量的硫黄，足见日本人已经知道，宋朝人看重日本硫黄的品质。

成寻的《参天台五台山记》中也有陈咏、曾聚等许多宋商在中日之间贩卖硫黄、水银的记载。

> 并移明州客人陈咏状：昨于治平二年(1065)内，往日本国买卖，与本国僧成寻相识。至熙宁二年(1069)从彼国败[贩]载留黄等，杭州抽解货卖……并移抱剑营开张客店百姓张宾状：四月初九日，有广州客人曾聚等，从日本国博买得留黄、水银等，买来杭州市舶司抽解。从是本客船上附带本国僧人成寻等八人出来安下。③

以上“流磺”“留黄”即指“硫黄”。

根据《建炎以来系年要录》记载，1145年，“日本国贾人有贩琉黄及布者，风飘泊温州平阳县仙口港，舟中男女凡十九人。守臣梁汝嘉以闻，诏汝嘉措置发遣”④。这说明日本商人船运硫黄到宋朝很平常，有女人同行则说明日商甚至有在宋朝定居的。

之所以从日本输入木材，是因为木材是宋朝的紧缺物资，宋朝沿海地区木材砍伐严重，内需不足。宋人对于日本优质的木材深爱而大费，民间的寿材、官寺的堂阁，隔远海而购运。

第三节 宋日贸易促使日本社会转型和海外开拓

宋日贸易与日本庄园经济、商品经济的发展

日本国风文化培养的自信，手工业工艺的提高及其商品流通的需要，促

---

① (元)陶宗仪：《南村辍耕录》，编入“新世纪万有文库”点校本，沈阳：辽宁教育出版社1998年版，第59～60页。

② (元)脱脱等：《宋史·日本传》，北京：中华书局标点本1977年版，第14136页。

③ 〔日〕平林文雄：《〈参天台五台山记〉校本及其研究》(上)，东京：风间书房昭和五十三年(1978)版，第41页。“本国”疑为“日本国”之误。

④ (宋)李心传撰《建炎以来系年要录》卷一百五十四，北京：中华书局1956年版，第2491页。

使日本的商品经济和海外贸易的外向发展，从而促使经济转型和社会转型。

日本平安末期以来经济转型的一个标志就是，庄园经济在10世纪前后成长并壮大起来，由于一些庄园是朝廷显贵的私产，获得了“不输”的特权，所谓“不输”就是，不用向国家缴纳租税。继而贵族的庄园还获得了“不入”的特权，所谓“不入”就是，可以拒绝国家派遣的检田使进入庄园，排除国家行政机关对庄园事务的干涉。这种现象的出现，也是因为摄关政治的原因，摄关的权力大于天皇。尽管自902年以来，天皇不断发布“庄园整理令”，从延喜二年(902)至延久元年(1069)的167年间，先后进行了四次较大规模的整顿，但是在摄政、关白等权臣的抵制下，成效不大。加之一些国司及其代理人，乘机将一些庄园转化为私有地，致使“国衙领地的庄园化”，中央集权的国有土地制彻底瓦解。这一切都在为日本酝酿之中的新的封建土地制做准备。

1068年，后三条天皇即位，打破了藤原赖通一家对朝政的垄断。1086年让位年仅八岁的堀河天皇，自己成为太上皇，通过自己建立的院厅执政，开始了日本历史上的院政时代(1086—1192)。院政的出现，虽然在一定程度上遏制了摄关家藤原氏的势力，但是由于政出多门，也削弱了朝廷的集权和统治力，比如朝廷对九州大宰府等海港的有效控制。

随着庄园特权的扩大，一些庄园参与走私贸易。“列岛沿岸地区到处可见以津泊为中心不断形成城市的景象”。这些海岸城市的萌芽与宋日贸易显然有重要的联系。贸易的繁荣、利益的诱惑，使海盗、妓女这两个群体也在日本发展起来。因为“这些津泊中都有操船出入的游女”[①]，足见为客商服务的旅店、造船、船只修理等配套行业也在日本兴起了。

平安时代的日本海盗，其跋扈的范围基本上限于濑户内海。《宇治拾遗物语》《土佐日记》等日本古典中都有平安末期濑户海盗的记载。出于对海盗的恐惧，朝廷设置了讨伐海盗的机构，平忠盛、平清盛就是因讨伐海盗之功而引起朝廷重视的。

班田制度的瓦解和走私贸易的发展，使日本各地的庄园经济崛起，越来越成为一个强大的经济实体乃至政治实体。西国的庄园主，一般利用其占据的良好海岸线，建设港口仓库，推行走私贸易，和政府在大宰府“公的贸易”竞争。

海外贸易是平安末期日本庄园资本积累的捷径，而宋日之间的走私贸易是其重心，宋日贸易最大的影响是，促使占地利之便的西部日本地方势力强大起来，平氏就是借助走私贸易和剿灭海盗使自己在经济和军事两方面壮大

① 〔日〕冈野善彦著，刘军、饶雪梅译:《日本社会的历史》，北京:社会科学文献出版社2011年版，第192页。

起来的。

中日贸易(特别是宋日贸易)的发展,促使日本形成自己的商人群体,并且他们的活动范围不断扩大,从日本内海扩展到朝鲜海峡,再至朝鲜半岛沿岸,最后拓展到中国东南沿海。就这样,日本人在中日贸易中的态度,从被动地接受转变为主动地出击。

宋日贸易还对日本税收制度、经济模式产生了根本性的影响,日本征收的"关税"①原先采取的是宋商贡献的方式,最后发展为在各港口征收登陆税②。

虽然日本历史上铸造过所谓的"皇朝十二钱",而且日本朝廷也强制民间流通过,但自平安中期完全停止了货币的流通,"土地卖券及其他文书记录中未出现货币"③。"在保安四年(1024)前后还处于物物交换的阶段",到平安末期宋朝铜钱开始在日本广泛流通,日本国内开始议论"模仿宋制在本国内铸造钱币的必要性"④。宋日交通和贸易使日本的"商业和金融业发生了质的变化"⑤,标志着日本货币经济的确立,标志着共有地的庄园化、手工业的分化和发达、地域产业的成熟和分工、商品经济的逐步成熟。

《宋史》记载日本,"交易用铜钱,文曰'乾文大宝'。"这说明货币交易、商品经济此时在发展之中。

宋商与日本高丽之间的贸易

平安王朝在与唐朝、渤海国中断国交之后,很长时期禁止国人到大陆,包括宋朝、高丽乃至辽国,一旦发现重重处罚。1019年的刀伊人(亦即女真人)入侵日本沿海事件,更促使日本加强海禁和封锁沿海。例如1044年因偷渡宋朝而被处罚的清原守武,1092年偷渡契丹而被处罚的僧明范等。故此,成寻、戒觉等不得不偷渡来中国巡礼、求法而不敢归国⑥。

随着庄园势力的崛起,朝廷控制力的衰弱,平安后期,亦即11世纪后半期开始有日本商人到高丽贸易,或者通过高丽中转,将宋朝的物资运到日本。

早期去高丽的日本商人可能是宋朝人冒充的,或者只是宋朝赴高丽商队中混杂了几个日本人而已。据高丽历史记载,日本人最早到高丽贸易是文宗

---

① 在那个时代还不能称之为"关税",这里不是严格意义上的关税,不过是借用现代的经济概念。

② 〔日〕森克己:《新订日宋贸易研究》,东京:国书刊行会昭和五十年(1975)版,第457页。

③ 〔日〕森克己:《新订日宋贸易研究》,东京:国书刊行会昭和五十年(1975)版,第474页。

④ 〔日〕森克己:《新订日宋贸易研究》,东京:国书刊行会昭和五十年(1975)版,第470页。

⑤ 〔日〕冈野善彦著,刘军、饶雪梅译:《日本社会的历史》,北京:社会科学文献出版社2011年版,第204页。

⑥ 以上参见本书相关内容,兹不赘述。

二十七年(1073)七月，日本人王则贞[①]、松永年等四十二人，通过高丽地方官向高丽国王贡献了螺钿鞍、刀、镜箱等商品，根据姓氏看，王则贞应该是在日本的宋朝人，或者旅居日本的宋侨民[②]。到高丽宣宗时期，据高丽朝一边的记载，日本船到朝鲜半岛达二十回，其中还有不少日本人自称是日本国使、对马岛使等“使”，采取了朝贡贸易的形式[③]。

之后出现了宋朝商人和日本商人合伙赴半岛贸易的商船。据《高丽史》记载，1093年，日本人十九人，宋朝人十二人组合的商船，装载弓箭、刀剑、水银、珍珠、硫黄、法螺等到日本贸易。因高丽误认为他们是海盗，曾将货物没收，船员流放。该商船中日本人超过宋朝人，足见日本商业的发展，通过这种合伙贸易，日本商人掌握了造船技术、航海技术，熟悉了东海和黄海等海域的水文、气候等。

连接日本、高丽文化交流的，早期主要也是依靠宋朝商人。例如1095年，日本兴福寺的僧人某，特意到大宰府与宋商柳裕会晤，特意请求柳裕向高丽的义天(大觉国师)代为购买其《极乐要书》《弥陀行愿相应经典章疏》等[④]。1120年前后，宋商荘永、苏景等，接受住在大宰府的大法师觉树的请求，从高丽国购买圣教经典100余卷来日本[⑤]。

随着日本通过与高丽贸易的经验积累，日本商品的海外市场逐渐从高丽拓展到南宋。1170年以后，日本商人开始在高丽、南宋等海外地区活跃起来。《高丽史》记载，1169年，高丽国王巡行奉香里离宫，大宴群臣，颁赐由宋商及日本国进上的珍玩[⑥]。

日本商人集团的形成与两宋之际的中日走私贸易

1127年，女真人南下，北宋帝国亡国，中国历史进入南宋时期(1127—1279)。由于女真连年索要岁贡，偏安的南宋朝廷因此加重了财政支出，于是对于拓展中日关系、扩大中日贸易就更为积极。

在此前后，到日本贸易的宋商增加，留下记载的有：

---

① 〔日〕森克己：《新订日宋贸易研究》，东京：国书刊行会昭和五十年(1975)版，第288页。

② 参见〔日〕森克己著《续日宋贸易研究》，东京：国书刊行会1975年版，第401页。

③ 参见〔日〕安田元久：《日本历史》(第7卷)《院政与平氏》，东京：小学馆1974年版，第165页。

④ 原载〔日〕《平安遗文题跋编675号》，本书转引〔日〕对外关系史综合年表编集委员会编《对外关系史综合年表》，东京：吉川弘文馆1999年版，第136页。

⑤ 原载〔日〕《太宰府天满宫史料6》，编入《平安遗文》，本书转引自〔日〕对外关系史综合年表编集委员会编《对外关系史综合年表》，东京：吉川弘文馆1999年版，第140～141页。

⑥ 〔日〕对外关系史综合年表编集委员会编《对外关系史综合年表》，东京：吉川弘文馆1999年版，第146页。

1127年,宋商提前到达大宰府,日本朝廷特意"阵定"处理意见①。1128年宋商曾周意到日本。1133年宋商周新到镇西②。根据《夷坚志丁三》"海山异竹"条的记载,1137年,宋商张愿漂流到日本,后带"倭客及昆仑奴"回国③。1147年春,宋朝商人来到博多。1150年,宋朝商人刘文冲去日本。1151年有宋商刘文冲等在日本的记录……④

院政的出现,削弱了藤原氏的势力,却使源氏和平氏乘机先后成长起来。到12世纪中期,日本列岛各地庄园相互兼并,形成以源氏、平氏为中心的两大集团,日本历史先后出现了保元之乱(1156)、平治之乱(1159)、源平争霸和平清盛独裁(1179)的动乱局面。

在动乱的12世纪末期,日本各地的国司、郡司纷纷武装起来,逐渐形成了地区性的武士集团。为了立于不败之地,这些武士集团很注意保证自己统治区域的经济繁荣,故武士集团中势力最大的平氏和源氏对与南宋的贸易都非常感兴趣,尤其是平清盛(1118—1181),自1156年任大宰大贰以来,彻底抛弃了宫廷贵族们自延喜(901—923)以来所一贯采取的退化、消极、保守的对外态度,解除了以前不准日本商船出海的禁令。因此,不断有日本商人到宋朝贸易。

根据已知的记载,日本商人最早到宋朝是在1137年。这次日本商队遭遇海难,漂流到一个荒岛之上,得到温州商人张愿世的救助(见《夷坚志》)。虽然日本商人这次到了宋朝,其航海的目标未必是宋朝,明确以宋朝为目标的最早记录是宋高宗绍兴十五年,即1145年。根据《建炎以来系年要录》,这一年,有日本商人男女19人漂流到宋朝温州平阳县,船中装满硫黄⑤;目标显然是宋朝,因为宋朝需要硫黄制造火药。不过也有日本学者认为其不是商船,不过是从盛产硫黄的西南诸岛向别处运输的船只,遭遇风暴吹送到中国而已⑥。本人认为这很可能就是日本的走私船,说风暴可能是借口,想偷税漏税而已。当时已经有日本商人到朝鲜半岛贸易,《高丽史》载1147年有日

---

① 〔日〕对外关系史综合年表编集委员会编《对外关系史综合年表》,东京:吉川弘文馆1999年版,第140页。

② 〔日〕对外关系史综合年表编集委员会编《对外关系史综合年表》,东京:吉川弘文馆1999年版,第142页。

③ 〔日〕对外关系史综合年表编集委员会编《对外关系史综合年表》,东京:吉川弘文馆1999年版,第142页。

④ 〔日〕对外关系史综合年表编集委员会编《对外关系史综合年表》中相关记载很多,兹不一一列举。

⑤ 参见(宋)李心传撰《建炎以来系年要录》卷一百五十四,北京:中华书局1956年版,第2491页。

⑥ 参见〔日〕森克己著《续续日宋贸易の研究》,东京:国书刊行会昭和五十年(1975)版,第21页。

本都纲黄仲文等21人到朝鲜①。《宋会要职官》四四之二九条载，每年夏季都有高丽、日本等外国船只到明州市舶务，1167年4月初，提举市舶官亲自检查，抽解金、珠等物上贡。

根据《建炎以来系年要录》，中国沿海地方出现铜钱荒，朝廷严禁铜钱外流，显然是因为对日本、高丽贸易的结果。宋朝铜钱从海道上“透漏”去日本等国的情况，到南宋晚期特别严重，包恢（1182—1268）曾经有过一段描述：

> 盖倭船自离其国，渡海而来，或到庆元（即明州）之前，预先过温台之境，摊（库本作“摆”）泊海涯。富豪之民公然与之交易。倭所酷好者铜钱，而止海上；民户所贪嗜者，倭船多有奇珍，凡值一百贯文者，止可十贯文得之；凡值一千贯文者，止可百贯文得之。似此之类，奸民安得不乐与之为市？及倭船离四明之后，又或未即归其本国，博易尚有余货，又复回旋于温台之境，低价贱卖，交易如故。所以今年之春，台城一日之间，忽绝无一文小钱在市行用。乃知本郡奸民奸弊至此之极，不知前后辗转漏泄几多不可以数计矣！②

包恢的记载反映了中日商人联合走私铜钱的活动，“倭船多有奇珍”之记载说明，日本走私商人已经非常自信本国商品的工艺，知道中国人趋之若鹜。

日本学者一般认为，日本商船渡海贸易是在1170年以后，最早的记载见于《宋史》。“乾道九年（1173），始附明州纲首以方物入贡。淳熙二年（1175），倭船火儿滕太明殴郑作死，诏械太明付其纲首归，治以其国之法”③。

1175年中日之间的这次斗殴事件绝对不是一般的事件，背后也许有贸易纠纷。滕太明绝对不是一般的倭国船火儿，当时的日本船工许多和海盗有着密切的关系，此时他们在朝鲜半岛抢劫已经习以为常了，故在中国恶习难改。日本学者认为淳熙二年（1175）是日本商人走向宋朝的开始，正是日本平氏执掌权柄，开拓海外贸易的时代。这些日本海盗在中国敢于使用暴力，在日本国内自然更加猖獗。根本原因是官匪一家，日本海盗的猖獗与平氏这样的地方豪强的支持是分不开的。另一方面，平氏的势力也是在镇压盗匪的过程中壮大起来的，他的力量很大程度上来自对盗匪的控制。

---

① 〔日〕对外关系史综合年表编集委员会编《对外关系史综合年表》，东京：吉川弘文馆1999年版，第145页。

② （元）包恢：《敝帚稿略》卷一《禁铜钱申省状》，见《影印文渊阁四库全书》，第1178册。

③ （元）脱脱等：《宋史》（卷四百九十一《外国七・日本传》），北京：中华书局标点本1977年版，第14137页。

日本作为一个海洋民族,海洋有时是天堑,阻隔了它和大陆的联系,易于让岛人养成自闭的“岛国根性”;但海洋同时又是开放的,一旦岛人树立起其政治、文化的自信的时候,他们又易于冒险、开拓,亦即日本人所谓的“海外雄飞”。海洋因此养成了日本人“二律背反”的民族性,尤其是在对外关系的心态上。

第四节　日本武装商人集团与王朝体制的崩溃

中央和地方对宋贸易控制权的争夺

宋日贸易激化了日本各派政治势力之间一系列的矛盾,包括皇室(院)、摄关家、平氏、源氏、寺社、大宰府、国司、庄园之间,乃至摄关家内部、朝廷内部、平家内部,都为争夺宋日贸易的控制权而斗争,而争夺的焦点是对濑户内海的海上交通的控制。

前面已经提及,从山阴和北陆到东北的日本海沿岸诸国,自古以来便通过海上交通紧密地连接在一起。特别是若狭和越前可谓北陆的窗口,经常有南宋船只前往。而且,从该处经琵琶湖到京都的交通路线,是当时横断列岛的干线式的水上交通路线。

濑户内海、淀川的河海交通连接着与宋朝有着紧密关系的九州北部和京都,在这一时期仍是重要的交通干线、大动脉。围绕着其支配权,诸势力展开了激烈的竞争①。

大寺社中,京都上贺茂和下贺茂两社自古以来就在这个海域拥有许多御厨,他们还有力地控制着新获得的沿海庄园。石清水八幡宫也与九州北部的宇佐和筥崎呼应,在沿海诸国的各地设置别宫,占有许多庄园。八幡宫神人以山崎、淀和交野等淀川流域为据点,活动范围越过濑户内海远达山阴诸国的广大地区。

上皇和法皇的院厅与摄关家也力求控制濑户内海的海上交通。摄关家以藤原忠实、赖长父子为代表,在涉足濑户内海的海上交通的同时,以奥州的黄金为抵押,积极地开展与宋朝的贸易。藤原忠实把从宋朝带回的孔雀和鹦鹉献给了鸟羽法皇,这可以说是其与宋朝贸易的成果之一。伊势平氏与白河、鸟羽上皇联合抑制大宰府,以知行国主的身份统治着安艺和伊予等濑户

---

① 参见〔日〕冈野善彦著,刘军、饶雪梅译:《日本社会的历史》,北京:社会科学文献出版社 2011 年版,第 162 页。

内海沿海的重要据点国。以上各派势力之间，相互利用又相互拆台。

政府管理的公的贸易制度日见崩溃，大宰府、国司、庄园等利益集团的私欲急剧膨胀。长承二年(1133)八月，宋商周新的船在镇西靠岸，大宰府依照惯例临检，并且进行公的贸易，即“存问”“市物”。然而，备前守平忠盛随后传来抗议文书，号称是院宣①，借口宋人周新住在神崎的御庄，大宰府官员无权过问。神崎御庄在肥前国神崎郡，是院的御庄。当时忠盛是鸟羽上皇的院司，因此层关系，要求亲自管理在庄园内靠岸的一切外国船的贸易。于是大宰府官员向朝廷控诉，引起一场大诉讼。朝廷方面曾有人如此批评平忠盛：

> 抑宋人来着时，府官存问早经上奏，安堵迴却所从宣旨也，而可为庄头之由被仰下条，言语道断也。日本弊亡不足论，外朝耻辱更无顾，是非他，近臣猿犬所为也。②

武家经济实力的增强促使武士集团在政治上的崛起，要求主宰朝廷的内政和外交。平安公卿自尊而自大自闭，局限于空洞的国家荣誉，崛起的武人则是自信而务实，至于在外交上冲破了公卿贵族的自大和自闭。

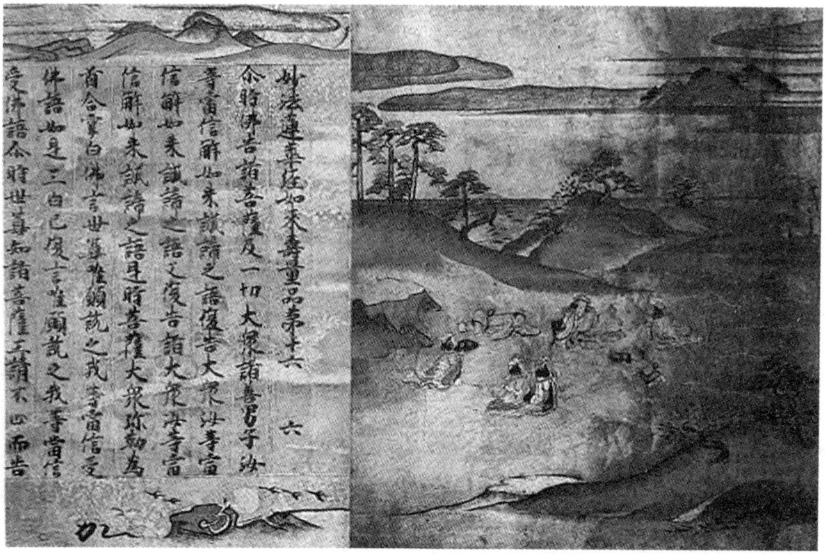

插图 16-2　平家纳经(国宝，广岛・严岛神社藏品)③

① 院宣：即上皇的诏书、敕书等文书。上皇的办公机构则称“院厅”。

② 〔日〕佚名：《长秋记》，载川俣馨一编辑《史料大成》，东京：内外书籍株式会社昭和九年版，第166页。

③ 引自〔日〕东京国立博物馆编集《日本国宝展》，东京：读卖新闻社平成二年(1990)版，第155页“书迹”。

平家的崛起，主要是依靠垄断大宰府贸易，建立了雄厚的经济基础。平清盛笃信供奉于安艺国的严岛明神，向其献纳“平家纳经”，主张控制濑户内海和九州北部的海上交通权，并以大宰府为据点，促进与中国大陆宋朝的贸易，以西日本为主要基础，确立独自的地位。

在平安日本，中央和地方围绕对宋贸易专卖权的争夺过程中，日本国内形成了一个强大的武装贸易集团，日本武装走私贸易发展到中国元明两朝，便形成骚扰中国沿海的“倭寇”集团。

平氏政权的崛起及其拓展日宋关系的努力

影响日本历史进程的“源平争霸”战争，在很大程度上也是因为争夺对宋朝贸易的控制权。在王朝时代的日本，地方官中大宰府的长官在获得私财方面最具有优势。一些贵族通过赴任大宰府权帅或大贰，可以获得大量唐物，并借此交结皇室、权臣。《小右记》等公卿日记，以及《落洼物语》等物语文献中有许多这样的记载。

伊势平氏集团就是通过经营九州的庄园，借其家族掌握的中日贸易和庞大的唐物，结交皇室和权臣，从而扩大政治势力的。

有了经济实力，平氏也可以借此控制武装商人集团，从而在地方上崛起，引起中央势力的关注和倚重，并利用院政和摄关政治的矛盾，进入中央政界。为在西国海域扩张势力，平氏努力接近朝廷(院政)，成为皇族的近臣，兼任地方的国守，从祖父隐岐守平正盛开始，“极力侍奉白河法皇，机敏地迎合法皇的崇佛思想和土木趣味，成功地获得御宠”。平正盛因此转任若狭守、因幡守，到1107年因讨逆之功升任但马守，这是第一等的国守。

1129年，日本历史进入鸟羽院政时代，皇室内部的矛盾也因专制的院政而激烈起来，最终导致爆发“保元之乱”。1132年，正盛之子备前守平忠盛因讨伐海盗和向皇室献金的功劳，得到鸟羽上皇的恣意庇护，被破格允许升内殿，引起贵族们的嫉妒。

平忠盛一族追讨海盗，形式上看是提升了朝廷的权威，实际上是强化了平氏在西国的势力(私人武装)，以及西国武士和平氏之间的主从关系①。成为鸟羽上皇的近臣(鸟羽的院司、五宫的家司②，亦即“北面武士”)和警卫之后，平忠盛以其身份排挤大宰府，要求独自与前来院领肥前国神崎庄的宋船进行交易。1133年平忠盛因宋商周新到达镇西一事，与大宰府权帅权中纳

---

① 参见〔日〕安田元久：《日本历史》(第7卷)《院政与平氏》，东京：小学馆1974年版，第148～150页。

② 〔日〕森克己：《新订日宋贸易研究》，东京：国书刊行会昭和五十年(1975)版，第181页。

言藤原长实、源帅时等发生纠纷(事见《长秋记》)。1147 年因祇园会与延历寺的争端中,鸟羽法皇再次庇护平忠盛、清盛父子。

鸟羽院的另一近臣藤原通宪(出家后称信西),很有学识,编纂有《本朝世纪》和《法曹类林》等大作,据说信西能用汉语与宋人对话,此足见信西与旅日宋商有密切的联系。信西积极推进日本的对宋贸易和开放的对外政策,据《续古事谈》的记载,他非常期待作为遣宋使被派遣到中国,一直期待着这一命令的下达。他的这一抱负得到了平氏一门的支持。信西很想辅佐 1155 年即位的后白河天皇(1127—1192),推行新政,在 1156 年(保元元年)谋划平定叛乱之后,发布一系列的新制,史称"保元新制",主要目的是改革庄园制度,将所有摄关家的庄园纳入天皇统治之下。

1158 年,平清盛因平乱之功成为大宰大式,当然他留在中央没有亲自赴任,而是让族人代理。后来清盛的弟弟平赖盛成为大宰大式,大宰府于是成为平氏的地盘①。

信西与平清盛的风光,以及在内政外交上的联合,引起了源义朝等的不满。1156 年鸟羽法皇死后,崇德上皇谋划复辟,发动"保元之乱",义朝与清盛曾经联手平乱,成为后白河天皇两大功臣。清盛成为播磨守、大宰大式后,意欲强化平氏对濑户内海交通的控制,建造严岛神社,开拓濑户港口。而源义朝功劳有过平清盛,赏赐却不及清盛,只获得一个左马头的职位,故对清盛朝廷均怀不平之心,义朝控制着淀川沿岸的牧场,同样也对濑户内海交通抱有极大兴趣。故"义朝与清盛的对立源于双方围绕濑户内海海上交通展开的竞争"②。

保元三年(1158),后白河天皇退位称上皇,开始新的院政,其子即位称二条天皇。此举造成日本各派政治力量的重新洗牌、重新组合,形成新的对立关系。对信西和平清盛不满的势力结成天皇亲政派,平治元年(1159),藤原信赖联合源义朝的军队,趁平清盛带领其一族前往熊野神社参拜之机,突袭院御所,将上皇和天皇一起软禁了,攻打后白河的谋臣信西。信西一度躲藏起来,但被追杀的人发现并被杀害,他所追求的政治体制因此受挫,史称"平治之乱"。十二月,平清盛回京后,动员畿内和濑户内海的武士,偷放出后白河上皇、二条天皇,再以朝廷的名义向源义朝发起攻击,并最终取得胜利。

---

① 参见〔日〕安田元久:《日本历史》(第 7 卷)《院政与平氏》,东京:小学馆 1974 年版,第 168～170 页。

② 〔日〕冈野善彦著,刘军、饶雪梅译:《日本社会的历史》,北京:社会科学文献出版社 2012 年修订版,第 168 页。

插图 16-3 平治物语绘卷(六波罗行幸卷) 东京国立博物馆藏品①

信西之死使后白河上皇失去头脑,不得不依赖平清盛。平清盛因平定源义朝等人叛乱之功,由正三位的参议,先后升任为权中纳言、权大纳言(1165)、内大臣(1166)和太政大臣,两次平乱,使平氏在"源平争霸"中抢占先机。随着平氏的政治舞台从九州转移到京都,平清盛把对宋贸易的港口也扩大到都城附近甚至日本全国。

为了使宋人的商船能直达平清盛福原别墅所在的摄津(今大阪),平清盛在今兵库县修建大轮田泊港口,同时开拓濑户内海的水上航道。在此之前,宋朝商人的商船严禁到达京都附近,平清盛获得唐船之后,通过频繁的贸易,得到了《太平御览》及其他书籍,以及珍贵的唐物,同时开始大量地输入宋钱②。长州本《平家物语》对此也有记载:"清盛尝遣船于宋国,宋国寄书称清盛曰'日本轮田亲王'。"③可见,宋朝商人此时经常光顾清盛的别墅。称"轮田"是指平清盛别墅所在之地(在兵库附近),称他亲王是因为平清盛乃桓武天皇的曾孙高望王系统的子孙,当时传说他为白河天皇的儿子,虽然抬高了他,也不算过分。

随着平清盛政治地位的上升,日本朝廷对于宋日贸易交通和人员往来的监管越来越开通,1167 年,僧重源来宋朝,1168 年荣西和唯雅等来宋朝。中日人员相互往来的时代从此开启。平氏的全盛也致使摄关家零落下去。

---

① 本图描绘的是平治之乱的情景,引自〔日〕东京国立博物馆编集《日本国宝展》,东京:读卖新闻社平成二年(1990)版,第 85 页。

② 参见〔日〕冈野善彦著,刘军、饶雪梅译:《日本社会的历史》,北京:社会科学文献出版社 2011 年版,第 168 页。

③ 〔日〕林罗山、林春斋:《本朝通鉴》(第八,续编四),东京:国书刊行会大正八年(1919 年)版,第 2264 页。

1170 年日本法皇接见宋商事件及其意义

1167 年平清盛升任太政大臣，取代藤原氏掌握朝政。1168 年，平清盛因重病而出家，称为“入道”，但并未脱离政治。出家后的平清盛离开京都，迁居摄津国福原山庄，致力于福原的外港大轮田泊的修筑，引导从宋朝前来九州的商船经由濑户内海，进入大轮田泊，从而促进平氏主导的中日贸易。

到 1170 年，日本终于发生了一件标志政治、文化、经济政策转折的事件，它标志着日本面向世界的“开国”。无视周围排外意识强烈的贵族，日本太政大臣平清盛这一年在摄津自己的福原别庄内招待宋朝商人，特意邀请后白河法皇出席，并与后白河法皇一起召见了宋朝商人，在法皇参拜日本的圣地之一严岛时，使用宋朝的商船作为法皇的御船。此举乃日本朝廷自“延喜(901—923)以来未曾有事”，即朝廷出面促进两国交流，不再被动应付宋朝廷和明州的各种“国书”及国交问题。根据 927 年完成的《延喜式》对进入日本的外国人的管理规定：

> 凡诸蕃使人，将国信物应入京者，待领客使到，其所须驮、夫者，领客使委路次国、郡，量献物多少及客随身衣物，准给迎(按：眉注：“九本、阁本作递”)送。仍令国别国司一人，部领人夫、防援过境。其在路不得与客交杂，亦不得令客与人言语。所经国、郡官人，若无事，亦不须与客相见。停宿之处，勿听客浪出入。①

日本《延喜式》中这一规定，也是袭用唐朝递送蕃客方式，可见对外宾的活动范围严格限制，严禁外国人与本国人交往。自后白河法皇召见宋朝商人之后，日本天皇、上皇，或者法皇召见赴日的宋朝高僧，并赐予师号便是极为平常的事情了(此将另文介绍)。作为第一个吃螃蟹的平清盛，他的这一武断做法被一些贵族斥为“天魔之所为”②，但平清盛不为所动，他甚至决心更进一步，恢复与南宋王朝之间的国书往来，这标志着中日关系历史新时代的到来。

果然，受到平清盛优待的宋商回国后，把日本国王和太政大臣有意扩大宋日贸易的想法通报了地方官，明州刺史可能马上就奏请了南宋朝廷，为了不失时机，1172 年南宋通过明州刺史向日本朝廷送去了牒状和礼物。何以

---

① 〔日〕黑板胜美编辑：《延喜式》卷二一《玄蕃寮》“诸蕃”条，编入《新订增补国史大系》普及版，东京：吉川弘文馆平成四年(1992)版，第 546 页。

② 〔日〕九条兼通：《玉叶》(九条家本)，编入《图书寮丛刊》，东京：宫内厅书陵部平成七年(1995)版，第 197 页。

说此乃宋朝廷之举？因为“宋明州刺史寄使舶，称天子之使。赠法皇之物，则书曰：‘赐日本国王(物色)。’云云。又特寄入道相国平净海，曰：‘送日本国太政大臣。’云云”①。于是就回复问题，在日本朝廷发生了争执，一些贵族认为宋朝的牒文无礼，“赐”字有损日本国家的体面，主张立即退还，不予受理。还有人认为这是地方官矫托天子之使者。最后平清盛力排众公卿之议，以后白河法皇的名义回复“国书”并回赠礼品。据日本《续本朝通鉴》卷六十二记载：

> 日承安三年(1173)三月，乙巳，法皇赐赠物于宋国使者，莳绘厨子一、纳色革三十枚，手箱一，纳砂金百两。诏平净海(即平清盛)遣返牒，式部(礼部、外交部)大辅藤永范作之，前参议藤教长净书之(教长乃当时最著名的书法家)。净海私赠剑并兵器。此事自去岁议有报牒否，至是及此。然依来书失礼，唯记两国赠酬之旧例答之(返牒文不传——原注)。②

根据《玉叶》所载，日本的“返牒状”并非一般的“赠酬之例”，尽管后白河法皇已经出家为僧，牒文称“太上天皇”③。根据《宋史·日本传》“乾道九年(1173)，始附明州纲首以方物入贡”这一记载看，日本的回牒和礼品作为贡品被宋朝接纳，显然牒文的规格基本上是被宋朝廷认可的。

这一事件标志着，日本当政者在中日关系中越来越主动，至少在贸易和文化方面，不再像以前一样被动地接受，这一事件也是日本历史进入武家时代的起点，平氏灭亡后，无论是先后控制镰仓幕府的领袖源氏和北条氏，还是室町幕府的将军足利氏，都积极推动中日关系和中日文化交流的进展，中日文化政治关系也都因此进入一个新的阶段。

---

① 〔日〕林罗山等：《本朝通鉴》(第八，续编四)，东京：国书刊行会大正八年(1919)版，第2318页。

② 〔日〕林罗山等：《本朝通鉴》(第八，续编四)，东京：国书刊行会大正八年(1919)版，第2321页。

③ 〔日〕九条兼通：《玉叶》(九条家本)，编入《图书寮丛刊》，东京：宫内厅书陵部平成七年(1995)版，第215页。

余论：中日关系史研究的旧观念与新视角

日本学者错误观点的思想根源

按照通常的体裁，本书在最后必须做一个总结，此谓之“结论”。其实，细心的读者阅读前文之后，相信自己已经得出结论了，这里且说一些看似多余的话，名之曰“余论”。

本书撰写、立论的驱动力之一是，自20世纪初以来，一些日本学者研究提出，来宋日僧主要为“巡礼”而来宋朝，并非为求法而来，等等（具体正文之中已经提及，兹不赘述）。本书认为他们一系列的论点是错误的，并非是要唱对台戏，忍不住置喙的原因是，发现他们得出这一系列错误结论的根源，不在于他们掌握的资料不丰富、研究不勤奋、思维不敏捷，而在于他们研究的指导思想和所受的历史教育。

首先是日本自894年停止遣唐使以来不断膨胀的“本朝意识”影响的结果，这种自我意识一直影响到近现代日本，主要表现为“皇国史观”和“神国史观”，于是相关的历史教育导致日本学者得出并提出一些偏激的观点，无视10世纪以来的来华日僧们为日本国家引进中国文化的努力，忽视他们冒险渡海的真正目的，怀疑他们对王朝国家的贡献。

20世纪的一些日本历史学者，其历史观点的形成并非在于纯粹的历史学习和学术研究，而是追随或顺从政客的疯狂，放大个人的民族主义感情；是在适应国家的政治气候，而不是在追求真理和事实。当然，他们之中有许多人不得不屈服于时势，不得不依从政府的政治指导，不得不屈从于社会压力。取得日俄战争胜利的日本，1905年以后走向了军国主义的道路，解构在亚洲存在几千年的以中国为中心的“朝贡体系”，构建以日本为中心的“大东亚新秩序”。在那个时代的日本，那种语境之下，大众能希望历史研究得出什么样的结论？历史学者的学术观点，本能地迎合当时日本膨胀的民族自尊心和民族荣誉感。

第一次世界大战以后,日本试图取代英美领导亚洲,将美英法荷的政治、军事势力排挤出亚洲,日本军国主义者宣扬其日式“门罗主义”的时候,自然要寻找其在智力上、文化上优越的理由。西岗虎之助于大正十四年(1925)发表《关于奝然的入宋》,木宫泰彦于1926年、1927年出版了《日支交通史》上下两册(1931年有中文译本《中日交通史》)[①],真可谓及时。

辻善之助的《中日文化交流》[②]出版于1938年,那时日本在军事上全面侵华,扩大战争,处于胜利的陶醉之中,民众思想正值“日本出现历史上少见的国家意识异常狂热之时”,史学家因此也“需要寻找日本文化的特异性”[③],强调民族的原文化。

木宫泰彦因1940年奉日本文部省的命令“经朝鲜、满洲进入中国”,成为日本文化侵略中国的“笔部队”成员之一,为配合军事征服,从学术研究的角度来宣扬日本民族的伟大,鼓舞日本人增强其在中国人面前的优越感。1943年修订整理完成了之前的研究,并计划于1945年出版,结果因日本战败而延误[④],直到1955年才得以出版,改名《日华文化交流史》(日文名),此时日本已经度过战后,“五五体制”已经确立,是日本经济开始复兴之时,从他的序言还可以发现,此时出版的目的之一是对应战后新的中日关系,是在为失败的日本人找回自尊和自信。

森克己对于宋日贸易关系的研究开始于昭和二年、三年(1927、1928),有关论文的发表和相关观点的提出主要都是在1945年以前。他在后来结集的序言中表示,其结论是为“日本的海外雄飞”服务的,是在歌颂日本政府“海外雄飞活跃”的传统[⑤]。

以上研究成果都是特定时代的产物,有其社会根源:西岗虎之助、辻善之助、森克己、木宫泰彦所处的时代是日本军国主义时代或军国主义影响尚未根除的时代,自尊膨胀的时代。正如吉川幸次郎的《我的留学史》一书在回忆“二战”前日本学者“做学问的态度和方法”一文中所指出的:“是因为那时日本人做学问的方法都尽量不与中国人的一样,有意无意间有一种高于中国人的优越感。”[⑥]此一时代,日本人的民族自尊心和民族荣誉感非常强烈,甚至

---

① 木宫泰彦著,胡锡年译:《日中文化交流史》,北京:商务印书馆1980年版,译序第2页、著者序第1页。

② 日文名为《日支文化交流》。

③ 〔日〕辻善之助:《日支文化交流》,东京:创元社昭和十三年(1938)版,解题第1页。

④ 〔日〕木宫泰彦:《日华文化交流史》,东京:冨山房1987年版,序言第3页。

⑤ 〔日〕森克己:《新订日宋贸易研究》,东京:国书刊行会昭和五十年(1975)版,序说第7页。

⑥ 〔日〕吉川幸次郎著,钱婉约译:《我的留学史》,北京:中华书局2008年版,第96页。

畸形膨胀。何况在日军发动侵华战争期间，实行战时统制体制，对佛教等宗教无端扭曲和利用，为了宣传“八弘一宇”和“神国日本”，教典被篡改，佛教研究文章被严格审查，日本佛教界对此政策不得不迎合，这就是当时日本佛教界关于中日佛教关系史研究的现状。而且这还可以从这些学者用“支那”称呼中国表现出来，他们是配合政府的文化侵略政策的，中国政府即当时的“中华民国”早就通过外交渠道抗议使用“支那”称呼中国，要求日本政府用“中华民国”称呼中国，相信这些大学者们是不会不知道这些的。

日本通过甲午战争、日俄战争让世界刮目相看了，尤其是中国都已经拜昔日的弟子为师了，日本成为文化输出国家，因此自尊自信的日本人自觉地从历史上寻找证据，要证明日本是一个传统上的文化输出国家。日本在文化上先进于中国，可以炫耀于中国、可以做中国老师的时代也只是在他们明治维新成功之后，吸收了西方文化而丰富起来的日本可以向中国转手西方文化，此后，日本学者的自尊心、国家荣誉感急剧膨胀，怎么能随便承认中国这个被自己打败的民族很长时期以来都在做自己的老师呢？

最后，我们还是不能不重复一下我们相关研究的结论①：日僧来宋朝的目的是以“求法”为主、以“巡礼”为次，是来唐留学僧空海和求法“请益僧”最澄的延续。他们来中国求法是为了回日本传法，他们不是仅为个人的巡礼而来，而是为日本国家求法而来中国，因为他们辛辛苦苦地携带了许多的佛典、佛具回日本，寂照、成寻和戒觉不回国是因为日本朝廷的自闭。因为朝廷的自闭，奝然回日本后积极传播新法，推动建立新寺、树立新宗归于失败。894—1170年间的日本，依然是大陆文化吸收者，许多人依然是肯定中国文化、仰慕宋朝文化的。

正确评价及研究中日关系史的态度

中日学者从事中日关系史，包括中日文化、贸易交流史的研究，应该有独立的精神、客观的视角，摆脱对政治的追捧，克服情感的偏激。虽然国家和民族之间，文化交流和人员往来包含着感情的交流，虽然频繁的交往更让参与交流者感觉到自卑和自尊，国家与民族之间的感情也是如此。

对于在中日两国文化交流史（包括从894—1170年这一特殊时期）中日

① 具体的理由参见拙著《奝然与宋初的中日佛法交流》（北京：商务印书馆2012年版），第262～264页，这里为节省篇幅，不做赘述。

本所处的地位,日本人一直很敏感,近现代以来,一些历史学者在研究中容易情绪化,除了前面提到的特殊年代政治培养的特殊情感外,还有日本历史情感的因素。

自隋唐以来,日本在与中国交往之中自尊意识越来越强烈,这种强烈的自尊越来越发展为病态的自大,养成了日本人妄自尊大和虚荣、好面子的坏风气。由于小"中华"意识的培养,由于国风文化的倡导,在时代风气的影响下,894年以来,日本在与中国交往中越来越拘泥于面子的争取和维护。于是乎,编造神话故事作为真实的历史来信奉,比如奝然来宋后宣传"神国日本"的国体和"万世一系"政体的行为,故到近现代,一些日本学者为了国家的颜面而不惜篡改历史记录,或者修改历史记录。于是,古代来宋日僧这些自大的语言正好被现代日本学者拿来当作证明他们入宋非为求法而是巡礼的理由,而木宫泰彦恨不得说成寻是为"传法"而来宋的。他强调说,在成寻的日记中,关于他向宋僧请教的事"完全不见记载,反而甚至以法花法传授给大相国寺东经藏戒律院座主圆则"①。

日本平安贵族的政治自尊,对于日本国风文化的自信,致使有人认为其佛教水平超过了唐末五代以来经历反复废佛弃法的中国宋代佛学。来宋日僧在此思想支配下而发的自大言行,在日本大正时代和昭和初期,被法西斯政府、军国主义御用文人们发现和利用,在现代日本学者的诠释下,其自大的心态更加明显,现代日本学者的心态也正是当时的日本学者心态的反映,是古代自尊而自大传统的继承和发扬。平安中期,日本舆论要限制派遣僧人来华求法的次数,于是便出现了求法的资格论,产生了有关求法的争议。

1170年以后,务实的武士阶级在利益的驱动下,"华夷之辩"、狭隘的民族自尊被淡化,否定朝廷和大宰府,建立自己与宋朝的贸易渠道,成为各公卿、各寺院以及各武家势力、地方庄园主的追求。

日本学者由于甲午战争以后流行的蔑视中国论的影响,由于日本文化优越论的鼓动,重新解释历史,为日本民族优越论寻找依据,武断地认为来宋日僧是因私巡礼而不是为公求法,就是其重要表现。

奝然"为求法不来,为修行即来也"这一句话,使现代的日本学者们得出日僧来宋朝是为巡礼而非求法这一结论,从木宫泰彦《中日文化交流史》到木宫之彦的《入宋僧奝然的研究》都持此论。他们没有考虑奝然为什么要说这样的话、这样说是在什么样的语境下,他们断章取义地引用《为母修善愿文》中的这句话,或许并非误解日僧入宋的目的,而是因为他们早期研究受到"战

① 木宫泰彦著,胡锡年译:《日中文化交流史》,北京:商务印书馆1980年版,第268页。

时体制”下日本宗教指导思想的干扰，1940 年日本“翼赞体制”将佛教纳入战争轨道，为宣扬皇国光荣历史服务。

由于来唐日僧无论是口头还是在牒文中自称求法、留学，无论是在日本还是在中国都不回避说拜师求法，他们自然无法否认这一点。木宫泰彦、竺沙雅章等现代日本学者不得不承认唐朝文化高于日本，来唐日僧的目的是为求法和学习：

> 入唐僧的最大目的怎么说也是求法。他们一到彼地(唐)，首先是历访硕德学习新教，力求带回新法门，将它于日本传播，大概他们是为了不让我国(日本)落后于中国佛教界的发展，他们是作为国家的留学生被特地派遣去的。①

对于来宋日僧，因奝然出发来宋前公开说“为求法不来”，日本学者们便否认日僧来宋朝也是求法学习的，从而认定宋朝文化水平，尤其是佛教研究的水平高于日本，说它衰落了，没有值得日本学习的地方了。故木宫泰彦断言：“北宋时代的入宋僧，却不是为了国家众生的利益前去求法，而是为了消灭自己的罪障、为成菩提正果而巡礼朝拜圣迹的。”②

同样是来华，“入唐僧”旗帜鲜明且大张旗鼓，“入宋僧”支支吾吾又遮遮掩掩；一个以求学为荣，一个以拜师为耻。这是因为日本进入转型时期，民族的自尊心开始膨胀并走向极端，使自己走向封闭和保守，走向对他国他民族的轻视和藐视。出于民族和国家自尊的需要，日本平安朝廷极力淡化来宋日僧担负的政府间交往的性质。

本书对于 10、11 世纪的日本佛教和国风文化的发展与进步都给予了恰如其分的评价；而对近现代学者曲解的扭曲的解释，甚至偏激的观点，恰如其分地指出并予以纠正。我们不带感情去研究历史，扬宋抑日，或为政治服务，或宣扬自己的民粹主义。

在中日文化交流历史的长河中，到宋朝开始出现了一股逆流，即日本学术和典籍回流大陆，这是有其积极意义的，是值得肯定的，来自日本的这股逆流对于宋代中国宗教文化研究具有促进作用，遗憾的是它还是涓涓细流，未若千年以后明治时代末震撼中国的那样滚滚洪流。

这一时期的奝然、源信等日僧，或亲身来中国，或委托宋朝商人将《往生

---

① 〔日〕木宫泰彦：《日华文化交流史》，东京：冨山房 1987 年版，第 285 页。

② 〔日〕木宫泰彦：《日华文化交流史》，东京：冨山房 1987 年版，第 285 页。

要集》这样的著作送来宋朝;中国商人往返两国,飞舟传书,促进了学术交流,弥补了双方研究资料的缺失。特别是宋太宗所赐日本的《大藏经》对提高日本宗教研究水平的作用更突出。而世俗化、中国化的宋朝佛教通过旅日商人、通过一般结缘的家庭妇女影响了他们所接触到的日本人(包括奝然等日僧),更显示出宋朝文化作为主流文化对于日本的影响。

进入10世纪的日本,虽然表现出自信,什么都与中国争胜,但这正说明他们缺乏自信,害怕落后,还须以中国的研究为标本和楷模。

1946年元旦,日本裕仁天皇发布《人间宣言》,号召日本国民:

> 朕与尔等国民之纽带始终依相互信赖及敬爱而缔结,并非依单纯神话及传说而生成。亦不复是基于架空之观念以天皇为现御神,且以日本国民为优越于他民族之民族,皆享有支配世界之命运之谓也。[①]

此宣言犹如棒喝,端正了一些日本学者的日本史观和世界史观,越来越多的人在研究过程中克服了强烈的自我意识,摆脱了对"大民族主义"政治的附庸和对政治口号的追捧。

① 转引〔日〕小森阳一:《日本近代国语批判》,长春:吉林人民出版社2003年版,第286页。

附录一:中日关系史大事对照年表

公元纪年	中国年号	日本年号	重大历史事件
894	唐昭宗乾宁元年	宇多宽平六年	日本任命菅原道真为遣唐使,后停止派遣。
903	唐昭宗天复三年元年	醍醐天皇延喜三年	唐朝商人景球等去日本,献羊1头,白鹅5只。(《扶桑略记》)
907	后梁太祖开平元年	延喜七年	唐灭亡,五代十国开始。
909	后梁太祖开平三年	延喜九年	二月,日平安朝太政官向在唐朝的日僧中瓘遣送牒状。(《日本纪略》《扶桑略记》)闰八月,大宰府检查购买中国商船的货物,进奉朝廷。(《扶桑略记》)
911	后梁太祖乾化元年	延喜十一年	日本确定中国商人到日本的年期。(见《小右记》等)
927	后唐明宗天成二年	醍醐延长五年	日本派遣兴福寺僧宽建等来中国。
940	后晋高祖天福五年	朱雀天庆三年	日本左大臣藤原忠平致书吴越王。
953	后周太祖广顺三年	村上天历六年	日僧日延送书到吴越国。
959	后周世宗显德六年	村上天德三年	吴越国遣使盛德言到日本。
960	宋太祖建隆元年	村上天德四年	大宋建国。
983	宋太宗太平兴国八年	圆融永观元年	日本派遣东大寺僧奝然来宋朝。
986	宋太宗雍熙三年	花山宽和元年	奝然从宋朝返回日本。
988	宋太宗端拱元年	一条永延二年	奝然派弟子嘉因来宋朝。
1003	宋真宗咸平六年	一条长保五年	日僧寂照等出发入宋。
1015	宋真宗大中祥符八年	一条长保五年	日僧念救来宋。
1028	宋仁宗天圣六年	后一条长元元年	宋商福州人周文裔上书日本右大臣藤原实资并献礼物。源信弟子绍良来宋。
1072	宋神宗熙宁五年	后三条延久四年	日僧成寻携弟子来宋。
1073	宋神宗熙宁六年	后三条延久五年	成寻弟子赖缘、快宗等从宋朝回日本。

续表

公元纪年	中国年号	日本年号	重大历史事件
1078	宋神宗元丰元年	白河承历二年	日人仲回搭乘宋商孙忠的船回日本。
1082	宋神宗元丰五年	白河永保二年	日僧戒觉携弟子来宋。
1083	宋神宗元丰六年	白河永保三年	成寻弟子快宗来宋朝。
1092	宋哲宗元祐七年	崛河宽治六年	日本派遣使者到达辽国。
1105	宋徽宗崇宁四年	崛河长治二年	宋商李充到日本贸易。
1127	宋高宗建炎元年	崇德大治二年	宋高宗即位建立南宋。
1151	宋高宗绍兴二十一年	近卫天皇仁平元年	九月,日本大宰府目代宗赖、大监种平、季实等,率领五百余骑的军兵掠夺了筥崎博多宋人王升等千六百余家的资财。
1165	宋孝宗乾道元年	六条永万元年	南宋与金签订和约。
1167	宋孝宗乾道三年	六条仁安二年	日僧重源来宋朝。
1168	宋孝宗乾道四年	六条仁安三年	日僧荣西入宋。日僧重源在朝拜天台山后归国,带回日本宋版《大藏经》一藏(或二藏)、宋版《大波若经》一部及其他宋版典籍。
1170	宋孝宗乾道六年	高仓喜应二年	平清盛请宋商到福源别墅,并请后白河法皇接见宋商。

附录二:征引、参考文献目录①

(一)中文出版图书

B

[1]《宝庆四明志》,宋·罗濬等,北京:中华书局1990年影印版。收入中华书局编辑部编《宋元方志丛刊》第五册。另见台湾中国地志研究会印行《宋元地方志丛书》第7册。

[2]《泊宅编》,宋·方勺,北京:中华书局1990年影印版

C

[3]《朝贡体系的建构与解构:另眼相看中日关系史》,郝祥满,武汉:湖北人民出版社2007年版。

[4]《朝贡制度史论:中国古代对外关系体制研究》,李云泉,北京:新华出版社2004年版。

[5]《禅宗的语言和文献》,于谷,南昌:江西人民出版社1996年版。

[6]《传教大师将来目录》,〔日〕最澄,台北:佛陀教育基金会1990年版,载《大正新修大藏经》第55卷。(以下载自《大正新修大藏经》出版年代略,简称《大正藏》)

D

[7]《大乘止观法门》,陈·慧思,台北:佛陀教育基金会1990年版,载《大正藏》第46卷。

[8]《大宋僧史略》,宋·赞宁,台北:佛陀教育基金会1990年版,载《大正藏》第54卷。

[9]《奝然与宋初的中日佛法交流》,郝祥满,北京:商务印书馆2012年版。

[10]《东方佛教论:黄心川佛教文集》,黄心川,北京:中国社会科学出版社2002年版。

[11]《东西洋考》,明·张燮著,谢方点校,北京:中华书局2000年版,收入《中外交通史籍丛刊》第5卷。

[12]《敦煌愿文集》,黄征、吴伟校注,长沙:岳麓书社1995年版。

F

[13]《法华龙女成佛权实义》,宋·源清,台北:新文丰出版公司1993年版,《卍续藏经》第100册。以下略为新文丰1993年,日本藏经书院版同。

① 为节省篇幅,一般参考略,另可参考本人博士学位论文参考目录。

[14]《法华十妙不二门示珠指》，宋·源清，台北：新文丰 1993 年版，载《卍续藏经》第 100 册。
[15]《法华文句记》，唐·湛然述，台北：佛陀教育基金会 1990 年版，载《大正藏》第 34 卷。
[16]《佛教大藏经史》，方广锠，北京：中国社会科学出版社 1991 年版。
[17]《佛教东渐》，刘建，北京：社会科学文献出版社 1997 年版。
[18]《佛教东传与中国佛教艺术》，吴焯，杭州：浙江人民出版社 1991 年版。
[19]《佛教南传之路》，阮荣春，长沙：湖南美术出版社 2000 年版。
[20]《佛祖统纪》，宋·志磐，台北：佛陀教育基金会 1990 年版。载《大正藏》第 49 卷。

G

[21]《高僧传》，梁·释慧皎撰，北京：中华书局 1992 年版。
[22]《癸辛杂识》，宋·周密，北京：中华书局 1991 年版影印版。编入《丛书集成》初编。
[23]《古清凉传》，唐·慧祥撰，台北：佛陀教育基金会 1990 年版。《大正藏》第 51 卷。
[24]《观念阿弥陀佛相海三昧功德法门》，唐·善道集记，台北：新文丰出版公司 1990 年影印版，收入《大正新修大藏经》第 47 卷(诸宗部四)。

H

[25]《汉书》，东汉·班固，北京：中华书局标点本 1962 年版。
[26]《汉籍东渐及日藏古文献论考稿》，静永健、陈翀，北京：中华书局 2011 年版。
[27]《皇朝类苑》，宋·江少虞，台湾：文海出版社 1981 年印行。收入王民信主编《宋史资料萃编》第 3 辑。
[28]《化学与化工志》，周嘉华、王浩浩，上海：上海人民出版社 1998 年版。

J

[29]《建炎以来系年要录》，宋·李心传撰，北京：中华书局 1956 年版。
[30]《简明中国佛教史》，〔日〕镰田茂雄著，力生译，上海：上海译文出版社 1986 年版。
[31]《简明日本古代史》，王金林，天津：天津人民出版社 1984 年版。
[32]《景德传灯录》，宋·道原纂，台北：佛陀教育基金会 1990 年版，载《大正藏》第 51 卷。
[33]《旧唐书》，后晋·刘昫，北京：中华书局标点本 1975 年版。
[34]《旧五代史》，宋·薛居正，北京：中华书局标点本 1976 年版。

K

[35]《开庆四明续志》,宋·梅应发等撰,台北:成文出版社1978年版,收入中国地志研究会编《宋元地方志丛书》第8册。

[36]《梁书·诸夷传·扶桑国》,唐·姚思廉撰,北京:中华书局标点本1973年版。

M

[37]《明史》,清·张廷玉,北京:中华书局标点本1974年版。

[38]《〈明史·日本传〉正补》,郑樑生,台北:文史出版社1981年版。

N

[39]《南村辍耕录》,元·陶宗仪,沈阳:辽宁教育出版社1998年版。编入“新世纪万有文库·传统文化书系”点校本。

P

[40]《萍洲可谈》,宋·朱彧,北京:中华书局2007年版。

R

[41]《人文东方:旅外中国学者研究论集》,陆晓光主编,上海:上海文艺出版社2002年版。

[42]《日本佛教史》,杨曾文,杭州:浙江人民出版社1995年版。

[43]《日本封建意识形态》,〔日〕永田广志著,刘绩生译,北京:商务印书馆2003年版。

[44]《日本佛教史纲》,〔日〕村上专精著,杨曾文译,北京:商务印书馆1981年版。

[45]《日本文化:历史的展开与特征》,〔日〕石田一良著,许极燉译,杭州:杭州大学出版社1991年版。

[46]《日本文化》,王勇,北京:高等教育学出版社2001年版。

[47]《日本文化的历史踪迹》,王勇、王宝平主编,杭州:杭州大学出版社1991年版。

[48]《日本藏汉籍珍本追踪纪实——严绍璗海外访书志》,严绍璗,上海:上海古籍出版社2005年版。

[49]《日本美术史》,〔日〕石田一良,杭州:浙江美术学院出版社1989年版。

[50]《日本史研究入门》,〔日〕远山茂树、佐藤进一编,吕永清译,北京:三联书店1959年版。

[51]《日本中国学之发展》,〔日〕仓石武四郎,北京:北京大学出版社2013年版。

[52]《日中文化交流史》,〔日〕木宫泰彦著,胡锡年译,北京:商务印书馆1980

年版。
[53]《日中佛教友好二千年史》,〔日〕道端良秀著,徐明、何燕生译,北京:商务印书馆 1992 年版。
[54]《日中交流两千年》,〔日〕藤家礼之助著,张俊彦、卞立强译,北京:北京大学出版社 1982 年版。

S

[55]《三国志·倭人传》,晋·陈寿,北京:中华书局标点本 1982 年版。
[56]《释氏稽古略》,明·觉岸编,台北:佛陀教育基金会 1990 年版,载《大正藏》第 49 卷。
[57]《释门正统》,宋·宗鉴集,台北:新文丰 1993 年版,载《卍续藏经》第 130 册。
[58]《四明尊者教行录》,宋·宗晓编,台北:新文丰出版公司 1990 年版,载《大正新修大藏经》第 46 卷。又载藏经书院版《卍续藏经》第 100 册。
[59]《宋史》,元·脱脱等,北京:中华书局标点本 1977 年版。
[60]《宋会要辑稿》,清·徐松辑,北京:中华书局 1957 年影印版。
[61]《宋会要辑稿补编》,清·徐松辑,北京:全国图书馆文献缩微复制中心影印本,1987 年。
[62]《宋高僧传》,宋·赞宁撰,范祥雍点校,北京:中华书局 1987 年版。收于《中国佛教典籍选刊》。
[63]《宋僧录》,李国玲编著,北京:线装书局 2001 年版。
[64]《宋人诗话外编》,程毅中主编,北京:国际文化出版公司 1996 年版。
[65]《宋代之市舶司与市舶条例》,〔日〕藤田丰八,何健民译,北京:商务印书馆 1936 年版。收入《史地小丛书》。
[66]《隋书·倭国传》,唐·魏征,北京:中华书局标点本 1973 年版。
[67]《隋唐佛教》,郭朋,德州:齐鲁书社 1980 年版。
[68]《隋唐佛教史稿》,汤用彤,北京:中华书局 1982 年版。
[69]《书法艺术学》,〔日〕平山观月,成都:四川人民出版社 2008 年版。
[70]《书斋闲话》,〔日〕幸田露伴,陈德文译,北京:中华书局 2008 年版。

T

[71]《唐大和尚东征传》,〔日〕真人元开著,汪向荣校注,北京:中华书局 2000 年版。
[72]《唐代密宗》,周一良著,钱文忠译,上海:上海远东出版社 1996 年版。
[73]《唐宋八大家散文总集》卷八《苏轼集》(三),宋·苏轼,河北:河北人民出版社 1995 年版。

[74]《天台宗未决》,〔日〕最澄,台北:新文丰 1993 年版,载《卍续藏经》第 100 册。

W

[75]《文镜秘府论校注》,〔日〕弘法大师原著,王利器校注,北京:中国社会科学出版社 1983 年版。

[76]《我的留学史》,〔日〕吉川幸次郎著,钱婉约译,北京:中华书局 2008 年版。

X

[77]《咸淳临安志》,宋·潜说友等,北京:中华书局 1990 年影印版。载中华书局编辑部编《宋元方志丛刊》第 7 册。

[78]《咸淳临安志》,宋·潜说友等,台北:中华民国 67 年(1978)版,载中国地志研究会印行《宋元地方志丛书》第 7 册。

[79]《续资治通鉴长编》第 2 册,宋·李焘撰,北京:中华书局标点本 1979 年版。

[80]《新五代史》,宋·欧阳修撰、徐无党注,北京:中华书局标点本 1974 年版。

[81]《行历抄校注》,〔日〕圆珍著,白化文、李鼎霞校注,石家庄:花山文艺出版社 2004 年版。

[82]《宣和画谱》,王群栗点校,杭州:浙江人民美术出版社 2012 年版。

Y

[83]《因明论疏四种相违略注释》,〔日〕源信,台北:新文丰出版公司影印版,载《大正新修大藏经》第 69 卷(续论疏部七)。

[84]《云间志》,宋·杨潜,台湾:台湾商务印书馆 1988 年影印发行,载《宛委别藏》丛书。

[85]《玉海》(卷一百五十四),宋·王应麟撰,台北:台湾商务印书馆发行《文渊阁四库全书》第 947 册。

[86]《御请来目录》,〔日〕空海,台北:新文丰出版公司影印版,载《大正藏》第 55 卷。

Z

[87]《正法念处经》,元魏·瞿昙般若流支译,台北:新文丰出版公司影印版,载《大正新修大藏经》第 17 册(经集部四)。

[88]《中国禅宗通史》,杜继文、魏道儒著,南京:江苏古籍出版社 1995 年版。

[89]《中国禅学通史》,高令印,北京:宗教文化出版社 2004 年版。

[90]《中国佛教史》,蒋维乔撰,邓子美导读,上海:世纪出版集团、上海古籍出

版社 2004 年版。
[91]《中国佛教史》第三卷,任继愈主编,北京:中国社会科学出版社 1988 年版。
[92]《中国佛教史论:杨曾文佛学文集》,杨曾文,北京:中国社会科学出版社 2002 年版。
[93]《中国佛教与哲学》,赖永海,北京:宗教文化出版社 2004 年版。
[94]《中国佛教文化史》(第五册),孙昌武,北京:中华书局 2010 年版。
[95]《中国佛学源流略讲》,吕澂,北京:中华书局 1979 年版。
[96]《中国古代文学中的日本形象研究》,张俊哲,北京:北京大学出版社 2004 年版。
[97]《中国密教史》,吕建福,北京:中国社会科学出版社 1995 年版。
[98]《中国天台宗通史》,潘桂明、吴忠伟,南京:江苏古籍出版社 2001 年版。
[99]《中国净土宗通史》,陈杨炯,南京:江苏古籍出版社 1995 年版。
[100]《中国律宗通史》,王建光,南京:凤凰出版社 2008 年版。
[101]《中国风俗通史》(宋代卷),徐吉军等,上海:上海文艺出版社 2001 年版。
[102]《中国通史》11(第七卷),白寿彝总主编,上海:上海人民出版社 1999 年版。
[103]《中国文化史》(下册),柳诒征编著,上海:中国大百科全书出版社 1988 年版。
[104]《中日关系史研究论集》(二),[台湾]郑樑生,台北:台湾文史哲出版社中华民国 81 年版。
[105]《中日关系史考》,王勇,北京:中央编译出版社 1995 年版。
[106]《中日文化交流史话》,王晓秋,北京:商务印书馆 1996 年版。
[107]《中日文化交流史论》,梁容若著,北京:商务印书馆 1985 年版。
[108]《中日文化交流史大系 7·艺术卷》,王勇、〔日〕上原昭一主编,杭州:浙江人民出版社 1996 年版。
[109]《中日文化交流史大系 9·典籍卷》,王勇、〔日〕大庭修主编,杭州:浙江人民出版社 1996 年版。
[110]《中日文化交流史大系 10·人物卷》,王勇、〔日〕中西进主编,杭州:浙江人民出版社 1996 年版。
[111]《中日文化交流史论文集》(第三卷),石峻、楼宇烈等编,北京:中华书局 1990 年版。
[112]《周叔迦佛学论著集》(上、下),周叔迦,北京:中华书局 1991 年版。

(二)日本出版日人汉文著作

B

[1]《本朝文粹》,黑板勝美编辑,收入《新訂增補國史大系》第29卷(下),东京:吉川弘文馆平成十一年(1999)新装版。

[2]《本朝续文粹》,黑板勝美编辑,东京:吉川弘文馆2003年新装版。收入《新訂增補國史大系》第29卷(下)。

[3]《本朝高僧傳》,师蛮,收入《大日本佛教全书》,东京:佛书刊行会大正二年(1913)版。

[4]《本朝世纪》,黑板勝美编辑,东京:吉川弘文馆平成十一年(1999)新装版。

[5]《本朝通鉴》,林罗山、林春斋:东京:国书刊行会大正八年(1919)版。

[6]《百錬抄》,收入《新訂增補國史大系》第十一卷,黑板勝美编辑,东京:吉川弘文馆昭和九年再版。

C

[7]《朝野群載》,黑板勝美编辑,收入《新訂增補國史大系》第29卷(上),东京:吉川弘文馆平成十一年(1999)新装版。

D

[8]《东大寺要录》,佚名,京都:明治四十年(1907)版,收入《續々群書類從》第11辑(宗教部)。

[9]《东大寺别当次第》,快园抄写,东京:经济杂志社明治二十六年(1893)版,收入《群書類從》第3辑。

[10]《东大寺丛书第二》,东京:大日本佛教全书刊行会昭和十一年(1936)版,收入《大日本佛教全书》。

[11]《东寺王代記》,佚名,京都:续群书类丛完成会大正十五年(1925)版,收入《續群書類從》第29辑(下,杂部)。

[12]《东寺要集》,佚名,京都:续群书类丛完成会大正十四年(1924)版,收入《續群書類從》第26辑(下,释家部)。

[13]《东寺长者補任》,续群书类丛完成会编,东京:平文社昭和四十四年(1969)版,收入《續々群書類從》第2辑(史传部)。

[14]《帝王编年記》,黑板勝美编辑,东京:吉川弘文馆2003年新装版,收入《新訂增補國史大系》第12卷。

F

[15]《扶桑略記》,黑板勝美编辑,东京:吉川弘文馆2003年新装版,收入《新訂增補國史大系》第12卷。

G

[16]《古事类苑·外交部》,细川润次郎编辑,东京:吉川弘文馆昭和五十三年(1978)版。

H

[17]《弘法大师年谱》,金刚峰寺纂校录,东京:真言宗全书刊行会昭和八年(1933)版,收入《真言宗全书》。

[18]《惠心僧都全集》,源信,东京:同朋舍昭和四十六年(1971)版。

J

[19]《江谈抄》,大江匡衡编,东京:续群书类丛完成会、平文社昭和五十五年(1980)版,收入《群書類從》第 27 辑。

[20]《觉禅抄》,觉禅,东京:佛书刊行会大正四年(1915)版,收入《大日本佛教全书》。

L

[21]《類聚国史》(后编),黑板勝美编辑,东京:吉川弘文馆 2004 年版,收入《新訂增補國史大系》第 6 卷。

M

[22]《名匠略传》,承澄抄写,东京:经济杂志社明治二十六年(1893)版,收入《群書類從》第 4 辑。

N

[23]《南都睿山戒勝劣事》,佚名,东京:名著普及会平成二年(1990)版,收入《大日本佛教全书》第 105 册《戒律传来记(外十一部)》。

R

[24]《入唐記》,心觉撰,东京:讲谈社昭和四十七年(1972)版,收入铃木学术财团编《大日本佛教全书》第 68 卷。

[25]《入唐五家传》,高楠顺次郎编,东京:讲谈社昭和四十七年(1972)版,收入铃木学术财团编《大日本佛教全书》第 68 卷。

[26]《入唐诸家传考》,高楠顺次郎编,东京:讲谈社昭和四十七年(1972)版,收入铃木学术财团编《大日本佛教全书》第 68 卷(史传部七)。

[27]《日本极乐往生記》,庆保胤撰,东京:经济杂志社明治二十六年(1893)版,收入《群書類從》第 4 辑。

[28]《日本纪略、百炼抄》(后编),黑板勝美编辑,载《新訂增補國史大系》第 11 卷,东京:吉川弘文馆昭和九年版。

[29]《日本文德天皇實録》,黑板勝美编辑,收入《新訂增補國史大系》,东京:吉川弘文馆昭和五十九年(1984)新装版。

S

[30]《三代実録》(后编),黑板勝美编辑,东京:吉川弘文馆平成三年(1991)版,收入普及版《新訂增補國史大系》第6卷。

[31]《僧綱補任》,深贤记,东京:经济杂志社明治二十六年(1893)翻刻版,收入《群書類從》第3辑。《大日本佛教全书》亦收录。

[32]《善邻国宝记》,西山塞马闲人书,东京:昭和三十四年(1959)订正版,收入《續群書類從》第30辑(上,杂部)。

[33]《删补参天台五臺山記》,成寻撰,东京:佛书刊行会大正十一年(1922)版,收入《大日本佛教全书·游方傳丛书》(第四)。

T

[34]《天台霞标》第一,敬雄等编,日本:名著普及会平成四年(1992)版,收入佛书刊行会编《大日本佛教全书》第125卷。

[35]《天台霞标》第二,敬雄等编,日本:名著普及会平成四年(1992)版,收入佛书刊行会编《大日本佛教全书》第126卷。

W

[36]《往生要集》,源信著,石田瑞麿注,东京:岩波书店1970年版《日本思想大系》6。参考台北新文丰出版公司影印版《大正新修大藏经·往生要集》,及《大日本佛教全书·往生要集》。

X

[37]《显戒论缘起》,最澄,续群书类丛完成会昭和四十五年(1970)版,收入《續々群書類從》第12辑。

[38]《兴禅护国論》,荣西,东京:岩波书店1970年版,收入《日本思想大系》16。

[39]《續本朝往生传》,江匡房撰,东京:经济杂志社明治二十六年(1893)翻刻版,收入《群書類從》第4辑。

[40]《續弘法大师年譜》,得仁,东京:真言宗全书刊行会昭和八年(1933)版。

[41]《續日本后纪》,黑板勝美编辑,东京:吉川弘文馆昭和四十九年(1974)普及版,收入《新訂增補國史大系》。

[42]《续左臣抄》,黑板勝美编辑,收入《新訂增補國史大系》第27卷,东京:吉川弘文馆平成十一年(1999)新装版。

[43]《血脉类集记》,真言宗全书编,东京:真言宗全书刊行会昭和九年(1934)版。

Y

[44]《延喜式》,黑板勝美编辑,东京:吉川弘文馆平成四年(1992)版,收入《新

訂增補國史大系》普及版。
[45]《异称日本传》,松下见林,东京:近藤活版所明治三十四年(1901)版,收入《改定史籍集览》第20册(新加书通纪类第三)。
[46]《元亨釋書》,虎关师炼撰,黑板勝美编辑,东京:吉川弘文馆2004年版,收入《新訂增補國史大系》(新装版)第31卷。
[47]《游方傳丛书第一》,铃木学术财团编,东京:佛书刊行会大正四年(1915)版,收入《大日本佛教全书》。
[48]《游方傳丛书第四》,铃木学术财团编,东京:佛书刊行会大正四年(1915)版,收入《大日本佛教全书》。
[49]《优填王所造栴檀瑞像历記》,铃木学术财团编,东京:讲谈社昭和四十七年(1972)版,收入《大日本佛教全书》第51卷(图像部一)。

Z

[50]《装束集成》,东京:明治图书出版会社、吉川弘文馆昭和二十六年(1951)版,收入《新訂增補故實叢書》。

(三)日文专著①

あ

[1]《アジア仏教史・日本編Ⅱ平安仏教—貴族と仏教—》,中村元他監修・编集,东京:佼成出版社1974年版。
[2]《アジアのなかの日本史Ⅴ・自意識と相互理解》,荒野泰典、石井正敏等编,东京:东京大学出版会1993年版。
[3]《岩波講座:日本歷史4(古代4)》,家永三郎等编纂,东京:岩波书店1962年版。

か

[4]《講座日本史》2,历史学研究会、日本史研究会编,东京:东大出版社会1970年版。

さ

[5]《〈参天台五臺山記〉校本及其研究》,平林文雄著,东京:风间书房昭和五十三年(1978)版。
[6]《释迦信仰与清凉寺》(京都国立博物馆1982年展),京都国立博物馆,京都:京都新闻社昭和五十七年(1982)印刷。

① 书名与人名保持日语原貌,为了国内读者的方便,其他一律翻译并用简体。《小右记》等平安公卿日记,一般称为"变体汉文",也纳入日语专著系列。

[7]《新訂日宋貿易の研究》,森克己,东京:国书刊行会昭和五十年(1975)版。
[8]《清凉寺》,瀬户内寂聴、鵜飼光顺,编入《古寺巡礼　京都 21》,东京:淡交社昭和五十三年(1978)版。
[9]《成寻の入宋とその生涯》,伊藤春树,东京:吉川弘文馆 2003 年版。
[10]《図説:日本仏教の歴史・平安時代》,速水侑编,东京:佼成出版社平成八年(1996)版。
[11]《図説:日本文化史大系・平安時代》(上、下),児玉幸多等编,东京:小学馆昭和四十一年(1966)改订新版。
[12]《続日宋貿易の研究》,森克己,东京:国书刊行会 1975 年版。
[13]《続々日宋貿易の研究》,森克己,东京:国书刊行会 1975 年版。
[14]《宋代の中日交流史研究》,王丽萍,东京:勉诚出版平成十四(2002)年版。
[15]《宋元佛教文化史研究》,竺沙雅章,东京:汲古书院 2000 年版。
[16]《增補史料大成・小右記》,东京:临川书店昭和五十年(1975)版。
[17]《增補史料大成・水左記、永昌記》,东京:临川书店昭和五十年(1975)再版。
[18]《增補史料大成・權記二、帥記》,东京:临川书店昭和五十年(1975)版。
[19]《增補史料大成・左經記》,东京:临川书店昭和五十年(1975)版。
[20]《增補史料大成・歷代宸記》,东京:临川书店昭和五十年(1975)版。
[21]《增訂海外交通史話》,辻善之助,东京:内外書籍株式会社昭和五年版。

た

[22]《大日本史料》,东京大学史料编纂所,东京:东京大学出版会昭和四十三年(1968)版。
[23]《大日本古記錄・御堂関白記》,藤原道長〔著〕,东京大学史料编纂所、财团法人阳明文库编纂,东京:岩波书店昭和二十七年(1952)版。
[24]《大日本古記錄・御堂関白記》,藤原道長〔著〕,正宗敦夫编,东京:日本古典全集刊行会昭和四年(1929)版。
[25]《大日本古記錄・小右記》,藤原实资〔著〕,东京大学史料编纂所编纂,东京:岩波书店昭和三十六年(1961)版。
[26]《大日本古記錄・權記》,藤原行成〔著〕,东京:岩波书店昭和五十二年(1977)版。
[27]《大系日本历史》(4)《王朝社会》,棚橋光男,东京:小學館 1992 年版。
[28]《塚本善隆著作集第六卷・日中仏教交涉史研究》,塚本善隆,东京:大東出版社昭和四十九年(1974)版。

[29]《塚本善隆著作集第七卷・净土宗史、美術篇》,塚本善隆,东京:大東出版社昭和五十年(1974)版。
[30]《中世日本の内と外》,村井章介,东京:筑摩书房 1996 年版。
[31]《传教大师研究》,天台学会编,东京:早稲田大学出版部昭和五十五年(1980)复刊版。
[32]《渡宋した天台僧達——日中文化交流一斑》,小田切文洋,东京:翰林书房 1998 年版。
[33]《圖書寮叢刊・玉葉》,东京:宫内厅书陵部平成七年(1995)版。
[34]《図説日本文化史大系》4《平安时代》(上),井上光贞编集,东京:小學館昭和四十一年(1966)版。
[35]《図説日本文化史大系》5《平安时代》(下),山崎庸之编集,东京:小學館昭和四十一年(1966)版。

な

[36]《奈良平安期の日本とアジア》,山内晋次,东京:吉川弘文馆 2003 年版。
[37]《奈良・平安时代的日中文化交流》,王勇、久保木秀夫编,东京:农文协 2001 年版。
[38]《日華文化交流史》,木宮泰彦,东京:冨山房 1987 年版。
[39]《日支文化史》,家永三郎,东京:岩波书店昭和三十四年(1959)版。
[40]《日支文化交流》,辻善之助,东京:创元社昭和十三年(1938)版。
[41]《日宋文化交流の諸問題》,森克己,东京:刀江书院昭和二十五年(1950)版。
[42]《日本国宝展》,东京国立博物馆编集,东京:読売新闻社平成二年(1990)版。
[43]《日本書記》编入《日本古典文学大系》68,坂本太郎等校注,东京:岩波书店昭和四十年(1965 年)版。
[44]《日本名僧论集第四卷・源信》,井上光贞等编,东京:吉川弘文馆昭和五十八年(1983)版。
[45]《日本の社会史第 1 卷——列島内外の交通と国家》,朝尾直弘等编,东京:岩波书店 1987 年版。
[46]《日本佛教史 1》(古代篇),家永三郎监修,京都:法藏馆昭和四十二年(1967)版。
[47]《日本中世仏教と東アジア世界》,上川通夫著,东京:塙書房 2012 年版。
[48]《日本佛教史》第一卷,辻善之助,东京:岩波书店昭和四十九年(1974)版。

[49]《日本历史》(第6卷),东京:勉诚出版2002年版。
[50]《日本历史》(第6卷)《摄関時代》,坂本賞三,东京:小學館1974年版。
[51]《日本历史》(第7卷)《院政と平氏》,安田元久,东京:小學館1974年版。
[52]《日本历史》(第8卷)《王朝貴族》,村井康彦,东京:小學館1974年版。
[53]《日中交流二千年》(改定版),东京:藤家礼之助,东海大学出版会1988年版。
[54]《西岡虎之助著作集第3巻・文化史の研究I》,西岡虎之助著作集委员刊行会编,东京:三一书房1984年版。
[55]《入宋僧奝然—以其随身物品和携来物品为主》,木宫之彦,东京:鹿岛出版会昭和五十八年(1983)版。
[56]《入唐求法行歴の研究——智證大師円珍篇》,小野勝年,京都:法藏館昭和五十七年(1982)版。
は
[57]《8~17世纪の東アジア地域における人物情報の交流》,村井章介编,东京:东京大学教材出版平成十六年(2004)版。
[58]《平安贵族の生活と文化》,赤木志津子,东京:バルトス社平成五年(1993)复刻版。
[59]《平安遺文》,竹内理三,东京:東京堂昭和三十九年(1964)版。
[60]《佛教传道史》,小松雄道,东京:刀江书院昭和十三年(1978)版。
[61]《源信》,速水侑,东京:吉川弘文馆昭和六十三年(1988)版。

(四)日文论文

[1]《大宰府鴻臚館の終焉:8世紀~11世紀の対外交易システムの解明》,田島公,《日本史研究》389号,1995年版。
[2]《成尋の齎した彼我の典籍:日宋文化交流の一齣》,藤善真澄,《仏教史学研究》23卷1号,1981年。
[3]《〈奝然入宋求法巡礼行并瑞像造立记〉考》,山口修,《仏教学会纪要》创刊号,1993年。
[4]《奝然伝および「求法巡礼」考補遺》,山口修,《仏教学会纪要》第4号,1996年。
[5]《日本~北宋の仏教交涉摂関仏教の展開——入宋僧寂照の度縁から》,手島崇裕著,《史学雑誌》第119编第7号,2010年7月20日。
[6]《入宋僧の型:北宋期の三人の入宋僧を中心として》,有馬嗣朗,《東海仏教》42号,1998年。

[7]《入宋僧奝然のこと:歴史上の人物の評価をめぐって》,石井正敏,《古文書研究》第47号,1998年。
[8]《入宋僧奝然の帰京に関する覚書》,佐々木令信,《大谷学報》第61卷第47号,昭和57年。
[9]《入宋僧奝然の事績》,木宮之彦,载《日本歴史》第133、134号,1959年。
[10]《入宋僧の型:北宋期の三人の入宋僧を中心として》,有馬嗣朗,载东海印度学佛教学会编《東海佛教》第42辑,平成9年。
[11]《入宋僧寂照に就いての研究》,西冈虎之助,载《史学杂志》(大正十二年十月)第三十四编第十号。
[12]《日宋交涉と南都浄土教》,岡玄雄,载日本《佛教史学》第8号,1959年。
[13]《日宋貿易の展開と關稅的性質の發生》,森克己,载《歴史地理》第66卷第1、2号。
[14]《奝然之入宋与上表文》,山口照,《佛教大学佛教文化研究所年报》第九号,1991年。
[15]《戒覺の〈渡宋記〉》,小野勝年,《龙谷大学论集》第400、401合并号,1973年3月。
[16]《一〇~一三世紀の東アジアと日本》,三浦圭一,载《講座日本史/第2卷:封建社会の成立》,東京大学出版会1970年版。
[17]《平安時代の国際意識》,保立道久,载村井章介等编《境界の日本史》,山川出版社1997年版。
[18]《日本古代における国際意識について:古代貴族の場合》,石母田正,《日本古代国家論》,岩波書店1973年版。
[19]《清凉寺释迦像变迁考》,毛利久,载日本《佛教藝術》第9编第35号,每日新闻社昭和三十三年版。
[20]《十六羅漢像について》,梶谷亮治,载日本《佛教藝術》第172号,1987年版。
[21]《清凉寺釈迦檀像様説》,たなか しげひさ,载佛教艺术学会编《佛教藝術》第21编第74号,思文阁昭和四十五年版。

后 记

本书自本人 2006 年 8 月完成博士学位论文《奝然与宋初的中日佛法交流》并通过答辩，2007 年 8 月出版专著《朝贡体系的建构与解构——另眼相看中日关系史》之时便着手撰写，其选题乃因专著《朝贡体系的建构与解构——另眼相看中日关系史》第七章“西游日僧与东拂宋风”给自己的启发。

2009 年 7 月初，申请出版资助的书稿《西游日僧与东拂宋风——北宋日本文化交流史》，接到教育部高等学校社会科学发展研究中心的复审通知，通知暗示有意全额资助出版，即着手改写，几乎是重写。后因有关单位审查后通知本人，出资一半便可出版，本人拒绝出资，故而留下书稿重新修改，等待机会。

为了获得 2009 年教育部高等学校社会科学文库的出版资助，在博士学位论文的基础上认真撰写、修改书稿，因为博士论文已经由浙江大学挂在网上，并且被广泛阅读转载，想必该读的都读了，该引用的读者也引用了，已经达到了为有关研究者提供参考的目的。如果作为“高校社科文库”出版，当应该追求更广泛的阅读价值，为向更多的“学者”介绍这一段历史，因此努力将生硬的学术表述转变成生动的讲述。

2009 年江城武汉的 7、8 月，一如众所周知的“火炉”。吾陋室狭小，没有书房，当时学校及院系也没有给老师提供办公室，所以一切书写过程都在女儿清婉的监视之下，已经 3 岁多的女儿特别爱凑热闹，只要我一开电脑写作，她便要来按键盘，在上面写她的名字“郝清婉”。不幸的是，暑假期间湖北大学为了节省电费关闭了所有的图书馆、资料室，这样既不能到图书馆核对部分资料，又不能利用图书馆逃避女儿的干扰，因此修改的时间很少，虽然辛苦异常，却诚惶诚恐，难免出现一些错误，比如转换之间出现的错别字，更担心不知能否让读者觉得开卷有益，有所收获。本来我已经计划在暑假盂兰盆节期间回故乡，和家人一起到双亲墓前烧纸钱祭扫，因为修改书稿却未能成行，深感愧疚！聊以此书纪念我深爱的父母。

不得不保留下来的书稿《西游日僧与东拂宋风——北宋日本文化交流

史》虽未能获得2009年高教社科文库的全额出版资助，但本人没有停止在发掘新资料的基础上随时加以修改，不断去申请国家社科基金、教育部社科基金等项目的资助。两次通过国家社科基金的通讯评审，终审未获通过，我依然坚持申请。2012年以《中日关系史(894—1170)》为题申请国家社科基金后期资助，这次项目申请终于获得通过，给了我巨大的动力，各方的期待和监督鞭策我精心补充、修改和完善该著。

2012年6月，本人的博士学位论文《奝然与宋初的中日佛法交流》前半部分由商务印书馆出版，为避免两书交叉部分的重复，2013年在日本早稻田大学访学期间，利用早大图书馆之便，本人再次依据不同的视角和研究方法加以修改。毕竟，一本书的修改完善工作是无止境的，继续吹毛求疵将使本书难产，故一些意犹未尽的问题将在今后的专题研究中以学术论文的形式修补。正如借本书的出版可以弥补《奝然与宋初的中日佛法交流》的不足一样，借本书的出版，本人补充了前书正文和附录中未能录用或不便录用的古文书，故在引文中引用时，尽量全文录出。

这部书稿能够出版，必须感谢多方直接和间接的支持。情长纸短，以下只能简单列举：

感谢先后指导本人博士学位论文的三位老师，原浙江大学的王勇教授、原日本大阪四天王寺国际佛教大学的古泉圆顺教授、浙江大学古籍所的束景南教授。

感谢在本书修改过程中，湖北大学原人文学院、历史文化学院资料室和现图书馆人文馆的刘明铛、姜春芝、林林、汪爱珍、李爱莲、谭红梅等同志给予的诸多方便。

感谢在本书申请国家社科基金后期资助出版过程中付出了劳动的湖北人民出版社的王建槐、马骏同志。

感谢参与本书申请初审、结项终审和出版审查的各位专家，感谢他们提出的宝贵意见。最后感谢家人，特别是妻子刘娟，她已经成为我的专职研究助手，不署名的合作者。2009年9月，我们得到校方的惠顾，一家得以逃离“蜗窝”，搬家之后学院的办公条件也改善了，我有了可以单独使用的研究室，甚至可以在此享受孤寂、幽玄之美，故女儿清婉偶尔来此作业时的打搅，恰恰打破了研究工作的单调和枯燥，让我精神一时从紧张中缓解下来。虽说这些改善乃理所当然，感觉还是要顺便感谢一下我的学校湖北大学。

郝祥满

2015年11月26日